Richardi/Bayreuther | Kollektives Arbeitsrecht

Kollektives Arbeitsrecht

von

Dr. Reinhard Richardi

em. o. Professor an der Universität Regensburg

und

Dr. Frank Bayreuther

o. Professor an der Universität Passau

4. Auflage

Verlag Franz Vahlen München 2019

www.vahlen.de

ISBN 978 3 8006 5777 3

© 2019 Verlag Franz Vahlen GmbH
Wilhelmstraße 9, 80801 München

Satz: Jung Crossmedia Publishing GmbH
Gewerbestraße 17, 35633 Lahnau

Druck und Bindung: Nomos Verlagsgesellschaft mbH & Co. KG
In den Lissen 12, 76547 Sinzheim

Umschlaggestaltung: Martina Busch, Grafikdesign, Homburg Kirrberg

Gedruckt auf säurefreiem, alterungsbeständigem Papier
(hergestellt aus chlorfrei gebleichtem Zellstoff)

Vorwort

Das Lehrbuch bietet einen Leitfaden für das kollektive Arbeitsrecht, das die Arbeitsverfassung in Deutschland prägt. Es regelt die Selbstverwaltung des Arbeitslebens nach dem Prinzip der Gruppenbeteiligung. Die Rechtsinstitute dafür sind die Tarifautonomie, die als kollektiv ausgeübte Privatautonomie die Ordnung der Arbeitsverhältnisse beherrscht, und die durch Gesetz geschaffene Betriebsverfassung und Unternehmensmitbestimmung. Sie stehen funktional in einem engen Zusammenhang.

Das Lehrbuch soll die Struktur des kollektiven Arbeitsrechts veranschaulichen. Rechtsprechung und Literatur werden daher so aufgearbeitet, dass sich Studierende einen sicheren Überblick über Grundlagen und Struktur dieses Rechtsgebiets verschaffen können.

Seit der 2. Auflage ist Frank Bayreuther als Mitautor hinzugekommen. Er hat aus dem von Reinhard Richardi verfassten Teil des Lehrbuches die Bearbeitung der §§ 1–11 (Grundlagen, Recht der Koalitionen, Tarifvertragsrecht, Arbeitskampf- und Schlichtungsrecht) übernommen.

Regensburg und Passau, im September 2018 *Die Verfasser*

Inhaltsübersicht

Inhaltsverzeichnis

Abkürzungsverzeichnis

Abs. . . . . Absatz
ABl. . . . . Amtsblatt
Abt. . . . . Abteilung
AEntG . . . . Arbeitnehmer-Entsendegesetz
AEUV . . . . Vertrag über die Arbeitsweise der Europäischen Union
a. F. . . . . alte Fassung
AG . . . . Aktiengesellschaft
AiB . . . . Arbeitsrecht im Betrieb (Zeitschrift)
AktG . . . . Aktiengesetz
AMP . . . . (vormaliger) Arbeitgeberverband Mittelständischer Personaldienstleister
Anm. . . . . Anmerkung
AP . . . . Arbeitsrechtliche Praxis (Nachschlagewerk des Bundesarbeitsgerichts; Entscheidungssammlung)
ArbG . . . . Arbeitsgericht
ArbGG . . . . Arbeitsgerichtsgesetz
ArbZG . . . . Arbeitszeitgesetz
Art. . . . . Artikel
ASiG . . . . Gesetz über Betriebsärzte, Sicherheitsingenieure und andere Fachkräfte für Arbeitssicherheit (Arbeitssicherheitsgesetz)
AÜG . . . . Gesetz zur Regelung der gewerbsmäßigen Arbeitnehmerüberlassung (Arbeitnehmerüberlassungsgesetz)
Aufl. . . . . Auflage
AuR . . . . Arbeit und Recht (Zeitschrift)

BAG . . . . Bundesarbeitsgericht
BAP . . . . Bundesarbeitgeberverband der Personaldienstleister e. V.
BAT . . . . Bundes-Angestelltentarifvertrag (seit 1.11.2006 außer Kraft)
BayVerfGH . . . . . Bayerischer Verfassungsgerichtshof
BB . . . . Betriebsberater (Zeitschrift)
BBG . . . . Bundesbeamtengesetz
BBiG . . . . Berufsbildungsgesetz
Bd. . . . . Band
BDA . . . . Bundesvereinigung der Deutschen Arbeitgeberverbände
BeckOK GG/
Bearbeiter . . . . . . Epping/Hillgruber (Hrsg.), Beck'scher Online-Kommentar GG, 37. Ed. 15.11.2017
BeckRS . . . . Beck-Rechtsprechung (beck-online)
Beil. . . . . Beilage
BeschFG . . . . . . Beschäftigungsförderungsgesetz
best. . . . . bestätigt
BetrAVG . . . . . . Gesetz zur Verbesserung der betrieblichen Altersversorgung
BetrVerf-ReformG Gesetz zur Reform des Betriebsverfassungsgesetzes
BetrVG . . . . Betriebsverfassungsgesetz
BGH . . . . Bundesgerichtshof
BGHZ . . . . Entscheidungen des Bundesgerichtshofs in Zivilsachen
BGB . . . . Bürgerliches Gesetzbuch
BGBl. . . . . Bundesgesetzblatt
BMAS . . . . Bundesministerium für Arbeit und Soziales
BPersVG . . . . . . Bundespersonalvertretungsgesetz
BR-Drs. . . . . . . Drucksachen des Bundesrats
BRG . . . . Betriebsrätegesetz
BRRG . . . . Beamtenrechtsrahmengesetz
BT . . . . Bundestag
BT-Drs. . . . . . . Drucksachen des Deutschen Bundestags
BUrlG . . . . Bundesurlaubsgesetz
BVerfG . . . . Bundesverfassungsgericht
BVerfGE . . . . . . Entscheidungen des Bundesverfassungsgerichts

BZA . . . . (vormaliger) Bundesverband Zeitarbeit Personal-Dienstleistungen e.V.
bzw. . . . . beziehungsweise

ca. . . . . circa
CDU . . . . Christlich Demokratische Union Deutschlands
CGB . . . . Christlicher Gewerkschaftsbund Deutschlands
CGZP . . . . Tarifgemeinschaft Christlicher Gewerkschaften für Zeitarbeit und Personal-
          serviceagenturen
CSU . . . . Christlich Soziale Union Deutschlands

DB . . . . Der Betrieb (Zeitschrift)
DGB . . . . Deutscher Gewerkschaftsbund
d. h. . . . . das heißt
d. i. . . . . das ist
Diss. . . . . Dissertation
DJT . . . . Deutscher Juristentag
DrittelbG . . . . . . Drittelbeteiligungsgesetz
d. s. . . . . das sind
Drs. . . . . Drucksache
DVO-TVG . . . . . Verordnung zur Durchführung des Tarifvertragsgesetzes

ebd. . . . . ebenda
EBRG . . . . Europäisches Betriebsrätegesetz
EFZG . . . . Entgeltfortzahlungsgesetz
EG . . . . Europäische Gemeinschaft
EGMR . . . . Europäischer Gerichtshof für Menschenrechte
EGV . . . . EG-Vertrag
Einl. . . . . Einleitung
EMRK . . . . Europäische Menschenrechtskonvention
ErfK/*Bearbeiter* . . Müller-Glöge/Preis/Schmidt (Hrsg.), Erfurter Kommentar zum Arbeitsrecht,
          18. Aufl. 2018
ES . . . . Einleitungssatz
ESC . . . . Europäische Sozialcharta
EuGH . . . . Europäischer Gerichtshof
EuGVVO . . . . . . Verordnung über die gerichtliche Zuständigkeit und die Anerkennung und
          Vollstreckung von Entscheidungen in Zivil- und Handelssachen
EUV . . . . Vertrag über die Europäische Union
EzA . . . . Entscheidungssammlung zum Arbeitsrecht
e.V. . . . . eingetragener Verein
EWGV . . . . Vertrag zur Gründung der Europäischen Wirtschaftsgemeinschaft

f. . . . . folgende
FAZ . . . . Frankfurter Allgemeine Zeitung
FDP . . . . Freie Demokratische Partei Deutschlands
ff. . . . . folgende
Fitting . . . . Fitting/Engels/Schmidt/Trebinger/Linsenmaier, Betriebsverfassungsgesetz,
          29. Aufl. 2018
Fn. . . . . Fußnote

Gamillscheg,
Bd. I/II . . . . Gamillscheg, Kollektives Arbeitsrecht, Bd. I: Grundlagen/Koalitionsfreiheit/
          Tarifvertrag/Arbeitskampf und Schlichtung, 1997 – Bd. II: Betriebsverfassung,
          2008
GDL . . . . Gewerkschaft Deutscher Lokomotivführer
GewO . . . . Gewerbeordnung
GG . . . . Grundgesetz
GmbH . . . . Gesellschaft mit beschränkter Haftung
GmbHG . . . . . . Gesetz betreffend die Gesellschaften mit beschränkter Haftung
GNBZ . . . . Gewerkschaft Neue Brief- und Zustelldienste
GRC . . . . Grundrechtcharta

GS . . . . Großer Senat
GWB . . . . Gesetz gegen Wettbewerbsbeschränkungen

Habersack/
Henssler/
Bearbeiter . . . . . . Habersack/Henssler, Mitbestimmungsrecht, 4. Aufl. 2018
HAG . . . . Heimarbeitsgesetz
HandwO . . . . . . Handwerksordnung
h. L. . . . . herrschende Literatur
h. M. . . . . herrschende Meinung
Hs. . . . . Halbsatz

i. d. F. . . . . in der Fassung
IG . . . . Industriegewerkschaft
IGM . . . . Industriegewerkschaft Metall
iGZ . . . . Interessenverband Deutscher Zeitarbeitsunternehmen
insbes. . . . . insbesondere
i. H. v. . . . . in Höhe von
InsO . . . . Insolvenzordnung
internat. . . . . . . international
i. S. d. . . . . im Sinne des
i. V. m. . . . . in Verbindung mit
i. w. S. . . . . im weiteren Sinne

JArbSchG . . . . . . Jugendarbeitsschutzgesetz
JZ . . . . Juristen-Zeitung

KSchG . . . . Kündigungsschutzgesetz

LAG . . . . Landesarbeitsgericht
lit. . . . . littera
Löwisch/Rieble . . Löwisch/Rieble, Tarifvertragsgesetz, 4. Aufl. 2017

Maunz/Dürig/
Bearbeiter . . . . . . Maunz/Dürig, Grundgesetz. Loseblatt-Kommentar. 82. Erg. 2018
MHdB ArbR/
Bearbeiter . . . . . . Kiel/Lunk/Oetker (Hrsg.), Münchener Handbuch zum Arbeitsrecht, Bd. 1 und
        Bd. 2: Individualarbeitsrecht; Bd. 3 und Bd. 4: Kollektivarbeitsrecht, 4. Aufl. 2018
MiArbG . . . . . . Mindestarbeitsbedingungsgesetz
MitbestG . . . . . . Mitbestimmungsgesetz
MitbestErgG . . . . Gesetz zur Ergänzung des Gesetzes über die Mitbestimmung der Arbeitnehmer in
        den Aufsichtsräten und Vorständen der Unternehmen des Bergbaus und der Eisen
        und Stahl erzeugenden Industrie – Mitbestimmungsergänzungsgesetz
Montan-MitbestG Gesetz über die Mitbestimmung der Arbeitnehmer in den Aufsichtsräten und
        Vorständen der Unternehmen des Bergbaus und der Eisen und Stahl erzeugenden
        Industrie – Montan-Mitbestimmungsgesetz
m. w. N. . . . . mit weiteren Nachweisen

NK-TVG . . . . . . Däubler (Hrsg.), Tarifvertragsgesetz, 4. Aufl. 2016
Nr. . . . . Nummer
NZA . . . . Neue Zeitschrift für Arbeitsrecht
NZA-RR . . . . . . Neue Zeitschrift für Arbeitsrecht – Rechtsprechungsreport
NZfAR . . . . Neue Zeitschrift für Arbeitsrecht (bis 1932)

öAT . . . . Zeitschrift für das öffentliche Arbeits- und Tarifrecht
OWiG . . . . Ordnungswidrigkeitengesetz

Palandt/*Bearbeiter* Palandt, Bürgerliches Gesetzbuch, 77. Aufl. 2018
PersVG . . . . Personalvertretungsgesetz

RdA . . . . Recht der Arbeit (Zeitschrift)

RegE	Regierungsentwurf
RGZ	Entscheidungen des Reichsgerichts in Zivilsachen
Richardi/ *Bearbeiter*	Richardi (Hrsg.), Betriebsverfassungsgesetz, 16. Aufl. 2018
RL	Richtlinie
Rn.	Randnummer
Rspr.	Rechtsprechung
S.	Seite/Satz
s.	siehe
Sachs/*Bearbeiter*	Sachs, Grundgesetz. Kommentar. 8. Aufl. 2018
Schaub ArbR-HdB/*Bearbeiter*	Schaub, Arbeitsrechts-Handbuch, 17. Aufl. 2017
SGB	Sozialgesetzbuch
SGB III	Sozialgesetzbuch Drittes Buch – Arbeitsförderung
SGB IX	Sozialgesetzbuch Neuntes Buch – Rehabilitation und Teilhabe von Menschen mit Behinderungen
sog.	sogenannt(e)
SPD	Sozialdemokratische Partei Deutschlands
SprAuG	Sprecherausschussgesetz
st.	ständige
St.	Sankt
Staudinger/ *Bearbeiter*	Staudinger, Kommentar zum Bürgerlichen Gesetzbuch mit Einführungsgesetz und Nebengesetzen, 2012
StGB	Strafgesetzbuch
TV	Tarifvertrag
TV-L	Tarifvertrag für den Öffentlichen Dienst der Länder
TVG	Tarifvertragsgesetz
TVöD	Tarifvertrag für den Öffentlichen Dienst
TVVO	Verordnung über Tarifverträge, Arbeiter- und Angestelltenausschüsse und Schlichtung von Arbeitsstreitigkeiten (Tarifvertragsordnung)
TzBfG	Teilzeit- und Befristungsgesetz
u. Ä.	und Ähnliches
UmwG	Umwandlungsgesetz
usw.	und so weiter
vgl.	vergleiche
WKS/*Bearbeiter*	Wißmann/Kleinsorge/Schubert, Mitbestimmungsrecht, 5. Aufl. 2017
WO	Wahlordnung
WRV	Weimarer Reichsverfassung
z. B.	zum Beispiel
ZfA	Zeitschrift für Arbeitsrecht
ZIP	Zeitschrift für Wirtschaftsrecht und Insolvenzpraxis
ZPO	Zivilprozessordnung
ZTR	Zeitschrift für Tarifrecht
zust.	zustimmend
ZVG	Gesetz über die Zwangsversteigerung und Zwangsverwaltung

Literatur

– Auswahl aus dem neuesten Schrifttum –

Brox/Rüthers/Henssler, Arbeitsrecht. 19. Aufl. 2016
Däubler, Das Arbeitsrecht 1. 16. Neuausgabe. 2006
Müller-Glöge/Preis/Schmidt (Hrsg.), Erfurter Kommentar zum Arbeitsrecht. 18. Aufl. 2018
Dütz/Thüsing, Arbeitsrecht. 23. Aufl. 2018
Gamillscheg, Kollektives Arbeitsrecht, Bd. I: Grundlagen/Koalitionsfreiheit/Tarifvertrag/Arbeitskampf und Schlichtung. 1997 – Bd. II: Betriebsverfassung, 2008
Hanau/Adomeit, Arbeitsrecht. 14. Aufl. 2007
Henssler/Willemsen/Kalb (Hrsg.), Arbeitsrecht Kommentar. 8. Aufl. 2018
Hromadka/Maschmann, Arbeitsrecht Bd. 2: Kollektivarbeitsrecht und Arbeitsstreitigkeiten. 7. Aufl. 2017
Junker, Grundkurs Arbeitsrecht. 17. Aufl. 2018
Kiel/Lunk/Oetker (Hrsg.), Münchener Handbuch zum Arbeitsrecht, Bd. 1 – Individualarbeitsrecht I (§§ 1–100), 4. Aufl. 2018; Bd. 2 – Individualarbeitsrecht II (§§ 101–214), 4. Aufl. 2018
Lieb/Jacobs, Arbeitsrecht. 9. Aufl. 2006
Löwisch/Caspers/Klumpp, Arbeitsrecht. 11. Aufl. 2017
Preis, Arbeitsrecht – Praxis-Lehrbuch zum Kollektivarbeitsrecht. 4. Aufl. 2017
Reichold, Arbeitsrecht. 5. Aufl. 2016
Rolfs, Studienkommentar: Arbeitsrecht. 4. Aufl. 2014
Schaub, Arbeitsrechts-Handbuch. 17. Aufl. 2017 (bearbeitet von Ahrendt/Koch/Linck/Treber/Vogelsang)
Waltermann, Arbeitsrecht. 19. Aufl. 2018
Zöllner/Loritz/Hergenröder, Arbeitsrecht, 7. Aufl. 2015

Tarifvertragsrecht

Jacobs/Krause/Oetker/Schubert, Tarifvertragsrecht, 2. Aufl. 2013
Thüsing/Braun (Hrsg.), Tarifrecht, 2. Aufl. 2016
Kommentare zum TVG: *Däubler* (Hrsg.), 4. Aufl. 2016; – *Kempen/Zachert* (Hrsg.), 5. Aufl. 2014; – *Löwisch/Rieble*, 4. Aufl. 2017; – *Wiedemann* (Hrsg.), 7. Aufl. 2007

Betriebsverfassungs- und Personalvertretungsrecht

Edenfeld, Betriebsverfassungsrecht. 4. Aufl. 2014
v. Hoyningen-Huene, Betriebsverfassungsrecht. 6. Aufl. 2007
Kommentare zum BetrVG: *Däubler/Kittner/Klebe/Wedde* (Hrsg.), 16. Aufl. 2018 – *Fitting -Engels/Schmidt/Trebinger/Linsenmaier*, 29. Aufl. 2018 – *Hess/Worzalla/Glock/Nicolai/Rose/Huke*, 10. Aufl. 2018 – *Richardi*, 16. Aufl. 2018 – *Wiese/Kreutz/Oetker/Raab/Weber/Franzen/Gutzeit/Jacobs* – Gemeinschaftskommentar. 11. Aufl. 2018
Kommentar zum BPersVG unter Einbeziehung der Landespersonalvertretungsgesetze: *Richardi/Dörner/Weber* (Hrsg.), 4. Aufl. 2012

Mitbestimmungsrecht

Kommentare zum Mitbestimmungsrecht: *Habersack/Henssler*, 4. Aufl. 2018 – *Wißmann/Kleinsorge/Schubert*, 5. Aufl. 2017

1. Teil. Grundlagen

§ 1. System und historische Entwicklung des kollektiven Arbeitsrechts

I. Begriff und System des kollektiven Arbeitsrechts

Mit dem Begriff des kollektiven Arbeitsrechts bezeichnet man das Recht der Koalitio- 1
nen, ihrer Verträge und Auseinandersetzungen sowie das Recht der Betriebsverfassung
und der Beteiligung der Arbeitnehmer in den Unternehmensorganisationen. Der Begriff fasst zwei Rechtsbereiche zusammen, die auf einer unterschiedlichen Konzeption
der Interessenvertretung für die Arbeitnehmer beruhen. Das gemeinsame Band ist ausschließlich, dass auf Seiten der Arbeitnehmer stets ein Kollektiv besteht, entweder eine
auf freiwilliger Grundlage beruhende Vereinigung zur Wahrung und Förderung der
Arbeits- und Wirtschaftsbedingungen oder ein durch die Betriebszugehörigkeit ver-
mittelter Zusammenschluss. Die Grundsätze und Formen der Interessenvertretung
sind dagegen völlig verschieden. Sie begründen eine Zweigleisigkeit des kollektiven
Arbeitsrechts, die den »Dualismus zwischen der Gewerkschaftskonzeption und der
Rätekonzeption, zwischen der *freiwilligen* (auf Mitgliedschaft beruhenden) und der
allgemeinen gleichen *(demokratischen)* Interessenvertretung« widerspiegelt.[1]

Die Gründe der Zweigleisigkeit liegen in der Sozialgeschichte Deutschlands. Das Ta- 2
rifvertragssystem und das Arbeitskampfrecht sind aus dem allgemeinen, privatrechtlich geordneten Organisations- und Verfahrenssystem hervorgegangen und deshalb
auch heute noch weitgehend nicht durch die Gesetzgebung gestaltet. Die Mitbestimmung in Betrieb und Unternehmen besteht dagegen nur nach Maßgabe des Gesetzes.

Das Grundrecht der Arbeitsverfassung ist die in Art. 9 Abs. 3 GG verankerte Koaliti- 3
onsfreiheit. Die durch sie verfassungsrechtlich gewährleistete Form für die Regelung
der Arbeits- und Wirtschaftsbedingungen sichert die Privatautonomie auf kollektiver
Ebene. Neben dem Koalitionsverbandsrecht bildet daher das Recht des Tarifvertrags
mit der Konfliktlösungsmöglichkeit durch Arbeitskampf und Schlichtung einen auf
denselben Leitprinzipien und Wertentscheidungen beruhenden Regelungskomplex.

Die andere Form kollektiver Beteiligung zur Interessenwahrnehmung enthält die ge- 4
setzliche Regelung der Mitbestimmung in Betrieb und Unternehmen. Sie gliedert sich
ihrerseits in die Betriebsverfassung, der für den Bereich des öffentlichen Dienstes das
Personalvertretungsrecht zuzuordnen ist, und in die Gesetzesregelungen der unternehmensbezogenen Mitbestimmung. Das Betriebsverfassungsgesetz und die Personalvertretungsgesetze (Bundespersonalvertretungsgesetz und Landespersonalvertretungsgesetze) geben der durch Wahl gebildeten Vertretung der Beschäftigten (Betriebsrat
bzw. Personalrat) unterschiedlich abgestufte Beteiligungsrechte, die Mitwirkungs-
und Mitbestimmungsrechte, an bestimmten Maßnahmen der Betriebs- bzw. Dienst-
stellenleitung. Durch die Gesetzesregelungen der unternehmensbezogenen Mitbestimmung werden Arbeitnehmervertreter in die Unternehmensorgane einbezogen, die in
den Kapitalgesellschaften und Genossenschaften die Unternehmensleitung auswählen

---

1 *Ramm,* JZ 1977, 1 (2).

und kontrollieren. Dieser Bereich ist der Sache nach Unternehmensorganisationsrecht, dessen Regelungen das Gesellschaftsrecht enthält.

5　Daraus ergibt sich ein System, das der Gliederung der folgenden Darstellung zugrunde gelegt wird:
- Koalitionsfreiheit als Grundrecht der Arbeitsverfassung,
- Koalitionsverbandsrecht,
- Tarifvertragsrecht,
- Arbeitskampf- und Schlichtungsrecht,
- Betriebsverfassungsrecht,
- Personalvertretungsrecht,
- Vertretung der Arbeitnehmer in Unternehmensorganen (Mitbestimmungsrecht).

II. Historische Entwicklung

1. Anfänge

6　Mit der Einführung der Gewerbefreiheit durch die *Stein-Hardenberg'schen Reformen* hatte man für den gewerblichen Bereich die bisherige genossenschaftliche oder staatliche Reglementierung der Arbeitsverhältnisse durch den Grundsatz der Vertragsfreiheit ersetzt. Das Gesetz über die polizeilichen Verhältnisse der Gewerbe usw. vom 7.9.1811 bestimmte in seinem § 8: »In diesem Falle, also bei Annahme von Gewerbegehilfen und Lehrlingen, wird die Lehrzeit oder die Dauer des Dienstes, das etwaige Lehrgeld, Lohn, Kost und Behandlung bloß durch freien Vertrag bestimmt.« Von hier wandert die Formel in die Preußische Gewerbeordnung von 1845 und von dort in die heute noch geltende Gewerbeordnung, deren § 105 den für die Arbeitsverfassung wesentlichen Grundsatz enthält. Er lautete bis zur Neufassung durch Gesetz vom 24.8.2002 plastisch: »Die Festsetzung der Verhältnisse zwischen den selbständigen Gewerbetreibenden und den gewerblichen Arbeitnehmern ist, vorbehaltlich der durch Bundesgesetz begründeten Beschränkungen, Gegenstand freier Übereinkunft.«

7　Doch konnte das die Vertragsfreiheit beherrschende Prinzip paritätischer Verhandlung und Einigung wegen der Massenarmut in der Welt des 19. Jahrhunderts im Arbeitsleben seine Funktion schlechterdings nicht erfüllen. Die formale Gleichheit der Vertragsparteien war durch ihre reale Imparität entwertet. Der Vertrag verschuf dem Unternehmer, der die Verfügungsgewalt über die Produktionsmittel hatte, faktisch ein Privileg zur Gestaltung der Arbeitsbedingungen. Die sich daraus ergebenden massiven sozialen Spannungen und Verwerfungen führten zum Entstehen der Arbeiterbewegung. In deren Umfeld etablierten sich in den sechziger Jahren des 19. Jahrhunderts auch Gewerkschaften. Deren Gründung wurde durch die Aufhebung des in der preußischen Gewerbeordnung von 1845 enthaltenen Koalitionsverbots durch die Gewerbeordnung für den Norddeutschen Bund vom 21.7.1869 erleichtert. Doch war die Gewerkschaftsbewegung zersplittert, indem sie im Wesentlichen in drei Richtungsgewerkschaften zerfiel: Die von den Sozialdemokraten gegründeten »Freien Gewerkschaften«, die liberalen Hirsch-Duncker'schen Gewerkvereine sowie die Christlichen Gewerkschaften, die unter dem Einfluss der Zentrumspartei standen. Auch unterlagen Gewerkschaften den zahlreichen Beschränkungen der Vereinsfreiheit, die für die politischen Vereine galten und überdies fehlte es an einer rechtlichen Anerkennung von Tarifverträgen, da die Gewerbeordnung des Jahres 1869 sie als bloße, nicht einklagbare Naturalobligationen behandelte. Einen weiteren Rückschlag erlitt die Gewerkschaftsbewegung durch das Sozialistengesetz vom 21.10.1878, mit dem bis zu dessen Aufhebung im Jahr 1890 nicht nur die Sozialdemokratische Partei, sondern auch die Freien Gewerkschaften verfolgt wurden. Als Reaktion auf die Gewerkschaften schritten Arbeitgeber vermehrt zur Gründung von Arbeitgeberverbänden, der erste war der im Januar 1869 ins Leben gerufene Deutsche Buchdruckerverein. Ursprünglich verstanden die Arbeitgeberverbände sich lediglich als Abwehrorganisation gegenüber den Gewerkschaften. Die Idee des Tarifvertrags ist also nicht von ihnen, sondern von den Gewerkschaften durchgesetzt worden.

Zunächst standen die Gewerkschaften, die sich unter sozialistischem Einfluss gebildet hatten, im Bann der politischen Arbeiterbewegung, die unter dem Einfluss der Lehren von *Karl Marx* und *Friedrich Engels* eine Besserung der Lage der Arbeiter nur dann verwirklicht sah, wenn im Klassenkampf die kapitalistische Wirtschaftsordnung beseitigt wird. Mit dem Ende des 19. Jahrhunderts wandelte sich indes das Selbstverständnis dieser Gewerkschaften. Mehr und mehr setzte sich die Idee durch, dass es möglich ist, sich durch kollektiven Zusammenschluss an den ökonomischen Marktgesetzen der liberalen Ordnung zu beteiligen und den Erfolg durch Tarifverträge dauerhaft zu sichern. Während deren Ziel also zunächst war, die Regelungsform des Vertrags zur Begründung und Regelung des Arbeitsverhältnisses durch ein anderes System gesellschaftlicher Ordnung zu ersetzen, war ihr Ziel nun die Lösung der sozialen Frage innerhalb des Systems unter Aufrechterhaltung einer marktmäßig-rechtsgeschäftlichen Ordnung des Arbeitslebens. **8**

Siegreich war die Tarifvertragsidee aber nicht nur als Programm, sondern auch in der Praxis. So hat es Ende 1913 13.446 Tarifverträge für 170.000 Betriebe mit 2.072.456 Arbeitern gegeben. Daneben etablierten sich in den Betrieben zunächst freiwillig eingerichtete Arbeitnehmervertretungen, die einen zweiten Grundansatz für die Herstellung einer paritätischen Arbeitsverfassung darstellen. 1910 erkennt dann auch das Reichsgericht den Tarifvertrag wenigstens als rechtsverbindlichen Schuldvertrag an.[2] **9**

Der kaiserliche Erlass vom 4.2.1890 kündigte einen Wandel in der Arbeiterschutzgesetzgebung an.[3] Er bezeichnete es als eine Aufgabe der Staatsgewalt, »die Zeit, die Dauer und die Art der Arbeit so zu regeln, dass die Erhaltung der Gesundheit, die Gebote der Sittlichkeit, die wirtschaftlichen Bedürfnisse der Arbeiter und ihr Anspruch auf gesetzliche Gleichberechtigung gewahrt bleiben«. Dieser mündete zunächst in die Einführung der Gewerbegerichtsbarkeit, aus der die moderne Arbeitsgerichtsbarkeit hervorgegangen ist, sowie in die Große Novelle zur Reichsgewerbeordnung vom 1.6.1891. Sie enthält die Keimzelle für die betriebliche Mitbestimmung: Den Unternehmern von Fabriken machte das Gesetz öffentlich-rechtlich zur Pflicht, eine Arbeitsordnung zu erlassen (§ 134a GewO). Sie musste Bestimmungen enthalten über Beginn und Ende der täglichen Arbeitszeit, Zeit und Art der Abrechnung und Lohnzahlung und, sofern es nicht bei den gesetzlichen Bestimmungen bleiben sollte, über die Kündigungsfrist und die Gründe, aus welchen Entlassungen und Austritt aus der Arbeit ohne Aufkündigung erfolgen darf, sowie über Vertragsstrafen (§ 134b Abs. 1 GewO). Außerdem blieb ihnen überlassen, noch weitere, die Ordnung des Betriebs und das Verhalten der Arbeiter im Betrieb betreffende, Bestimmungen in die Arbeitsordnung aufzunehmen (§ 134b Abs. 2 S. 1 GewO). Der Erlass der Arbeitsordnung erfolgte zwar einseitig durch den Arbeitgeber; es war aber ausdrücklich angeordnet, dass **10**

---

2 *RG* 20.1.1910, RGZ 73, 92 (99).

3 Vgl. zur Bedeutung der beiden kaiserlichen Erlasse vom 4.2.1890 für die Entwicklung des Arbeitsrechts *Kaufhold*, ZfA 1991, 277 ff.

vor ihrem Erlass den Arbeitern Gelegenheit zu geben ist, sich über den Inhalt zu äußern, und für Fabriken, in denen ein ständiger Arbeiterausschuss bestand, wurde »dieser Vorschrift durch Anhörung des Ausschusses über den Inhalt der Arbeitsordnung genügt« (§ 134d GewO). Damit waren erstmals in einem Gesetz Arbeiterausschüsse fakultativ vorgesehen. Der Weg zur Betriebsverfassung war beschritten.

2. Arbeitsverfassung der Weimarer Republik

11   Nach dem Zusammenbruch des Kaiserreichs hatten, als noch unklar war, wer Träger der Staatsgewalt wird, die Vertreter der Arbeitgeber und Gewerkschaften ein Abkommen, das nach den Delegationsführern benannte *Stinnes-Legien*-Abkommen vom 18.11.1918, geschlossen. Mit diesem wurden die Gewerkschaften als berufene Vertreter der Arbeiterschaft und der Tarifvertrag als maßgebliches Regelungsinstrument des kollektiven Arbeitsrechts anerkannt. Außerdem wurde, soweit nach damaligem Gesetzesrecht nicht bereits vorgeschrieben, die Bildung von Arbeiterausschüssen in den Betrieben vereinbart, die zusammen mit dem Arbeitgeber die Durchführung der mit den Gewerkschaften geschlossenen Kollektivvereinbarungen überwachen sollten. Am 23.12.1918 trat die neue Tarifvertragsordnung in Kraft, die nicht nur den Vorrang des Tarifvertrags gegenüber dem Einzelarbeitsvertrag durch die Unabdingbarkeit der Tarifnormen festlegte, sondern zugleich anordnete, dass in allen Betrieben mit mindestens zwanzig Arbeitern ein Arbeiterausschuss und bei mindestens zwanzig Angestellten ein Angestelltenausschuss gebildet wird.

12   Der sich in der Novemberrevolution ausbreitenden Rätebewegung war dies zu wenig. Sie forderte die Errichtung einer Räterepublik. Die nach Weimar einberufene Nationalversammlung entschied sich aber mit der Reichsverfassung vom 11.8.1919 für die parlamentarisch-repräsentative Demokratie. Bei ihren Bemühungen, die revolutionären Tendenzen der Rätebewegung aufzufangen, hatte die Reichsregierung jedoch vorgeschlagen, einen Räteartikel in der Verfassung zu verankern. Das geschah durch Art. 165, dessen Bedeutung unklar blieb, weil er doppelt strukturiert war. Sein Abs. 1 enthielt eine institutionelle Absicherung der Koalitionsfreiheit; er lautete:

>»Die Arbeiter und Angestellten sind dazu berufen, gleichberechtigt in Gemeinschaft mit den Unternehmern an der Regelung der Lohn- und Arbeitsbedingungen sowie an der gesamten wirtschaftlichen Entwicklung der produktiven Kräfte mitzuwirken. Die beiderseitigen Organisationen und ihre Vereinbarungen werden anerkannt.«

In den folgenden Abs. 2 bis 5 sah Art. 165 als wirtschaftliche Interessenvertretung ein dreistufiges Rätesystem vor. Sein Abs. 2 hatte den folgenden Wortlaut:

>»Die Arbeiter und Angestellten erhalten zur Wahrnehmung ihrer sozialen und wirtschaftlichen Interessen gesetzliche Vertretungen in Bezirksarbeiterräten sowie in nach Wirtschaftsgebieten gegliederten Bezirksarbeiterräten und in einem Reichsarbeitsrat.«

Verwirklicht wurde nur die unterste Stufe durch das Betriebsrätegesetz vom 4.2.1920. Zur Bildung der Mittelstufe ist es niemals gekommen, und die oberste wurde nur in der Form eines vorläufigen Reichswirtschaftsrats gebildet.

Für die Arbeitsverfassung hat dennoch diese Weichenstellung grundlegende Bedeutung erlangt. Durch sie wurde die Zweigleisigkeit des kollektiven Arbeitsrechts, wie sie in der historischen Entwicklung angelegt war, rechtlich abgesichert. Erschwert wurde die kollektive Vertretung der Arbeitnehmer durch Gewerkschaften allerdings dadurch, dass diese ihre Struktur als Berufsverbände und vor allem als Richtungsgewerkschaften auch während der Weimarer Zeit beibehielten. Dessen ungeachtet wurden beispielsweise im Jahre 1922 nicht weniger als 890.000 Betriebe mit 14,2 Mio. Arbeitnehmern erfasst.

3. Arbeitsverfassung des Nationalsozialismus

Nach der nationalsozialistischen Machtergreifung wurden die Gewerkschaften und Arbeitgeberverbände aufgelöst; das Betriebsrätegesetz wurde aufgehoben und das gesamte kollektive Arbeitsrecht beseitigt. Grundlage der neuen Arbeitsverfassung war das Gesetz zur Ordnung der nationalen Arbeit vom 20.1.1934, das die soziale Selbstverwaltung durch Führerprinzip und staatliche Zwangsreglementierung ersetzte. An die Stelle der Tarifverträge traten Tarifordnungen, die staatlich eingesetzte Treuhänder erließen. Sie waren Rechtsverordnungen, die zunächst nur Mindestarbeitsbedingungen, sehr bald aber Höchstarbeitsbedingungen rechtsverbindlich festlegten. Die Dienstverpflichtung wurde eingeführt. Mit Ausbruch des Krieges wurde die freie Wahl des Arbeitsplatzes beseitigt, und durch die Lohnstoppverordnung vom 12.10.1939 die Gestaltungsfreiheit für die Regelung des Arbeitsverdienstes aufgehoben. **13**

4. Entwicklung nach dem Zweiten Weltkrieg

Die ersten Jahre nach dem Zweiten Weltkrieg standen unter der Herrschaft der Kontrollratsgesetze und der Maßnahmen der Militärregierungen. Das bis 1945 geltende Recht wurde nicht einfach für nichtig erklärt. Vielmehr wurde dieses erst durch die Kontrollratsgesetze Nr. 40 vom 30.11.1946 und Nr. 56 vom 30.7.1947 aufgehoben. Mit der gleichzeitigen Wiederzulassung der Gewerkschaften und der anfangs noch zaghaften Neugründung von Arbeitgeberverbänden wurden die Voraussetzungen eines neuen kollektiven Arbeitsrechts geschaffen. Dabei bestand weitgehend Einigkeit darüber, nicht mehr die Richtungsgewerkschaften wieder aufleben zu lassen. Vor allem unter dem Einfluss der amerikanischen Militärregierung wurden die Gewerkschaften überwiegend nach dem Industrieverbandsprinzip organisiert (dazu: § 4 Rn. 4). Die Industriegewerkschaften sollten sich auf keine bestimmte politische oder weltanschauliche Richtung festlegen. Sie haben sich unter dem maßgeblichen Einfluss von *Hans Böckler* 1949 in München zum Deutschen Gewerkschaftsbund (DGB) als Dachverband zusammengeschlossen. **14**

In der Amerikanischen und der Britischen Besatzungszone, die im Vereinigten Wirtschaftsgebiet zusammengefasst waren, wurde durch das Gesetz zur Aufhebung des Lohnstopps vom 3.11.1948 die volle Tarifvertragsfreiheit wiedereingeführt. Auch die gesetzliche Grundlage für das Tarifvertragsrecht ist noch vor Gründung der Bundesrepublik Deutschland geschaffen worden, nämlich das Tarifvertragsgesetz vom 9.4.1949, das ursprünglich nur für das Vereinigte Wirtschaftsgebiet galt, mit Bundesgesetz vom 23.7.1953 aber auch auf die Länder der Französischen Besatzungszone erstreckt wurde. Es wurde nach Gründung der Bundesrepublik Deutschland Bundesrecht und gilt in seinem wesentlichen Inhalt auch heute noch unverändert. **15**

Das Kontrollratsgesetz Nr. 22 vom 10.4.1946, das sog. Betriebsrätegesetz, hatte die Bildung von Betriebsräten gestattet; es war aber nur ein Rahmengesetz. Die gesetzliche Regelung der Betriebsverfassung in den westlichen Zonen war deshalb erheblich zersplittert. Mit Ausnahme der Länder Nordrhein-Westfalen, Niedersachsen und Hamburg hatten alle Länder eigene Betriebsratsgesetze erlassen, die zum Teil wesentlich voneinander abwichen. Der Erlass eines Bundesgesetzes war erforderlich, um den Be- **16** triebsräten für den gesamten Bereich der Bundesrepublik Deutschland eine einheitliche Basis zu geben. Der Kampf um die Ausgestaltung des Betriebsverfassungsgesetzes vom 11.10.1952 wurde mit großer Erbitterung geführt, nachdem schon im Jahr vorher der Kampf um die Mitbestimmung in den Betrieben des Bergbaus und der Eisen und Stahl erzeugenden Industrie beinahe zu einer Staatskrise geführt hatte. Der Streit ging über die Gestaltung der Betriebsverfassung hinaus und bezog sich auf die Neuordnung der deutschen Wirtschaft überhaupt.[4] Die Gewerkschaften forderten die Mitbestimmung an allen wirtschaftlich maßgeblichen Entscheidungen. Die Mitbestimmung innerhalb der Betriebs- und Unternehmensordnung sollte den Ausgangspunkt für eine Beteiligung der Gewerkschaften an allen Stufen einer vertikal konzipierten Wirtschaftsdemokratie darstellen. Das BetrVG 1952 hat diesen Vorstellungen nicht entsprochen und insbesondere am freien Unternehmertum als Voraussetzung für eine freiheitliche Wirtschaftsordnung festgehalten.

17 Bei den Forderungen nach einem Ausbau der Mitbestimmung in den sechziger Jahren stand die Struktur der Betriebsverfassung nicht mehr zur Debatte. Das Betriebsverfassungsgesetz vom 15.1.1972, das nach heftiger politischer Kontroverse erging, hielt an der bisherigen Konzeption fest. Nachdem die Reform der Betriebsverfassung abgeschlossen war, wandte sich die Gesetzgebung der Neugestaltung der Mitbestimmung in den Organen der Großunternehmen zu. Es erging das Gesetz über die Mitbestimmung der Arbeitnehmer (Mitbestimmungsgesetz – MitbestG) vom 4.5.1976.

18 Die Teilung Deutschlands wurde erst durch die friedliche Revolution der Bürger in der DDR beseitigt. Die Herstellung eines einheitlichen Arbeitsrechts vollzog sich in zwei Schritten: durch den Staatsvertrag vom 18.5.1990 über die Schaffung einer Währungs-, Wirtschafts- und Sozialunion, durch die in der DDR wieder ein freiheitliches kollektives Arbeitsrecht eingeführt wurde (s. dazu auch → § 2 Rn. 11, → § 3 Rn. 3), und schließlich durch den Einigungsvertrag vom 31.8.1990, der mit der staatlichen Einheit am 3.10.1990 das bundesdeutsche Arbeitsrecht mit wenigen Ausnahmen und Ergänzungen auf das Gebiet der ehemaligen DDR übergeleitet hat.

---

4 Vgl. *Richardi*, Arbeitsrecht als Teil freiheitlicher Ordnung, 2002, S. 101 ff.

2. Teil. Recht der Koalitionen

§ 2. Grundlagen der Koalitionsfreiheit und der Tarifautonomie

I. Gewerkschaften und Arbeitgeberverbände in der Bundesrepublik Deutschland

1. Gewerkschaften

Die größte Dachorganisation von Einzelgewerkschaften in Deutschland ist der Deutsche Gewerkschaftsbund (DGB). Gegenwärtig gehören ihm acht Gewerkschaften an, die nach dem Industrieverbandsprinzip (→ § 4 Rn. 4) organisiert sind. Dies sind: Die Industriegewerkschaften Metall (IGM), Bauen-Agrar-Umwelt (IG Bau), Bergbau-Chemie-Energie (IG BCE), die Gewerkschaft Nahrung-Genuss-Gaststätten (NGG), die Gewerkschaft der Polizei (GdP), die Gewerkschaft Erziehung und Wissenschaft (GEW), die Eisenbahn- und Verkehrsgewerkschaft (EVG) sowie die Vereinte Dienstleistungsgewerkschaft (ver.di). Mehrere dieser Gewerkschaften sind erst in den vergangenen Jahren aus größeren Fusionen von früheren Einzelgewerkschaften entstanden. So schlossen sich 2001 die Deutsche Postgewerkschaft (DPG), die Gewerkschaft Handel, Banken und Versicherungen (HBV), die IG Medien, die ÖTV und die Deutsche Angestelltengewerkschaft (DAG), die nicht zum DGB gehörte, zur Dienstleistungsgewerkschaft ver.di zusammen. Im November/Dezember 2010 ist die frühere Eisenbahner Gewerkschaft transnet mit der ursprünglich dem Deutschen Beamtenbund zugehörigen GDBA (Gewerkschaft Deutscher Bundesbahnbeamten und Anwärter) zur Eisenbahn- und Verkehrsgewerkschaft (EVG) fusioniert. Den DGB-Gewerkschaften gehören 5,9 Mio. Mitglieder an.[1] Die beiden größten sind die IGM (2,2 Mio. Mitglieder) und ver.di (1,9 Mio. Mitglieder).

Neben dem DGB findet sich mit dem Deutschen Beamtenbund (dbb) noch ein weiterer Gewerkschaftsdachverband. Ihm gehören 40 Fachgewerkschaften an, die nach eigenen Angaben ca. 1,3 Mio. Mitglieder vertreten. Anders als bei den DGB-Gewerkschaften handelt es sich bei den Mitgliedsgewerkschaften des dbb überwiegend um Berufsgruppengewerkschaften (Beispiele: Verband der Arbeitnehmer der Bundeswehr, Bund der Strafvollzugsbediensteten usw.).[2] Sie organisieren vorwiegend Beamte oder Arbeitnehmer, die im öffentlichen Dienst oder bei früheren Staatsunternehmen tätig sind. Die in der Öffentlichkeit bekannteste dürfte dabei wohl die Gewerkschaft der Lokomotivführer (GdL) sein. Sie gehört zu den ältesten deutschen Gewerkschaften[3] und zeichnet sich dadurch aus, dass sie in ihrer Berufsgruppe über einen außerordentlich hohen Organisationsgrad verfügt. Lange Zeit hatten die dbb-Gewerkschaften bei Tarifverhandlungen Tarifgemeinschaften mit den DGB-Gewerkschaften gebildet. Wie gerade das Beispiel der GdL zeigt, die früher gemeinsam mit den Gewerkschaften transnet und GDBA

1 | 2

---

1 Angaben des DGB: www.dgb.de (> Über uns > Der Deutsche Gewerkschaftsbund > Mitgliederzahlen). In die im Text genannten Zahlen sind allerdings auch gewerkschaftsangehörige Betriebsrentnerinnen und -rentner eingerechnet.
2 Eine Übersicht über die Mitgliedsgewerkschaften findet sich unter: www.dbb.de (> Der dbb).
3 Gründung der Vorläufergewerkschaft: 1867. Sieht man allerdings andere historische Arbeitnehmervereinigungen als Vorläuferverbände der heutigen Gewerkschaften an, wären die in ver.di aufgegangen IG Druck und Papier oder die GEW noch weitaus ältere Gewerkschaften.

(heute: »EVG«) verhandelt hatte, sind diese in den vergangenen zehn Jahren teilweise auseinandergebrochen, so dass zwischen den DGB- und den dbb-Gewerkschaften ein partielles Wettbewerbsverhältnis entstanden ist (dazu auch → § 6 Rn. 82 ff.). Damit ist auch der nach dem Krieg verfolgte Ansatz, sämtliche Arbeitnehmer einer Branche möglichst nur in einer einzigen Industriegewerkschaft zu organisieren (→ § 4 Rn. 4), zumindest für einige Wirtschaftsbereiche erodiert.

3 Der Christliche Gewerkschaftsbund Deutschlands (CGB) bildet schließlich den dritten deutschen Gewerkschaftsdachverband. Ihm gehören derzeit 13 Arbeitnehmerkoalitionen mit nach eigenen Angaben ca. 280.000 Mitgliedern an.[4] Während die im CGB zusammengeschlossenen Vereinigungen lange Zeit nur wenig Aufmerksamkeit auf sich gezogen hatten, hat vor allem die größte Einzelgewerkschaft, die Christliche Gewerkschaft Metall (CGM), ab Mitte der 90er Jahre an Gewicht hinzugewonnen. Dies geht zum einen darauf zurück, dass sie vor allem in den neuen Bundesländern Mitglieder gewinnen konnte und dort einige viel beachtete Tarifverträge abgeschlossen hat (z. B. Jenoptik-Haustarifvertrag). Nach einem sich über knapp zehn Jahre hinziehenden Rechtsstreit zwischen der IGM und der CGM hat das BAG die CGM als tariffähig (dazu → § 3 Rn. 6) anerkannt.[5]

4 In jüngster Zeit sind Aktivitäten von CGB-Gewerkschaften allerdings vermehrt in die Diskussion geraten. So wird dem CGB und der von seinen Mitgliedsgewerkschaften gegründeten Spitzenorganisation CGZP[6] vorgeworfen, für den Bereich der Leiharbeit mit dem (früheren) Arbeitgeberverband AMP[7], Tarifverträge abzuschließen, die es Verleihern ermöglichen, gegen Zahlung eher niedriger Arbeitslöhne vom equal-pay-Prinzip des § 8 AÜG abzuweichen (s. dazu auch → § 9 Rn. 62 ff.). Das BAG[8] hat die CGZP mittlerweile für tarifunfähig befunden (s. dazu auch → § 3 Rn. 6 f. und 16). Andere Mitgliedsgewerkschaften des CGB haben die Gerichte als nicht tariffähig angesehen, etwa die Gewerkschaft für Kunststoffgewerbe und Holzverarbeitung (GKH, → § 3 Rn. 6),[9] die »Gesundheitsgewerkschaft« medsonet[10] oder die Christliche Gewerkschaft Deutschlands (CGD).[11] Die Tariffähigkeit des Deutsche Handels- und Industrieangestellten-Verband (DHV)[12] ist derzeit noch offen (s. auch → § 3 Rn. 6).

5 Schließlich finden sich noch Gewerkschaften, die keiner Spitzenorganisation angehören. Dies ist zunächst der Marburger Bund, der als einzige tariffähige Ärztegewerkschaft in Deutschland angestellte und beamtete Ärzte vertritt. Mit rund 118.000 Mitgliedern ist der Marburger Bund Europas größte Ärzte-Organisation auf freiwilliger Grundlage. Lange Zeit bildete der Marburger Bund eine Tarifgemeinschaft mit der Deutschen Angestellten Gewerkschaft (DAG). Im Zug der Fusion der DAG mit anderen Gewerkschaften zur Dienstleistungsgewerkschaft ver.di und den Tarifrunden der Jahre 2005 und 2006, bei denen es um die Ablösung des früheren Bundesangestellten-

---

4 Diese Zahlen sind erheblich bestritten und immer wieder Gegenstand der arbeitsrechtlichen, aber auch sozialpolitischen Auseinandersetzung.

5 *BAG* 28.3.2006, NZA 2006, 1112.

6 Tarifgemeinschaft Christlicher Gewerkschaften für Zeitarbeit und Personalserviceagenturen.

7 Arbeitgeberverband mittelständischer Personaldienstleister. Der AMP ist im April 2010 mit dem Arbeitgeberverband BZA zum Bundesarbeitgeberverband der Personaldienstleister (BAP) verschmolzen.

8 *BAG* 14.12.2010, NZA 2011, 289.

9 *BAG* 5.10.2010, NZA 2011, 300; sowie *LAG Hamm* 23.9.2011, NZA-RR 2012, 25.

10 *LAG Hamburg* 21.3.2012 – 3 TaBV 7/11; a. A. *LAG Hamburg* 18.2.1997 – 2 TaBV 9/95.

11 *ArbG Gera* 17.10.2002 – 2 BV 3/00.

12 S. *BAG* 26.6.2018 – 1 ABR 37/16; *LAG Hamburg* 4.5.2016 – 5 TaBV 8/15.

tarifvertrags durch ein völlig neuartiges Tarifwerk ging, brach diese Tarifgemeinschaft auseinander (dazu auch → Rn. 2, → § 6 Rn. 82 ff.).

Eine weitere unabhängige Gewerkschaft ist die 1992 gegründete Gewerkschaft der **6** Flugsicherung (GdF). Auch diese hatte zunächst eine Tarifgemeinschaft mit der DAG bzw. ver.di gebildet, die 2003 indes aufgelöst wurde. Ebenfalls 1992 wurde die unabhängige Flugbegleiterorganisation UFO gegründet, die das Kabinenpersonal von Luftfahrtgesellschaften, vornehmlich das der Deutschen Lufthansa AG vertritt. Sie trat bis zuletzt in Konkurrenz zu ver.di bzw. deren Rechtsvorgängern, die ihrerseits gegen UFO vorgingen, indem sie die Tarifunfähigkeit der UFO feststellen lassen wollte. Das BAG erkannte die UFO indes als tariffähig an.[13] Vor dem Hintergrund geplanter Umstrukturierungen bei der Lufthansa AG haben UFO und ver.di zu Jahresbeginn 2012 (erfolglos) versucht, wieder zu einer Tarifgemeinschaft zusammenzufinden. Schließlich findet sich noch die 1968 gegründete Pilotengewerkschaft Cockpit. Wie andere unabhängige Gewerkschaften auch, bildete sie zunächst eine Tarifgemeinschaft mit der DAG, die im Umfeld der ver.di-Gründung auseinanderbrach (s. zu den Aktivitäten dieser Gewerkschaften auch: § 6 Rn. 82 ff.). Eine gewisse Sonderstellung nehmen schließlich die verschiedenen Verbände für Führungskräfte ein. Unter ihnen ist der VAA (Verband angestellter Akademiker und leitender Angestellter der chemischen Industrie e. V.) eine Gewerkschaft im arbeitsrechtlichen Sinn.

Insgesamt ist die Organisationsquote in Deutschland rückläufig. Sie hat 2013 noch ca. **7** 18 % betragen.[14] Vergleichsweise hoch[15] fällt dagegen nach wie vor die Tarifbindung aus.[16] Insgesamt fanden 2016 in 57 % aller Betriebe mit 78 % aller Beschäftigten Tarifverträge Anwendung. Dabei ist allerdings nicht alleine die normative Tarifbindung kraft beiderseitiger Organisationszugehörigkeit erfasst, vielmehr wird auch mitgerechnet, wenn der Arbeitgeber einen Tarifvertrag über vertragliche Bezugnahmeabreden anwendet oder sein Vergütungssystem schlicht an einem Tarifvertrag ausrichtet. Ca. 48 % der Beschäftigten unterfallen einem Branchentarifvertrag, 8 % einem Firmentarifvertrag; bei weiteren 22 % der Arbeitnehmer orientiert sich der Arbeitgeber ohne besondere Rechtsgrundlage an einschlägigen Tarifverträgen. Dabei bestehen zwischen den einzelnen Branchen ganz erhebliche Unterschiede. Während im öffentlichen Dienst in 98 % der Arbeitsverhältnisse ein Tarifvertrag Anwendung findet, ist dies im Einzelhandel nur bei ca. 41 % (Tarifgebiet West) bzw. 33 % (Tarifgebiet Ost) der Fall. Weiter ergeben sich erhebliche Abweichungen zwischen großen Unternehmen, die überwiegend tarifgebunden sind und kleineren und mittelständischen Arbeitgebern. Bei diesen hängt es häufig von ihrer Branchenzugehörigkeit ab, ob sie einen Tarifvertrag anwenden oder nicht.

2. Arbeitgeberverbände

Die Arbeitgebervereinigungen sind in erheblichem Maße zersplittert. Auf unterer **8** Ebene bestehen fachlich und gemischt gewerbliche Verbände. Sie haben sich zumeist in einer Landesvereinigung zusammengeschlossen, z. B. der Vereinigung der Bayeri-

---

13 *BAG* 14.12.2004, NZA 2005, 697.
14 Angabe nach *Seiwerth*, RdA 2014, 358; *Jöris*, NZA 2014, 1313.
15 Die allgemein verfügbaren Daten variieren indes sehr und hängen stark von der jeweiligen Quelle ab. Deutlich niedrigere Zahlen als im Text ermittelte zuletzt: *Giese*, AiB 2018, 25, 27.
16 Zahlen nach IAB-Betriebspanel; online abrufbar unter: www.böckler.de (> WSI > Tarifarchiv > Statistik > Tarifbindung).

schen Wirtschaft. Daneben besteht aber teilweise auch ein überregionaler Zusammenschluss der Fachverbände, z. B. der Gesamtverband der Arbeitgeberverbände der Metall- und Elektroindustrie (GESAMT-METALL), der Gesamtverband der deutschen Textil- und Modeindustrie und die Vereinigung der Arbeitgeberverbände der Deutschen Papierindustrie (VAP). Die Landesverbände und Fachverbände sind in der Bundesvereinigung der Deutschen Arbeitgeberverbände zusammengefasst.[17]

3. Verbände auf europäischer Ebene

9 Auf europäischer Ebene haben sich zahlreiche Gewerkschaften zum Europäischen Gewerkschaftsbund (EGB)[18] zusammengeschlossen. Während dem EGB beispielsweise von französischer Seite zahlreiche konkurrierende Gewerkschaften angehören, ist unter den deutschen Gewerkschaften bzw. ihren Dachorganisationen »nur« der DGB Mitglied im EGB.[19] Der CGB seinerseits ist Mitglied in der Confédération Européenne des Syndicats Indépendants (CESI). Auf Arbeitgeberseite haben sich die privaten Arbeitgeber zur Vereinigung »Business Europe« (früher wesentlich klangvoller: Union des Confédérations de l'Industrie et des Employeurs d'Europe [UNICE]) und die öffentlichen Arbeitgeber zum Centre Européen de l'Entreprise Publique (CEEP) zusammengeschlossen. Sie nehmen die den »Sozialpartnern« unter anderem in Art. 154 und 155 AEUV zugewiesenen Kompetenzen wahr (dazu → Rn. 17).

II. Rechtsquellen

1. Deutsches Verfassungsrecht

10 Das Koalitions-, Tarifvertrags- und Arbeitskampfrecht erfährt seine entscheidende Grundregelung mit Art. 9 Abs. 3 GG (»Magna Charta des kollektiven Arbeitsrechts«[20]), der bestimmt: »Das Recht, zur Wahrung und Förderung der Arbeits- und Wirtschaftsbedingungen Vereinigungen zu bilden, ist für jedermann und für alle Berufe gewährleistet. Abreden, die dieses Recht einschränken oder zu behindern suchen, sind nichtig, hierauf gerichtete Maßnahmen sind rechtswidrig.« Überdies enthalten auch zahlreiche Landesverfassungen eine Garantie der Koalitionsfreiheit, manche auch des Streikrechts sowie einzelner gewerkschaftlicher Betätigungsrechte. Diesen Bestimmungen kommt wegen Art. 31 GG allerdings nur eingeschränkte Bedeutung zu.[21]

11 Einen Hinweis auf die Ausgestaltung der Koalitionsfreiheit gibt Ziffer A. III. 1. des gemeinsamen Leitsatzprotokolls zum Staatsvertrag zur Herstellung der Währungs-,

---

17 Nicht zur BDA gehören namentlich folgende Verbände: Tarifgemeinschaft deutscher Länder, die Vereinigung der kommunalen Arbeitgeberverbände, die Arbeitgeberverbände der Eisen- und Stahlindustrie e. V. (weil in ihre Organe Personen berufen werden, die von der Arbeitnehmerorganisation abhängig sind – Prinzip der Unabhängigkeit von der Gegenseite). Nicht zur BDA zugehörig ist auch der Interessenverband Deutscher Zeitarbeitsunternehmen (iGZ).

18 European Trade Union Confederation (ETUC).

19 Der Mitgliederbestand ist einzusehen unter: https://www.etuc.org/en/page/national-trade-union-confederations-list-member-organisations.

20 *Zöllner*, AöR 1973, 71 (72).

21 Den Aussagegehalt der Landesverfassungen relativieren etwa: *BAG* 22.6.2010, NZA 2010, 1365 (Rn. 26, gewerkschaftliches Zutrittsrecht nach Art. 51 Verfassung Brandenburg); *BAG* 26.4.1988, NZA 1988, 775 (Aussperrungsverbot nach Art. 29 Verfassung Hessen); *Hessischer Staatsgerichtshof* 10.5.2017, NZA 2017, 727.

Wirtschafts- und Sozialunion der Bundesrepublik mit der DDR vom 18.5.1990. Dort heißt es, dass Gewerkschaften und Arbeitgeberverbände (...) in ihrer Bildung, ihrer Existenz, ihrer organisatorischen Autonomie und ihrer koalitionsgemäßen Betätigung geschützt (sind).« Weiter wird ausgeführt, dass »tariffähige Gewerkschaften und Arbeitgeberverbände frei gebildet, gegnerfrei, auf überbetrieblicher Grundlage organisiert und unabhängig sein sowie das geltende Tarifrecht als für sich verbindlich anerkennen (müssen); ferner müssen sie in der Lage sein, durch Ausüben von Druck auf den Tarifpartner zu einem Tarifabschluss zu kommen.« Dieser Regelung kommt allerdings keine Rechtsnormqualität zu. Doch bietet sie dem Rechtsanwender eine gewisse Orientierung bei der Bestimmung der Koalitions- und Gewerkschaftseigenschaft einer Arbeitnehmerkoalition (→ § 3 Rn. 3–9).[22]

2. Art. 11 EMRK, Art. 28 GrCh

a) Trias von Art. 9 Abs. 3 GG, Art. 11 EMRK, Art. 28 GrCh

Neben dem nationalen Verfassungsrecht wird das Tarif- und Arbeitskampfrecht mehr und mehr durch Art. 11 Abs. 1 der Europäischen Menschenrechtskonvention (EMRK) und Art. 28 der Grundrechtscharta (GrCh) der europäischen Union beeinflusst. **12**

b) Art. 11 EMRK

Die EMRK enthält einen Katalog von elementaren Grundrechten. Sie ist eine Konvention des Europarates (Konvention Nr. 5), der nicht mit der Europäischen Union verwechselt werden darf (Unterzeichnerstaaten sind nahezu sämtliche europäische Staaten, etwa auch Norwegen, Russland, die Schweiz oder die Türkei). Bei der EMRK handelt es sich also nicht um Europarecht, sondern um ein völkerrechtliches Abkommen. Innerhalb dieses Katalogs findet sich mit Art. 11 Abs. 1 EMRK[23] eine Garantie der Vereinigungsfreiheit. Diese schließt das Recht ein, zum Schutz eigener Interessen Gewerkschaften zu gründen und Gewerkschaften beizutreten. Art. 11 Abs. 2 EMRK lässt Eingriffe in dieses Recht nur unter relativ strengen Voraussetzungen zu. **13**

Während die Bestimmung des Art. 11 EMRK über lange Zeit mehr oder weniger nur ein Schattendasein im deutschen Kollektivarbeitsrecht geführt hat, hat sie mit Beginn der 2010er Jahre ganz erheblich an Bedeutung gewonnen. Dies liegt an einer Serie neuerer Entscheidungen des Europäischen Gerichtshofs für Menschenrechte (EGMR). Mit diesen hat der EGMR den Schutzbereich des Art. 11 EMRK weit an den des Art. 9 Abs. 3 GG herangeführt. Um die Bedeutung dieser Urteile richtig einschätzen zu können, sollte man diese in einem Gesamtkontext mit zahlreichen anderen Urteilen des EGMR im Bereich des Arbeitsrechts sehen. Erwähnt seien etwa nur die Entscheidungen zur Überwachung des elektronischen Schriftverkehrs am Arbeitsplatz[24], zur Kündigung wegen Kritik an öffentlichen Arbeitgeber[25], zur Kündigung von bei kirchlichen Arbeitgebern beschäftigten Arbeitnehmern,[26] zur Kündigung einer **14**

---

22 Etwa: *BAG* 19.9.2006, NZA 2007, 518 Rn. 28.
23 Ein Pendant auf Ebene der UN bietet dazu Art. 23 Abs. 3 der Allgemeinen Erklärung der Menschenrechte der UN-Generalversammlung vom 10.12.1948, GAOR III Resolutions UN-Doc A7810, S. 71.
24 *EGMR* 5.9.2018, NZA 2017, 1443 – Bărbulescu.
25 *EGMR* 17.9.2015, NZA 2017, 237 – Langner.
26 *EGMR* 28.6.2012, NZA 2013, 1425 – Schüth; *EGMR* 3.2.2011, NZA 2012, 199 – Siebenhaar; *EGMR* 23.9.2010, NZA 2011, 277 – Obst.

Arbeitnehmerin wegen Whistleblowings[27] oder zur Beschränkung des Tragens religiöser Symbole (Kopftuch) am Arbeitsplatz.[28] Die in diesem Lehrbuch zu besprechenden Urteile spiegeln also insgesamt die generelle Tendenz des EGMR wider, den Grundrechtsschutz in den Unterzeichnerstaaten der EMRK verstärkt definieren zu wollen, womit der EGMR zwangsläufig auch mehr Einfluss auf die nationalen Arbeitsrechtsordnungen nimmt.

15 Der Wortlaut des Art. 11 Abs. 1 EMRK spricht lediglich vom Schutz der Gründung einer Gewerkschaft und des Beitritts zu einer Gewerkschaft. In den zentralen Urteilen »Sindicatul ›Pastorul cel Bun‹«, »Demir u. Baykara«, sowie »Enerji Yapi-Yol Sen«[29] hat der EGMR jedoch erkannt, dass diese Bestimmung Arbeitnehmern auch das Recht gewährt, ihre wirtschaftlichen Interessen durch Tarifverträge zu schützen. Der Staat muss also nicht nur die Gründung von Gewerkschaften zulassen, sondern auch den Abschluss von Tarifverträgen ermöglichen, sowie absichern, dass diese auch auf die Arbeitsverhältnisse der organisierten Arbeitnehmer Anwendung finden. Noch mehr Beachtung verdient, dass der EGMR in Art. 11 Abs. 1 EMRK auch das Streikrecht verankert sieht.[30] Beide Garantien können zwar nach Art. 11 Abs. 2 S. 1 EMRK beschränkt werden, doch drängt der EGMR auf eine enge Auslegung des Eingriffstatbestands.[31] Das erlangt erhebliche Bedeutung für das Streikrecht von Beamten, aber auch für Tarifverträge und Arbeitskämpfe bei kirchlichen Arbeitgebern. In zwei aktuellen Entscheidungen hat der EGMR die menschenrechtliche Fundierung des Streikrechts nochmals bekräftigt und den Unterzeichnerstaaten dabei relativ strikte Vorgaben für die Einschränkung von Arbeitskämpfen im Bereich der Daseinsvorsorge,[32] sowie für die gesetzliche Anordnung einer Tarifeinheit[33] gemacht. Nunmehr tendiert der EGMR auch zum Einbezug der Arbeitgeberseite in das Vereinigungsrecht,[34] womit die konventionsrechtlich fundierte Koalitionsgarantie komplett wäre. S. hierzu im Einzelnen: → § 10 Rn. 6 und 105 ff.

16 Allerdings gilt die EMRK in Deutschland nur im Rang eines einfachen Bundesgesetzes: Art. 59 Abs. 2 S. 1 GG. Das wiederum hat zur Folge, dass die Bedeutung der einschlägigen Urteile für das deutsche Kollektivarbeitsrecht nicht abschließend gesichert, sondern vielmehr erheblich umstritten ist. Immerhin kann der EGMR – anders als der EuGH (s. Art. 267 AEUV) – direkt von Privatpersonen angerufen werden. Eine Beschwerde zum EGMR setzt voraus, dass der nationale Rechtsweg einschließlich etwaiger Nichtzulassungs- und Verfassungsbeschwerden erschöpft ist. Umgekehrt darf der EGMR nationales Recht nicht verwerfen, sondern nur einen Konventionsverstoß feststellen und den konventionswidrig handelnden Unterzeichnerstaat ggf. zur Zahlung einer Entschädigung verurteilen. Indes muss der nationale Richter[35] das einfache Ge-

---

27 *EGMR* 21.7.2011, NZA 2011, 1269 – Heinisch.

28 *EGMR* 15.1.2013, NJW 2014, 1935 – Eweida u. a.

29 *EGMR* 31.1.2012, NJOZ 2014, 1715 – Sindicatul »Pastorul cel Bun«/Rumänien; *EGMR* 12.11.2008, NZA 2010, 1425 – Demir u. Baykara/Türkei; *EGMR* 21.4.2009, NZA 2010, 1423 – Enerji Yapi-Yol Sen/Türkei.

30 Eine überblickshafte Zusammenfassung über den Rechtsprechungsstand gibt: *Lörcher,* AuR 2015, 126.

31 Gewissermaßen aus dem Rahmen fällt: *EGMR* 8.4.2014 – 31045/10 – National Union of Rail, Maritime and Transport Workers/Vereinigtes Königreich. S. dazu → § 10 Rn. 83.

32 *EGMR* 2.10.2014 – 48408/12 – Tymoshenko/Ukraine.

33 *EGMR* 27.11.2014 – 36701/09 – Hrvatski Liječnički Sindikat/Kroatien.

34 *EGMR* 2.6.2016 – 23646/09 – Geotech Kancev GmbH/Deutschland.

35 In abgeschlossenen Parteiverfahren kann nach § 580 Nr. 8 ZPO eine Restitutionsklage in Betracht kommen.

setzesrecht, aber auch die nationale Verfassung, also das GG, konventionsfreundlich auslegen.[36] Das darf aber nicht so weit gehen, dass es zu einer schematischen Parallelisierung der Aussagen des Grundgesetzes mit denen der EMRK kommt. Vielmehr sind die Wertungen der EMRK im Sinne eines möglichst schonenden Einpassens in das vorhandene, dogmatisch ausdifferenzierte nationale Rechtssystem aufzunehmen. In jedem Fall endet die konventionsfreundliche Auslegung dort, wo diese nach den anerkannten Methoden der Gesetzesauslegung und Verfassungsinterpretation nicht mehr vertretbar erscheint. In einer solchen Konstellation ergibt sich ein Normenkonflikt, wie er uns aus dem Verhältnis zwischen Richtlinien des Unionsrechts und dem nationalen Privatrecht hinlänglich bekannt ist. Fest steht insoweit jedenfalls, dass bei einem Wertungskonflikt zwischen der Verfassung und der EMRK dem GG der Vorrang gebührt,[37] was vor allem für den Beamtenstreik Bedeutung erlangt, → § 10 Rn. 104 f. Bislang noch keine eindeutigen Stellungnahmen gibt es, wie zu verfahren ist, wenn das einfache Arbeitsrecht im Widerspruch zur EMRK steht (was auf § 4 a TVG zutreffen könnte, → § 6 Rn. 120). Auch insoweit ist von einem Vorrang des nationalen Rechts auszugehen.[38]

c) Art. 28 GrCh

Auf der Ebene der Europäischen Union garantiert Art. 28 GrCh ein Recht auf Kollektivverhandlungen und -maßnahmen. Danach haben Arbeitnehmer sowie Arbeitgeber oder ihre jeweiligen Organisationen nach dem Unionsrecht und den einzelstaatlichen Rechtsvorschriften das Recht, Tarifverträge auf den geeigneten Ebenen auszuhandeln und zu schließen, sowie bei Interessenkonflikten kollektive Maßnahmen zur Verteidigung ihrer Interessen, einschließlich Streiks, zu ergreifen. In Art. 152 des AEUV ist überdies nochmals festgehalten, dass die Union die Rolle der Sozialpartner anerkennt und fördert, sowie deren Autonomie achtet. Durch Art. 154 AEUV ist der Dialog zwischen den Sozialpartnern auf Unionsebene institutionell gesichert. Art. 155 AEUV garantiert Zusammenschlüssen von Gewerkschaften und Arbeitgeberverbänden auf europäischer Ebene (»Sozialpartnern«) den Abschluss von vertraglichen Vereinbarungen auf Unionsebene. Unter bestimmten Voraussetzungen kann der Rat Vereinbarungen der Sozialpartner sogar in die Form von den Mitgliedstaaten gegenüber verbindlichen Richtlinien fassen. **17**

Die Union verfügt indes über keine direkte »Gesetzgebungskompetenz« im Bereich des kollektiven Arbeitsrechts. Das ergibt sich im Grunde bereits aus Art. 6 EUV, ganz ausdrücklich aber aus Art. 152 AEUV, der die Anerkennung von Koalitionsabreden unter den Vorbehalt der »Berücksichtigung der Unterschiedlichkeit der nationalen Systeme« stellt, sowie aus Art. 153 Abs. 5 AEUV, der das Koalitions-, Streik- und Aussperrungsrecht ausdrücklich aus der Rechtssetzungstätigkeit der Union ausnimmt. Daraus folgt zunächst: Die Union kann kein harmonisiertes europäisches Tarif- oder Arbeitskampfrecht schaffen. So könnte auf europäischer Ebene etwa nicht festgelegt werden, wie Tarifverträge auf das Einzelarbeitsverhältnis einwirken oder ob ein politischer Streik zulässig sein soll. **18**

---

36 *BVerfG* 12.6.2018 – 2 BvR 1738/12 Rn. 127 ff.; *BVerfG* 14.10.2004, BVerfGE 111, 307 = NJW 2004, 3407; *BAG* 26.7.2016, NZA 2016, 1543 Rn. 74.
37 *BVerfG* 12.6.2018 – 2 BvR 1738/12 Rn. 133; *BVerwG* 27.2.2014, NZA 2014, 616 Rn. 35 ff., insb. Rn. 47 ff. Lehrreich insoweit insbesondere *BVerwG* (aaO), s. dazu die didaktische Aufbereitung durch: *Hufen,* JuS 2014, 670 und *Hebeler,* JA 2014, 718.
38 So i. E.: *BAG* 22.11.2012, NZA-RR 2014, 91.

19 Bedeutung erlangt Art. 28 GrCh, wie die gesamte Grundrechtscharta[39], aber nur, wenn der zu entscheidende Sachverhalt einen Bezug zum Unionsrecht aufweist.[40] Dafür reicht noch nicht, dass es auf europäischer Ebene eine Regelung gibt, die lediglich das fragliche Teilgebiet des Arbeitsrechts anspricht. Auch ist die EU-Grundrechtscharta bei nur mittelbarer Berührung des Unionsrechts nicht anwendbar.[41] Erforderlich ist vielmehr, dass der Streitfall entweder einen unionsweiten, weil grenzüberschreitenden Bezug aufweist oder es um die Anwendung einer Rechtsvorschrift des nationalen Rechts geht, die die Durchführung von Unionsrecht bezweckt oder mit diesem zumindest inhaltlich einigermaßen eng verknüpft ist.[42] Dagegen bleiben rein nationale Sachverhalte weiterhin alleine Art. 9 Abs. 3 GG unterworfen. So kann ein Arbeitgeber etwa gegen die Allgemeinverbindlicherklärung eines Tarifvertrags nach § 5 TVG (→ § 9 Rn. 5 ff.) nicht einwenden, dass er durch diese in seinem Recht aus Art. 28 GrCh verletzt werden würde. Geht es darum zu beurteilen, ob Flashmobs ein zulässiges Arbeitskampfmittel sind (→ § 10 Rn. 86 ff.), spielt Art. 28 GrCh ebenfalls keine Rolle.[43] Gleiches gilt für die Frage, ob Arbeitskämpfe in kirchlichen Einrichtungen zulässig sind (→ § 10 Rn. 106 ff.).[44]

20 Ein unionsweiter Bezug ergibt sich im Tarif- und Arbeitskampfrecht immer dann, wenn die Auslegung von Unionsrecht Einfluss auf die Tätigkeit von Gewerkschaften und Arbeitgeberverbänden nimmt. Das trifft beispielsweise zu, wenn es zu entscheiden gilt, ob ein Arbeitskampf, mit dem eine Gewerkschaft versucht, eine Standortverlagerung ins EU-Ausland zu verhindern, mit den Grundfreiheiten des angegriffenen Arbeitgebers aus Art. 49 bzw. 56 AEUV vereinbar ist (Einzelheiten dazu → § 5 Rn. 6, → § 10 Rn. 8, Rn. 52 ff., 74 ff.).[45] Wohl wäre Art. 28 GrCh (und Art. 17 GrCh) auch einschlägig, wenn die Flugzeuge einer Fluggesellschaft auf Grund eines Streiks der Fluglotsen auf einem Flughafen gebunden sind und daher nicht das europäische Ausland anfliegen können.[46] Eine ganz gewichtige Rolle spielt Art. 28 GrCh auch in Zusammenhang mit der Frage, ob ein Tarifvertrag, der sich überwiegend an Selbständige richtet, gegen das Kartellverbot des Art. 101 AEUV verstößt[47] (→ § 2 Rn. 32 und 53) oder ob die Annahme, dass eine kleine Bezugnahmeklausel auch nach einem Betriebsübergang weiter dynamisiert, mit Art. 3 der BetriebsübergangsRL bzw. Art. 16 GrCh vereinbar ist (dazu → § 8 Rn. 15 ff.).[48]

---

39 Die Grenze zwischen Sachverhalten mit und ohne unionsweitem Bezug ist häufig fließend. Die Grundlagen hierzu sollten den Studierenden aus dem Europarecht bekannt sein und können hier nicht näher dargestellt werden. Siehe hierzu: *Böhm*, JA 2008, 838 u. JA 2009, 328; *Voßkuhle/Wischmeyer*, JuS 2017, 1171.

40 *EuGH* 6.3.2014, NVwZ 2014, 575 – Siragusa; *EuGH* 15.1.2014, NZA 2014, 193 – Association de médiation sociale – AMS); *EuGH* 22.5.2014 – C-56/13 Rn. 54 – Erseksanädi Mezögazdasägi; viel großzügiger noch: *EuGH* 26.2.2013, NJW 2013, 1415 – Åklagaren/Åkerberg Fransson; *EuGH* 26.2.2013, NJW 2013, 1215 – Melloni. S. dazu die didaktische Aufbereitung durch *Streinz*, JuS 2013, 568.

41 *BVerfG* 24.4.2013, BVerfGE 133, 277 = NJW 2013, 1499.

42 *EuGH* 19.1.2010, NZA 2010, 85 – Kücükdeveci, dort insb. Rn. 23 ff.; ähnlich auch: *EuGH* 23.9.2008, NZA 2008, 1119 – Bartsch.

43 *BVerfG* 26.3.2014, NZA 2014, 493 (Rn. 20).

44 *BAG* 20.11.2012, NZA 2013, 448 (Orientierungssatz 9 u. Rn. 121); *BAG* 20.11.2012, NZA 2013, 437 (Rn. 64).

45 *EuGH* 11.12.2007, NZA 2008, 124 – Viking; *EuGH* 18.12.2007, NZA 2008, 159 – Laval.

46 AA aber *BAG* 25.8.2015, NZA 2016, 179 Rn. 38.

47 *EuGH* 4.12.2014, NZA 2015, 55 – FNV Kunsten; *EuGH* 3.3.2011, Slg. 2011, I-973 – AG2R Prévoyance; *EuGH* 15.7.2010, NZA 2011, 564 – Kommission/Deutschland, Rn. 42; *EuGH* 21.9.1999, AP EG-Vertrag Art. 85 Nr. 1 – Albany, Rn. 64; *EuGH* 11.12.2007, NZA 2008, 124 – Viking, Rn. 54.

48 *EuGH* 27.4.2017, NZA 2017, 571 – Asklepios; *EuGH* 18.7.2013, NZA 2013, 835 – Alemo-Herron.

Eine weitere Gruppe für die Anwendung des Art. 28 GrCh bilden die Fallgestaltun- **21**
gen, in denen sich die Rechtsetzungstätigkeit der Tarifvertragsparteien an den Vorgaben des Unionsrechts messen lassen muss. So darf etwa eine tarifliche Altersgrenze
nicht gegen das Diskriminierungsverbot des Art. 21 Abs. 1 GrCh oder die Vorgaben
der RL 2000/78/EG verstoßen[49] und ein tarifliches Vergütungssystem darf nicht dis-
kriminierend ausgestaltet sein[50] (Einzelheiten dazu → § 5 Rn. 7ff.). Und insoweit ist
eben erforderlich, dass die Bindung der Tarifvertragsparteien an Art. 21 GrCh in einen
angemessenen Ausgleich mit Art. 28 GrCh gebracht wird.

Alles in allem treten die Gerichte dabei in eine Abwägungsprüfung ein, die sich in etwa **22**
mit der Herstellung praktischer Konkordanz vergleichen lässt, wie sie dem deutschen
Verfassungsrecht geläufig ist. Daher macht es für die Beteiligten, was das Ergebnis betrifft, häufig keinen so großen Unterschied, ob sich die Abwägung nun im Geltungsbereich des Art. 9 Abs. 3 GG oder des Art. 28 GrCh vollzieht. Das entbindet den Studierenden freilich nicht von der Obliegenheit, den Sachverhalt richtig einzuordnen
und auch für den Richter bleibt die Zuordnung insoweit von Bedeutung, als sich, sollte
ein unionsweiter Bezug eröffnet sein, die Frage nach der Vorlage der Sache zum EuGH
(Art. 267 Abs. 2 u. 3 AEUV) stellt.

d) Trias von Art. 9 Abs. 3 GG, Art. 11 EMRK, Art. 28 GrCh, methodisches Vorgehen

Möglicherweise wird sich der eine oder andere Leser an dieser Stelle etwas unbefriedigt **23**
zeigen, weil ihm das Verhältnis zwischen den drei hier vorgestellten Grundrechten nicht
abschließend klar erscheint. Dies läge indes nicht an ihm, sondern daran, dass sich das
Kollektivarbeitsrecht gegenwärtig der noch ungelösten Problematik ausgesetzt sieht,
in welchem Verhältnis das GG, die EMRK und die GrCh denn generell zueinander stehen.[51] Durch das Verbindlichwerden der GrCh (Art. 6 EUV[52]) und die verstärkten
Rechtsprechungsaktivitäten des EGMR hat sich in Europa in den letzten Jahren eine
Verdreifachung von weitgehend kongruenten Grundrechten und des Grundrechtsschutzes ergeben. Wertungswidersprüche und Abgrenzungsschwierigkeiten zwischen
den jeweiligen Koalitionsgarantien sind naturgemäß unvermeidbar. Diese aufzulösen
ist primär Aufgabe des Staats-, Europa- und Völkerrechts, weshalb hier insoweit nicht
weiter ins Detail gegangen werden soll. Für den Leser genügt an dieser Stelle die Er-
kenntnis, dass es neben Art. 9 Abs. 3 GG noch zwei weitere »Koalitionsgrundrechte«
gibt. Denn trotz allem: Die wichtigste Rechtsgrundlage des Koalitions-, Tarif- und Arbeitskampfrechts bildet nach wie vor Art. 9 Abs. 3 GG. Faustformelhaft lässt sich sagen,
dass die allermeisten Streitfragen zunächst einmal dieser Regelung unterworfen worden
sind. Art. 11 EMRK erlangt darüber hinaus eher in Sonderkonstellationen Bedeutung,
Art. 28 GrCh dann, wenn der Sachverhalt einen besonderen Bezug zum Recht der Europäischen Union aufweist. Daher stellt das vorliegende Lehrbuch auch zunächst Art. 9
Abs. 3 GG systematisch dar und nimmt im Verlauf der Darstellung primär auf diese Regelung Bezug. Art. 11 EMRK und 28 GrCh werden dagegen immer dann angesprochen

---

49 *EuGH* 12.10.2010, NZA 2010, 1167 – Rosenbladt; *EuGH* 16.10.2007, NZA 2007, 1219 – Palacios; *BAG* 15.2.2012, NZA 2012, 866.
50 *EuGH* 8.9.2011, NZA 2011, 1100 – Hennigs u. Mai; *BAG* 8.12.2011, NZA 2012, 275.
51 Interessant zur Konkurrenz zwischen den drei Grundrechten sind die Darstellungen des Präsidenten des BVerfG *Voßkuhle*, EuGRZ 2014, 165, der deutschen Richterin beim EGMR *Nußberger*, AuR 2014, 130 sowie des Präsidenten des EuGH *Skouris*, AuR 2015, 294. Mit Schwerpunkt für das Arbeitsrecht: *Waltermann*, EuZA 2015, 15 (insb. 21ff.); *Winter*, NZA 2013, 473.
52 Vertrag von Lissabon v. 13.12.2007, ABl. 2007 C 306, S. 1 (13), in Kraft seit dem 1.12.2009.

und eingeflochten, soweit die Normen konkreten Einfluss auf die jeweils abgehandelte Sachfrage nehmen.

3. ESC, ILO-Abkommen

24 Gegenüber der EMRK fast in den Hintergrund geraten ist die europäische Sozialcharta vom 18.10.1961 (ESC). Diese ist ebenfalls durch den Europarat erlassen worden und bildet gewissermaßen das arbeits- und sozialrechtliche Pendant zur EMRK. Art. 6 garantiert ein Recht auf Kollektivverhandlungen, einschließlich des Streikrechts »im Falle von Interessenkonflikten« (Abs. 4). Wie die EMRK auch, stellt die ESC allenfalls eine von der Bundesrepublik eingegangene völkerrechtliche Verpflichtung dar. Allerdings ist nicht ganz unstrittig, inwieweit die ESC die Arbeitsgerichte bei der Auslegung von Gesetzen bindet.[53] Jedenfalls müssen sie deren Vorgaben beachten, wenn sie die im Gesetzesrecht bezüglich der Ordnung des Arbeitskampfes bestehenden Lücken anhand von Wertentscheidungen der Verfassung ausfüllen.[54] Zur Durchführung der ESC wurde aber, anders als das bei der EMRK der Fall ist, kein supranationales Gericht eingerichtet, das betroffene Bürger anrufen können. Vielmehr ist beim Europarat lediglich ein Sachverständigenausschuss (»Ausschuss für soziale Rechte«) eingerichtet, der Stellungnahmen abgibt und dem Ministerkomitee des Europarats berichtet. Dessen Entscheidungen (u.a. auch gegen Deutschland wegen des [vormaligen] Fehlens eines gesetzlichen Mindestlohns) haben aber keinerlei bindende Wirkung für die nationalen Gerichte. Auch aus diesem Grund ist der Einfluss der ESC auf das nationale Tarif- und Arbeitskampfrecht relativ gering geblieben. Das BAG zitiert diese in einschlägigen Entscheidungen zwar immer wieder, meist aber nur mit dem Hinweis, dass diese dem jeweiligen Ergebnis nicht entgegenstehen.

25 Schließlich ist noch auf verschiedene Übereinkommen der Internationalen Arbeitsorganisation (ILO) hinzuweisen, die das Koalitionsrecht betreffen.[55] Dies sind das Übereinkommen Nr. 87 über die Vereinigungsfreiheit und den Schutz des Vereinigungsrechts (1948), die Konvention Nr. 98 über die Anwendung der Grundsätze des Vereinigungsrechts und des Rechts zu kollektiven Verhandlungen (1949), das Übereinkommen Nr. 135 über Schutz und Erleichterungen für Arbeitnehmervertreter im Betrieb (1971), Art. 4 bis 6 des Übereinkommens 151 zum Schutz der Vereinigungsfreiheit zu Gunsten von Beschäftigten im öffentlichen Dienst (1978) sowie das Übereinkommen Nr. 154 über die Förderung von Kollektivverhandlungen (1981). Soweit diese Abkommen durch die Bundesrepublik ratifiziert sind,[56] sind sie zwar Bestandteil des innerstaatlichen Rechts geworden, begründen nach Ansicht des BAG indes keine unmittelbaren Rechtsansprüche. Vielmehr sind die dazu berufenen nationalen Organe aufgefordert, einen dem Übereinkommen entsprechenden Rechtszustand herzustellen.[57] Entsprechend berücksichtigt das BAG die Abkommen bei der richterrechtlichen Ausgestaltung des Koalitions- und Arbeitskampfrechts. Meist beschränkt es sich dabei aber, wie auch bei der »Anwendung« der ESC (→ Rn. 24), auf die Feststellung, dass die Vorgaben des

---

53 Ausdrücklich offen gelassen durch: *BAG* 16.1.2003, NZA-RR 2003, 607; *BAG* 12.9.1984, NZA 1984, 393.

54 *BAG* 20.11.2012, NZA 2013, 448 Rn. 132; *BAG* 19.6.2007, NZA 2007, 1055; *BAG* 10.12.2002, NZA 2003, 734.

55 Sämtliche Konventionen sind abrufbar unter: www.ilo.org/ilolex/german/docs/convdisp1.htm.

56 Dies trifft auf die im Text genannten Abkommen mit Ausnahme der Nrn. 151 und 154 zu.

57 *BAG* 22.6.2010, NZA 2010, 1365 Rn. 27.

jeweiligen Abkommens nicht über diejenigen des Art. 9 Abs. 3 GG hinausgehen und diese daher dem Ergebnis nicht entgegenstehen.[58]

III. Funktionsgehalt der Koalitions- und Tarifautonomie

Die Koalitionsfreiheit ist eine besondere Erscheinungsform der Vereinsfreiheit (Art. 9 **26** Abs. 1 GG). Dabei besteht der entscheidende Unterschied zwischen der Vereins- und der Koalitionsfreiheit darin, dass letztere eine ausdrückliche Garantie des Koalitionszwecks enthält. Art. 9 Abs. 3 GG gewährt Arbeitnehmern, Arbeitgebern und ihren Verbänden die Freiheit, die Arbeits- und Wirtschaftsbedingungen durch kollektive Interessenwahrnehmung in eigener Verantwortung und autonom ordnen zu können. Damit stellt bereits Art. 9 Abs. 3 GG selbst die entscheidenden Weichen für die Ausgestaltung des Tarifvertrags- und Arbeitskampfrechts. Das hat zur Folge, dass Rechtsprobleme aus diesem Bereich fast zwangsläufig verfassungsrechtliche Fragestellungen aufwerfen und dies wiederum, dass sich bereits die Fachgerichte in einschlägigen Entscheidungen intensiv mit den Vorgaben des Verfassungsrechts auseinandersetzen.

Ordnungsziel des Art. 9 Abs. 3 GG ist die Schaffung und Bewahrung einer rechts- **27** geschäftlichen Ordnung des Arbeitslebens. Ausgangspunkt ist zunächst die historische Erfahrung, dass auf Grund der zwischen Arbeitgeber und Arbeitnehmer bestehenden Machtdisparität der reine Arbeitsvertrag als solcher nicht geeignet ist, um eine marktmäßig-rechtsgeschäftliche Ordnung im Arbeitsleben herzustellen. Während der Arbeitgeber die Verfügungsgewalt über die Produktionsmittel innehat und ihm daher bei der Gestaltung der Arbeitsbedingungen ein deutlicher Vorsprung zukommt, ist der Arbeitnehmer auf seine Arbeitseinkünfte existenziell angewiesen. Erschwerend kommt das so genannte Marktversagen hinzu, das sich, vereinfacht gesprochen, darin ausdrückt, dass der Arbeitnehmer, anders als etwa ein Käufer von Verbrauchsgütern, sich bei einem ihm unzureichend erscheinenden Angebot nicht ohne Weiteres an einen anderen Anbieter (hier also: an einen anderen Arbeitgeber) wenden kann. Schließlich trägt auch die beim Vertragsabschluss nicht selten anzutreffende Informationsasymmetrie zwischen Arbeitnehmer und Arbeitgeber (häufig verfügt nur letzterer über einen mehr oder weniger vollständigen Überblick über die Bedingungen, unter denen die versprochene Arbeit zu leisten ist) dazu bei, dass die Gleichheit der Arbeitsvertragsparteien lediglich formaler Natur ist, rein tatsächlich aber durch ihre reale Imparität entwertet wird.

Sozial- und ideengeschichtlich ist immer wieder dafür eingetreten worden, das Ar- **28** beitsleben nicht durch Arbeitsverträge zu ordnen, sondern grundlegend andere gesellschaftliche Ordnungssysteme zu schaffen. Art. 9 Abs. 3 GG bekennt sich dagegen zu einem freiheitlich-privatautonomen Ansatz. Arbeitnehmer und Arbeitgeber sollen, wie andere Vertragsparteien auch, die Eckdaten des gegenseitigen Austauschverhältnisses frei, selbstbestimmt und auf vertraglicher Grundlage festlegen. Damit dies aber gelingen kann, sollen sich die Arbeitnehmer, letztlich aber auch Arbeitgeber, freiwillig in Verbänden zusammenschließen können, um so gegenüber ihrem sozialen Gegenspieler gleichgewichtig und -berechtigt auftreten und diesem gegenüber ihre Interessen durchsetzen zu können.

---

58 S. etwa: *BVerfG* 11.7.2017, BVerfGE 2017, 2663 = NZA 2017, 915 Rn. 206; *BAG* 20.11.2012, NZA 2013, 448 Rn. 132; *BAG*, 20.11.2012, NZA 2013, 437 Rn. 76.

29   Daher ist die Koalitions- und insbesondere die Tarifautonomie im Ausgangspunkt eine besondere Erscheinungsform der Privatautonomie (»kollektiv ausgeübte Privatautonomie«). Entsprechend basiert der spätere Tarifvertragsschluss auf der Legitimation der Verbandsmitglieder. Diese erklären mit dem Beitritt zur fraglichen Vereinigung ihre Bereitschaft, sich dem durch ihre Verbände gesetzten Tarifrecht zu unterwerfen.

30   Das Gegenmachtprinzip erklärt auch, warum die Rechtsordnung unterstellt, dass der Tarifvertrag, anders als der individuelle Arbeitsvertrag eine besondere »Richtigkeitsgewähr« in sich trägt. Das kommt etwa im Kontrollprivileg des § 310 Abs. 4 S. 1 BGB zum Ausdruck oder aber in solchen gesetzlichen Regelungen, die den Tarifvertragsparteien die Möglichkeit einräumen, von ansonsten zwingenden arbeitsrechtlichen Schutzvorschriften auch zu Lasten des Arbeitnehmers abzuweichen (s. dazu → § 5 Rn. 13, → § 6 Rn. 21 f., → § 9 Rn. 63). Auch die Privilegierung tarifanwendender Betriebe im EntgTranspG (vgl. §§ 4 Abs. 5, 11 Abs. 3 S. 2 Nr. 1, 14) ist hiervon geprägt.

31   Wenn die Tarifautonomie strukturell auch privatrechtlich zu verorten ist, so liegt sie auch im öffentlichen Interesse. Würde es nämlich kein funktionsfähiges Tarifvertragssystem geben, so müsste das Arbeitsleben durch eine autoritäre oder korporative Organisation ausgestaltet werden, da der bloße Individualvertrag jedenfalls keine geeignete Alternative hierzu wäre. Der Verfassungsgeber ist jedoch davon ausgegangen, dass die Vertragsparteien über ihre Verbände den Inhalt der Arbeitsverhältnisse viel besser ordnen können als der Staat, vor allem, was Löhne und andere materielle »Eckdaten« des Arbeitsverhältnisses angeht. Sie handeln nämlich privatautonom und nicht durch staatliches Dekret und können ihre Interessen daher am besten artikulieren. Auch stehen sie dem Branchengeschehen wesentlich näher als etwa ein Ministerium oder eine Arbeitsbehörde.

32   Der Tarifvertrag wirkt wettbewerbsbeschränkend. Er sichert dem Arbeitnehmer die Arbeitsbedingungen des Tarifvertrags fest zu und schaltet damit einen (Unterbietungs-)Wettbewerb über Arbeitsbedingungen aus. Dem Arbeitgeber bietet er eine hinsichtlich Löhnen und Arbeitsbedingungen konstante Kalkulationsgrundlage und vor allem eine im Verhältnis zu anderen Unternehmen gleichmäßige Wettbewerbsausgangslage. Diese wettbewerbsbeschränkende Wirkung ist dem Tarifvertrag immanent, weshalb Art. 9 Abs. 3 GG (bzw. Art. 28 GrCh) zwingend gebietet, Tarifabsprachen aus den Kartellverboten des § 1 GWB (bzw. Art. 101 AEUV) auszunehmen (zu den Problemen, die insoweit Selbständige im Grenzbereich zum Arbeitsrecht bereiten, → § 2 Rn. 52). Regelungstechnisch liegen die Dinge im Arbeitsmarkt damit genau andersherum als im Gütermarkt. Das ordnungspolitische Ziel ist indes ein- und dasselbe: Es geht darum, die Funktionsvoraussetzungen für eine freiheitliche Marktordnung abzusichern.

33   Dieser privatautonom fundierte Erklärungsansatz ist keineswegs unumstritten geblieben. So wurde die Tarifautonomie durchaus auch delegativ verortet.[59] Nach diesem Modell ist, vereinfacht dargestellt, die Regelung der Arbeitsbedingungen primär in die Hände des Staates gelegt, der seine Regelungsbefugnis und -verantwortung an die Koalitionen delegiert hat. Das BAG ist indes für das privatrechtliche Modell eingetreten[60]

---

59 Prominent etwa: *Gamillscheg*, Bd. I, S. 554 ff. u. 560 ff.
60 So beispielsweise: *BAG* 26.4.2017, NZA-RR 2017, 478; *BAG* 15.4.2015, NZA 2015, 2362; *BAG* 21.5.2014, NZA 2015, 115; *BAG* 25.9.2013, AP TVG § 1 Tarifverträge: Musiker Nr. 26; *BAG* 23.3.2011, NZA 2011, 920; *BAG* 7.7.2010, NZA 2010, 1068; *BAG* 26.8.2009, NZA-RR 2010, 305 Rn. 30; *BAG* 19.6.2007, NZA 2007, 1055; *BAG* 18.7.2006, NZA 2006, 1225 Rn. 55; *BAG* 28.3.2006, NZA 2006, 1112; *BAG* 27.11.2002, NZA 2003, 812; *BAG* 30.8.2000, NZA 2011, 613.

und auch die Literatur ist diesem überwiegend gefolgt. Da Delegations- und Legitimationslehre, was die im vorliegenden Lehrbuch abzuhandelnden Sachfragen angeht, ohnehin zu im Wesentlichen gleichen Ergebnissen führen, soll auf den Meinungsstreit hier nicht näher eingegangen werden.

Allerdings ist in letzter Zeit zu beobachten, dass der privatautonome Erklärungsansatz angesichts des immer dichter werdenden staatlichen Zugriffs auf tarifliche Arbeitsbedingungen zunehmend an seine Grenzen stößt.[61] In Deutschland haben die Wirtschaftsbereiche zugenommen, die nicht mehr flächendeckend bzw. inhaltlich nur unzureichend durch Tarifverträge erfasst sind (→ § 9 Rn. 1 und 88 ff.). Umgekehrt nimmt der Gesetzgeber schon seit vielen Jahren über das AEntG Tarifverträge in Dienst, um flächendeckend Mindestarbeitsbedingungen festzusetzen. Mit dem Tarifautonomiestärkungsgesetz 2014 wurde die Allgemeinverbindlicherklärung von Tarifverträgen erheblich erleichtert (s. dazu → § 9). Tarifverträge werden so immer öfter auch auf Arbeitsvertragsparteien erstreckt, die keine Mitglieder der tarifschließenden Koalitionen sind und sich dem fraglichen Tarifvertrag daher eigentlich nicht unterwerfen wollten. Dazu kommt, dass insbesondere der EuGH in vielen Urteilen davon ausgeht, dass wenn die Tarifpartner im Geltungsbereich von Richtlinien tätig werden, die Mitgliedstaaten insoweit ihr Rechtsetzungsmandat an diese übertragen haben.[62] Schließlich hat die Rechtsprechung des BAG in den vergangenen Jahren die Möglichkeit, eine einmal eingegangene Tarifbindung, etwa durch Verbandsaustritt, Betriebsveräußerung o. Ä., abzustreifen, deutlich erschwert. Dies alles hat die grundlegende Verortung der Tarifautonomie als kollektive Privatautonomie zwar sicher nicht zur Gänze in Frage gestellt; indes bedarf die Legitimationslehre in der tatsächlichen Tarifpraxis immer wieder der Modifikation. **34**

IV. Das Koalitionsgrundrecht

1. Begriffsklärung: Koalition, Arbeitnehmervereinigung und Gewerkschaft

Koalitionen sind Zusammenschlüsse von Arbeitgebern und Arbeitnehmern. Auf Arbeitnehmerseite bestehen diese in Form von Gewerkschaften, auf Arbeitgeberseite als Arbeitgeberverbände. Was die Arbeitnehmerseite betrifft, ist allerdings von großer Bedeutung, dass nicht jede Koalition tariffähig ist. Vielmehr können nur sozial mächtige und durchsetzungsfähige Arbeitnehmervereinigungen Tarifverträge schließen (s. ausführlich → § 3 Rn. 1–17). Daran anknüpfend spricht das BAG davon, dass nur eine tariffähige Arbeitnehmerkoalition eine Gewerkschaft im Rechtssinn sein kann.[63] Greift man darauf zurück, bietet sich an, den Terminus »Koalition« als Oberbegriff anzusehen, unter den jede Vereinigung von Arbeitnehmern subsumiert werden kann und zwar ganz gleich, ob sie tariffähig ist oder nicht und den Terminus »Gewerkschaft« als Unterbegriff für tariffähige Vereinigungen zu verwenden. Und in der Tat werden diese beiden Begriffe in der Literatur häufig in diesem Sinn benutzt. Doch wird diese Trennung beider Begriffe keineswegs immer stringent durchgehalten. Vielmehr wird in Rechtsprechung und Literatur der Begriff »Gewerkschaft« häufig auch als Synonym für Arbeitnehmerkoalitionen schlechthin gebraucht, wie umgekehrt von »tariffähigen Gewerkschaften« gesprochen wird, was tautologisch wäre, würde man die Unterschei- **35**

---

61 *Wiedemann*, BB 2013, 1397.
62 S. nur: *EuGH* 8.9.2011, NZA 2011, 1100 Rn. 64 ff. – Hennigs u. Mai.
63 *BAG* 19.9.2006, NZA 2007, 518.

dung zwischen bloßen Arbeitnehmer-Koalitionen und Gewerkschaften konsequent durchhalten.

36 Das BAG geht von einem einheitlichen »Gewerkschaftsbegriff« aus.[64] Das heißt, dass immer dann, wenn das Arbeitsrecht den Begriff »Gewerkschaft« gebraucht, tariffähige Arbeitnehmerkoalitionen gemeint sind. Nur tariffähige Koalitionen können Tarifverträge schließen (s. § 2 TVG, → § 3) und nur ihnen stehen die Rechte u. a. aus den §§ 2 Abs. 2, 23 Abs. 3, 31, 46 Abs. 1 BetrVG, § 20 Abs. 2 ArbGG, § 7 Abs. 2 MitbestG zu. Eine unterschiedliche, auf das Merkmal der Tariffähigkeit gegebenenfalls verzichtende Auslegung des Gewerkschaftsbegriffs je nach den vermeintlich unterschiedlich hohen Anforderungen des Rechtsgebiets an die Mächtigkeit und Kompetenz einer Arbeitnehmervereinigung ist daher nicht möglich.

37 Hervorhebung verdient, dass auch nicht tariffähige Arbeitnehmervereinigungen sich auf das Koalitionsgrundrecht des Art. 9 Abs. 3 GG berufen können. Die Garantien des Art. 9 Abs. 3 GG bestehen also unabhängig von der Tariffähigkeit der jeweiligen Vereinigung. Weiter ist zu beachten, dass das Kriterium der »Durchsetzungskraft« auf der Arbeitgeberseite keine Rolle spielt. Ein tarifwilliger Verband von Arbeitgebern ist stets tariffähig (→ § 3 Rn. 10).

2. Koalitionseigenschaft

38 Im Einzelnen muss eine Vereinigung, um als Koalition i. S. d. Art. 9 Abs. 3 GG qualifiziert werden zu können, folgende Voraussetzungen[65] erfüllen:

a) Freiwilliger, privatrechtlicher Zusammenschluss

39 Die Vereinigung muss als freiwilliger Zusammenschluss mit korporativer Organisation auf der Ebene des Privatrechts errichtet sein, wobei die Rechtsform nicht entscheidend ist. So genießt auch eine als nicht rechtsfähiger Verein organisierte Arbeitnehmervereinigung (→ § 2 Rn. 71) den kollektivrechtlichen Status einer Koalition. Sie muss aber auf Dauer angelegt sein. Ad-hoc-Zusammenschlüsse von Arbeitnehmern, die etwa zu einer spontanen Arbeitsniederlegung (»wilder Streik«, → § 10 Rn. 18ff.) aufrufen, werden durch Art. 9 Abs. 3 GG nicht geschützt.[66]

b) Demokratische Binnenstruktur

40 Die Vereinigung muss über eine demokratische Binnenorganisation verfügen. Die Verbandsführung muss mitgliedschaftlich, also durch eine entsprechend gestaltete Wahl legitimiert sein.

c) Vereinigungszweck

41 Zweck der Vereinigung muss sein, die Arbeits- und Wirtschaftsbedingungen ihrer Mitglieder durch den Einsatz spezifisch koalitionsgemäßer Gestaltungsmittel wahrzunehmen. Jedenfalls eine Arbeitnehmervereinigung muss sich satzungsgemäß zum Ziel gesetzt haben und willens sein, Tarifverträge abzuschließen. Vereinigungen müssen daher

---

64 *BAG* 19.9.2006, NZA 2007, 518.

65 Beachte nochmals: Die Tariffähigkeit ist keine Voraussetzung für die Koalitionseigenschaft (dazu → Rn. 36).

66 Dies ist nicht unstrittig, a. A. z. B. NK-TVG/*Däubler* Einl. Rn. 113.

auch das geltende Tarifrecht als verbindlich anerkennen. Keine notwendige Voraussetzung ist allerdings die Bereitschaft zum Arbeitskampf.

d) Gegnerfreiheit, Überbetrieblichkeit, Unabhängigkeit

Die Vereinigung muss gegnerfrei und -unabhängig sein. Sie muss über ihre eigene Organisation und ihre Willensbildung selbst entscheiden können. Allerdings schließt nicht jegliche Beeinträchtigung der Unabhängigkeit die Koalitionseigenschaft aus. Zwar dürfen grundsätzlich in einer Gewerkschaft keine Arbeitgeber und in einem Arbeitgeberverband keine Arbeitnehmer organisiert sein. Unschädlich ist aber die Wahrnehmung von Aufsichtsratsmandaten durch Gewerkschaftsvertreter im Zusammenhang mit der unternehmerischen Mitbestimmung (vgl. nur § 7 Abs. 2 MitbestG). Auch wird die Gegnerfreiheit noch nicht dadurch beeinträchtigt, dass eine Gewerkschaft von ihren Mitgliedern die Abführung von Vergütungen beansprucht, die diese für die Wahrnehmung von einschlägigen Mandaten[67] oder als Beisitzer einer Einigungsstelle erhalten. Auch dürfen Arbeitnehmer, die eine zentrale Position in Unternehmen einnehmen, durchaus einer Gewerkschaft angehören.[68] Zunehmend kritisch wird indes die Gewerkschaftsmitgliedschaft von Personen gesehen, die in keinem Arbeitsverhältnis stehen. Während das beispielsweise für Studierende unproblematisch erscheint (sie würden mit Aufnahme einer einschlägigen Beschäftigung ohne weiteres den Tarifverträgen ihrer Gewerkschaft unterfallen), wird darauf gedrungen, dass Selbstständige keinen Einfluss auf die tarifpolitische Willensbildung nehmen dürfen.[69] Ihnen darf daher nur eine Gastmitgliedschaft angeboten werden, die ein wenig an die Stellung von OT-Mitgliedern im Arbeitgeberverband erinnert (vgl. → § 2 Rn. 74). 42

An der erforderlichen Unabhängigkeit fehlt es ganz eindeutig dann, wenn die Abhängigkeit vom sozialen Gegenspieler in der Struktur der Arbeitnehmervereinigung angelegt ist, weil sich diese nicht aus den Beiträgen ihrer Mitglieder, sondern aus Zuwendungen der Arbeitgeber finanziert und zu befürchten ist, dass die Arbeitgeberseite durch Androhung der Zahlungseinstellung die Willensbildung auf Arbeitnehmerseite beeinflussen kann. Solches hatte das LAG Köln etwa in Bezug auf die Gewerkschaft Neue Brief- und Zustelldienste (GNBZ) angenommen.[70] Hier sollen die Arbeitgeber Arbeitnehmer zur Mitgliedschaft in der Gewerkschaft, die in Konkurrenz zur Dienstleistungsgewerkschaft ver.di treten sollte, gedrängt haben. Auch soll die Arbeitgeberseite Büroausstattung, Raummiete, sowie die Personalkosten und Sachausgaben finanziert haben. 43

Grundsätzlich müssen Arbeitnehmerkoalitionen überbetrieblich organisiert sein. »Unternehmenseigene« Arbeitnehmerkoalitionen (zuweilen auch: »gelbe Gewerkschaften«) nehmen jedenfalls nicht am Schutz des Art. 9 Abs. 3 GG teil, sind im deutschen Arbeitsleben aber seit dem Stinnes-Legien-Abkommen von 1918 ohnehin unbekannt.[71] Darüber hinaus ist unschädlich, wenn sich eine Gewerkschaft, insbesondere eine Berufsgruppengewerkschaft, zu einem großen Teil aus Beschäftigten eines Unternehmens mit monopolähnlicher Stellung zusammensetzt. Entsprechendes gilt, wenn auf dem Markt nur wenige Unternehmen agieren und sich deren Arbeitnehmer in einer Ge- 44

---

67 *BAG* 21.5.2015, NZA 2015, 1319.
68 *BAG* 14.12.2004, NZA 2005, 697.
69 *BAG* 31.1.2018 – 10 AZR 722/16 (A) Rn. 24.
70 *LAG Köln* 20.5.2009 – 9 TaBV 105/08.
71 Eine wenig rühmliche Ausnahme (im weitesten Sinn) bildet insoweit allerdings die Gründung der »AUB«. Einzelheiten sind nachzulesen bei: *BGH* 13.9.2010, NStZ 2011, 37.

werkschaft vereinigen.⁷² Schließlich muss die Gewerkschaft ihre institutionelle Selbständigkeit gegenüber politischen Parteien und Religionsgesellschaften auch dann wahren, wenn die Satzung keine Neutralität zu diesen vorgibt.

e) Streitfragen

45 Ist die Koalitionseigenschaft strittig, kann das Verfahren nach §§ 2a Abs. 1 Nr. 4, Abs. 2, 97 ArbGG beschritten werden. Einzelheiten dazu werden in Zusammenhang mit Streitigkeiten über die Tariffähigkeit einer Koalition dargestellt (→ § 3 Rn. 8f.).

3. Dogmatische Struktur, frühere Kernbereichslehre, Rechtfertigung von Eingriffen

46 Rechtsprechung und Lehre taten sich mit der Herausbildung einer dogmatischen Struktur für das Koalitionsgrundrecht lange Zeit schwer. Grund dafür war, dass zwar die Schrankenbestimmung des Art. 9 Abs. 2 GG auch für die Koalitionen gilt, sich Art. 9 Abs. 3 GG aber ansonsten so liest, als sei die Koalitionsfreiheit vorbehaltlos gewährleistet. Gleichsam als Korrelat zur vermeintlich schrankenlosen Garantie des Grundrechts ging die Rechtsprechung über mehrere Jahrzehnte davon aus, dass der Schutz des Art. 9 Abs. 3 GG auf solche Tätigkeiten der Koalition beschränkt werden müsste, die für die Erhaltung und die Sicherung des Bestandes der Koalition unerlässlich sind. Diese so genannte »Kernbereichslehre« hat das BVerfG 1995⁷³ ausdrücklich aufgegeben und erkennt nun in ständiger Rechtsprechung, dass der Schutz des Art. 9 Abs. 3 GG alle koalitionsspezifischen Verhaltensweisen erfasst, wie beispielsweise auch die im damaligen Streitfall diskutierte Mitgliederwerbung im Betrieb (s. dazu → Rn. 59).

47 Mit der »Öffnung« des Koalitionsgrundrechts für alle koalitionsspezifischen Verhaltensweisen wurde Art. 9 Abs. 3 GG gewissermaßen zu einem »ganz normalen« Freiheitsgrundrecht. Daraus folgt dann auch, dass die Koalitionsfreiheit durch konkurrierende Grundrechte und zum Schutz von Gemeinwohlbelangen eingeschränkt werden kann, denen gleichermaßen verfassungsrechtlicher Rang gebührt. Das Prinzip des Ausgleichs widerstreitender Grundrechtspositionen im Wege der praktischen Konkordanz gilt folglich auch für die Koalitionsfreiheit. Folglich ist eine (behauptete) Verletzung von Art. 9 Abs. 3 GG in den üblichen drei Schritten zu prüfen, wie sie bei der Prüfung anderer Freiheitsgrundrechte auch erfolgt. Entsprechend ist im Rahmen des Abwägungsvorgangs zu beachten, dass die Intensität des Grundrechtsschutzes nicht für alle koalitionsmäßigen Betätigungen gleich hoch ist. Die Wirkkraft des Grundrechts nimmt vielmehr in dem Maße zu, in dem eine Materie aus Sachgründen am besten von den Tarifvertragsparteien geregelt werden kann. Dort wo der Schutz besonders gewichtig ausfällt, etwa mit Blick auf die Festsetzung des Lohns und der Arbeitszeit, müssen die Gründe, die einen Eingriff in diesen Bereich rechtfertigen sollen, besonders schwerwiegend sein.

48 Auch mit der Herausbildung möglicher Eingriffsgründe tat sich die Rechtsprechung lange Zeit schwer. Während das BVerfG zunächst vor allem die Aufrechterhaltung und Sicherung der Stabilität der Sozialversicherungssysteme bemühte – ganz gleich ob dies wirklich passend war oder nicht – ging es Ende der 90er Jahre dazu über, ganz offen die

---

72 Etwa: GdL (Lokomotivführer der DB-AG), Cockpit (Piloten von Lufthansa, Ryanair, LTU usw.).
73 *BVerfG* 14.11.1995, BVerfGE 93, 352 = NZA 1996, 381.

Bekämpfung der Arbeitslosigkeit als möglichen Eingriffsgrund anzusprechen.[74] Daran anknüpfend erweiterte es den Katalog von Rechtfertigungsgründen mehr und mehr. So erwähnt es im Zusammenhang mit der Koalitionsfreiheit, aber auch der Erstreckung von Tarifverträgen auf Dritte (→ § 9, insb. Rn. 88 ff.) den Schutz der Ordnungs- und Befriedungsfunktion der Tarifautonomie, die Begrenzung des Unterbietungswettbewerbs über die Lohnkosten, sowie die Schaffung fairer Wettbewerbsbedingungen.[75] Eine recht griffige Zusammenfassung dieser Rechtsprechung findet sich übrigens in § 1 AEntG, in dem der Gesetzgeber diese schlicht zum Regelungsziel des AEntG deklariert hat, offenbar, weil er der Meinung war, auf diesem Weg die umstrittenen Regelungen der §§ 7 und 8 AEntG verfassungsrechtlich besonders gut absichern zu können.

4. Grundrechtsträger

a) Doppelgrundrecht

Art. 9 Abs. 3 GG schützt zunächst die Koalitionsfreiheit der einzelnen Arbeitsvertragsparteien, also diejenige von Arbeitnehmern und Arbeitgebern. Darüber hinaus nehmen aber auch die Koalitionen selbst am Grundrechtsschutz des Art. 9 Abs. 3 GG teil. Die Rechtsprechung des BVerfG und des BAG[76], aber auch eine starke Strömung in der Literatur[77] geht insoweit davon aus, dass Art. 9 Abs. 3 GG ein Doppelgrundrecht ist, das sich gleichberechtigt aus einem Individual- und einem Kollektivgrundrecht zusammensetzt. Nach dieser Ansicht nehmen die Koalitionen also unmittelbar selbst am Grundrechtsschutz des Art. 9 Abs. 3 GG teil. Das BVerfG spricht zuweilen davon, dass sich die individualrechtliche Gewährleistung in einem Freiheitsrecht der Koalition fortsetzt.[78] Eine Gegenansicht[79] verortet den als solchen unbestrittenen kollektiven Einschlag des Art. 9 Abs. 3 GG dagegen in der gemeinsamen Ausübung der zur kollektiven Interessenwahrnehmung in der Koalition zusammengeschlossenen Individualrechtsträger (»Durchblicktheorie«) bzw. leitet ihn aus Art. 19 Abs. 3 GG her. Unterschiede im praktischen Ergebnis ergeben sich zwischen beiden Meinungen allerdings kaum.

b) Grundrechtsberechtigte

Art. 9 Abs. 3 GG gewährleistet die Koalitionsfreiheit »für jedermann und für alle Berufe«. Sie bezieht sich auf den sozialen Tatbestand unselbständiger Arbeit, also auf die persönliche Arbeitsleistung in wirtschaftlicher Abhängigkeit. Diesbezüglich berechtigt Art. 9 Abs. 3 GG Arbeitnehmer und Arbeitgeber gleichermaßen und mit gleichem Rang. Dabei erfasst das Koalitionsgrundrecht auch Auszubildende und Heimarbeiter. Dabei sind im Grundsatz auch Arbeitnehmer der Kirchen in die Koalitionsfreiheit des

49

50

---

74 *BVerfG* 10.1.1995, BVerfGE 92, 26 = NJW 1995, 2339 – Zweitregister; *BVerfG* 3.4.2001, BVerfGE 103, 293 = NZA 2001, 777 – § 10 BUrlG; *BVerfG* 27.4.1999, BVerfGE 100, 271 = NZA 1999, 992 – Lohnabstandsgebot, ebenso in den in nachfolgenden Fn. aufgeführten Entscheidungen.

75 *BVerfG* 11.7.2006, BVerfGE 116, 202 = NZA 2007, 42; *BVerfG* 20.3.2007, NZA 2007, 609; *BVerfG* 29.12.2004, NZA 2005, 153.

76 *BVerfG* 12.6.2018 – 2 BvR 1738/12 Rn. 113; *BVerfG* 11.7.2017 = BVerfGE 146, 71, NZA 2017, 915 Rn. 130; *BVerfG* 24.2.1971, BVerfGE 30, 227 (241) = NJW 1971, 1123; *BAG* 15.4.2015, NZA 2015, 1388; *BAG* 7.7.2010, NZA 2010, 1068.

77 Vgl. nur: ErfK/*Linsenmaier* Art. 9 GG Rn. 7; *Gamillscheg*, Bd. I, S. 181 f. m. umf. Nachw. in Fn. 162; MHdB ArbR/*Löwisch/Rieble* § 155 Rn. 4; BeckOK GG/*Cornils* Art. 9 Rn. 3.

78 *BVerfG* 24.4.1996, BVerfGE 94, 268 = NZA 1996, 1157.

79 Maunz/Dürig/*Scholz* GG Art. 9 Rn. 170; Sachs/*Höfling* GG Art. 9 Rn. 26.

Art. 9 Abs. 3 GG einbezogen.[80] Das war zwar im Prinzip schon immer anerkannt, erfährt aber mit der neueren Rechtsprechung des EGMR nochmals eine zusätzliche Klarstellung. Dieser hatte u. a. entschieden, dass Priester der orthodoxen Kirche Rumäniens dem Schutzbereich des Koalitionsgrundrechts des Art. 11 EMRK unterfallen.[81] Was allerdings die Reichweite des Koalitionsgrundrechts betrifft, ergeben sich mit Rücksicht auf das Selbstbestimmungsrecht von Religionsgemeinschaften (Art. 140 GG i. V. m. 137 Abs. 3 S. 1 WRV) gewichtige Besonderheiten. Ausgangspunkt ist, dass es nach dem kirchlichen Selbstverständnis (Leitbild der kirchlichen Dienstgemeinschaft) im Verhältnis von Kirche und ihren Mitarbeitern an dem das Arbeitsleben kennzeichnenden antagonistischen Interessenkonflikt fehlt. Daraus folgt eine weitgehende Einschränkung des Streikrechts im Bereich kirchlicher Einrichtungen, die ausführlich erst in § 10 Rn. 106 ff. besprochen werden sollen. Darüber hinaus hat das BVerfG aber auch ein Zutrittsrecht von betriebsfremden Beauftragten der Gewerkschaft zum Zweck der Mitgliederwerbung zu kirchlichen Betriebsstätten verneint.[82] Ob sich dies nach der jüngeren Rechtsprechung des EGMR noch uneingeschränkt aufrechterhalten lässt, erscheint allerdings zweifelhaft. Zumindest das BAG war der Ansicht, dass die Kirchen ihr Selbstbestimmungsrecht nicht dazu nutzen dürfen, um Gewerkschaften vollständig an der Mitwirkung bei der Festsetzung der Arbeitsbedingungen auszuschließen.[83]

51 Grundsätzlich gilt die Koalitionsfreiheit auch für Beamte, Richter und Soldaten. Grenzen für die Koalitionsbetätigung ergeben sich erst aus der öffentlich-rechtlichen Gestaltung. So wird aus den hergebrachten Grundsätzen des Berufsbeamtentums (Art. 33 Abs. 5 GG) insbesondere hergeleitet, dass für Beamte keine Tarifautonomie besteht. Das Beamtenverhältnis ist öffentlich-rechtlich ausgestaltet und die Arbeitsbedingungen werden einseitig durch Gesetz und/oder Verordnung geregelt. Dessen ungeachtet besteht Einigkeit darüber, dass die Gewerkschaftseigenschaft der Beamtenverbände daran nicht scheitert. Zu dem trotz Art. 11 EMRK[84] bestehenden Streikverbot[85] für Beamte → § 10 Rn. 6, 104 f.

52 Noch nicht abschließend geklärt ist die Zuordnung von Arbeitnehmerähnlichen und Solo-Selbständigen an der Grenze zur abhängigen Arbeit, eine Problematik, die mit der digitalen Plattformwirtschaft (Stichworte: Crowdworker, Clickworker) enorm an Bedeutung hinzugewonnen hat. § 12 a TVG erkennt immerhin arbeitnehmerähnlichen Personen (zur Definition s. § 12 a Abs. 1 TVG) die Möglichkeit zu, Tarifverträge abzuschließen. Gewicht haben Tarifwerke für Arbeitnehmerähnliche etwa für freie Mitarbeiter in den Rundfunkanstalten oder im Bühnenbereich. § 12 a TVG will zum einen sicherstellen, dass diese Tarifverträge in den einzelnen Beschäftigungsverhältnissen auch tatsächlich zur Anwendung kommen und diese zum anderen gegen das Kartellverbot des § 1 GWB immunisieren (→ § 2 Rn. 32). Auch der EuGH scheint davon auszugehen, dass Tarifverträge für selbständige Leistungserbringer, die sich in einer vergleichbaren Situation wie ein Arbeitnehmer befinden, nicht gegen das Kartellverbot

---

80 *BAG* 20.11.2012, NZA 2013, 448; *BAG* 20.11.2012, NZA 2013, 437; für einen Verband katholischer Hausgehilfinnen und Hausangestellter: *BVerfG* 6.5.1964, BVerfGE 18, 18 = NJW 1964, 1267.

81 *EGMR* 9.7.2013 – 2330/09 – Sindicatul »Pastorul cel Bun«/Rumänien.

82 *BVerfG* 17.2.1981, BVerfGE 57, 220 = NJW 1981, 1829, wobei zu konzedieren ist, dass diese Entscheidung stark durch die Kernbereichsformel (Rn. 46) geprägt ist.

83 *BAG* 20.11.2012, NZA 2013, 448.

84 *EGMR* 12.11.2008, NZA 2010, 1425 – Demir u. Baykara/Türkei; *EGMR* 21.4.2009, NZA 2010, 1423 – Enerji Yapi-Yol Sen/Türkei.

85 *BVerfG* 12.6.2018 – 2 BvR 1738/12; *BVerwG* 27.2.2014, NZA 2014, 616.

des Art. 101 AEUV verstoßen.[86] Damit ist aber nicht gesagt, dass diese Personen deshalb auch am Grundrechtsschutz des Art. 9 Abs. 3 GG teilnehmen; dies ist vielmehr ungeklärt.[87] Das kann für Solo-Selbständige im Grenzbereich zum Arbeitsrecht entscheidend sein, etwa wenn sie sich auf Plattformen zusammenschließen, um sich dort über ihre Beschäftigungsbedingungen auszutauschen, gemeinsame Vergütungsregelungen zu verabschieden oder einzelne Auftraggeber ganz gezielt zu boykottieren.

Arbeitgeber i. S. d. Art. 9 Abs. 3 GG ist jeder, der über die formelle Position als Arbeit-   **53** geber verfügt, darüber hinaus aber auch derjenige, der Inhaber des die Arbeitgeberschaft vermittelnden Produktiveigentums ist. Bei einer Kapitalgesellschaft ist daher nicht nur die Gesellschaft als solche Grundrechtsträger, sondern auch die einzelnen Gesellschafter; denn das Grundrecht der Koalitionsfreiheit schützt nicht nur die Koalitionstätigkeit im Außenverhältnis, sondern auch die »Selbstbestimmung der Koalitionen über ihre eigene Organisation, das Verfahren ihrer Willensbildung und die Führung ihrer Geschäfte« vor einer »Fremdbestimmung durch die Gegenseite«.[88]

c) Drittwirkung

Das Grundrecht der Koalitionsfreiheit bindet nicht nur die staatlichen Gewalten (Art. 1   **54** Abs. 3 GG), sondern ist darüber hinaus – bereits nach dem Text des Grundgesetzes – als Grundrecht mit unmittelbarer Drittwirkung gestaltet (Art. 9 Abs. 3 S. 2 GG). Es berechtigt daher nicht nur Arbeitnehmer, Arbeitgeber und ihre Koalitionen, sondern verpflichtet sie auch. So sind etwa rechtsgeschäftliche Abreden, die das Grundrecht der Koalitionsfreiheit einschränken oder behindern, nichtig (§ 134 BGB). Auch stellt das Koalitionsgrundrecht ein sonstiges absolut geschütztes Rechtsgut i. S. d. § 823 Abs. 1 BGB dar. Greifen Private in dieses ein, können die betroffenen Grundrechtsträger nach § 1004 BGB Unterlassung und gegebenenfalls nach §§ 823 Abs. 1, 249 ff. BGB Schadensersatz verlangen. Beispiele und eingehendere Erläuterungen hierzu finden sich in → § 6 Rn. 43 ff., 48 ff., → § 11 Rn. 26 ff.

5. Individuelle Koalitionsfreiheit

Das Grundrecht der Koalitionsfreiheit schützt das Recht des Einzelnen, Koalitionen   **55** zu gründen, bestehenden Koalitionen beizutreten und in ihnen zu verbleiben (positive Koalitionsfreiheit). Überdies hat der Arbeitnehmer das Recht, für seine Gewerkschaft tätig zu werden. Er darf daher, sofern er seine Pflichten aus dem Arbeitsverhältnis nicht verletzt, im Betrieb Werbung für seine Gewerkschaft machen (zu den Grenzen, s. aber auch → Rn. 59 ff.). Schließlich umfasst die positive Koalitionsfreiheit einen Anspruch der Mitglieder einer Koalition, dass der von »ihrer« Koalition ausgehandelte

---

86 *EuGH* 4.12.2014, NZA 2015, 55 – FNV Kunsten.
   Ganz sicher ist dies nicht. Der EuGH spricht davon, dass Kollektivverträge von »Scheinselbständigen« nicht dem Kartellrecht unterliegen. Das ist aus der Sicht des deutschen Rechts unglücklich, denn danach sind Scheinselbständige Personen, die nur der Vertragsbezeichnung nach selbständig, in Wirklichkeit aber als Arbeitnehmer zu qualifizieren sind. Im Hinblick darauf, dass der EuGH den Arbeitnehmerbegriff aber etwas weiter bestimmt als das deutsche Recht (ihm genügt hierfür, dass jemand fremdbestimmte Arbeit leistet), dürften der EuGH damit aber tatsächlich arbeitnehmerähnliche Personen gemeint haben.
87 Möglicherweise zurückhaltend: *BAG* 31.1.2018, NZA 2018, 867 Rn. 24 ff.; *BAG* 31.1.2018, NZA 2018, 876 Rn. 21 ff. Dafür: *Schlachter*, FS Zachert, 2010, S. 634 ff. (»Streik der Milchbauern?«); *Heuschmid/Klebe*, FS Kohte, 2016, S. 73, 79.
88 *BVerfG* 1.3.1979, BVerfGE 50, 290 (373) = NJW 1979, 699.

Tarifvertrag auch tatsächlich auf ihre Arbeitsverhältnisse zur Anwendung gebracht wird (s. auch → Rn. 65 ff., → § 6 Rn. 102 ff).

56 Weiterhin ergibt sich aus Art. 9 Abs. 3 GG ein Verbot der Ungleichbehandlung auf Grund der Gewerkschaftszugehörigkeit.[89] Verboten sind daher Organisations- oder Absperrklauseln (auch: closed-shop-Klauseln), mit denen sich der Arbeitgeber gegenüber einer Gewerkschaft verpflichtet, Arbeitnehmer nur dann einzustellen, wenn sie der tarifschließenden Gewerkschaft angehören.[90] Zu den hiervon zu unterscheidenden Differenzierungsklauseln vgl. → § 6 Rn. 69 ff. Weitaus mehr Bedeutung in der Betriebspraxis erlangt allerdings, dass es dem Arbeitgeber verboten ist, sich im Einstellungsgespräch nach der Gewerkschaftszugehörigkeit eines Stellenbewerbers zu erkundigen.[91] Tut er das dennoch, braucht der Bewerber nicht zu antworten, darüber hinaus steht ihm aber auch ein »Recht zur Lüge« zu. Der Arbeitgeber kann den abgeschlossenen Arbeitsvertrag später also nicht nach § 123 BGB mit dem Argument anfechten, dass der Arbeitnehmer ihn über dessen Gewerkschaftszugehörigkeit getäuscht habe. Wird der Bewerber wegen seiner Gewerkschaftszugehörigkeit nicht eingestellt, steht ihm gegen den Arbeitgeber ein Schadensersatzanspruch nach §§ 823 Abs. 1, 249, 252 BGB i. V. m. Art. 9 Abs. 3 GG zu. Allerdings kommt ihm insoweit nicht die Beweiserleichterung des § 22 AGG zu Gute. Alleine die verbotene Frage indiziert daher noch keine Ungleichbehandlung wegen der Gewerkschaftszugehörigkeit. Auch steht dem Bewerber anders als bei § 15 Abs. 2 AGG kein Anspruch auf Ersatz des immateriellen Schadens zu (§ 253 BGB). Auch darf sich der Arbeitgeber bei der Belegschaft nicht deshalb nach deren Organisationszugehörigkeit erkundigen, um die tatsächliche Durchsetzungskraft einer Gewerkschaft in einer konkreten Verhandlungssituation auszutesten. Vielmehr schützt Art. 9 Abs. 3 GG eine Gewerkschaft gerade auch darin, diese Angaben der Arbeitgeberseite in einer konkreten Verhandlungssituation vorzuenthalten.[92] Tut er dies doch, kann die Gewerkschaft gegen den Arbeitgeber mit einem Unterlassungsanspruch nach §§ 1004, 823 BGB i. V. m. Art. 9 Abs. 3 S. 2 GG vorgehen (Rn. 63). Wichtig erscheint noch der Hinweis, dass im bestehenden Arbeitsverhältnis teilweise andere Grundsätze gelten. Gewährt ein tarifgebundener Arbeitgeber tarifliche Leistungen alleine organisierten Arbeitnehmern, kann er von einem Arbeitnehmer, der eine einschlägige Leistung fordert, verlangen, dass dieser seine Gewerkschaftsmitgliedschaft offenlegt und ggf. auch nachweist. Besondere Probleme stellen sich schließlich bei Tarifpluralitäten, → § 6 Rn. 82 ff.

57 Darüber hinaus gewährt Art. 9 Abs. 3 GG auch die »Freiheit des Austritts und des Fernbleibens« von einer Koalition (negative Koalitionsfreiheit).[93] Sowohl das BVerfG als auch das BAG beschränken das negative Koalitionsgrundrecht aber auf den »Außenseiterstatus« von Nichtmitgliedern. Außenseitern (und ebenso anders Organisierten) ist also nicht mehr, aber eben auch nicht weniger, garantiert, als dass sie einer Koalition fernbleiben dürfen. Auf sie darf kein ernst zu nehmender Organisationsdruck oder Beitrittszwang ausgeübt werden. Doch haben sie keinen Anspruch darauf, »vor jeder Lebensäußerung der Koalition verschont« zu bleiben. Daraus wiederum

89 Beachte, dass § 1 AGG – anders als andere europäische Diskriminierungsgesetze – die Mitgliedschaft in einer Arbeitnehmerkoalition nicht als verbotenes Anknüpfungsmerkmal aufführt.
90 *EGMR* 26.6.1981, RdA 1982, 190 – Young, James, Webster/Vereinigtes Königreich.
91 Diese Frage wäre daher auch datenschutzrechtlich unzulässig: § 32 BDSG.
92 *BAG* 18.11.2014, NZA 2015, 306.
93 *BVerfG* 11.7.2006, NZA 2007, 42 Rn. 66; *BVerfG* 14.11.1995, NZA 1996, 381 Rn. 18; *BVerfG* 1.3.1979, BVerfGE 50, 290 (367) = NJW 1979, 699; bestätigt durch *BVerfG* 15.7.1980, BVerfGE 55, 7 (21) = NJW 1981, 215; *BVerfG* 17.2.1981, BVerfGE 57, 220 (245) = NJW 1981, 1829.

folgt, dass die negative Koalitionsfreiheit eine Erstreckung von Tarifrecht auf Außenseiter und Andersorganisierte keineswegs ausschließt und zwar, obwohl diese vielleicht geneigt sein könnten, dem tarifschließenden Verband beizutreten, um Einflussmöglichkeiten auf die nächsten Tarifverhandlungen zu gewinnen. Denn daraus ergibt sich lediglich ein unbeachtlicher mittelbarer Beitrittsdruck (Einzelheiten dazu → § 9 Rn. 80 f.). Schließlich verbietet die negative Koalitionsfreiheit es den Tarifvertragsparteien nicht grundsätzlich, tarifliche Leistungen organisierten Arbeitnehmern vorzubehalten (Stichwort: »Differenzierungsklauseln«, Einzelheiten unter → § 6 Rn. 69 ff.). Schließlich garantieren auch die Bestimmungen der Art. 28 GrCh[94] und 11 EMRK[95] ein entsprechendes Abwehrrecht. Darauf wird in Zusammenhang mit der Erstreckung von Tarifverträgen über Beitragspflichten zu gemeinsamen Einrichtungen (→ § 9 Rn. 91) und der weiteren Dynamik von Bezugnahmeklauseln nach einem Betriebsübergang (→ § 8 Rn. 15) noch zurückzukommen sein.

6. Kollektive Koalitionsfreiheit, Bestands- und Betätigungsschutz der Koalitionen

a) Bestandsgarantie, insbesondere Werbemaßnahmen, Zutrittsrecht zum Betrieb

Die Koalitionsbestandsgarantie bestimmt zunächst, dass der Staat die Existenz einer **58** Koalition nicht von Voraussetzungen abhängig machen darf, auf die diese selbst keinen Einfluss hat. Koalitionen sind daher in der Wahl ihrer Organisationsform und in der Ausgestaltung ihrer verbandsinternen Organisation frei. Dagegen liegt der Organisationsgrad einer Koalition, ihre Durchsetzungsfähigkeit und ihr Erfolg im Tarifgeschehen außerhalb der Verantwortung des Gesetzgebers. Der Gesetzgeber ist nicht gehalten, schwachen Verbänden Durchsetzungsfähigkeit bei Tarifverhandlungen zu verschaffen. Das können und müssen alleine die Verbände leisten, namentlich indem sie Mitglieder anwerben und mobilisieren.[96] Damit geht auch die Möglichkeit einher, dass es zu einem Wettbewerb unter den Koalitionen kommt. Deshalb kann der Gesetzgeber auch bestimmte Anforderungen an die Leistungsfähigkeit von Verbänden stellen (Stichwort: Tariffähigkeit, → § 3 Rn. 1) oder Regelungen zum Verhältnis der Tarifvertragsparteien auf derselben Seite treffen, um strukturelle Voraussetzungen dafür zu schaffen, dass Tarifverhandlungen angemessene Wirtschafts- und Arbeitsbedingungen hervorbringen können (Stichwort: Tarifeinheit, → § 6 Rn. 82 ff.). Freilich darf der Gesetzgeber dabei nicht bestimmte Gewerkschaften aus dem Tarifgeschehen herausdrängen oder bestimmten Gewerkschaftstypen, wie etwa Berufsgewerkschaften, generell die Existenzgrundlage entziehen.[97]

Darüber hinaus schützt Art. 9 Abs. 3 GG auch Tätigkeiten, die dem Erhalt und der Si- **59** cherung einer Koalition dienen; denn durch sie erhält eine Arbeitnehmerkoalition das Fundament für die Erfüllung der Mitgliederinteressen im Arbeitsleben. Einbezogen in den Grundrechtsschutz ist deshalb die Mitgliederwerbung und Informationstätigkeit im Betrieb.[98] Die gewerkschaftliche Mitgliederwerbung würde nämlich ganz erheblich

94 *EuGH* 27.4.2017, NZA 2017, 571 – Asklepios; *EuGH* 18.7.2013, NZA 2013, 835 – Alemo-Herron.
95 *EGMR* 2.6.2016, NZA 2016, 1519 – Geotech.
96 *BVerfG* 11.7.2017, BVerfGE 146, 71 = NZA 2017, 915 Rn. 133; BVerfGE 92, 365 [396] = NJW 1996, 185 = NZA 1995, 754; *BVerfG* 20.10.1981, BVerfGE 58, 233 = NJW 1982, 815.
97 *BVerfG* 11.7.2017, BVerfGE 146, 71 = NZA 2017, 915 Rn. 132.
98 *BVerfG* 14.11.1995, BVerfGE 93, 352 = NZA 1996, 381, s. auch die Nachw. in den nachfolgenden Fn.

erschwert, könnte die Gewerkschaft die Arbeitnehmer erst bei Verlassen des Betriebs oder gar nur in deren Freizeit ansprechen. Allerdings muss die Mitgliederwerbung im Betrieb in Einklang mit dem Interesse des Arbeitgebers an einem ungestörten Arbeitsablauf, am Erhalt des Betriebsfriedens und dessen sonstigen berechtigten Interessen (etwa: Geheimhaltung bestimmter Produktionsvorgänge) gebracht werden. Der Arbeitgeber braucht etwa kein »wildes Plakatieren« im Betrieb zu dulden, sondern kann die Gewerkschaft auf ein geeignetes Anschlagsbrett verweisen. Auch braucht der Dienstherr nicht hinzunehmen, dass in einer Polizeiwache Unterschriftslisten der Gewerkschaft für mehr Personal ausgelegt werden, weil dies die Neutralität der staatlichen Verwaltung und das öffentliche Vertrauen in die Objektivität und gemeinwohlorientierte Ausführung der Amtsgeschäfte beeinträchtigen und die Gewerkschaft ihre Unterschriftenaktion ebenso gut außerhalb der Dienstgebäude durchführen könnte.[99] Wollen Arbeitnehmer während ihrer Arbeitszeit für ihre Gewerkschaft aktiv werden oder sollen sie während der Arbeitszeit angesprochen werden, sind innerhalb der Abwägung der widerstreitenden Interessen notwendigerweise auch deren arbeitsvertragliche Verpflichtungen einzustellen.

60 Die Gewerkschaft[100] kann im Betrieb auch durch betriebsfremde Beauftragte werben und zwar unabhängig davon, ob sie bereits über Mitglieder innerhalb der Belegschaft verfügt oder nicht. Denn von der Gewerkschaft kann nicht verlangt werden, dass sie einzelne Arbeitnehmer dazu anhält, für sie im Betrieb das Wort zu ergreifen. Folglich hat der Arbeitgeber Beauftragten der Gewerkschaft den Zutritt zu seinen Geschäfts- und Betriebsräumen zu gestatten.[101] Dieses gewerkschaftliche Zutrittsrecht ist – im dogmatischen Ansatz – vom Zugangsrecht nach § 2 Abs. 2 BetrVG zu unterscheiden. § 2 Abs. 2 BetrVG räumt Gewerkschaften kein Zutrittsrecht in eigener Sache ein, sondern nur ein solches zur Wahrnehmung der ihnen im BetrVG zugewiesenen Aufgaben.

61 Die Häufigkeit, der zeitliche Umfang und der Zeitpunkt des Zutritts zum Betrieb unterliegen allerdings ebenfalls einer Verhältnismäßigkeitsprüfung und zwar schon wegen des Aufwands, der für den Arbeitgeber damit verbunden ist (etwa: Ausstellung von Ausweisen oder Gestellung von Begleitpersonen). Vor allem aber sind – und zwar für jeden Einzelfall – die berechtigten betrieblichen Belange des Arbeitgebers zu berücksichtigen. Dazu gehören neben dem Interesse des Arbeitgebers an einem störungsfreien Betriebsablauf und an der Wahrung des Betriebsfriedens, insbesondere auch Geheimhaltungs- und Sicherheitsinteressen. Daher ist ein Antrag, mit dem die Gewerkschaft pauschal »Zugang zum Betrieb« begehrt (sog. Globalantrag) unbegründet, weil dieser (fast zwangsläufig) auch Fallgestaltungen umfasst, in denen kein Zugangsrecht besteht.[102] Die Gewerkschaft muss folglich entweder für einen ganz bestimmten, konkret zu benennenden Termin Zutritt verlangen oder aber das Zutrittsbegehren zumindest so

---

99 *BAG* 25.1.2005, NZA 2005, 592; *BVerfG* 6.2.2007, NZA 2007, 394 – Nichtannahmebeschluss.
100 Da es vorliegend um einen Aspekt des Koalitionsgrundrechts geht, steht das Werberecht grundsätzlich allen Arbeitnehmerkoalitionen zu, also auch nicht tariffähigen Vereinigungen, zumal »Newcomer« sogar besonders darauf angewiesen sind, für sich werben zu können. Wenn die Gerichte dessen ungeachtet in den einschlägigen Entscheidungen ausnahmslos von »Gewerkschaften« sprechen, dann wohl deshalb, weil in den Rechtsstreiten jeweils bekannte Gewerkschaften geklagt hatten, deren Tariffähigkeit außer Zweifel steht. Doch ist nicht ausgeschlossen, dass der Umstand, dass eine Koalition weitgehend unbedeutend ist, bei der Abwägung zwischen ihrem Werbeinteresse und den berechtigten Interessen des Arbeitgebers berücksichtigt wird. Der Arbeitgeber darf jedenfalls nicht durch eine Vielzahl von Werbeaktivitäten konkurrierender Vereinigungen überfordert werden (etwa: Werbung während der Arbeitszeit, Nutzung betrieblicher Mailsysteme usw.).
101 *BAG* 28.2.2006, NZA 2006, 798.
102 *BAG* 22.6.2010, NZA 2010, 1365; *BAG* 28.2.2006, NZA 2006, 798.

typisierend beschreiben, dass sich eine Beeinträchtigung schützenswerter Belange des Arbeitgebers ausschließen lässt. Das BAG tendiert dabei dazu, typisierte Zutrittsverlangen an den Maßstäben des betriebsverfassungsrechtlichen Zugangsrechts (§§ 2 Abs. 3, 43 BetrVG) zu messen.[103] So wäre es zulässig, wenn eine Gewerkschaft verlangt, dass ein oder zwei Beauftragte einmal im Kalenderhalbjahr in Pausenzeiten gewerkschaftliche Werbemaßnahmen in einer näher bezeichneten Örtlichkeit des Betriebs durchführen können und sich verpflichtet, den Arbeitgeber rechtzeitig zuvor über den gewünschten Zeitpunkt des Zutritts und über die Person des oder der Beauftragten zu unterrichten.

Nach der Rechtsprechung des BAG kann die Gewerkschaft die betrieblichen Adressen der Beschäftigten zu Werbe- und Informationszwecken per Mail nutzen.[104] Für diese Sichtweise lässt sich sicherlich anführen, dass es nach Art. 9 Abs. 3 GG alleine in die Entscheidung der Gewerkschaft gestellt ist, an welchem Ort, durch welche Personen und in welcher äußeren Form sie um Mitglieder werben oder die Arbeitnehmer informieren will. Auch erscheint die elektronische Post als zeitgemäßes Kommunikationsmedium, dessen Gebrauch den Arbeitgeber überdies kaum mit Kosten belastet. Und abstrakt gesehen, kostet die Lektüre von Mails jedenfalls nicht mehr (Arbeits-)Zeit als die von Informations- und Werbematerial in Papierform. Gegen die Nutzung der Mails spricht allerdings, dass sich eine effektive Gewerkschaftswerbung genauso gut auf anderem Weg erreichen lässt, nämlich durch Verbreitung von gedrucktem Material, und es nicht die Aufgabe des Arbeitgebers ist, den Gewerkschaften die schnellste, effektivste und kostengünstigste Werbevariante zu eröffnen. Auch hatte die Rechtsprechung bislang Postwurfsendungen über den betriebsinternen Verteiler nicht zugelassen. Problematisch ist vor allem, dass, wenn Mails häufiger versandt werden (wie etwa Rundbriefe oder Newsticker im Umfeld von Tarifverhandlungen oder Arbeitskämpfen), mit diesen am Ende eben doch ein erhebliches Ablenkungspotential einhergeht.[105] Dabei ist zwar auch das BAG der Ansicht, dass die Mailnutzung unzulässig wird, wenn die Häufigkeit, der Umfang oder der Inhalt von Sendungen zur Störung des Betriebsablaufs oder des Betriebsfriedens führen sollte. Allerdings vertritt das BAG auch insoweit seine Theorie der Unzulässigkeit von Globalanträgen, wenngleich hier mit umgekehrten Vorzeichen. Danach kann der Arbeitgeber von der Gewerkschaft nur dann verlangen, die Nutzung seines Mailsystems zu unterlassen, wenn er überschießende Rechtsverletzungen im Hinblick auf Häufigkeit, Umfang oder Inhalt bereits im Antrag konkretisiert. Das wird ihm nur sehr bedingt möglich sein.[106] Eine Grenze für die Nutzung dienstlicher E-Mail-Accounts ergibt sich allerdings dadurch, dass der Arbeitgeber es nicht dulden muss, dass die Gewerkschaft über diese einen Streikaufruf verbreitet. Die Mobilisierung von Arbeitnehmern zur Streikteilnahme ist Aufgabe der jeweiligen Koalition und ihrer Mitglieder. Vom Arbeitgeber kann nicht verlangt werden, hieran durch Bereitstellung eigener Betriebsmittel mitzuwirken, → § 10 Rn. 95.[107]

62

---

103 *BAG* 22.6.2010, NZA 2010, 1365.

104 *BAG* 20.1.2009, NZA 2009, 615.

105 Lesenswert zu den Gegenargumenten die Entscheidung der Vorinstanz: *LAG Hessen* 30.4.2008 – 18 Sa 1724/07.

106 *Arnold/Wiese*, NZA 2009, 716 (719) – auch zu der interessanten Frage, ob der Arbeitgeber die prozessuale Lage zu seinen Gunsten »drehen« kann, indem er Mails der Gewerkschaft grundsätzlich sperrt (was wegen Art. 9 Abs. 3 S. 2 GG außerordentlich bedenklich wäre). Diese müsste dann auf Freischaltung klagen und dürfte ihrerseits keinen Globalantrag auf pauschale »Öffnung« des Systems stellen.

107 *BAG* 15.10.2013, NZA 2014, 319.

63 Prozessual ist zu beachten, dass für Rechtsstreitigkeiten zwischen Gewerkschaften und Arbeitgebern bzw. deren Verbänden nicht das Beschlussverfahren des § 2a ArbGG, sondern nach § 2 Abs. 1 Nr. 2 ArbGG das Urteilsverfahren maßgeblich ist. Dieses ist (entgegen des Wortlauts des § 2 Abs. 1 Nr. 2 ArbGG) auch dann einschlägig, wenn eine nicht tariffähige Arbeitnehmervereinigung Zutritt zum Betrieb wünscht. Richtige Klageart ist die Leistungsklage. Der Klageantrag der Gewerkschaft geht auf Verurteilung des Arbeitgebers zur Duldung einer Handlung, der eines Arbeitgebers auf Unterlassen einer solchen (vgl. § 890 Abs. 1 ZPO).

b) Betätigungsgarantie, vor allem verfassungsrechtliche Gewährleistung des Tarifvertragssystems

64 Das Grundrecht der Koalitionsfreiheit schützt Koalitionen nicht nur in ihrem Bestand, sondern garantiert diesen auch, durch spezifisch koalitionsgemäße Betätigung die in Art. 9 Abs. 3 GG genannten Zwecke zu verfolgen, nämlich die Arbeits- und Wirtschaftsbedingungen ihrer Mitglieder zu wahren und zu fördern. Zentraler Baustein dieser Garantie ist die Tarifautonomie. Der Staat muss den frei gebildeten Koalitionen die Möglichkeit eröffnen, »insbesondere Löhne und sonstige materielle Arbeitsbedingungen in einem von staatlicher Rechtsetzung frei gelassenen Raum in eigener Verantwortung im wesentlichen ohne staatliche Einflussnahme durch unabdingbare Gesamtvereinbarungen sinnvoll zu ordnen«.[108]

65 Art. 9 Abs. 3 GG verpflichtet daher den Staat, den Koalitionen ein funktionierendes und effektives Tarifvertragssystem zur Verfügung zu stellen. Dazu gehört nicht nur, dass die Koalitionen Tarifverträge aushandeln und abschließen können. Vielmehr muss der Staat hinreichende rechtliche Instrumentarien bereitstellen, die dafür sorgen, dass der abgeschlossene Tarifvertrag auch tatsächlich in den Arbeitsverhältnissen der Koalitionsmitglieder angewandt wird und zwar ohne, dass es hierzu noch irgendwelcher Vereinbarungen zwischen den Tarifvertrags- oder Arbeitsvertragsparteien bedarf.[109] Der Tarifvertrag muss daher aus sich heraus unmittelbar und zwingend im tarifgebundenen Arbeitsverhältnis gelten. Das heißt zwar nicht, dass das Tarifvertragssystem ganz exakt in der Gestalt gewährleistet ist, die es durch das Tarifvertragsgesetz erhalten hat. Doch findet die Regelungsbefugnis des Gesetzgebers ihre Grenzen in der Garantie eines gesetzlich geregelten und geschützten Tarifvertragssystems, dessen Partner frei gebildete Koalitionen i. S. d. Art. 9 Abs. 3 GG sein müssen.[110] Daher muss er zwar im Grundsatz den von den Koalitionen geschlossenen Tarifverträgen Geltung verschaffen. Er kann jedoch im Fall, dass etwa in einem Betrieb mehrere Tarifverträge miteinander kollidieren, das Verhältnis zwischen konkurrierenden Tarifvertragsparteien ordnen. Entsprechend vermittelt das Koalitionsgrundrecht kein Recht auf absolute tarifpolitische Verwertbarkeit von Schlüsselpositionen,[111] weshalb Berufsgruppengewerkschaften nicht verlangen können, dass die von ihnen abgeschlossenen Tarifverträge in jedem Fall und ausnahmslos zur Anwendung kommen. (Stichwort: Tarifeinheit, → § 6 Rn. 82 ff.)

66 Die Garantie der Tarifautonomie erschöpft sich aber nicht lediglich darin, dass der Gesetzgeber den Koalitionen ein funktionierendes Tarifvertragssystem zur Verfügung

---

108 *BVerfG* 24.5.1977, BVerfGE 44, 322 (340 f.) = NJW 1977, 2255; ebenso bereits *BVerfG* 18.11.1954, BVerfGE 4, 96 (106, 108) = NJW 1954, 1881.

109 So ausdrücklich *BVerfG* 10.1.1995, BVerfGE 92, 26 = NZA 1995, 272.

110 *BVerfG* 11.7.2017, BVerfGE 146, 71 = NZA 2017, 915 Rn. 144; *BVerfG* 18.11.1954, BVerfGE 4, 96 (108) = NJW 1954, 1881; *BVerfG* 1.3.1979, BVerfGE 50, 290 (369) = NJW 1979, 699; *BVerfG* 20.10.1981, BVerfGE 58, 233 (248) = NJW 1982, 815.

111 *BVerfG* 11.7.2017, BVerfGE 146, 71 = NZA 2017, 915 Rn. 131.

stellen muss. Sie hat vielmehr auch materiellen Gehalt. Den Koalitionen ist nämlich garantiert, Arbeitsbedingungen, insbesondere Löhne in eigener Verantwortung und ohne staatliche Einflussnahme zu ordnen. Damit ergibt sich ein nicht immer leicht aufzulösendes Konkurrenzverhältnis zwischen staatlicher Gesetzgebung und koalitionärer Betätigung. Denn natürlich muss auch der Staat Regelungen im Bereich des Arbeitsrechts treffen können (s. nur: Art. 74 Abs. 1 GG). Daher finden sich in der verfassungsrechtlichen Rechtsprechung regelmäßig Einschränkungen, wonach den Koalitionen zwar ein »Normsetzungsrecht« bzw. eine »Normsetzungsprärogative«, aber kein »Normsetzungsmonopol« zukommt, wonach der staatliche Gesetzgeber »weiterhin subsidiär« für die Ordnung des Arbeitslebens zuständig ist oder wonach die Koalitionen das Arbeitsleben »im Wesentlichen ohne staatliche Einflussnahme« ordnen dürfen.

Diese Lehrsätze klingen zwar allesamt schön, erweisen sich in der konkreten Abwägung aber nicht wirklich als hilfreich und erklären sich letztlich alleine durch die zwischenzeitlich aufgegebene Vorstellung, dass die Koalitionsbetätigung zwar nur in einem Kernbereich, in diesem dann aber eingriffsfest geschützt sei (→ Rn. 46). Viel leichter tut man sich dagegen mit der neueren Rspr. des BVerfG, die das Koalitionsgrundrecht einer materiellen Eingriffsprüfung unterzieht (→ Rn. 48). Denn danach gilt, dass die Wirkkraft des Koalitionsgrundrechts in dem Maße zunimmt, in dem die zur Diskussion stehende Materie aus Sachgründen am besten von den Tarifvertragsparteien geregelt werden kann und dort, wo der Schutz besonders gewichtig ausfällt, die Gründe, die einen Eingriff in diesen Bereich rechtfertigen sollen, besonders schwerwiegend sein müssen. Insoweit liegt auf der Hand, dass sich die Wirkkraft des Grundrechts dort besonders hoch bemisst, wo es um die Regelung der essentialia des gegenseitigen Austauschverhältnisses geht, sprich um die Lohnhöhe in allen ihren Ausprägungen und die Dauer der Arbeitszeit. Daher sind »gewöhnliche« Arbeitsgesetze, wie etwa das Kündigungs-, Teilzeit- und Befristungsrecht oder das Urlaubsrecht natürlich verfassungskonform. Zum einen greift der Staat mit ihnen nicht in die Ausgestaltung und den Umfang der auszutauschenden Leistungen ein, zum anderen sind solche Regelungen schon deshalb gerechtfertigt, weil sie einheitlich für alle Arbeitsverhältnisse gelten müssen. Ganz andere Hürden stellen sich dagegen, wenn es um Regelungen geht, die auf die Lohnhöhe Einfluss nehmen sollen (→ § 9 Rn. 78 ff.). **67**

Zu den Funktionsvoraussetzungen der Tarifautonomie gehört schließlich der Arbeitskampf. Könnten die Gewerkschaften um den Abschluss eines Tarifvertrags keinen Streik führen, so wären weder das Zustandekommen noch die inhaltliche Sachgerechtigkeit tariflicher Regelungen gewährleistet. Das Streikrecht ist zwar kein Grundrecht; es fällt aber unter die Koalitionsbetätigungsgarantie, soweit es der Herstellung und Sicherung des Verhandlungsgleichgewichts dient, ohne das die Tarifautonomie nicht funktionieren kann. Die Parität erfordert jedoch auch die Anerkennung der Aussperrung als Kampfmittel der Arbeitgeber; denn »wäre der Arbeitgeber auf ein Dulden und Durchstehen des Arbeitskampfes beschränkt, so bestünde die Gefahr, dass die Regelung der Arbeitsbedingungen nicht mehr auf einem System freier Vereinbarungen beruht, das Voraussetzung für ein Funktionieren und innerer Grund des Tarifvertragssystems ist«.[112] Tarifvertrag und Arbeitskampf stehen also in einem Funktionszusam- **68**

---

112 *BAG (GS)* 21.4.1971, BAGE 23, 292 = NJW 1971, 1668; *BAG* 19.6.2007, NZA 2007, 1055 (Unterstützungsstreik); *BAG* 22.9.2009, NZA 2009, 1347 (Flashmob); *BVerfG* 26.6.1991, BVerfGE 84, 212 = NZA 1991, 809.

menhang. Sie sind als Grundrechtsfunktion der Koalitionsfreiheit verfassungsrechtlich garantiert. Zu den Einzelheiten → § 10 Rn. 3 ff.

69 Der Gesetzgeber kann, wie es durch das Betriebsverfassungsgesetz, die Personalvertretungsgesetze und die Mitbestimmungsgesetze geschehen ist, eine Mitbestimmungsordnung in Betrieb, Dienststelle und Unternehmen schaffen. Art. 9 Abs. 3 GG gewährleistet nämlich die Tarifautonomie nicht als ausschließliche Form der Förderung der Arbeits- und Wirtschaftsbedingungen.[113] Da diese Mitbestimmung – handelt es sich doch um eine staatlich veranlasste Form der Arbeitnehmervertretung – aber in eine gewisse Antinomie zur Koalitionsfreiheit tritt, ist sie mit Art. 9 Abs. 3 GG nur vereinbar, wenn eine durch sie herbeigeführte Gewichtsverlagerung nicht die Funktionsunfähigkeit des Tarifvertragssystems zur Folge hat.[114]

70 Deshalb ist den (tariffähigen[115]) Arbeitnehmerkoalitionen durch Art. 9 Abs. 3 GG gewährleistet, an den einschlägigen Wahlen der Arbeitnehmervertreter teil zu nehmen und dabei hinreichend effektiv für sich zu werben.[116] Unterschriftsquoren dürfen nicht so ausgestaltet sein, dass sie Minderheitsgewerkschaften faktisch von einer Wahlteilnahme abhalten.[117] Besondere Erleichterungen, wie in § 14 Abs. 5 BetrVG vorgesehen, sind indes nicht geboten. Auch muss eine Gewerkschaft die Möglichkeit haben, ihre Vorstellungen von der richtigen Ordnung abhängiger Arbeit innerhalb der Betriebs- oder Personalverfassung zu Gehör zu bringen.[118] Der Gesetzgeber muss den Koalitionen zwar keine konkreten Befugnisse einräumen, vielmehr genügt es, wenn er die »kommunikative Funktion« der Koalitionsfreiheit hinreichend absichert. Schließlich muss der Gesetzgeber vor allem für das Betriebsverfassungs- und Personalvertretungsrecht sicherstellen, dass Betriebs- oder Personalräte nicht zur »beitragsfreien Ersatzgewerkschaft« werden. Daher ist der Tarifvorbehalt des § 77 Abs. 3 BetrVG (dazu → § 28 Rn. 13) nach überwiegender Ansicht verfassungsfest, weil er der Sicherung der ausgeübten und aktualisierten Tarifautonomie, sowie der Erhaltung und Stärkung der Funktionsfähigkeit der Tarifautonomie dient (→ § 6 Rn. 38 ff., 48 ff., 63 ff.).[119]

7. Koalitionsverbandsrecht

a) Verbandsorganisationsrecht

71 Für das Verbandsrecht der Gewerkschaften und Arbeitgeberverbände gibt es keine besondere Gesetzesregelung. Ihre Organisation richtet sich nach dem Vereinsrecht des Bürgerlichen Gesetzbuchs. Vor allem viele DGB-Gewerkschaften organisieren sich aus historischen Gründen in der Rechtsform des nicht eingetragenen Vereins. Daher

---

113 Ebenso *BVerfG* 1.3.1979, BVerfGE 50, 290 (371) = NJW 1979, 699.
114 Vgl. *BVerfG* 1.3.1979, BVerfGE 50, 290 (377) = NJW 1979, 699.
115 So jedenfalls die h. M.
116 *BVerfG* 1.3.1979, BVerfGE 50, 290 = NJW 1979, 699; so für die Personalvertretung *BVerfG* 30.11.1965, BVerfGE 19, 303 (312 ff.) = NJW 1966, 491; für die Arbeitnehmervertretung im Unternehmensrat einer Stiftung *BGH* 8.7.1982, BGHZ 84, 352 (357 f.) = NJW 1982, 2369; Streben nach Geschlossenheit der Personalratsarbeit nicht als sachgerechter Grund *BVerfG* 23.3.1982, BVerfGE 60, 162 (169); zur Verfassungsmäßigkeit von Unterschriftsquoren des BPersVG *BVerfG* 16.10.1984, BVerfGE 67, 369 (377).
117 *BVerfG* 12.10.2004, BVerfGE 111, 289 = NZA 2004, 1395 (zu § 12 Abs. 1 S. 2 MitbestG 1976).
118 MHdB ArbR/*Löwisch/Rieble* § 157 Rn. 97.
119 S. nur: Richardi/*Richardi* § 77 Rn. 258 ff.; *Fitting* § 77 Rn. 67; *Dieterich/Hanau/Henssler/Oetker/ Wank/Wiedemann*, RdA 2004, 65 (70): »Stützpfeiler der kollektiven Arbeitsrechtsordnung«.

hat der Gesetzgeber schon früh Beschränkungen, die sich aus einem etwaigen Fehlen der Rechtsfähigkeit einer Koalition ergeben, aufgehoben. Gewerkschaften und Arbeitgeberverbände sind sowohl im arbeitsgerichtlichen Verfahren (§ 10 ArbGG) als auch im Zivilprozess aktiv und passiv parteifähig. Mit der Zuerkennung der partiellen Rechtsfähigkeit an die GbR[120] und der Parteifähigkeit an den nicht rechtsfähigen Verein (§ 50 Abs. 2 ZPO) hat sich diese Problematik aber ohnehin weithin entschärft. Von Bedeutung bleibt aber, dass für die Verbindlichkeiten einer Gewerkschaft nur das Gewerkschaftsvermögen haftet.[121]

Die Mitgliedschaft in einer Gewerkschaft oder einem Arbeitgeberverband richtet sich **72** nach dem Vereinsrecht des bürgerlichen Rechts. Sie wird durch den freiwilligen Beitritt zum Verband erworben. Insoweit kann sich aus Art. 9 Abs. 3 GG ein Aufnahmeanspruch vor allem von Arbeitnehmern gegen eine Gewerkschaft ergeben, wenn diese eine überragende Machtstellung innehat, ein besonderes Interesse am Erwerb der Mitgliedschaft besteht und die satzungsmäßigen Voraussetzungen für eine Mitgliedschaft erfüllt sind. Darüber hinaus sehen etwa die DGB-Gewerkschaften ein Übertrittsrecht in ihrer Satzung für den Fall vor, dass für das Mitglied eine andere DGB-Gewerkschaft zuständig wird.

Nach § 39 Abs. 2 Hs. 2 BGB darf eine Vereinssatzung eine maximale Frist von zwei **73** Jahren für den Vereinsaustritt vorsehen. Bis zu dieser Zeit kann der Verein im Prinzip frei festlegen, welche Frist ein Arbeitnehmer für den Verbandsaustritt einzuhalten hat. Mit Rücksicht auf deren negative Koalitionsfreiheit (→ § 2 Rn. 57) gilt für die Mitglieder einer Koalition indes anderes. Sowohl Gewerkschaften als auch Arbeitgeberverbände dürfen maximal eine Austrittsfrist von einem halben Jahr vorgeben.[122] Dies war für Arbeitgeberverbände lange Zeit umstritten, da diese für die Erbringung ihrer verbandstypischen Leistungen, wie die Interessenvertretung, sowie die Beratung und Information ihrer Mitglieder langfristige Vorkehrungen treffen müssen, die mit finanziellen Investitionen verbunden sind. Diese lassen sich nicht immer kurzfristig an einen veränderten Mitgliederbestand anpassen, weil Arbeitgeberverbände infolge regionaler und fachlicher Zersplitterung häufig nicht die Größe von Massenorganisationen erreichen und der Austritt eines gewichtigen Beitragszahlers einen erheblichen Einfluss auf die Gesamtplanungen des Verbands nehmen kann. Entscheidend ist aber, dass der einzelne Arbeitgeber eine realistische Möglichkeit haben muss, um eine Bindung an zukünftige Tarifverträge auszuschließen. Eine überlange Frist ist zwar unwirksam (Art. 9 Abs. 3 S. 2 GG), wird jedoch auf das zulässige Maß zurückgeführt, also geltungserhaltend reduziert. Davon völlig unabhängig sehen viele Arbeitgeberverbände aber von sich aus ein sehr kurzfristiges Austrittsrecht vor (BayernMetall: zum Ende des Kalendertages), um Arbeitgeber nicht aus Unsicherheit über die künftige Tarifentwicklung von einem Beitritt abzuhalten. Auch ist es dem Verband möglich, mit einem austrittswilligen Mitglied jederzeit und mit sofortiger Wirkung die Verbandsmitgliedschaft aufzuheben.[123] Dabei ist aber zu beachten, dass nach der neueren Rspr. des BAG die verbandsrechtliche und die tarifrechtliche Wirksamkeit des Koalitionsaustritts auseinanderfallen können. Danach ist bei einem »Blitzaustritt« kurz vor Abschluss des

---

120 *BGH* 29.1.2001, AP ZPO § 50 Nr. 9; *BGH* 21.9.2005 – VIII ZB 35/04; *BGH* 2.7.2007, NJW 2008, 69; *BGH* 22.10.2009 – III ZR 295/08.

121 S. MüKoBGB/*Arnold*, 7. Aufl. 2015, § 54 Rn. 43.

122 *BGH* 29.7.2014, NJW 2014, 3239 (für den Austritt aus einem Arbeitgeberverband); *BGH* 22.9.1980, NJW 1981, 340 (für den Gewerkschaftsaustritt). Zusammenfassende Darstellung bei: *Boemke*, JuS 2015, 353.

123 *BAG* 20.2.2008, NZA 2008, 946 und *BAG* 7.5.2008, AP Nr. 45 zu § 1 TVG.

Tarifvertrags denkbar, dass der Arbeitgeber seine Verbandsmitgliedschaft zwar noch vor der Unterzeichnung des Tarifvertrags verliert, er dessen ungeachtet aber an den abgeschlossenen Tarifvertrag gebunden wird (→ § 6 Rn. 13 ff.).

b) OT-Mitgliedschaft

74 Nicht wenige Arbeitgeberverbände räumen Mitgliedern die Möglichkeit einer Mitgliedschaft ohne Tarifbindung (»OT-Mitgliedschaft«) ein. In der Praxis finden sich dabei zwei Gestaltungsformen. Entweder gliedert sich der Verband in zwei Verbände auf, nämlich in einen Verband mit und einen ohne Tarifbindungen. Diese kooperieren zwar häufig eng miteinander und nicht selten finden sich auch zahlreiche Personalverflechtungen zwischen den beiden Verbänden. Rechtlich sind diese jedoch unabhängig voneinander.[124] Bekannt ist aber auch das Stufenmodell, bei dem ein und derselbe Verband eine Mitgliedschaft mit und eine solche ohne Tarifbindung anbietet. Sinn einer derartigen Regelung ist es, Unternehmen im Verband zu halten oder für eine Verbandsmitgliedschaft zu gewinnen, die einer Bindung an die Verbandstarifverträge, aus welchem Grund auch immer, zurückhaltend gegenüberstehen. Entwickelt hat sich die OT-Mitgliedschaft Mitte der 1990er Jahre, als zahlreiche Unternehmen ihre bisherigen Arbeitgeberverbände verließen, weil sie aus ihrer Sicht deren Tarifabschlüsse als zu hoch oder zu unflexibel empfanden.

75 Koalitionsrechtlich ist die OT-Mitgliedschaft unproblematisch.[125] Geht man davon aus, dass die Tarifautonomie eine kollektiv ausgeübte Form der Privatautonomie ist, steht es jedem, der einer Koalition beitritt, frei, zu erklären, dass er sich zwar der Koalition anschließen will, indes nicht ihrer »Tarifsetzungsgewalt« unterwerfen möchte. Die Gewerkschaft muss diese Entscheidung des Verbands und ihrer OT-Mitglieder mit Rücksicht auf deren negative Koalitionsfreiheit akzeptieren (→ Rn. 57). Freilich bleibt ihr die Möglichkeit, OT-Mitglieder auf Abschluss eines Firmentarifvertrags in Anspruch zu nehmen.

76 Das BAG legt besonderen Wert auf eine transparente Gestaltung der OT-Mitgliedschaft.[126] Aus der Verbandssatzung selbst (und ggf. den Beitrittserklärungen) muss eindeutig hervorgehen, welche Verbandsmitglieder tarifgebunden sind und welche nicht. Vor allem aber muss der Verband einen Gleichlauf von Verantwortlichkeit und Tarifbetroffenheit herstellen. Nur diejenigen Mitglieder dürfen Einfluss auf Tarifverhandlungen nehmen, die auch tatsächlich an den Tarifabschluss gebunden sein werden. OT-Mitglieder dürfen daher beispielsweise nicht als stimmberechtigte Mitglieder in Tarifkommissionen entsandt werden, den Verband im Außenverhältnis nicht tarifpolitisch vertreten und sind von der Verfügungsgewalt über einen Streik- bzw. Aussperrungsfonds auszuschließen. Sind diese Voraussetzungen nicht erfüllt, sind die OT-Mitglieder einschränkungslos an die Tarifverträge des Verbands gebunden. Die Satzung kann einen Statuswechsel bei einem Blitzübertritt während laufender Tarifverhandlungen von der T- zur OT-Mitgliedschaft vorsehen und zwar ggf. auch einen kurzfristigen, wobei allerdings die Überlegungen zum »Blitzaustritt« aus dem Verband entsprechend gelten (→ § 6 Rn. 13 ff.). Wird während der Laufzeit eines Tarifver-

---

124 So etwa der vbm-Verband der Bayerischen Metall- und Elektro-Industrie e. V. (T-Verband) und Bayerischer Unternehmensverband Metall und Elektro (OT).
125 *BAG* 18.7.2006, NZA 2006, 1225 (Rn. 60).
126 *BAG* 21.1.2015, NZA 2015, 1521; *BAG* 19.6.2012, NZA 2012, 1372; *BAG* 15.12.2010, NZA-RR 2012, 260; *BAG* 22.4.2009, NZA 2010, 105; *BAG* 25.2.2009, AP TVG § 3 Nr. 40 Rn. 31; *BAG* 4.6.2008, NZA 2008, 1366.

trags aus einer T-Mitgliedschaft in eine OT-Mitgliedschaft gewechselt, gilt § 3 Abs. 3 TVG (→ § 6 Rn. 2 ff.).

Wie jeder Verband hat auch eine Gewerkschaft oder ein Arbeitgeberverband nach all-   **77**
gemeinem Vereinsrecht die Möglichkeit, ein Mitglied auszuschließen, wenn es seine Pflichten als Mitglied verletzt hat. Die Rechtsgrundlage muss in der Satzung enthalten sein; jedoch ist auch ohne besondere Satzungsbestimmung ein Ausschluss aus wichtigem Grund zulässig. Probleme hat immer wieder die Praxis der Gewerkschaften aufgeworfen, Mitglieder, die bei einer Betriebs- oder Personalratswahl auf einer nicht von ihnen unterstützten Liste kandidiert haben, wegen gewerkschaftsschädigenden Verhaltens auszuschließen. Den Gewerkschaften ist zwar durch Art. 9 Abs. 3 GG verfassungsrechtlich garantiert, Einfluss auf die Wahl der Betriebs- und Personalräte zu nehmen; sie haben aber die Freiheit der Wahl zu respektieren. Da der Ausschluss aus der Gewerkschaft für den betroffenen Arbeitnehmer einen sehr erheblichen Nachteil darstellt, kommt ein Ausschluss nur in Betracht, wenn ein Mitglied sich durch sein Verhalten bei einer Betriebs- oder Personalratswahl in einer für die Gewerkschaft unzumutbaren Weise generell mit deren Zielsetzung in Widerspruch setzt. Das ist der Fall, wenn ein Arbeitnehmer auf einem Wahlvorschlag kandidiert, der von einer konkurrierenden Gewerkschaft unterstützt wird, oder sich auf einer Liste nominieren lässt, die von dem Programm bestimmt wird, die Gewerkschaften allgemein oder die Grundordnung, die ihre freie Betätigung garantiert, zu bekämpfen.[127]

---

127 Vgl. *BVerfG* 24.2.1999, BVerfGE 100, 214 ff.

3. Teil. Tarifvertragsrecht

§ 3. Tariffähigkeit und Tarifzuständigkeit

I. Tariffähigkeit

1. Allgemeines

Partei eines Tarifvertrags können auf der Arbeitnehmerseite nur Gewerkschaften, auf 1
der Arbeitgeberseite einzelne Arbeitgeber und Vereinigungen von Arbeitgebern sein
(§ 2 Abs. 1 TVG). Nach § 2 Abs. 3 TVG können auch Zusammenschlüsse von Gewerkschaften bzw. Arbeitgeberverbänden (Spitzenorganisationen) Parteien eines Tarifvertrags sein.

Eine Vereinigung ist nur tariffähig, wenn sie sich selbst zur Aufgabe gesetzt hat, Tarif- 2
verträge abzuschließen. Daher muss der Abschluss von Tarifverträgen zu ihren satzungsmäßigen Aufgaben gehören. Dazu braucht es zwar keiner ausdrücklichen Satzungsbestimmung, vielmehr reicht, dass der Verband die Interessen seiner Mitglieder
bei der Gestaltung der Arbeitsbedingungen durch den Abschluss von Tarifverträgen
wahrnimmt (Ausnahme: Spitzenorganisationen, → Rn. 14 ff. u. → § 2 Rn. 2).

2. Tariffähigkeit einer Arbeitnehmerkoalition

Bereits in § 2 Rn. 36 wurde darauf hingewiesen, dass eine Arbeitnehmervereinigung 3
nicht ohne weiteres auch eine tariffähige Gewerkschaft ist. Vielmehr macht das Tarifrecht die Anerkennung einer Arbeitnehmervereinigung als Gewerkschaft davon abhängig, dass sie tariffähig ist. Gesetzliche Regelungen zur Tariffähigkeit finden sich allerdings nicht. Aus den §§ 2 TVG, 2a Abs. 1 Nr. 4, 80 ff., 97 ArbGG ergibt sich
lediglich, dass der Gesetzgeber offenbar davon ausgeht, dass nicht jede Arbeitnehmervereinigung per se tariffähig ist. Immerhin trifft zwar der Staatsvertrag vom Mai 1990
(→ § 1 Rn. 18, → § 2 Rn. 11) einige Ausführungen über die Tariffähigkeit von Arbeitnehmervereinigungen, doch kommt diesen keine Rechtsqualität zu. Damit ist es
Rechtsprechung und Lehre überlassen, die Anforderungen an die Tariffähigkeit einer
Vereinigung näher zu konkretisieren.

Eine Arbeitnehmervereinigung ist tariffähig, wenn sie durchsetzungsfähig (»sozial 4
mächtig«) ist und auch organisatorisch über eine hinreichende Leistungsfähigkeit verfügt. Die Rechtsordnung kann nämlich nur solche Vereinigungen anerkennen, die ihre
Aufgabe als potentieller Tarifpartner auch tatsächlich erfüllen können, weil Sinn und
Zweck der Tarifautonomie es ja gerade ist, dass die Arbeitnehmer durch Organisation
in einer Gewerkschaft ihre gegenüber der Arbeitgeberseite bestehende Machtdisparität
überwinden. Wie bereits dargelegt, lässt sich die normative Wirkung von Tarifverträgen, aber auch die Vermutung der Richtigkeitsgewähr von Tarifverträgen nur rechtfertigen, wenn am Tarifabschluss gleichberechtigte Parteien beteiligt sind. Ein angemessener, sozial befriedender Interessenausgleich kann nur zustande kommen, wenn die
Vereinigung zumindest so viel Druck ausüben kann, dass die Arbeitgeberseite Forderungen der Gewerkschaft nicht einfach übergehen kann. Sie muss von den Arbeitgebern so ernst genommen werden, dass die Arbeitsbedingungen nicht einseitig von

der Arbeitgeberseite festgelegt, sondern tatsächlich ausgehandelt werden. Daher rechtfertigt sich die mit den Erfordernissen der Durchsetzungskraft und Leistungsfähigkeit verbundene Einschränkung der Betätigungsfreiheit der Koalitionen durch das Allgemeininteresse an einer funktionierenden Tarifautonomie.[1]

5   Die Tariffähigkeit ist absolut und nicht relativ. Das heißt: Eine Arbeitnehmerkoalition ist für den von ihr gewählten räumlichen, fachlichen und personellen Organisationsbereich entweder insgesamt oder gar nicht tariffähig.[2] So wäre es beispielsweise für eine bundesweit agierende Gewerkschaft unschädlich, wenn sie in einigen Regionen schwach aufgestellt ist, soweit sie dessen ungeachtet im gesamten Bundesgebiet noch hinreichend mächtig ist. Sie kann dann ohne weiteres auch in der betreffenden Region Tarifverträge abschließen. Umgekehrt mag sich eine Vereinigung, die sich in einer Region oder einer bestimmten Berufsgruppe als besonders stark erweist, überlegen, ob sie ihren Organisationsbereich nicht entsprechend eng fassen will, da sie andernfalls Gefahr läuft, für insgesamt tarifunfähig erklärt zu werden.

6   Was die Einzelheiten der Tariffähigkeit betrifft, ist die Rechtsprechung seit jeher Schwankungen unterworfen. Auch lesen sich die einzelnen Tatbestandsmerkmale zwar auf dem Papier gut, sind in der Praxis indes alles andere als leicht zu subsumieren, vor allem dann, wenn es den Mitgliederbestand einer Koalition zu ermitteln gilt. Der Tarifrechtler betritt an dieser Stelle also unsicheres Terrain. So verfuhr das BAG bis zur »UFO-Entscheidung« des Jahres 2004 bei der Anerkennung kleinerer Vereinigungen als Gewerkschaft eher restriktiv. Es stellte vornehmlich auf die Zahl der in der Koalition organisierten Arbeitnehmer bzw. auf die Relation zur Gesamtbeschäftigtenzahl in der jeweiligen Branche ab.[3] 2004 begründete es dann die Tariffähigkeit der relativ kleinen unabhängigen Flugbegleiterorganisation (UFO) damit, dass bei einer nur kleinen Zahl von Mitgliedern sich die Möglichkeit einer Arbeitnehmervereinigung, empfindlichen Druck auf den sozialen Gegenspieler auszuüben, auch daraus ergeben kann, dass es sich bei den organisierten Arbeitnehmern um Spezialisten in Schlüsselstellungen handelt, die von der Arbeitgeberseite im Falle eines Arbeitskampfes kurzfristig überhaupt nicht oder nur schwer ersetzt werden können. Diese Lockerungstendenz setzte sich mit der Feststellung der Tariffähigkeit der Christlichen Gewerkschaft Metall (CGM) fort.[4] In dieser vertrat das BAG die Ansicht, dass, wenn eine Arbeitnehmervereinigung bereits in nennenswertem Umfang Tarifverträge abgeschlossen hat, ihre Durchsetzungskraft regelmäßig belegt ist. Einer Aufklärung der Umstände des Zustandekommens der Tarifverträge bedarf es nicht, soweit nicht ausnahmsweise etwas dafür ersichtlich ist, dass es sich bei diesen um Schein- oder Gefälligkeitstarifverträge zu Gunsten der Arbeitgeberseite gehandelt hat. Später legte das BAG dann aber wieder deutlich strengere Maßstäbe an. Dies steht nicht zuletzt im Zusammenhang mit den umstrittenen Tarifverträgen der christlichen Gewerkschaften im Bereich der Leiharbeit (→ § 9 Rn. 65), die vor allem im Anfangsstadium von Seiten der DGB-Gewerkschaften teilweise für missbräuchlich gehalten wurden. So hob das BAG[5] Entscheidungen des LAG Hamburg und des LAG Hamm auf, mit denen diese den Deutschen Handels- und Industrieangestellten-Verband (DHV) bzw. die (christliche) Gewerkschaft Kunststoffgewerbe und Holzverarbeitung (GKH) mit der Begründung für tariffähig befunden hatten, dass diese bereits eine Vielzahl von Tarifabschlüssen getätigt

---

1 *BVerfG* 16.9.1991 – 1 BvR 453/90; *BVerfG* 20.10.1981, BVerfGE 58, 233 = NJW 1982, 815.
2 *BAG* 28.3.2006, NZA 2006, 1112 Rn. 56 (CGM); *BAG* 14.12.2010, NZA 2011, 289 Rn. 81 (CGZP).
3 Z. B. *BAG* 6.6.2000, NZA 2001, 160 (BTÜ).
4 *BAG* 28.3.2006, NZA 2006, 1112 (CGM).
5 *BAG* 27.6.2018, 1 ABR 37/16 (DHV); *BAG* 5.10.2010, NZA 2011, 300 (GKH).

hatten. Es gab den Landesarbeitsgerichten auf, das Augenmerk wieder stärker auf die Mitgliederzahl zu richten. Daraufhin erklärte das LAG Hamm die GKH für tarifunfähig (das Verfahren in Sachen DHV ist noch offen).[6] Ähnlich hat das LAG Hamburg die Berufsgruppengewerkschaft »medsonet« wegen zu geringen Mitgliederzahlen als nicht tariffähig angesehen,[7] das LAG Hessen kam für die Neue Assekuranz Gewerkschaft zur gleichen Einschätzung.[8] Im Ergebnis strenger zu verfahren scheint das BAG auch in seinem Beschluss zur Tariffähigkeit der CGZP (→ § 2 Rn. 4, → § 9 Rn. 65), der aber einen Sonderfall betrifft, nämlich die Tariffähigkeit einer Spitzenorganisation, und deshalb an anderer Stelle näher dargestellt ist (→ § 3 Rn. 16).

3. Rechtsfolgen fehlender Tariffähigkeit

Einer nicht tariffähigen Koalition stehen nicht nur nicht die gewerkschaftlichen Beteiligungsrechte im Arbeitsleben zu (sog. einheitlicher Gewerkschaftsbegriff, → § 2 Rn. 36), vielmehr kann sie auch keine wirksamen Tarifverträge vereinbaren. Ein von ihr dennoch abgeschlossener Tarifvertrag ist von Anfang an unwirksam.[9] Der Tarifvertrag bleibt auch nicht bis zu dem Zeitpunkt, zu dem die Tarifunfähigkeit der tarifschließenden Gewerkschaft offenbar wird, als »fehlerhafter« Tarifvertrag aufrechterhalten. Regelmäßig wird auch das Vertrauen der Arbeitsvertragsparteien, insbesondere des Arbeitgebers, auf die Tariffähigkeit der abschließenden Gewerkschaft nicht geschützt.[10] Damit stellt sich natürlich die Frage, welche Arbeitsbedingungen dann im Arbeitsverhältnis gelten. Gesichert ist jedenfalls, dass den Parteien, namentlich Arbeitgebern, sämtliche Bestimmungen des Tarifvertrags verloren gehen, die von tarifdispositivem Gesetzesrecht (→ § 5 Rn. 12 f.) abweichen.[11] So erlangt etwa ein Verleiher keinen Dispens vom überlassungsrechtlichen equal-pay-Grundsatz (§ 8 Abs. 2 AÜG, → § 9 Rn. 63), wenn dieser in einem unwirksamen Tarifvertrag enthalten ist. Darüber hinaus gilt: Nach der Rechtsprechung bleiben dem Arbeitnehmer die Vergütungsregeln des Tarifvertrags im Minimum erhalten, eine tragfähige Begründung hierfür sind die Gerichte bislang allerdings schuldig geblieben (andernfalls bliebe nur §§ 611 a Abs. 2, 612 BGB). Ist im Arbeitsvertrag auf den Tarifvertrag Bezug genommen (→ § 7 Rn. 16 ff.), ist nicht ausgeschlossen, dass der Tarifvertrag dennoch Wirkung erlangt. Die Arbeitsvertragsparteien sind nämlich grundsätzlich frei, ein kollektives Regelwerk in Bezug zu nehmen, ohne dass es auf dessen normative Wirksamkeit ankommt. Insoweit ist jedoch genau zu prüfen, ob nicht Anhaltspunkte dafür vorliegen, dass die Parteien den Tarifvertrag nur für den Fall angewandt haben wollten, dass dieser in ihrem Arbeitsverhältnis auch normativ gilt bzw. gelten würde, wären sie beiderseits tarifgebunden.[12] Hiervon geht die Rechtsprechung immer dann aus, wenn die Geltung des Tarifvertrags vor allem deshalb vereinbart wird, um von tarifdispositivem Gesetzesrecht abweichen zu können, was namentlich in der Arbeitnehmerüberlassung der Fall ist. Bleibt der Tarifvertrag über die Verweisungsabrede erhalten, findet er indes nur noch schuldrechtliche Anwendung. Er gilt, als hätten die Parteien den Tarifinhalt als Muster in den Arbeitsvertrag kopiert.

7

---

6 *LAG Hamm* 23.9.2011, NZA-RR 2012, 25.
7 *LAG Hamburg* 21.3.2012 – 3 TaBV 7/11 – medsonet.
8 *LAG Hessen* 9.4.2015, NZA-RR 2015, 482 – NAG. Die dagegen gerichtete Nichtzulassungsbeschwerde wurde verworfen durch *BAG* 17.11.2015, 1 ABN 39/15.
9 *BAG* 13.3.2013, NZA 2013, 680; *BAG* 15.11.2006, NZA 2007, 448; *BAG* 6.6.2000, NZA 2001, 156.
10 *BAG* 28.5.2014, NZA 2014, 1264; s. auch *BVerfG* 25.4.2015, NZA 2015, 757.
11 *BAG* 28.5.2014 – 5 AZR 423/12; *BAG* 13.3.2013, NZA 2013, 680.
12 *BAG* 30.8.2017, NZA 2018, 363.

Folglich müssen sich sämtliche Tarifbestimmungen einer AGB-Kontrolle stellen (→ § 2 Rn. 30).

4. Feststellungsverfahren

8 Ist die Tariffähigkeit einer Arbeitnehmerkoalition unklar, kann diese in einem besonderen arbeitsgerichtlichen Beschlussverfahren abstrakt festgestellt werden (§§ 2 a Abs. 1 Nr. 4, 80 ff., 97 ArbGG). Dieses Verfahren ist keineswegs unumstritten. So besteht die Besorgnis, dass es großen Gewerkschaften ermöglicht wird, sich gegebenenfalls auch einmal einer Konkurrenz durch größer werdende Verbände zu entledigen, da diesen mit einer negativen Feststellung faktisch jede Werbekraft verloren geht. Antragsbefugt sind jedenfalls konkurrierende Gewerkschaften, Arbeitgeberverbände im räumlich-fachlichen Zuständigkeitsbereich der Vereinigung, sowie die obersten Arbeitsbehörden des Bundes bzw. des Landes, auf dessen Gebiet sich die Tätigkeit der Vereinigung erstreckt.[13] Trotz des insoweit vielleicht etwas missverständlichen Wortlauts des § 97 Abs. 1 ArbGG kann auch die Vereinigung selbst, deren Tariffähigkeit bestritten wird, das Verfahren einleiten.[14] Hängt die Entscheidung eines Individualrechtsstreits von der Tariffähigkeit einer Vereinigung ab, weil sie sich an der Wirksamkeit einer tariflichen Regelung festmacht, bestehen an der Tariffähigkeit der abschließenden Gewerkschaft aber vernünftige Zweifel,[15] hat das Gericht den Rechtsstreit auszusetzen (§ 97 Abs. 5 ArbGG). In diesem Fall können dann auch die Parteien dieses Rechtsstreits ein entsprechendes Beschlussverfahren einleiten. Zuständig ist in erster Instanz das Landesarbeitsgericht, in dessen Bezirk die Vereinigung, über deren Tariffähigkeit zu entscheiden ist, ihren Sitz hat, § 97 Abs. 2 ArbGG.

9 Ein Feststellungsbeschluss nach §§ 2 a Abs. 1 Nr. 4, 97 ArbGG hat Bindungswirkung gegenüber allen von den Tarifverträgen erfassten Arbeitsvertragsparteien: § 97 Abs. 3 S. 1 ArbGG. Dabei steht mit einem derartigen Beschluss auch fest, dass die Vereinigung bereits in der Vergangenheit tarif(un)fähig gewesen war.[16] Anderes kann sich allenfalls in ganz besonderen Einzelfällen ergeben, etwa wenn der Verband in der Vergangenheit eine Satzungsänderung vorgenommen hatte, die mit dessen Tariffähigkeit in Zusammenhang steht, so dass der Beschluss nur bis zum Zeitpunkt der fraglichen Satzungsänderung »zurückwirkt«. Mittelbar entfaltet ein derartiger Beschluss auch Wirkung für die Zukunft, weil ein erneuter Antrag auf Durchführung eines Feststellungsverfahrens wegen der entgegenstehenden Rechtskraft eines bereits ergangenen Beschlusses solange unzulässig ist, wie sich die entscheidungserheblichen tatsächlichen oder rechtlichen Verhältnisse nicht wesentlich verändert haben.[17]

---

13 Ein einzelner Arbeitgeber ist (nur) dann antragsbefugt, wenn gerade mit ihm über die Tarifzuständigkeit einer Gewerkschaft zum Abschluss von Tarifverträgen gestritten wird.
14 *BAG* 14.12.2010, NZA 2011, 289 – CGZP; *BAG* 29.6.2004, NZA 2004, 1236.
15 *BAG* 24.7.2012, NZA 2012, 1061.
16 *BAG* 23.5.2012, NZA 2012, 623; in diese Richtung bereits: *BAG* 28.3.2006, NZA 2006, 1112 – CGM.
17 *BAG* 6.6.2000, NZA 2001, 156.

5. Tariffähigkeit auf Arbeitgeberseite, Innungen, Kammern, Firmen- und Haustarifverträge

Anders als auf der Arbeitnehmerseite stellt sich auf Arbeitgeberseite die Frage nach der **10** sozialen Mächtigkeit nicht. Der einzelne Arbeitgeber[18] ist ebenso wie ein tarifwilliger Arbeitgeberverband stets tariffähig (vgl. § 2 Abs. 1 TVG). Ist der Verband aber, wie dies beispielsweise bei OT-Verbänden (→ § 2 Rn. 74 ff.) oder reinen Wirtschaftsverbänden der Fall ist, nicht zum Abschluss von Tarifverträgen berechtigt, kann ihm eine tarifliche Regelung nicht gegen seinen Willen aufgezwungen werden. Solche Verbände dürfen daher auch nicht auf Abschluss eines Tarifvertrags bestreikt werden.

Nach § 2 Abs. 1 TVG ist auch der einzelne Arbeitgeber tariffähig und kann daher mit **11** Gewerkschaften sog. Firmen- bzw. Haustarifverträge abschließen. Der Grund dafür, dass das TVG dem Arbeitgeber selbst Tariffähigkeit zuerkennt, liegt darin, dass Gewerkschaften auch dann, wenn ein Arbeitgeber keinem Arbeitgeberverband angehört, einen Ansprechpartner haben sollen. Mit Rücksicht auf dessen negative Koalitionsfreiheit wäre es ihnen nämlich nicht möglich, den Außenseiter zur Mitgliedschaft im Arbeitgeberverband zu zwingen, etwa, indem sie ihn »in den Verband streiken«. Sehr wohl erlaubt ist es der Gewerkschaft aber, eine Tarifforderung, die sie gegenüber einem Arbeitgeberverband erhoben hat, inhaltsgleich auch gegen einen nicht organisierten Arbeitgeber vorzubringen. Von diesem kann sie aber eben nur den Abschluss eines entsprechenden Haustarifvertrags verlangen.

Arbeitgeber bleiben als solche auch dann tariffähig, wenn sie einer Koalition ange- **12** hören. Daran ändert sich auch nichts, soweit ihr Arbeitgeberverband bereits einen Verbandstarifvertrag abgeschlossen hat. Selbst dann ist es dem einzelnen Arbeitgeber unbenommen, mit einer anderen Gewerkschaft als derjenigen, die Partei des Verbandstarifvertrags ist, einen Firmentarifvertrag abzuschließen, aber auch, einen solchen mit der Gewerkschaft zu verabreden, die Partnerin des Verbandstarifvertrags ist. Eine andere Frage ist freilich, ob der verbandsangehörige Arbeitgeber auch streikweise auf Abschluss eines Firmentarifvertrags in Anspruch genommen werden darf. Das BAG hält das für möglich.[19] Hat die Gewerkschaft allerdings mit dem Verband, dem der Arbeitgeber zugehört, bereits einen Verbandstarifvertrag abgeschlossen, sind einem derartigen Streik mit Rücksicht auf die sich aus dem Verbandstarifvertrag ergebende Friedenspflicht enge Grenzen gesetzt (→ § 10 Rn. 28 ff.). Zur verwandten Problematik der Erstreikbarkeit von Sozialplantarifverträgen → § 10 Rn. 68 ff.

Schließlich können auch Handwerksinnungen Tarifverträge schließen. Das sind zwar **13** keine Koalitionen, sondern vielmehr Körperschaften des öffentlichen Rechts. Diese Befugnis zum Abschluss von Tarifverträgen beruht allerdings auf staatlicher Verleihung (§§ 54 Abs. 3 Nr. 1, 82 Nr. 3, 85 Abs. HandwO).[20] Dies rechtfertigt sich dadurch, dass der Beitritt zur Innung, einer Art »Fachorganisation« sich wirtschaftlich nahe stehender Handwerker freiwillig ist,[21] sich Handwerksbetriebe zwar in aller Regel der Innung anschließen, darüber hinaus dann aber nicht mehr zum Beitritt zu einem beson-

---

18 Allerdings lässt *BAG* (GS) 21.4.1971, AP GG Art. 9 GG Arbeitskampf Nr. 43 offen, ob die Streikbefugnis der Gewerkschaft gegenüber »kleinen« Arbeitgebern Einschränkungen unterliegt, wenn diese nicht in der Lage sind, einen wirkungsvollen Gegendruck auszuüben.

19 *BAG* 24.4.2007, NZA 2007, 987; *BAG* 10.12.2002, AP GG Art. 9 Arbeitskampf Nr. 162.

20 Umstritten ist, ob tariffähige Innungen auch eine OT-Mitgliedschaft (→ § 2 Rn. 74 ff.) vorsehen können, vgl. *OVG Lüneburg* 25.9.2014, NZA-RR 2015, 31.

21 Dagegen ist die Mitgliedschaft in der Handwerkskammer verpflichtend, weshalb dieser kaum Tariffähigkeit verliehen werden dürfte.

deren Arbeitgeberverband bewegen lassen. Wäre die Innung nicht tariffähig, stünde den Gewerkschaften also kein geeigneter Ansprech- und Tarifpartner zur Verfügung.[22]

6. Spitzenorganisationen, Tarifgemeinschaft

14 § 2 Abs. 2 und 3 TVG lässt den Abschluss von Tarifverträgen auch durch Spitzenorganisationen von Arbeitgeberverbänden und Gewerkschaften zu. Insoweit ist zu unterscheiden: Eine Spitzenorganisation nach § 2 Abs. 2 TVG handelt lediglich als rechtsgeschäftliche Vertreterin im Namen der ihr angeschlossenen Verbände.[23] Tarifpartner werden dagegen alleine die vollmachtgebenden Verbände. In diesem Fall stellt sich die Frage nach der Tariffähigkeit der Spitzenorganisation von vorneherein nicht.

15 Ganz anderes gilt für eine Spitzenorganisation nach § 2 Abs. 3 TVG. Hier wird nur die Spitzenorganisation, nicht dagegen die ihr angehörenden Verbände Partei des abgeschlossenen Tarifvertrags.[24] Voraussetzung dafür ist zunächst, dass die Satzung des Dachverbands ausdrücklich vorsieht, dass der Abschluss von Tarifverträgen zu seinen satzungsgemäßen Aufgaben gehört. Dies sehen weder die Satzungen des DGB, noch die der BDA vor.

16 Die Bestimmung der Tariffähigkeit einer arbeitnehmerseitigen Spitzenorganisation nach § 2 Abs. 3 TVG fällt außerordentlich schwer.[25] Das BAG hat sich mit ihr in seinem CGZP-Beschluss (zur CGZP → § 2 Rn. 4, → § 9 Rn. 62 ff., insb. 65) ausführlich auseinandergesetzt.[26] Danach ist erforderlich, dass (1.) der Spitzenorganisation alleine tariffähige Arbeitnehmervereinigungen angehören. Nehmen an ihr nicht tariffähige Arbeitnehmerkoalitionen teil, bleibt dies nur dann unschädlich, wenn in der Satzung ausgeschlossen ist, dass diese die tarifpolitischen Entscheidungen der Spitzenorganisation beeinflussen können.[27] Außerdem muss sich (2.) die Tarifzuständigkeit der Spitzenorganisation vollständig mit den Tarifzuständigkeiten der Einzelgewerkschaften decken. Das heißt: Die Mitgliedsgewerkschaften müssen der Spitzenorganisation ihre eigene Tarifzuständigkeit vollständig vermitteln.[28] Umgekehrt darf die Tarifzuständigkeit der Spitzenorganisation nicht über die zusammengefassten Tarifzuständigkeiten ihrer tariffähigen Mitglieder hinausgehen.

17 Vereinigungen können sich auch zu einer Tarifgemeinschaft zusammenschließen. Abhängig von der jeweiligen Ausgestaltung kann es sich dabei um eine Spitzenorganisation nach § 2 Abs. 3 TVG handeln. Der Regelfall ist indes, dass die beteiligten Vereinigungen sich über die Tarifgemeinschaft lediglich koordinieren, den späteren Tarifvertrag dagegen ausschließlich in eigenem Namen abschließen. Der Tarifvertrag ist dann meist zwar äußerlich in einer Urkunde zusammengefasst, rechtlich gesehen liegen indes eigenständige Tarifverträge vor (»mehrgliedriger Tarifvertrag«). Das hat

---

22 *BVerfG* 19.10.1966, AP TVG § 2 Nr. 24.

23 Eine derartige Stellvertretung ließe sich letztlich auch über das Vertretungsrecht der §§ 164 ff. BGB bewerkstelligen. Die Regelung des § 2 Abs. 2 TVG erklärt sich alleine historisch, weil der Gesetzgeber fürchtete, dass Spitzenorganisationen nicht rechtsgeschäftsfähig sein könnten. Dies hat sich mittlerweile vollständig erledigt.

24 Dessen ungeachtet sind die Mitglieder der Einzelverbände »ganz normal« an den fraglichen Tarifvertrag gebunden, so als hätte ihr eigener Verband diesen abgeschlossen.

25 Lehrreich dazu: *Franzen*, BB 2009, 1472; *Jacobs*, ZfA 2010, 27.

26 *BAG* 14.12.2010, AP TVG § 2 Tariffähigkeit Nr. 6 (CGZP).

27 Hier drängt sich die Parallele zur OT-Mitgliedschaft (→ § 2 Rn. 74 ff.) auf.

28 Was aber natürlich nicht ausschließt, dass die Gewerkschaften sich vorbehalten, innerhalb ihres Zuständigkeitsbereichs auch weiterhin selbst Tarifverträge abzuschließen.

zur Folge, dass, wenn am Tarifabschluss nicht tariffähige Arbeitnehmervereinigungen beteiligt sind, der Tarifvertrag nur diesen gegenüber unwirksam ist, für und gegen die Mitglieder der tariffähigen Parteien aber wirksam bleibt. Unklar ist, ob Tarifvertragsparteien ihre satzungsgemäße Zuständigkeit dessen ungeachtet in einer Tarifgemeinschaft bündeln können, was vor allem im Bereich der Arbeitnehmerüberlassung Bedeutung erlangt, → Rn. 18.

II. Tarifzuständigkeit

Mit der Feststellung, dass eine Vereinigung tariffähig ist, ist noch nicht die Frage beantwortet, ob sie auch für den Abschluss eines bestimmten Tarifvertrags zuständig ist. Diese Befugnis bezeichnet man als Tarifzuständigkeit. Sie ergibt sich aus der Satzung des Verbands. Dabei überlässt es Art. 9 Abs. 3 GG der freien Entscheidung der Verbände, ihren Zuständigkeitsbereich festzulegen. Was allerdings arbeitnehmerseitige Koalitionen betrifft, ist zu beachten, dass diese Freiheit faktisch ihre Grenzen darin findet, dass die Vereinigung innerhalb ihres gesamten Organisationsbereichs tariffähig sein muss (s. auch → Rn. 5). Bis heute Probleme bereitet die Tarifzuständigkeit im Bereich der Leiharbeit, obgleich diese Frage für die Zeitarbeit insoweit herausragende Bedeutung hat, als die Branche faktisch nur über gesetzesabweichende Tarifverträge funktionsfähig ist, vgl. → § 9 Rn. 62 ff. Schwierigkeiten bereitet zunächst, dass es keine eigentliche Gewerkschaft gibt, die Leiharbeitnehmer betreut. Hierfür am ehesten kommt bei den DGB-Gewerkschaften noch ver.di in Betracht. Zwar ist es den anderen Industriegewerkschaften nicht verwehrt, ebenfalls Zeitarbeitnehmer zu vertreten, dies aber wohl nur insoweit, als diese in ihren satzungsgemäßen Zuständigkeitsbereich verliehen werden. Die DGB-Tarifgemeinschaft Leiharbeit, die die entscheidenden Tarifverträge in der Überlassungsbranche abgeschlossen hat, ist dagegen lediglich eine Tarifgemeinschaft. Da diese selbst keine Tarifverträge abschließt, ist unklar, ob diese dort ihre Tarifzuständigkeiten »zusammenwerfen« können (→ Rn. 17), um so alle denkbaren Verleihvorgänge, aber auch Nichteinsatzzeiten abzudecken. Für die Vergangenheit kommt noch hinzu, dass die vertretungsbereiten Gewerkschaften, insbesondere ver.di und die IG Metall ihre Satzungen an dieser Stelle verhältnismäßig wenig präzise formuliert hatten. Dem BAG lag zwischenzeitlich ein einschlägiger Rechtsstreit zur Entscheidung vor, den das Gericht dann aber alleine auf Basis prozessualer Erwägungen entscheiden konnte.[29]

18

Beide Tarifvertragsparteien müssen für den gesamten Geltungsbereich des abgeschlossenen Tarifvertrags deckungsgleich tarifzuständig sein. Der räumliche, betriebliche, fachliche und persönliche Geltungsbereich des Tarifvertrags (→ § 4 Rn. 7 ff.) darf also nicht weiterreichen als die satzungsgemäße Organisationszuständigkeit der beiden Tarifvertragsparteien. Allerdings geht die Rechtsprechung davon aus, dass, sollte eine Partei ihre Tarifzuständigkeit überschritten haben, der Tarifvertrag nur im überschießenden Teil unwirksam ist, dagegen in seinem »Kernbestand« wirksam bleibt.

19

---

29 *BAG* 25.4.2017, NZA 2018, 61.

§ 4. Der Tarifvertrag

I. Abschluss, Inhalt und Geltungsanspruch des Tarifvertrags

1 Der Tarifvertrag ist ein privatrechtlicher Vertrag, der von einer Gewerkschaft mit einem Arbeitgeberverband oder einem einzelnen Arbeitgeber abgeschlossen wird. So wie dies bei jedem anderen gewöhnlichen Vertrag der Fall ist, verdankt der Tarifvertrag seine Rechtsverbindlichkeit dem rechtsgeschäftlichen Vertragsschluss zwischen den Tarifvertragsparteien (§§ 145 ff. BGB). Der Tarifvertrag bedarf der Schriftform (§ 1 Abs. 2 TVG), lediglich mündlich abgeschlossene Tarifabreden sind nichtig (§ 125 BGB).

2 Im Vergleich zu gewöhnlichen Verträgen wartet der Tarifvertrag mit der Besonderheit auf, dass er Rechtsnormen enthält, die sich nicht an die Tarifvertragsparteien richten, sondern an Dritte, nämlich an die tarifgebundenen Arbeitsvertragsparteien, indem sie die für deren Arbeitsverhältnisse maßgeblichen Vertragsbedingungen festlegen. Diese Rechtsnormen wirken wie ein Gesetz unmittelbar und zwingend auf die tarifgebundenen Arbeitsverhältnisse ein. Deshalb spricht man insoweit auch vom »normativen Teil« des Tarifvertrags. Dabei liegt auf der Hand, dass der Tarifvertrag diese normative Wirkung nicht bereits durch den Vertragsschluss zwischen den Tarifvertragsparteien erlangen kann, vielmehr basiert diese auf dem staatlichen Geltungsbefehl, der sich aus dem TVG ergibt.

3 Darüber hinaus regelt der Tarifvertrag die Rechte und Pflichten der Tarifvertragsparteien untereinander. Insoweit wirkt er wie ein gewöhnlicher Vertrag zwischen Gewerkschaft und Arbeitgeberverband (deshalb auch: »schuldrechtlicher Teil«). Dazu gehören etwa die Friedenspflicht (→ § 10 Rn. 28 ff.) und die Durchführungspflicht, die es den Tarifvertragsparteien zur Aufgabe macht, auf ihre Mitglieder dahingehend einzuwirken, dass diese die Tarifregelungen auch tatsächlich durchführen werden. Darüber hinaus können die Tarifpartner weitere ergänzende Vereinbarungen mit schuldrechtlicher Wirkung treffen, wie etwa eine Schlichtungsabrede (→ § 10 Rn. 144 ff.). Möglicherweise große Bedeutung könnten rein schuldrechtliche Abreden erlangen, als es »Minderheitsgewerkschaften« unter Umständen gelingen könnte, über derartige Verträge doch noch die Anwendung »ihrer« Regelungswerke auf die Arbeitsverhältnisse ihrer Mitglieder sicherzustellen (s. dazu → § 6 Rn. 104). Denkbar ist aber auch eine »Demarkationsabsprache«, wie sie etwa die Deutsche Bahn AG mit den ihr gegenüberstehenden Spartengewerkschaften getroffen hat. Danach verpflichtet sich jede der einzelnen Berufsgruppengewerkschaften, gegenüber der Deutschen Bahn AG nur Tarifforderungen für die in ihr organisierten Berufsgruppen zu erheben.

II. Arten von Tarifverträgen

4 Tarifverträge in Deutschland sind überwiegend durch das Industrieverbandsprinzip geprägt. Das bedeutet, dass die Arbeitnehmer eines Wirtschaftszweiges, ohne Rücksicht darauf, welche Arbeit sie ausüben, sich in einer einzigen Gewerkschaft organisieren und entsprechend auch unter ein- und denselben Tarifvertrag fallen. So gehört beispielsweise ein Gärtner, der bei einem Unternehmen der Elektronikbranche beschäftigt ist, ebenso wie ein dort angestellter Metallfacharbeiter oder ein in der Unternehmenskantine tätiger Koch der IG Metall an. Und auch unterliegen die Arbeitsverhältnisse aller drei Arbeitnehmer den für die Metallindustrie einschlägigen Tarifverträgen.

Meist findet sich in einer Branche nicht lediglich ein Tarifwerk, sondern ein ganzes 5
Bündel von Einzeltarifverträgen. Allgemeine Bestimmungen sind in aller Regel in
einem Manteltarifvertrag zusammengefasst (wie etwa: Festlegung von Lohn- und Ge-
haltsgruppen, Dauer der regelmäßigen Wochenarbeitszeit, Anordnung von Überstunden, Dauer des Erholungsurlaubs und verwandte Bestimmungen, Kündigungsfristen).
Als Grundlagenregelung hat der Manteltarifvertrag häufig über längere Zeit Bestand,
so dass allenfalls einzelne Bestimmungen abgeändert werden. Dagegen ist die Höhe
der Vergütung meist in so genannten Lohn- und Gehaltstarifverträgen geregelt, die
häufig nur für ein oder zwei Jahre abgeschlossen werden. Entsprechend geht es bei
den meisten Tarifverhandlungen und Arbeitskämpfen auch um den Abschluss eines
neuen Lohntarifvertrags, während über die Bestimmungen der Manteltarifverträge
nur selten verhandelt wird. Neben den Mantel- und Lohntarifverträgen finden sich in
vielen Branchen noch zahlreiche ergänzende Tarifwerke, wie etwa Ausbildungs- und
Rationalisierungsschutzabkommen oder Tarifregelungen zur privaten Altersvorsorge,
zur Altersteilzeit oder über die Inanspruchnahme von Pflegezeit.

Derartige Tarifverträge finden sich in Form des Verbandstarifvertrags (auch »Flächen- 6
tarifvertrag«). Der Verbandstarifvertrag wird zwischen einer Gewerkschaft und einem
Arbeitgeberverband abgeschlossen und gilt folglich für eine Vielzahl von Unternehmen. Er stellt gewissermaßen das Idealbild eines Tarifvertrags dar. Davon zu unterscheiden ist der mit einem einzelnen Arbeitgeber abgeschlossene Firmentarifvertrag (auch:
»Haustarifvertrag«). Dieser wird zwischen einer Gewerkschaft und einem einzigen Arbeitgeber (→ § 3 Rn. 11) bzw. mehreren Unternehmen eines Konzerns (»Konzerntarif-
vertrag«) abgeschlossen. Neben originären Haustarifverträgen finden sich auch Firmentarifverträge, die die einschlägigen Verbandstarifverträge lediglich ergänzen, indem
sie den speziellen Bedürfnissen des jeweiligen Unternehmens Rechnung tragen bzw.
mit Rücksicht auf dessen besondere wirtschaftliche Leistungsfähigkeit zusätzliche Leistungen für die Arbeitnehmer vorsehen. Umgekehrt werden in der Unternehmenskrise
häufig Firmentarifverträge abgeschlossen, die vom Verbandstarifvertrag »nach unten«
abweichen (»Sanierungstarifvertrag«). In all diesen Fällen ergibt sich zwischen dem
Verbands- und dem Firmentarifvertrag eine Tarifkonkurrenz, die tarifrechtlich zu
Gunsten des Firmentarifvertrags aufzulösen ist (→ § 6 Rn. 81). Vom Firmentarifvertrag
zu unterscheiden ist schließlich der firmen-, betriebs- oder unternehmensbezogene
Verbandstarifvertrag, der mit einem Arbeitgeberverband abgeschlossen wird, in seinem
Geltungsbereich aber auf einen bestimmten Betrieb oder ein bestimmtes Unternehmen
beschränkt wird. Ein derartiger Verbandstarifvertrag ist grundsätzlich zulässig. Aller-
dings darf der Arbeitgeberverband durch seinen Abschluss nicht die gegenüber dem
Mitglied bestehende Pflicht zur Gleichbehandlung verletzen.

III. Geltungsbereich eines Tarifvertrags

Die Tarifvertragsparteien legen den Geltungsbereich ihrer Tarifverträge auf Grund ei- 7
gener, freier Entscheidung fest. Doch darf der Geltungsbereich des Tarifvertrags nicht
die gemeinsame Tarifzuständigkeit der beiden Tarifvertragsparteien überschreiten
(→ § 3 Rn. 18 f.).

Mit dem räumlichen Geltungsbereich wird das Tarifgebiet festgelegt, das vom Tarif- 8
trag umfasst sein soll, mit dem zeitlichen Geltungsbereich, wann der Tarifvertrag in
Kraft tritt und wann er sein Ende finden soll (s. auch → Rn. 15). Beim betrieblichen
Geltungsbereich geht es darum, auf welche Art von Betrieben der Tarifvertrag Anwen-

dung finden wird. Da Gewerkschaften und Arbeitgeberverbände überwiegend nach dem Industrieverbandsprinzip (→ Rn. 4) organisiert sind, werden Tarifverträge oft für alle Betriebe desjenigen Wirtschaftszweigs abgeschlossen, für den die tarifschließenden Verbände tarifzuständig sind. Hier ergeben sich zuweilen Schwierigkeiten, wenn dieser nicht eindeutig einer Branche zugeordnet werden kann (sog. Mischbetrieb). Maßgeblich ist dann, welche spezifische Tätigkeit dem Betrieb das Gepräge gibt.

9   Schließlich wird mit dem fachlich-persönlichen Geltungsbereich bestimmt, welche Merkmale persönlicher Art ein Arbeitnehmer erfüllen muss, um in den Genuss bestimmter tariflicher Rechte zu gelangen. Regelmäßig gibt der Tarifvertrag dabei unterschiedliche Arbeitnehmer- bzw. Lohngruppen vor, weshalb man insoweit auch von »Tarifgittern« spricht. Entsprechend ist der Arbeitnehmer in eine bestimmte Tarifgruppe einzugruppieren. Das darf man aber nicht dahingehend missverstehen, dass der Arbeitgeber den Arbeitnehmer konstitutiv einer bestimmten Tarifgruppe zuweisen könnte oder müsste. Vielmehr ist der Arbeitnehmer bereits auf Grund der Geltung des Tarifvertrags in seinem Arbeitsverhältnis und der von ihm auszuübenden Tätigkeit automatisch in die einschlägige Tarifgruppe eingruppiert (deshalb auch »Tarifautomatik«). Die vermeintliche Eingruppierung ist daher ein rein deklaratorisch wirkender Subsumtionsvorgang (auch: »bloßer Normenvollzug«). Ist der Arbeitnehmer »falsch« eingruppiert, erhält er bei Licht betrachtet lediglich eine unzutreffende Vergütung.[1] Er kann daher direkt auf das höhere Entgelt klagen oder aber auch abstrakt auf Feststellung, dass er entsprechend einer bestimmten Tarifgruppe zu vergüten ist.[2] Zum Mitbestimmungsrecht des Betriebsrats → § 34 Rn. 2 ff.

IV. Beendigung des Tarifvertrags und Abschluss eines neuen Tarifvertrags

1. Ablöseprinzip und Vertrauensschutz

10   Schließen die Tarifvertragsparteien einen neuen Tarifvertrag, löst dieser mit seinem Inkrafttreten den bisher geltenden Tarifvertrag ab. Befand sich der frühere Tarifvertrag bereits im Nachwirkungsstadium, endet die Nachwirkung mit diesem Zeitpunkt. Das ergibt sich, soweit Tarifbestimmungen Rechtsnormcharakter haben (→ § 5 Rn. 14), aus dem allgemeinen Prinzip des lex posterior derogat legi priori (Ablöseprinzip). Verständigen sich die Tarifpartner nur auf die Neuregelungen einzelner Tarifbestimmungen, lösen diese die korrespondierenden Regelungen des fraglichen Tarifvertrags ab, während der Tarifvertrag im Übrigen bestehen bleibt. Insoweit liegt auf der Hand, dass ein neuer Tarifvertrag die bisher geltenden Arbeitsbedingungen natürlich auch verschlechtern kann.

11   Allerdings unterliegt eine rückwirkende Änderung der tariflichen Arbeitsbedingungen den gleichen Grenzen, an die der Gesetzgeber beim Erlass von rückwirkenden Gesetzen gebunden ist.[3] Auch das folgt daraus, dass Tarifbestimmungen Rechtsnormcharakter zukommt (→ § 5 Rn. 14). Entsprechend ist zwischen einer echten und einer unechten Rückwirkung zu unterscheiden.

---

1 Sehr anschaulich zum Ganzen Schaub ArbR-HdB/*Treber* § 64 Rn. 10.
2 Vgl. den Klageantrag abgedruckt bei Schaub ArbR-HdB/*Treber* § 65 Rn. 2.
3 Lehrreich dazu die Rückwirkungsdebatte, die insoweit um die so genannten Soka-Sicherungsgesetze geführt wurde → § 9 Rn. 16.

Eine echte Rückwirkung liegt vor, wenn ein in der Vergangenheit liegender Sachverhalt nachträglich anders geregelt werden soll, die Rechtsfolgen der Tarifnorm also auf die Vergangenheit rückbezogen werden. Die Gestaltungsfreiheit der Tarifpartner ist hier durch den Grundsatz des Vertrauensschutzes begrenzt. Danach ist ein Eingriff in abgewickelte und bereits erfüllte Ansprüche ausgeschlossen. Ein einmal entrichteter Tariflohn kann vom Arbeitnehmer also selbst dann nicht zurückgefordert werden, wenn der Tarifvertrag rückwirkend eine Lohnverschlechterung vorsieht. Aber auch ein Eingriff in bereits entstandene und fällig gewordene, aber noch nicht erfüllte Ansprüche (»wohlerworbene Rechte«) ist nur unter engen Voraussetzungen möglich. Entscheidend ist, ob die betreffende Arbeitsvertragspartei auf den Fortbestand der tariflichen Regelung vertrauen durfte oder ob und ggf. wann sie, etwa auf Grund einschlägiger Verlautbarungen der Tarifpartner, mit einer Änderung der maßgeblichen Anspruchsgrundlage hätte rechnen müssen. **12**

Drei Beispiele: (1.) Die Tarifpartner benötigen nach dem Auslaufen des alten Tarifvertrags ein halbes Jahr, bis ihnen der Abschluss eines neuen Tarifvertrags gelingt. Im neuen Tarifvertrag wird ein höherer Arbeitslohn vereinbart, der rückwirkend ab dem Tag des Auslaufens des früheren Tarifvertrags bezahlt werden soll. Der Arbeitgeber muss dies hinnehmen, weil rückwirkende Lohnerhöhungen gängige Tarifpraxis sind und er daher mit einer entsprechenden Lohnanpassung rechnen musste. **13**
(2.) Ein Firmentarifvertrag sieht eine Erschwerniszulage vor. Ab dem 1.6. stellt der Arbeitgeber die Zahlung ein und verhandelt mit der Gewerkschaft über eine Änderung des Tarifvertrags. Am 1.7. verlautbaren Gewerkschaft und Arbeitgeber, dass sie sich über die Aufhebung der fraglichen Tarifbestimmung verständigt hatten. Der zum 1.9. in Kraft tretende Änderungstarifvertrag sieht eine Rückwirkung zum 1.6. vor. Da die Arbeitnehmer zwar noch nicht im Juni, wohl aber zum 1.7. mit einer entsprechenden Änderung des Tarifvertrags rechnen mussten, steht ihnen für den Juni noch ein Anspruch auf Zahlung der Zulage zu.
(3.) Während Arbeitnehmer bislang nach einer 15-jährigen Betriebszugehörigkeit ordentlich unkündbar wurden, genießen sie nach einer neuen Tarifregelung erst nach einer Vorbeschäftigungszeit von 20 Jahren Sonderkündigungsschutz.[4] Arbeitnehmern, die am Tag des Inkrafttretens des neuen Tarifvertrags bereits länger als 15 Jahre im Betrieb tätig waren, bleibt der Kündigungsschutz grundsätzlich erhalten.[5] Nach Ansicht des BAG soll ein Arbeitnehmer indes nicht schutzwürdig sein, wenn der Ausschluss der ordentlichen Kündigung schon bisher Ausnahmetatbestände enthielt, die Neuregelung den Sonderkündigungsschutz nicht vollständig abschafft, sondern lediglich die Ausnahmetatbestände modifiziert bzw. erweitert hat und der Arbeitnehmer nunmehr der neu gefassten Ausnahmeregelung unterfällt.

Dagegen ist eine unechte Rückwirkung gegeben, wenn eine Tarifregelung auf einen in der Vergangenheit begonnenen, aber gegenwärtig noch andauernden Sachverhalt einwirkt (sog. tatbestandliche Rückanknüpfung). Auch eine unechte Rückwirkung muss sich am Verhältnismäßigkeitsgrundsatz messen lassen, soweit sie in geschützte Rechtspositionen, insbesondere in wohlerworbene Rechte des Arbeitnehmers eingreift. Doch sind die Grenzen hier deutlich weiter als bei der echten Rückwirkung. **14**

Beispiel: Während Arbeitnehmer bislang nach einer 15-jährigen Betriebszugehörigkeit ordentlich unkündbar wurden, genießen sie nach einer neuen Tarifregelung erst nach einer Vorbeschäftigungszeit von 20 Jahren Sonderkündigungsschutz. Arbeitnehmer, die zum Zeitpunkt des Inkrafttretens des neuen Tarifvertrags noch keine 15 Jahre im Betrieb tätig waren, müssen sich regelmäßig mit der Neuregelung arrangieren. Besondere Bedeutung erlangt diese Problematik im Recht der betrieblichen Altersversorgung, in dem meist durchaus strenge Anforderungen an die Rechtfertigung einer unechten Rückwirkung gerichtet werden.

---

4 Dieses Fallbeispiel bewegt sich an der Grenze zwischen einer echten und einer unechten Rückwirkung, je nachdem, ob man auf den (vollendeten) Erwerb des Sonderkündigungsschutzes oder auf die Kündigung abstellt, die ja erst nach Inkrafttreten des neuen Tarifvertrags erfolgt.
5 *BAG* 6.12.2017, NZA 2018, 321; *BAG* 9.9.2010 – 2 AZR 1045/08; *BAG* 2.2.2006, NZA 2006, 868.

2. Befristung, Kündigung und Wegfall der Geschäftsgrundlage

15 Darüber hinaus gelten für die Beendigung von Tarifverträgen die allgemeinen Grundsätze über die Beendigung von Dauerrechtsbeziehungen. Lohn- und Gehaltstarifverträge werden meist von vorneherein nur auf bestimmte Zeit abgeschlossen. Allerdings ist es eher selten, dass vorgesehen wird, dass der Tarifvertrag mit Fristablauf automatisch endet. Vielmehr wird meist nur ein Termin bestimmt, zu dem die Tarifvertragsparteien den Tarifvertrag, regelmäßig unter Einhaltung einer Kündigungsfrist, frühestens kündigen dürfen. Ist keine Kündigungsmöglichkeit vorgesehen, der Tarifvertrag aber umgekehrt auch nicht befristet, wird in Anlehnung an § 77 Abs. 5 BetrVG angenommen, dass, soweit sich im Einzelfall aus den Umständen nichts besonderes ergibt, er mit einer Kündigungsfrist von drei Monaten gekündigt werden kann.[6] Die Kündigung bedarf nicht der Schriftform des § 126 BGB,[7] wohl aber der Textform des § 126b BGB. Ist nichts anderes vereinbart, kann der Tarifvertrag nur als Ganzes beendet werden.[8] Eine Herauskündigung einzelner unliebsamer Bestimmungen bei gleichzeitiger Absicherung des Bestands günstiger Regelungen, ist nicht möglich. Natürlich können die Tarifvertragsparteien auch jederzeit vereinbaren, den Tarifvertrag aufzuheben. Schließlich steht jeder der beiden Tarifvertragsparteien das Recht auf außerordentliche Kündigung des Tarifvertrags aus wichtigem Grund zu (§ 314 BGB), das allerdings nur in den seltensten Fällen greifen wird.

16 Ob und inwieweit die Regeln über den Wegfall der Geschäftsgrundlage (§ 313 BGB) auf den Tarifvertrag Anwendung finden, ist umstritten. Dagegen spricht, dass der notfalls gerichtlich durchsetzbare Anpassungsanspruch den Richter zur Festlegung eines neuen Tarifinhalts verpflichten würde, was der Idee der staatsfernen, autonomen Festsetzung der Arbeitsbedingungen durch die Tarifpartner zuwiderlaufen würde. Gibt man der anpassungsberechtigten Partei dagegen nur ein Rücktrittsrecht, wäre unklar, welche Folgen daran anknüpfen sollen. Da ein tarifloser Zustand kaum hingenommen werden kann, bliebe nur, den Tarifvertrag in das Nachwirkungsstadium treten zu lassen. Damit wäre er zwar parteidispositiv, würde dessen ungeachtet aber solange weiterhin in den tarifunterworfenen Arbeitsverhältnissen gelten, wie sich die Arbeitsvertragsparteien nicht auf eine andere Abmachung verständigt haben.

17 Alleine eine ungünstige wirtschaftliche Entwicklung berechtigt die Arbeitgeberseite noch nicht, den Tarifvertrag außerordentlich zu kündigen und reicht auch noch nicht für die Annahme, dass die Geschäftsgrundlage für den Tarifvertrag entfallen wäre. Die Arbeitnehmerseite muss sich auf den Tarifabschluss verlassen können und auch darf das Tarifrecht den Beschäftigten nicht das Unternehmer- und Wirtschaftsrisiko des Arbeitgebers aufbürden. Ohnehin ist in allen denkbaren Konstellationen zu beachten, dass bei einem Verbandstarifvertrag der einzelne Arbeitgeber schon grundsätzlich nicht kündigungsberechtigt ist. Dieses steht vielmehr nur den Parteien des Tarifvertrags selbst zu, hier also dem tarifschließenden Arbeitgeberverband.

---

6 NK-TVG/*Deinert* TVG § 4 Rn. 119; *BAG* 10.11.1982, AP TVG § 1 Form Nr. 8; *BAG* 18.6.1997, NZA 1997, 1234.
7 *BAG* 26.7.2016, NZA 2016, 1543 Rn. 34.
8 *BAG* 26.7.2016, NZA 2016, 1543 Rn 31.

V. Publikation der Tarifverträge

Gemäß § 6 TVG wird beim Bundesministerium für Arbeit und Soziales ein Tarifregis- **18**
ter geführt, in das der Abschluss, die Änderung und die Aufhebung der Tarifverträge
sowie Beginn und Beendigung einer Allgemeinverbindlicherklärung eingetragen werden (vgl. zu den Übersendungs- und Mitteilungspflichten der Tarifvertragsparteien § 7
TVG). Auf die Wirksamkeit des Tarifvertrags hat die Beachtung dieser Bestimmung
keinen Einfluss; es genügt die Einhaltung der Schriftform (§ 1 Abs. 2 TVG). Dieses Ta-
rifregister enthält aber nur die äußeren Tarifgeltungsdaten, nicht aber die Tarifinhalte
selbst (in diese Richtung könnte das BMAS aber mit § 14 TVGDV gehen, da danach
die Einrichtung eines elektronischen Registers möglich ist). Was den Inhalt der Tarifverträge betrifft, stehen dem Rechtsanwender ganz unterschiedliche Recherchemög-
lichkeiten zur Verfügung. An erster Stelle steht natürlich die Nachfrage bei den Verbänden, um deren Auskunftsfreudigkeit gegenüber Außenstehenden allerdings sehr
unterschiedlich bestellt ist. Sie reicht von regelrechter Geheimniskrämerei bis hin
dazu, dass Tarifverträge einfach auf der Homepage eingestellt werden. Nicht wenige
Tarifverträge lassen sich schlicht »googlen«, für manche Branchen sind Tarifverträge
verlegt (wie etwa die Bautarifverträge) oder sogar Gegenstand umfassender Kommen-
tierungen (wie etwa der TVöD).

Nach § 8 TVG sind die Arbeitgeber verpflichtet, die für ihren Betrieb maßgebenden Ta- **19**
rifverträge an geeigneter Stelle im Betrieb auszulegen. § 8 TVG ist eine reine Ordnungsvorschrift, aus deren Verletzung keine Schadensersatzansprüche hergeleitet werden
können. Erst recht ist die Bekanntgabe im Betrieb keine Voraussetzung für die Geltung
des Tarifvertrags. Nach § 2 Abs. 1 Nr. 10 NachwG hat der Arbeitgeber in der Niederschrift über die vereinbarten Arbeitsbedingungen in allgemeiner Form auf die auf das
Arbeitsverhältnis anwendbaren Tarifverträge hinzuweisen. Umgekehrt gilt, dass wenn
die nach § 2 Abs. 1 NachwG nachzuweisenden Arbeitsbedingungen durch Tarifvertrag
geregelt sind, ein allgemeiner Hinweis auf diesen genügt (§ 2 Abs. 3 NachwG).[9]

§ 5. Die Rechtsnormen des Tarifvertrags

I. Verhältnis des Tarifvertrags zu höherrangigem Recht

1. Grundrechtsbindung der Tarifvertragsparteien, Grenzen der Tarifautonomie, Unternehmerische Entscheidungsfreiheit

Lange Zeit war das BAG der Auffassung, dass die Tarifvertragsparteien als Koalitio- **1**
nen, die in Vertretung des Staates die Arbeitsbedingungen festsetzen, unmittelbar an
die Grundrechte gebunden sind.[1] Nachdem das BAG nunmehr anerkennt, dass der Tarifvertrag eine Form kollektiv ausgeübter Privatautonomie ist (→ § 2 Rn. 27 ff.), hält es
die Tarifvertragsparteien »nur« noch mittelbar an die Grundrechte gebunden.[2] Ansatzpunkt dafür ist, dass der Staat, also die Arbeitsgerichte verpflichtet sind, Arbeitgeber
und Arbeitnehmer vor einer unverhältnismäßigen Beschränkung ihrer Grundrechte

---

9 Die Darstellung ist verkürzt. S. zu den Einzelheiten zur Nachweispflicht: ErfK/*Preis* NachwG § 2
Rn. 23 ff. u. 30 f.
1 So z. B. *BAG* 15.1.1955, AP GG Art. 3 Nr. 4.
2 S. etwa: *BAG* 22.3.2018 – 6 AZR 833/16; *BAG* 22.12.2009, NZA 2010, 521.

durch privatrechtliche Gestaltung und damit auch durch Tarifverträge zu bewahren. Man gelangt so zu einer mittelbaren Drittwirkung von Grundrechten, wie sie ja auch sonst im Privatrecht bekannt ist.[3] Dabei fasst die Rspr. den Prüfungsmaßstab im Tarifrecht allerdings tendenziell strenger als im sonstigen Zivil- und Arbeitsrecht. Dies erscheint mit Rücksicht auf die überragende Gestaltungsmacht, die den Tarifvertragsparteien im Arbeitsleben zukommt und jedenfalls im faktischen Ergebnis dann eben doch Ähnlichkeiten mit der staatlichen Normsetzung aufweist, auch durchaus gerechtfertigt. Es kommt hinzu, dass das TVG Rechtsnormen eines Tarifvertrags wie Normen des objektiven Rechts behandelt. Im Ergebnis unterzieht die Rechtsprechung Tarifnormen daher einer Grundrechtskontrolle, die in Umfang und Prüfungsintensität der Kontrolle von Rechtsvorschriften des öffentlichen Rechts gleichsteht. Der Streit, ob Tarifvertragsparteien unmittelbar oder nur mittelbar an die Vorgaben des GG gebunden sind, hat daher letztlich eher nur akademische Bedeutung.

2 Bedeutung im Tarifrecht erlangen die Art. 3, 12 und 14 GG. So folgt aus Art. 3 GG, dass die Tarifvertragsparteien tarifgebundene Arbeitnehmer nicht ohne sachlichen Grund ungleich behandeln dürfen. Dagegen spielt die Berufsfreiheit (Art. 12 GG) eine große Rolle, was tarifliche Zulassungsvoraussetzungen sowie Tarifregelungen betrifft, die aus arbeitsmarktpolitischen Erwägungen Höchstarbeitsbedingungen, wie etwa Höchstarbeitszeiten, vorgeben (s. dazu → Rn. 18, → § 6 Rn. 42 ff.). Aber auch Altersgrenzen sind an Art. 12 GG zu messen. Insoweit hat sich allerdings der Schwerpunkt der Diskussion mit Erlass des TzBfG zunächst auf deren sachliche Rechtfertigbarkeit nach § 14 Abs. 1 TzBfG und später auf ihre Vereinbarkeit mit dem europäischen Diskriminierungsrecht verschoben, weshalb sie im vorliegenden Lehrbuch auch im Kontext des Einflusses des europäischen Rechts auf das Tarifrecht erläutert werden (→ Rn. 7).

3 Beachtung verdient schließlich die sich aus Art. 14 GG ergebende unternehmerische Entscheidungsfreiheit. Dabei ist der sich für den einzelnen Arbeitgeber insoweit ergebende Schutz eher schwach ausgeprägt, soweit es um den Abschluss von Firmentarifverträgen geht. Denn verpflichten kann man sich im Prinzip zu alldem, zu dem man sich verpflichten will. Größere Bedeutung erlangt Art. 14 GG dagegen beim Abschluss von Verbandstarifverträgen. Zwar handelt es sich auch beim Verbandstarifvertrag um einen privatautonomen Vertragsschluss, doch wohnt diesem angesichts der Vielzahl von Arbeitgebern, die an ihn gebunden sind, immer auch eine gewisse Fremdbestimmungstendenz inne. Noch entscheidender wirkt sich Art. 14 GG schließlich aus, wenn es um die Beurteilung der Zulässigkeit von Streikmaßnahmen geht, weil hier der Arbeitgeber durch Druck zum Abschluss einer entsprechenden tariflichen Regelung bewegt werden soll (dazu → § 10 Rn. 26 f. und Rn. 68 ff.).

4 Faustformelartig lässt sich festhalten – in diesem Bereich ist allerdings nahezu alles strittig – dass der Arbeitgeber nicht gebunden werden darf, was unternehmerische Grundentscheidungen (»managerial prerogatives«) betrifft. Entscheidungen über eine Betriebsstilllegung, -erweiterung oder -verlagerung, über die Durchführung eines Personalabbaus, die Preispolitik, Investitionen, Kreditaufnahmen hinsichtlich Kreditgeber und -höhe, über den Betriebsgegenstand, die Aufnahme geschäftlicher Beziehungen mit Zulieferern oder Abnehmern, darüber welche Geld- und Sachmittel zu welchem Zweck eingesetzt werden und ob, was und wo hergestellt wird, sind danach tariffest. Das gilt auch für die Unternehmens- und Gesellschaftsverfassung, die dem Zugriff der Tarif-

---

3 *Kingreen/Poscher*, Grundrechte Staatsrecht II, 33. Aufl. 2017, Rn. 236 ff; *Guckelberger*, JuS 2003, 1151.

partner überdies aber auch auf Grund gesellschaftsrechtlicher Vorgaben entzogen ist. Dagegen dürfen die Tarifpartner dort Regelungen setzen, wo die Entscheidung des Arbeitgebers die Modalitäten beeinflusst, unter denen abhängige Arbeit zu leisten ist (»sozialer Datenkranz«). So kann die Gewerkschaft den Arbeitgeber beispielsweise nicht davon abhalten, die Produktionsvorgänge zu verändern, in diesem Zusammenhang aber sehr wohl auf die Einführung eines bestimmten Arbeitszeitmodells drängen. Soweit sich die wirtschaftliche und soziale Seite einer unternehmerischen Maßnahme nicht trennen lassen, ist nach Ansicht des BAG die Tarifautonomie eröffnet, obwohl einschlägige Regelungen zwangsläufig auch die unternehmerische Sachentscheidung selbst beeinflussen.[4] Bedeutung erlangt das insbesondere, was Rationalisierungssachverhalte angeht. Während Gewerkschaften vom Arbeitgeber nicht fordern können, etwa einen angestrebten Personalabbau zu unterlassen, können sie flankierende Regelungen, wie etwa eine Verlängerung der Kündigungsfristen durchaus erzwingen. Doch lässt sich diese Grenzziehung zwischen dem unzulässigen unmittelbaren Zugriff auf die Unternehmerentscheidung und der zulässigen mittelbaren Einflussnahme in der Praxis nahezu nicht durchführen. Erschwerend kommt hinzu, dass soweit in diesem Rahmen überhaupt gesicherte Erkenntnisse bestanden, diese mit der Entscheidung des BAG zur Zulässigkeit von Streiks auf Abschluss eines Sozialplantarifvertrags[5] mehr oder weniger vollständig ins Wanken geraten sind (→ § 10 Rn. 70 ff.; s. auch → § 5 Rn. 16, 19 f., 26).

Für einige Aufmerksamkeit in diesem Zusammenhang hat die Forderung der IG Metall im Frühjahr 2012 gesorgt, wonach sich die Arbeitgeber verpflichten sollten, nur noch bestimmte Höchstquoten von Leiharbeitnehmern im Betrieb einzusetzen.[6] Darüber hinaus sollte ein »konstitutives Mitbestimmungsrecht« des Betriebsrats für den Einsatz von Leiharbeitnehmern begründet werden und damit ein solches, das weit über dessen Beteiligungsrecht nach § 99 BetrVG (→ § 33 Rn. 17 ff.) hinausgegangen wäre. Die Tariffierbarkeit dieser Forderungen war außerordentlich umstritten.[7] Die IG Metall hat sich im April 2012 mit den Arbeitgeberverbänden dann allerdings auf eine Vielzahl von Regelungen über den Einsatz von Leiharbeitnehmern in Betrieben der Metall- und Elektroindustrie verständigt, ohne dass diese beiden Kernforderungen selbst Aufnahme in den Tarifvertrag gefunden hätten. An dieser Stelle von Interesse ist dabei vor allem die Regelung der Ziff. 5.3. des TV Leih-/Zeitarbeit.[8] Danach dürfen die Mitgliedsunternehmen der tarifschließenden Metallarbeitgeberverbände nur von solchen Verleihern Leiharbeitnehmer anfordern, die sich einem BranchenzuschlagsTV (→ § 9 Rn. 64) unterworfen haben. Diese Tarifverträge sollen sicherstellen, dass der Arbeitnehmer, abhängig von der Einsatzzeit im Entleihbetrieb, Stück für Stück an das dort vorherrschende Lohnniveau herangeführt wird. Zwar wird auch derart in die unternehmerische Entscheidungsfreiheit der Entleiher eingegriffen. Doch lässt sich dieser Eingriff mit der Überlegung rechtfertigen, dass die Arbeitsbedingungen der Leiharbeitnehmer so wieder der Rechtslage angenähert werden, die der Gesetzgeber eigentlich als rechtliche Basis für den Einsatz von Leiharbeitnehmern vorgegeben hatte (§ 8

5

---

4 *BAG* 3.4.1990, NZA 1990, 886.

5 *BAG* 24.4.2007, NZA 2007, 987.

6 Tatsächlich finden sich in einigen Firmentarifverträgen, aber auch in verschiedenen Betriebsvereinbarungen entsprechende Quotenabreden, s. dazu *Krause*, Tarifverträge (...) Leiharbeit und (...) Equal Pay, 2012, S. 30 f.

7 Zur Kontroverse: *Krause*, AuR 2012, 55; *Krause*, Tarifverträge (...) Leiharbeit und (...) Equal Pay, 2012, insb. S. 37 ff.; *Giesen*, ZfA 2012, 143 ff.

8 Hier zitiert TV v. 31.5.2017 zwischen dem Verband der Metall- und Elektroindustrie Baden-Württemberg e. V. (Südwestmetall) und der IG Metall.

Abs. 1 AÜG, s. dazu → § 9 Rn. 62 ff.). Weitere Einzelheiten zu Tarifverträgen für die Zeitarbeit bei: → Rn. 16, 21, → § 9 Rn. 65.

2. Bindung an das Europäische Recht

a) Grundsätzliches, Lohngleichheit von Mann und Frau

6 Die Tarifvertragsparteien müssen beim Abschluss von Tarifverträgen die Vorgaben des Unionsrechts beachten. Sie sind daher zunächst dem Primärrecht (aber auch genauso dem Sekundärrecht, also einschlägigen Verordnungen und Richtlinien) unterworfen, weshalb Tarifbestimmungen nicht mit den Grundfreiheiten des Vertrags kollidieren dürfen. Dabei bedarf es aber stets einer Abwägung mit der Koalitionsgarantie der Grundrechtscharta (Art. 28), → § 2 Rn. 17 ff. Von Bedeutung sind in diesem Zusammenhang die Dienstleistungs- und Niederlassungsfreiheit des Vertrags (Art. 49 und 56 AEUV, dazu → § 9 Rn. 93 ff.), aber natürlich auch die Regelungen zur Arbeitnehmerfreizügigkeit (Art. 45 AEUV[9]). Mit Blick auf letzteres wird immer einmal wieder diskutiert, ob Vorbeschäftigungszeiten bei einem anderen Arbeitgeber wenigstens dann auf die tarifvertraglich relevanten Beschäftigungszeiten anzurechnen sind, wenn der Arbeitnehmer vor der fraglichen Einstellung in einem anderen Mitgliedstaat beschäftigt war.[10] Über viele Jahrzehnte im Fokus der Betrachtung stand dagegen das Gebot der Lohngleichheit von Männern und Frauen (Art. 157 AEUV, davor: Art. 141 EGV), das bereits 1957 mit der Gründung der Europäischen Wirtschaftsgemeinschaft in den damaligen EWGV Eingang fand (Art. 119 EWGV). Dieses wirkt unmittelbar zwischen Privaten. Daher sind Tarifbestimmungen, die gegen das Gleichheitsgebot des Art. 157 AEUV verstoßen, unwirksam. Doch fällt die gleichheitswidrige Tarifnorm nicht einfach weg, vielmehr findet – ggf. auch rückwirkend – eine Anpassung »nach oben« statt. Die Arbeitnehmer des benachteiligten Geschlechts haben also einen Anspruch auf das Entgelt gegen ihren Arbeitgeber, das dieser dem bevorzugten Geschlecht gewährt.[11] Das Verbot der Ungleichbehandlung wegen des Geschlechts wird heute fast nur noch dem Diskriminierungsrecht zugeordnet (Art. 23 Abs. 1 GrCh, RL 2006/54/EG, AGG) und hat im Tarifgeschehen keine große Bedeutung mehr (vielmehr unterstellt der [nationale] Gesetzgeber sogar, dass sich die Tarifvertragsparteien gleichbehandlungskonform verhalten, vgl. etwa §§ 4 Abs. 5, 11 Abs. 3 S. 2 Nr. 1, 14 EntgTranspG). Zuletzt war noch die Frage aufgetaucht, ob es eine mittelbare Diskriminierung darstellt, wenn ein Tarifvertrag Elternzeiten beim Stufenaufstieg nicht berücksichtigt, was nicht der Fall ist.[12] Aufmerksamkeit auf sich gezogen hatte überdies eine Bestimmung in einem Tarifvertrag, die die Einstellung von Piloten von einer Mindestgröße von 165 cm abhängig machte. Diese diskriminiert mittelbar Frauen und ist auch nicht durch Sicherheitsbelange gerechtfertigt.[13]

---

9 Bedeutung erlangt in diesem Zusammenhang auch die AusführungsVO zu Art. 45 AEUV, die VO 492/2011 und dabei insbesondere deren Art. 7 (Verbot der Ungleichbehandlung wegen der Staatsangehörigkeit).

10 Vgl. *BAG* 23.2.2017, NZA-RR 2017, 419, das die Frage mangels unionsrechtlichem Bezug offenlässt. Für einen Wechsel des Arbeitnehmers innerhalb des öffentlichen Dienstes *EuGH* 30.9.2003, NJW 2003, 3539 – Köbler.

11 Prägend: *EuGH* 7.2.1991, NZA 1991, 513 – Nimz, Rn. 19; *EuGH* 8.4.1976, Slg. 1976, 455 = NJW 1976, 2068 – Defrenne II, Rn. 14 f.

12 *BAG* 21.11.2013, NZA 2014, 672.

13 *LAG Köln* 25.6.2014 – 5 Sa 75/14. Umgekehrt benachteiligt eine Betriebsvereinbarung derselben Gesellschaft Männer, die anordnet, dass Piloten während des Dienstes eine Uniformmütze zu tragen haben, es Pilotinnen aber freistellt, ob sie das tun wollen. Die Regelung verstößt schon gegen § 75 BetrVG und ist daher von den Piloten nicht zu beachten: *BAG* 30.9.2014, NZA 2015, 121.

b) Ungleichbehandlung wegen des Alters, Verrentungsregelungen

Die Tarifvertragsparteien sind bei ihrer Rechtsetzung an die Diskriminierungsverbote   7
des Art. 21 Abs. 1 GrCh gebunden. Diese sprechen sie direkt an, weil der EuGH davon
ausgeht, dass Tarifnormen, die einen diskriminierungsrechtlichen Bezug aufweisen,
die sekundärrechtlichen Diskriminierungsrichtlinien (insb. RL 2000/43/EG und RL
2000/78/EG) berühren. Daher handeln die Tarifpartner an dieser Stelle unmittelbar im
Rechtsetzungsbereich der Union (vgl. → § 2 Rn. 19).[14] Daher spielt es auch keine Rolle,
ob es im Streitfall um einen grenzüberschreitenden Sachverhalt geht oder nicht. Ganz
im Fokus der letzten Jahre stand dabei das Verbot der Altersdiskriminierung. Hier ergibt sich insoweit eine Verdoppelung mit dem nationalen Recht, als den Tarifpartnern
natürlich auch durch das AGG eine Ungleichbehandlung wegen des Alters verboten
ist (zur Gesetzesbindung der Tarifpartner, s. sogleich → Rn. 12).[15] Das aber ist unproblematisch zu handhaben, weil die Rechtsprechung des EuGH natürlich die Auslegung des AGG beeinflusst. Beide Stränge gehen also Hand in Hand. So ergeben sich
insbesondere zwischen den beiden einschlägigen Rechtfertigungsgründen der Art. 6
RL 200/78/EG und § 10 AGG keine Unterschiede. Die Arbeitsgerichte überprüfen
einschlägige Tarifbestimmungen zwar zunächst am Maßstab des AGG und lassen das
Europarecht nur mittelbar einfließen, wenn ersteres auszulegen oder aber dessen Eu-
roparechtskonformität zu beurteilen ist. Methodisch gesehen wäre es aber auch nicht
falsch, wenn man direkt auf Art. 21 Abs. 1 GrCh und die RL 2000/78/EG abstellen
würde.

Besonders viel Aufmerksamkeit haben Altersgrenzen auf sich gezogen. Dabei handelt   8
es sich um Tarifregelungen, die bestimmen, dass das Arbeitsverhältnis automatisch endet, wenn der Arbeitnehmer ein bestimmtes Alter erreicht hat. Insoweit ist zu beachten, dass das Arbeitsverhältnis ohne eine einschlägige Vereinbarung nicht etwa deshalb
aufgelöst wird, weil der Arbeitnehmer Anspruch auf eine Rente hat oder das »Renten-
alter« im sozialrechtlichen Sinn erreicht hat (vgl. § 41 S. 1 SGB VI). Vielmehr wird die
Beendigung des Arbeitsverhältnisses nur durch einen Aufhebungsvertrag, Kündigung
oder den Tod des Arbeitnehmers herbeigeführt. Nach anfänglichen Unsicherheiten hat
sich der EuGH zwischenzeitlich darauf festgelegt, dass Altersgrenzen sachlich gerechtfertigt sind, wenn der Tarifvertrag vorsieht, dass das Arbeitsverhältnis zu dem
Zeitpunkt endet, zu dem der Arbeitnehmer eine Regelaltersrente nach dem nationalen
Sozialversicherungsrecht beantragen kann.[16] Dabei kommt es weder darauf an, dass die
Rente ihrer Höhe nach angemessen ist (vorausgesetzt, dass der Staat eine ausreichende
Grundsicherung gewährt, sollte der Arbeitnehmer seinen Lebensunterhalt nicht mit
seiner Rente bestreiten können), noch dass zum Zeitpunkt des Ausscheidens des Arbeitnehmers am Arbeitsmarkt ein Überhang an jüngeren Arbeitnehmern oder eine beachtliche Zahl arbeitsloser jüngerer Menschen vorhanden ist. An dieser Stelle ergibt
sich auch ein entscheidendes Einfallstor für das Koalitionsgrundrecht des Art. 28

---

14 *EuGH* 19.1.2010, NZA 2010, 85 – Kücükdeveci.

15 Altersgrenzen stellen überdies eine Befristung des Arbeitsverhältnisses nach dem TzBfG dar, die ihrerseits der Rechtfertigung durch einen sachlichen Grund bedarf: § 14 Abs. 1 S. 1 TzBfG. Früher
   wurden sie sogar ausschließlich unter befristungsrechtlichen Gesichtspunkten diskutiert. Mit dem
   Inkrafttreten des Art. 21 GrCh, der RL 2000/78/EG und des AGG wird deren befristungsrechtliche
   Zulässigkeit aber fast nicht mehr erörtert. Insoweit lässt sich aber sagen, dass eine Altersgrenze, die
   nach Art. 6 RL 2000/78/EG bzw. § 10 S. 3 Nr. 5 AGG gerechtfertigt ist, auch durch einen sachlichen
   Grund i. S. d. § 14 Abs. 1 S. 1 TzBfG gedeckt ist.

16 *EuGH* 5.7.2012, NZA 2012, 785 – Hörnfeldt; *EuGH* 12.10.2010, NZA 2010, 1167 – Rosenbladt;
   EuGH 16.10.2007, NZA 2007, 1219 – Palacios; *EuGH* 21.7.2011, NJW 2011, 2781 – Fuchs u. Köh-
   ler.

GrCh (→ § 2 Rn. 17 ff.). So hat der EuGH in den einschlägigen Entscheidungen immer wieder auch dem Umstand Rechnung getragen, dass es Aufgabe der Tarifpartner ist, einen Ausgleich zwischen den Interessen von Arbeitgebern und Arbeitnehmern zu schaffen. Diese haben daher eine Einschätzungs- und Beurteilungsprärogative, wenn es darum geht, das Interesse des Arbeitnehmers am Fortbestand seines Arbeitsverhältnisses mit den Erwartungen jüngerer Arbeitnehmer abzuwägen, in den Arbeitsmarkt eintreten zu können. Auch erkennt der EuGH in diesem Zusammenhang das Interesse der Arbeitgeber an einer ausgewogenen Personalstruktur im Unternehmen an.[17]

9   Außerordentlich kritisch sind dagegen Altersgrenzen zu sehen, die vor diesem Zeitpunkt ansetzen. Sie sind nur gerechtfertigt, wenn andere überragende Gründe für ihre Zulässigkeit sprechen. So ist eine Altersgrenze für Piloten mit Erreichen des 65. Lebensjahres zulässig, weil eine Vermutung dafür besteht, dass es bei älteren Arbeitnehmern zu einem plötzlichen, nicht voraussehbaren Leistungsabfall kommen kann, der mit erheblichen Gefahren für Leib, Leben und Gesundheit Dritter (Passagiere, Personen im überflogenen Gebiet) einhergehen kann.[18] Doch muss die Altersgrenze verhältnismäßig, plausibel und widerspruchsfrei ausgestaltet sein. Daher ist ein Tarifvertrag unwirksam, der Piloten bereits mit Erreichen des 60. Lebensjahres verrentet, weil internationale Vorschriften Piloten das Führen von Verkehrsflugzeugen bis zum Erreichen des 65. Lebensjahres gestatten und viele Fluggesellschaften ihre Piloten bis zu diesem Alter auch tatsächlich einsetzen. Zudem gibt es bis dahin eine Möglichkeit, das Risiko von Ausfallerscheinungen zu minimieren, indem neben dem älteren Pilot ein jüngerer Kollege mitfliegt.[19] Völlig indiskutabel ist schließlich eine Tarifnorm, die die Arbeitsverhältnisse des Kabinenpersonals bereits mit Erreichen des 55. Lebensjahres enden lässt.[20]

10   Auch tarifliche Entgeltbestimmungen dürfen nicht altersdiskriminierend ausgestaltet sein. Ein Vergütungssystem darf sich jedoch am Dienstalter festmachen. Es bewirkt dann zwar eine mittelbare Diskriminierung, da diejenigen Arbeitnehmer, die länger im Unternehmen beschäftigt sind, meist auch älter sind als Arbeitnehmer mit kürzeren Vordienstzeiten. Diese Ungleichbehandlung ist aber gerechtfertigt, weil derart der Erfahrung der Arbeitnehmer Rechnung getragen wird und sich länger beschäftigte Arbeitnehmer um den Bestand und Erfolg des Unternehmens verdient gemacht haben.[21] Dagegen ist ein Ansetzen am Lebensalter unzulässig.[22] Was den Urlaub betrifft, verschieben sich die Gewichte etwas: Älteren Arbeitnehmern darf dann ein längerer Urlaub gewährt werden, wenn damit einem gesteigerten Erholungsbedürfnis älterer Menschen Rechnung getragen wird.[23] Das muss aber im Rahmen bleiben. Während ein Urlaubszuwachs von ein oder zwei Tagen für Arbeitnehmer jenseits des 50. Lebensjahres in Ordnung geht, darf Arbeitnehmern nicht bereits mit Erreichen des 30. bzw. 40. Lebensjahres ein höherer Urlaubsanspruch zuerkannt werden. Weiter kann für Arbeitsverhältnisse älterer Arbeitnehmer die ordentliche betriebsbedingte Kündigung ausgeschlossen werden (so genannte Unkündbarkeit). Die Chancen älterer Arbeitnehmer, nach einem Arbeitsplatzverlust eine neue und gleichwertige Anstellung

---

17 *EuGH* 18.11.2010, NZA 2011, 29 – Georgiev.
18 Vgl. *BVerfG* 26.1.2007 – 2 BVR 2408/06; *BVerfG* 25.11.2004 – 1 BvR 2459/04; iE auch *EuGH* 5.7.2017, NZA 2017, 897 – Fries.
19 *EuGH* 13.9.2011, NZA 2011, 1039 – Prigge.
20 *BAG* 23.6.2010, NZA 2010, 1248.
21 *EuGH* 3.10.2006, NZA 2006, 1205 – Cadman.
22 *EuGH* 19.6.2014, NZA 2014, 831 – Specht; *EuGH* 8.9.2011, NZA 2011, 1100 – Hennigs.
23 *BAG* 21.10.2014, NZA 2015, 297; *BAG* 20.3.2012, NZA 2012, 803.

zu finden, sind nämlich signifikant geringer als diejenigen jüngerer Arbeitnehmer. Auch sind diese bei Kündigungswellen (ungeachtet der Sozialauswahl des § 1 Abs. 3 KSchG) besonders gefährdet, weil ihre Arbeitsergebnisse möglicherweise hinter denen jüngerer Arbeitnehmer zurückbleiben. Doch darf die Regelung nicht zu einer unverhältnismäßigen Verkürzung des Kündigungsschutzes der von der Tarifregelung nicht erfassten Arbeitnehmer führen. Zulässig ist daher eine ausgewogene Kombination aus Lebensalter und Beschäftigungszeit, weil mit letzterer eben auch berücksichtigt wird, dass sich der Arbeitnehmer einen besonderen Bestandsschutz erworben hat. Wirksam wäre etwa eine Klausel, die den Sonderkündigungsschutz ab dem 50. Lebensjahr eintreten lässt, soweit der Arbeitnehmer über eine Vorbeschäftigungszeit von mindestens 15 Jahren verfügt. Unzulässig ist dagegen eine Bestimmung, die am 53. Lebensjahr ansetzt und 3 Jahre Betriebszugehörigkeit genügen lässt. Hier hätte ein 52-jähriger Arbeitnehmer, der seit 30 Jahren im Betrieb ist, keinen Sonderkündigungsschutz, wohl aber ein 53-Jähriger, der erst vor 3 Jahren eingestellt wurde.[24]

Ist eine Tarifregelung wegen eines Verstoßes gegen das Verbot der Altersdiskriminie- **11** rung unwirksam, stellt sich stets die Frage, ob die Tarifregelung ersatzlos wegfällt oder es zu einer Anpassung »nach oben« kommt. Insoweit lässt sich die Rechtsprechung des EuGH zum Verbot der Geschlechterdiskriminierung nicht einfach übertragen. Denn Ungleichbehandlungen auf Grund des Geschlechts sind in der Gemeinschaft seit nunmehr über 60 Jahren ausdrücklich verboten, während Differenzierungen nach dem Alter bis zur Verabschiedung der Richtlinie 2000/78/EG durchaus als sozialadäquat galten, sich viele nicht nur sachlich rechtfertigen lassen, sondern von der Natur der Sache her sogar geboten sind. Dazu kommt, dass das Lebensalter eine nach oben offene Skala darstellt und die zunächst diskriminierten jüngeren Arbeitnehmer früher oder später ebenfalls in den Genuss der Bestimmungen gelangen werden, die ältere Arbeitnehmer begünstigen (denn, pointiert formuliert, alt wird jeder). Auch darf eine Anpassung nach oben dem Arbeitgeber nicht ein weiteres Wirtschaften unmöglich machen. Daher kann ein einseitig oder übergewichtig auf das Lebensalter abstellender tariflicher Sonderkündigungsschutz (→ Rn. 10) nicht einfach »nach oben« angepasst werden, weil andernfalls nicht mehr nur ältere, sondern gleich alle Arbeitnehmer des Betriebs ordentlich unkündbar wären, zumindest dann, wenn sie ausreichend lange im Betrieb beschäftigt sind.[25] Gleiches gilt für eine nicht rechtfertigbare Regelung, wonach Arbeitnehmer ab einem bestimmten Alter keine Nachtschicht mehr leisten müssen, weil dann gar kein Arbeitnehmer mehr zur Nachtschicht eingeteilt werden dürfte.[26] Für altersdiskriminierende Vergütungssysteme haben sich die Gerichte indes für eine Anpassung »nach oben« entschieden, so dass die jüngsten Arbeitnehmer unmittelbar in die höchste Gehaltsgruppe aufrücken.[27] Sie erkennen den Tarifpartnern aber immerhin die Möglichkeit zu, ein früheres altersdiskriminierendes Vergütungssystem durch ein diskriminierungsfreies zu ersetzen und dabei für einen befristeten Zeitraum Übergangsregelungen vorzusehen, um für Bestandskräfte den Übergang zum neuen System ohne Einkommensverluste zu gewährleisten und zwar ungeachtet der Tatsache, dass diese dadurch weiter bevorzugt werden.[28]

---

24 *BAG* 20.6.2013, NZA 2014, 208.
25 *BAG* 20.6.2013, NZA 2014, 208. Das BAG sucht hier nach einem Kompromiss, um nicht allen älteren Arbeitnehmern, also auch den langjährig Beschäftigten, den Sonderkündigungsschutz nehmen zu müssen. Dieser kann hier nicht näher dargestellt werden.
26 *BAG* 14.5.2013, NZA 2013, 1160.
27 *BAG* 10.11.2011, NZA 2012, 161.
28 *EuGH* 19.6.2014, NZA 2014, 831 – Specht; *EuGH* 8.9.2011, NZA 2011, 1100 – Hennigs; *BAG* 8.12.2011, NJW 2012, 701.

3. Verhältnis zum Gesetz

12   Die Tarifvertragsparteien sind grundsätzlich an das Gesetz gebunden. Natürlich steht es den Tarifpartnern frei, von gesetzlichen Vorgaben zu Gunsten des Arbeitnehmers abzuweichen, da es sich (verkürzt gesprochen) beim staatlichen Arbeitsrecht primär um ein Schutzrecht zu Gunsten des Arbeitnehmers handelt. Allerdings finden sich auch Ausnahmen in Form zweiseitig zwingender Regelungen, die den Tarifpartnern die Vereinbarung günstigerer Regelungen verbieten (s. etwa: § 3 BPersVG und → § 6 Rn. 22 ff.).[29] Sie sind aber außerordentlich selten und unterliegen mit Rücksicht auf Art. 9 Abs. 3 GG hohen Rechtfertigungslasten.

13   Nicht wenige, für die Individualparteien einseitig-zwingende Gesetzesbestimmungen erlauben den Tarifvertragsparteien auch eine Abweichung zu Lasten des Arbeitnehmers, wie etwa: § 622 Abs. 4 S. 1 BGB, § 13 Abs. 1 und 2 BUrlG, § 4 Abs. 4 S. 1 EFZG, §§ 8 Abs. 4 S. 3, 12 Abs. 3 S. 1, 13 Abs. 4 S. 1, 14 Abs. 2 S. 3 TzBfG, § 19 Abs. 1 BetrAVG, § 7 ArbZG, § 21a JArbSchG, sowie §§ 1 Abs. 1b S. 3, 8 Abs. 4 AÜG (s. dazu → Rn. 21 u. → § 9 Rn. 62). Man spricht insoweit von tarifdispositivem Gesetzesrecht. Dass der Gesetzgeber einzelne Bestimmungen tarifdispositiv ausstattet, findet seinen Grund darin, dass dem Tarifvertrag auf der einen Seite wegen des zwischen den Koalitionen bestehenden Kräftegleichgewichts eine viel höhere Richtigkeitsgewähr zukommt als dem Individualvertrag (→ § 2 Rn. 30) und auf der anderen Seite die Tarifvertragsparteien dem Branchengeschehen häufig wesentlich näherstehen als der Gesetzgeber. Ihnen soll daher die Möglichkeit eingeräumt werden, die gesetzlichen Regelungen flexibel an die Gegebenheiten des jeweiligen Wirtschaftszweigs anzupassen. So sieht § 11 Nr. 1.1 des Bundesrahmentarifvertrags Bau eine allgemeine Kündigungsfrist von nur 12 Tagen vor. § 46 Nr. 1 des Rahmentarifvertrags für das Maler- und Lackiererhandwerk sieht für die Wintermonate eine Kündigungsfrist von gar nur einem Tag vor, sollten die Arbeiten wegen schlechten Wetters ruhen müssen; s. auch → Rn. 16. Die Tarifpartner wollen damit den Bestand möglichst vieler Unternehmen trotz der meist sehr unsicheren Auftragslage des Baugewerbes sichern. Schließlich ist nochmals darauf hinzuweisen, dass nach § 310 Abs. 4 S. 1 BGB die für allgemeine Vertragsbedingungen geltenden Gesetzesregelungen (§§ 305 ff. BGB), insbesondere die Bestimmungen über ihre Angemessenheit, auf Tarifverträge keine Anwendung finden (s. auch → § 2 Rn. 30, → § 6 Rn. 36 f.) und auch darauf, dass der tarifliche Dispens die Wirksamkeit des Tarifvertrags voraussetzt (→ § 3 Rn. 7).

II. Tarifnormen

1. Inhalts- und Beendigungsnormen

14   Der Tarifvertrag enthält Rechtsnormen, die den Inhalt, den Abschluss und die Beendigung von Arbeitsverhältnissen sowie betriebliche und betriebsverfassungsrechtliche Fragen ordnen können (§ 1 Abs. 1 TVG), und außerdem solche zu gemeinsamen Einrichtungen der Tarifvertragsparteien (§ 4 Abs. 2 TVG). Den Hauptgegenstand von Tarifverträgen bilden aber eben die Rechtsnormen, die den Inhalt, den Abschluss oder die Beendigung von Arbeitsverhältnissen ordnen. Besondere Bedeutung erlangen dabei die Inhaltsnormen, die etwa die Vergütung, die Arbeitszeit und den Urlaubsanspruch

---

29 S. dazu *BVerfG* 24.4.1996, NZA 1996, 1157 zu der inzwischen aufgehobenen früheren Tarifsperre des § 57a S. 2 HRG.

des Arbeitnehmers festlegen. Dabei ist die tarifvertragliche Normsetzungsmacht nicht auf die Bestimmung beschränkt, welchen Inhalt ein Arbeitsverhältnis haben soll (positive Inhaltsnormen). Vielmehr kann auch festgelegt werden, welchen Inhalt ein Arbeitsverhältnis nicht haben kann (negative Inhaltsnormen). Beispielsweise kann in einem Tarifvertrag Mehrarbeit oder Samstagsarbeit verboten werden. Dann ist der Arbeitnehmer, für den der Tarifvertrag gilt, nicht verpflichtet, Überstunden zu leisten oder am Samstag zu arbeiten. Eine negative Inhaltsnorm liegt auch vor, wenn der Tarifvertrag für den zeitlichen Umfang der geschuldeten Arbeitsleistung eine Mindest- oder Höchstgrenze festlegt (zu den Problemen: → Rn. 26, → § 6 Rn. 42 ff.). Große Bedeutung erlangen schließlich auch Bestimmungen über die Beendigung von Arbeitsverhältnissen, wie etwa solche, die eine im Vergleich zu den gesetzlichen Kündigungsfristen kürzere oder längere Kündigungsfrist vorsehen (§ 622 Abs. 4 S. 1 BGB), das Recht des Arbeitgebers zur ordentlichen Kündigung ausschließen oder dem Betriebsrat ein über § 102 BetrVG hinausgehendes Mitwirkungsrecht beim Ausspruch einer Kündigung einräumen (s. auch → Rn. 25).

2. Abschlussnormen

Abschlussnormen regeln die Bedingungen für den Abschluss von Arbeitsverträgen. **15** Zu ihnen gehört, dass der Arbeitsvertrag eine bestimmte Form wahren muss. Zu den Abschlussnormen gehören Abschlussverbote, die für im Hinblick auf die konkrete Stelle besonders gefährdete Personengruppen den Abschluss eines Arbeitsvertrags schlechthin verbieten, was mit Rücksicht auf Art. 12 GG freilich der Rechtfertigung durch gewichtige Sachgründe bedarf. Weiter zählen zu den Abschlussverboten auch Tarifnormen, die den Abschluss eines Arbeitsvertrages mit einem bestimmten Inhalt verbieten. Diesen kommt im Ergebnis allerdings meist nur die Wirkung einer negativen Inhaltsnorm zu, so dass der Arbeitsvertrag zwar zustande kommt, nur eben ohne die »verbotene« Klausel.

Umgekehrt sind zuweilen auch Abschlussgebote anzutreffen, die den Arbeitgeber **16** verpflichten, unter den in ihnen genannten Voraussetzungen mit einem Arbeitnehmer einen Arbeitsvertrag abzuschließen. Ein solches findet sich etwa in § 46 Nr. 3 des bereits erwähnten Rahmentarifvertrags für das Maler- und Lackiererhandwerk (→ Rn. 13). Danach hat der Arbeitnehmer, der wegen ungünstiger Witterung kurzfristig entlassen wurde, einen Anspruch auf Wiedereinstellung, wenn die Arbeiten innerhalb von sechs Monaten nach der Kündigung wiederaufgenommen werden. Während derartige Abreden unproblematisch erscheinen, weil sie an ein (früher) bestehendes Arbeitsverhältnis anknüpfen, ist die Wirksamkeit »echter« Abschlussnormen umstritten. Sie fanden sich zunächst in Form der qualitativen Besetzungsklauseln, die die Rechtsprechung dann aber als Betriebsnormen eingestuft hat (s. dazu → Rn. 19). Originäre Abschlussnormen finden sich dagegen in den seit Jahresmitte abgeschlossenen Tarifverträgen der Metallindustrie und der chemischen Industrie zum Einsatz von Leiharbeitnehmern (s. auch → Rn. 5). Danach haben Leiharbeitnehmer, die länger als zwei Jahre für einen Entleiher beschäftigt sind, unter bestimmten Voraussetzungen einen Anspruch auf Übernahme durch den Entleiher (so etwa: Ziff. 4.1. TV Leih-/Zeitarbeit Baden-Württemberg). Gegen die Zulässigkeit derartiger Regelungen wird zuweilen vorgebracht, dass sie in die unternehmerische Entscheidungsfreiheit der Arbeitgeber eingreifen (→ Rn. 3 ff., insb. 5), dass sie Außenseiter benachteiligen würden (s. insb. → § 6 Rn. 25) und schließlich, dass eine Tarifnorm letztlich nur an ein bestehendes Arbeitsverhältnis anknüpfen könne. Auch beschränke eine derartige Übernahmeklausel die Einstellungschancen »dritter« Bewerber, weil der Arbeitgeber möglicherweise Bewerbungen Dritter zurückweisen muss, wenn sich um freie Arbeitsplätze Leiharbeitnehmer mit ausreichend langer Tätigkeit bewerben. Die mit dieser Regelung verbundenen Grundrechtseingriffe sind indes gerechtfertigt. Ist ein Leiharbeitnehmer für derart lange Zeit für einen Entleiher tätig gewesen, erscheint es legitim, wenn er bei der Besetzung freier Arbeitsplätze im Einsatzunternehmen bevorzugt wird. Insoweit drängt sich eine Parallele zur Argumentation des BAG zur Zulässigkeit qualitativer Besetzungsklausen (→ Rn. 19) auf. Überdies bestehen zwischen Leiharbeitnehmer und Entleiher zwar keine arbeitsvertraglichen, so aber doch vertragsähnliche Beziehungen (etwa: §§ 241 Abs. 2, 311 BGB, §§ 13a und b, 14 Abs. 3 und 4 AÜG, § 7 S. 2 BetrVG, § 2 Abs. 1 Nr. 3 lit. a und d ArbGG[30]).

3. Rechtsnormen über betriebliche Fragen (Betriebsnormen)

17 Rechtsnormen über betriebliche und betriebsverfassungsrechtliche Fragen (§§ 3 Abs. 2, 4 Abs. 1 S. 2 TVG) gelten im Betrieb bereits dann, wenn der Arbeitgeber tarifgebunden ist, er also entweder dem tarifschließenden Arbeitgeberverband angehört oder einen Firmentarifvertrag abgeschlossen hat. Anders als bei Inhalts- und Abschlussnormen spielt die Tarifgebundenheit der Arbeitnehmer mithin keine Rolle. Da sich einschlägige Tarifbestimmungen unmittelbar auch an Außenseiter und andersorganisierte Arbeitnehmer richten, muss der Begriff der Betriebsnorm mit Rücksicht auf deren negative Koalitionsfreiheit eng ausgelegt werden. Der sachlich-gegenständliche Bereich der Betriebsnormen bedarf einer gewissen Eingrenzung. Deshalb erkennt das BAG Tarifregelungen nur dann als Betriebsnormen an, wenn sie Regelungsgegenstände betreffen, die im Betrieb nur einheitlich durchgeführt werden können und deren Regelung durch eine Individualnorm daher »evident sachlogisch unzweckmäßig« wäre.

18 Diese Voraussetzung trifft zunächst auf Solidarnomen zu, die sich an die Belegschaft als solche richten. Das passt etwa auf Bestimmungen über Gemeinschaftseinrichtungen wie die Betriebskantine, einen Betriebskindergarten, betriebliche Freizeit- und Ferieneinrichtungen oder die Waschräume, da diese nur einheitlich durch die Belegschaft genutzt werden können.[31] Weiterhin sind solche Regelungen Betriebsnormen, die unmittelbar die Wechselbezüglichkeit der Arbeitsbeziehungen betreffen. Das sind etwa Tarifregelungen über die Lage und Verteilung der Arbeitszeit, über freie Arbeitstage oder Werksferien oder auch solche, die Grundsätze für einen aufzustellenden Urlaubsplan festlegen. Ein feingliedriger Schichtplan oder im Firmentarifvertrag festgelegte Werksferien lassen sich nur im ganzen Betrieb einheitlich oder gar nicht durchführen. Ebenfalls als Betriebsnormen einzustufen sind alle Bestimmungen eines Tarifvertrags, die Arbeitnehmer vor Gefahren, Belästigungen und Störungen schützen sollen. Nichts anderes gilt für Ordnungsnormen. So kann bei Torkontrollen am Ausgang des Betriebsgeländes, einem Rauchverbot oder einer Kleiderordnung schlechterdings nicht nach der Gewerkschaftsmitgliedschaft des Arbeitnehmers unterschieden werden.

---

30 Dazu, dass für Streitigkeiten zwischen Entleiher und Leiharbeitnehmer die Arbeitsgerichte zuständig sind, s. *BAG* 15.3.2011, NZA 2011, 653.
31 Bei näherem Hinsehen zeigt sich jedoch, dass sich die Nutzbarkeit der meisten der im Text genannten Einrichtungen wohl auch als Inhaltsnorm regeln ließe, weil beispielsweise die Möglichkeit, einen Betriebskindergarten in Anspruch nehmen zu dürfen, durchaus auf Gewerkschaftsmitglieder beschränkt werden könnte.

Eine sehr intensive Diskussion haben die vor allem in den 1980er und 1990er Jahren **19** sehr populären qualitativen Besetzungsklauseln erfahren (s. auch → Rn. 16). Mit ihnen versuchten die Tarifpartner, die Auswirkungen der »Revolution ins Informationszeitalter« auf den Arbeitsmarkt abzufangen. So wurde beispielsweise in den Tarifverträgen der Druckindustrie vorgesehen, das bestimmte Druckarbeiten nur von Fachkräften der Druckindustrie (also: »Setzern«) ausgeübt werden dürfen, die sich, da nunmehr EDV-gestützt bewerkstelligt, durchaus auch von geringer oder anders qualifizierten Arbeitnehmern hätten erledigen lassen. Dem lag die Besorgnis zu Grunde, dass andernfalls die bislang mit den Arbeiten beauftragten Drucker ihre Arbeit verlieren würden und zwar bei relativ schlechten Aussichten auf dem Arbeitsmarkt. Das BAG[32] hat diese Regelungen als Betriebsnormen eingestuft, da sie ihr Ziel nur erreichen können, wenn sie sich auch »gegen« solche anders qualifizierten Stellenbewerber richten, die nicht Gewerkschaftsmitglied sind. Nun ist es zwar nicht so, dass Betriebsnormen dem Arbeitgeber verbieten würden, andersqualifizierte Außenseiter einzustellen.[33] Doch gewinnt der Betriebsrat so über § 99 Abs. 2 Nr. 1 BetrVG ein Zustimmungsverweigerungsrecht, das dem Arbeitgeber die Beschäftigung der betreffenden Arbeitnehmer faktisch unmöglich macht, weshalb er vernünftigerweise von ihrer Einstellung absehen wird. Das allerdings wirft Probleme mit Rücksicht auf die Berufsfreiheit (Art. 12 GG) von außenstehenden Bewerbern auf, die zwar die im Tarifvertrag beschriebenen Anforderungen nicht erfüllen, dem eigentlichen Stellenprofil aber ohne weiteres genügen. Das BAG hielt den mit der Regelung verbundenen Eingriff in die Berufsfreiheit von Außenseitern aber deshalb für gerechtfertigt, weil die Tarifpartner aus beschäftigungs- und sozialpolitischen Motiven zu Gunsten von Arbeitnehmern, die in der Vergangenheit einen unentbehrlichen Beitrag zum Funktionieren des fraglichen Wirtschaftszweiges geleistet haben, nun durch eine neue Technologie aber eine Entwertung ihrer beruflichen Qualifikation erleiden, einen gewissen Ausgleich schaffen können, indem sie sie bei der Besetzung der neuen, wenn auch weniger qualifizierten Arbeitsplätze bevorzugen.

Aus ganz ähnlichen Gründen wurde auch angedacht, dass Tarifbestimmungen, die die **20** regelmäßige wöchentliche Arbeitszeit zur Beschäftigungssicherung vorübergehend verkürzen, als Betriebsnormen qualifiziert werden könnten, weil sich das mit ihnen intendierte arbeitsmarktpolitische Ziel nur erreichen lässt, wenn alle betroffenen Arbeitnehmer nur noch im entsprechend verkürzten Umfang arbeiten. Dahingehende Ansätze haben sich nicht durchgesetzt und sind mittlerweile überholt (vgl. → § 6 Rn. 38 ff., 42).[34] Umgekehrt wird allgemein davon ausgegangen, dass die rein vorübergehende Anordnung einer Arbeitszeitverkürzung (»Kurzarbeit«) als Betriebsnorm einzustufen ist, wofür im Übrigen auch § 87 Abs. 1 Nr. 3 BetrVG spricht. Sehr weitgehend hat das BAG auch in einer Tarifbestimmung, die dem Arbeitgeber vorschreibt, allenfalls einen bestimmten Prozentsatz der Belegschaft mit verlängerter Arbeitszeit zu beschäftigen, eine Betriebsnorm erkannt.[35] Was dagegen Überforderungsquoten betrifft, hat das BAG eine vermittelnde Position eingeschlagen: Es qualifiziert solche Regelungen zwar nicht als Betriebsnorm, sichert ihr Funktionieren aber dadurch, indem es in die Berechnung, ob die Grenze bereits erreicht ist, auch die nicht oder anders or-

---

32 *BAG* 26.4.1990, NZA 1990, 850.
33 Folgt man der überwiegenden Auffassung würde noch nicht einmal eine Inhaltsnorm die Einstellung andersqualifizierter Gewerkschaftsmitglieder verhindern, weil danach tarifliche Abschlussverbote nur in sachlich begründeten Ausnahmefällen möglich sind. Vgl. → Rn. 15.
34 *BAG* 1.8.2001, AP Nr 5 zu § 3 TVG Betriebsnormen.
35 *BAG* 17.6.1997, NZA 1998, 213.

ganisierten Arbeitnehmer miteinbezieht.[36] Bedeutung erlangt das für die in einigen Tarifverträgen enthaltene Brückenteilzeit. So sehen etwa die 2018 abgeschlossenen Tarifverträge der Metall- und Elektroindustrie vor, dass Beschäftigte ihre Wochenarbeitszeit (ohne Lohnausgleich) für einen vom Arbeitnehmer bestimmten Zeitraum für bis zu 6 bis 24 Monate absenken können. Nach Fristablauf lebt die ursprüngliche Arbeitszeit wieder auf. Gegen entsprechende Teilzeitforderungen kann der Arbeitgeber betriebliche Gründe einwenden (etwa: drohender Verlust von Schlüsselqualifikationen), aber eben auch, dass bereits mehr als zehn Prozent aller Beschäftigten in dieser Form der Teilzeit oder 18 Prozent der Arbeitnehmer in irgendeiner Form von Teilzeit arbeiten. Während der Verkürzungsanspruch eine Individualnorm ist, sind bei der Feststellung, ob die Überforderungsgrenzen erreicht sind, alle Teilzeitbeschäftigten zu berücksichtigen, ganz gleich, ob sie tarifgebunden sind oder nicht.

21 Beachtung verdienen in diesem Zusammenhang schließlich Tarifverträge nach § 1 Abs. 1b AÜG. Satz 1 der Regelung begrenzt den Einsatz eines Leiharbeitnehmers in einem Unternehmen auf 18 Monate. § 1 Abs. 1b S. 3 AÜG gestattet es aber den Tarifvertragsparteien, hiervon abzuweichen und längere Einsatzzeiten festzulegen. Für den Leser vielleicht etwas überraschend ist, dass diese Kompetenz nicht etwa den Tarifvertragsparteien der Verleihbranche, sondern denen der Einsatzbranche zugewiesen ist. Das findet seinen Grund darin, dass die Überlassungshöchstdauer einerseits (auch) dem Schutz der Stammbelegschaften dient und andererseits bei ihrer Verlängerung die Besonderheiten der jeweiligen Zielbranche berücksichtigt werden sollen. In der Rechtswirklichkeit haben die Tarifvertragsparteien hiervon bislang allerdings nur sehr zurückhaltend Gebrauch gemacht. Immerhin haben sich die Tarifpartner der Metall- und Elektroindustrie[37] auf eine Ausdehnung auf 48 Monate verständigt (s. aber auch → Rn. 13).

22 Allgemein werden derartige Regelungen als Betriebsnorm qualifiziert.[38] Inhaltsnormen können sie schon deshalb nicht sein, weil sie nicht den Inhalt des Arbeitsverhältnisses ansprechen, sondern nur regeln, wo der Arbeitnehmer wie lange tätig werden darf. Zudem besteht zwischen Entleiher und Arbeitnehmer kein Arbeitsverhältnis. Bei Licht betrachtet sind sie aber auch keine Betriebsnormen. Ihre Wirkung besteht darin, dass sie Verleihern und Entleihern einen Dispens von der gesetzlichen Höchstüberlassungsdauer verschaffen. Dies aber ist öffentliches Arbeitsrecht. Zudem privilegiert die Tarifnorm den Verleiher vom Ordnungswidrigkeitstatbestand des § 16 Abs. Nr. 1e AÜG und den Entleiher von der Fiktion eines Arbeitsverhältnisses nach § 9 Abs. 1 Nr. 1b AÜG. Daher spricht alles dafür, solche Normen als Tarifnormen sui generis zu qualifizieren. Es ist nirgends gesagt, dass das TVG das Tarifrecht abschließend kodifizieren würde. Vielmehr steht dem Gesetzgeber frei, den Tarifvertragsparteien andere Normkompetenzen zuzuweisen und das gegebenenfalls auch an Orten außerhalb des TVG. Gleiches trifft auf Tarifnormen nach § 1 Abs. 1b S. 5ff. AÜG, zu. Dabei handelt es sich um Tarifregelungen, die die Festlegung abweichender Überlassungshöchstfristen an die Betriebsparteien delegieren.[39]

---

36 *BAG* 18.9.2001, NZA 2002, 1161; *BAG* 21.11.2006, AP TzBfG § 8 Nr. 18; *BAG* 27.4.2004, AP TzBfG § 8 Nr. 12.
37 Ziff. 2.3. Tarifvertrag Leih-/Zeitarbeit 2018.
38 ErfK/*Wank* AÜG § 1 Rn. 70.
39 Eine abweichende Ansicht sieht in diesen betriebsverfassungsrechtliche Normen iSd. § 3 Abs. 2 TVG (dazu → Rn. 29).

4. Rechtsnormen über betriebsverfassungsrechtliche Fragen (Betriebsverfassungsnormen)

Betriebsverfassungsrechtliche Fragen (§ 3 Abs. 2 Alt. 2 TVG) sind solche, die die Orga- **23** nisation der Betriebsverfassung und die Rechte des Betriebsrats betreffen. Auch sie gelten stets einheitlich im gesamten Betrieb, soweit der Arbeitgeber tarifgebunden ist. Dabei spricht § 3 Abs. 2 Alt. 2 TVG sämtliche Formen der Arbeitnehmervertretung auf betrieblicher Ebene an, also sowohl Betriebsräte i. S. d. BetrVG als auch die Personalräte i. S. d. Personalvertretungsgesetze. Dagegen unterfällt die unternehmerische Mitbestimmung in den Unternehmensorganen der Kapitalgesellschaften und Genossenschaften nicht § 3 Abs. 2 Alt. 2 TVG (s. auch → § 1 Rn. 4).

§ 3 Abs. 2 Alt. 2 TVG legt nur fest, dass einschlägige Tarifbestimmungen ohne Rück- **24** sicht auf die Organisationszugehörigkeit des Arbeitnehmers einheitlich im gesamten Betrieb bzw. Unternehmen gelten. Die Regelung hat jedoch keinen materiellrechtlichen Gehalt, besagt also nichts darüber, ob und in welchem Umfang die Tarifpartner dann auch tatsächlich Zugriff auf die Ausgestaltung der Betriebsverfassung nehmen dürfen. Das ergibt sich vielmehr aus den Regelungen des BetrVG selbst. Insoweit lässt sich faustformelartig festhalten, dass die Organisationsbestimmungen des BetrVG zwingend sind, soweit dort nicht ausdrücklich Abweichungen zugelassen werden. Das ist etwa der Fall in §§ 14 Abs. 2, 38 Abs. 1, 47 Abs. 4, 55 Abs. 4, 72 Abs. 4, 76 Abs. 8, 86 und 117 Abs. 2 BetrVG. Besondere Bedeutung erlangt insoweit § 3 BetrVG, da dieser die Tarifpartner ermächtigt, im Tarifvertrag Abweichungen von der Normalstruktur der betrieblichen Arbeitnehmervertretung festzulegen (ausführlich: 5. Teil, → § 14).

Darüber hinaus gilt, dass die Tarifpartner die dem Betriebsrat zugewiesenen Mitwir- **25** kungs- und Mitbestimmungsrechte nicht einschränken können. Nicht geklärt ist jedoch, inwieweit die Tarifpartner die betriebliche Mitbestimmung erweitern oder verstärken dürfen. Bedenken ergeben sich insoweit mit Rücksicht auf die negative Koalitionsfreiheit von Außenseitern und Andersorganisierten, aber auch auf die unternehmerische Entscheidungsfreiheit des Arbeitgebers. Anerkannt ist aber, dass die Tarifvertragsparteien die Wirksamkeit einer Kündigung von der Zustimmung des Betriebsrats abhängig machen dürfen (arg. § 102 Abs. 6 BetrVG)[40] und zwar nach neuerer Rspr. offenbar, ohne dass dem Arbeitgeber zugestanden werden müsste, dass er im Konfliktfall eine betriebliche Einigungsstelle oder die Arbeitsgerichte um Ersetzung der verweigerten Zustimmung anrufen kann.[41] Auch hat das BAG[42] eine Bestimmung akzeptiert, die dem Betriebsrat ein echtes Mitbestimmungsrecht bei der Frage zugebilligt hat, welcher Bewerber unter mehreren einzustellen ist. Der Betriebsrat erlangt so ein Mitbestimmungsrecht, das weit über sein sachgebundenes Zustimmungsverweigerungsrecht nach § 99 BetrVG hinausgeht. Allerdings ist zu beachten, dass die dem BAG zur Überprüfung vorgelegte Tarifregelung auch vorgesehen hatte, dass der Arbeitgeber, sollte mit dem Betriebsrat keine Einigung zustande kommen, eine betriebliche Einigungsstelle anrufen kann, die verbindlich über die Einstellung des Bewerbers zu entscheiden hatte. Zum Rechtscharakter von Normen nach § 1 Abs. 1b S. 5 u. 6 AÜG, s. → Rn. 22.

---

40 Indes erscheint fraglich, ob es sich bei einer derartigen Bestimmung nicht ohnehin »nur« um eine Beendigungs- und damit eine Inhaltsnorm handelt.
41 So liest sich jedenfalls *BAG* 24.2.2011, NZA 2011, 708; Tendenz bereits *BAG* 21.6.2000, NZA 2001, 271.
42 *BAG* 10.2.1988, NZA 1988, 699.

26 Große Aufmerksamkeit hat schließlich der sog. Leber-Rüthers Kompromiss auf sich gezogen.[43] Dieser steht in einem engen zeitlichen und inhaltlichen Zusammenhang mit den bereits besprochenen qualitativen Besetzungsklauseln (→ Rn. 19, s. auch → § 6 Rn. 42 ff.), weil sich auch in ihm der Versuch der Tarifpartner widerspiegelt, die wirtschaftliche Krise der 1980er Jahre durch arbeitsmarktpolitisch motivierte Tarifregelungen in den Griff zu bekommen. Die Tarifpartner kamen damals überein, dass die zuvor übliche Wochenarbeitszeit von 40 auf 38,5 Stunden abgesenkt werden sollte. Die individuelle Arbeitszeit eines jeden Arbeitnehmers war dabei in einem Korridor von 37 bis 40 Stunden festzulegen, wobei die durchschnittliche Arbeitszeit aller Arbeitnehmer im Betrieb 38,5 Stunden nicht überschreiten durfte. Damit sich dies in die betriebliche Praxis umsetzen ließ, bestimmten die Tarifpartner, dass die Betriebsparteien, also Arbeitgeber und Betriebsrat bestimmen sollten, welcher Arbeitnehmer wie lange zu arbeiten hatte. Kam keine Einigung zustande, hatte eine betriebliche Einigungs- bzw. eine tarifliche Schlichtungsstelle verbindlich zu entscheiden. Das BAG stufte die fragliche Tarifregelung zunächst als Öffnungsklausel i. S. d. § 77 Abs. 3 BetrVG ein. Dass mit der Indienstnahme der Betriebsparteien die Arbeitszeitregelung des Tarifvertrags faktisch auf die gesamte Belegschaft und damit auch auf nicht- oder andersorganisierte Arbeitnehmer erstreckt wird, hielt es für unschädlich. Vor allem aber akzeptierte das BAG – was im vorliegenden Kontext besondere Bedeutung erlangt – dass der Betriebsrat auf diese Art und Weise weit über § 87 Abs. 1 Nr. 2 u. 3 BetrVG hinaus (vgl. → § 30 Rn. 8) ein Mitbestimmungsrecht über die Dauer der Arbeitszeit erlangte.

5. Rechtsnormen über gemeinsame Einrichtungen

27 Gemeinsame Einrichtungen sind von den Tarifvertragsparteien geschaffene Einrichtungen, deren Zweck und Organisation durch Tarifvertrag festgelegt wird. Die bekanntesten sind sicherlich die Urlaubs-, die Lohnausgleichs- und Zusatzversorgungskassen des Baugewerbes (auch kurz: »SOKA-Bau«),[44] zu dieser auch → § 9 Rn. 16. Im Baugewerbe werden Arbeitnehmer nämlich oft nur kurzzeitig in einem Arbeitsverhältnis beschäftigt und wechseln daher sehr häufig ihren Arbeitgeber. Sie würden daher bei ein- und demselben Arbeitgeber nur einen Urlaubsanspruch von wenigen Tagen erwerben, meist hätten sie sogar nur Anspruch auf eine Urlaubsabgeltung (§§ 5 Abs. 1 lit. b, 7 Abs. 4 BUrlG). Hat das Arbeitsverhältnis im jeweiligen Kalenderjahr dann aber einmal länger als sechs Monate bestanden, müsste der Arbeitgeber umgekehrt den vollen Jahresurlaub gewähren bzw. abgelten (§§ 4, 7 Abs. 4 BUrlG), obwohl er möglicherweise die Arbeitsleistung nur für eine geringfügig längere Zeit beanspruchen konnte. Daher haben die Tarifpartner (u. a.) eine Urlaubskasse eingerichtet, in die der Arbeitgeber entsprechende Beiträge einzahlt. Als Gegenleistung erhalten Arbeitgeber, die einem Arbeitnehmer Urlaub oder Urlaubsabgeltung gewähren, die jeweils ausgezahlte Urlaubsvergütung erstattet und zwar auch dann, wenn der Urlaubsanspruch in vorherigen Beschäftigungsverhältnissen erworben wurde. So kann jeder Arbeitgeber seinen Beschäftigten unabhängig von der Dauer der aktuellen Beschäftigung Urlaub gewähren.

28 Wie sich aus § 4 Abs. 2 TVG ergibt, erstrecken sich einschlägige Tarifregelungen sowohl auf die Satzung der gemeinsamen Einrichtung als auch auf die Rechtsbeziehungen zwischen ihr und den Arbeitgebern und Arbeitnehmern. Wenngleich sich Tarif-

---

43 *BAG* 18.8.1987, AP BetrVG 1972 § 77 Nr. 23 = NZA 1987, 779.
44 Informativ dazu: http://www.soka-bau.de/sokabau/.

regelungen über gemeinsame Einrichtungen nicht direkt an die Arbeitsvertragsparteien selbst richten, erreichen sie das Arbeitsverhältnis dann doch mittelbar über die gemeinsame Einrichtung. Der einzelne Arbeitgeber oder Arbeitnehmer erhält also einen unmittelbaren Leistungsanspruch gegen die Einrichtung entsprechend der jeweiligen Vorgaben im Tarifvertrag.

Was der Gesetzeswortlaut allerdings offen lässt, ist, ob der »Einbezug« der Arbeitsver- **29** tragsparteien in die gemeinsame Einrichtung eine kongruente Tarifgebundenheit von Arbeitgeber und Arbeitnehmer voraussetzt. Faustformelartig lässt sich sagen, dass die Tarifgebundenheit alleine des Arbeitgebers jedenfalls dann genügt, wenn die Regelungen über die gemeinsame Einrichtung Betriebsnormcharakter haben (§ 3 Abs. 2 TVG, → Rn. 17), wie dies etwa der Fall ist, wenn die Einrichtung einen Betriebskindergarten betreibt. Dient die Einrichtung dagegen – wie regelmäßig der Fall – der Umsetzung von Individualnormen (§ 1 Abs. 1 TVG), ist beiderseitige Tarifgebundenheit erforderlich (nicht unstrittig). Überbetriebliche gemeinsame Einrichtungen, wie etwa die in Rn. 27 erwähnte SOKA Bau, funktionieren daher nur, wenn alle Arbeitgeber bzw. Arbeitnehmer tarifgebunden sind oder aber sich freiwillig an ihr beteiligen. Daher werden Tarifverträge über flächendeckende gemeinsame Einrichtungen, wie etwa der Tarifvertrag über das Sozialkassenverfahren im Baugewerbe (VTV), meist für allgemein verbindlich erklärt (§ 5 TVG, s. insb. § 5 Abs. 1a TVG, s. dazu ausführlich → § 9 Rn. 12, 16 u 91).

§ 6. Geltung und Anwendung des Tarifvertrags

I. Geltung des Tarifvertrags nach dem TVG

1. Originäre Tarifgeltung

Nach § 4 Abs. 1 TVG gelten die Rechtsnormen des Tarifvertrags normativ, d. h. unmit- **1** telbar und zwingend (zum Begriff → Rn. 22–37) zwischen beiderseits tarifgebundenen Arbeitsvertragsparteien, soweit diese dem Geltungsbereich des Tarifvertrags unterfallen (→ § 4 Rn. 7 ff.). Tarifgebunden sind zunächst die Mitglieder der Tarifvertragsparteien (§ 3 Abs. 1 TVG), also die Arbeitnehmer, die Mitglieder der tarifschließenden Gewerkschaft sind, sowie die Arbeitgeber, die (T-)Mitglieder[1] im tarifschließenden Arbeitgeberverband sind. Darüber hinaus ist natürlich auch der Arbeitgeber tarifgebunden, der selbst Partei eines Tarifvertrags ist (§ 2 TVG, → § 3 Rn. 11).[2] Anderes gilt, wie bereits ausführlich herausgearbeitet wurde (→ § 5 Rn. 17–29), für Betriebsnormen, betriebsverfassungsrechtliche Normen und mit Einschränkungen auch für Tarifnormen über gemeinsame Einrichtungen der Tarifpartner. Was derartige Regelungen angeht, genügt, wie dargelegt, dass der Arbeitgeber tarifgebunden ist. Neben dieser »originären« Form der Tarifbindung sind in vielen Arbeitsverträgen Bezugnahmeabreden enthalten, die auf einen Tarifvertrag verweisen. Sie führen lediglich zu einer schuldrechtlichen Anwendung der Tarifbestimmungen und werden in § 7 ausführlich besprochen.

---

1 Zur OT-Mitgliedschaft → § 2 Rn. 74 ff.
2 Dazu → § 3 Rn. 10 ff.

2. Fortgeltung (Nachbindung)

2 Nach § 3 Abs. 3 TVG bleibt die Tarifgebundenheit bestehen, bis der Tarifvertrag endet. Diese Form der Tarifgeltung wird allgemein als »Nachbindung an den Tarifvertrag« oder auch »Fortgeltung des Tarifvertrags« bezeichnet. Während diese beiden Begriffe weithin synonym verwendet werden (im vorliegenden Werk wird überwiegend der der »Fortgeltung« benutzt werden), sollten Studierende darauf achten, dass sie in Zusammenhang mit der normativen Tarifgeltung nach § 3 Abs. 3 TVG nicht von der »Nachwirkung« oder »Weitergeltung« des Tarifvertrags sprechen, weil sich diese Termini zur Bezeichnung der lediglich schuldrechtlichen[3] »Fortsetzungstatbestände« des § 4 Abs. 5 TVG und des § 613a Abs. 1 S. 2 BGB eingebürgert haben.

3 Die Nachbindung der Tarifvertragsparteien ist eine vollwertige Form der Tarifbindung. Der Tarifvertrag gilt im Fortgeltungszeitraum also so, als wenn beide Arbeitsvertragsparteien nach wie vor Verbandsmitglieder wären und findet entsprechend unmittelbare und zwingende Anwendung auf das Arbeitsverhältnis. Daraus folgt dann auch: Tritt der Arbeitnehmer erst nach dem Verbandsaustritt des Arbeitgebers, aber noch während der tariflichen Fortgeltung in die tarifvertragsschließende Gewerkschaft ein, findet der Tarifvertrag so auf das Arbeitsverhältnis Anwendung, als wäre der Arbeitgeber zu dieser Zeit noch Verbandsmitglied.[4] Das gleiche gilt, wenn ein organisierter Arbeitnehmer erst im Fortgeltungszeitraum in den Betrieb eintritt.

4 Die Fortgeltung dauert solange, bis der Tarifvertrag durch Zeitablauf, Aufhebungsvertrag oder Kündigung endet (→ § 4 Rn. 15, zur nachfolgenden Nachwirkung → Rn. 6 ff.). Darüber hinaus findet die Fortgeltung auch dann ein Ende, wenn der Tarifvertrag inhaltlich verändert wird, weil es sich dann nicht mehr um den Tarifvertrag handelt, den die betreffende Arbeitsvertragspartei über ihre Verbandsmitgliedschaft legitimiert hatte.

5 Die Fortgeltung des § 3 Abs. 3 TVG soll verhindern, dass die Anwendung des Tarifvertrags auf das Arbeitsverhältnis in Frage steht, sobald eine Arbeitsvertragspartei aus dem tarifschließenden Verband austritt. Da das Verbandsrecht keine besonderen Fristen für den Verbandsaustritt vorgibt und sich dieser daher häufig auch kurzfristig bewerkstelligen lässt (→ Rn. 13 ff. u. → § 2 Rn. 57), könnten sich vor allem Arbeitgeber versucht sehen, einen ihnen unliebsam gewordenen Tarifvertrag durch Verbandsaustritt abzustreifen. In der Folge würden Arbeitnehmer und Gewerkschaft nicht nur um den Erfolg ihrer Tarifbemühungen oder gar der Früchte eines Arbeitskampfes gebracht, vielmehr wäre dem Tarifvertrag auch jede Verlässlichkeit genommen. Aber auch die Arbeitgeberseite muss darauf vertrauen können, dass die Arbeitnehmer die tariflich festgelegten Arbeitsbedingungen während der Laufzeit des Tarifvertrags nicht einfach wieder in Frage stellen können. Das Tarifvertragssystem ist daher nur funktionsfähig, wenn sichergestellt ist, dass ein einmal abgeschlossener Tarifvertrag während seiner gesamten Laufzeit auch tatsächlich die tarifgebundenen Arbeitsverhältnisse beherrscht.

---

3 S. aber auch → § 8 Rn. 7.
4 *BAG* 6.7.2011, NZA 2012, 281.

3. Nachwirkung

Nach Ablauf des Tarifvertrags gelten die Rechtsnormen des Tarifvertrags weiter, bis sie **6** durch eine andere Abmachung ersetzt werden (§ 4 Abs. 5 TVG). Derart soll verhindert werden, dass die Arbeitsverhältnisse mit Ablauf des Tarifvertrags »inhaltsleer« werden. Bedeutung erlangt das zunächst, weil sich in der Praxis Tarifträge nicht immer nahtlos aneinanderschließen, sondern häufig einige Zeit vergeht, bis nach dem Auslaufen eines Tarifvertrags ein neuer abgeschlossen wird. Die Nachwirkung soll aber auch verhindern, dass solche Arbeitsverhältnisse inhaltsleer werden, auf die vorerst kein neuer Tarifvertrag mehr Anwendung finden wird, etwa, weil der Arbeitgeber den tarifschließenden Arbeitgeberverband verlassen hat.

Gegenstand der Nachwirkung sind alle Tarifnormen, also auch Betriebsnormen oder **7** betriebsverfassungsrechtliche Normen. Was Individualnormen (§ 4 Abs. 1 S. 1 TVG) angeht, kommt es allerdings nur dann zur Nachwirkung, wenn der Tarifvertrag im fraglichen Arbeitsverhältnis nach § 3 Abs. 1 TVG bzw. Abs. 2 TVG wenigstens für eine juristische Sekunde normativ gegolten hat, bevor er in sein Nachwirkungsstadium getreten war. Daraus folgt: Der Tarifvertrag findet keine Anwendung auf solche Arbeitsverhältnisse, die erst im Nachwirkungsstadium begründet wurden.[5] Gleiches gilt, wenn der Arbeitgeber oder Arbeitnehmer erstmalig nach Ablauf des Tarifvertrags in den tarifschließenden Verband eingetreten ist.[6] Umgekehrt findet § 4 Abs. 5 TVG zumindest entsprechende Anwendung, wenn ein für allgemeinverbindlich erklärter Tarifvertrag aufgehoben wird bzw. seine Allgemeinverbindlicherklärung endet (§ 5 Abs. 4 und 5 TVG). Wiederum anders verliert dagegen eine Rechtsverordnung nach §§ 7 und 7a AEntG ihre Rechtswirkung, wenn sie aufgehoben wird oder endet. Die über sie nach den §§ 7ff. AEntG »erstreckten« Tarifnormen werden nämlich unmittelbar zu staatlichem Recht (→ § 9 Rn. 41ff.). Endet die Verordnung, ist daher kein Regelungsgehalt mehr vorhanden, der auf die einzelnen Arbeitsverhältnisse einwirken könnte.[7]

Die Nachwirkung ist zeitlich unbegrenzt. Sie endet, sobald ein anderer Tarifvertrag **8** normativ im jeweiligen Arbeitsverhältnis gilt (zur Bezugnahme auf einen anderen Tarifvertrag → Rn. 9). Dieser stellt dann eine andere Abmachung i. S. d. § 4 Abs. 5 TVG dar. Handelt es sich bei ihm um den »Nachfolgetarifvertrag« zum ursprünglichen Tarifwerk, wäre es auch nicht fehlerhaft, würde man seine Verdrängungswirkung aus dem Grundsatz des »lex posterior derogat legi priori« herleiten, auch wenn sich bei genauer Betrachtung zeigt, dass der nur nachwirkende Tarifvertrag keine echte Rechtsnormwirkung auf das fragliche Arbeitsverhältnis entfaltet.

Während der Nachwirkungsphase steht es den Arbeitsvertragsparteien frei, den Tarif **9** vertrag oder auch einzelne Tarifbestimmungen durch andere Abmachungen zu ersetzen. Das darf man freilich nicht dahingehend missverstehen, dass der Arbeitgeber dem Arbeitnehmer einfach neue Arbeitsbedingungen vorgeben könnte. Vielmehr gelten die nachwirkenden Tarifnormen im Arbeitsverhältnis weiterhin unmittelbar bindend; faktisch wirken sie aber nur noch wie individualrechtlich bzw. schuldrechtlich vereinbarte Arbeitsbedingungen. Der Arbeitgeber muss sie also, wie jede andere Vertragsabrede

---

5 *BAG* 20.9.2006, NZA 2007, 288.
6 *BAG* 5.8.2009, AP TVG § 4 Nr. 32; *BAG* 15.11.2006, NZA 2007, 448; *BAG* 2.3.2004, NZA 2004, 852; *BAG* 11.6.2002, NZA 2003, 570; *BAG* 7.11.2001, NZA 2002, 748; *BAG* 22.7.1998, AP TVG § 4 Nachwirkung Nr. 32.
7 *BAG* 20.4.2011, NZA 2011, 1105.

auch, bis auf Weiteres einhalten. Doch verliert der Tarifvertrag in der Nachwirkungs-phase seine zwingende Wirkung (→ Rn. 22 ff.). Das heißt: Die Arbeitsvertragsparteien können die tariflichen Arbeitsbedingungen einvernehmlich auch zu Ungunsten des Arbeitnehmers verändern, der Arbeitgeber ist dazu aber eben auf das Einverständnis des Arbeitnehmers angewiesen. Daraus folgt dann auch, dass eine vertragliche Bezug-nahme (→ § 7) auf einen anderen Tarifvertrag eine andere Abmachung i. S. d. § 4 Abs. 5 TVG darstellt und daher die Nachwirkung enden lässt. Einseitig kann der Arbeitgeber andere Arbeitsbedingungen dagegen nur im Wege einer Änderungskündigung gegen den Arbeitnehmer (§ 2 KSchG) durchsetzen. Dieser wird im Regelfall allerdings aus kündigungsrechtlichen Gründen[8] kein Erfolg beschieden sein (vgl. auch → § 7 Rn. 16 u. → § 8 Rn. 8).

10   Andere Abmachungen können auch Betriebsvereinbarungen sein, vorausgesetzt, diese verstoßen wegen der Tarifüblichkeit der fraglichen Regelung nicht gegen § 77 Abs. 3 BetrVG. Im Verhältnis zwischen dem nachwirkenden Tarifvertrag und der Betriebs-vereinbarung gilt dann das Günstigkeitsprinzip des Betriebsverfassungsrechts.

11   Eine andere Abmachung i. S. d. § 4 Abs. 5 TVG kann theoretisch auch »vorwirkend« abgeschlossen werden, also etwa noch während des Geltungszeitraums des Tarifver-trags. Unter Umständen kann im Arbeitsvertrag sogar grundsätzlich geregelt werden, dass bestimmte Arbeitsbedingungen an die Stelle eines nur noch nachwirkenden Tarif-vertrags treten sollen. Einzelheiten → Rn. 47.

4. Fortgeltung und Nachwirkung in Kombination

12   Tritt der Arbeitgeber[9] während der Laufzeit eines Tarifvertrags aus dem tarifschließen-den Verband aus, besteht seine Tarifbindung nach § 3 Abs. 3 TVG fort, bis der Tarif-vertrag endet (→ Rn. 2 ff.). Im Anschluss daran tritt der Tarifvertrag in die Nachwir-kung.[10] Das heißt, dass der Arbeitgeber auch nach dem Auslaufen des Tarifvertrags und damit dem Ende der Fortgeltung an die einschlägigen Bestimmungen des Tarifver-trags gebunden bleibt. Diese können zwar durch andere Abmachungen ersetzt wer-den, doch ist der Arbeitgeber dazu eben auf das Einvernehmen des Arbeitnehmers an-gewiesen bzw. muss versuchen, diese durch eine Änderungskündigung durchzusetzen (→ Rn. 9). Nachdem die Nachwirkung zeitlich nicht begrenzt ist, hat es auf den ersten Blick also den Anschein, als sei die Situation für die Arbeitnehmer recht komfortabel. Doch muss man sich insoweit vor Augen führen, dass die nach dem Außerkrafttreten des »bisherigen« Tarifvertrags neu abgeschlossenen Tarifverträge keine Anwendung mehr auf das Arbeitsverhältnis finden, weshalb zuweilen auch davon gesprochen wird, dass die Nachwirkung »statisch« ist. Daher können Arbeitnehmer, je mehr Zeit ins Land zieht und je mehr die Geldentwertung ihr Realeinkommen schrumpfen lässt, durchaus ein Interesse an der Modifikation der nachwirkenden Arbeitsbedingungen haben.

---

8 Vgl. dazu: ErfK/*Oetker* KSchG § 2 Rn. 47 ff.
9 Gleiches gilt im Grunde für den Austritt des Arbeitnehmers. Da sich die Praxis fast überwiegend mit Rechtsfragen des arbeitgeberseitigen Verbandsaustritts konfrontiert sieht, beschränkt sich die obige Darstellung auf diese Situation.
10 *BAG* 13. 12. 1995, NZA 1996, 769. Dies ist auch verfassungskonform: *BVerfG* 3. 7. 2000, NZA 2000, 947.

5. Blitzaustritt aus dem Verband und tarifliche »Vorbindung«

Tritt der Arbeitgeber während laufender Tarifverhandlungen kurzfristig aus dem Ar- **13** beitgeberverband aus, dem er bislang angehört hat, können die verbands- und die tarifrechtliche Wirksamkeit des Austritts auseinanderfallen.[11] Das Gleiche gilt, wenn der Arbeitgeber kurzfristig von einer Voll- in eine OT-Mitgliedschaft (→ § 2 Rn. 76) wechselt. Nach ständiger Rechtsprechung des BAG ist ein derartiger Blitzaustritt(-wechsel)[12] aus tarifrechtlicher Sicht nämlich nur dann beachtlich, wenn der Arbeitgeber oder auch sein Verband der tarifschließenden Gewerkschaft den bevorstehenden Austritt so transparent mitgeteilt hatte, dass diese ihr Verhandlungsverhalten noch auf die veränderte Tarifsituation einstellen kann. Ihr muss ausreichend Zeit verbleiben, um auf der Grundlage gesicherter Informationen entscheiden zu können, ob sie den anvisierten Tarifvertrag auch unter den nun gegebenen Umständen abschließen will.

Fehlt es an einer derart transparenten oder rechtzeitigen Mitteilung des »Blitzaustritts« **14** gegenüber der Gewerkschaft, wird der austretende Arbeitgeber an den neu abgeschlossenen Tarifvertrag gebunden, obwohl er am Tag des Tarifabschlusses bzw. des Inkrafttretens des Tarifvertrags nicht mehr Mitglied im tarifschließenden Arbeitgeberverband war bzw. diesem nur als OT-Mitglied angehörte (im Schrifttum auch als »Vorbindung«[13] bezeichnet).

Dieser Rechtsprechung liegt die Besorgnis zu Grunde, dass wirtschaftlich potente und **15** damit verhandlungsstarke Arbeitgeber zwar den Gang der Tarifverhandlungen beeinflussen, sich dann aber der Bindung an den Tarifvertrag entziehen. So war beispielsweise der Halbleiterhersteller Infineon im November 2008 mit Tagesfrist aus dem Arbeitgeberverband der Bayerischen Metall- und Elektroindustrie ausgetreten, nachdem sich abzeichnete, dass der Verband den kurz zuvor in Baden-Württemberg ausgehandelten Tarifabschluss auch für Bayern übernehmen könnte. Gleichermaßen scheint das BAG Sorge zu haben, dass die Gewerkschaft bei der Formulierung von Tarifforderungen auf wirtschaftlich schwache verbandsangehörige Unternehmen Rücksicht nimmt, diese dann aber kurz vor Abschluss des Tarifvertrags aus dem Verband ausscheiden.

Dogmatisch lässt sich diese Rechtsprechung nicht zwanglos begründen, weshalb sie im **16** Schrifttum auch keineswegs unbestritten geblieben ist. Gesetzlich ist eine derartige »Vorbindung« des »tarifflüchtigen« Arbeitgebers nicht nur nicht angeordnet, vielmehr binden die §§ 3 Abs. 1 und 4 Abs. 1 TVG die Tarifbindung ja gerade an die Mitgliedschaft im tarifschließenden Verband. Auch die §§ 3 Abs. 2, 3 und 5 Abs. 4 TVG machen deutlich, dass es eine legitimationslose Geltung von Tarifverträgen nur dann geben kann, wenn diese im Gesetz ausdrücklich angeordnet ist.[14] Diskutieren ließe sich allerdings, ob die Tarifbindung nach §§ 3 Abs. 1, 4 Abs. 1 TVG nicht erst am Inkrafttreten des Tarifvertrags,[15] sondern bereits an dessen Abschluss ansetzt.

---

11 *BAG* 19.6.2012, NZA 2012, 1372; *BAG* 26.8.2009, NZA 2010, 230; *BAG* 4.6.2008, NZA 2008, 1366.

12 Zum Zweck der sprachlichen Vereinfachung wird im Weiteren stellvertretend für alle Formen des »überstürzten« Statuswechsels nur noch vom »Verbandsaustritt« gesprochen.

13 *Rieble*, RdA 2009, 280, der diesen Begriff allerdings mit einem sehr kritischen Unterton verwendet.

14 *Bauer/Haußmann*, RdA 2009, 99 (105); *Rieble*, RdA 2009, 280; *Willemsen/Mehrens*, NJW 2009, 1916.

15 Nach wohl h. M. setzt die Tarifbindung nach § 3 I TVG voraus, dass die Arbeitsvertragsparteien auch noch am Tag des Inkrafttretens des Tarifvertrags organisiert sind: s. *Löwisch/Rieble* TVG § 3 Rn. 304.

17 Das BAG stützt seine Rechtsprechung vor allem auf § 134 BGB i.V. m. Art. 9 Abs. 3 S. 2 GG. Ein funktionierendes Tarifvertragssystem setze einen »Gleichlauf von Verantwortlichkeit und Betroffenheit« voraus. Wer Einfluss auf das Verhandlungsgeschehen nehmen kann, und sei es auch nur mittelbar, der soll auch an den späteren Tarifabschluss gebunden sein. Auch verweist das BAG auf die §§ 171 Abs. 2, 313 und §§ 311 Abs. 2 Nr. 1 bzw. 2 BGB i.V. m. 249 BGB, aus denen es ein Vertrauen der Gewerkschaft darauf herleitet, dass der Mitgliederbestand des Arbeitgeberverbands sich nicht abrupt vor dem Tarifabschluss verändert.

18 Die Rechtsprechung wirft zahlreiche Folgefragen auf:
- Wann beginnt der maßgebliche Zeitraum, innerhalb dessen die Arbeitgeberseite zur Anzeige eines Blitzaustritts verpflichtet ist? Reicht das Auslaufen des Tarifvertrags, die Erhebung einer Tarifforderung oder ein erstes Gespräch zwischen Gewerkschaft und Verband? Oder müssen die Verhandlungen erst in ihre »heiße Phase« treten, muss gar ein Arbeitskampf begonnen haben?
- Reicht auch, dass der Arbeitgeber während der Tarifverhandlungen unter Wahrung einer gehörigen Frist den Verband verlässt, das aber »heimlich«, so dass der Austritt zwar nicht »blitzartig« ist, sich die Gewerkschaft dessen ungeachtet aber nicht auf die veränderte Situation einstellen kann?
- Sind auch kleine Unternehmen, die keinen nennenswerten Einfluss auf das Tarifgeschehen haben, verpflichtet, ihren Austritt gegenüber der Gewerkschaft zu dokumentieren?
- Muss die Gewerkschaft von der (früheren) Verbandsmitgliedschaft des Arbeitgebers überhaupt Kenntnis gehabt haben (viele Arbeitgeberverbände dokumentieren ihren Mitgliederbestand nicht nach außen) und falls ja: wer trägt die Darlegungs- und Beweislast für die (Un-)Kenntnis der Gewerkschaft?

6. Zusammenfassendes Fallbeispiel

19 Abschließend sollen die verschiedenen Formen der Tarifgeltung an einem Beispiel verdeutlicht werden:

Beispiel: Arbeitgeber G gehört seit vielen Jahren dem V-Arbeitgeberverband an, der mit der M-Gewerkschaft Tarifverträge schließt. 2017 tritt G mit Wirkung zum 1.6.2017 aus dem V-Verband aus. Der Tarifvertrag des Jahres 2016, der bis zum 31.12.2017 befristet ist (TV 1) sieht einen Stundenlohn in Höhe von 16 EUR vor. Im Februar 2018 einigen sich der V-Verband und die M-Gewerkschaft mit Wirkung zum 1.4.2018 auf einen Stundenlohn in Höhe von 18 EUR (TV 2). Arbeitnehmer A ist seit 2003 bei G beschäftigt. Außerdem stellt G zum 1.4.2017 den B, zum 1.8.2017 den C und zum 1.3.2018 den D ein. Alle vier Arbeitnehmer sind Mitglieder der M-Gewerkschaft. Welche Lohnansprüche ergeben sich jeweils zu Gunsten dieser vier Arbeitnehmer? (Abwandlung:) Wie wäre die Situation zu beurteilen, wenn G den Verband nicht verlassen hätte?

20 Situation bei Verbandsaustritt **(Ausgangsfall):** (A.) Für A gilt der TV 1 und zwar bis zum 1.6.2017 originär nach §§ 3 Abs. 1, 4 Abs. 1 TVG. Dieser gilt ungeachtet des Verbandsaustritts des G am 1.6.2017 im Arbeitsverhältnis normativ fort (§§ 3 Abs. 3, 4 Abs. 1 TVG). Die Fortgeltung endet allerdings mit dem Auslaufen des TV 1 am 31.12.2017. Ab dem 1.1.2018 gerät der TV 1 in Nachwirkung (§ 4 Abs. 5 TVG). Der TV 2 findet keine Anwendung mehr auf das Arbeitsverhältnis von A und G, da es an der Tarifbindung des G fehlt. Da G und A keine anderweitigen Abmachungen getroffen haben, hat es bis auf weiteres sein Bewenden bei der Nachwirkung des TV 1. A hat also zu jedem denkbaren Zeitpunkt einen Anspruch auf einen Arbeitslohn in Höhe von 16 EUR. (B.) Für B gilt ganz genau dasselbe. Er tritt nämlich noch zu einem Zeitpunkt in den Betrieb ein, in dem der Tarifvertrag dort noch originär galt. (C.) Auch für Arbeitnehmer C ist das Ergebnis kein anderes. Die Fortgeltung nach § 3 Abs. 2 TVG erfasst nämlich auch Arbeitsverhältnisse, die erst im Fortgeltungszeitraum begründet werden (Rn. 3). Der TV 1 gilt vom 1.8.2017 bis zum 31.12.2017 auch in seinem Arbeitsverhältnis normativ, wenngleich eben »nur« über §§ 3 Abs. 3 und 4 Abs. 1 TVG. Entsprechend kommt daher auch C ab dem 1.1.2018 in den Genuss des nachwirkenden TV 1. (D.) Ungünstiger sieht die Situation allerdings für den D aus. Da er erst im Nachwirkungszeitraum eingestellt wurde, erlangt der TV 1 in seinem Arbeitsverhältnis keine Geltung mehr (Rn. 7). Auch die Anwendung des TV 2 kommt mangels Tarifbindung des G nicht in Betracht. Arbeitnehmer D ist daher darauf angewiesen, dass in seinem Arbeitsvertrag auf den Tarifvertrag Bezug genommen[16] oder das Entgelt individualvertraglich geregelt wird. Andernfalls verbleibt ihm nur, eine Vergütung nach § 612 BGB zu fordern, die in ihrer Höhe freilich durchaus dem Lohnanspruch nach dem TV 1 entsprechen könnte.

Situation ohne Verbandsaustritt (**Abwandlung**): Arbeitnehmer A bis C: Im Unterschied zum Ausgangsfall   **21** endet für die Arbeitnehmer A bis C die Nachwirkung des TV 1 zum 1.4.2018. Dieser wird mit dessen Inkrafttreten durch den TV 2 ersetzt, der im Arbeitsverhältnis nach §§ 3 Abs. 1, 4 Abs. 1 TVG originär und normativ gilt. Das lässt sich entweder auf den Grundsatz des lex posterior derogat legi priori (§ 4 Rn. 10) stützen oder darauf, dass der TV 2 eine andere Abmachung i. S. d. § 4 Abs. 5 TVG darstellt. Arbeitnehmer D: Nach wie vor erlangt der TV 1 keine Geltung im Arbeitsverhältnis des D, da dieses erst begründet wurde, als der TV 1 bereits nachwirkte (s. Ausgangsfall zuvor, Rn. 20). Für ihn gilt dann aber, anders als im Ausgangsfall, ab dem 1.4.2018 der TV 2. Zusammenfassend lässt sich also festhalten, dass es für den Zeitraum bis zum 31.3.2018 bei den zum Ausgangsfall herausgearbeiteten Ergebnissen verbleibt, während alle vier Arbeitnehmer ab dem 1.4.2018 nach den Vorgaben des TV 2 einen Stundenlohn von 18 EUR beanspruchen können.

II. Wirkung der Tarifnormen

1. Unabdingbarkeit der Tarifnormen

Die Inhalts-, Abschluss- und Beendigungsnormen eines Tarifvertrags gelten unmittel-   **22** bar und zwingend zwischen den beiderseits tarifgebundenen Arbeitsvertragsparteien, die unter den Geltungsbereich des Tarifvertrags fallen (§ 4 Abs. 1 S. 1 TVG). Soweit von der »Unabdingbarkeit« bzw. der »normativen Geltung des Tarifvertrags« gesprochen wird, ist dies ein Oberbegriff für die unmittelbare und zwingende Wirkung des Tarifvertrags.

Unmittelbare Wirkung bedeutet, dass der Tarifvertrag automatisch Eingang in die ta-   **23** rifunterworfenen Arbeitsverhältnisse findet. Die einzelnen Arbeitsvertragsparteien brauchen den Tarifvertrag also nicht etwa erst durch eine vertragliche Abrede in den Arbeitsvertrag umzusetzen. Diese unmittelbare Tarifwirkung basiert indes nicht auf dem Stellvertretungsrecht des BGB. Es ist also nicht so, dass der Tarifvertrag deshalb auf das Arbeitsverhältnis einwirken würde, weil die Arbeitsvertragsparteien die tarifschließenden Verbände nach § 164 BGB bevollmächtigen, sie bei der Vereinbarung von Arbeitsbedingungen zu vertreten. Vielmehr stellt die unmittelbare Tarifwirkung ein gesondertes Rechtsinstitut des Tarifrechts dar. Zur Dienstbarmachung des Stellvertretungsrecht bei Abschluss sonstiger Normenverträge im Bereich von Tarifpluralitäten, → § 6 Rn. 105 ff.

Die zwingende Tarifwirkung[17] stellt sicher, dass die Tarifnormen den Inhalt des Ar-   **24** beitsverhältnisses unabhängig vom Willen der Arbeitsvertragsparteien beherrschen.

---

16 Sollte G dem D ohne besondere Vereinbarung einen Arbeitslohn in Anlehnung an den TV 1 gewähren, wird dadurch keine betriebliche Übung auf Gewährung des jeweils aktuellen Tarifgehalts begründet → § 7 Rn. 13 ff.

17 Die dogmatische Herleitung der zwingenden Wirkung ist umstritten. Überwiegend wird von einem Anwendungsvorrang des Tarifvertrags ausgegangen. Der einschlägige Streitstand ist für die Zwecke des vorliegenden Lehrwerks indes ohne Belang.

Das heißt: Die Arbeitsvertragsparteien können – soweit nicht ausnahmsweise durch § 4 Abs. 3 TVG zugelassen (→ Rn. 38 ff.) – keine von den Tarifnormen abweichenden Vereinbarungen schließen. Dem liegt die Überlegung zu Grunde, dass die unmittelbare Tarifwirkung für den Schutz des Arbeitnehmers nicht ausreichen würde. Sie sorgt zwar dafür, dass der Inhalt des Tarifvertrags Eingang in das Arbeitsverhältnis findet. An sich wäre es dem Arbeitgeber daher nicht möglich, nach eigenem Gutdünken von den tariflichen Arbeitsbedingungen abzuweichen (»pacta sunt servanda«). Doch bestünde das Risiko, dass der Arbeitgeber seine besondere Verhandlungsmacht dazu benutzt, um den Arbeitnehmer zur Vereinbarung untertariflicher Arbeitsbedingungen zu drängen. Deshalb ordnet das TVG an, dass die von den Tarifpartnern festgelegten Arbeitsbedingungen vollständig gegen verschlechternde Individualvereinbarungen »immun« sind. Zum »Wiederaufleben« verschlechternder Individualabreden → Rn. 47.

25 Der Gesetzestext bezieht die unmittelbare und zwingende Geltung auch auf Abschlussnormen (§ 4 Abs. 1 S. 1 TVG). Daher könnte ein Verstoß gegen ein Abschlussverbot die Nichtigkeit des Arbeitsvertrags zur Folge haben (§ 134 BGB). Das ist aber nur dann der Fall, wenn die Tarifregelung besondere Personengruppen davor bewahren soll, dass diese einer sie überfordernden oder gesundheitsgefährdenden Beschäftigung nachgehen. Häufig beziehen sich Abschlussnormen dagegen nur auf Nebenabreden, so dass ein Verstoß gegen sie den Arbeitsvertrag an sich unberührt lässt. Ist etwa eine sachgrundlose Befristung nach § 14 Abs. 2 TzBfG ausgeschlossen, gilt ein befristeter Arbeitsvertrag als auf unbefristete Zeit geschlossen, sollte der Arbeitgeber keinen Sachgrund für die Befristung vorweisen können (arg. ex § 16 TzBfG). Auch führt ein Verstoß gegen ein tarifliches Schriftformgebot für den Abschluss von Arbeitsverträgen entgegen §§ 126[18], 125 S. 1 BGB nicht zur Nichtigkeit des Arbeitsvertrags. Vielmehr wirkt dieses fast ausnahmslos nur deklaratorisch, die Schriftform dient also nur zu Beweiszwecken.[19] Denn andernfalls würde sich eine einschlägige Tarifnorm, die dem Schutz des Arbeitnehmers dient, gegen diesen wenden. Abschlussgebote schließlich richten sich nicht gegen eine abweichende Vereinbarung, sondern begründen einen Kontrahierungszwang. Die durch die Tarifnorm unmittelbar eingeräumte Rechtsposition ist zwingend; der Arbeitnehmer kann auf sie nicht verzichten (vgl. auch § 4 Abs. 4 S. 1 TVG). Konstruktiv bereiten echte Abschlussnormen allerdings insoweit gewisse Schwierigkeiten, weil zwischen dem Arbeitnehmer und dem Arbeitgeber kein Arbeitsverhältnis besteht. Sie können daher nicht über eine Bezugnahmeabrede (→ § 7) Eingang in das Arbeitsverhältnis finden, vielmehr ist ein Einstellungsanspruch des Arbeitnehmers mehr oder weniger zwingend daran gebunden, dass dieser Gewerkschaftsmitglied ist (s. auch → § 5 Rn. 15). Das heißt aber nicht, dass sie deshalb wie Differenzierungsklauseln (→ Rn. 69 ff.) wirken würden. Vielmehr ist die Notwendigkeit einer Gewerkschaftsmitgliedschaft an dieser Stelle so durch das TVG selbst vorgegeben.

26 Für Betriebs- und Betriebsverfassungsnormen gilt die Anordnung der unmittelbaren und zwingenden Geltung entsprechend (§ 4 Abs. 1 S. 2 TVG). Insoweit gilt nochmals zu beachten, dass nach § 3 Abs. 2 TVG für ihre normative Geltung die Tarifgebundenheit des Arbeitgebers genügt.

---

18 § 127 BGB ist hier nicht maßgeblich, da der Tarifvertrag Rechtsnormcharakter hat!

19 Vgl. dazu die ähnliche Situation im Anwendungsbereich des NachwG, s. ErfK/*Preis* NachwG § 2 Rn. 1 ff.

2. Rechtsnormcharakter, Auslegung von Tarifverträgen

Wenn §§ 1, 3 Abs. 1 und 4 Abs. 1 S. 1 TVG Tarifbestimmungen explizit zu Rechts- **27**
normen erklären, wird dadurch zunächst nochmals deren zwingende Wirkung
(→ Rn. 22 ff.) bekräftigt. Weiter folgt aus der Rechtsnormwirkung des Tarifvertrags,
dass der Richter im Prozess Tarifnormen, ganz genauso wie staatliches Recht, von
Amts wegen berücksichtigen muss. Das entbindet die Parteien allerdings nicht von
der Obliegenheit, im Verfahren darzulegen und ggf. zu beweisen, dass auf das streitige
Arbeitsverhältnis ein Tarifvertrag normativ anzuwenden ist (anders im Fall der Allgemeinverbindlicherklärung → § 9 Rn. 21 ff.).

Besteht über Inhalt oder Aussagegehalt des normativen Teils des Tarifvertrags Streit, **28**
sind zu dessen Auslegung nicht die Grundsätze des BGB über die Auslegung von Wil-
lenserklärungen bzw. schuldrechtlichen Verträgen, sondern vielmehr die Grundsätze
heranzuziehen, die auch für die Auslegung von Gesetzen gelten. Anders als bei der
Auslegung »einfacher Verträge« ist also an erster Stelle der Wortlaut des Tarifvertrags
maßgeblich. Dagegen würde der wirkliche Wille der Tarifvertragsparteien bei strenger
Betrachtung nur dann Berücksichtigung finden, wenn er einen eindeutigen Nieder-
schlag im Tarifvertrag einschließlich der ihn etwa begleitenden Protokollnotizen gefunden hat.

Im Ergebnis erweist sich allerdings der Unterschied zwischen einer »gewöhnlichen« **29**
Vertragsauslegung und der Auslegung normativen Tarifrechts als nicht so groß, als es
dies auf den ersten Blick den Anschein hat. In vielen Fällen ist die Rechtsprechung
nämlich dann doch bereit, über den reinen Tarifwortlaut hinaus auch den wirklichen
Willen der Tarifvertragsparteien einer Tarifnorm mit zu berücksichtigen, sofern und
soweit dieser sich aus dem tariflichen Gesamtzusammenhang oder dem Sinn oder
Zweck der fraglichen Tarifnormen ergibt.[20] Derart nähert sich die Auslegung des normativen Teils des Tarifvertrags mehr und mehr an eine »normale« Vertragsauslegung
an.[21] Daher ist auch eine ergänzende Auslegung des Tarifvertrags im Fall unbewusster
Regelungslücken möglich, zumindest dann, wenn sich im Tarifvertrag hinreichende
und sichere Anhaltspunkte dafür finden, wie die Tarifvertragsparteien bei objektiver
Betrachtung der wirtschaftlichen und sozialen Zusammenhänge die maßgebliche Frage
im Zeitpunkt des Tarifvertragsschlusses geregelt hätten.

Ein Sonderproblem der Tarifauslegung stellt sich, wenn in Tarifverträgen auf Gesetze **30**
verwiesen bzw. deren Wortlaut wiedergegeben wird und die fragliche Gesetzesnorm
später geändert oder aufgehoben wird. In diesem Fall ist zu ermitteln, ob die Tarifvertragsparteien die bestehende Gesetzeslage lediglich deklaratorisch wiedergeben wollten. Die Verweisung wäre dann dynamisch, so dass die neue Rechtslage Inhalt des Arbeitsverhältnisses wird. Denkbar ist aber auch, dass die Tarifvertragsparteien mit einer
Bezugnahme auf eine im Arbeitsverhältnis ansonsten nicht anwendbare Regelung eine
konstitutive Verweisung schaffen wollten, die unabhängig von einer etwaigen Geset-
zesänderung mit dem verabredeten Inhalt Bestand haben soll.

---

20 *BAG* 19.9.2007, NZA 2008, 950.
21 So etwa in *BAG* 20.5.2010, NZA-RR 2010, 616.

3. Sicherung tariflicher Rechte als Ergänzung der Unabdingbarkeit

31 § 4 Abs. 4 TVG sichert die unmittelbare und zwingende Wirkung des Tarifvertrags. Die Regelung soll den Arbeitnehmer davor schützen, dass der Arbeitgeber ihn zur Disposition über entstandene tarifliche Rechte drängt. § 4 Abs. 1 TVG alleine würde hierzu nicht ausreichen, da die unmittelbare und zwingende Tarifwirkung wirkungslos bleibt, sobald tarifliche Rechte bereits entstanden sind. Die Bestimmung erfasst ihrem Wortlaut nach zwar sowohl Arbeitnehmer, als auch Arbeitgeber, zielt in erster Linie aber auf Ansprüche des Arbeitnehmers.

32 Voraussetzung für die Anwendung des § 4 Abs. 4 TVG ist stets, dass die in Rede stehenden Rechte zu einer Zeit entstanden sind, als die ihr zu Grunde liegenden Tarifnormen im Arbeitsverhältnis unmittelbar und zwingend galten. Es genügt also nicht, dass der Anspruch zu einer Zeit begründet wurde, als der Tarifvertrag nur noch Nachwirkung hatte (§ 4 Abs. 5 TVG). § 4 Abs. 4 TVG greift daher auch dann nicht, wenn der Tarifvertrag im Arbeitsverhältnis alleine auf Grund einer Bezugnahmeabrede (→ § 7 Rn. 17) anzuwenden war.

33 Nach § 4 Abs. 4 S. 1 TVG ist ein Verzicht auf entstandene tarifliche Rechte nur in einem von den Tarifvertragsparteien gebilligten Vergleich zulässig. Dabei schließt § 4 Abs. 4 S. 1 TVG es auch aus, dass der Arbeitnehmer in einem Vergleich, und zwar auch in einem Prozessvergleich, ohne Zustimmung der Tarifpartner auf ein entstandenes tarifliches Recht verzichtet. Insoweit ist allerdings zwischen einem Vergleich über die Geltung der Tarifnorm und einem Vergleich über Tatsachengrundlagen zu unterscheiden. Letzterer ist zulässig, so dass sich Arbeitsvertragsparteien, die sich lediglich über die tatsächlichen Voraussetzungen eines tariflichen Anspruchs streiten (beispielsweise über die Zahl der abgeleisteten Überstunden), insoweit durchaus vergleichen können. Die Grenzen zwischen beiden Vergleichstypen sind freilich fließend und Einzelheiten, vor allem was Eingruppierungsstreitigkeiten betrifft, nicht abschließend geklärt.

34 Nach § 4 Abs. 4 S. 2 TVG ist die Verwirkung von tariflichen Rechten grundsätzlich ausgeschlossen. Soweit im Tarifvertrag nichts anderes bestimmt ist, unterliegen tarifliche Ansprüche daher alleine der gesetzlichen Verjährung.

35 Ausschlussfristen für tarifliche Ansprüche können nur im Tarifvertrag vereinbart werden (§ 4 Abs. 4 S. 3 TVG). Die Regelung erfasst dabei Ausschlussfristen i. e. S., über ihren Wortlaut hinaus aber auch Abreden, mit denen die gesetzlich festgelegten Verjährungsfristen abgekürzt werden sollen (vgl. auch § 77 Abs. 4 S. 3 BetrVG). Trotz des dogmatischen Unterschieds[22] zwischen beiden Rechtsinstituten bewirken Ausschlussfristen nämlich ebenso wie Abreden, mit denen die Verjährung verkürzt werden soll, dass der Arbeitnehmer in Gefahr gerät, seinen Anspruch vor Ablauf der gesetzlichen Verjährungsfrist zu verlieren.

---

22 Die Verjährung beseitigt den Anspruch nicht, sondern gibt dem Gläubiger lediglich ein Leistungsverweigerungsrecht (§ 214 Abs. 1 BGB). Eine Ausschlussfrist dagegen lässt den Anspruch erlöschen, wenn er nicht innerhalb einer bestimmten Frist geltend gemacht wird. Abhängig vom Inhalt der Ausschlussklausel kann es zur Wahrung der Ausschlussfrist genügen, wenn der Arbeitnehmer den Anspruch rechtzeitig gegenüber dem Arbeitgeber geltend macht (»einstufige Ausschlussfrist«), während die Verjährung nur durch die in §§ 203 ff. BGB aufgeführten Handlungen bzw. Umstände gehemmt wird. Allerdings verlangen viele Ausschlussklauseln, dass der Arbeitnehmer den fraglichen Anspruch nach einer bestimmten Zeit einklagt.

Viele Tarifverträge enthalten Ausschlussfristen. Bekannte Beispiele sind etwa die ein- **36** stufige Ausschlussfrist des § 37 TVöD, wonach Ansprüche innerhalb von sechs Monaten nach Fälligkeit dem Arbeitgeber gegenüber geltend gemacht werden müssen, oder die zweistufige Ausschlussklausel des § 15 BRTV Bau, wonach Arbeitnehmer (verkürzt dargestellt) Ansprüche innerhalb von zwei Monaten nach Fälligkeit schriftlich gegenüber dem Arbeitgeber erheben und innerhalb von zwei weiteren Monaten gerichtlich geltend machen müssen. Dabei ist es üblich, dass sich die Ausschlussklausel auf alle Ansprüche aus dem Arbeitsverhältnis erstreckt, so dass von ihr auch auf Gesetz beruhende und einzelvertraglich begründete Ansprüche erfasst werden. Dies ist grundsätzlich zulässig und zwar auch insoweit als gesetzliche Ansprüche unabdingbar sind (wie etwa: § 12 EFZG).[23] Anderes gilt nur für Ansprüche auf einen gesetzlichen Mindestlohn (§§ 3 MiLoG, § 9 S. 3 AEntG[24]). Diese müssten die Tarifvertragsparteien eigentlich aus den jeweiligen Ausschlussklauseln ausnehmen. Tun sie das nicht, so ist das BAG – da es insoweit um keine AGB-Kontrolle geht und eine solche bei einem Tarifvertrag auch gar nicht in Betracht käme (s. § 310 Abs. 4 S. 1, → § 2 Rn. 30, → § 5 Rn. 13) – zu einer Art geltungserhaltenden Reduktion bereit. Die Klausel erstreckt sich dann zwar nicht auf Mindestlohnansprüche, bleibt aber darüber hinaus wirksam.

Gerade bei Ausschlussfristen zeigt sich der signifikante Unterschied zwischen der **37** Rechtskontrolle von Tarifbestimmungen und individualvertraglichen Abreden (s. auch → § 2 Rn. 30 ff., → § 5 Rn. 12 f., → § 7 Rn. 7). Während individuell vereinbarte Ausschlussklauseln, soweit sie – wie regelmäßig – durch AGB in den Vertrag eingeführt werden, auf jeder Stufe (Geltendmachung gegenüber dem Arbeitgeber, Klageerhebung) mindestens eine Frist von drei Monaten vorsehen müssen,[25] werden bei tarifvertraglichen Ausschlussklauseln auch deutlich kürzere Fristen akzeptiert, solange sie nicht »extrem kurz« sind (anders aber § 9 S. 3, 2. Hs. AEntG, → § 9 Rn. 48). Zudem ist eine via AGB in den Vertrag eingeführte Totalausschlussklausel, aus der Ansprüche auf den gesetzlichen Mindestlohn nicht ausdrücklich ausgenommen sind, intransparent iSd. § 307 Abs. 1 S. 2 BGB und daher nach § 306 BGB insgesamt unwirksam. Anders als eine gleichlautend formulierte Tarifbestimmung (→ Rn. 36) gerät sie also unrettbar in Wegfall.[26]

III. Das Günstigkeitsprinzip des § 4 Abs. 3 TVG

1. Günstigkeitsprinzip, Sachgruppenvergleich, Beschäftigungsgarantie und tarifabweichende Arbeitsbedingungen

Nach § 4 Abs. 3 TVG sind abweichende Abmachungen vom Tarifvertrag zulässig, so- **38** weit diese eine Änderung zu Gunsten des Arbeitnehmers enthalten. Dieses sog. Günstigkeitsprinzip begrenzt die zwingende Geltung der Tarifnormen. Der Grund dafür ist, dass die Tarifautonomie den Arbeitnehmern ermöglichen soll, das zwischen ihnen und dem Arbeitgeber bestehende Machtungleichgewicht durch kollektive Organi-

---

23 *BAG* 20.6.2018 – 5 AZR 377/17.
24 Für Mindestlöhne nach dem AEntG lässt § 9 S. 3 AEntG zwar Ausschlussklauseln zu. Sie müssen indes in dem Tarifvertrag selbst enthalten sein, der durch die jeweilige Rechtsverordnung (→ § 9 Rn. 48) erstreckt wird (und überdies eine Frist zur Geltungsmachung von mindestens sechs Monaten vorsehen). Dagegen ist eine allgemeine, etwa in einem Manteltarifvertrag enthaltene »Totalausschlussklausel« partiell unwirksam und wie im Text beschrieben geltungserhaltend zu reduzieren.
25 *BAG* 12.3.2008, NZA 2008, 699; *BAG* 25.5.2005, NZA 2005, 1111.
26 *BAG* 20.6.2018 – 5 AZR 377/17; s. auch *BAG* 24.8.2016, NZA 2016, 1539.

sation und Selbsthilfe zu überwinden (→ § 2 Rn. 27). Daher muss die Vorherrschaft der tariflichen Arbeitsbedingungen im Arbeitsverhältnis dort enden, wo es dem Arbeitnehmer auf individueller Basis gelingt, für sich im Vergleich zu den tariflichen Vorgaben günstigere Arbeitsbedingungen auszuhandeln. Ganz selbstverständlich ist das allerdings nicht. So hatte die TVVO 1918 auch eine Abweichung vom Tarifvertrag »nach oben« mit Rücksicht auf dessen Kartellierungsfunktion ausgeschlossen. Und auch heute noch finden sich Rechtsordnungen, die die tariflichen Arbeitsbedingungen in beide Richtungen für zwingend erklären.

39 Unerheblich ist, ob die günstigere Individualvereinbarung vor oder nach dem Inkrafttreten des Tarifvertrags getroffen wurde.

40 Bei der Feststellung, ob die tariflichen oder aber die individualvertraglichen Arbeitsbedingungen für den Arbeitnehmer günstiger sind, kann weder auf einen isolierten Vergleich der einzelnen miteinander kollidierenden Arbeitsbedingungen noch auf einen Gesamtvergleich zwischen dem Tarifvertrag und den Individualabreden als Ganzes abgestellt werden. Vielmehr ist ein Sachgruppenvergleich vorzunehmen. Es sind jeweils zusammenhängende Regelungen miteinander zu vergleichen. Dadurch soll verhindert werden, dass dem Arbeitnehmer der Schutz des Tarifvertrags verloren geht, aber auch, dass er sich jeweils die »Rosinen« aus dem Tarif- und Arbeitsvertrag »herauspickt«. Innerhalb des Sachgruppenvergleichs ist ein individueller Günstigkeitsabgleich vorzunehmen. Es kommt also nicht darauf an, was für die Belegschaft oder gar alle tarifunterworfenen Arbeitnehmer günstiger wäre, sondern nur darauf, was für den betreffenden Arbeitnehmer günstiger ist (individueller Günstigkeitsvergleich). Dessen ungeachtet ist der Beurteilungsmaßstab aber nicht etwa der subjektive Wille des einzelnen Arbeitnehmers. Vielmehr kommt es darauf an, wie ein verständiger Arbeitnehmer unter Berücksichtigung der Umstände des Einzelfalls die Bestimmung des Arbeitsvertrags im Vergleich zu der des Tarifvertrags einschätzen würde (wenngleich die Objektivität dieses Maßstabs etwas dadurch getrübt wird, dass mangels »echter« objektiver Anhaltspunkte der Richter häufig seine Meinung als diejenige eines verständigen Arbeitnehmers ansehen wird).

41 Im Gros der Fälle erweist sich der Günstigkeitsvergleich durchaus als praxistauglich. So sind beispielsweise (mit Ausnahmen in Einzelfällen) ein- und derselben Sachgruppe zuzuordnen: (1.) Arbeitslohn, Zulagen und Einmalzahlungen. Es darf also nicht etwa der tarif- mit dem individualvertraglichen Zuschlag verglichen werden. Vielmehr sind auch die Grundvergütung und andere Zulagen mit in die Betrachtung einzubeziehen;[27] (2.) Dauer des Urlaubs, Länge der Wartezeit und Höhe des (zusätzlichen) Urlaubsgeldes; (3.) Besonderer Kündigungsschutz (etwa: Ausschluss der ordentlichen Kündigung) und Kündigungsfristen.[28]

42 Doch finden sich auch Kollisionen von individuellen und tariflichen Arbeitsbedingungen, in denen alles andere als eindeutig ist, was für den Arbeitnehmer günstiger ist. Die nach wie vor schwierigste Frage ist die nach dem Verhältnis von Arbeitszeit und Entgelt. Theoretisch wären beide Parameter einer eigenen Sachgruppe zuzuordnen, mit der Folge, dass die individualrechtliche Vereinbarung einer höheren Arbeitszeit unwirksam ist, was zwangsläufig dazu führt, dass der Arbeitnehmer auch auf den Mehrverdienst verzichten muss (→ Rn. 45 ff.). Das wurde in den 1980er und 1990er Jahren im Zusammenhang mit den Versuchen der Tarifpartner, die Beschäftigung durch Festset-

---

27 *BAG* 17.4.2013, AP Nr. 35 zu § 4 TVG.
28 Vgl. dazu auch die parallele Fallgestaltung von *BAG* 29.1.2015, NZA 2015, 673.

zung von Höchstarbeitsbedingungen (i.w.S.) zu sichern (vgl. → § 5 Rn. 12, 19, 26), so vertreten.[29] Das BAG sieht dies in seiner jüngeren Rechtsprechung indes anders. Es meint vielmehr, dass wenn in einem normativ wirkenden Tarifvertrag einerseits und in dem vertraglich vereinbarten tariflichen Regelungswerk andererseits unterschiedlich lange Arbeitszeiten vereinbart sind, in den Sachgruppenvergleich das jeweils entsprechende Entgelt mit einzubeziehen ist. Es kann daher sein, dass sich die längere Individualarbeitszeit durchsetzt, wenn der Arbeitnehmer dadurch insgesamt finanzielle Vorteile erlangt. Dafür reicht es aber nicht, wenn sich das Gesamtentgelt des Arbeitnehmers lediglich proportional erhöht. Vielmehr muss das sich unter Berücksichtigung der längeren Arbeitszeit (sowie etwaigen Zulagen und Zuschlägen) ergebende durchschnittliche Stundenentgelt höher ausfallen.[30] Da die Feststellung, was am Ende für den Arbeitnehmer günstiger ist, nicht immer leicht fällt, hat das BAG dann die Flucht nach vorne angetreten: Ist nach diesen Maßstäben nicht zweifelsfrei feststellbar, dass die individualvertragliche Regelung für den Arbeitnehmer günstiger ist, verbleibt es bei der zwingenden Geltung der tariflichen Bestimmungen.[31]

Viel Aufmerksamkeit hat in diesem Zusammenhang die Burda-Entscheidung des BAG auf sich gezogen.[32] Im Streit stand ein so genanntes »betriebliches Bündnis für Arbeit« (weitere Einzelheiten bei → Rn. 48 ff.): Der tarifgebundene Arbeitgeber befand sich in wirtschaftlichen Schwierigkeiten. Er schlug seinen Arbeitnehmern vor, dass diese anstelle der tariflichen Wochenarbeitszeit von 35 Stunden wöchentlich 39 Stunden arbeiten sollten. Die 36. und 37. Arbeitsstunde sollte dabei mit der Tarifvergütung abgegolten sein, für die 38. und 39. Stunde sollte lediglich die Grundvergütung ohne Überstundenzuschlag gezahlt werden. Darüber hinaus wurden untertarifliche Zuschläge für ungünstige Arbeitszeiten vereinbart. Im Gegenzug sagte der Arbeitgeber eine vierjährige Beschäftigungsgarantie zu. **43**

Mit einem viel diskutierten Grundsatzurteil entschied das BAG, dass § 4 Abs. 3 TVG es nicht zulässt, Tarifbestimmungen über die Höhe des Arbeitsentgelts und über die Dauer der regelmäßigen Arbeitszeit mit einer betrieblichen Arbeitsplatzgarantie zu vergleichen. Ein derartiger Vergleich ist methodisch unmöglich, weil es für die Bewertung der unterschiedlichen Regelungsgegenstände keinen gemeinsamen Maßstab gibt.[33] Das wurde im Schrifttum vor allem unter Hinweis darauf heftig diskutiert, dass es für den Arbeitnehmer günstiger sei, wenn er überhaupt im Besitz eines Arbeitsplatzes bleibt, mag er auf diesem auch zu etwas schlechteren Arbeitsbedingungen tätig werden müssen, als das im Tarifvertrag vorgesehen ist. Für die Sichtweise des BAG spricht allerdings, dass die Entscheidung darüber, wie bei der Regelung der Arbeitsbedingungen das Interesse der Arbeitnehmer an möglichst hohen Entgelten mit dem **44**

---

29 *LAG Baden-Württemberg* 14.6.1989, DB 1989, 2028.

30 Also: Tarifentgelt = 10 EUR, Arbeitszeit = 10 Stunden, Gesamtverdienst = 100 EUR. Individualvertraglich wird eine Arbeitszeit von 12 Stunden bei gleichem Stundenlohn vereinbart. Der Gesamtverdienst beträgt danach zwar 120 EUR, indes bleibt es bei der tariflichen Arbeitszeit. Gewährt der Arbeitgeber dagegen eine Überstundenzulage von 5 EUR pro Stunde, setzt sich die Individualvereinbarung durch, weil der Arbeitnehmer dann für 12 Stunden Arbeit 130 EUR verdient und somit einen durchschnittlichen Stundenlohn von 10,83 EUR erzielt.

31 *BAG* 15.4.2015, NZA 2015, 1274.

32 *BAG* 20.4.1999, AP GG Art. 9 Nr. 89. Diese Entscheidung sollte Studierenden, zumindest solchen der Schwerpunktbereiche, geläufig sein. Studierende sollten sich daher mit ihr intensiver auseinandersetzen. Für einen ersten Einstieg besonders gut eignet sich hierzu die didaktische Aufbereitung durch *Boemke*, JuS 2000, 306.

33 Das BAG spricht an dieser Stelle von einem Vergleich von »Äpfel mit Birnen«, weshalb diese Rspr. pointiert auch als »Obstrechtsprechung« bezeichnet wurde.

unternehmerischen Interesse an geringen Arbeitskosten um der Wettbewerbsfähigkeit willen und damit auch zur Sicherung der Arbeitsplätze in Einklang gebracht werden kann, eine tarifpolitische Grundsatzfrage ist, die alleine den Tarifvertragsparteien obliegt. Die Arbeitsgerichte können eine derartige Wertentscheidung nicht treffen. Zu den Konsequenzen, s. insb. → Rn. 46 f., 48 ff.

45 Eine verschlechternde Individualabrede ist nach § 134 BGB i. V. m. § 4 Abs. 3 TVG unwirksam.

46 Hatte der Arbeitgeber dem Arbeitnehmer zusammen mit einer verschlechternden Abrede auch günstigere Arbeitsbedingungen zugesagt, die miteinander in keinem wechselseitigen Sachzusammenhang i. S. d. § 4 Abs. 3 TVG stehen, entscheidet sich deren Schicksal nach § 139 BGB. Am Beispiel des Burda-Falls (→ Rn. 43): Arbeitszeit bzw. -entgelt und die angebotene Beschäftigungsgarantie können nach Ansicht des BAG keiner gemeinsamen Sachgruppe zugeordnet werden. Die Heraufsetzung der Arbeitszeit ohne Lohnausgleich stellt daher eine verschlechternde Individualabrede dar, die nach §§ 134 BGB i. V. m. 4 Abs. 3 TVG unwirksam ist. Daher gelten, was Arbeitszeit und -entgelt betrifft, weiterhin die insoweit besseren tariflichen Arbeitsbedingungen. Die gleichzeitig vereinbarte Beschäftigungsgarantie könnte dagegen theoretisch bestehen bleiben, da sie für den Arbeitnehmer im Vergleich zu den tariflichen Arbeitsbedingungen günstiger ist. Indes ist die Beschäftigungsgarantie nach § 139 BGB unwirksam,[34] weil anzunehmen ist, dass sie nicht abgeschlossen worden wäre, wäre den Parteien bewusst gewesen, dass die gleichzeitig vereinbarte Erhöhung der Arbeitszeit nichtig ist.

47 Abweichend von dem in Rn. 45 dargestellten Grundsatz ist eine verschlechternde Individualabrede lediglich temporär unwirksam, wenn der Wille der Arbeitsvertragsparteien darauf gerichtet ist, dass sie erst dann anwendbar sein soll, wenn der aktuell noch geltende Tarifvertrag außer Kraft getreten sein wird und daher nur noch nachwirkt.[35] Die schlechteren Individualvereinbarungen sind dann nämlich als eine bereits im Vorfeld der Nachwirkung vereinbarte »andere Abmachung« i. S. d. § 4 Abs. 5 TVG zu qualifizieren. Aus rein tatsächlichen Gründen wird diese Konstellation meist allerdings nur dann eintreten, wenn der Arbeitgeber zu dem Zeitpunkt, zu dem er mit dem Arbeitnehmer die untertariflichen Arbeitsbedingungen vereinbarte, den tarifschließenden Arbeitgeberverband bereits verlassen hatte oder sich zumindest schon entschlossen hatte, den Verband zu verlassen. Denn nur dann, wenn zu erwarten steht, dass auf das Arbeitsverhältnis nach Auslaufen des aktuell geltenden Tarifvertrags (vgl. § 3 Abs. 3 TVG) längere Zeit kein neuer Tarifvertrag mehr normative Geltung erlangen wird, macht es für die Vertragsparteien überhaupt Sinn, sich Gedanken darüber zu machen, was nach Auslaufen des aktuell anwendbaren Tarifvertrags gelten soll.

2. Kollektiver Unterlassungsanspruch der Gewerkschaft gegen die Durchführung tarifwidriger Einzelarbeitsverträge

48 Die in Rn. 43 erwähnte Burda-Entscheidung bietet schließlich auch ein anschauliches Beispiel für die unmittelbare Drittwirkung des Art. 9 Abs. 3 GG (→ § 2 Rn. 54). Im Streitfall akzeptierte nämlich nahezu die gesamte Belegschaft die geänderten Arbeits-

---

34 Je nach Fallgestaltung werden begünstigende Leistungen, die der Arbeitnehmer bereits erhalten hat, aber nur ex tunc unwirksam.

35 *BAG* 1.7.2009, NZA-RR 2010, 30; *BAG* 22.10.2008, NZA 2009, 265.

bedingungen. Das hatte auch zur Folge, dass niemand aus der Belegschaft den Arbeitgeber auf Einhaltung des Tarifvertrags (also z. B. auf Zahlung des vollen Überstundenentgelts) in Anspruch nahm. Daher hätte sich den Gerichten an sich gar keine Gelegenheit geboten, um darüber zu entscheiden, ob die angebotene Beschäftigungsgarantie für die Arbeitnehmer günstiger ist als die tariflichen Arbeitsbedingungen.

Doch ging im Streitfall die tarifschließende Gewerkschaft gegen den Arbeitgeber vor. **49** Allerdings scheiterte ein Unterlassungsanspruch nach §§ 23 Abs. 3 S. 1 i. V. m. 77 Abs. 3 BetrVG daran, dass die Betriebsparteien ihre Absprache nicht in Form einer Betriebsvereinbarung i. S. d. § 77 Abs. 4 BetrVG gekleidet hatten, sondern sich lediglich auf eine Regelungsabrede (→ § 28 Rn. 15) verständigt hatten. Regelungsabreden unterfallen aber nicht der Sperrwirkung des § 77 Abs. 3 BetrVG. Denn die setzt an der normativen Gestaltungsmacht der Betriebsparteien an, weil sie ja gerade verhindern soll, dass die Arbeitnehmer den Betriebsrat als eine Alternative zur Mitgliedschaft in einer Gewerkschaft ansehen könnten (→ Rn. 63 ff., → § 28 Rn. 13). Die Regelungsabrede selbst begründet indes noch keine Rechte und Pflichten zwischen Arbeitgeber und Arbeitnehmer. Vielmehr gibt sie lediglich ein »Vertragsmuster« vor, auf dessen Umsetzung in das Einzelarbeitsverhältnis sich Arbeitgeber und Arbeitnehmer erst individuell verständigen müssen. Im Fall lag also keine tarifwidrige Betriebsvereinbarung vor, vielmehr war lediglich eine Vielzahl tarifwidriger Einzelarbeitsverträge gegeben.[36]

Das BAG erkannte der klagenden Gewerkschaft aber einen Unterlassungsanspruch **50** nach §§ 1004, 823 Abs. 1 BGB i. V. m. Art. 9 Abs. 3 S. 2 GG zu. Art. 9 Abs. 3 GG erstreckt sich nämlich auf alle Verhaltensweisen, die koalitionsspezifisch sind, wozu eben auch der Abschluss von Tarifverträgen gehört (→ § 2 Rn. 64 ff.). Dieses Recht einer Koalition wird nicht erst dann beeinträchtigt, wenn sie daran gehindert wird, Tarifrecht zu schaffen. Eine Einschränkung liegt vielmehr auch in Abreden oder Maßnahmen, die zwar nicht die Entstehung oder den rechtlichen Bestandteil eines Tarifvertrages betreffen, aber darauf gerichtet sind, dessen Wirkung zu vereiteln oder leerlaufen zu lassen. Dass die tarifabweichenden Individualabreden nach Art. 9 Abs. 3 S. 2 GG bzw. §§ 134 BGB i. V. m. 4 Abs. 3 TVG nichtig sind, ändert daran nichts, weil sie jedenfalls faktisch den Geltungsanspruch des Tarifvertrags negieren.

Ein derartiger Unterlassungsanspruch ist aber nur und erst dann gegeben, wenn der **51** fragliche Tarifvertrag insgesamt und gezielt als kollektive Ordnung verdrängt werden soll.[37] Die angegriffene Maßnahme des Arbeitgebers muss also »kollektiven Charakter« haben. Voraussetzung ist daher, dass der Arbeitgeber überhaupt tarifgebunden ist. Weiterhin dürfen sich die fraglichen Vereinbarungen nicht alleine auf nicht organisierte Arbeitnehmer beschränken, da ein nicht tarifgebundenes Arbeitsverhältnis nicht der zwingenden Tarifgeltung des § 4 Abs. 1 TVG unterliegt. Daher steht es dem Arbeitgeber für solche Arbeitsverhältnisse jederzeit frei, auch untertarifliche Arbeitsbedingungen zu vereinbaren und zwar natürlich auch dann, wenn in den Arbeitsverträgen an sich auf den einschlägigen Tarifvertrag verwiesen wurde (→ § 7 Rn. 16). Überdies dürfte erforderlich sein, dass auch ein nicht unerheblicher Teil der Belegschaft tarifgebunden ist, da der Tarifvertrag andernfalls nicht die für den Betrieb maß-

---

36 Das zeigt auch, dass die Anwendung des § 77 Abs. 3 BetrVG auf Regelungsabreden keinen Sinn macht. Sie würde lediglich zur Unwirksamkeit einer Regelungsabrede im Verhältnis zwischen den Betriebsparteien führen, könnte aber keinen Einfluss auf die zur Umsetzung getroffenen Einheitsverträge nehmen.

37 Insoweit drängt sich eine gewisse Parallele zur Beeinträchtigung des Rechts auf den eingerichteten und ausgeübten Gewerbebetrieb auf.

gebliche kollektive Ordnung darstellt. Schließlich ist ein Unterlassungsanspruch noch nicht gegeben, wenn der Arbeitgeber den Tarifvertrag fehlerhaft umsetzt oder mit der Erfüllung von Tarifansprüchen schlicht säumig ist, denn dann ist es alleine Sache der betroffenen Arbeitnehmer, ihre Rechte gegenüber dem Arbeitgeber zu verfolgen.

52 In Anknüpfung an diese Grundsätze hat das BAG in einem späteren Urteil dann entschieden, dass der Unterlassungsantrag einer Gewerkschaft zu unbestimmt und daher unzulässig ist (§ 253 Abs. 2 Nr. 2 ZPO), wenn sie nicht schon im Klageantrag die Gewerkschaftsmitglieder namentlich benennt, für die tarifwidrige Arbeitsbedingungen zur Anwendung gelangen.[38] Damit hat es die »Burda-Entscheidung« freilich weitgehend entwertet, da die Gewerkschaft hierzu kaum bereit sein wird (zumal sie die Namen der betroffenen Arbeitnehmer möglicherweise sogar gegen deren Widerstand offenbaren müsste). Allerdings lässt sich in der neueren Rechtsprechung eine vorsichtige Tendenz erkennen, einen Antrag dann zu akzeptieren, wenn der Antrag pauschal auf die beim fraglichen Arbeitgeber beschäftigten Mitglieder der klagenden Gewerkschaft beschränkt ist.[39] Die Frage, wie viele und ggf. welche Arbeitnehmer das sind, würde so freilich nicht aufgehoben, sondern im Fall einer etwa notwendigen Vollstreckung des Unterlassungstitels wieder akut werden.

53 Die Gewerkschaft kann den Arbeitgeber dazu verpflichten, dass dieser die Durchführung einer tarifwidrigen Einheitsregelung unterlässt. Vollstreckt wird dieser quasinegatorische Unterlassungsanspruch nach § 890 ZPO. Die Gewerkschaft hat jedoch keinen Anspruch auf Wiederherstellung des tarifkonformen Zustands durch Nachzahlung der tariflichen Leistungen an die Arbeitnehmer.[40] Sie kann also nicht gleichsam als Prozessstandschafter an Stelle ihrer Mitglieder Erfüllung an diese verlangen.

54 Bislang ungeklärt ist die richtige Verfahrensart für einen Unterlassungsanspruch aus §§ 1004, 823 Abs. 1 BGB i.V.m. Art. 9 Abs. 3 GG. Soweit Arbeitgeber und Betriebsrat eine tarifabweichende Betriebsvereinbarung geschlossen haben und die Gewerkschaft daher gegen den Arbeitgeber nach § 23 Abs. 3 BetrVG vorgehen kann, ist das Beschlussverfahren nach § 2a Abs. 1 Nr. 1 ArbGG einschlägig. Darüber hinaus tendiert das BAG aber auch dann zum Beschlussverfahren, wenn der Betriebsrat die Niederlegung der tarifwidrigen Arbeitsbedingungen nur in sonstiger Weise begleitet hat, wie etwa durch Abschluss einer Regelungsabrede mit dem Arbeitgeber. Im Schrifttum wird in diesen Fällen dagegen häufig dem Urteilsverfahren nach § 2 Abs. 1 Nr. 2 ArbGG das Wort geredet.[41] Dagegen spricht allerdings, dass ein einmal eingeleitetes Urteilsverfahren mühsam in das Beschlussverfahren übergeleitet werden müsste (und umgekehrt), wenn sich herausstellt, dass der Beteiligung des Betriebsrats eine andere Rechtsqualität zukommt, als zunächst angenommen.

IV. Tarifvertrag, Günstigkeitsprinzip und übertarifliche Arbeitsbedingungen

55 Die Frage, welchen Einfluss eine Erhöhung des Tariflohns auf eine übertarifliche Entlohnung hat, beantwortet alleine der Einzelarbeitsvertrag. Dem Tarifvertrag wird nämlich genügt, wenn die einzelvertraglich vereinbarten Arbeitsbedingungen nicht hinter

---

38 *BAG* 19.3.2003, NZA 2003, 1221.
39 *BAG* 17.5.2011, NZA 2011, 1169.
40 *BAG* 17.5.2011, NZA 2011, 1169.
41 *Löwisch/Rieble* TVG § 4 Rn. 107.

den Tarifsätzen zurückbleiben. Auch ergibt sich weder aus der Unabdingbarkeit der Tarifnormen noch aus dem Günstigkeitsprinzip, dass Arbeitnehmern Tarifsteigerungen zusammen mit Zulagen zu gewähren sind, die sie bislang auf Grund einzelvertraglicher Vereinbarung erhielten.

Im Arbeitsvertrag kann vorgesehen werden, dass eine übertarifliche Zulage ganz oder   56
teilweise auf eine Erhöhung des Tariflohns anzurechnen ist. Dabei kann eine derartige Bestimmung auch als AGB in den Vertrag eingeführt werden und zwar schon deshalb, weil dem Arbeitnehmer die bisherige Gesamtvergütung auch bei Anrechnung von Tariflohnerhöhungen stets erhalten bleibt.[42]

Das BAG geht noch einen Schritt darüber hinaus und hält eine Anrechnung selbst   57
dann für möglich, wenn die Parteien keine Anrechnungsklausel vereinbart haben, da eine Anrechnung von Tariflohnerhöhungen regelmäßig dem Parteiwillen entspricht, zumal dann, wenn die Zahlung ausdrücklich als »übertariflich« bezeichnet worden ist. Anderes gilt aber, wenn die fragliche Zulage dem Arbeitnehmer als selbstständiger Entgeltbestandteil neben dem jeweiligen Tarifentgelt zugesagt worden ist. Das ist indes nicht schon dann der Fall, wenn die Zulage über einen längeren Zeitraum vorbehaltlos gezahlt und nicht mit der Tariflohnerhöhung verrechnet worden ist.

Den Tarifpartnern ist es verwehrt, im Tarifvertrag Bestimmungen über das Verhältnis   58
zwischen tariflichen und individualrechtlichen Ansprüchen des Arbeitnehmers zu treffen, weil sie mit derartigen Regelungen in unzulässiger Weise in die zwischen den Arbeitsvertragsparteien bestehenden Vertragsbeziehungen eingreifen würden.[43]

Daher sind Effektivgarantieklauseln unzulässig, die bestimmen, dass der bisher über-   59
oder außertariflich gewährte Lohnbestandteil zum Tariflohn wird, so dass die bisherigen Zulagen im Ergebnis zu Tariflohnerhöhungen hinzu zu gewähren sind.

Beispiel: Tariflohn 2017: 15 EUR; der Arbeitnehmer erhält eine übertarifliche Zulage in Höhe von 5 EUR, ohne dass sich die Parteien darauf verständigt haben, was im Fall einer Tariflohnerhöhung gelten soll. 2018 verständigen sich Tarifpartner auf eine Lohnerhöhung von 10 %. Der auf Grund der Effektivgarantieklausel zusammen gezogene Lohn würde 20 EUR betragen, der Arbeitnehmer erhielte ab 2018 also einen um 10 % höheren Stundenlohn, also 22 EUR pro Stunde. Ohne die Effektivgarantieklausel beträgt der Tariflohn dagegen 16,50 EUR, während die Zulage nach den in Rn. 56 u. 57 dargestellten Grundsätzen durch die Tariferhöhung aufgesogen werden würde. Der Arbeitnehmer kann im Ergebnis also weiterhin nur 20 EUR beanspruchen.

Unzulässig ist aber auch eine sog. begrenzte Effektivklausel, nach der eine Tariflohn-   60
erhöhung auf die bisher effektiv gewährte Vergütung aufzustocken ist (nach dem Beispiel in Rn. 59: Gesamtlohn = neuer Tariflohn 2018 [16,50 EUR] + übertarifliche Zulage [5 EUR] = 21,50 EUR). Solche Klauseln führen rechnerisch zu einem ähnlichen Ergebnis wie Effektivgarantieklauseln, belassen die übertarifliche Leistung aber immerhin auf der individualrechtlichen Ebene, so dass sie durch einvernehmliche Änderung, Widerruf (soweit vorbehalten) oder Änderungskündigung aufgehoben werden könnten. Schließlich sind auch Tarifklauseln unzulässig, die in umgekehrter Richtung eine Aufsaugung von übertariflichen Leistungen vorgeben.

---

42 *BAG* 23.9.2009, NZA 2010, 360; *BAG* 27.8.2008, NZA 2009, 49; *BAG* 1.3.2006, NZA 2006, 746.
43 *BAG* 16.6.2004, NZA 2005, 1420; *BAG* 14.2.1968, BAGE 20, 308 (324).

V. Günstigkeitsprinzip im Verhältnis zu anderen Rechtsquellen des Arbeitsrechts?

61 Ob § 4 Abs. 3 TVG auch auf Betriebsvereinbarungen angewandt werden könnte, ist umstritten, für den Regelfall aber ohne Belang. Nach § 77 Abs. 3 BetrVG ist es den Betriebspartnern nämlich verwehrt, Arbeitsbedingungen, die durch Tarifvertrag geregelt sind oder üblicherweise geregelt werden, zum Gegenstand einer Betriebsvereinbarung zu machen. Fast zwangsläufig ist daher eine Betriebsvereinbarung, die im Vergleich zum Tarifvertrag günstigere Arbeitsbedingungen vorsieht, nichtig (§§ 134 BGB i. V. m. 77 Abs. 3 BetrVG). Das gilt selbst dann, soweit die Betriebsvereinbarung einen Regelungsgegenstand der erzwingbaren Mitbestimmung betrifft. Ist der Arbeitgeber nicht tarifgebunden, stellt sich die Frage nicht, ob § 4 Abs. 3 TVG anwendbar ist. Ist der Arbeitgeber dagegen tarifgebunden, dann greift der Tarifvorrang des § 87 Abs. 1 BetrVG. Einen Sonderfall bildet der Sozialplan (→ § 37 Rn. 34 ff.), bei dem wegen § 112 Abs. 1 S. 4 BetrVG ausnahmsweise das Günstigkeitsprinzip greifen würde,[44] sollten sich Tarifvertrag und betrieblicher Sozialplan tatsächlich überschneiden, was allerdings eher selten der Fall ist.

62 Das Günstigkeitsprinzip greift auch im Verhältnis von Tarifvertrag und arbeitsvertraglichen Gestaltungsmöglichkeiten mit kollektivem Charakter, wie Einheitsregelung, Gesamtzusage und betriebliche Übung.[45] In diesen Fällen dürfte der Günstigkeitsvergleich dann aber einen kollektiven Einschlag haben, ähnlich wie das BAG das für Betriebsvereinbarungen vertritt, die vertragliche Einheitsregelungen (u. Ä.) ablösen (Einzelheiten bei → § 28 Rn. 10).

VI. Öffnungsklauseln

63 Unter einer Öffnungsklausel (§ 4 Abs. 3 Alt. 1 TVG) ist eine Tarifbestimmung zu verstehen, die den Tarifvertrag für andere arbeitsrechtliche Regelungen öffnet. Meist ermöglichen die Tarifpartner den Betriebsparteien, durch Betriebsvereinbarung vom Tarifvertrag abzuweichen. Die Öffnungsklausel beseitigt dann nicht partiell nur die zwingende Wirkung des Tarifvertrags, sondern auch die Tarifsperre des Betriebsverfassungsrechts (s. § 77 Abs. 3 S. 2 BetrVG).

64 Trotz des insoweit missverständlichen Wortlauts des § 4 Abs. 3 Alt. 1 TVG muss die Öffnungsklausel im Tarifvertrag nicht »ausdrücklich« als solche bezeichnet sein. Vielmehr genügt, dass sich aus der Tarifregelung ergibt, dass sie den Tarifvertrag für abweichende Vereinbarungen der Betriebs- oder Arbeitsvertragsparteien öffnet.

65 Die Tarifpartner können auch nachträglich eine rückwirkende Öffnungsklausel vereinbaren. Eine derartige Klausel kann insbesondere eine wegen Verstoßes gegen den Tarifvorbehalt des § 77 Abs. 3 S. 1 BetrVG nichtige Betriebsvereinbarung heilen.[46] Doch findet die rückwirkende Wirkung einer derartigen Regelung ihre Grenzen in den Grundsätzen des Vertrauensschutzes (→ § 4 Rn. 10 ff.). So führt die nachträgliche Genehmigung einer auf Betriebsebene vereinbarten Verlängerung der tariflichen Wochenarbeitszeit ohne Lohnausgleich nicht dazu, dass Vergütungsansprüche, die

---

44 S. *Fitting* BetrVG §§ 112, 112a Rn. 183.
45 Die frühere Rspr., wonach der Tarifvertrag im Wege des Ordnungsprinzips an Stelle der allgemeinen Arbeitsbedingungen tritt, ist überholt.
46 *BAG* 20.4.1999, NZA 1999, 1059.

sich aus der bis dahin geltenden tariflichen Wochenarbeitszeit ergeben hatten, rückwirkend entfallen. Anderes gilt nur, wenn für die Belegschaft absehbar war, dass die Gewerkschaft die fragliche Betriebsvereinbarung genehmigen wird.

Die Tarifvertragsparteien bestimmen autonom, ob, wann und in welchem Umfang **66** vom Tarifvertrag abgewichen werden darf. Sie können also beispielsweise die Sperrwirkung des § 77 Abs. 3 S. 1 BetrVG nur partiell aufheben, indem sie bestimmen, dass die Betriebsparteien die tariflichen Arbeitsbedingungen verbessern dürfen. Weitaus häufiger ist dagegen, dass den Betriebsparteien erlaubt wird, vom Tarifvertrag innerhalb bestimmter Entgeltkorridore, Arbeitszeitspannen oder Untergrenzen auch »nach unten« abzuweichen. Dabei kann die Abweichung zeitlich begrenzt oder an das Vorliegen bestimmter Gründe (»wirtschaftliche Notlage«) gebunden werden. Zuweilen wird vereinbart, dass die Betriebspartner vor Abschluss einer tarifabweichenden Betriebsvereinbarung die Zustimmung der Tarifvertragsparteien einholen müssen, aber gleichzeitig bestimmt, dass die Zustimmung bei Vorliegen bestimmter Voraussetzungen zu erteilen ist oder zumindest erteilt werden »soll« (etwa: wirtschaftliche Notlage, die anhand nachvollziehbarer Kriterien zu begründen ist, bei gleichzeitiger Einleitung beschäftigungssichernder Maßnahmen). Eine derartige Zustimmungsobliegenheit ist dem schuldrechtlichen Teil des Tarifvertrags zuzurechnen (→ § 4 Rn. 1 ff.). Daher gilt: Hat ein verbandsangehöriger Arbeitgeber mit seinem Betriebsrat eine tarifabweichende Betriebsvereinbarung unter Wahrung der im Tarifvertrag genannten Voraussetzungen abgeschlossen, steht dem tarifschließenden Arbeitgeberverband ein Anspruch gegen die jeweilige Gewerkschaft auf Erteilung der Zustimmung zu dieser Betriebsvereinbarung zu.[47] Dazu, inwieweit die Tarifvertragsparteien die Betriebsparteien über eine Öffnungsklausel »in ihren Dienst« nehmen dürfen, vgl. die Darstellung des Leber-Rüthers-Kompromisses in → § 5 Rn. 26.

Öffnungsklauseln sind in den vergangenen Jahren in vielen Branchen zum tariflichen **67** Standard geworden. Sie dienen der Flexibilisierung von Tarifverträgen, stellen aber vor allem ein Werkzeug für den Fall dar, dass ein tarifgebundenes Unternehmen in wirtschaftliche Schwierigkeiten gerät. Am häufigsten wird vereinbart, dass Arbeitgeber und Betriebsrat für einen befristeten Zeitraum verlängerte Arbeitszeiten mit oder ohne Lohnausgleich, eine Kürzung von Urlaubs- und Weihnachtsgeld, aber auch eine Verschiebung von Tariferhöhungen oder die Kürzung von Zulagen oder Zuschlägen vereinbaren können. Teilweise geschieht das in Kooperation mit den Tarifpartnern, so wie es etwa das 2004 zwischen der IG Metall und Südwestmetall ausgehandelte sog. Pforzheimer Abkommen vorsieht (»System der kontrollierten Dezentralisierung«). Damit erweisen sich Öffnungsklauseln insgesamt als wichtiger Beitrag zur Standortsicherung bei Erhalt des Flächentarifvertrags, aber auch als Mittel zum Aufbau von Beschäftigung.

Daher sollte auch die Beurteilung der Burda-Entscheidung des BAG (→ Rn. 43 f. und **68** 48) jedenfalls im Rückblick positiv ausfallen. Ende der 1990er Jahre befand sich nicht nur die deutsche Wirtschaft, sondern in der Folge auch die Tarifautonomie in einer tiefen Krise. Während die Gewerkschaften auf grundsätzlichen Standpunkten verharrten (etwa: Umverteilung von Arbeit durch starre Herabsenkung der Arbeitszeit bei vollem Lohnausgleich), waren viele Arbeitgeber der Ansicht, dass sich Tarifverträge überholt hätten und wurden von Seiten der juristischen Beratungspraxis zu einer regelrechten »Tarifflucht« aufgerufen. Arbeitgebern wurde der Betriebsrat als sachnäherer und ver-

---

[47] *BAG* 20.10.2010, NZA 2011, 468.

meintlich flexibler Verhandlungspartner angepriesen, wohl auch mit dem Hintergedanken, dass nicht alle Betriebsräte in der Lage sind, dem Arbeitgeber in einschlägigen Verhandlungen nennenswerten Widerstand zu leisten. Hätte die Rechtsprechung tatsächlich tarifwidrige Absprachen zwischen Arbeitgeber und Betriebsrat zugelassen, wäre es möglicherweise zu einer weitreichenden Erosion des Tarifvertragssystems gekommen. Das wäre auf lange Sicht alles andere als unproblematisch gewesen. Das System zentraler Tarifverhandlungen war über Jahrzehnte ein Garant für den wirtschaftlichen Erfolg Deutschlands, aber auch für die Verteilungsgerechtigkeit zwischen Arbeitgebern und Arbeitnehmern. So ist eine rasche und effektive Reaktion auf schwere wirtschaftliche Krisen, wie etwa auf die Finanzkrise der Jahre 2007 bis 2009, nur mit Begleitung der Tarifpartner möglich. Wären Lohnverhandlungen dagegen auf die betriebliche Ebene verlagert worden, wäre die Friedensfunktion von Tarifverträgen weithin verloren gegangen und in die Betriebe wären massive Konflikte hineingetragen worden. Die Burda-Entscheidung mag also mit dazu beigetragen haben, dass beide Seiten gezwungen waren, wieder zusammenzufinden.

VII. Differenzierungsklauseln

69   Differenzierungsklauseln sollen bewirken, dass nur Gewerkschaftsmitglieder eine bestimmte tarifvertragliche Leistung erhalten.[48] Die tarifschließende Gewerkschaft versucht so eine Vorzugsbehandlung ihrer Mitglieder durchzusetzen, nicht zuletzt deshalb, weil diese die Gewerkschaft mit ihrem Mitgliedsbeitrag finanzieren und so zum Abschluss des Tarifvertrags beitragen, von dem dann über Bezugnahmeklauseln (→ § 7) auch die Außenseiter profitieren. Aus gewerkschaftlicher Sicht wird in diesem Zusammenhang auch von einer »Trittbrettfahrerproblematik« gesprochen, da sich die Außenseiter die Früchte der organisatorischen und finanziellen Anstrengungen anderer Arbeitnehmer zunutze machen, ohne dafür einen eigenen Beitrag zu leisten. Auf Grund eines Beschlusses des Großen Senats des BAG aus dem Jahre 1967[49], der allgemein so verstanden wurde, dass derartige Differenzierungsklauseln unzulässig seien, waren sie für lange Zeit aus der Mode gekommen. Erstmals 2005 kündigten die Gewerkschaften IG Metall, ver.di und IG BCE an, in Tarifverhandlungen wieder »Bonusleistungen« für ihre Mitglieder durchsetzen zu wollen. Nachdem das BAG 2009 einfache Differenzierungsklauseln für zulässig erklärt hatte, fanden sie in der Folge vor allem in der Metallbranche und der chemischen Industrie mehr und mehr Eingang in Tarifverträge. Sehr häufig wurden Differenzierungsklauseln aber auch anlässlich des Abschlusses von Standortsicherungs- und Sanierungstarifverträgen vereinbart. Meist wurden die Tarifgehälter abgesenkt, Zulagen gestrichen oder Vereinbarungen im Umfeld einer (teilweisen) Betriebsstilllegung getroffen und Gewerkschaftsmitgliedern im Gegenzug dazu ein gewisser Ausgleich gewährt. Ganz besondere Aufmerksamkeit erlangten die Tarifabschlüsse in Zusammenhang mit der Krise des Automobilherstellers Opel 2009/2010[50] (Rettung der Standorte Rüsselsheim, Kaiserslautern und Eisenach, Schließung des Werkes in Bochum) oder der Teilschließung der Nokia-Siemens Networks München 2012.[51]

---

48 Beachte den Unterschied zwischen bloßen Differenzierungsklauseln und unzulässigen Organisations- oder closed-shop-Klauseln (→ § 2 Rn. 56).
49 *BAG (GS)* 29.11.1967, BAGE 20, 175 = NJW 1968, 1903.
50 Ausgangsfall für: *BAG* 21.5.2014, NZA 2015, 115.
51 Ausgangsfall für: *BAG* 15.4.2015, NZA 2015, 1388.

Es finden sich zwei Typen von Differenzierungsklauseln. Bei einer einfachen Differen- **70** zierungsklausel wird die Gewerkschaftsmitgliedschaft zum Tatbestandsmerkmal des fraglichen Anspruchs gemacht.

Beispiel: »Die Mitglieder der X-Gewerkschaft erhalten jeweils am 1.7. eines Jahres eine Sonderzahlung in Höhe von 500 EUR, sofern sie dem Arbeitgeber ihre Mitgliedschaft nachweisen.«

Damit sind Außenseiter vom Erhalt der Leistung ausgeschlossen. Das gilt selbst dann, wenn in ihren Arbeitsverträgen auf den einschlägigen Tarifvertrag Bezug genommen wird. Denn eine Bezugnahmeklausel bewirkt zwar, dass der Tarifvertrag auch auf das Arbeitsverhältnis eines nichtorganisierten Arbeitnehmers Anwendung findet, doch kann auch die Bezugnahmeklausel nicht darüber hinweghelfen, dass dieser das hier entscheidende Tatbestandsmerkmal der »Gewerkschaftsmitgliedschaft« nicht erfüllt. Indes hindert eine einfache Bezugnahmeklausel den Arbeitgeber nicht daran, die fragliche Leistung dessen ungeachtet auch Außenseitern zu gewähren.

Dagegen sieht eine qualifizierte Differenzierungsklausel vor, dass der Arbeitgeber die **71** betreffende Leistung nicht an Außenseiter erbringen darf. Rechtstechnisch ist ein direktes Auszahlungsverbot an Außenseiter aber kaum zu regeln, jedenfalls nicht in Verbandstarifverträgen. Außenseiter sind der fraglichen Tarifregelung mangels Gewerkschaftsmitgliedschaft nicht unterworfen und eine Qualifikation der Differenzierungsklausel als Abschlussverbot oder Betriebsnorm scheidet aus. Allenfalls wäre denkbar, qualifizierte Differenzierungsklauseln dem schuldrechtlichen Teil des Tarifvertrags zuzuordnen, mit der Folge, dass sie den tarifschließenden Arbeitgeberverband verpflichten, auf seine Mitglieder einzuwirken, dass Außenseiter von der tariflichen Leistung ausgespart bleiben. Funktionsfähig sind qualifizierte Differenzierungsklauseln allerdings als sog. Spannensicherungsabreden. Sie legen fest, dass der Arbeitgeber bei jeder zusätzlichen Leistung an Nichtorganisierte die Stellung von Gewerkschaftsmitgliedern entsprechend verbessern muss.

Beispiel: »Mitglieder der X-Gewerkschaft erhalten am 1.7. eines jeden Jahres eine Sonderzahlung in Höhe von 500 EUR. Gewährt ein Arbeitgeber Arbeitnehmern, die nicht Mitglied der X-Gewerkschaft sind, ebenfalls eine solche Sonderzahlung, so erhöht sich der Anspruch von Gewerkschaftsmitgliedern im gleichen Umfang.«[52]

Abstrakt gesehen bewirkt eine Spannensicherungsklausel also, dass Gewerkschaftsmitgliedern der Vorsprung gegenüber Außenseitern in Höhe von 500 EUR stets erhalten bleibt, tatsächlich macht sie dem Arbeitgeber eine Gleichbehandlung von Gewerkschaftsmitgliedern und Außenseitern unmöglich.

Einfache Differenzierungsklauseln sind nach der neueren Rspr. des BAG grundsätz- **72** lich zulässig.[53] Sie tangieren die negative Koalitionsfreiheit der Außenseiter (→ § 2 Rn. 57f.) nicht. Vielmehr geht eine derartige Bestimmung strukturell nicht weiter als die tarifvertragliche Wirkung, die das Gesetz in §§ 3 Abs. 1 und 4 Abs. 1 TVG selbst festlegt. Die Tarifpartner überschreiten mit dem Abschluss einer derartigen Klausel auch nicht die Grenzen ihrer Tarifmacht und ebenso wenig greifen sie mit ihr in die Vertragsfreiheit des Arbeitgebers bzw. der nicht oder anders organisierten Arbeitnehmer ein. Denn der Arbeitgeber ist weder rechtlich noch wirklich gehindert, Außenseitern eben doch die nach dem Tarifvertrag Gewerkschaftsmitgliedern vorbehaltenen Leistungen zu gewähren. Gewährt der Arbeitgeber wirklich nur Gewerkschaftsmit-

---

52 Klausel in Anlehnung an den Streitgegenstand von *BAG* 23.3.2011, NZA 2011, 920.
53 *BAG* 15.4.2015, NZA 2015, 1388; *BAG* 21.5.2014, NZA 2015, 115; *BAG* 21.8.2013, NZA-RR 2014, 201; *BAG* 22.9.2010, AP Nr 144 zu Art 9 GG; *BAG* 18.3.2009, NZA 2009, 1028.

gliedern die fragliche Leistung, verstößt er dadurch auch nicht gegen den arbeitsrechtlichen Gleichbehandlungsgrundsatz. Vielmehr handelt er derart auf Basis einer tariflichen Regelung, für die die Vermutung ihrer Richtigkeit besteht und die daher nicht
der Inhaltskontrolle des privatautonomen Handelns unterworfen ist (→ § 2 Rn. 30).

73 Die den Gewerkschaftsmitgliedern vorbehaltenen Leistungen dürfen ihrer Art oder
Höhe nach aber nicht den Kernbereich des arbeitsvertraglichen Austauschverhältnisses
berühren, weil die Differenzierungsklausel andernfalls einen nicht mehr hinnehmbaren
Druck auf Nichtorganisierte ausüben könnte, der Koalition beizutreten. Für insoweit
unbedenklich hielt die Rechtsprechung bislang jährliche Sonderzahlungen, Gewinn-
beteiligungen oder »Erholungsbeihilfen« in einer Höhe zwischen 250 und 800 EUR[54]
und zwar auch dann, wenn diese im Gegenzug zu einer sanierungsbedingten Streichung einer (deutlich höheren) tariflichen Zulage[55] oder einer signifikanten Absenkung
des Tarifentgelts gewährt werden.[56] Überhaupt zeigte sich das BAG sehr großzügig,
was einen Gewerkschaftsbonus betrifft, der im Kontext eines Sanierungstarifvertrags
verabredet wurde. So akzeptierte es eine Tarifregelung, wonach betriebsbedingt gekündigte Arbeitnehmer einen Anspruch auf eine bis zu zweijährige Fortbeschäftigung in
einer vom Arbeitgeber errichteten Transfergesellschaft haben. Betroffene Arbeitnehmer sollten in dieser Zeit ein Gehalt in Höhe von 70 % ihres bisherigen Bruttoarbeits-
lohns erhalten, Gewerkschaftsmitglieder hingegen 80 %. Arbeitnehmern, die aus dem
Unternehmen ausschieden, war eine Abfindung in Höhe eines Jahresgehalts (durchschnittlich 110.000 EUR) zu zahlen; dieser wurden 10.000 EUR aufgeschlagen, han-
delte es sich um ein Gewerkschaftsmitglied.[57] Dagegen wird die Grenze zur Unzulässigkeit dann überschritten, wenn ein Tarifvertrag alleine Gewerkschaftsmitgliedern
Sonderkündigungsschutz gewährt. Da auch Außenseiter ein besonderes Interesse am
Erhalt ihres Arbeitsplatzes haben, werden sie kaum am Gewerkschaftsbeitritt vorbei-
kommen, zumal sie fürchten müssen, dass im Fall von betriebsbedingten Kündigungen
die Zahl der in die Sozialauswahl einzustellenden vergleichbaren Arbeitnehmer (§ 1
Abs. 3 KSchG) auf Grund des Tarifvertrags zu ihren Lasten minimiert sein könnte.
Das gilt natürlich umso mehr, je geringer die Anforderungen ausfallen, die der Tarif-
trag an den Erhalt des tariflichen Sonderkündigungsschutzes stellt. Es kommt noch
hinzu, dass eine derartige Klausel faktisch als qualifizierte Differenzierungsklausel
wirkt, weil der Arbeitgeber kaum bereit sein wird, die gesamte Belegschaft ohne weiteres unkündbar zu stellen.

74 Die Differenzierungsklausel darf die tariflichen Leistungen davon abhängig machen,
dass die Gewerkschaftszugehörigkeit bereits an einem bestimmten Stichtag bestand.[58]
Dieser darf aber nicht willkürlich gewählt sein. Wird das Datum des Tarifabschlusses
gewählt, geht das regelmäßig in Ordnung. Auch kann daran angeknüpft werden, dass
die Gewerkschaftsmitgliedschaft zum Stichtag ungekündigt besteht. Zulässig ist es zudem, wenn eine Tarifbestimmung zukünftige Leistungen daran bindet, dass der Ar-

---

54 *BAG* 21.8.2013, NZA-RR 2014, 201; *BAG* 22.9.2010 – 4 AZR 117/09; *BAG* 18.3.2009, NZA 2009,
   1028.
55 *BAG* 21.5.2014, NZA 2015, 115; *BAG* 23.3.2011, NZA 2011, 920; *BAG* 22.9.2010, AP Nr. 144 zu
   Art. 9 GG; *BAG* 18.3.2009, NZA 2009, 1028.
56 *BAG* 21.5.2014, NZA 2015, 115. Im Fall wählten die Tarifvertragsparteien eine in tarif- und steuer-
   rechtlicher Hinsicht außerordentlich interessante Konstruktion, die den Arbeitgeber verpflichtete,
   an den sog. »Saarverein« 8,5 Mio. EUR zu zahlen. Bei diesem handelt es sich um einen gemeinnützi-
   gen Verein, der Arbeitnehmern, die Mitglied der IG Metall sind, je nach Dauer der Mitgliedschaft
   Erholungsbeihilfen gewährt.
57 *BAG* 17.5.2017 – 4 AZR 74/15; *BAG* 15.4.2015, NZA 2015, 1388.
58 *BAG* 15.4.2015, NZA 2015, 1388; *BAG* 21.5.2014, NZA 2015, 115.

beitnehmer am maßgeblichen Stichtag bereits eine gewisse Zeit der tarifschließenden Gewerkschaft angehört hat, soweit Außenseitern nach Abschluss des Tarifvertrags noch ausreichend Zeit bleibt, um die jeweilige Frist zu erfüllen. Dagegen wirft eine Klausel Bedenken auf, die Leistungen von einer Gewerkschaftsmitgliedschaft zu einem in der Vergangenheit liegenden Stichtag abhängig macht. Das ist zwar in Grenzen möglich, doch darf Neumitgliedern jedenfalls bei wiederkehrenden Leistungen nicht die Chance genommen werden, die Leistung in einem späteren Bezugszeitraum doch noch zu erhalten. Dagegen kann bei Sanierungstarifverträgen ein in der Vergangenheit liegender Zeitpunkt gewählt werden, um Trittbrettfahrer, die erst anlässlich der Unternehmenskrise bzw. der Sanierungsbemühungen der Gewerkschaft beitreten, vom Erhalt des Bonus auszuschließen.

Beispiele: (1.) Zulässig: Ein am 1.1.2017 in Kraft tretender Tarifvertrag sieht vor, dass Arbeitnehmer am 1.7. eines jeden Jahres eine Sonderzahlung erhalten, vorausgesetzt, dass sie am 1.7. seit mindestens drei Monaten der tarifschließenden Gewerkschaft angehören. (2.) Zulässig: Ein am 1.11.2017 in Kraft tretender Tarifvertrag sieht vor, dass Arbeitnehmer am 1.12. eines jeden Jahres ein Weihnachtsgeld erhalten, vorausgesetzt dass sie am 1.12. mindestens drei Monate der tarifschließenden Gewerkschaft angehören. Danach gehen die unmittelbar nach Tarifabschluss eintretenden Mitglieder 2017 zwar leer aus, würden die Zulage indes ab 2018 erhalten. (3.) Zulässig: Ein Unternehmen befindet sich seit Jahresbeginn in einer schweren wirtschaftlichen Krise. Im Mai droht dessen Zahlungsunfähigkeit und Schließung. Arbeitgeber und Gewerkschaft verhandeln daher ab dem 15.5. über einen Sanierungstarifvertrag. Dieser wird am 1.6. abgeschlossen. Er sieht die Gründung einer Transfergesellschaft vor, in der ausscheidende Arbeitnehmer für zwei Jahre mit einem Gehalt von 70% fortbeschäftigt werden. Arbeitnehmer, die spätestens am 1.5. der tarifschließenden Gewerkschaft angehörten, erhalten 80%. (4.) Unzulässig wäre es hingegen, würde ein am 1.10.2017 abgeschlossener Tarifvertrag mit mehrjähriger Laufzeit vorsehen: »Arbeitnehmer, welche seit dem 1.1.2017 Mitglied der Industriegewerkschaft (…) sind, erhalten eine monatliche Zulage von 55 EUR.«[59]

Qualifizierte Differenzierungsklauseln – und zwar gerade auch solche in Gestalt einer **75** Spannensicherungsklausel – sind dagegen unwirksam (→ Rn. 71).[60] Mit einer derartigen Klausel überschreiten die Tarifpartner ihre Tarifmacht, weil sie mit ihr versuchen, die vertraglichen Gestaltungsmöglichkeiten des Arbeitgebers gegenüber nichtorganisierten Arbeitnehmern mit zwingender Wirkung zu beschränken.

Nicht geklärt sind die Folgen einer unwirksamen Differenzierung. Offenbar scheint **76** das BAG davon auszugehen, dass sofern eine unzulässige Spannensicherungsklausel sprachlich teilbar ist, sie wirksam bleibt, was die Leistungszusage selbst betrifft.

Beispiel: »Mitglieder der X-Gewerkschaft erhalten eine Zahlung in Höhe von 500 EUR. Gewährt ein Arbeitgeber Arbeitnehmern, die nicht Mitglied der X-Gewerkschaft sind, ebenfalls eine solche Sonderzahlung, so erhöht sich der Anspruch von Gewerkschaftsmitgliedern im gleichen Umfang.«

Da sich der Charakter der Abrede als Spannensicherungsklausel und damit ihre Unwirksamkeit alleine aus dem 2. Satz ergibt, ließe sich dieser streichen, ohne dass die Mitglieder der X-Gewerkschaft ihren Anspruch auf die fragliche Zahlung verlieren würden. Dem Arbeitgeber stünde nun aber frei, auch Außenseitern eine entsprechende Zahlung anzubieten. Vorzugswürdig wäre es dagegen, wenn man eine unzulässige Differenzierungsabrede insgesamt entfallen lassen würde. Sie kann nicht dahingehend modifiziert werden, dass der Passus, der die Gewerkschaftszugehörigkeit enthält, gestrichen, die Leistung aber dann mit Wirkung für sämtliche Arbeitnehmer, in deren Arbeitsverträgen sich eine Bezugnahmeabrede findet, aufrechterhalten wird. Dadurch würde ihr Aussagegehalt in das Gegenteil verkehrt. Bei einer überschießenden ein-

---

59 *BAG* 9.5.2007, NZA 2007, 1439.
60 *BAG* 23.3.2011, NZA 2011, 920.

fachen Differenzierungsklausel (also etwa: »Gewerkschaftsmitglieder sind ordentlich nicht kündbar«) kommt noch hinzu, dass die Streichung des Wortes »Gewerkschaftsmitglieder« die Klausel inhaltsleer werden lässt und dieses nicht einfach durch »Arbeitnehmer« ersetzt werden darf.

VIII. Tarifkonkurrenz und Tarifpluralität

1. Tarifkonkurrenz

a) Anwendungsfälle

77 Von einer Tarifkonkurrenz spricht man, wenn zwei oder mehrere Tarifverträge in ein- und demselben Arbeitsverhältnis normative Geltung erlangen. Der klassische Fall ist, dass der Arbeitgeber einem Arbeitgeberverband angehört, der mit einer bestimmten Gewerkschaft einen Tarifvertrag abgeschlossen hat, er mit dieser dessen ungeachtet dann aber einen Firmentarifvertrag verabredet. Weiter kann sich eine Tarifkonkurrenz ergeben, wenn ein Tarifvertrag, in dessen Geltungsbereich das Arbeitsverhältnis fällt, für allgemeinverbindlich erklärt wird und neben ihm ein Tarifvertrag besteht, an den die Arbeitsvertragsparteien nach § 3 Abs. 1 TVG gebunden sind. Gleiches gilt im Prinzip auch, wenn ein Tarifvertrag im Wege einer Rechtsverordnung nach §§ 7 oder 7a AEntG erstreckt wird (s. aber → § 9 Rn. 46f.). Schließlich ist denkbar, dass der Arbeitgeber mehreren Arbeitgeberverbänden bzw. der Arbeitnehmer mehreren Gewerkschaften angehört, die jeweils Tarifverträge abgeschlossen haben, die nach Tarifzuständigkeit, Geltungsbereich und Tarifgebundenheit für die einzelnen Arbeitsverhältnisse einschlägig sind.

78 Keine Tarifkonkurrenz liegt vor, wenn im Arbeitsverhältnis ein Tarifvertrag normativ gilt und ein anderer lediglich über eine individualvertragliche Bezugnahmeklausel anzuwenden ist. Diese Kollisionslage ist nach dem Günstigkeitsprinzip des § 4 Abs. 3 TVG aufzulösen (s. dazu → § 7 Rn. 19f., → § 8 Rn. 19).

79 Ebenso kommt es zu keiner Tarifkonkurrenz, wenn parallel zu einem nachwirkenden (§ 4 Abs. 5 TVG) bzw. transformierten Tarifvertrag (§ 613a Abs. 1 S. 2 BGB) im Betrieb noch ein anderer Tarifvertrag »gilt«. Denn entweder gilt dieser Tarifvertrag im Arbeitsverhältnis normativ und löst damit den nachwirkenden bzw. transformierten Tarifvertrag ab. Oder aber der »andere« Tarifvertrag erlangt im Arbeitsverhältnis keine normative Geltung; dann verbleibt es alleine bei der Nachwirkung bzw. Weitergeltung des bisherigen Tarifvertrags. Schließlich ist denkbar, dass die Parteien die Nachwirkung bzw. Weitergeltung des bisherigen Tarifvertrags durch eine Bezugnahme auf einen anderen Tarifvertrag beseitigen. Diese stellt dann eine »andere Abmachung« i. S. d. §§ 4 Abs. 5 TVG, 613a Abs. 1 S. 2 u. 4 BGB dar (→ Rn. 8f., → § 8 Rn. 11), so dass die Nachwirkung bzw. Weitergeltung endet.

b) Auflösung

80 Notwendigerweise kann in einem Arbeitsverhältnis nur ein Tarifvertrag gelten, da auf der Hand liegt, dass der Arbeitnehmer nicht zu sich widersprechenden Arbeitsbedingungen beschäftigt werden kann. Tarifkonkurrenzen müssen daher zwingend aufgelöst werden (»Tarifeinheit im Arbeitsverhältnis«). Das Günstigkeitsprinzip des § 4 Abs. 3 TVG eignet sich hierfür allerdings nicht. Zum einen ist es auf die Kollision von normativ geltenden Tarifbestimmungen und nur schuldrechtlich verabredeten Arbeits-

bedingungen zugeschnitten und passt daher nicht, wenn zwei normativ geltende Tarifverträge miteinander konkurrieren. Zum anderen wäre der von den Tarifvertragsparteien gefundene Tarifkompromiss gestört, wenn sich die Arbeitnehmer aus den beiden Tarifverträgen die für sie jeweils besten Bestimmungen heraussuchen könnten.

Die Rechtsprechung und überwiegende Ansicht in der Literatur lösen Tarifkonkurrenzen nach dem Spezialitätsprinzip auf: Der dem Betrieb räumlich, betrieblich, fachlich und persönlich am nächsten stehende Tarifvertrag findet Anwendung. Im Verhältnis zu einem Verbandstarifvertrag hat deshalb der Firmentarifvertrag den Vorrang. Im Verhältnis zwischen einem für allgemein verbindlich erklärten Tarifvertrag und einem Verbands- bzw. Firmentarifvertrag geht letzterer vor (Ausnahmen bestehen bezüglich allgemeinverbindlich erklärten Tarifnormen über gemeinsame Einrichtungen der Tarifpartner, s. §§ 5 Abs. 4 S. 2 i. V. m. 1a TVG, → § 9 Rn. 20 und mittelbar auch im Geltungsbereich des AEntG → § 9 Rn. 46). Bei konkurrierenden Verbandstarifverträgen besteht keine Rangordnung der Berufsverbände, sondern es ist hier die Tarifspezialität nach dem Geltungsbereich der konkurrierenden Tarifverträge zu bestimmen. **81**

2. Tarifpluralität (Tarifeinheit nach § 4a TVG)

a) Ausgangslage

Tarifpluralität liegt vor, wenn innerhalb eines Betriebes unterschiedliche Tarifverträge normative Geltung beanspruchen, weil der Arbeitgeber an mehrere Tarifverträge gebunden ist. Im Unterschied zur Tarifkonkurrenz findet auf das Arbeitsverhältnis eines einzelnen Beschäftigten aber (in der Regel) nur einer der im Betrieb geltenden Tarifverträge Anwendung. Beispielhaft lässt sich das an der Tarifsituation in kommunalen Krankenhäusern studieren: Der kommunale Arbeitgeberverband VKA[61] hat mit ver.di den Tarifvertrag für den öffentlichen Dienst (TVöD) mit einem Sonderteil für Krankenhäuser, gleichzeitig aber mit der Ärztegewerkschaft Marburger Bund den Tarifvertrag für Ärzte (Kommunen) abgeschlossen. Daher gelten in den städtischen Kliniken für Ärzte zwei Tarifverträge, wohingegen in den einzelnen Arbeitsverhältnissen abhängig von der Organisationszugehörigkeit des Arbeitnehmers entweder nur der TVöD/VKA oder der TV Ärzte Anwendung findet. Ein anderes Beispiel bilden die Mitarbeiter der Deutschen Bahn AG im Fahrdienst. Der 2015 zwischen der Eisenbahnverkehrsgewerkschaft EVG und dem Arbeitgeberverband MoVe, dem die Deutsche Bahn angehört, abgeschlossene Tarifvertrag umfasst sämtliches Fahrpersonal, also beispielsweise Lokführer, Zugbegleiter oder die im Restaurant tätigen Mitarbeiter. Daneben besteht ein Tarifvertrag zwischen MoVe und Gewerkschaft der Lokomotivführer (GdL), der sich ebenfalls auf das gesamte bei der Deutschen Bahn beschäftigte Fahrpersonal erstreckt. **82**

Zwar bestanden im deutschen Arbeitsleben schon immer Tarifpluralitäten, doch stellten diese Fälle eher eine Randerscheinung ohne große wirtschaftliche Bedeutung dar. Das hat sich in den vergangenen fünfzehn Jahren vor allem im Dienstleistungsbereich dramatisch geändert. Die Gründe hierfür sind vielfältig. Auffällig ist zunächst, dass sich Berufsgruppen-, Sparten- und Minderheitsgewerkschaften verstärkt im Bereich früherer Staatsmonopole zu Wort meldeten, also in den ehemaligen Staatsunternehmen, die in den vergangenen zwanzig Jahren privatisiert wurden (öffentliche Kliniken und Krankenhäuser, Deutsche Bahn AG, Luftfahrt, insb. Deutsche Lufthansa AG, **83**

---

61 Vereinigung der kommunalen Arbeitgeberverbände.

Flugsicherung). Dabei ergaben sich infolge der Privatisierung vor allem in solchen Berufsgruppen tarifpolitische Friktionen, denen nicht nur eine Schlüsselstellung im Betrieb zukommt, sondern die, sowohl was ihre Arbeitsbedingungen (etwa: besondere Schichtzeiten) als auch was ihr berufspolitisches Selbstverständnis betrifft (Ärzte, Piloten, Lokomotivführer), zu einer Abgrenzung von der Gesamtbelegschaft tendieren. Zur Erosion der bis dahin über Jahrzehnte bestehenden Tarifeinheit im Betrieb hat aber auch die Aufspaltung vieler großer Unternehmen in eine unüberschaubare Vielzahl von kleinen Konzerngesellschaften beigetragen (bei der Bahn sollen es zwischenzeitlich bis zu 1.000, bei Lufthansa 400 gewesen sein). Ausgliederungen erfolgten dabei zuweilen gerade auch dazu, den bisherigen Tarifvertrag abzustreifen und dadurch in den Genuss eines günstigeren Tarifvertrags oder auch anderer Arbeitsbedingungen zu gelangen. Schließlich kommt hinzu, dass zahlreiche kleinere Gewerkschaften, die vormals Tarifgemeinschaften mit den Vorläufergewerkschaften der Dienstleistungsgewerkschaft ver.di gebildet hatten, sich seit der ver.di-Gründung in Tarifverhandlungen nicht mehr ausreichend vertreten fühlten. Beispielhaft dafür mag die Tarifgemeinschaft stehen, die über Jahrzehnte zwischen der Deutschen Angestellten-Gewerkschaft (DAG) und dem Marburger Bund bestand. Sie brach, unter gegenseitigen Schuldzuweisungen beider Gewerkschaften, wenige Jahre nach der ver.di-Gründung während der Tarifrunde 2005/2006 auseinander.

84 In der Folge kam es seit Mitte der 2000er Jahre zu vermehrten Arbeitskämpfen vor allem im Bereich der Daseinsvorsorge, die in der Öffentlichkeit für großes Aufsehen gesorgt haben. Das gilt insbesondere für die von der GdL geführten Arbeitskämpfe der Lokomotivführer 2008 und 2014/2015. Vor allem 2015 hatte die GdL immer wieder zu mehrtägigen Streiks aufgerufen, die den Eisenbahnverkehr in Deutschland teilweise zum Erliegen brachten. Hinzu kamen diverse Arbeitskämpfe in Krankenhäusern, bei der Deutschen Lufthansa (16 Streiks durch cockpit in den Jahren 2012 bis 2016[62], UFO-Streik 2015), der Flugsicherung und auf Flughäfen (GdF 2012, zuletzt ver.di 2018). Dabei wurde in der öffentlichen Wahrnehmung kaum zwischen einem »normalen« Streik im Bereich der Daseinsvorsorge und einem von einer Spartengewerkschaft geführten Arbeitskampf unterschieden (für die Bevölkerung ist es letztlich gleich, ob die Bahn nicht fährt, weil die Mehrheits- oder eine Minderheitsgewerkschaft streikt). So wurden etwa der Arbeitskampf zwischen ver.di und der Deutschen Post im Frühjahr 2015, bei Telekom (2018) und der Kita-Streik im Mai 2015 (→ § 10 Rn. 2 und 75 ff.) in denselben Gesamtkontext eingeordnet, so dass der (unzutreffende) Eindruck entstand, dass Spartengewerkschaften das öffentliche Leben in Deutschland zum Ziel permanenter Arbeitskämpfe machen würden. Dies beförderte die Verabschiedung des Tarifeinheitsgesetzes im Juli 2015.

b) Gesetzliche Normierung des Grundsatzes der Tarifeinheit (§ 4a TVG)

85 § 4a TVG ordnet an, dass Tarifpluralitäten im Betrieb nach dem Mehrheitsprinzip aufzulösen sind (Grundsatz der Tarifeinheit). Flankiert wird die Regelung des § 4a TVG durch §§ 2a Abs. 1 Nr. 6, 58 Abs. 3, 99 ArbGG.

86 § 4a TVG ist mit dem Tarifeinheitsgesetz vom Juli 2015 neu in das kollektive Arbeitsrecht eingeführt worden.[63] Die Verfassungskonformität der Regelung war heftig umstritten; sie wurde durch das BVerfG[64] mit Urteil vom Juli 2017 (im Kern) aber bestä-

---

62 Nunmehr besteht aber ein Tarifvertrag mit absoluter Friedenspflicht bis 2022.
63 Tarifeinheitsgesetz vom 3.7.2015, BGBl. I 2015, 1130.
64 *BVerfG* 11.7.2017, BVerfGE 146, 71 = NZA 2017, 915.

tigt (ausführlich dazu → Rn. 113 ff.). Letzte Unsicherheiten bleiben insoweit allerdings noch, weil das BVerfG den Gesetzgeber verpflichtet, den 2. Absatz des § 4a TVG bis zum 31.12.2018 nachzubessern (→ Rn. 95). Es bezieht aber keine Stellung dazu, wie zu verfahren ist, wenn der Gesetzgeber die Frist ungenutzt verstreichen lässt, was nach dem Stand der Dinge zum Zeitpunkt des Manuskriptabschlusses (Juli 2018) durchaus eintreten könnte. Hier wird viel spekuliert: Während die einen davon ausgehen, dass die Norm mit dem 1.1.2019 nichtig wird, erwarten andere eine Anordnung von Amts wegen aus Karlsruhe (§ 35 BVerfGG). Manche gehen vom Fortbestand der Regelung aus und halten eine erneute Verfassungsbeschwerde der seinerzeitigen Kläger für zulässig. Aller Wahrscheinlichkeit nach sind wohl die Fachgerichte in der Pflicht, § 4a TVG verfassungskonform auszulegen.

Der Grundsatz der Tarifeinheit blickt auf eine wechselvolle Geschichte zurück. Über **87** Jahrzehnte war das BAG auch ohne gesetzliche Grundlage der Ansicht, dass in einem Betrieb nur ein Tarifvertrag gelten kann. Diese Rechtsprechung hatte das Gericht 2010 ausdrücklich aufgeben.[65] Vorangegangen war eine intensive Diskussion in der Wissenschaft, die die Tarifeinheit überwiegend abgelehnt hatte. Schon kurze Zeit nach der Grundlagenentscheidung des BAG haben BDA und DGB in seltener Einmütigkeit einen Gesetzgebungsvorschlag vorgelegt, mit dem die Tarifeinheit im Betrieb wiederhergestellt werden sollte und der letztlich die Ausgangsbasis für den heutigen § 4a TVG bildet.

Bis 2010 löste das BAG Tarifpluralitäten nach dem Spezialitätsgrundsatz auf. Danach **88** verdrängte der »speziellere« Tarifvertrag »weniger spezielle« Tarifverträge. Wie schon in Rn. 81 erwähnt, darf man dabei den Begriff der »Spezialität« aber nicht so verstehen, dass damit der »kleinteiligste« Tarifvertrag gemeint gewesen wäre, also derjenige, dessen persönlicher Geltungsbereich besonders eng ausgestaltet ist. Vielmehr wurde gefragt, welcher der kollidierenden Tarifverträge den Erfordernissen und Eigenarten des Betriebs und der in ihm beschäftigten Arbeitnehmer insgesamt am ehesten gerecht wird. Durchgesetzt hatte sich also der Tarifvertrag, der den Betrieb möglichst weitgehend abbildete. Es war also gerade nicht so, dass das im umgangssprachlichsten Sinn »speziellste« Vertragswerk das Tarifgeschehen beherrscht hätte. Berufsgruppen- oder Spezialistentarifverträge wären in aller Regel wohl hinter einem eher allgemein gehaltenen Tarifwerk zurückgetreten. Am Beispiel der kommunalen Krankenhäuser: Während der TVöD geeignet ist, sämtliche im Betrieb tätige Arbeitnehmer (einschließlich Ärzte) zu erfassen, beschränkt sich der Geltungsbereich des TV Ärzte alleine auf das dort beschäftigte ärztliche Personal. Danach hätte dem TVöD der Vorzug gebührt.

c) Tatbestand und Rechtsfolgen des § 4a TVG

Schon an dieser Stelle ist anzumerken, dass § 4a TVG keine Aussage zur Zulässigkeit **89** von (Sparten-)arbeitskämpfen trifft und auch nicht treffen darf.[66] Die Regelung wirkt also nur tarifrechtlich. Das wird den Leser sicher sehr überraschen. Denn wenn Tarifpluralitäten Probleme bereiten, dann weniger, weil ein Arbeitgeber in einem Betrieb möglicherweise mehrere Tarifverträge parallel zueinander anwenden müsste, sondern weil sich Arbeitskämpfe von Spartengewerkschaften negativ auf die Befriedungsfunktion der Tarifautonomie auswirken könnten. Darauf wird noch mehrfach zurückzukommen sein → Rn. 83 f., → § 10 Rn. 2, 75 ff.

---

65 *BAG* 7.7.2010, NZA 2010, 1068; *BAG* 27.1.2010, NZA 2010, 645.
66 *BVerfG* 11.7.2017, BVerfGE 146, 71 = NZA 2017, 915 Rn. 138 ff.

90 Die Kollisionsregel erfasst nur Tarifpluralitäten, die sich ergeben, wenn ein Arbeitgeber nach § 3 TVG an mehrere Tarifverträge unterschiedlicher Gewerkschaften gebunden ist, § 4a Abs. 2 S. 1 TVG. Dazu kann es kommen, wenn er mehreren Verbänden angehört, die jeweils mit unterschiedlichen Gewerkschaft kontrahiert haben. Weiterhin ist denkbar, dass der Arbeitgeber oder sein Verband Tarifverträge mit mehreren Gewerkschaften abgeschlossen hat. Dagegen greift § 4a TVG nicht, wenn die Tarifkollision auf Grund einer Allgemeinverbindlicherklärung nach § 5 TVG eintritt und dies selbst dann nicht, wenn der erstreckte Tarifvertrag von einer anderen Gewerkschaft abgeschlossen sein sollte, als derjenige, der kraft des privatautonomen Unterwerfungsakts im Betrieb gilt. In diesem Fall ergibt sich in den Einzelarbeitsverhältnissen Tarifkonkurrenz, die nach dem Spezialitätsprinzip aufzulösen ist, → Rn. 81.

Beispiel: Die kommunale G-Gesellschaft reinigt städtische Gebäude. Die G ist Mitglied im kommunalen Arbeitgeberverband VKA. Der VKA schließt mit ver.di einen Tarifvertrag, der auch die Gebäudereiniger mitumfasst. (1.) Die VKA (oder auch: G) einigt sich mit der (fiktiven) Gewerkschaft der Gebäudereiniger auf Abschluss eines Gebäudereinigertarifvertrags. Im Betrieb der G tritt Tarifpluralität ein, die nach § 4a TVG aufzulösen ist. (2.) Das BMAS erklärt den zwischen dem Bundesinnungsverband des Gebäudereiniger-Handwerks und der Industriegewerkschaft Bauen-Agrar-Umwelt abgeschlossenen Rahmentarifvertrag für das Gebäudereinigerhandwerk für allgemeinverbindlich. Zwar gelten auch in diesem Fall zwei Tarifverträge im Betrieb des G. Dennoch ist § 4a TVG nicht einschlägig. Vielmehr finden auf die Arbeitsverhältnisse der bei der G tätigen ver.di-Mitglieder sowohl »ihr« ver.di-Tarifvertrag (§§ 3 Abs. 1, 4 Abs. 1 TVG) als auch der AVE-Tarifvertrag (§ 5 Abs. 4 TVG) Anwendung. Es tritt Tarifkonkurrenz ein. Nach dem Spezialitätsprinzip gebührt dem ver.di-Tarifvertrag der Vorrang, → Rn. 81.

91 Nach § 4a TVG finden im Betrieb die Rechtsnormen des Tarifvertrags derjenigen Gewerkschaft Anwendung, die zum Zeitpunkt des Abschlusses des zuletzt abgeschlossenen kollidierenden Tarifvertrags im Betrieb die meisten in einem Arbeitsverhältnis stehenden Mitglieder hat (Mehrheitsprinzip). Was das Gesetz aber nicht sagt, ist, ob die Verdrängungswirkung des § 4a Abs. 2 TVG im Zeitpunkt der Kollisionslage ipso iure oder erst nach Durchführung des Feststellungsverfahrens §§ 2a Abs. 1 Nr. 6, 99 ArbGG eintritt. Für die letztere Ansicht spricht viel. Würde die Verdrängungswirkung von selbst eintreten, könnten sich schwierige Abwicklungsprobleme ergeben, wenn der Arbeitgeber eine Zeit lang den »falschen« Tarifvertrag angewandt hatte.

92 Nur weil der Minderheitstarifvertrag im Betrieb nicht (mehr) anwendbar ist, wird er nicht unwirksam. Gerät der Mehrheitstarifvertrag daher in Nachwirkung (§ 4 Abs. 5 TVG), lebt der Minderheitstarifvertrag wieder auf. Das gilt auch dann, sollte die Minderheitsgewerkschaft den Mehrheitstarifvertrag zwischenzeitlich nach § 4a Abs. 4 TVG nachgezeichnet haben (→ Rn. 102). Der Abschlusswille der Gewerkschaft bei der Nachzeichnung geht darauf, die Arbeitsverhältnisse ihrer Mitglieder vor einer Inhaltsleere zu bewahren, sie will damit aber nicht ihren eigenen Tarifvertrag beseitigen.

93 § 4a TVG macht sich nicht etwa am Tarifbezirk, dem räumlichen Geltungsbereich eines Tarifvertrags und auch nicht am Unternehmen fest, sondern nur am Betrieb. Verfügt ein Unternehmen also über mehrere Betriebe, ist es alles andere als ausgeschlossen, dass in diesem nach wie vor mehrere Tarifverträge zur Anwendung kommen. Schon deshalb werden Arbeitgeber weiterhin mit Tarifpluralitäten leben müssen.

94 Problematisch ist, dass das Gesetz bei der Bestimmung des relevanten Betriebs auch Zuordnungstarifverträge i. S. d. § 3 Abs. 1 Nr. 1 bis 3 BetrVG als bindend ansieht (§ 4a Abs. 1 S. 3 TVG). Damit eröffnet es Arbeitgebern und großen Gewerkschaften die Möglichkeit, über Zuordnungstarifverträge für sie günstige Organisationsstrukturen herbeizuführen. Lediglich grob missbräuchlichen Gestaltungen wird ein Riegel vor-

geschoben (§ 4a Abs. 1 S. 3 Hs. 2 TVG). Konkurrieren mehrere Zuordnungstarifverträge unterschiedlicher Gewerkschaften miteinander, drehen sich die Dinge gar im Kreis. Dann ist nämlich unklar, ob zuerst der Betrieb festgestellt werden soll, für den der anzuwendende Tarifvertrag auszuwählen ist oder erst der Tarifvertrag ausgewählt wird, nach dem sich der Betrieb bestimmt, in dem die Mehrheitsverhältnisse festzustellen sind. Insoweit ist es jedenfalls keine Lösung, den im Betrieb vertretenen Gewerkschaften zu verordnen, dass sie sich im Hinblick auf Zuordnungstarifverträge in einer »Zwangstarifgemeinschaft« zusammenfinden müssen.[67]

Tarifpluralitäten im Betrieb dürfen nach dem Tarifeinheitsurteil des BVerfG[68] nur auf- **95** gelöst werden, wenn die Mehrheitsgewerkschaft beim Tarifabschluss die Interessen der Mitglieder der Minderheitsgewerkschaft beim Tarifabschluss ernsthaft und wirksam berücksichtigt hat. Da sich keine dahingehende Einschränkung in § 4a Abs. 2 S. 2 TVG findet, muss der Gesetzgeber die Regelung bis zum 31. 12. 2018 nachbessern (zu den Konsequenzen, sollte das nicht geschehen → Rn. 86). Bedeutung erlangt das vor allem dann, wenn es sich bei der Minderheitsgewerkschaft um eine Berufsgruppengewerkschaft handelt. In dieser Konstellation kann es nämlich dazu kommen, dass die Mehrheitsgewerkschaft die Interessen der fraglichen Berufsgruppe übergeht, insbesondere dann, wenn diese in ihr nicht oder nur schwach repräsentiert ist. Dass es sich dabei um keine lediglich theoretische Annahme handelt, zeigt sich etwa daran, dass die frühere Tarifgemeinschaft zwischen der DAG (einer Vorgängergewerkschaft von ver.di) und Marburger Bund nach der ver.di-Gründung zerbrochen war, weil sich die Ärzte nicht durch ver.di vertreten sahen. Freilich bleibt offen, wie geprüft werden soll, ob die Interessen der Minderheit im Mehrheitstarifvertrag ausreichend respektiert wurden, ohne diesen einer (eigentlich unstatthaften) Tarifzensur zu unterziehen.

Die Verdrängungswirkung des § 4a TVG greift nur insoweit, als sich mehrere Tarifver- **96** träge in ihrem Geltungsbereich überschneiden.

Beispiel: Krankenhausbetreiber K ist Mitglied im kommunalen Arbeitgeberverband. Dieser hat mit ver.di den TVöD-(K) abgeschlossen, der alle Beschäftigten in Krankenhäusern erfasst. Mit dem Marburger Bund einigt sich der VKA auf den Abschluss des TV Ärzte-K. Dieser richtet sich ausschließlich an Ärzte. Denkbare Szenarien: (1.) Im Krankenhaus des K haben die ver.di-Mitglieder die Mehrheit. Der TVöD verdrängt den TV Ärzte. In der gesamten Klinik gilt alleine der TVöD. Die Mitglieder des Marburger Bundes gehen tarifrechtlich gesehen leer aus. (2.) Die Mitglieder des Marburger Bunds stellen im Betrieb des K die Mehrheit.[69] Der TV Ärzte verdrängt den TVöD, dies aber nur für den Überschneidungsbereich beider Tarifverträge. Danach gilt für den ärztlichen Dienst ausschließlich der TV Ärzte, für die »übrige« Belegschaft dagegen der TVöD. Die beim Marburger Bund organisierten Ärzte behalten ihren Tarifvertrag. Den bei ver.di organisierte Ärzten geht zwar »ihr« TVöD verloren; die übrigen ver.di Mitglieder gelangen indes weiterhin in den Genuss dieses Tarifvertrags. Damit besteht im Betrieb des K auch weiterhin Tarifpluralität.

In inhaltlicher Hinsicht ist die Verdrängungswirkung umfassend. Sie bezieht sich also **97** nicht lediglich auf die deckungsgleichen Regelungen beider Tarifverträge. Vielmehr fällt der Minderheitstarifvertrag in seiner Gesamtheit weg.

Beispiel: Der Tarifvertrag der Mehrheitsgewerkschaft enthält keine Bestimmungen zum Urlaub oder zu einem zusätzlichen Urlaubsgeld. Dessen ungeachtet verdrängt dieser einen konkurrierenden Minderheitstarifvertrag auch dann, wenn dieser ausführliche Bestimmungen für den Urlaub vorsieht.

---

67 So bereits vor dem Erlass des § 4a TVG: *BAG* 29.7.2009, NZA 2009, 1424.
68 *BVerfG* 11.7.2017, BVerfGE 146, 71 = NZA 2017, 915 Rn. 200ff.
69 Das ist durchaus nicht unrealistisch, weil Ärzte zwar meist den deutlich kleineren Teil des Klinikpersonals stellen, indes meist überproportional stark gewerkschaftlich organisiert sind.

98 Eine Ausnahme hiervon besteht insoweit, als den Mitgliedern der Minderheitsgewerkschaft ihr Tarifvertrag erhalten bleibt, soweit es um längerfristig bedeutsame Leistungen geht. Das sind Leistungen, auf die sich Arbeitnehmer in ihrer Lebensplanung typischerweise einstellen und auf deren Bestand sie berechtigterweise vertrauen, wie beispielsweise Leistungen zur Alterssicherung, zur Arbeitsplatzgarantie oder zur Lebensarbeitszeit. Das folgt aus einer verfassungskonformen Auslegung des § 4a Abs. 2 S. 2 TVG.[70]

99 Nach § 4a Abs. 5 TVG ist der Arbeitgeber verpflichtet, die Aufnahme von Tarifverhandlungen rechtzeitig und an geeigneter Stelle bekannt zu geben. Die nicht selbst verhandelnde, aber tarifzuständige Gewerkschaft hat einen Anspruch darauf, dem Arbeitgeber ihre Vorstellungen vortragen zu können. Das BVerfG qualifiziert diese Verfahrenspositionen als echte Rechtspflichten. Werden sie verletzt, findet keine Verdrängung statt.[71]

100 Die Tarifeinheit bezieht sich auch auf Betriebsnormen. Das ist eigentlich unnötig. Betriebsnormen gelten im Arbeitsverhältnis unabhängig von der Gewerkschaftszugehörigkeit des Arbeitnehmers (§ 3 Abs. 2 TVG). Das heißt, dass sämtliche Betriebsnormen der konkurrierenden Tarifverträge in allen Arbeitsverhältnissen gelten würden, ganz gleich, ob und wie die jeweiligen Arbeitnehmer organisiert sind. Es besteht daher nicht nur im Betrieb Tarifpluralität, sondern in den Einzelarbeitsverhältnissen auch Tarifkonkurrenz. Diese wurde daher schon immer aufgelöst.[72] Allerdings greift nun nicht mehr der Spezialitätsgrundsatz (Rn. 81), sondern das Mehrheitsprinzip.

101 Die Verdrängungswirkung greift auch für betriebsverfassungsrechtliche Normen (§ 3 Abs. 1 TVG). Das liegt sicherlich nahe, da die parallele Anwendung sich widersprechender betriebsverfassungsrechtlicher Tarifregelungen denklogisch ausgeschlossen ist. Voraussetzung ist hier aber – anders als das bei Individualnormen der Fall ist, → Rn. 97 – dass der im Minderheitstarifvertrag angesprochene Sachverhalt auch tatsächlich im Tarifvertrag der Mehrheitsgewerkschaft geregelt ist. Zu Zuordnungstarifverträgen → Rn. 94.

d) Nachzeichnungsrecht

102 § 4a TVG lässt sich nichts dazu entnehmen, welche Arbeitsbedingungen für die Mitglieder der Minderheitsgewerkschaft gelten sollen. Immerhin räumt § 4a Abs. 4 TVG der »verlierenden« Gewerkschaft ein Nachzeichnungsrecht ein. Sie kann vom tarifschließenden Arbeitgeber(-verband) die Nachzeichnung der Rechtsnormen des »obsiegenden« Tarifvertrags verlangen. Der Nachzeichnungstarifvertrag hat die Wirkung eines »normalen« Tarifvertrags: § 4a Abs. 4 S. 3 TVG. Entgegen dem Wortlaut des § 4a Abs. 4 S. 2 u. 3 TVG erstreckt sich das Nachzeichnungsrecht nicht alleine auf den tatsächlichen Überschneidungsbereich der kollidierenden Tarifverträge. Vielmehr ist der Minderheitsgewerkschaft im Wege der verfassungskonformen Auslegung ein Anspruch auf Übernahme des gesamten Mehrheitstarifvertrags einzuräumen.[73]

Beispiel: Der Manteltarifvertrag der Minderheitsgewerkschaft enthält keine Bestimmungen zum Urlaub oder zu einem zusätzlichen Urlaubsgeld, der der Mehrheitsgewerkschaft dagegen umfassende Regelungen hierzu. Die Minderheitsgewerkschaft kann nach § 4a Abs. 4 S. 1 TVG die Nachzeichnung des gesamten Manteltarifvertrags der Mehrheitsgewerkschaft einschließlich seiner Urlaubsvorschriften verlangen.

---

70 *BVerfG* 11.7.2017, BVerfGE 146, 71 = NZA 2017, 915 Rn. 187.
71 *BVerfG* 11.7.2017, BVerfGE 146, 71 = NZA 2017, 915 Rn. 196.
72 So im Ansatz auch: *BAG* 9.12.2009, NZA 2010, 712.
73 *BVerfG* 11.7.2017, BVerfGE 146, 71 = NZA 2017, 915 Rn. 194.

Unklar ist, wer eigentlich Schuldner des Nachzeichnungsanspruchs ist: Der Arbeit- **103** geberverband, der den Mehrheits(verbands)tarifvertrag abgeschlossen hat, der einzelne Arbeitgeber oder ein Repräsentant des Betriebs? Problematisch ist auch, dass sich der nachgezeichnete Tarifvertrag nur auf einen einzigen Betrieb erstrecken soll. Das deutsche Tarifrecht kennt aber keinen »Betriebstarifvertrag« und auch keinen betriebsbezogenen Verbandstarifvertrag. So oder so erweist sich das Nachzeichnungsrecht als schwach. Es setzt nämlich voraus, dass der Tarifvertrag der Minderheitsgewerkschaft verdrängt wird und mithin, dass es einen solchen gibt. Das bedingt, dass die Minderheitsgewerkschaft dem Arbeitgeber überhaupt einen Tarifabschluss abringen konnte, was wiederum nur schwer in den Griff zu bekommende arbeitskampfrechtliche Implikationen mit sich bringt, → § 10 Rn. 2 und 75.

e) Bezugnahmeabreden und schuldrechtliche Minderheitstarifverträge

Der Arbeitgeber wird durch § 4a Abs. 1 S. 1 TVG nicht daran gehindert, Arbeitneh- **104** mern die mit der Minderheitsgewerkschaft ausgehandelten Arbeitsbedingungen zu gewähren (und zwar auch dann nicht, wenn die Mehrheitsgewerkschaft damit nicht einverstanden ist). Große Bedeutung an dieser Stelle erlangen Bezugnahmeabreden. Alleine der Wortlaut der Klausel entscheidet, auf welchen Tarifvertrag sie sich beziehen. Verweist diese auf den Minderheitstarifvertrag, ist dieser auch dann in den Arbeitsvertrag einbezogen, wenn im Betrieb ansonsten alleine der Mehrheitstarifvertrag anwendbar ist. Das gilt selbst dann, wenn die Minderheitsgewerkschaft den Mehrheitstarifvertrag nachgezeichnet haben sollte.[74] Sollte sich in der Folge in Einzelarbeitsverhältnissen eine Kollision mit dem normativ geltenden Mehrheitstarifvertrag ergeben, ist diese nach § 4 Abs. 3 TVG aufzulösen. Anderes gilt, wenn der Wortlaut der Verweisungsabrede den Einbezug des Mehrheitstarifvertrags bewirkt (etwa: »… die im Betrieb anwendbaren Tarifverträge …«).

Beispiel: Gemeinde G ist Mitglied im kommunalen Arbeitgeberverband VKA, der sowohl mit ver.di (TVöD-K) als auch dem Marburger Bund (TV Ärzte Kommune) Tarifverträge abgeschlossen hat. In den Arbeitsverträgen der angestellten Ärzte ist auf den TV Ärzte in seiner jeweils geltenden Fassung verwiesen.
(1) Eine Mehrheitsfeststellung ergibt die Anwendung des TVöD. Arzt A ist Mitglied im Marburger Bund. Der TVöD verdrängt den TV Ärzte. Normativ ist A also tariflos gestellt. Dessen ungeachtet ist auf sein Arbeitsverhältnis weiterhin der TV Ärzte anzuwenden, wenn auch nur noch auf schuldrechtlicher Grundlage.
(2) Eine Mehrheitsfeststellung ergibt die Anwendung des TV Ärzte. Arzt B ist Mitglied bei ver.di. Der TV Ärzte verdrängt für den ärztlichen Dienst den TVöD. Normativ ist A tariflos gestellt. Über die Bezugnahmeabrede findet der TV Ärzte auf sein Arbeitsverhältnis Anwendung.
(3) Eine Mehrheitsfeststellung ergibt die Anwendung des TVöD. Arzt C ist Mitglied der Gewerkschaft ver.di. Der TVöD verdrängt den TV Ärzte. Tarifrechtlich findet der TVöD Anwendung, während die Bezugnahmeabrede zur (schuldrechtlichen) Anwendung des TV Ärzte führt. Welcher Tarifvertrag sich im Arbeitsverhältnis durchsetzt, bestimmt sich nach § 4 Abs. 3 TVG.
(4) Eine Mehrheitsfeststellung ergibt die Anwendung des TV Ärzte. Arzt D ist Mitglied des Marburger Bundes. Der TV Ärzte verdrängt den TVöD. D hat Glück: Für ihn gilt »sein« Tarifvertrag und zwar sowohl normativ als auch schuldrechtlich.

Einigkeit besteht darüber, dass § 4a Abs. 2 S. 2 TVG disponibel ist. Nicht gesichert ist **105** hingegen, ob zur Abbedingung der Tarifeinheit eine Vereinbarung zwischen dem Arbeitgeber(verband) und der Minderheitsgewerkschaft ausreicht oder ob auch die Mehrheitsgewerkschaft ihre Zustimmung dazu erteilen muss. Obgleich sich die zuletzt

---

74 Vgl. → Rn. 92.

genannte Alternative einiger Beliebtheit im Schrifttum erfreut, erscheint sie doch recht fernliegend. § 4a TVG soll Betriebe von Tarifpluralitäten entlasten, kann aber wohl kaum eine objektive Tarifordnung mit einem gleichsam absoluten Geltungsanspruch etablieren. Ansonsten würde der Mehrheitsgewerkschaft ein Normsetzungsmonopol eingeräumt, dass mit der Grundidee, wonach der Tarifvertrag Ausdruck einer kollektiv ausgeübten Privatautonomie ist, kaum vereinbar wäre. Noch einleuchtender erscheint, dass die Arbeitgeberseite mit der Mehrheitsgewerkschaft einen Ausschluss der Verdrängungswirkung des § 4a TVG vereinbaren kann. Diese wäre ja auch nicht daran gehindert, den personellen Geltungsbereich ihres Tarifvertrags so eng zu beschreiben, dass eine bestimmte Berufsgruppe diesem erst gar nicht unterfällt (mit der Folge, dass § 4a TVG nicht anwendbar wäre, → Rn. 96).

106   Da § 4a TVG dem Arbeitgeber schlechterdings nicht das Recht nehmen kann, in seinem Betrieb so viele Tarifverträge anzuwenden wie er will, muss es ihm – und zwar auch ohne Zustimmung der Mehrheitsgewerkschaft (→ Rn. 105) – möglich sein, mit der Minderheitsgewerkschaft Abreden zu schließen, die die Anwendung ihrer Tarifverträge sicherstellen. So kann die Arbeitgeberseite mit der Minderheitsgewerkschaft vereinbaren, dass sie auf eine Mehrheitsfeststellung verzichtet. Eine entsprechende Verzichtsabrede hätte allerdings nur schuldrechtlichen Charakter und gäbe der Minderheitsgewerkschaft lediglich eine Prozesseinrede zur Hand. Sie bliebe aber ohne Auswirkung auf die Einzelarbeitsverhältnisse. Auch hilft eine solche Vereinbarung nicht, würde die Verdrängungswirkung des § 4a TVG entgegen der hier vertretenen Annahme schon ipso iure eintreten.

107   Die Arbeitgeberseite kann mit der Minderheitsgewerkschaft vereinbaren, dass der fragliche Tarifvertrag in jedem Fall in den Arbeitsverhältnissen ihrer Mitglieder Anwendung finden soll. Alternativ dazu können die Tarifvertragsparteien von vornherein einen sonstigen kollektiven Normenvertrag abschließen. Die Arbeitgeberseite würde dann zusagen, diesen über Bezugnahmeklauseln auch tatsächlich in das einzelne Arbeitsverhältnis umzusetzen. Soweit auf der Arbeitgeberseite ein einzelner Arbeitgeber steht, stellen die einschlägigen Abreden einen Vertrag zu Gunsten Dritter (§ 328 BGB) dar, auf den sich die Arbeitnehmer direkt berufen können. Sollte auf Arbeitgeberseite ein Verband kontrahieren, käme es darauf an, dass dieser durch die Verbandsmitglieder entsprechend § 164 BGB bevollmächtigt wurde.[75] Alles in allem gelangt man so zu einer Art Tarifwirkung, wie sie sich ergeben würde, wenn es das TVG nicht gäbe (vgl. → Rn. 23f.). Ob derartige Vereinbarungen erstreikbar sind, wird in § 10 Rn. 75ff. besprochen werden.

f) Feststellungsverfahren nach §§ 2a Abs. 1 Nr. 6, 99 ArbGG

108   Der Gesetzgeber hat zur Identifikation des im Betrieb anwendbaren Tarifvertrags ein besonderes Beschlussverfahren eingeführt: §§ 2a Abs. 1 Nr. 6, 99 ArbGG. Antragsberechtigt ist jede Tarifvertragspartei, die an einem der kollidierenden Tarifverträge beteiligt ist, mithin die tarifschließenden Gewerkschaften bzw. Arbeitgeberverbände, sowie der Arbeitgeber, soweit ein Firmentarifvertrag zur Diskussion steht. Ob die beteiligten Gewerkschaften aber wirklich immer antragsbefugt sind, erscheint zweifelhaft. Nach richtiger Auffassung hat eine Gewerkschaft vielmehr nur dann ein Rechtsschutzinteresse, wenn sich der Arbeitgeber weigert, einen von ihr abgeschlossenen Tarifvertrag anzuwenden, weil er meint, dass es in seinem Betrieb vorrangig zu beach-

---

75 Insoweit ist eine rechtsgeschäftliche Bevollmächtigung erforderlich, da der Verband keine Verträge zu Lasten Dritter schließen kann.

tende Tarifverträge geben würde.[76] Was indes nicht angeht, ist, dass eine Gewerkschaft, deren Tarifverträge im Betrieb respektiert werden, sich bescheinigen lässt, dass der Arbeitgeber parallel zu ihren Tarifverträgen keine anderen Tarifverträge anwenden müsste (oder gar dürfte).

Dagegen sind die Normunterworfenen nicht antragsbefugt. Das heißt: Der einzelne **109** Arbeitgeber kann selbst keine Klärung der Tarifsituation in seinem Betrieb herbeiführen (es sei denn, er ist Partei eines kollidierenden Haustarifvertrags). Existieren in seinem Betrieb mehrere Verbandstarifverträge, ist er also darauf angewiesen, dass sein Verband zu seinen Gunsten die Initiative ergreift.

Ist das Verfahren eingeleitet, sind sämtliche Tarifvertragsparteien und nun auch der Ar- **110** beitgeber des betroffenen Betriebs zu beteiligen (§§ 99, 83 Abs. 3 ArbGG). Der rechtskräftige Beschluss wirkt für und gegen jedermann. Indes fehlt es an der Anordnung einer Aussetzungsmöglichkeit für Individualrechtsstreitigkeiten, so wie das bei §§ 97 Abs. 5 oder 98 Abs. 6 ArbGG der Fall ist (→ § 3 Rn. 8f. u. → § 9 Rn. 23). Klagt also ein Arbeitnehmer in einem Individualprozess auf die Arbeitsbedingungen »seines« Tarifvertrags und beruft sich der Arbeitgeber darauf, dass im Betrieb ein anderer Tarifvertrag anwendbar ist, kann der Richter den Prozess nicht aussetzen und die Parteien auf die Durchführung des Beschlussverfahrens verweisen. Vielmehr muss er in diesem Fall inzident entscheiden, welchem Tarifvertrag der Vorrang gebührt. Das ist misslich, zumal das im Rechtsstreit ergehende Urteil nur inter partes wirkt.

Die Feststellung, welche Gewerkschaft die meisten Mitglieder im Betrieb stellt, ist na- **111** turgemäß schwierig. Sind alle Gewerkschaftsmitglieder im Betrieb mitzuzählen? Also etwa auch Organvertreter, leitende Angestellte, Werkstudenten, Auszubildende (vgl. § 5 Abs. 1 S. 1 BetrVG, §§ 23 Abs. 1 S. 2 u. 4, 8 Abs. 7 TzBfG), Leiharbeitnehmer, Arbeitnehmerinnen in Mutterschutz, Arbeitnehmer in Elternzeit oder in der Freistellungsphase der Altersteilzeit, »Karteileichen«? In welchem Umfang zählen Teilzeitmitarbeiter (vgl. §§ 1, 5, 9 und 38 BetrVG, 8 TzBfG, 23 Abs. 1 S. 4 KSchG)? Bilden mehrere Gewerkschaften eine Tarifgemeinschaft, sind deren Mitglieder (wohl) zusammenzurechnen.[77]

Da Gewerkschaften häufig nicht offenlegen wollen, wer ihnen angehört und sie dies **112** wegen Art. 9 Abs. 3 S. 2 GG prinzipiell auch nicht müssen,[78] hat der Gesetzgeber in § 58 Abs. 3 ArbGG bestimmt, dass über die Zahl der in einem Arbeitsverhältnis stehenden Mitglieder in einem Betrieb Beweis auch durch die Vorlegung öffentlicher Urkunden (§§ 415, 418 ZPO) angetreten werden kann. Der angerufene Notar ist dabei zur Verschwiegenheit verpflichtet (§ 18 Abs. 1 BNotO). Der Gesetzgeber wollte so an die Rechtsprechung des BAG zur Ermittlung, ob eine Gewerkschaft in einem Betrieb i. S. d. § 2 Abs. 2 BetrVG vertreten ist, anknüpfen.[79] Wie dies im Detail funktionieren soll, ist offen.[80] Wohl hat das Gericht einen Beweisbeschluss zu erlassen, mit dem es zunächst einmal den Notar bestimmt, der die Urkunde fertigt. Aus dem Beschluss muss sich ergeben, für welchen Betrieb und zu welchem Zeitpunkt die Mitgliederzah-

---

76 So zu Recht: ErfK/*Koch* ArbGG § 99 Rn. 3.

77 BT-Drs. 18/4062, S. 13.

78 *BVerfG* 11.7.2017, BVerfGE 146, 71 = NZA 2017, 915 Rn. 198; ausführlich: *BAG* 18.11.2014, NZA 2015, 306.

79 *BAG* 25.3.1992, NZA 1993, 134. Dort muss freilich nur festgestellt werden, ob sich unter den Beschäftigten überhaupt ein (einziges) Gewerkschaftsmitglied befindet.

80 Sehr pointiert fragt sich *Ganz*, ein Notar, in NZA 2015, 1110, »ob (er) einen solchen Auftrag wirklich haben möchte.«

len zu ermitteln sind. Weiter ist anzugeben, in welcher Form der Nachweis über die Gewerkschaftsmitgliedschaft zu erbringen ist. Die Zahlen sind regelmäßig durch einen Abgleich zwischen den von den Gewerkschaften eingereichten Mitgliederlisten und einer vom Arbeitgeber übergebenen Liste der bei ihm beschäftigten Arbeitnehmer zu erstellen (nicht immer weiß die Gewerkschaft, in welchem Betrieb ihre Mitglieder tätig sind, oft kennt sie nur deren Namen, Beruf, Anschrift und Bankverbindung, verfügt aber nicht über eine Zuordnung zu bestimmten Arbeitgebern oder gar Betrieben). Dabei kann es aber nicht bleiben. Nach den Art. 19 Abs. 4, 101 Abs. 1 S. 2 GG muss die abschließende Kompetenz zur Beweiswürdigung den staatlichen Gerichten vorbehalten bleiben; diese darf nicht irgendeinem notariellen Geheimverfahren zugewiesen werden. Darüber hinaus wurden im Umfeld des Erlasses des § 4a TVG erhebliche Bedenken geäußert, ob Mehrheitsfeststellungen in Arbeitskämpfen durchgeführt werden können, weil im einstweiligen Rechtsschutz in sehr kurzer Zeit entschieden werden muss. Diese haben sich mit der Entscheidung des BVerfG immerhin erledigt. Danach nimmt § 4a TVG keinen Einfluss auf die Zulässigkeit von Arbeitskämpfen, → Rn. 89, 114, → § 10 Rn. 75ff.

g) Verfassungs- und konventionsrechtliche Implikationen

113   Die Vereinbarkeit des Grundsatzes der Tarifeinheit mit Art. 9 Abs. 3 GG bildete in den letzten Jahren den Streitstand im kollektiven Arbeitsrecht schlechthin. Bis etwa zu Beginn der 2000er Jahre stieß die Tarifeinheit – sie war damals noch richterrechtlich geprägt – im Schrifttum mehr oder weniger vollständig auf Ablehnung. Mit Herausbildung der Spartengewerkschaften und noch mehr mit der Aufgabe der richterrechtlichen Tarifeinheit durch das BAG im Juli 2010 mehrten sich dann aber die Stimmen, die sich für eine Auflösung von Tarifpluralitäten aussprachen und diese auch für verfassungskonform hielten. Für die Praxis hat sich diese Kontroverse mit dem Urteil des BVerfG vom Juli 2017[81] faktisch erledigt, da § 4a TVG danach als (überwiegend) verfassungskonform anzusehen ist (dazu, ob dies auch nach dem 1.1.2018 noch gilt (→ Rn. 86).

114   § 4a TVG greift in die positive Koalitionsfreiheit der Gewerkschaften ein, deren Tarifvertrag verdrängt wird. Die Regelung negiert den Anspruch einer Gewerkschaft darauf, dass ihr Tarifvertrag auch tatsächlich die Arbeitsverhältnisse ihrer Mitglieder regiert. Der Verlust ihrer Tarifverträge schwächt sie bei der Mitgliederwerbung und der Mobilisierung ihrer Mitglieder für Arbeitskampfmaßnahmen. Obgleich das Gesetz nach der Ansicht des BVerfG nur verfassungskonform ist, wenn es keine Auswirkungen auf den Arbeitskampf selbst hat (→ Rn. 89, → § 10 Rn. 75ff.), entfaltet es insoweit doch eine gewisse Vorwirkung, als die drohende Verdrängung der eigenen Tarifverträge die tarifpolitische Ausrichtung und Kampfstrategie von Minderheitsgewerkschaften stark beeinflussen wird. Insbesondere werden sie sich überlegen müssen, ob sie nicht besser mit anderen Gewerkschaften kooperieren sollen, sei es, um im Betrieb Mehrheiten zu erreichen oder gar, um bei Tarifabschlüssen überhaupt noch gehört zu werden. Schließlich wird der Grundsatz der Tarifeinheit auch auf das Profil von Berufsgruppengewerkschaften Einfluss nehmen, etwa indem sie sich über ihr Stammklientel hinaus auch für andere Berufsgruppen öffnen, um so in den Betrieben Mehrheiten zu gewinnen (s. auch sogleich, → Rn. 122).

115   Gleichermaßen tangiert § 4a TVG die positive, aber auch die negative Koalitionsfreiheit der Mitglieder der Minderheitsgewerkschaft. Ihnen geht »ihr« Tarifvertrag verlo-

---

81 *BVerfG* 11.7.2017, BVerfGE 146, 71 = NZA 2017, 915; didaktisch gut aufbereitet bei: *Schwarze,* JA 2017, 867.

ren oder aber ihrer Gewerkschaft gelingt schon gar kein Tarifabschluss. Häufig müssen sie sich über das Nachzeichnungsrecht oder über Bezugnahmeklauseln mit einem Tarifvertrag arrangieren, den sie nicht gewollt haben und dessen Tarifpartner sie nicht zum Tarifabschluss legitimiert haben. Kommt es zu keiner Nachzeichnung nach § 4a Abs. 4 TVG, sind die betroffenen Arbeitnehmer tarifrechtlich sogar schutzlos gestellt. Für den Fall, dass die Arbeitsbedingungen des »obsiegenden Tarifvertrags« auf ihr Arbeitsverhältnis auch keine schuldrechtliche Anwendung finden, kämen sie noch nicht einmal auf individualrechtlicher Basis in den Genuss tariflicher Arbeitsbedingungen. Damit übt die Tarifeinheit auch einen gewissen Druck zum Übertritt in die Mehrheitsgewerkschaft aus.

Die damit verbundenen Grundrechtseingriffe wiegen außerordentlich schwer. Den betroffenen Gewerkschaften geht ihr originäres Vertretungsmandat partiell verloren, manche mögen in der Folge sogar in ihrem Bestand gefährdet sein. Dennoch hält das BVerfG sie für rechtfertigbar. Ansatzpunkt des Gerichts ist die Funktionsfähigkeit der Tarifautonomie. Jedenfalls insoweit ist dem BVerfG zuzustimmen: Wenn es überhaupt eine Rechtfertigung für den mit § 4a TVG verbundenen Eingriff gibt, dann ist das in der Tat die Sorge, dass ungezügelte Tarifpluralitäten Gesamtsystem und Ordnungsfunktion der Tarifautonomie empfindlich stören könnten. Die Ausbeutung von Schlüsselpositionen könnte zu einer ungerechten Verteilung innerhalb der Arbeitnehmerschaft führen, so dass eine faire Aushandlung von Arbeits- und Wirtschaftsbedingungen nicht mehr gewährleistet ist. Darunter könnte die Verhandlungsstärke und Arbeitskampfkraft der Arbeitnehmerseite als Ganzes leiden. Nehmen Arbeitnehmer mit besonderen Schlüsselpositionen ihre Interessen gesondert wahr, sind Arbeitnehmer ohne Sonderstellung im Betrieb nur noch eingeschränkt in der Lage, auf Augenhöhe mit der Arbeitgeberseite zu verhandeln. Zudem mag es die Verteilungsfunktion des Tarifvertrags stören, wenn die konkurrierenden Tarifabschlüsse nicht den Wert verschiedener Arbeitsleistungen innerhalb einer betrieblichen Gemeinschaft zueinander widerspiegeln, sondern vor allem Ausdruck von Sonderinteressen sind. Schließlich könnten Gewerkschaftskonkurrenzen im Betrieb den Abschluss von Sanierungstarifverträgen oder Tarifverträgen behindern, mit denen auf wirtschaftliche Krisensituationen reagiert werden soll.

Wohl käme noch hinzu, dass konkurrierende Gewerkschaften sich mit ihren Forderungen gegenseitig überbieten, Tarifverhandlungen wechselseitig blockieren und ein- und denselben Arbeitgeber mehrfach mit Streiks überziehen könnten (pointiert: »balcanisation der Unternehmenslandschaft«, »tarifpolitischer Häuserkampf«). Zudem könnte bei einem Spartenstreik die Arbeitskampfparität insoweit gestört sein, als die Mitglieder einer Spezialistengewerkschaft mit geringem Aufwand den Betrieb lahmlegen und dadurch hocheffiziente Arbeitskämpfe führen können, denen Arbeitgeber nur wenig entgegenzusetzen haben. Wenn sich Arbeitgeber aber in Verbänden organisieren und Tarifverträgen unterwerfen, dann gerade auch deshalb, um während der Laufzeit des Tarifvertrags Planungssicherheit zu haben. Dazu liegt quer, wenn sie damit rechnen müssen, dass sie auch nach einem Tarifabschluss immer wieder in weitere Tarifverhandlungen gezwungen werden.

Daraus leitet das BVerfG her, dass der Gesetzgeber strukturelle Voraussetzungen dafür schaffen darf, dass Tarifverhandlungen in einen fairen Ausgleich münden und angemessene Wirtschafts- und Arbeitsbedingungen hervorbringen. Das Gericht überträgt dabei die Überlegungen, die es zur Parität im Arbeitskampf (→ § 10 Rn. 15) herausgebildet hat, auf das Verhältnis von Gewerkschaften untereinander. Daraus leitet es

116

117

118

her, dass der Gesetzgeber auch das Verhältnis konkurrierender Tarifvertragsparteien untereinander »ausgestalten«[82] und die Vernünftigkeit der Ausgangsbedingungen von Tarifverhandlungen absichern kann, die für die generelle Richtigkeitsvermutung des Tarifvertrags essentiell sei. Dagegen zu Recht nicht in den Fokus der Betrachtungen stellt das BVerfG die lange Zeit in die Diskussion eingebrachten tatsächlichen oder vermeintlichen Schwierigkeiten, die die Anwendung widersprechender Tarifregelungen im Betrieb mit sich bringt. Diese mag für den Arbeitgeber mühsam[83] und in personalpolitischer Hinsicht auch unerfreulich sein, doch vermögen reine Praktikabilitätserwägungen den mit § 4a TVG einhergehenden Grundrechtseingriff nicht zu rechtfertigen.

119 Recht knapp präsentiert sich allerdings die Prüfung der Verhältnismäßigkeit ieS durch das BVerfG.[84] So bleibt jede Prüfung aus, ob die vom Gesetzgeber gezeichneten Krisenszenarien einer »überbordenden« Gewerkschaftspluralität auch wirklich realistisch sind. Beispielsweise konnte bislang kein stichhaltiger Beweis für die Behauptung erbracht werden, dass es ohne Tarifeinheit tatsächlich zu einer massenhaften Neugründung von Spartengewerkschaften kommen wird. Auch winkt das BVerfG das Gesetz mit recht leichter Hand durch, was dessen Geeignetheit angeht. Wie die Darstellung in den Rn. 85–115 gezeigt hat, lässt das Gesetz aber nicht nur ganz entscheidende Fragen offen, vielmehr zeigt es sich alles in allem beinahe undurchführbar. Dazu kommt, dass § 4a TVG es nicht vermag, Tarifpluralitäten im Unternehmen aufzulösen und in etlichen Konstellationen sogar Tarifpluralitäten im Betrieb bestehen lässt. Vor allem aber spricht gegen die Rechtfertigbarkeit der mit § 4a TVG verbundenen Grundrechtseingriffe, dass die Regelung die entscheidende Frage, nämlich den Spartenarbeitskampf, nicht anspricht. Will man aber die eigentlichen Risiken eines gewerkschaftlichen Überbietungswettbewerbs in den Griff bekommen, hätte genau dieser angegangen werden müssen. Insoweit lässt sich also allenfalls auf eine gewisse »Vorwirkung« einer möglicherweise greifenden Tarifeinheit hoffen (→ Rn. 89, 121 f.). Und schließlich: Auch eine noch so perfekt ausgestaltete Tarifeinheit würde Arbeitskämpfe im Bereich der Daseinsvorsorge nur partiell in den Griff bekommen. Für die Allgemeinheit ist es nämlich letztlich egal, ob sie die dringend benötigten Leistungen nicht bekommt, weil die Minderheitsgewerkschaft oder weil die Mehrheitsgewerkschaft streikt, s. dazu auch → Rn. 84 u. → § 10 Rn. 75.

120 Keineswegs das letzte Wort gesprochen ist, was die Vereinbarkeit des § 4a TVG mit Art. 11 EMRK betrifft. Das BVerfG streift diese Regelung nur kurz, was allerdings auch daran liegt, dass es sich insoweit nur gehalten sieht, das GG konventionsfreundlich auszulegen und meint, dass dies der Fall ist. Nun sind im Geltungsbereich der EMRK die Argumente für und wider die Rechtfertigbarkeit des mit § 4a TVG verbundenen Eingriffs in Art. 11 der Konvention im Grunde dieselben wie im deutschen Verfassungsrecht, so dass sich die dort geführte Diskussion an dieser Stelle im Grunde noch einmal wiederholt. Indes liegt mit dem Urteil in Sachen Hrvatski Liječnički Sin-

---

82 Was aber wohl nicht implizieren soll, dass es sich bei § 4a TVG nur um eine »Ausgestaltung« des Koalitionsgrundrechts handelt. Vielmehr geht es, wie auch das BVerfG feststellt, um die Rechtfertigung eines massiven Grundrechtseingriffs.

83 Dazu, dass der Arbeitgeber sich im bestehenden Arbeitsverhältnis nach der Gewerkschaftszugehörigkeit des Arbeitnehmers erkundigen darf, wenn er hieran ein berechtigtes Interesse hat, s. § 2 Rn. 56.

84 Wirklich in die Sache steigen dagegen die abweichenden und sehr lesenswerten Voten der Richterin Baer und des Richters Paulus ein, s. *BVerfG* 11.7.2017, BVerfGE 146, 71 = NZA 2017, 915, abweichende Meinung Rn. 13 ff.

dikat/Kroatien[85] ein Judikat des EGMR vor, mit dem dieser der Tarifeinheit im Betrieb sehr zurückhaltend begegnet. In diesem ging es um § 186 des kroatischen Arbeitsgesetzbuches. Die Regelung ordnet an, dass wenn in einem »Sektor« mehrere Gewerkschaften bestehen, ein Arbeitgeber einen Tarifvertrag nur mit einer Tarifkommission verhandeln darf, die aus Vertretern dieser Gewerkschaften zusammengesetzt ist. Der EGMR hielt die Norm in einem Fall für unverhältnismäßig, in dem es einer Minderheitsgewerkschaft deshalb über drei Jahre nicht gelang, zu einem eigenständigen Tarifabschluss zu kommen. Daraus ließe sich folgern, dass § 4a TVG erst recht konventionswidrig sein muss, weil die Regelung Minderheitsgewerkschaften faktisch dauerhaft vom Tarifgeschehen ausschließt. Daher bleibt mit Spannung abzuwarten, wie sich der EGMR zu dieser Regelung positionieren wird, da dem Vernehmen nach zumindest der Beamtenbund dbb Beschwerde in Straßburg einlegen will. Freilich ist zu beachten, dass der EGMR, selbst wenn er die Regelung für konventionswidrig hält, diese nicht kassieren könnte, sondern nur die Bundesrepublik zur Zahlung von Schadensersatz verurteilen dürfte, während die Gewerkschaften darauf vertrauen müssten, dass der Gesetzgeber sich in der Folge entschließt, die Norm aus dem Gesetz zu streichen, → § 2 Rn. 16.

h) Ausblick

Die Tarifpraxis befindet sich nach der Verabschiedung des § 4a TVG und dem nachfolgenden Urteil des BVerfG[86] in einer gewissen Orientierungsphase. Letztlich hat das BVerfG es allen recht gemacht, am Ende aber für weitere Unklarheit gesorgt. Die Verfechter der Tarifeinheit dürften sich hin- und hergerissen zeigen. Einerseits ist die Regelung im Kern bestätigt, andererseits ist ihnen die hintergründige (immerhin in der Gesetzesbegründung offen ausgesprochene) Hoffnung[87] genommen, dass § 4a TVG auch auf den Arbeitskampf direkte Auswirkungen hat. Die Überlegung war, dass Gerichte einen Streik um einen Spartentarifvertrag als unverhältnismäßig verbieten werden, wenn dieser im Betrieb sowieso nicht zur Anwendung kommen wird (ausführlich → § 10 Rn. 75 ff.). So gesehen hat das BVerfG die Norm »wirkungsarm«[88] gemacht (»weithin gescheitertes Projekt«,[89] »bitter enttäuscht«[90]). Möglicherweise hilft insoweit aber gerade, dass die Regelung mit so vielen Imponderabilien durchsetzt ist, dass der Ausgang einschlägiger Rechtsstreitigkeiten kaum prognostizierbar ist. Daher mag § 4a TVG gerade deshalb funktionieren, weil die Akteure vor Ort die Anwendung der Norm scheuen und sich lieber untereinander verständigen.[91]

Gewerkschaften haben auf § 4a TVG bislang sehr unterschiedlich reagiert. Für einige Spartengewerkschaften mag naheliegen, sich für neue Berufsgruppen zu öffnen, um etwaige Mehrheitsfeststellungen zu gewinnen. So vertritt die GdL seit Anfang der 2000er Jahre das gesamte »Fahrpersonal« und damit etwa auch Zugbegleiter oder Mitarbeiter im Zugrestaurant. Aus gleicher Motivation mag sich für den Marburger Bund empfehlen, künftig auch Pflegekräfte zu vertreten, während Cockpit Flugbegleiter und

121

122

---

85 *EGMR* 27.11.2014 – 36701/09 – Hrvatski Liječnički Sindikat/Kroatien. Dieses wird in *BVerfG* 11.7.2017, BVerfGE 146, 71 = NZA 2017, 915 Rn. 208 allerdings mit vorzeichenverkehrtem Ergebnis wiedergegeben.
86 *BVerfG* 11.7.2017, BVerfGE 146, 71 = NZA 2017, 915.
87 BT-Drs. 18/4062, S. 12.
88 *Rieble*, NZA 2017, 1157.
89 *Schwarze*, JA 2017, 867, 870.
90 *Stier*, ZTR 2018, 3, 7.
91 *Franzen*, ZTR 2017, 571, 577.

umgekehrt UFO Piloten in ihre Reihen mitaufnehmen könnten. Darüber hinaus ist es auch denkbar, dass potentielle Mehrheitsgewerkschaften ihre bisherige Zurückhaltung bei der Festlegung des personellen Geltungsbereichs ihrer Tarifverträge aufgeben, um den Betrieb als Ganzes zu »erobern.« So hatte beispielsweise ver.di in Tarifverträgen der Luftfahrtbranche die Arbeitsbedingungen für Piloten bislang ausgespart. Ein nicht auszuschließendes Szenario ist auch, dass Spartengewerkschaften vermehrt organisationspolitisch motivierte Arbeitskämpfe führen, mit denen sie sich Gehör verschaffen wollen oder Arbeitgeber zu einem Verzicht auf die Tarifeinheit bzw. zum Abschluss schuldrechtlicher Vereinbarungen (→ Rn. 104 ff, → § 10 Rn. 78) zwingen wollen. Kommt dem so, würde die Regelung am Ende zu einem »Brandbeschleuniger« für Tarifauseinandersetzungen werden.[92]

123 Tatsächlich ist es aber erst einmal ruhig geblieben. Abgesehen von der GdL haben die meisten Berufsgruppengewerkschaften, wohl mit Rücksicht auf das berufspolitische Selbstverständnis ihrer Mitglieder (und ggf. auch aus Sorge vor dem Verlust ihrer Tariffähigkeit), ihren Vertretungsanspruch nicht ausgeweitet. Erneute Anerkennungsarbeitskämpfe von Spartengewerkschaften sind bislang ausgeblieben, was indes auch darin liegen könnte, dass die meisten Gewerkschaften zum Zeitpunkt des Manuskriptabschlusses noch an die Friedenspflicht aus geltenden Tarifverträgen gebunden waren. Schließlich war bisher auch nicht festzustellen, dass große Gewerkschaften zu Lasten kleinerer Gewerkschaften agiert hätten. Vielmehr ist sogar das Gegenteil der Fall. Ver.di hat sich an der Verfassungsbeschwerde der kleineren Berufsgruppengewerkschaften beteiligt. Zuletzt haben sich ver.di und der Marburger Bund sogar darauf verständigt, keine Feststellungsverfahren nach § 99 ArbGG einzuleiten und in Tarifverhandlungen darauf hinzuwirken, dass die Arbeitgeberseite ebenfalls keine solchen Anträge stellt.

§ 7. Das Recht der Bezugnahmeklauseln

I. Allgemeines

1 Nach der gesetzlichen Grundkonzeption findet ein Tarifvertrag dann Anwendung, wenn sowohl der Arbeitgeber als auch der Arbeitnehmer Mitglieder in den tarifschließenden Verbänden sind (§§ 3 Abs. 1 und 4 Abs. 1 TVG). Tatsächlich entscheiden sich aber auch viele nicht tarifgebundene Arbeitsvertragsparteien dafür, ihr Arbeitsverhältnis nach den einschlägigen Tarifbestimmungen auszurichten, indem sie im Arbeitsvertrag deren Geltung vereinbaren.

2 Derartige Bezugnahmeabreden (oder auch: »Verweisungsklauseln«) sind in ganz unterschiedlichen Fallkonstellationen anzutreffen. Abstrakt betrachtet machen sie am meisten Sinn, wenn der Arbeitgeber tarifgebunden ist. Die Bezugnahmeabrede ermöglicht dem Arbeitgeber dann nämlich, organisierte und nicht organisierte Arbeitnehmer gleichzustellen, so dass für alle Arbeitnehmer im Betrieb einheitliche Arbeitsbedingungen gelten. Hierfür würde es zwar genügen, wenn der Arbeitgeber alleine in die Arbeitsverhältnisse nicht organisierter Arbeitnehmer Verweisungsklauseln aufnehmen würde. Da er sich im Einstellungsverfahren aber nicht nach der Gewerkschaftszugehörigkeit des Arbeitnehmers erkundigen darf (→ § 2 Rn. 56), ist es allgemein üblich, dass tarifgebundene Arbeitgeber in alle Arbeitsverträge Bezugnahmeklauseln einführen, so

---

92 *Greiner*, RdA 2015, 36, 43.

dass sich derartige Abreden meist auch in Verträgen von Gewerkschaftsmitgliedern finden. Darüber hinaus sind aber auch nicht tarifgebundene Arbeitgeber durchaus bereit, im Arbeitsvertrag die Anwendbarkeit der für sie einschlägigen Tarifverträge zu vereinbaren. Und schließlich veranlasste noch ein anderer Grund Arbeitgeber zur Aufnahme von Bezugnahmeabreden in den Arbeitsvertrag: Sie versuchten das Interesse ihrer Belegschaft an einer Gewerkschaftsmitgliedschaft gering zu halten, indem sie ihr von sich aus die Anwendung des Tarifvertrags anboten. Letztere Überlegung dürfte in den vergangenen Jahrzehnten aber deutlich an Bedeutung verloren haben.

II. Arten von Bezugnahmeklauseln

Bezugnahmeklauseln lassen sich grundsätzlich in drei Typen unterteilen. Zunächst ist **3** denkbar, dass im Arbeitsvertrag alleine auf einen ganz bestimmten Tarifvertrag Bezug genommen wird (etwa: »Im Übrigen findet der zwischen der A-Gewerkschaft und dem B-Arbeitgeberverband abgeschlossene Manteltarifvertrag für die C-Branche vom 1.6.2018 Anwendung«). Dann findet auf das Arbeitsverhältnis nur dieser Tarifvertrag Anwendung und zwar eben alleine in der im Vertrag bezeichneten Fassung. Daran würde sich auch nichts ändern, wenn er später durch ein Nachfolgetarifwerk abgelöst wird. Vielmehr müssten die Parteien, wollten sie einen Nachfolgetarifvertrag in das Arbeitsverhältnis einführen, dies eigens vereinbaren. Entsprechend werden derartige Abreden auch als »statische Bezugnahmeklausel« bezeichnet. Im Arbeitsleben stellen sie eher die Ausnahme dar.

Allgemein gebräuchlich sind sog. kleine dynamische Bezugnahmeklauseln. Sie verweisen **4** ebenfalls auf einen bestimmten Tarifvertrag, dies jedoch in seiner jeweils geltenden Fassung. Denkbar sind etwa folgende Formulierungen: (1.) »Auf das Arbeitsverhältnis finden die Bestimmungen des zwischen der A-Gewerkschaft und dem B-Arbeitgeberverband abgeschlossenen Vergütungstarifvertrag für die C-Branche in seiner jeweils geltenden Fassung Anwendung.« (2.) »Auf das Arbeitsverhältnis finden die zwischen der A-Gewerkschaft und dem B-Arbeitgeberverband abgeschlossenen Tarifverträge in ihrer jeweils geltenden Fassung Anwendung.«

Schließlich finden sich noch große dynamische Bezugnahmeklauseln. Sie verweisen **5** schlicht auf »die im Betrieb anwendbaren Tarifverträge.« Sie führen nicht nur zur dynamischen Anwendung eines bestimmten Tarifvertrags, vielmehr ist ganz allgemein der Tarifvertrag anzuwenden, der augenblicklich im Betrieb normativ gilt. Der Arbeitgeber erreicht so einen umfassenden Gleichklang zwischen tariflichen und vertraglichen Arbeitsbedingungen im Betrieb. Da diese Klauseln nur dann wirklich Sinn machen, wenn im Betrieb Tarifverträge normativ gelten, werden derartige Klauseln eher nur von tarifgebundenen Arbeitgebern verwandt. Sie bieten dem Arbeitgeber den Vorteil, dass im Fall eines Branchen- bzw. Tarifwechsels oder eines Betriebsübergangs das Arbeitsverhältnis automatisch an die neuen Verhältnisse angepasst wird.

Beispiele: Ein Metallunternehmen überträgt seine »Mobilfunksparte« an ein Dienstleistungsunternehmen (Wechsel Metall/Dienstleistung), ein städtisches Klinikum gliedert die Gebäudereinigung an eine abhängige Gesellschaft aus (Wechsel öffentlicher Dienst/Gebäudereinigung). Dabei sollte der Arbeitgeber mit Rücksicht auf § 2 Abs. 1 Nr. 10 NachwG dem Arbeitnehmer jeweils mitteilen, welche Tarifverträge aktuell im Betrieb gelten. Zu den AGB-rechtlichen Problemen einer solchen Klausel → Rn. 6.

III. AGB-Kontrolle, Auslegung von Bezugnahmeklauseln

6 Bezugnahmeabreden werden durch den Arbeitgeber fast ausnahmslos als AGB in den Vertrag eingeführt, zumindest gelten sie nach § 310 Abs. 3 Nr. 1 BGB als vom Arbeitgeber gestellt oder unterliegen gemäß § 310 Abs. 3 Nr. 2 BGB einer Vertragskontrolle nach den §§ 305 c Abs. 2 und 307 bis 309 BGB. Verweisungsklauseln sind aber in den allermeisten Fällen weder überraschend (§ 305 c Abs. 1 BGB) noch intransparent (§ 307 Abs. 1 S. 2 BGB).[1] Im Gegenteil: In einigen Branchen, wie etwa im öffentlichen Dienst, erwartet der Arbeitnehmer mehr oder weniger, dass sich sein Arbeitsverhältnis nach den einschlägigen Tarifverträgen richtet. Gewisse Probleme bereiten insoweit allerdings große dynamische Bezugnahmeklauseln, weil sie den Arbeitnehmer für den Fall eines Betriebsübergangs oder eines »Tarifwechsels« gewissermaßen auf eine »Reise ins Ungewisse« schicken. Da Arbeitgeber durchaus ein berechtigtes Interesse an der Verwendung solcher Klauseln haben, erscheint aber vorzugswürdig, sie nicht kategorisch als intransparent zu verwerfen, sondern sie vielmehr einzelfallbezogen einer Ausübungskontrolle nach § 315 Abs. 3 BGB zu unterziehen. Danach würde die Klausel einen Tarifwechsel nicht nachvollziehen, wenn sich der neue Tarifvertrag so stark vom Ausgangstarifvertrag entfernt hat, dass der Arbeitnehmer nicht mehr mit seinem Einbezug in das Arbeitsverhältnis rechnen musste. Das kann namentlich dann der Fall sein, wenn die Gewerkschaft, die den neuen Tarifvertrag abgeschlossen hat, einem anderen Dachverband angehört als die Ursprungsgewerkschaft.

7 Das Kontrollprivileg des § 310 Abs. 4 S. 1 BGB gilt seinem Wortlaut nach zwar nur für normativ geltende Tarifverträge. Doch wird allgemein davon ausgegangen, dass der Tarifinhalt auch dann, wenn er nur schuldrechtlich in Bezug genommen wurde, nicht der AGB-Kontrolle unterliegt. Uneingeschränkt gilt dies aber nur, wenn auf einen fachlich einschlägigen Tarifvertrag insgesamt Bezug genommen wird (sog. »Globalverweisung«). Werden dagegen lediglich einzelne Normen des Vertrags für anwendbar erklärt, können diese durchaus der AGB-Kontrolle unterworfen sein (wichtige Ausnahme bei Rn. 18).[2]

Beispiel: Der Tarifvertrag für die M-Branche sieht eine einstufige Ausschlussfrist von einem Monat vor. Der nicht tarifgebundene Arbeitgeber A verweist nur auf die Ausschlussfrist, dagegen nicht auf den Tarifvertrag im Übrigen. Die Ausschlussfrist unterliegt daher einer Rechtskontrolle nach § 307 Abs. 1 S. 1 BGB und wäre daher unwirksam, weil zu kurz (→ § 6 Rn. 37). Die Einzelheiten sind allerdings umstritten und können hier nicht näher dargestellt werden.

8 Geht aus einer Klausel nicht eindeutig hervor, ob sie als statische oder als eine kleine dynamische Bezugnahmeabrede abgefasst ist, ist sie nach § 305 c Abs. 2 BGB als kleine dynamische Klausel auszulegen.[3] Bedeutung erlangt das vor allem dann, wenn im Arbeitsvertrag lediglich bestimmt ist, dass der »X-Tarifvertrag Anwendung« findet. Ebenso liegt eine dynamische Bezugnahme vor, wenn im Vertrag das Gehalt des Arbeitnehmers beziffert ist, gleichzeitig aber auch eine tarifliche Vergütungsregelung ins Spiel gebracht wird (»Der Arbeitnehmer erhält ein Gehalt nach Vergütungsgruppe KR II/3 = EUR 2.157,71«). In diesen Fällen ist der fragliche Vergütungstarifvertrag in seiner jeweils aktuellen Fassung anzuwenden, so dass der Arbeitnehmer an späteren Tarifsteigerungen teilnimmt.

---

1 *BAG* 8.12.2015, NZA-RR 2016, 374 Rn. 33.
2 *BAG* 6.5.2009, NZA-RR 2009, 593 Rn. 29.
3 *S. etwa: BAG* 13.5.2015, NZA-RR 2016, 6; *BAG* 10.11.2010, NZA 2011, 655 Rn. 13.

Haben die Parteien eine dynamische Klausel in den Vertrag aufgenommen, wird stets   9
der jeweils aktuelle Tarifinhalt in das Arbeitsverhältnis einbezogen und zwar auch
dann, wenn ein neuer Tarifvertrag schlechtere Arbeitsbedingungen enthält als sein
Vorgänger. Daran ändert § 305c Abs. 2 BGB nichts und zwar schon deshalb nicht,
weil es dem Sinn und Zweck der Bezugnahmeabrede zuwiderlaufen würde, wenn es
zu einem »Hin und Her« von Arbeitsbedingungen kommen würde.[4]

Ist in den Arbeitsvertrag eine kleine dynamische Verweisung eingeführt, kann diese   10
nicht einfach in eine große dynamische Bezugnahmeklausel »umgedeutet« werden.[5]
Dies erlangt vor allem bei Betriebsübergängen große Bedeutung, sollte der Betrieb an
ein Unternehmen mit anderer Branchenzugehörigkeit veräußert werden (Einzelheiten
dazu → § 8 Rn. 19). Trotz eines damit eingetretenen Tarifwechsels bleibt es bei der weiteren Anwendbarkeit des vormals in Bezug genommenen Tarifvertrags.

Dessen ungeachtet ist die Rechtsprechung in Sonderfällen aber bereit, kleine dynami-   11
sche Bezugnahmeklauseln über ihren Wortlaut erweiternd so auszulegen, dass sie
einen etwaigen Tarifwechsel nachvollziehen. Dies gilt zunächst, wenn im Arbeitsvertrag nur auf die jeweiligen »Verbandstarifverträge« verwiesen ist, der Arbeitgeber
später aber mit der Gewerkschaft, die Partei dieser Tarifverträge ist, einen separaten
Haustarifvertrag schließt. Auf normativer Ebene wird der Verbands- durch den Haustarifvertrag verdrängt (→ § 6 Rn. 80f.) und nach Ansicht der Rechtsprechung vollzieht
auch die Verweisungsabrede den Wechsel vom Verbands- zum Haustarifvertrag nach.[6]
Große Bedeutung erlangt das in Sanierungsfällen, in denen der Arbeitgeber mit der tarifschließenden Gewerkschaft die (meist befristete) Herabsetzung von Arbeitsbedingungen vereinbart.

Darüber hinaus vollzieht eine kleine dynamische Bezugnahmeklausel, die auf einen be-   12
stimmten Tarifvertrag verweist, einen Tarifwechsel auch dann nach, wenn das bisherige
Verweisungsobjekt wegfällt und durch ein anderes ersetzt wird, wie es 2005/2006 im
öffentlichen Dienst der Fall war. Dort wurde über Jahrzehnte der BAT angewandt.
Entsprechend wurde in fast allen Arbeitsverträgen »auf den BAT in seiner jeweiligen
Fassung« Bezug genommen. Dieser wurde 2005 bzw. 2006 durch den neuen TVöD
bzw. TV-L ersetzt. Das bereitete zumindest dann keine Probleme, soweit die Verweisungsklausel um die Worte »oder die ihn ersetzenden Tarifverträge« ergänzt war. Doch
fanden sich auch viele Verweisungsabreden, in denen lediglich die Anwendung der jeweils aktuellen Fassung »des BAT« bestimmt war. Zu Recht entschied das BAG, dass
der Arbeitsvertrag mit Abschluss des TVöD lückenhaft geworden war und die von den
Parteien bei Vertragsschluss nicht erkannte Regelungslücke im Wege einer ergänzenden Vertragsauslegung zu schließen ist. Daher sind auch auf diese Arbeitsverhältnisse
der TVöD bzw. TV-L anzuwenden.[7] Gleichermaßen wird im Hinblick auf frühere
Staatsunternehmen verfahren, für die neue Tarifverträge gelten (Beispiel: Tarifverträge
Deutsche Post/Telekom).[8]

---

4 Prägend: *BAG* 24.9.2008, NZA 2009, 154.
5 Prägend: *BAG* 29.8.2007, NZA 2008, 364; *BAG* 22.10.2008, NZA 2009, 151.
6 *BAG* 24.9.2008, NZA 2009, 154.
7 *BAG* 25.2.2015, NZA 2015, 943; *BAG* 24.8.2011, AP Nr 94 zu § 1 TVG Bezugnahme auf Tarifvertrag; *BAG* 29.6.2011, NZA 2012, 416; *BAG* 19.5.2010, NZA 2010, 1183; *BAG* 16.12.2009, NZA
   2010, 401.
8 Wenngleich mit unterschiedlichem methodischen Ansatz: *BAG* 6.7.2011, NZA 2012, 640; *BAG*
   24.9.2008, NZA 2009, 154.

IV. Bezugnahme durch betriebliche Übung

13 Eine Bezugnahme auf Tarifverträge kann auch durch eine betriebliche Übung bewirkt werden.[9] Kommt es dazu, erstreckt sich die betriebliche Übung nicht nur auf die für die Arbeitnehmer günstigen, sondern auch auf die für sie belastenden Tarifbestimmungen (wie z. B. Ausschlussfristen).

14 Die zur Begründung einer betrieblichen Übung notwendige regelmäßige Wiederholung bestimmter Verhaltensweisen liegt aber noch nicht darin, dass der Arbeitgeber lediglich drei Monate hintereinander den Tariflohn auszahlt. Vielmehr ist im Gegenteil davon auszugehen, dass sich ein nicht tarifgebundener Arbeitgeber grundsätzlich nicht der Regelungsmacht der Verbände für die Zukunft unterwerfen will. Denn wenn er das wollte, wäre er dem tarifschließenden Arbeitgeberverband beigetreten. Die fehlende Tarifbindung verdeutlicht also seinen Willen, die Erhöhung der Löhne und Gehälter zukünftig nicht ohne Beitrittsprüfung entsprechend der Tarifentwicklung vorzunehmen. Daher braucht es für die Annahme eines einschlägigen Rechtsbindungswillens des Arbeitgebers schon sehr deutliche Anhaltspunkte. Kaum anderes gilt aber auch für den tarifgebundenen Arbeitgeber. So hat die Rspr. die Annahme einer betrieblichen Übung selbst in Fällen abgelehnt, in denen der Arbeitgeber seine Belegschaft über lange Zeit nach dem Tarifvertrag entlohnt, dabei auch Tariflohnerhöhungen weitergegeben und in Lohnabrechnungen sogar zwischen »tariflichen Leistungen« und Zulagen unterschieden hatte.[10]

15 Im vorliegenden Zusammenhang ist ganz besonders zu beachten, dass eine betriebliche Übung nicht entsteht, wenn der Arbeitgeber irrtümlich glaubt, er sei bereits aus einem anderen Rechtsgrund zur Leistungserbringung verpflichtet.

Beispiel: Der Arbeitgeber wendet seit längerer Zeit einen Tarifvertrag an, der vor einigen Jahren für allgemein verbindlich (→ § 9 Rn. 5 ff.) erklärt wurde. Später stellt sich die Allgemeinverbindlicherklärung als unwirksam heraus. Trotz der langjährigen Weitergabe des Tarifinhalts an die Arbeitnehmer ergab sich keine betriebliche Übung.

V. Wirkung von Bezugnahmeklauseln, Kollision mit tariflichen Arbeitsbedingungen

1. Schuldrechtliche Einbeziehung des Tarifinhalts

16 Verweisungsabreden beziehen den Tarifvertrag auf schuldrechtlicher Basis in das Arbeitsverhältnis ein. Die Tarifnormen gelten also nicht normativ, sondern werden zum Bestandteil des Einzelarbeitsvertrags. Das darf man freilich nicht dahingehend missverstehen, dass der Arbeitgeber deshalb nicht an die tariflich festgelegten Arbeitsbedingungen gebunden wäre. Der Arbeitgeber hat sie vielmehr nach dem Grundsatz des pacta sunt servanda, wie jede andere Vertragsabrede auch, einzuhalten. Die tariflichen Arbeitsbedingungen finden lediglich keine zwingende Anwendung (→ § 6 Rn. 22 ff.). Die Arbeitsvertragsparteien könnten sie also jederzeit einvernehmlich abbedingen und zwar auch zu Ungunsten des Arbeitnehmers. Dazu ist der Arbeitgeber

---

9 *BAG* 24.2.2016, NZA 2016, 557; *BAG* 17.11.2015, NZA 2016, 308; *BAG* 19.10.2011, NZA-RR 2012, 344; *BAG* 22.4.2009, NZA 2009, 1286; *BAG* 17.4.2002, NZA 2002, 1096; *BAG* 16.1.2002, NZA 2002, 632.

10 Im Fall kam aber hinzu, dass der Arbeitgeber in den Vorjahren in Aushängen auch erklärt hatte, dass er die Tariflohnerhöhung »auch diesmal« an die Belegschaft weitergeben würde.

aber eben auf das Einverständnis des Arbeitnehmers angewiesen. Einseitig kann der Arbeitgeber andere Arbeitsbedingungen dagegen nur im Wege einer Änderungskündigung gegen den Arbeitnehmer (§ 2 KSchG) durchsetzen (vgl. dazu die Parallelen zur Nachwirkung und zum schuldrechtlichen Einbezug des Tarifvertrags über eine Bezugnahmeklausel → § 6 Rn. 9 und → § 8 Rn. 8).

Da der einbezogene Tarifinhalt im Arbeitsverhältnis nicht normativ gilt, findet § 4 **17** Abs. 4 TVG keine Anwendung. Ein Verzicht auf »tarifliche Ansprüche«, die nur über die Verweisungsabrede »entstanden« sind, ist also möglich.

Ob sich Tarifnormen, die zu Lasten des Arbeitnehmers von tarifdispositivem Geset- **18** zesrecht abweichen, auch über eine Bezugnahmeabrede im Arbeitsverhältnis realisieren, beurteilt sich nach der maßgeblichen gesetzlichen Regelung, von der abgewichen werden soll. Erforderlich ist, dass die fragliche Norm ausdrücklich anordnet, dass nicht tarifgebundene Arbeitsvertragsparteien im Geltungsbereich eines einschlägigen Tarifvertrags die Anwendung der von zwingenden Gesetzesrecht abweichenden tarifvertraglichen Bestimmungen vereinbaren können. Das ist der Regelfall, vgl. etwa: § 622 Abs. 4 S. 2 BGB, § 13 Abs. 1 S. 2 BUrlG, § 4 Abs. 4 S. 2 EFZG, §§ 8 Abs. 4 S. 4, 12 Abs. 3 S. 2, 13 Abs. 4 S. 2, 14 Abs. 2 S. 4 TzBfG, § 19 Abs. 2 BetrAVG, §§ 1 Abs. 1b S. 4–6, 8 Abs. 2 S. 3, 8 Abs. 4 S. 3 AÜG. Die meisten gesetzlichen Bestimmungen binden die Verweisung auf gesetzesabweichendes Tarifrecht aber daran, dass das Arbeitsverhältnis bei normativer Tarifgeltung in den räumlichen, sachlichen und personellen Geltungsbereich des fraglichen Tarifvertrages fallen würde. Dabei verlangen die einschlägigen Gesetzesbestimmungen nicht, dass auf den gesamten Tarifvertrag Bezug genommen wird. Vielmehr genügt die Übernahme des Regelungskomplexes aus dem einschlägigen Tarifvertrag. Gegen derartige »punktuelle« Verweisungen bestehen abweichend von den in Rn. 7 aufgezeigten Grundsätzen auch keine AGB-rechtlichen Bedenken, da das Gesetz selbst sie ja ausdrücklich zulässt.

2. Konstitutive Wirkung, »Konkurrenz« mit einem normativ geltenden Tarifvertrag

Die Bezugnahmeabrede gibt dem Arbeitnehmer stets einen schuldrechtlichen An- **19** spruch auf die im Tarifvertrag niedergelegten Arbeitsbedingungen zur Hand. Das gilt unabhängig davon, ob der in Bezug genommene Tarifvertrag im Arbeitsverhältnis bereits auf normativer Basis gilt oder ob im Arbeitsverhältnis daneben ein anderer Tarifvertrag normative Geltung erlangt. Man spricht deshalb auch davon, dass die Bezugnahmeabrede »konstitutive Wirkung« hat. Ist der bei einem tarifgebundenen Arbeitgeber beschäftigte Arbeitnehmer also Gewerkschaftsmitglied und findet sich in seinem Arbeitsvertrag eine Verweisungsabrede auf die einschlägigen Tarifverträge, ergibt sich in seinem Arbeitsverhältnis eine Anspruchskonkurrenz. Der Arbeitnehmer kann die tarifvertraglichen Arbeitsbedingungen sowohl auf normativer als auch auf schuldrechtlicher Grundlage einfordern. Will der Arbeitgeber dies vermeiden, darf er Bezugnahmeabreden entweder nur in Arbeitsverträgen unorganisierter Arbeitnehmer verwenden (was eher theoretisch erscheint, → Rn. 2) oder aber er muss klarstellen, dass die Klausel nicht greift, sollte der Tarifvertrag im Arbeitsverhältnis ohnehin schon auf tarifrechtlicher Grundlage gelten. Bedeutung kann ein derartiger Ausschluss vor allem im Fall eines Tarifwechsels oder Betriebsübergangs erlangen (→ § 8 Rn. 12ff.).

Wird mit einer Bezugnahmeabrede auf einen anderen Tarifvertrag verwiesen als den- **20** jenigen, der im Arbeitsverhältnis auf normativer Grundlage gilt, ist dieses Konkurrenzverhältnis nach Maßgabe des Günstigkeitsprinzips des § 4 Abs. 3 TVG aufzulösen.[11]

Beispiel: A ist bei der nicht tarifgebundenen B-GmbH angestellt, die Reinigungsarbeiten in Kliniken und Krankenhäusern erbringt. Im Arbeitsvertrag des A ist auf den TVöD verwiesen, nach dessen Regelungen A ein Stundenlohn in Höhe von 14 EUR zusteht. Wenig später wird der für den Betrieb einschlägige Tarifvertrag für das Gebäudereinigerhandwerk für allgemeinverbindlich erklärt.[12] Dieser sieht für die von A verrichteten Tätigkeiten einen Stundenlohn in Höhe von 10 EUR vor. Obgleich A und die B-GmbH nach § 5 Abs. 4 TVG (→ § 9 Rn. 19) normativ an den TV Gebäudereinigung gebunden sind, kann A gemäß §§ 611 BGB i. V. m. 4 Abs. 3 TVG weiterhin einen Arbeitslohn in Höhe von 14 EUR beanspruchen.

Herausragende Bedeutung erlangt das bei Betriebsübergängen → § 8 Rn. 19. Probleme bereitet in dieser Konstellation allerdings die praktische Durchführung des Sachgruppenvergleichs. Dieser ist nämlich auf eine punktuelle Kollision einzelner individuell vereinbarter Arbeitsbedingungen mit vergleichbaren Tarifbestimmungen zugeschnitten, nicht aber auf einen Abgleich zweier Regelwerke, die mehr oder weniger das gesamte Arbeitsverhältnis abdecken. In der Literatur wird daher vorgeschlagen, hier ausnahmsweise einen einmaligen, am Jahresverdienst orientierten Gesamtvergleich vorzunehmen.[13] Gerade hier verdient die Faustformel des BAG besondere Beachtung, wonach dann, wenn nicht zweifelsfrei feststellbar ist, ob die individualvertragliche Regelung für den Arbeitnehmer günstiger ist, es bei der Geltung der tariflichen Bestimmungen bleibt.[14]

VI. Gleichstellungsklauseln und unbedingte dynamische Bezugnahmeabreden

1. Keine automatische Gleichstellungswirkung

21 Arbeitgeber greifen häufig auf Bezugnahmeklauseln zurück, um im Betrieb einheitliche Arbeitsbedingungen herzustellen (→ Rn. 2). Doch folgt daraus nicht, dass, wenn ein tarifgebundener Arbeitgeber eine kleine dynamische Bezugnahmeklausel in den Arbeitsvertrag aufnimmt, diese deshalb automatisch als reine »Gleichstellungsabrede« auszulegen wäre. Vielmehr liegt nur dann eine Gleichstellungsklausel vor, wenn der Arbeitgeber seine normative Bindung an den fraglichen Tarifvertrag zur auflösenden Bedingung für die Dynamik der Verweisung gemacht hat.[15] Ist eine kleine dynamische Klausel dagegen vorbehaltlos formuliert (»Der Y-Tarifvertrag in seiner jeweiligen Fassung …«), führt sie automatisch zur Anwendung des im Vertrag bezeichneten Tarifvertrags in seiner jeweils aktuellen Fassung, ohne dass es auf eine etwaige Tarifbindung des Arbeitgebers ankäme.

22 **Beispiel:** Der tarifgebundene Arbeitgeber A ist seit vielen Jahren Mitglied im M-Arbeitgeberverband (M-Verband). In seinen Arbeitsverträgen findet sich eine Bezugnahmeklausel, wonach die »zwischen dem M-Verband und der X-Gewerkschaft abgeschlossenen Tarifverträge in ihrer jeweiligen Fassung entsprechende Anwendung« finden sollen. M und X schlossen einen TV 1, der bis zum 31.12.2017 befristet

---

11 *BAG* 17.6.2015, NZA 2016, 373; grundlegend: *BAG* 29.8.2007, NZA 2008, 364.
12 Es handelt sich hier um ein fiktives Beispiel. Lohntarifverträge werden nur selten für allgemein verbindlich erklärt. Für das Gebäudereinigerhandwerk ist lediglich der einschlägige Mindestlohntarif durch Rechtsverordnung nach § 7 AEntG für zwingend erklärt worden.
13 *Löwisch/Rieble* TVG § 4 Rn. 545.
14 *BAG* 5.4.2015, NZA 2015, 1274.
15 St. Rspr., s. etwa *BAG* 5.7.2017, NZA 2018, 47; *BAG* 17.11.2010, NZA 2011, 457; grundlegend: *BAG* 14.12.2005, NZA 2006, 607; *BAG* 18.4.2007, NZA 2007, 965.

ist und einen Stundenlohn in Höhe von 15 EUR vorgibt. A verlässt den M-Verband mit Wirkung zum 30.6.2017. Im Februar 2018 verständigen sich die Tarifpartner auf einen neuen TV 2, nach dem ab dem 1.3.2018 ein Stundenlohn in Höhe von 18 EUR zu zahlen ist. Bei A sind seit einigen Jahren das Gewerkschaftsmitglied B und der nicht organisierte Arbeitnehmer C beschäftigt.

Tarifrechtlich ergibt sich folgende Situation: Mangels Gewerkschaftsmitgliedschaft gilt **23** im Arbeitsverhältnis des C keiner der beiden Tarifverträge normativ. Dagegen gilt im Arbeitsverhältnis des B der TV 1 bis zum 31.12.2017 unmittelbar und zwingend. Bis zum 30.6.2017 folgt dies aus §§ 3 Abs. 1 i.V. m. 4 Abs. 1 TVG, vom 1.7.2017 bis zum 31.12.2017 aus § 3 Abs. 3 TVG (Fortgeltung → § 6 Rn. 2 ff.). Mit dem Außerkrafttreten des TV 1 gerät dieser in Nachwirkung (§ 4 Abs. 5 TVG → § 6 Rn. 12). Der neue TV 2 findet nach dem Verbandsaustritt des A keine normative Anwendung mehr. Für B bleibt es also bis auf weiteres bei der »statischen« Nachwirkung des TV 1. Folglich hat er keinen Anspruch auf die 2018 vereinbarte Lohnerhöhung.

Anders präsentiert sich die Rechtslage im Hinblick auf die Bezugnahmeabrede. Denn **24** danach sollen die zwischen dem M-Verband und der X-Gewerkschaft vereinbarten Tarifverträge ja in ihrer *»jeweils geltenden Fassung«* Anwendung finden. Das heißt: Die Verweisungsklausel erstreckt sich bis zum 28.2.2018 auf den TV 1 und ab dem 1.3.2018 auf den TV 2. Daher können sowohl B als auch C von ihrem Arbeitgeber – die Bezugnahmeklausel wirkt auch in Arbeitsverträgen tarifgebundener Arbeitnehmer konstitutiv (→ Rn. 19) – bis zum 28.2.2018 einen Arbeitslohn in Höhe von 15 EUR und ab dem 1.3.2018 auch den höheren Lohnanspruch von 18 EUR verlangen.

2. Konsequenzen für die Gestaltung des Arbeitsvertrags

Eine vorbehaltlos formulierte kleine dynamische Bezugnahmeklausel »dynamisiert« **25** also auch dann weiter, wenn der im Vertrag bezeichnete Tarifvertrag tarifrechtlich nur noch statisch nachwirkt. Dadurch fallen nicht nur die tarif- und schuldrechtliche Rechtslage auseinander, vielmehr bleibt der Arbeitgeber de facto »auf ewig« an die weitere Tarifentwicklung gebunden, so dass sich der Verbandsaustritt im Ergebnis als nutzlos erweist (deshalb auch »ewige dynamische Tarifbindung«). Er kann allenfalls darauf hoffen, dass die Arbeitnehmer in eine Änderung der Bezugnahmeabrede einwilligen, wozu sich diese aber nur in Ausnahmefällen veranlasst sehen werden.

Will der tarifgebundene Arbeitgeber eine derartige »ewige dynamische Bindung« an **26** den Tarifvertrag vermeiden, muss er im Vertrag eindeutig zum Ausdruck bringen, dass die Dynamisierungswirkung einer kleinen dynamischen Bezugnahmeabrede wegfallen wird, sollten auf seinen Betrieb keine Tarifverträge mehr normative Anwendung finden. Das mögen folgende drei **Formulierungsbeispiele** verdeutlichen:

(1.) »... Tritt der Arbeitgeber aus dem tarifschließenden ... M-Arbeitgeberverband aus, bleiben die M-Tarifverträge in ihrer bis zum Zeitpunkt des Wirksamwerdens des Austritts geltenden Fassung maßgeblich«. (2.) »... Entfällt die Tarifbindung des Arbeitgebers, gelten die zu diesem Zeitpunkt gemäß Ziff. X Absatz Y des Vertrags anwendbaren Tarifverträge statisch in der zuletzt gültigen Fassung fort, soweit sie nicht durch andere Abmachungen ersetzt werden«. (3.) »Diese Regelung dient nur der Gleichstellung von tarifgebundenen und nicht tarifgebundenen Arbeitnehmern. Über diese Gleichstellung hinausgehende Ansprüche werden mit ihr nicht begründet ... (Fortsetzung wie Klausel 1).«

Alle diese Formulierungen führen dazu, dass nach einem Verbandsaustritt des Arbeitgebers sowohl tarifrechtlich als auch über die Bezugnahmeklausel der bis dato im Betrieb anwendbare Tarifvertrag nur noch statisch in der Fassung gilt, die am Tag des Verbandsaustritts aktuell war. In dem in Rn. 22 geschilderten Fall würde also für alle im Betrieb beschäftigten Arbeitnehmer bis auf weiteres der TV 1 gelten. Sie könnten also lediglich einen Arbeitslohn in Höhe von 15 EUR beanspruchen.

27 Für den nicht tarifgebundenen Arbeitgeber gelten insoweit andere Maßgaben, als in seinem Betrieb von vornherein kein Tarifvertrag normativ gilt. Eine von ihm in den Vertrag eingeführte Bezugnahmeabrede dynamisiert notwendigerweise »auf ewig«. Doch kann er sich vorbehalten, dass er durch Erklärung gegenüber dem Arbeitnehmer für die Zukunft die Anwendung der fraglichen Tarifverträge auf die im Zeitpunkt der Erklärung geltende Fassung beschränkt. Übt er den Vorbehalt aus, wird aus der dynamischen Verweisungsabrede eine statische. Dabei verstößt eine derartige Vertragsabrede nicht gegen § 308 Nr. 4 BGB, da dem Arbeitnehmer der bis zur Erklärung des Vorbehalts erreichte Status quo stets erhalten bleibt.[16]

3. Frühere Rechtsprechung des BAG und Vertrauensschutz

28 Die in den vorangehenden Randnummern 21 bis 27 dargestellten Rechtsgrundsätze galten so nicht immer. Vielmehr hatte das BAG bis zum Jahr 2005[17] genau die gegenteilige Position eingenommen. Es war nämlich der Meinung, dass eine von einem tarifgebundenen Arbeitgeber formulierte kleine dynamische Bezugnahme auf die einschlägigen Tarifverträge typischerweise als Gleichstellungsabrede auszulegen ist. Zur Begründung hatte das BAG damals ausgeführt, dass eine derartige Klausel nicht mehr bewirken soll, als dass der Arbeitnehmer unabhängig von seiner Tarifgebundenheit an der Tarifentwicklung des in Bezug genommenen Tarifvertrags teilnimmt, wie wenn er tarifgebunden wäre. Danach endete ihre Dynamik mit einem etwaigen Verbandsaustritt des Arbeitgebers. Wollten die Parteien dagegen die Geltung der fraglichen Tarifverträge unabhängig von der Tarifgebundenheit des Arbeitgebers festlegen, musste dies im Vertrag ausdrücklich festgeschrieben werden.

29 Die frühere Rechtsprechung sah sich mit einem Bündel von Kritikpunkten konfrontiert: Das BAG hatte bis zum Jahr 2005 argumentiert, dass der Arbeitgeber bei Vertragsschluss nicht erfragen darf, ob der Stellenbewerber tarifgebunden ist oder nicht. Will der tarifgebundene Arbeitgeber dessen ungeachtet eine Gleichstellung der nicht tarifgebundenen mit den tarifgebundenen Arbeitnehmern erreichen, müsse er im Ergebnis allen Arbeitnehmern (s. Rn. 2) die Anwendung der einschlägigen Tarifverträge anbieten. Daher sei der Gleichstellungszweck einer Bezugnahmeabrede vom Empfängerhorizont eines verständigen Arbeitnehmers her auch dann erkennbar, wenn er sich nicht aus dem Wortlaut der Klausel erschließt.

30 Das konnte nicht überzeugen. Angesichts des eindeutigen Klauselwortlauts war noch nicht einmal wirklich zu erklären, warum die Klausel überhaupt nach §§ 133, 157 BGB auslegungsbedürftig sein soll. Vor allem ließ sich das vom BAG früher vertretene Auslegungsergebnis nicht mit dem an sich eindeutigen Klauselwortlaut vereinbaren. Es hatte vielmehr den Anschein, als habe das BAG seine Rechtsauffassung mehr oder weniger zum Verständnishorizont des durchschnittlichen Arbeitnehmers deklariert. Hinzukommt: Hätte man die Rechtsprechung konsequent zu Ende gedacht, hätte eine vorbehaltlos formulierte Klausel wohl als mehrdeutig qualifiziert und daher wenigstens nach § 305 Abs. 2 BGB als unbedingt dynamische Abrede ausgelegt werden müs-

---

16 *Preis/Greiner*, NZA 2007, 1073 (1079), die allerdings die Aufnahme eines Änderungsgrundes (»aus wirtschaftlichen Gründen«) vorschlagen.
17 Beispielsweise: *BAG* 26.9.2001, NZA 2002, 634; *BAG* 27.11.2002, NZA 2003, 1278.

sen. Schließlich bewirkte die frühere Rechtsprechung eine bemerkenswerte Ungleichbehandlung von tarifgebundenen und nicht tarifgebundenen Arbeitgebern. Denn eine von einem nicht organisierten Arbeitgeber in den Vertrag eingeführte Abrede wurde schon immer als eine vorbehaltlos dynamisierende Klausel bewertet. Das wiederum hatte zur Folge, dass ein Stellenbewerber sich bei seinem potentiellen Arbeitgeber hätte erkundigen müssen, ob dieser tarifgebunden ist oder nicht. Wäre dieser nämlich tarifgebunden, hätte der Stellenbewerber dafür sorgen müssen, dass die Bezugnahmeabrede um einen Zusatz ergänzt wird, wonach ihre Dynamik auch bei einem Verbandsaustritt des Arbeitgebers nicht enden wird. Dass dieses Szenario unrealistisch ist, liegt auf der Hand und zwar ungeachtet des Umstands, dass die Frage des Arbeitnehmers nach der Tarifbindung des Arbeitgebers nicht durch Art. 9 Abs. 3 GG verboten ist.

Trotz deutlicher Kritik an seiner früheren Rechtsprechung hatte das BAG über viele **31** Jahre an ihr mit Nachdruck festgehalten. Das hat das BAG dazu veranlasst, als es diese im Jahr 2005 bzw. 2007 aufgegeben hat, Arbeitgebern Vertrauensschutz zu gewähren. Der Arbeitgeber kann einschlägige »Altklauseln« nämlich nicht einfach an die neue Rechtslage anpassen, sondern ist dazu auf eine Vertragsänderung angewiesen, die wiederum das Einverständnis jedes einzelnen Arbeitnehmers voraussetzt. Allerdings hat das BAG als Zeitpunkt für das Auslaufen des Vertrauensschutzes nicht etwa den Tag der Ankündigung der bevorstehenden Rechtsprechungsänderung (14.12.2005), sondern den des Inkrafttretens der Schuldrechtsnovelle (1.1.2002) gewählt, was im Hinblick auf die zwischen 2002 und 2005 abgeschlossenen Arbeitsverträge nicht ganz glücklich erscheint.

Gilt es also in einem Fall die Wirkung einer vorbehaltlos formulierten kleinen dynami- **32** schen Bezugnahmeklausel zu prüfen, die ein tarifgebundener Arbeitgeber in den Vertrag eingeführt hat, so muss zunächst eruiert werden, wann diese verabredet wurde. War das vor dem 1.1.2002 der Fall und liegt mithin eine »Altklausel« vor, so endet ihre Dynamik stets dann, wenn der Tarifvertrag, auf den sie verweist, nicht mehr im Betrieb normativ gilt. Wurde sie dagegen ab dem 1.1.2002 vereinbart, greifen die in Rn. 21 ff. dargelegten Grundsätze. Zuletzt hat sich insoweit übrigens immer häufiger die Frage gestellt, ob aus einem »Altvertrag« ein Neuvertrag wird, wenn die Parteien ihn nach dem 1.1.2002 abgeändert haben. Das BAG bejaht dies, soweit dabei auch die Bezugnahmeklausel zum Gegenstand der rechtsgeschäftlichen Willensbildung der Vertragsparteien gemacht worden ist.[18]

§ 8. Der Tarifvertrag im Betriebsübergang

I. Allgemeines

Das Schicksal tariflicher Arbeitsbedingungen nach einem Betriebsübergang ist nicht **1** nur in der arbeitsrechtlichen Praxis von herausragender Bedeutung, sondern erscheint auch in dogmatischer und didaktischer Hinsicht von ganz besonderem Interesse, weil sich an dieser Stelle die normativen Geltungstatbestände des Tarifrechts, das Recht der

---

18 S. etwa *BAG* 13.5.2015, NZA-RR 2016, 6; *BAG* 19.10.2011, NZA 2012, 583; *BAG* 18.11.2009, NZA 2010, 170.

Bezugnahmeklauseln sowie die Vorgaben des Betriebsübergangsrechts in vielfältiger Weise überschneiden.

2 Virulent werden die damit verbundenen Probleme insbesondere dann, wenn ein tarifgebundener Veräußerer den Betrieb an einen Erwerber überträgt, der nicht tarifgebunden ist, oder aber dann, wenn im Erwerberbetrieb ein anderer Tarifvertrag gilt als derjenige, der für den Veräußererbetrieb maßgeblich war. Insoweit sollte man sich, was vielen Studierenden beim Studium des Tatbestands[1] des § 613a BGB nicht immer hinreichend klar ist, vor Augen führen: In nicht wenigen Fällen, in denen in Streit steht, ob ein Betriebsübergang stattgefunden hat oder nicht, geht es nicht etwa darum, dass sich der (potentielle) Erwerber weigern würde, die für den Veräußerer tätigen Arbeitnehmer zu übernehmen. Vielmehr ist in diesen Fällen der (potentielle) Erwerber durchaus bereit, einen Großteil der Belegschaft seines »Vormanns« weiter zu beschäftigen.[2] Häufig geschieht dies aber in der Weise, dass er diesen den Abschluss neuer Arbeitsverträge anbietet, das indes zu schlechteren Arbeitsbedingungen im Vergleich zu denjenigen, die im Veräußererbetrieb maßgeblich waren. Derartige Konstellationen begegnen dem Rechtsanwender insbesondere in Outsourcingfällen, also dann, wenn ein Unternehmen eine Betriebsabteilung an eine Tochtergesellschaft oder an einen externen Dienstleister überträgt. Kann hier ein Betriebsübergang festgestellt werden, ist der Erwerber an die im Veräußererbetrieb vorherrschenden Arbeitsbedingungen gebunden; war dort ein Tarifvertrag anwendbar, greifen die nachstehenden Grundsätze.

II. »Kollektivrechtliche« Seite

3 Die Grundlegung für die weitere Anwendbarkeit eines Tarifvertrags im Fall eines Betriebsübergangs bietet § 613a Abs. 1 S. 2 BGB. Allerdings ist diese Regelung nur unter zwei Voraussetzungen anwendbar: (1.) Der fragliche Tarifvertrag muss im Arbeitsverhältnis im Zeitpunkt des Betriebsübergangs normativ gegolten haben. Dabei reicht aber, dass der Tarifvertrag im Arbeitsverhältnis wenigstens in Nachwirkung war.[3] Auf § 613a Abs. 1 S. 2 BGB darf daher nicht zurückgegriffen werden, wenn der Arbeitnehmer vor dem Betriebsübergang nicht Mitglied der tarifschließenden Gewerkschaft war und die tariflichen Arbeitsbedingungen nur auf Grund einer Bezugnahmeklausel in das Arbeitsverhältnis eingeführt wurden. Gleiches gilt natürlich, wenn der Arbeitgeber nicht organisiert war. (2.) Umgekehrt darf der fragliche Tarifvertrag im Erwerberbetrieb nicht bereits aus sich heraus normativ gelten. Sind Erwerber und Arbeitnehmer an ihn tarifrechtlich gebunden, gilt er alleine auf Basis der §§ 3 Abs. 1, 4 Abs. 1 TVG.

4 § 613a Abs. 1 S. 2 BGB bewirkt eine Transformation des beim Veräußerer geltenden Tarifvertrags in das einzelne Arbeitsverhältnis, zuweilen auch als »Weitergeltung des

---

1 Der nachfolgende Abschnitt beschränkt sich naturgemäß auf die kollektivrechtliche Seite des Betriebsübergangsrechts. Den Studierenden sei indes empfohlen, bei der Lektüre dieses Kapitels unbedingt gelegentlich auch den Tatbestand des § 613a Abs. 1 S. 1 BGB zu wiederholen.

2 Erst dadurch erklärt sich, dass, wenn auf der Tatbestandsseite des § 613a Abs. 1 S. 1 BGB festgestellt werden soll, ob ein Betriebsübergang vorliegt, im Rahmen des insoweit gebräuchlichen 7-Punkte-Prüfungskatalogs (unter anderem) danach gefragt wird, ob der (potentielle) Erwerber einen nach Zahl und Sachkunde wesentlichen Teil der Belegschaft übernommen hatte.

3 *EuGH* 11.9.2014, NZA 2014, 1092 – ÖGB. Im Ergebnis würde es allerdings keinen Unterschied machen, würde ein Einbezug des nachwirkenden Tarifvertrags in S. 2 abgelehnt. Die Tarifbestimmungen wären dann unter S. 1 zu subsumieren. Damit wären sie zwar der Parteivereinbarung zugänglich. Doch ist dies auch der Fall, wenn der Tarifvertrag transformiert wird, da er ja nicht mehr normativ gilt, vgl. § 613a Abs. 1 S. 4 Hs. 1. Das ist folgerichtig, wäre der Tarifvertrag doch auch beim Veräußerer parteidispositiv gewesen, vgl. § 4 Abs. 5 TVG.

Tarifvertrags« bezeichnet.[4] Die einzelnen Tarifbestimmungen werden also zum Inhalt des auf den Erwerber übergegangenen Arbeitsvertrags. Das gilt auch dann, wenn sich der Betriebszweck infolge des Betriebsübergangs ändert:

Beispiel: Ein Metallunternehmen überträgt seine »Mobilfunksparte« an ein Dienstleistungsunternehmen, so dass der fragliche Betriebsteil von der Metall- in die Dienstleistungsbranche »wechselt«.

Grund für diese auf den ersten Blick etwas mühsam erscheinende Konstruktion ist, 5 dass das Gesetz wegen der negativen Koalitionsfreiheit des Erwerbers (Art. 9 Abs. 3 GG, → § 2 Rn. 57) nicht anordnen kann, dass dieser die Tarifbindung des Veräußerers übernimmt und natürlich noch weniger, dass er in die Verbandsmitgliedschaft des Veräußerers eintritt.

Da der Tarifvertrag sich nach § 613a Abs. 1 S. 2 BGB nur einmalig in das Arbeitsver- 6 hältnis »kopieren« kann, wird er auch nur in der Fassung in das Arbeitsverhältnis transformiert, in der er am Tag des Betriebsübergangs gegolten hatte. Er wirkt mithin nur noch statisch weiter. Spätere Änderungen des transformierten Tarifvertrags, wie etwa Lohnerhöhungen, wirken sich daher nicht mehr auf das Arbeitsverhältnis aus.[5] Die Transformation weist daher deutliche Ähnlichkeiten mit der Nachwirkung des Tarifvertrags (→ § 6 Rn. 6ff.) auf.

Die transformierten Tarifbestimmungen dürfen nicht vor Ablauf eines Jahres nach dem 7 Zeitpunkt des Übergangs zum Nachteil[6] des Arbeitnehmers geändert werden (sog. »Veränderungssperre«). Obgleich die nach § 613a Abs. 1 S. 2 BGB transformierten Tarifbestimmungen zum Bestandteil des Arbeitsvertrags werden und mithin auf eine schuldrechtliche Ebene »herabgestuft« sind, hat die Transformation in ihrem ersten Jahr daher einen partiell kollektiv-rechtlichen Einschlag.[7] In dieser Zeit weist sie unverkennbare Ähnlichkeiten mit der Fortgeltung (§ 3 Abs. 3 TVG, → § 6 Rn. 2ff.) auf. Daraus folgt dann auch, dass die Veränderungssperre immer dann entfällt, wenn der betreffende Kollektivvertrag seine zwingende Wirkung verliert, weil er endet (§ 613a Abs. 1 S. 4 BGB), gekündigt oder auch nur geändert wird (vgl. → § 6 Rn. 4).

Nach Ablauf der einjährigen Veränderungssperre steht es den Arbeitsvertragsparteien 8 frei, die transformierten tariflichen Arbeitsbedingungen abzulösen. Indes darf man auch das nicht dahingehend missverstehen, dass die übernommenen Tarifregelungen nach Ablauf der Jahresfrist wegfallen würden oder (und) der Arbeitgeber nach Gutdünken einfach neue Arbeitsbedingungen festsetzen könnte (vgl. bereits → § 6 Rn. 9, → § 7 Rn. 16). Vielmehr gewinnen die Parteien zu diesem Zeitpunkt lediglich ihre Dispositionsbefugnis wieder zurück. Sie können also einvernehmlich (ggf. auch »schlechtere«) Arbeitsbedingungen vereinbaren oder auf einen anderen (ggf. auch »schlechteren«) Tarifvertrag Bezug nehmen (zu letzterem, s. auch Rn. 11). Theoretisch kann der Arbeitgeber nach Ablauf der Veränderungssperre auch versuchen, gegen den Arbeitnehmer eine entsprechende Änderungskündigung durchzusetzen.

Gemäß § 613a Abs. 1 S. 3 BGB findet keine Transformation statt, wenn die »Rechte 9 und Pflichten beim neuen Inhaber durch einen anderen Tarifvertrag geregelt werden«

---

4 Im Zusammenhang mit § 613a Abs. 1 S. 2 BGB sollten indes nicht die Begriffe »Nachwirkung« oder gar »Nachbindung« gebraucht werden, weil sich diese zur Bezeichnung der Tatbestände des § 4 Abs. 5 TVG bzw. des § 3 Abs. 3 TVG eingebürgert haben.

5 St. Rspr., s. zuletzt etwa: *BAG* 23.9.2009, NZA 2010, 513. Dies ist auch mit der europäischen Betriebsübergangsrichtlinie vereinbar: *EuGH* 9.3.2006, NZA 2006, 376 (Werhof).

6 Offen ist, ob insoweit das Günstigkeitsprinzip des § 4 Abs. 3 TVG entsprechende Anwendung findet.

7 *BAG* 22.4.2009, NZA 2010, 41.

(sog. »Ablösung« des Veräußerertarifvertrags). Voraussetzung ist aber stets, dass sowohl der Arbeitgeber als auch der Arbeitnehmer normativ an den »Erwerbertarifvertrag« gebunden sind (sog. »kongruente Bindung an den Erwerbertarifvertrag«). Über ihren Wortlaut hinaus greift die Norm auch dann, wenn der Erwerbertarifvertrag erst nach dem Betriebsübergang im Arbeitsverhältnis normative Geltung erlangt.

10 Voraussetzungen und Wirkungsmechanik des § 613a Abs. 1 S. 3 BGB lassen sich am besten an einem **Beispiel** verdeutlichen:

Der Veräußerer gehört dem A-Arbeitgeberverband (A-AGV) an, der mit der X-Gewerkschaft den TV-A abgeschlossen hat. Dagegen ist der Erwerber Mitglied im B-Arbeitgeberverband (B-AGV), der mit der Y-Gewerkschaft den TV-B abgeschlossen hat. Arbeitnehmer N ist in der X-Gewerkschaft organisiert. Bis zum Betriebsübergang galt in seinem Arbeitsverhältnis der TV-A normativ. Dieser wird mit dem Betriebsübergang in sein Arbeitsverhältnis transformiert (§ 613a Abs. 1 S. 2 BGB). Eine Ablösung des TV-A durch den TV-B nach § 613a Abs. 1 S. 3 BGB scheitert daran, dass dieser im Arbeitsverhältnis des N keine normative Geltung erlangt. Anderes würde sich nur ergeben, wenn der TV-B für allgemein verbindlich erklärt werden würde oder aber, wenn N zur Y-Gewerkschaft wechselt. Hier bleibt dem Erwerber nur, eine Bezugnahme auf den neuen Tarifvertrag anzubieten und insoweit auf das Einverständnis des Arbeitnehmers zu hoffen, s. sogleich → Rn. 11.

11 Alternativ zu § 613a Abs. 1 S. 3 BGB ist eine Ablösung der in das Einzelarbeitsverhältnis transformierten Tarifbestimmungen nach Satz 4 auch dann möglich, wenn sich Arbeitnehmer und Erwerber einvernehmlich auf den Einbezug eines anderen Tarifvertrags verständigen, in dessen Geltungsbereich der Betrieb liegt. Das erweist sich für den Erwerber vor allem dann als interessant, wenn in seinem Unternehmen ein anderer Tarifvertrag gilt, als derjenige, der in dem übergegangenen Betrieb oder Betriebsteil vor dem Betriebsübergang gegolten hatte. Doch erweist sich der Anwendungsbereich der Norm als weitaus geringer, als es auf den ersten Blick den Anschein hat. Keine Rolle spielt sie nämlich in den folgenden drei Konstellationen: (1.) Die Parteien sind beiderseits normativ an den Tarifvertrag gebunden, auf den sie auch Bezug nehmen wollen. In diesem Fall wird der transformierte Veräußerertarifvertrag bereits nach § 613a Abs. 1 S. 3 BGB abgelöst. Die Parteien unterliegen daher nicht mehr den Beschränkungen des § 613a Abs. 1 S. 2 Hs. 2 BGB und sind daher sowieso frei darin, den normativ geltenden Tarifvertrag auch schuldrechtlich in Bezug zu nehmen. (2.) Der Betriebsübergang liegt länger als ein Jahr zurück. Folglich ist die Veränderungssperre des § 613a Abs. 1 S. 2 Hs. 2 BGB ausgelaufen. Die Parteien können also ohnehin nach eigenem Gutdünken über die transformierten Tarifbestimmungen disponieren. (3.) Der in Bezug genommene Tarifvertrag erweist sich (insgesamt) günstiger als der transformierte Tarifvertrag. Dann können die Parteien schon während der Veränderungssperre des § 613a Abs. 1 S. 2 Hs. 2 BGB auf ihn Bezug nehmen, da diese nur eine Abweichung zu Lasten des Arbeitnehmers ausschließt. Danach lässt sich festhalten: § 613a Abs. 1 S. 4 BGB erlangt nur für den Fall Bedeutung, dass der transformierte Tarifvertrag nicht nach § 613a Abs. 1 S. 3 BGB abgelöst wurde und noch während der einjährigen Veränderungssperre auf einen verschlechternden Tarifvertrag Bezug genommen werden soll.

III. Die Bezugnahme auf den Tarifvertrag im Betriebsübergang

12 Die Sätze 2 bis 4 des § 613a Abs. 1 BGB sind nicht auf Bezugnahmeabreden anzuwenden. Wie dargelegt, greifen diese Regelungen alleine für Tarifverträge, die vor dem Betriebsübergang im Arbeitsverhältnis normativ gegolten haben und dies auch nur insoweit, als es um die »Fortführung« der früheren normativen Tarifgeltung geht (→ Rn. 3).

Die Bezugnahmeabrede stellt aber nur eine individualrechtliche Abrede dar, die lediglich in eine schuldrechtliche Anwendbarkeit des Tarifvertrags mündet. Ihr Schicksal im Fall eines Betriebsübergangs bestimmt sich alleine nach § 613a Abs. 1 S. 1 BGB. Eine Bezugnahmeklausel geht danach, wie jede andere Arbeitsvertragsbedingung auch, so auf den Betriebserwerber über, wie sie beim Veräußerer bestanden hat.

Alles weitere beurteilt sich danach, welche Art von Bezugnahmeklauseln der Arbeitsvertrag enthält. Liegt eine kleine dynamische Klausel vor, ist der Tarifvertrag, auf den verwiesen wurde, auch nach dem Betriebsübergang anzuwenden. Ist die Abrede dabei als unbedingte kleine dynamische Bezugnahmeklausel formuliert oder als solche auszulegen (→ § 7 Rn. 4), dynamisiert sie auch nach dem Betriebsübergang weiter. Der Erwerber muss den fraglichen Tarifvertrag also in seiner jeweils aktuellen Fassung anwenden und entsprechend auch Änderungen des Tarifvertrags wie z. B. Lohnerhöhungen, die erst nach Vollzug des Betriebsübergangs in Kraft treten, an den Arbeitnehmer weitergeben. An dieser Stelle kann die Bezugnahmeabrede auch für Gewerkschaftsmitglieder große Bedeutung erlangen (→ § 7 Rn. 2 und 19). Denn ihre Wirkung geht über die Transformationswirkung nach § 613a Abs. 1 S. 2 BGB weit hinaus, weil letztere ja lediglich statischer Natur ist (→ Rn. 6).   **13**

Das zeigt folgendes **Beispiel:**   **14**

Arbeitgeber V ist im M-Arbeitgeberverband (M-AGV) organisiert, der Tarifpartner der M-Gewerkschaft ist. Bei V ist u. a. der nicht organisierte Arbeitnehmer A und der organisierte Arbeitnehmer B beschäftigt. Für 2017 wird TV 1 mit Laufzeit bis zum 31.12.2017 abgeschlossen, der einen Stundenlohn von 14 EUR vorsieht. Der neue TV 2 mit Wirkung zum 1.1.2018 weist einen Stundenlohn in Höhe von 16 EUR aus. In allen von V verwendeten Arbeitsverträgen finden sich vorbehaltlos formulierte kleine dynamische Bezugnahmeklauseln. Zum 30.11.2017 geht ein Betriebsteil des V auf Arbeitgeber E über. E ist nicht tarifgebunden. (a) Arbeitsverhältnis des A: Die vertragliche Verweisungsklausel geht nach § 613a Abs. 1 S. 1 BGB auf E über und bezieht daher bis zum 31.12.2017 den TV 1 und ab dem 1.1.2018 den TV 2 in das Arbeitsverhältnis ein. E schuldet dem A also bis einschließlich Dezember 2017 einen Stundenlohn in Höhe von 14 EUR und danach einen solchen in Höhe von 16 EUR. (b) Arbeitnehmer B: Da der TV 1 im Arbeitsverhältnis nach §§ 3 Abs. 1, 4 Abs. 1 TVG normativ gegolten hat, wird dieser mit dem Betriebsübergang in das Arbeitsverhältnis nach § 613a Abs. 1 S. 2 BGB transformiert. Doch beschränkt sich die Transformation des Tarifvertrags auf die am 30.11.2017 geltende Fassung. Sie vollzieht also die zum 1.1.2018 in Kraft tretende Lohnerhöhung nicht mehr nach, vielmehr ist insoweit im Arbeitsverhältnis des B alleine der TV 1 anzuwenden. Deshalb kommt es B sehr zu Gute, dass auch sein Arbeitsvertrag eine vorbehaltlos formulierte kleine dynamische Bezugnahmeklausel enthält. So kommt er nämlich in den Genuss des TV 2 und damit eines um 2 EUR höheren Stundenlohnes. Da danach in seinem Arbeitsverhältnis die Tarifverträge 1 und 2 kollidieren, gebührt in entsprechender[8] Anwendung des § 4 Abs. 3 TVG dem neuen TV 2 der Vorrang.

Die weitere Dynamik einer vorbehaltlos formulierten, kleinen dynamischen Bezugnahmeklausel nach einem Betriebsübergang entspricht der ständigen Rechtsprechung des BAG. Sie ist auch mit Art. 3 der Betriebsübergangsrichtlinie (RL 2001/23/EG) i. V. m. Art. 16 GrCh (unternehmerische Entscheidungsfreiheit) vereinbar.[9] Das war in den vergangenen Jahren in die Diskussion geraten. Anlass hierfür war, dass der EuGH in zwei Urteilen hat anklingen lassen, dass das nationale Recht dem Arbeitnehmer nicht ermöglichen darf, die Dynamik einer Bezugnahmeabrede gegenüber dem Erwerber auch dann durchzusetzen, wenn dieser nicht die Möglichkeit hat, an den Verhand-   **15**

---

8 »Entsprechend« deshalb, weil es hier um keine Kollision zwischen individuellen Arbeitsbedingungen und einem normativ geltenden Tarifvertrag geht, sondern weil hier zwei alleine auf schuldrechtlicher Basis anzuwendende Tarifverträge miteinander in Wettstreit treten. Immerhin hat die Transformation nach § 613a Abs. 1 S. 2 BGB aber einen partiell kollektiv-rechtlichen Einschlag.
9 *EuGH* 27.4.2017, NZA 2017, 571 – Asklepios; *BAG* 30.8.2017, NZA 2018, 255.

lungen über die nach dem Übergang geschlossenen Kollektivverträge teilzunehmen.[10] Einige Stimmen im Schrifttum brachten zudem die negative Koalitionsfreiheit des Erwerbers ins Feld (Art. 28 GrCh).

16   Sah man allerdings näher hin, zeigte sich, dass sich das entscheidende Urteil des EuGH in Sachen Alemo-Heron auf die englische Rechtsordnung bezog, in der das Bezugnahmeversprechen des Arbeitgebers (Veräußerers) erst die normative (!) Tarifgeltung herbeigeführt hat. Die Abrede hat also nicht die Wirkung einer bloßen Verweisungsklausel, sondern bewirkt vielmehr die originäre Tarifgeltung. Was diese betrifft, darf es in der Tat nicht dazu kommen, dass der transformierte Tarifvertrag auch beim Erwerber dynamisiert (was aber ja auch in Deutschland nicht der Fall ist, vgl. → Rn. 6). Vereinbaren die Arbeitsvertragsparteien dagegen wirklich nur den schuldrechtlichen Einbezug eines Tarifvertrags, greifen die Bedenken des EuGH nicht durch. Sie lassen sich auch nicht unter Hinweis auf Art. 16 der Grundrechtscharta begründen. Das gilt schon deshalb, weil die Grundrechtscharta nicht dazu führen darf, dass lediglich teilharmonisierende Richtlinien auf Umwegen Vollharmonisierungswirkung entfalten. Art. 8 der Betriebsübergangsrichtlinie eröffnet dem nationalen Recht ganz ausdrücklich die Möglichkeit, für Arbeitnehmer günstigere Regelungen vorzusehen, was nicht über Art. 16 GrCh konterkariert werden darf. Vielmehr können die Art. 16 bzw. 28 GrCh einer »ewigen« Dynamik vorbehaltloser Klauseln nur insoweit Grenzen ziehen, als die Richtlinie nicht so ausgelegt werden darf, dass sie die Mitgliedstaaten dazu zwingt anzuordnen, dass übernommene Tarifverträge beim Erwerber ohne Ende dynamisieren. Den Mitgliedstaaten steht indes frei, solches nach nationalem Recht vorzugeben.

17   Aber auch darüber hinaus ist die Gegenansicht nicht überzeugend. Warum sollte der Erwerber die Dynamik abstreifen dürfen, obwohl der Veräußerer dies gerade nicht hätte tun können? Das wäre mit dem Grundsatz der »pacta sunt servanda« kaum vereinbar und § 613a BGB soll die Arbeitsbedingungen doch exakt so auf den Erwerber übergehen lassen wie sie beim Veräußerer bestanden. Würde man eine Entdynamisierung zulassen, wäre Arbeitgebern überdies eine ganz einfache Möglichkeit eröffnet, die einmal eingegangene Vertragsbindung wieder los zu werden: Sie bräuchten nur eine abhängige Gesellschaft zu gründen, der sie den Betrieb übertragen. Immerhin bindet der EuGH die weitere Dynamik von Verweisungsklauseln aber daran, dass das nationale Recht sowohl einvernehmliche, als auch einseitige Anpassungsmöglichkeiten des Erwerbers vorsehen muss. Dieser Anforderung genügt das deutsche Arbeitsrecht voll. Erwerber und Arbeitnehmer steht es – anders als das bei der Transformation nach § 613a Abs. 1 S. 2 BGB der Fall ist – frei, jederzeit über die nur schuldrechtlich wirkende Bezugnahmeabrede zu disponieren. Überdies steht dem Arbeitgeber das Anpassungsinstrument der Änderungskündigung (§ 2 KSchG) zur Verfügung. Zwar ist eine Änderungskündigung nur schwer durchzusetzen, weil die Anforderungen an ihre soziale Rechtfertigung recht hoch gesteckt sind. Indes verlangt der EuGH nur, dass der Tarifinhalt beim Erwerber nicht – wie bei der normativen Tarifgeltung – zwingend wirkt. Nicht erforderlich ist dagegen, dass er die übernommene Dynamik von leichter Hand abstreifen kann. Das kann schon deshalb nicht der Fall sein, weil die Dynamik der Klausel dann in sein Belieben gestellt wäre. Dann bräuchte sie erst gar nicht angeordnet werden, denn freiwillig kann sich der Erwerber immer an einem Tarifvertrag orientieren.

---

10 *EuGH* 18.7.2013, NZA 2013, 835 – Alemo-Herron; *EuGH* 9.3.2006, NZA 2006, 376 – Werhof.

Schon in § 7 Rn. 26 wurde darauf hingewiesen, welcher Verantwortung der Vertrags- **18**
gestalter bei der Formulierung einer Bezugnahmeabrede unterliegt. Das gilt nicht nur
für den verbandsangehörigen Arbeitgeber im Hinblick auf einen möglichen Verbandsaustritt (→ § 7 Rn. 26), sondern eben auch für den Fall, dass es erforderlich wird, den
Betrieb zu einem späteren Zeitpunkt zu veräußern. Auch deshalb hat sich eingebürgert, kleine dynamische Bezugnahmeklauseln mit einem entdynamisierenden Vorbehalt zu versehen.

Beispiel: Hätte V in dem in Rn. 14 geschilderten Beispiel nur eine Gleichstellungsabrede in den Vertrag
eingeführt, würde diese mit dem Betriebsübergang (30.11.2017) ihre Dynamik verlieren, weil E an den
TV 2 nicht normativ gebunden ist. Entsprechend würde die Verweisungsklausel sowohl im Arbeitsverhältnis des A als auch in dem des B alleine zur Anwendung des TV 1 führen. Im Arbeitsverhältnis des B
kommt es darüber hinaus zur Transformation des TV 1 nach § 613a Abs. 1 S. 2 BGB. Doch ist auch diese
nur statisch (→ Rn. 6) und beschränkt sich daher auf den TV 1. Sowohl A als auch B können in dieser Konstellation also lediglich einen Stundenlohn gemäß dem TV 1 (= 14 EUR pro Stunde) beanspruchen.

Natürlich ist denkbar, dass nach dem Betriebsübergang der »Erwerbertarifvertrag« im **19**
Arbeitsverhältnis normativ gilt und mithin ein anderer als derjenige, auf den im Arbeitsvertrag Bezug genommen war. Doch kann der Erwerbertarifvertrag dessen ungeachtet den über eine Verweisungsabrede anzuwendenden Tarifvertrag nicht nach
§ 613a Abs. 1 S. 3 BGB ablösen, da diese Regelung sich eben nur auf vormals normative
und nunmehr nach § 613a Abs. 1 S. 2 BGB in das Arbeitsverhältnis transformierte Tarifverträge bezieht (Rn. 3 ff.). Sie erfasst dagegen Tarifverträge insoweit nicht, als sie
nur über eine vertragliche Verweisungsabrede Eingang in das Arbeitsverhältnis gefunden haben. Vielmehr kollidieren in diesem Fall ein normativ geltender Tarifvertrag,
nämlich der »Erwerbertarifvertrag« mit einem nur schuldrechtlich anzuwendenden
Tarifvertrag. Diese Kollision ist nach Maßgabe des Günstigkeitsprinzips (§ 4 Abs. 3
TVG) aufzulösen (→ § 7 Rn. 19 f.).

Beispiel: Angenommen in dem in Rn. 14 geschilderten Fall würde der Betrieb, nachdem er an E über- **20**
gegangen ist, in den Geltungsbereich des für allgemein verbindlich erklärten Tarifvertrags TV-X fallen
(Tarifpartner: X-Gewerkschaft und X-Arbeitgeberverband, Stundenlohn: 11 EUR). In diesem Fall ergibt
sich folgendes Bild: (a) Im Arbeitsverhältnis des A gilt der TV-X normativ (§ 5 Abs. 4 TVG). Gleichzeitig
findet über die vertragliche Bezugnahmeabrede TV 1 und später der TV 2[11] Anwendung. Der TV 1 bzw.
der TV 2 setzt sich über § 4 Abs. 3 TVG gegen TV X durch, da beide Tarifverträge einen deutlich höheren
Lohn vorgeben. A kann also einen Arbeitslohn in Höhe von 14 EUR bzw. 16 EUR beanspruchen. (b) Arbeitnehmer B: Die Transformation des TV 1 nach § 613a Abs. 1 S. 2 BGB scheitert daran, dass im Erwerberbetrieb ein Tarifvertrag gilt, an den sowohl B, als auch der Erwerber E normativ gebunden sind (§§ 5
Abs. 4 TVG, 613a Abs. 1 S. 3 BGB). Im Übrigen gilt das zu Arbeitnehmer A Gesagte entsprechend: TV X
gilt normativ, der TV 1 und später der TV 2 ist schuldrechtlich anzuwenden. Über § 4 Abs. 3 TVG setzt
sich der TV 1 bzw. der TV 2 gegen TV X durch.

Gänzlich andere Regeln gelten schließlich, wenn sich im Arbeitsvertrag eine große dy- **21**
namische Bezugnahmeklausel wiederfindet, wonach jeweils »die im Betrieb geltenden
Tarifverträge« auf das Arbeitsverhältnis angewandt werden sollen. Gilt im Erwerberbetrieb ein anderer Tarifvertrag als im Veräußererbetrieb, vollzieht die Klausel den Tarifwechsel nach.

Beispiel: Arbeitgeber V ist im M-Arbeitgeberverband (M-AGV) organisiert, der Tarifpartner der M-Ge- **22**
werkschaft ist. Bei V ist u. a. das Gewerkschaftsmitglied A und der nicht organisierte Arbeitnehmer B beschäftigt. Der TV-M sieht einen Stundenlohn in Höhe von 16 EUR vor. In allen von V verwendeten Arbeitsverträgen finden sich große dynamische Bezugnahmeklauseln. Zum 1.1.2018 geht der Betrieb auf

---

11 Zur Erinnerung: Im Ausgangsfall der Rn. 14 war eine vorbehaltlos formulierte kleine Verweisungsabrede in den Vertrag aufgenommen.

den nicht organisierten Arbeitgeber E über. Dieser fällt in den Geltungsbereich des zwischen der X-Gewerkschaft und dem X-Arbeitgeberverband abgeschlossenen TV-X. Dieser sieht einen Stundenlohn in Höhe von 11 EUR vor und ist für allgemein verbindlich erklärt.

(a) Arbeitnehmer A: Die Transformation des TV-M nach § 613a Abs. 1 S. 2 BGB scheitert daran, dass im Erwerberbetrieb ein Tarifvertrag gilt, an den sowohl A, als auch der Erwerber E normativ gebunden sind (§§ 5 Abs. 4 TVG, 613a Abs. 1 S. 3 BGB). Normativ gilt in seinem Arbeitsverhältnis also ausschließlich der TV-X. Aber auch aus der Bezugnahmeklausel folgt nichts anderes, weil sie die Anwendung desjenigen Tarifvertrags herbeiführt, der auch »ansonsten«, d. h. auf Grund beiderseitiger Tarifbindung, im Betrieb gilt. Das ist der TV-X. A muss sich nach dem Betriebsübergang also mit einem Arbeitslohn in Höhe von 11 EUR bescheiden.

(b) Arbeitnehmer B: Auch für sein Arbeitsverhältnis führt die Tarifwechselklausel zur Anwendung des TV-X. Sie soll ja nur die tarifrechtliche Situation im Betrieb widerspiegeln. Auch B erhält daher nur noch 11 EUR pro Stunde.

Abwandlung: Was würde gelten, wenn der TV-X nicht für allgemein verbindlich erklärt wäre? Auch in diesem Fall dürfte die Transformation des TV-M nach § 613a Abs. 1 S. 2 BGB scheitern, weil die große Verweisungsklausel wohl als vorwirkende Bezugnahmeabrede i. S. d. § 613a Abs. 1 S. 4 BGB auszulegen ist. Da sich auf der schuldrechtlichen Seite keine Abweichungen ergeben, bleibt es insgesamt bei dem zum Ausgangsfall festgestellten Ergebnis.

§ 9. Staatliche Erstreckung von Tarifrecht und Vorgabe von Mindestarbeitsbedingungen auf der Basis von Kollektivvereinbarungen

I. Staatliche Vorgabe bindender Arbeitsbedingungen

1 Das Idealbild des deutschen Arbeitsrechts ist es, dass die Tarif- oder Arbeitsvertragsparteien den Inhalt des Arbeitsvertrags selbst aushandeln. Alleine sie bestimmen die Leistungen, die sie austauschen wollen, namentlich also Arbeitszeit und Arbeitsentgelt. Das ist Ausfluss des Primats der privatautonomen Gestaltung von Verträgen. Begrenzt wird die Gestaltungsfreiheit der Parteien freilich durch zwingende staatliche Höchst- bzw. Mindestarbeitsbedingungen, weil es gilt, den Arbeitnehmer vor Gefährdungen, unzumutbaren Belastungen oder inakzeptablen Arbeitsbedingungen zu schützen. Was die Arbeitszeit betrifft, geschieht das in Form des ArbZG. Dieses soll den Arbeitnehmer »nur« vor Überforderung schützen.[1] Es gibt daher lediglich eine maximal zulässige Arbeitszeit vor, legt aber nicht fest, wie lange der Arbeitnehmer arbeiten muss, um ein bestimmtes Entgelt zu erhalten. Ganz ähnlich sieht die Situation im Bereich des Entgelts aus. Hier gibt das MiLoG[2] eine absolute, von jedem Arbeitgeber zu respektierende Lohnuntergrenze vor. Soweit sich das Arbeitsverhältnis aber nicht tatsächlich am Mindestlohn orientiert, legen alleine die Arbeits- oder Tarifvertragsparteien die Entgelthöhe fest. Auf der nächsten Ebene kommen die zahlreichen Gesetze des Individualarbeitsrechts hinzu, die dem Arbeitnehmer einen grundständi-

---

1 Deshalb ist das ArbZG auch öffentliches Arbeitsrecht, dessen Einhaltung durch staatliche Aufsichtsbehörden kontrolliert wird und das Gesetzesverstöße mit Bußgeldern und Strafen bedroht (§§ 17, 22 und 23 ArbZG). Der Vollzug des ArbZG hängt also nicht davon ab, ob der Arbeitnehmer ihm zustehende Ansprüche geltend macht oder nicht.

2 Auch das MiLoG ist partiell öffentlich-rechtlich ausgerichtet. Zwar gibt es dem einzelnen Arbeitnehmer einen einklagbaren Lohnanspruch zur Hand. Doch ist die Zollverwaltung aufgerufen, die Einhaltung des Mindestlohns zu kontrollieren (§ 14ff. MiLoG) und Verstöße sind bußgeldbewehrt: § 21 MiLoG.

gen Vertragsinhaltsschutz (wie etwa das KSchG, das TzBfG, das EFZG, das BUrlG usw.) gewähren.

Mit Inhalt können den Arbeitsvertrag dagegen alleine die Vertragsparteien selbst fül- **2** len. Wie dargestellt, spielt dabei der Tarifvertrag eine überragende Rolle, als die Tarifautonomie die Privatautonomie der Arbeitsvertragsparteien auf kollektiver Ebene fortführt. Nun setzt die Geltung des Tarifvertrags aber, wie in § 6 aufgezeigt, beiderseitige Tarifbindung voraus. Folglich werden Arbeitsverhältnisse, die nicht tarifgebunden sind und in denen auch nicht auf den Tarifvertrag Bezug genommen wird, nicht von den maßgeblichen Tarifverträgen erreicht. Nichtorganisierten Arbeitgebern ist es daher ohne Weiteres möglich, beim Abschluss von Arbeitsverträgen den tarifvertraglich festgelegten Mindeststandard zu unterbieten, so dass den Beschäftigten, soweit sie nicht selbst hinreichend verhandlungsstark sind, nur der skeletthaft gestaltete Schutz durch das staatliche Arbeitsrecht bleibt. Das an sich wäre nichts weiter Bemerkenswertes. Im Gegenteil: Das Konzept des deutschen Tarifvertragsrechts baut sogar darauf auf, dass die Koalitionen Mitglieder durch die werbende Wirkung ihrer Tarifverträge für sich gewinnen, dass sich diese durch einen freiwilligen Beitrittsakt an die einschlägigen Tarifverträge binden und dass Gewerkschaften den Abschluss von Tarifverträgen durch Druckausübung durchsetzen, wenn die Arbeitgeberseite hierzu nicht von sich aus bereit ist. Indes erkennt das TVG auch an, dass in bestimmten Situationen das Bedürfnis besteht, einen Wettbewerb um (besser: gegen) tarifliche Arbeitsbedingungen zu verhindern, nämlich dann, wenn dieser zu sozial inakzeptablen und unangemessenen Arbeitsbedingungen führen würde. Deshalb sieht § 5 TVG die Möglichkeit vor, Tarifverträge für allgemein verbindlich zu erklären. Traditionell beschränken sich Allgemeinverbindlicherklärungen aber auf Manteltarifverträge sowie ergänzende Tarifwerke über eine Zusatzversorgung der Arbeitnehmer bzw. zur Regelung gemeinsamer Einrichtungen der Tarifpartner (§ 5 Abs. 1a TVG, → § 5 Rn. 27 ff.). Dagegen werden Lohn- und Gehaltstarifverträge eher nur selten zum Gegenstand einer AVE gemacht; deren zwangsweise Erstreckung würde zu tief in den Kern des Austauschverhältnisses vordringen.

In diesem Gesamtsystem galt der Arbeitslohn lange Zeit als das Vorbehaltsgut der Ta- **3** rif- und Arbeitsvertragsparteien schlechthin. So gab es bis 1998 keinerlei bindende staatliche Vorgaben zum Arbeitsentgelt und zwar auch nicht in Gestalt des heute existierenden Mindestlohns. Diese Grundüberzeugung hatte sich Mitte der 1990er Jahre allerdings gewandelt, als in der Baubranche mehr und mehr ein Bedürfnis für die Festsetzung von Lohnuntergrenzen empfunden wurde. Darauf hat der Gesetzgeber reagiert, in dem er 1996 (1998) das AEntG geschaffen hat. Damit erhielt das BMAS die Befugnis, Rechtsverordnungen zu erlassen, die das unterste tarifliche Lohnniveau der Baubranche für jedermann verbindlich werden lassen (s. zur Entwicklung auch → Rn. 25 ff.). Diese Option erfuhr in der Folgezeit einen rasanten Aufstieg und immer mehr Branchen fanden den Eingang in das AEntG. In einem nächsten Schritt wurden artverwandte Verfahren für die Pflegebranche (§§ 10 ff. AÜG) und die Arbeitnehmerüberlassung (§ 3a AÜG) eingeführt. Damit waren bereits vor dem Inkrafttreten des MiLoG für die wichtigsten Branchen, die sich durch ansonsten eher wenig stabile Arbeitsbedingungen auszeichnen, Mindestlöhne eingeführt. Dass der Gesetzgeber stattdessen nicht einfach einen gesetzlichen Mindestlohn angeordnet hatte, lag vor allem an politischen Widerständen gegen einen solchen. Hinzu kam der im deutschen Recht immer einmal wieder anzutreffende Perfektionierungsdrang, der nahezulegen schien, für mehr oder weniger jede Branche nach einer passgenauen Lösung zu suchen. Erst 2015 konnte sich der Gesetzgeber zum finalen Schritt durchringen und erließ das

MiLoG. Da sich die alternativen Festsetzungsverfahren aber längst etabliert hatten und zudem durch die Bank höhere Löhne vorgaben als das MiLoG, hat der eigentliche gesetzliche Mindestlohn weitaus weniger Bedeutung, als man ihm in der allgemeinen Diskussion zuweilen beigemessen hat (s. auch → Rn. 30). Insgesamt hat sich das Mindestlohnrecht so zu einem höchst komplexen und fast nur noch für Eingeweihte durchschaubaren System verdichtet. Dabei kommt erschwerend hinzu, dass sich die Festsetzungsinstrumentarien zwar im Grundsatz allesamt ähnlich sind, sie an entscheidenden Stellen dann aber doch voneinander differieren.

4 Die einzelnen Instrumentarien staatlicher Lohnfestsetzung werden in diesem Lehrbuch nur insoweit dargestellt, als sie einen kollektiv-rechtlichen Einschlag haben, weil sie auf Tarifverträge zugreifen oder weil den Kollektivvertragsparteien zumindest das Recht eingeräumt ist, die maßgebliche Lohnuntergrenze vorzuschlagen. Nicht eingegangen werden wird daher auf das MiLoG, das alleine dem Individualarbeitsrecht zuzuordnen ist. Da dieses jedoch (abgesehen von dem Umstand, dass es nicht auf Tarifverträgen aufbaut) weitgehend dem AEntG nachgebildet ist, gilt, dass sich demjenigen, der das AEntG durchdrungen hat, ohne Weiteres auch die Regelungsmechanik des MiLoG erschließt. Ebenfalls nicht näher dargestellt wird der Festsetzungsmechanismus in der Pflegebranche (§§ 10ff. AEntG). Einschlägige Rechtsverordnungen basieren dort – mit Rücksicht auf kirchliche Dienstgeber (Art. 140 GG, 137 WRV) – auf Vorschlag einer besonderen Kommission. Um dem Leser den gegenwärtigen Rechtszustand noch einmal insgesamt vor Augen zu führen, seien die Instrumentarien zur Vorgabe zwingender Mindestarbeitsbedingungen abschließend noch einmal zusammengestellt. Es sind:
– Der allgemeine gesetzliche Mindestlohn nach dem MiLoG,
– die Allgemeinverbindlicherklärung nach § 5 TVG,
– die Erstreckung von Tarifverträgen durch eine Rechtsverordnung nach §§ 7 und 7a AEntG,
– die Festsetzung von Mindestlöhnen und einiger ausgewählter Arbeitsbedingungen durch Rechtsverordnung auf Grund eines Vorschlags einer beim BMAS eingerichteten Kommission in der Pflegebranche (§§ 10ff. AEntG),
– die Festsetzung von Mindestlöhnen im Bereich der Leiharbeit gem. § 3a AÜG,
– (mittelbar) Mindestlohn- und Tariftreueverlangen bei öffentlichen Vergaben sowie
– die Lohnwucherrechtsprechung der Arbeitsgerichte.[3]

II. Allgemeinverbindlicherklärung

1. Allgemeines

5 Das Rechtsinstitut der Allgemeinverbindlicherklärung (im Weiteren auch kurz: AVE) verfolgt zwei Ziele: Zum einen soll sie die, durch das Grundrecht der Koalitionsfreiheit intendierte, autonome Ordnung des Arbeitslebens durch die Tarifvertragsparteien abstützen. Daneben dient sie dem Ziel, den Außenseitern angemessene Arbeitsbedingungen zu sichern. Das BVerfG führt die AVE insoweit auf die subsidiäre Regelungszuständigkeit des Staats zurück, die immer dann eintritt, wenn die Koalitionen die ihnen übertragene Aufgabe, das Arbeitsleben durch Tarifverträge sinnvoll zu ordnen,

---

3 *BAG* 24.5.2017 – 5 AZR 251/16; *BAG* 17.12.2014, NZA 2015, 608 Rn. 18; *BAG* 17.10.2012, NZA 2013, 266 Rn. 19; *BAG* 18.4.2012, NZA 2012, 978 Rn. 11; *BAG* 22.4.2009, NZA 2009, 837; im Ansatz ähnlich: *BGH* 22.4.1997, NZA 1997, 1166.

im Einzelfall nicht allein erfüllen können und die Schutzbedürftigkeit einzelner Arbeitnehmer oder Arbeitnehmergruppen oder ein sonstiges öffentliches Interesse ein Eingreifen des Staates erforderlich macht,[4] um sozial verträgliche, angemessene Arbeitsbedingungen am Arbeitsmarkt durchzusetzen. S. dazu auch die Bemerkungen in der Einleitung → Rn. 1 ff.

Derzeit sind 502 Tarifverträge für allgemein verbindlich erklärt.[5] Wie eingangs bereits **6** dargelegt, beziehen sich die AVE im Gros der Fälle auf Manteltarifverträge, sowie ergänzende Tarifwerke über eine Zusatzversorgung der Arbeitnehmer bzw. zur Regelung gemeinsamer Einrichtungen der Tarifpartner (§ 5 Abs. 1 a TVG, → § 5 Rn. 27 ff.). Dagegen werden Lohn- und Gehaltstarifverträge eher nur selten zum Gegenstand einer AVE gemacht. Großen Stellenwert erlangt das Rechtsinstitut der AVE im Baugewerbe, zum einen um Arbeitnehmern trotz der in dieser Branche häufigen Stellenwechsel einen kontinuierlichen Tarifschutz zu gewährleisten, zum anderen, weil alleine die AVE der einschlägigen Tarifverträge die Durchführbarkeit des dort etablierten Sozialkassenverfahrens ermöglicht (→ § 5 Rn. 27).

2. Voraussetzungen und Verfahren

Die AVE von Tarifverträgen ist in § 5 TVG geregelt. Ergänzende Bestimmungen fin- **7** den sich darüber hinaus in einer ministeriellen Verordnung über die Ausführung des Tarifvertragsgesetzes (TVGDV),[6] s. § 11 Nrn. 2 und 3 TVG. Zuständig für den Erlass einer AVE und deren Aufhebung ist nach § 5 Abs. 1 S. 1 und Abs. 5 S. 1 TVG das Bundesministerium für Arbeit und Soziales (zur internen Zuständigkeit der politischen Hausleitung → Rn. 15 f.). Es kann der obersten Arbeitsbehörde eines Landes für einzelne Fälle die Kompetenz zum Erlass und zur Aufhebung der Allgemeinverbindlicherklärung übertragen (§ 5 Abs. 6 TVG). Das geschieht namentlich für Tarifverträge mit lediglich regionaler Bedeutung (s. § 12 TVGDV).

Die AVE erfolgt nur auf einen gemeinsamen Antrag beider Tarifvertragsparteien (§ 5 **8** Abs. 1 S. 1 TVG); das Bundesministerium für Arbeit und Soziales (BMAS) kann also nicht in eigener Initiative oder von Amts wegen tätig werden. Der Antrag muss sich auf einen Tarifvertrag beziehen, der noch in Geltung ist. Weder der Antrag noch die AVE muss sich indes auf den gesamten Tarifvertrag erstrecken. So werden Tarifverträge zuweilen nicht für ihren gesamten Geltungsbereich für allgemein verbindlich erklärt, um ansonsten eintretende Tarifkonkurrenzen zu vermeiden.

Nach § 5 Abs. 1 S. 1 TVG setzt eine AVE von Tarifverträgen voraus, dass diese im **9** öffentlichen Interesse geboten ist. Zur Feststellung des öffentlichen Interesses bedarf es einer Interessenabwägung zwischen den Vor- und Nachteilen der beantragten AVE. Dem BMAS kommt dabei ein großer, gerichtlich nur sehr beschränkt überprüfbarer Einschätzungsspielraum zu (»geboten *erscheint*«). Nach Ansicht des BAG kann der (politische) Bewertungsprozess des Ministeriums nur darauf überprüft werden, ob die äußersten rechtlichen Grenzen der Rechtsetzungsbefugnis überschritten

---

4 *BVerfG* 15.7.1980, BVerfGE 55, 7 = NJW 1981, 215; *BVerfG* 24.5.1977, BVerfGE 44, 322 (342) = NJW 1977, 2255.

5 Bundesministerium für Arbeit und Soziales, Verzeichnis der für allgemeinverbindlich erklärten Tarifverträge, Stand: 1.7.2018

6 Verordnung zur Durchführung des Tarifvertragsgesetzes idF. der Bekanntmachung vom 16.1.1989 (BGBl. I 1989, S. 76), zuletzt geändert durch Art. 11 Abs. 39 G v. 18.7.2017 (BGBl. I 2017, S. 2745).

sind und die getroffene Entscheidung schlechterdings unvertretbar oder unverhältnismäßig ist.[7]

10 Das Gesetz konkretisiert den Begriff des öffentlichen Interesses durch zwei, nicht abschließende Regelbeispiele. Nach dem ersten (§ 5 Abs. 1 S. 2 Nr. 1 TVG) ist ein öffentliches Interesse an einer AVE regelmäßig dann gegeben, wenn der Tarifvertrag in seinem Geltungsbereich für die Gestaltung der Arbeitsbedingungen überwiegende Bedeutung erlangt hat. Dabei gilt festzustellen, wie viele Arbeitsverhältnisse durch den Tarifvertrag ausgestaltet werden. Nicht erforderlich ist, dass die Arbeitsvertragsparteien an diesen auch normativ gebunden sind. Vielmehr genügt, wenn auf den Tarifvertrag Bezug genommen wird, aber auch, wenn sich Arbeitgeber im Wesentlichen daran orientieren. Die Zahl der Arbeitsverhältnisse, die sich nach den Tarifbedingungen gestalten, muss größer sein als die Zahl der Arbeitsverhältnisse, die das nicht tun. Diese Zahlen muss das BMAS zwar nach pflichtgemäßem Ermessen ermitteln; eine perfekte Berechnung ist indes nicht gefordert. Vielmehr ist auf Basis der vorhandenen und verwertbaren Informationen zu entscheiden.[8] Herangezogen werden etwa statistische Jahrbücher, Statistiken und Auskünfte der Bundesagentur, des IAB, der IHK und Handwerkskammern, sowie der Arbeitgeberverbände. Pauschalisierungen und ggf. auch Schätzungen sind möglich.

11 Nach § 5 Abs. 1 S. 2 Nr. 2 ist die AVE zudem im öffentlichen Interesse geboten, wenn die Absicherung der Wirksamkeit der tariflichen Normsetzung gegen die Folgen wirtschaftlicher Fehlentwicklungen die Erstreckung des Tarifvertrags bedingt. Eine AVE ist in diesem Fall auch dann möglich, wenn der Tarifvertrag in seinem Geltungsbereich keine überwiegende Bedeutung erlangt hat.[9] Das eröffnet dem BMAS einen ausgesprochen weiten Gestaltungsspielraum.

12 Darüber hinaus kann das BMAS eine AVE erlassen, ohne dass besondere Voraussetzungen vorliegen müssten, wenn es um einen Tarifvertrag über eine gemeinsame Einrichtung (§ 4 Abs. 2 TVG) geht: § 5 Abs. 1a TVG. Das findet seinen Grund darin, dass sich eine gemeinsame Einrichtung nur dann erfolgreich durchführen lässt, wenn sich alle Arbeitsvertragsparteien in ihrem Geltungsbereich an ihr beteiligen → § 5 Rn. 29 und Rn. 16.

13 Für den Fall, dass eine AVE alleine auf § 5 Abs. 1 S. 2 Nr. 2 oder Abs. 1a TVG gestützt wird, ist nicht ganz unstrittig, ob in die Abwägung nicht doch mit einzubeziehen ist, wie viele Arbeitsverhältnisse der Tarifvertrag auf »freiwilliger Basis« erreicht. Dafür spricht, dass es desto eher gerechtfertigt ist, ihn auch auf bislang tarifunwillige Vertragsparteien zu erstrecken, je mehr er auf dem relevanten Markt akzeptiert wird.

14 Die AVE kann nur im Einvernehmen mit einem bei der jeweils zuständigen Behörde zu errichtenden Tarifausschuss erfolgen. Dieser besteht aus je drei Vertretern der Spitzenorganisationen (§ 12 TVG) der Arbeitgeber und der Arbeitnehmer (§ 1 S. 2 TVGDV). Dieses Einvernehmen ist erzielt, wenn der Antrag im Tarifausschuss eine Mehrheit findet, wenn also mindestens vier seiner Mitglieder der AVE zustimmen: § 3 Abs. 2 TVGDV. Fehlt es daran, darf der Tarifvertrag nicht für allgemein verbindlich erklärt werden. Dagegen sind die Tarifvertragsparteien selbst nicht im Tarifausschuss vertreten. Daher kann es dazu kommen, dass auf ein- und derselben Seite Meinungsverschiedenheiten zwischen dem tarifschließenden Verband und seiner Spitzenorgani-

---

7 *BAG* 21.9.2016 – 1 ABR 33/15 u. 10 ABR 48/15.
8 Umfassend: *BAG* 21.9.2016 – 1 ABR 33/15 Rn. 200, 206 ff.
9 BT-Drs. 18/1558, S. 49.

sation darüber bestehen, ob dem Antrag auf Allgemeinverbindlicherklärung entsprochen werden soll. Diese können sich insbesondere auf Arbeitgeberseite ergeben. So haben tarifgebundene Arbeitgeber und deren Verband häufig ein latentes Interesse an der Allgemeinverbindlicherklärung »ihres« Tarifvertrags, weil diese verhindert, dass nicht tarifgebundene Konkurrenten Arbeit zu untertariflichen Arbeitsbedingungen entgegennehmen und dadurch einen deutlichen Vorteil im Wettbewerb erlangen. Dessen ungeachtet ist vorstellbar, dass die arbeitgeberseitigen Mitglieder des Tarifausschusses einen Antrag auf AVE aus ordnungspolitischen Überlegungen ablehnen.

Über die AVE kann nur die Ministerin bzw. der Minister für Arbeit oder zumindest eine (einer) ihrer (seiner) Staatssekretärinnen (Staatssekretäre) entscheiden. In den Verfahrensakten muss dokumentiert sein, dass sich diese (dieser) selbst mit dem Antrag befasst und die Erstreckungsanordnung getroffen hat.[10] Nicht ausreichend ist es dagegen, wenn die AVE lediglich durch eine Mitarbeiterin oder einen Mitarbeiter des BMAS verantwortet wird. Dies findet seinen Grund darin, dass es sich bei der AVE um einen Normsetzungsakt handelt, der der demokratischen Legitimation und damit der (mittelbaren) Rückkoppelung an das Parlament bedarf. Insoweit ist der Wortlaut des § 5 Abs. 1 TVG, wonach die AVE durch »das Bundesministerium« erlassen wird, irreführend (bis 2003 war in § 5 TVG auch tatsächlich von »dem Bundesminister« die Rede; die heutige Formulierung war lediglich aus Gleichstellungsgründen gewählt worden). **15**

Das BAG hat erstmals in zwei Entscheidungen aus dem September 2016 darauf hingewiesen, dass alleine die politische Leistung des BMAS entscheidungs- und zeichnungsbefugt ist. Dass bis dahin nie ernsthaft darüber nachgedacht wurde, wer in concreto für die Anordnung der AVE zuständig ist, dürfte seinen Grund auch darin finden, dass es bis zum Inkrafttreten der §§ 2a Abs. 1 Nr. 5, 98 ArbGG im Jahr 2014 keinen (wirklich schlagkräftigen) Rechtsschutz gegen eine AVE gab (→ Rn. 24). Mit beiden Entscheidungen hatte das BAG dann jedoch ein mittleres Erdbeben in der arbeitspolitischen Landschaft ausgelöst, weil AVE zuvor fast immer nur durch Ministerialbeamte gezeichnet wurden. Damit waren mehr oder weniger alle je erlassenen AVE mit einem Schlag ex nunc nichtig. Das schien bedrohlich. Zwar sah man es als eher unwahrscheinlich an, dass einzelne Arbeitsvertragsparteien deshalb nachtarocken und sich nach langer Zeit verklagen würden. Doch stand zu befürchten, dass sich der Wegfall aller einschlägigen AVE existenzbedrohend auf die gemeinsamen Einrichtungen der Tarifvertragsparteien auswirken könnte. Deren Bestand hängt davon ab, dass alle in ihren Einzugsbereich fallenden Arbeitsvertragsparteien (Arbeitgeber) in sie einzahlen (→ § 5 Rn. 27). Vor allem zu den Sozialkassen des Baugewerbes wurden über AVE Außenseiter in großer Zahl zu Beiträgen herangezogen (nicht zuletzt auch Dienstleister aus dem Ausland, → Rn. 27). Im Raum stand, dass diese einbezahlten Beiträge nach § 812 BGB kondizieren könnten.[11] Alleine für die SOKA-Bau wurden mögliche Rückforderungen in Höhe von 560 Millionen EUR errechnet. In der Folge prüfte die Bundesanstalt für Finanzdienstleistungsaufsicht, der die SOKA unterworfen ist, ob entsprechende Rückstellungen gebildet werden müssen, was diese in die Insolvenz getrieben hätte. Das veranlasste den Gesetzgeber, im Dezember 2016 bzw. im Juli 2017 in einem beachtlichen Kraftakt[12] zwei Gesetze zu verabschieden, mit denen **16**

---

10 *BAG* 21.9.2016 – 1 ABR 33/15 Rn. 141 u. 10 ABR 48/15 Rn. 123.

11 Ob diese tatsächlich Rückforderungsansprüche hätten geltend machen können, ist eine sowohl in bürgerlich-, als auch in tarifrechtlicher Hinsicht außerordentlich komplizierte Frage, der hier (leider) nicht nachgegangen werden kann.

12 Da die Tarifinhalte den Gesetzen zumindest als Anhang beigefügt werden mussten, umfasst alleine das SokaSiG I 469 Seiten.

die Rechtsnormen aller einschlägigen Tarifverträge rückwirkend für die vergangenen zehn Jahre zu bindendem Gesetzesrecht erklärt wurden.[13] Rechtstechnisch stellt das zwar eine echte Rückwirkung dar. Diese ist indes ausnahmsweise zulässig,[14] da der Gesetzgeber faktisch nur eine formell nichtige Norm mit einer formwirksamen ausgetauscht hat[15] und bei den Normunterworfenen keinerlei Vertrauen darauf entstehen konnte, dass keine Beitragszahlungen zu leisten sind. Dessen ungeachtet wird der Vorgang die Rechtsprechung noch einige Zeit beschäftigen.

17 Die Allgemeinverbindlicherklärung bedarf ebenso wie deren Aufhebung gem. § 5 Abs. 7 TVG der öffentlichen Bekanntmachung. Sie wird erst damit wirksam. Die Publikation erfolgt im Bundesanzeiger (§ 11 TVGDV). Für den Fall der Beendigung der Allgemeinverbindlichkeit durch Ablauf oder Änderung des zugrundeliegenden Tarifvertrags ist dagegen lediglich vorgesehen, dass die entsprechenden Mitteilungen der Tarifvertragsparteien, die diese gemäß § 7 TVG innerhalb eines Monats abzugeben haben, im Bundesanzeiger mit deklaratorischer Wirkung bekanntgemacht werden (§ 11 TVGDV). Bei der praktischen Arbeit als sehr hilfreich erweist es sich, dass das BMAS auf seiner Homepage eine Übersicht aller für verbindlich erklärten Tarifverträge bereitstellt und zwar auch solcher, die durch Landesbehörden erstreckt wurden.[16] Sie wird halbjährlich aktualisiert. Tarifinhalte finden sich in ihr allerdings nicht.

3. Wirkungen der Allgemeinverbindlicherklärung von Tarifverträgen

18 Die Allgemeinverbindlicherklärung ist keine Rechtsverordnung, sondern ein Rechtsetzungsakt eigener Art zwischen autonomer Regelung und staatlicher Rechtsetzung, der seine eigenständige Grundlage in Art. 9 Abs. 3 GG findet.[17] Sie unterliegt daher nicht den verfassungsrechtlichen Beschränkungen für den Erlass einer Rechtsverordnung. Die AVE beschränkt sich auf die Rechtsnormen des Tarifvertrags, sie erstreckt sich also nicht auf den schuldrechtlichen Teil des jeweiligen Tarifvertrags.

19 Mit der AVE erfassen die Rechtsnormen des Tarifvertrags in ihrem Geltungsbereich auch die bisher nicht tarifgebundenen Arbeitgeber und Arbeitnehmer (§ 5 Abs. 4 S. 1 TVG). Der allgemein verbindliche Tarifvertrag entfaltet deshalb dieselbe unmittelbare und zwingende Wirkung wie ein normaler Tarifvertrag, an den die Parteien kraft Verbandsmitgliedschaft gebunden sind. Der in der AVE inbegriffene staatliche Erstreckungsakt ersetzt also die Legitimation der Tarifgeltung durch den Verbandsbeitritt. Wird die AVE aufgehoben oder endet der Tarifvertrag (§ 5 Abs. 5 S. 3 TVG), tritt Nachwirkung ein.[18] Gleiches gilt, wenn die Tarifvertragsparteien den Tarifvertrag ändern oder aufheben.

20 Kollidiert der für verbindlich erklärte Tarifvertrag mit einem Verbands- oder einem Firmentarifvertrag, ergibt sich in den Einzelarbeitsverhältnissen regelmäßig Tarifkon-

---

13 Gesetz zur Sicherung der Sozialkassenverfahren im Baugewerbe (Sozialkassenverfahrensicherungsgesetz – SokaSiG I) vom 16.5.2017, BGBl. I, S. 1210; Gesetz zur Sicherung der tarifvertraglichen Sozialkassenverfahren (Zweites Sozialkassenverfahrensicherungsgesetz – SokaSiG II) vom 1.9.2017, BGBl. I, S. 3356.

14 *LAG Hessen* 20.6.2017 – 12 Sa 518/16.

15 Vgl. etwa: *BVerfG* 17.12.2013, NVwZ 2014, 577; *BVerfG* 2.5.2012, BVerfGE 131, 20 = NVwZ 2012, 876; *BVerfG* 21.7.2010, NJW 2010, 3705.

16 www.bmas.de (> Themen > Arbeitsrecht > Tarifverträge).

17 *BVerfG* 24.5.1977, BVerfGE 44, 322 (340) = NJW 1977, 2255; *BAG* 21.9.2016 – 1 ABR 33/15 Rn. 41 u. 10 ABR 48/15 Rn. 37.

18 *BAG* 8.11.2006, NZA 2007, 576.

kurrenz → § 6 Rn. 77ff. Diese ist nach dem Spezialitätsprinzip aufzulösen. Danach gebührt dem privatautonom legitimierten Tarifvertrag der Vorrang. Eine Ausnahme bestimmt allerdings § 5 Abs. 4 S. 2 TVG mit Blick auf gemeinsame Einrichtungen der Tarifvertragsparteien (§ 5 Abs. 1a TVG). »Fachfremde« Arbeitgeber, die überwiegend Arbeiten im Geltungsbereich des erstreckten Tarifvertrags erbringen, sollen auch dann zur Einrichtung beitragen, wenn sie an einen anderen Tarifvertrag gebunden sind (Beispiel: Metallverarbeiter M baut Gerüste auf Baustellen auf; er soll auch, wenn er an sich einem Metalltarifvertrag unterliegt, in die SOKA-Bau leisten). Auch soll verhindert werden, dass sich ausländische Diensterbringer unter Verweis auf Heimattarifverträge einschlägigen Leistungspflichten entziehen (was zudem aber auch über §§ 3, 5 Nr. 3, 8 Abs. 2 S. 2 AEntG erreicht wird → Rn. 26).

Da mit der AVE eines Tarifvertrags dessen Rechtsnormen im Ergebnis für alle Branchenangehörigen gelten, müssen diese im Prozess von Amts wegen beachtet werden (vgl. → § 6 Rn. 27). Der Rechtsanwender hat daher stets zu prüfen, ob in einem Rechtsstreit die Bestimmungen eines für allgemein verbindlich erklärten Tarifvertrags eine Rolle spielen können. Ein Blick in das in Rn. 17 erwähnte, auf der Internetseite des BMAS zugängliche Register erweist sich daher stets als lohnend. **21**

Beispiel: Arbeitnehmer A war seit dem 1.1.2018 bei Gastwirt G in Heidelberg als Koch beschäftigt. G kündigt am 5.2.2018 zum 19.2.2018. A möchte beim ArbG festgestellt wissen, dass die Kündigung das Arbeitsverhältnis erst zum 15.3.2018 aufgelöst hat (§ 622 Abs. 1 BGB). G wendet ein, dass man sich mündlich auf eine sechsmonatige Probezeit i. S. v. § 622 Abs. 3 BGB verständigt habe. A bestreitet das, woraufhin G den bei ihm beschäftigten Kellner K, der bei den Vertragsverhandlungen zugegen gewesen sein soll, als Zeugen für die Vereinbarung benennt. Wie wird das ArbG entscheiden? **22**

Ein Blick in das in Rn. 17 bzw. 21 erwähnte Verzeichnis aller für allgemein verbindlich erklärten Tarifverträge zeigt, dass die Beweisaufnahme unnötig ist. Der Mantel-TV vom 18.3.2002 für das Hotel- und Gaststättengewerbe in Baden-Württemberg ist nämlich für allgemein verbindlich erklärt, findet also in jedem Fall auf das zwischen A und G begründete Arbeitsverhältnis Anwendung. Nach § 4 B Nr. 1 gelten die ersten drei Monate nach der Einstellung als Probezeit (= Verkürzung der gesetzlichen Kündigungsfrist gem. § 622 Abs. 4 S. 1 BGB, → § 5 Rn. 13). Innerhalb der ersten 2 Monate kann mit einer Frist von 3 Kalendertagen zu jedem Kalendertag gekündigt werden. Danach ist die Kündigungsfrist in jedem Fall gewahrt; G hätte sogar zum Ablauf des 8.2.2018 kündigen können. Das ArbG wird die Klage also ohne Beweisaufnahme abweisen.

4. Rechtsschutz

Für Angriffe gegen AVE sind die Arbeitsgerichte zuständig: § 2a Abs. 1 Nr. 5 ArbGG. Verfahrensart ist das Beschlussverfahren. Näheres regelt § 98 ArbGG, der weitgehend dem Beschlussverfahren zur Feststellung der Tariffähigkeit einer Vereinigung nachgebildet ist (→ § 3 Rn. 8). Antragsbefugt sind natürliche oder juristische Personen, sowie (konkurrierende) Gewerkschaften oder Vereinigungen von Arbeitgebern, die nach Bekanntmachung der AVE geltend machen, durch die AVE oder deren Anwendung in ihren Rechten verletzt zu sein oder in absehbarer Zeit verletzt zu werden. Ungeachtet des § 98 Abs. 6 ArbGG sind auch die einzelnen normunterworfenen Arbeitsvertragsparteien antragsbefugt, vor allem die einzelnen Arbeitgeber.[19] Zur Entscheidung ist erstinstanzlich das Landesarbeitsgericht zuständig, in dessen Bezirk die Behörde ihren **23**

---

19 *BAG* 21.9.2016 – 1 ABR 33/15 Rn. 47.

Sitz hat, die die Rechtsverordnung erlassen hat. Das ist regelmäßig das LAG Berlin, da das BMAS seinen ersten Dienstsitz in Berlin hat.[20] Der rechtskräftige Beschluss über die Wirksamkeit einer AVE hat erga-omnes Wirkung: § 98 Abs. 4 ArbGG, bindet also auch die normunterworfenen Arbeitgeber und Arbeitnehmer.[21] Hängt dagegen die Entscheidung eines Rechtsstreits – etwa einer Lohnzahlungsklage – davon ab, ob eine AVE wirksam ist und bestehen daran ernsthafte Zweifel[22], so hat das Gericht den Rechtsstreit auszusetzen (§ 98 Abs. 6 S. 1 ArbGG). Die Arbeitsgerichte dürfen also nicht inzident im Individualprozess über die Wirksamkeit einer AVE entscheiden. Wird der Rechtsstreit ausgesetzt, sind beide Parteien im bzw. für ein Beschlussverfahren nach § 2a Abs. 1 Nr. 5 berechtigt ein einschlägiges Beschlussverfahren einzuleiten: § 98 Abs. 6 S. 7 ArbGG.

24 Bis 2014 konnte die Wirksamkeit einer AVE nur in einem wenig konsistenten und für die Praxis außerordentlich unzufriedenstellenden Verfahren vor den Verwaltungsgerichten geklärt werden, weshalb dem Leser zu einschlägigen Fragestellungen auch Urteile der Verwaltungsgerichte begegnen können. Beteiligte scheuten allerdings den Gang zum Verwaltungsgericht. Ganz anders gestalten sich die Dinge, seit der Rechtsweg zu den Arbeitsgerichten eröffnet ist. Seitdem erfreuen sich Angriffe gegen eine AVE großer Beliebtheit, nicht zuletzt bei Außenseitern, die zur Zahlung von Beiträgen zu Sozialkassen herangezogen werden sollen. Sie verweigern die Zahlung, lassen sich verklagen, greifen die Wirksamkeit der AVE an, auf der der Zahlungsanspruch basiert und spekulieren auf eine Aussetzung des Rechtsstreits nach § 98 Abs. 6 ArbGG, um Zeit zu gewinnen. Dem versucht § 98 Abs. 6 S. 3 bis 6 ArbGG einen Riegel vorzuschieben.

III. Arbeitnehmerentsendegesetz (AEntG)

1. Allgemeine Bemerkungen

25 Neben die AVE ist 1998 die Befugnis des BMAS getreten, tarifliche Mindestarbeitsbedingungen durch Rechtsverordnung für bindend zu erklären (§§ 7, 7a und 8 AEntG). Diese Erstreckungsoption hat in den vergangenen 20 Jahren einen rasanten Aufstieg erfahren und sie steht in ihrer Bedeutung mittlerweile der AVE nach § 5 TVG zumindest gleichwertig gegenüber. Um die Regelungsmechanik des AEntG verstehen zu können, gilt es sich vor Augen zu führen, dass das Gesetz in seiner ersten Fassung (1996) nur Fragen des internationalen Arbeitsrechts regeln sollte. 1998 wurde das AEntG dann um flankierende tarifrechtliche Bestimmungen ergänzt. Sie wurden mit der Novelle 2009 so weit ausgebaut, dass das Gesetz mittlerweile in einen international-privatrechtlichen (§§ 2 bis 6) und einen tarifrechtlichen Teil (§§ 7 bis 13) zerfällt, wobei einzelnen Regelungen allerdings Doppelcharakter zukommt. Dadurch hatte das AEntG mehr und mehr die Funktion, im Allgemeininteresse und zum Schutz der Arbeitnehmer in bestimmten Branchen elementare Mindestarbeitsbedingungen, namentlich Mindestlöhne, vorzugeben. Behält man dieses Widerspiel indes im Blick, erweist sich auch das AEntG als ein durchaus handhabbares Gesetz.

---

20 Bekanntmachung über die Sitzentscheidung der BReg, BGBl. I 1999, S. 1725, Nr. 3.
21 Unklar ist indes, ob das Verfahren nach §§ 2a Abs. 1 Nr. 5, 98 ArbGG auch dann einschlägig ist, wenn das BMAS den Antrag der Tarifpartner auf Erlass einer AVE abgelehnt hat. Möglicherweise müssen diese dann nach § 40 Abs. 1 S. 1 VwGO den Verwaltungsrechtsweg beschreiten und Feststellungsklage (so genannte »Normerlassklage«) erheben.
22 *BAG* 12.4.2017 – 10 AZB 28/17; *BAG* 7.1.2015, NZA 2015, 237.

Auslöser für die Schaffung des AEntG war, dass Mitte der 1990er Jahre in Zusammen- **26** hang mit den zahlreichen Bauprojekten in Berlin und den neuen Bundesländern im Anschluss an die Wiedervereinigung viele ausländische Bauunternehmer auf den deutschen Markt drängten (s. auch → Rn. 99). Sie konnten sich zu Nutze machen, dass die Arbeitslöhne in den jeweiligen Herkunftsstaaten signifikant unter den deutschen Löhnen lagen (in der politischen Debatte auch als »Lohn-« oder »Sozialdumping« bezeichnet). So erhielt nach Angaben der Industriegewerkschaft Bau 1995 ein entsandter portugiesischer Bauarbeiter durchschnittlich im Monat 577 EUR an Lohn, während der entsprechende deutsche Tarif 1.889 EUR betrug. Teils sollen entsandte Arbeitnehmer sogar Stundenlöhne von etwas über 1 EUR erhalten haben.[23] Überdies mussten ausländische Anbieter keine Beiträge an die SOKA-Bau (→ § 5 Rn. 27) entrichten. Denn die insoweit relevanten Zusatzversorgungstarifverträge waren nach § 5 TVG zwar für allgemein verbindlich erklärt, doch unterfielen die Arbeitsverhältnisse der entsandten Arbeitnehmer nicht dem deutschen Arbeitsrecht (vgl. Art. 8 Abs. 2 S. 2 Rom I-VO).[24] Daher fanden auf sie das deutsche Tarifrecht und in Folge auch die deutschen Tarifverträge keine Anwendung. Diese Entwicklung führte Mitte der 1990er Jahre zu einer hohen Anzahl von Insolvenzen von im Inland ansässigen Unternehmen. Darüber hinaus konstatierte der Gesetzgeber, dass im Sommer 1994 in Deutschland ca. 122.000 Arbeitnehmer in Bauberufen arbeitslos gemeldet waren, während umgekehrt ca. 150.000 Arbeitnehmer ausländischer Anbieter nach Deutschland entsandt wurden.[25]

Diese erste Fassung des AEntG bestimmte daher, dass gesetzliche Mindestlöhne der **27** Baubranche und die Beitragspflichten zur SOKA der Tarifvertragsparteien auf Arbeitsverhältnisse zwischen einem ausländischen Arbeitgeber und seinen ins Inland entsandten Arbeitnehmern auch dann anzuwenden sind, wenn diese nicht dem deutschen Recht unterliegen. Da in Deutschland das staatliche Recht keine Vorgaben zu derartigen Arbeitsbedingungen enthält, wurde darüber hinaus geregelt, dass sich die fraglichen Arbeitsbedingungen auch aus einem für allgemein verbindlich erklärten Tarifvertrag ergeben können.

Gleichzeitig setzte sich die deutsche Regierung bei der Europäischen Union für den **28** Erlass einer entsprechenden Richtlinie ein. Diese wurde allerdings erst zum Jahresende 1996 verabschiedet, so dass sie in Deutschland zwar über das AEntG umgesetzt ist (s. dazu → Rn. 94), dieses aber nicht im eigentlichen Wortsinn zu dessen Umsetzung geschaffen wurde.

Was die Erstreckung von Mindestlöhnen betrifft, erwies sich das AEntG aber zunächst **29** als ein zahnloser Tiger. Die Versuche von Gewerkschaften und Arbeitgeberverbänden, ihre Mindestlohntarifverträge für allgemein verbindlich erklärt zu bekommen, scheiterten nämlich am Veto der Arbeitgebervertreter im Tarifausschuss des § 5 Abs. 1 S. 1 TVG (→ Rn. 14 f.). Daher ging der Gesetzgeber nach dem Regierungswechsel 1998 einen entscheidenden Schritt weiter und führte ein vereinfachtes Verfahren zur Erstreckung von Tarifverträgen auf Außenseiter ein, das nicht an die Beteiligung des Tarifausschusses gebunden ist.

Rasch zeigte sich, dass dem BMAS damit ein relativ einfach zu handhabendes Mittel **30** zur Verfügung gestellt war, um die grundständigen Arbeitsbedingungen in der Bau-

---

23 S. die Fallgestaltung von *LG Berlin* 25.8.1997 – 537 Qs 78/97.
24 Verordnung (EG) Nr. 593/2008 v. 17.6.2008 über das auf vertragliche Schuldverhältnisse anzuwendende Recht (Rom I), dtv-Arbeitsgesetze Nr. 11a.
25 BT-Drs. 13/2414, S. 6.

branche zu regulieren. Im Zusammenspiel mit der engagiert geführten politischen Diskussion, ob in Deutschland ein verbindlicher Mindestlohn eingeführt werden sollte, motivierte das den Gesetzgeber zu einer kontinuierlichen Ausweitung des Anwendungsbereichs des AEntG (s. auch → Rn. 25 ff.). Stück für Stück wurde dieser für immer mehr Branchen geöffnet, bis schließlich dem BMAS mit der Aufnahme des § 7a in das Gesetz eine flächendeckende Kompetenz zum Rechtsverordnungserlass zuerkannt wurde. Parallel dazu ging der Fokus der Betrachtung weg von den ursprünglichen Adressaten, also ausländischen Unternehmen, die Dienstleistungen im Inland erbringen, und richtete sich mehr und mehr auf inländische Arbeitgeber ohne Tarifbindung, später ganz allgemein auf die Vorgabe von Mindestarbeitsbedingungen für bestimmte Branchen. In der Folge wurde aus dem »Entsendegesetz« ein »tarifgestütztes Mindestarbeitsbedingungsgesetz«.

31   Eine gute Übersicht über die jeweils aktuellen Mindestlöhne sowie die zahlreichen mit der praktischen Umsetzung des AEntG zusammenhängenden Fragen findet sich auf der Homepage des BMAS und des Zolls.[26] Die einschlägigen Löhne variieren nach dem Tarifgebiet (meist alte/neue Bundesländer) und überdies findet sich in aller Regel eine grobe Unterteilung in gelernte und ungelernte Arbeitnehmer. Hohe Mindestlöhne ergeben sich (Stand Juli 2018) insbesondere in der Baubranche, wo gelernte Arbeitnehmer im Tarifgebiet West einen Stundenlohn von 14,95 EUR beanspruchen können. Ein Höchstsatz von 16,53 EUR wird im Geld- und Werttransport in Nordrhein-Westfalen gezahlt.[27] Der niedrigste Mindestlohn findet sich derzeit für Beschäftigte der Gebäudereinigung in Ostdeutschland (9,55 EUR). Im groben Mittel variieren die Mindestlöhne in einer Bandbreite von ca. 10,00 EUR bis ca. 13,00 EUR. Damit liegen die branchenspezifischen Mindestlöhne ausnahmslos und dies teils deutlich über dem gesetzlichen Mindestlohn, dem gegenüber sie vorrangig sind: § 1 Abs. 3 MiLoG. Das zeigt nochmals, dass der gesetzliche Mindestlohn sich als weniger bedeutend erweist, als das in der politischen Diskussion zuweilen angenommen wurde (s. bereits → Rn. 3). So gesehen trifft die in den Medien zuletzt prominent publizierte These[28], wonach der gesetzliche Mindestlohn in Deutschland im EU-Vergleich »lediglich« an Rang 6 liegt und sich, am mittleren Einkommen gemessen, als eher gering erweist, nur abstrakt betrachtet vollständig zu. Abgesehen davon, dass letzteres natürlich auch damit zu tun hat, dass in vielen Branchen ausgesprochen gute Arbeitslöhne gezahlt werden, darf eben nicht außen vor gelassen werden, dass in nicht wenigen Branchen Mindestlöhne verbindlich sind, die zum Teil deutlich über dem grundständigen Mindestlohn liegen.

2. Voraussetzungen und Erstreckungsverfahren

32   Die Erstreckung von tariflichen Mindestarbeitsbedingungen durch eine Rechtsverordnung ist zunächst in denjenigen Branchen möglich, die in § 4 Abs. 1 AEntG aufgeführt sind. Für sie bestimmt sich das Rechtsetzungsverfahren nach § 7 AEntG. Darüber hinaus kann das BMAS aber auch in allen anderen Branchen grundständige tarifliche Arbeitsbedingungen verbindlich machen, wenn es der Auffassung ist, dass das im öffent-

---

26   S. www.zoll.de (> Fachthemen > Arbeit > Mindestarbeitsbedingungen > Mindestlohn nach dem AEntG, Lohnuntergrenze nach dem AÜG > Übersicht Branchen-Mindestlöhne).

27   Zweite Verordnung über zwingende Arbeitsbedingungen für Geld- und Wertdienste v. 22.7.2017, BAnz. AT 29.9.2017 V1. Diese sieht für jedes Bundesland unterschiedliche Mindestlohnsätze zwischen (derzeit) 12,64 EUR und 16,53 EUR vor.

28   S.Z. v. 3.8.2018, S. 18; Tagesschau vom 28.2.2018, https://www.tagesschau.de/wirtschaft/mindestlohn-eu-101.html.

lichen Interesse geboten ist. Einschlägig ist dann das Verordnungsverfahren nach § 7 a AEntG. Schließlich kommt der Erlass einer Mindestlohnverordnung noch in der Pflegebranche in Betracht, für die die §§ 10 bis 13 AEntG ein eigenständiges Erstreckungsverfahren bereithalten. Grund dafür ist, dass im Pflegebereich besonders viele kirchliche Arbeitgeber tätig sind und das AEntG mit diesen Bestimmungen den rechtlichen und tatsächlichen Besonderheiten des kirchlichen Arbeitsrechts Rechnung tragen will (Art. 140 GG i. V. m. 137 WRV). Weitere Sonderregelungen ergeben sich für die Leiharbeit (dazu → Rn. 62 ff.).

Gegenstand einer Rechtsverordnung nach §§ 7 und 7 a AEntG kann im Ergebnis nur **33** ein bundesweit (§§ 7 Abs. 1 S. 1, 3 S. 1 AEntG) geltender Tarifvertrag sein (Ausnahme § 3 S. 2 AEntG). Dieser darf ausschließlich Rechtsnormen zu den in §§ 5 Nrn. 1 bis 4 AEntG aufgeführten Arbeitsbedingungen enthalten. Bedeutung erlangen dabei vor allem: Mindestlöhne, Bestimmungen über die Dauer des Erholungsurlaubs, des Urlaubsentgelts oder eines zusätzlichen Urlaubsgelds. Mindestentgeltsätze können dabei nach Art der Tätigkeit, Qualifikation des Arbeitnehmers und Regionen differenzieren. Üblicherweise enthalten Mindestlohntarifverträge vier Tarifgruppen, die zwischen unqualifizierten und qualifizierten Arbeitnehmern, sowie zwischen den alten und neuen Bundesländern unterscheiden. Diese Ausdifferenzierung ist europarechtskonform → Rn. 104.

Für den Erlass einer Rechtsverordnung nach §§ 7 und 7 a AEntG ist ausschließlich das **34** BMAS zuständig (für das AEntG schien immer klar, dass die Ministerin [eine Staatssekretärin] bzw. der Minister [ein Staatssekretär] die Letztverantwortung trifft, vgl. → Rn. 16). Voraussetzung ist ein gemeinsamer Antrag beider Tarifvertragsparteien (§§ 7 Abs. 1 S. 1 u. 7 a Abs. 1 S. 1 AEntG). Das BMAS darf also nicht aus eigener Initiative tätig werden (vgl. → Rn. 8).

Der Erlass einer Rechtsverordnung setzt voraus, dass diese im öffentlichen Interesse **35** geboten erscheint, um die in § 1 AEntG genannten Gesetzesziele (zu diesen Rn. 25 ff.) zu erreichen (§§ 7 Abs. 1 S. 1 u. 7 a Abs. 1 S. 1 AEntG). Dieses Tatbestandsmerkmal ist wenig konkret, dem BMAS kommt also ein außerordentlich großer Beurteilungs- und Entscheidungsspielraum zu (vgl. → Rn. 11). Ein direkter Rückgriff auf § 5 Abs. 1 S. 2 TVG ist nicht möglich, doch kommt ein Rechtsverordnungserlass desto eher in Betracht, je mehr sich der Tarifvertrag im Tarifgebiet durchgesetzt hat.

Vor Erlass der Rechtsverordnung hat das BMAS den Verordnungsentwurf im Bundes- **36** anzeiger bekannt zu machen. Weiter hat es den unter den Geltungsbereich der Rechtsverordnung fallenden Arbeitgebern und Arbeitnehmern, den Parteien des Tarifvertrages, sowie den Parteien eines anderen, konkurrierenden Tarifvertrags, sollte es einen solchen geben, Gelegenheit zur Stellungnahme (in Textform[29]) innerhalb von drei Wochen ab dem Tag der Bekanntmachung zu geben (§§ 7 Abs. 4 bzw. 7 a Abs. 3 AEntG). Ein wesentlicher Verstoß gegen Anhörungs- und Beteiligungsrechte führt zur Unwirksamkeit der Verordnung.[30] Ein solcher liegt jedenfalls dann vor, wenn der Verordnungsentwurf nicht im Bundesanzeiger bekannt gemacht, die dreiwöchige Stellungnahmefrist nicht abgewartet wurde oder eingegangene Stellungnahmen mehr oder weniger ignoriert wurden. Ansonsten ist zu prüfen, ob eine Verfahrensvorschrift, die

---

29 Das Gesetz spricht zwar von einer »schriftlichen« Stellungnahme, meint damit ausweislich der Gesetzesbegründung aber nur, dass eine mündliche Eingabe nicht ausreichen soll; die Schriftform des § 126 BGB ist hingegen nicht erforderlich.

30 *BAG* 18.4.2012, NZA 2012, 978; *BVerwG* 28.1.2010, NZA 2010, 718; i. E. ähnlich auch: *BVerwG* 28.1.2010, NZA 2010, 718.

der Gesetzgeber im Interesse sachrichtiger Normierungen statuiert hat, in funktionserheblicher Weise verletzt wurde.

37 Der Hauptunterschied zur Allgemeinverbindlicherklärung ist, wie in Rn. 29 bereits angedeutet, dass der nach § 5 Abs. 1 S. 1 TVG beim BMAS eingerichtete Tarifausschuss (→ Rn. 14) nahezu nicht zu beteiligen ist. Zwar sieht § 7 Abs. 5 S. 1 AEntG dessen Beteiligung vor. Faktisch läuft diese Regelung aber leer. Sie greift nämlich nicht bei Tarifverträgen für die in § 4 Abs. 1 Nr. 1 bis 8 AEntG genannten Branchen. Damit bleiben sowieso nur Tarifverträge für das Schlachten und die Fleischverarbeitung (§ 4 Abs. 2 Nr. 9 AEntG). Nun bestimmt § 7 Abs. 5 S. 1 AEntG aber auch, dass der Tarifausschuss ganz generell nur anzuhören ist, wenn in einer Branche, für die zuvor noch keine Rechtsverordnung nach § 7 AEntG erlassen wurde, zum allerersten Mal überhaupt ein Tarifvertrag für zwingend erklärt werden soll. Das trifft aber auch auf diese Branche nicht mehr zu. Für diese sind seit Jahren Mindestlohntarifverträge erstreckt. Davor wurde das Verfahren nach § 7 Abs. 5 AEntG in der Tat durchlaufen, nun spielt es aber keine Rolle mehr. Die fast biblisch formulierte Bestimmung[31] des § 7 Abs. 5 S. 3 AEntG erlangt daher kaum Bedeutung. Anders sieht es dagegen bei § 7a Abs. 4 AEntG aus. Das modifizierte Verfahren zur Befassung des Tarifausschusses wird in dieser Konstellation wegen des erhöhten Bedarfs an Klarheit bei der Branchenabgrenzung durchgängig angewandt. Der Tarifausschuss ist hier also vor jedem Verordnungserlass zu beteiligen. Doch sind seine Mitwirkungsrechte nur schwach ausgeprägt: (1.) Gibt der Tarifausschuss innerhalb von zwei Monaten nach Antragsveröffentlichung keine Stellungnahme ab oder (2.) stimmt die Mehrheit (= mindestens vier der sechs Mitglieder) dem Verordnungserlass zu, kann diese erlassen werden. (3.) Stimmen zwei oder drei Mitglieder zu, gilt im Prinzip dasselbe, wobei ausnahmsweise nicht das BMAS tätig werden darf, sondern die (gesamte) Bundesregierung entscheiden muss. Der Verordnungserlass scheitert also nur, (4.) wenn im Ausschuss mindestens mit einer 5/6-Mehrheit gegen ihn gestimmt wird. Folglich ist es keiner Seite und damit insbesondere auch nicht der Arbeitgeberbank möglich, den Erlass von zwingenden Arbeitsbedingungen nach § 7a AEntG zu verhindern.

38 Bestehen in einer Branche mehrere Tarifverträge (in aller Regel werden es maximal zwei sein) mit zumindest teilweise demselben fachlichen Geltungsbereich, gilt nach § 7a Abs. 2 i. V. m.) § 7 Abs. 2 und 3 AEntG folgendes: (1.) Ist die Erstreckung nur für einen der miteinander im Wettbewerb stehenden Tarifverträge beantragt, hat das BMAS bei seiner Entscheidung auch die Repräsentativität der beiden kollidierenden Tarifverträge bzw. der tarifschließenden Gewerkschaften zu berücksichtigen (§ 7 Abs. 2 AEntG). (2.) Ist dagegen für beide Tarifverträge ein Antrag gestellt, gilt im Prinzip das Gleiche, doch hat das BMAS bei seiner Auswahlentscheidung dann »besondere Sorgfalt« walten zu lassen und die widerstreitenden Grundrechtsinteressen der beteiligten Tarifparteien bzw. ihrer Mitglieder zu einem schonenden Ausgleich zu bringen (§ 7 Abs. 3 AEntG).

39 Vor allem die im 3. Absatz niedergelegten Anforderungen an eine Erstreckungsanordnung enthalten eigentümliche Leerformeln. Die Verwaltung muss immer dann, wenn sie handelt, kollidierende Grundrechte des normunterworfenen Bürgers berücksichtigen und miteinander in einen möglichst schonenden Ausgleich bringen, ganz gleich für wie viele Tarifverträge ein Antrag auf Erlass einer Rechtsverordnung gestellt ist. Und dass die Exekutive stets mit »besonderer Sorgfalt« handeln sollte, dürfte sich von selbst

---

31 Vgl. Matthäus 18, 20.

verstehen. Jedenfalls ist bei der Feststellung der Repräsentativität nach § 7 Abs. 2 und 3 AEntG vorrangig abzustellen auf (1.) die Zahl der Arbeitnehmer, die unter den Geltungsbereich des Tarifvertrags fallen und von tarifgebundenen Arbeitgebern beschäftigt werden. Weiterhin kann (2.) auch die Zahl der jeweils unter den Geltungsbereich des Tarifvertrags fallenden Mitglieder der tarifschließenden Gewerkschaft eine Rolle spielen, wobei alle Gewerkschaftsmitglieder zu berücksichtigen sind und damit auch solche, die bei nicht oder anders tarifgebundenen Arbeitgebern angestellt sind. Da die Zahl der in der Branche tätigen Gewerkschaftsmitglieder noch weitaus schwerer festzustellen sein wird als die der tarifgebundenen Arbeitgeber und deren Mitarbeiter, dürfte das 2. Tatbestandsmerkmal kaum jemals Bedeutung erlangen.

So interessant diese Regelung rechtsdogmatisch ist, so gering ist ihre praktische Bedeu-   **40** tung. Im Bereich von Mindestarbeitsbedingungen fehlt es nämlich an der von ihr vorausgesetzten Konkurrenz erstreckbarer Tarifverträge. Das wiederum liegt daran, dass es in Deutschland allenfalls in Randbereichen einen Gewerkschafts- bzw. Koalitionspluralismus gibt. Dieser ist nur in Form von Berufsgruppen- und Spartengewerkschaften vorhanden. Die aber fokussieren sich auf sog. »Funktionseliten«, für die sie betont günstige Tarifabschlüsse erreichen wollen und die von Mindestarbeitsbedingungen meist weit entfernt sind. Bislang war es zu einem derartigen Konflikt daher erst ein einziges Mal, nämlich im Dezember 2007 im Bereich der Briefzustellung gekommen. Dieser hatte seinerzeit viel politisches Aufsehen erregt, erwies aber nichtsdestotrotz als Sturm im Wasserglas und hat sich durch die wirtschaftliche und arbeitsmarktpolitische Entwicklung mittlerweile völlig erledigt.[32]

3. Rechtsfolgen einer Rechtsverordnung nach § 7 AEntG

a) Gewährung der vorgeschriebenen Mindestarbeitsbedingungen

Anders als die Allgemeinverbindlicherklärung des § 5 TVG führt eine Rechtsverord-   **41** nung nach §§ 7 oder 7a AEntG nicht die Tarifbindung von bislang nicht normunterworfenen Vertragsparteien herbei. Vielmehr folgt aus der Rechtsverordnung selbst, dass die Rechtsnormen dieses Tarifvertrages auf alle unter seinen Geltungsbereich fallenden und nicht an ihn gebundenen Arbeitgeber sowie Arbeitnehmer Anwendung finden. Die Rechtsverordnung wirkt daher zwar nicht dogmatisch, indes im wirtschaftlichen Ergebnis wie die AVE eines Tarifvertrags. Faktisch findet der einbezogene Tarifvertrag gleichsam unmittelbar und zwingend auf alle Arbeitsverhältnisse Anwendung, die seinem Geltungsbereich unterfallen. § 8 Abs. 1 S. 2 AEntG unterstreicht das nochmals und stellt vorsorglich klar, dass die Arbeitgeber ihren Arbeitnehmern »mindestens« die in dem Tarifvertrag für den Beschäftigungsort vorgeschriebenen Arbeitsbedingungen gewähren müssen. Daraus folgt: günstigere Arbeitsbedingungen bleiben diesen selbstverständlich erhalten.

Nicht in die Irre leiten lassen darf man sich durch die Regelung des § 8 Abs. 1 S. 2   **42** AEntG. Sie verfolgt keinen arbeits-, sondern einen strafrechtlichen Ansatz. Sie soll sicherstellen, dass auch Arbeitgeber, die schon auf Grund einer Tarifbindung nach dem TVG zur Einhaltung des Tarifvertrags verpflichtet wären, dem Bußgeldkatalog des § 23 AEntG unterliegen (das hatten einige Strafgerichte vor Erlass der Regelung bestritten). Ebenfalls für Verwirrung mag sorgen, dass § 8 Abs. 1 S. 1 AEntG überraschenderweise auch die AVE ins Spiel bringt. Gemeint ist damit lediglich folgendes:

---

32 Eine Darstellung der Geschehnisse findet sich in der Vorauflage → § 9 Rn. 39.

Tarifverträge der Baubranche, die für allgemeinverbindlich erklärt wurden, sollen ebenfalls in das AEntG einbezogen sein: §§ 4 Abs. 1 Nr. 1, 8 Abs. 1 AEntG. An dieser Stelle geht es also nicht um die Erstreckung des Tarifvertrags, vielmehr ist hier die international-privatrechtliche Seite des AEntG angesprochen. Wichtig ist das vor allem für die Tarifverträge über das Sozialkassenverfahren der Bauindustrie, die traditionell nicht per Rechtsverordnung i. S. d. § 7 AEntG erstreckt, sondern nach § 5 TVG für allgemein verbindlich erklärt werden. Mithin gilt: Auch ausländische Diensterbringer können zu Beiträgen herangezogen werden, wenn sie Arbeitnehmer ins Inland entsenden.

43 Eine Rechtsverordnung nach §§ 7 und 7a AEntG tritt mit Änderung, Aufhebung oder – im Fall einer Befristung – durch Zeitablauf außer Kraft. Die erstreckten Mindestarbeitsbedingungen sind vom Fortbestand des betreffenden Tarifvertrags unabhängig. Ihre Geltungsgrundlage ist alleine die Verordnung. Das BMAS ist jedoch gehalten, die Verordnung aufzuheben, wenn sich der Inhalt des erstreckten Tarifvertrags ändert oder dieser außer Kraft tritt. Endet die Verordnung, fallen die mit ihr erstreckten Mindestarbeitsbedingungen ersatzlos weg. Sie müssen von den Vertragsparteien nicht mehr beachtet werden (es sei denn, sie waren kraft beiderseitiger Organisationszugehörigkeit normativ an den Tarifvertrag gebunden; dann gilt § 4 Abs. 5 TVG). Eine »Nachwirkung« der Verordnung wird durch das AEntG nicht angeordnet. § 4 Abs. 5 TVG kann weder unmittelbar noch entsprechend angewendet werden.[33]

44 In der Praxis tun sich bei der Berechnung des Mindestlohns allerdings schwierige Fragen auf. Während diese lange Zeit nur Insidern des Entsenderechts geläufig waren, sind sie mit dem Erlass des MiLoG, in dessen Anwendungsbereich sie sich letztlich in gleicher Gestalt stellen, in den Mittelpunkt des allgemeinen Interesses gerückt. Ein guter Überblick[34] darüber lässt sich auf der Homepage des BMAS[35] bzw. der Zollverwaltung[36] gewinnen.

45 Grundlage für die rege Rechtsprechungstätigkeit des BAG in den letzten Jahren bilden einige Entscheidungen des EuGH,[37] die daran anknüpfen, dass nach der Entsenderichtlinie nationale Mindestlöhne auch auf Dienstleister zu erstrecken sind, die Arbeiten im Inland erbringen (vgl. §§ 3 i.V.m. 2 Nr. 1 AEntG). Sie lässt sich in drei Leitsätzen zusammenfassen: (1.) Der Anspruch auf einen Mindestlohn ist dann erfüllt, wenn die für den Kalendermonat gezahlte Bruttovergütung den Betrag erreicht, der sich aus der Multiplikation der Anzahl der in diesem Monat tatsächlich geleisteten Arbeitsstunden mit dem Mindestlohnsatz ergibt.[38] Es wird also wie bei der Erstellung einer Bilanz verfahren. (2.) Das Mindestentgelt ist für jede tatsächlich geleistete Arbeitsstunde zu zahlen. Augenmerk verdienen dabei Bereitschaftsdienste. Insoweit sind nicht nur die Zeiten tatsächlicher Inanspruchnahme, sondern auch die Ruhezeiten[39] vergütungs-

---

33 *BAG* 20.4.2011, NZA 2011, 1105.

34 Für Studierende eignen sich hierzu insbesondere auch die Darstellungen von *Boemke,* JuS 2017, 692, sowie, *ders.,* JuS 2015, 385, insb. 391.

35 www.bmas.de > Themen > Arbeitsrecht > Mindestlohn > Mindestlohn-Rechner.

36 www.zoll.de > Fachthemen > Arbeit > Mindestarbeitsbedingungen > Mindestlohn nach dem Mindestlohngesetz > Berechnung und Zahlung des Mindestlohns.

37 *EuGH* 12.2.2015, NZA 2015, 345 – Sähköalojen ammattiliitto; *EuGH* 12.2.2015, NZA 2015, 345 – Elektrobudowa; *EuGH* 7.11.2013, NZA 2013, 1359 – Isbir; *EuGH* 14.4.2005, NZA 2005, 573 – Kommission/Deutschland.

38 *BAG* 25.5.2016, NZA 2016, 1327.

39 Dass Ruhezeiten während des Bereitschaftsdienstes auch als Arbeitszeit zu qualifizieren sind, mag manchem Leser mit Rücksicht auf die Rechtsprechung des EuGH »klar« erscheinen (Stichworte: SIMAP, Jäger, Pfeiffer). Diese bezieht sich indes nur auf das öffentlich-rechtliche Arbeitszeitrecht,

pflichtig.[40] Die Entgeltfortzahlung wegen Krankheit, Feiertag oder Urlaub unterfällt dagegen nicht dem Mindestlohnregime. Da die gesetzlichen Entgeltfortzahlungsregelungen aber jeweils an dem Entgelt ansetzen, das dem Arbeitnehmer regelmäßig zusteht, sind einschlägige Ausfallzeiten mittelbar dann doch mit dem Mindestlohn zu vergüten (Krankheit,[41] Feiertag,[42] Urlaub,[43] nicht aber: Annahmeverzug nach § 615 BGB[44]). (3.) Die schwierigste Frage ist, welche Zahlungen des Arbeitgebers mindestlohnwirksam geleistet werden, was also alles auf die Mindestlohnschuld angerechnet werden darf. Grob gesprochen ist eine Leistung des Arbeitgebers immer, aber auch nur dann, relevant, wenn sie nach ihrer Zweckbestimmung eine Gegenleistung für diejenige Arbeitsleistung ist, die Gegenstand der Mindestlohnverpflichtung ist (sog. »Normalleistung«) und sich daher zu ihr funktionell gleichwertig verhält (»Äquivalenzprinzip« oder »Prinzip der funktionellen Gleichwertigkeit«).[45] Danach finden etwa Berücksichtigung: Erschwerniszulagen[46], arbeitsvertragliche Sonn- und Feiertagszuschläge[47], Anwesenheitsprämien[48] und sonstige Prämien[49], Wechsel- bzw. Spätschichtzulagen[50], sonstige zweckbestimmungsfreie Leistungszulagen[51], aber auch Treueprämien[52]. Dies alles gilt aber eben nur unter der Voraussetzung, dass der Arbeitgeber die Zahlung nicht davon abhängig macht, dass der Arbeitnehmer qualitativ oder quantitativ irgendetwas »außerhalb der Reihe« leistet. So ist etwa eine Spätschichtzulage nur berücksichtigungsfähig, wenn die betreffenden Arbeitnehmer typischerweise und regelmäßig Arbeit in Spätschicht leisten. Eine »Verkehrszulage« für das Reinigen von Verkehrsmitteln ist relevant, wenn diese grundständig an alle Beschäftigten gezahlt wird. Umgekehrt gilt, dass Zulagen und Zuschläge dann nicht anerkannt werden dürfen, wenn sie das Verhältnis zwischen der Leistung und der Gegenleistung zum Nachteil des Arbeitnehmers verschieben, weil sie nicht an die Normalarbeit anknüpfen. Das trifft etwa zu auf Leistungs- und Qualitätsprämien, die davon abhängen, dass die geschuldete Arbeitsleistung tatsächlich besonders gut erbracht wird, auf den gesetzlichen Nachtzuschlag des § 6 Abs. 5 ArbZG[53] (der Nachtarbeit verteuern und den

---

sagt aber nichts dazu, ob Ruhezeiten während des Bereitschaftsdienstes auch vergütungspflichtig sind (das können weder die unionsrechtliche Arbeitszeitrichtlinie noch das ArbZG regeln). Weiterhin ist zu beachten, dass es im Text alleine um gesetzliche Mindestlöhne geht. Was Gehaltszahlungen angeht, die über dem Mindestlohn liegen, bleiben die (Tarifvertrags-)Parteien völlig frei in der Entscheidung, wie ein Bereitschaftsdienst bezahlt werden soll. Es muss nur sichergestellt sein, dass für die gesamte Arbeitszeit das Mindestentgelt erreicht wird.

40 *BAG* 3. 11.10.2017, NZA 2018, 32; *BAG* 18.11.2015, NZA 2016, 828; *BAG* 29.6.2016, NZA 2016, 1332; *BAG* 19.11.2014, BAGE 150, 82.
41 *BAG* 20.6.2018 – 5 AZR 377/17.
42 *BAG* 20.9.2017, NZA 2018, 53; *BAG* 13.5.2015, AP Nr 16 zu § 2 EntgeltFG; *BAG* 18.4.2012, NZA 2012, 1152.
43 *BAG* 21.12.2016, NZA 2017, 378; *EuGH* 12.2.2015, NZA 2015, 345 – Elektrobudowa.
44 Eine Berechnung auf Mindestlohnbasis lehnt ab (wenngleich nur Sachverhalte mit internationalem Bezug): *BAG* 12.1.2005, NZA 2005, 627.
45 *BAG* 17.2.2018, NZA 2018, 781 Rn. 16; *BAG* 25.5.2016, NZA 2016, 1327; *BAG* 21.12.2016, NZA 2017, 378; *BAG* 6.9.2017, NZA 2017, 1463 Rn. 13.
46 *BAG* 18.4.2012, NZA 2013, 392.
47 *BAG* 17.1.2018, NZA 2018, 781; *BAG* 24.5.2017, NZA 2017, 1387.
48 *BAG* 6.12.2017, NZA 2018, 525; *BAG* 11.10.2017, NZA 2017, 1598.
49 *BAG* 8.11.2017, AP Nr 9 zu § 1 MiLoG; *BAG* 21.12.2016, NZA 2017, 378; *BAG* 6.9.2017 – 5 AZR 441/16.
50 *BAG* 21.12.2016, NZA 2017, 378.
51 *BAG* 6.9.2017, NZA 2017, 1463.
52 *BAG* 22.3.2017, NZA 2018, 680.
53 *BAG* 25.5.2016, NZA 2016, 1327.

Arbeitgeber daher davon abhalten soll, solche anzuordnen) oder auf vermögenswirksame Leistungen.[54]

b) Partielle Durchbrechung des Spezialitätsprinzips

46 Nach § 8 Abs. 2 AEntG hat ein Arbeitgeber die in einem durch eine Rechtsverordnung nach §§ 7 bzw. 7 a AEntG erstreckten Tarifvertrag vorgeschriebenen Mindestarbeitsbedingungen auch dann einzuhalten, wenn das Arbeitsverhältnis normativ an einen anderen Tarifvertrag gebunden ist. Mit dieser Regelung wird faktisch der arbeitsrechtliche Spezialitätsgrundsatz partiell durchbrochen. Denn nach den Regeln zur Auflösung von Tarifkonkurrenzen (→ § 6 Rn. 80 f.) würde ein durch Verbandsbeitritt legitimierter Tarifvertrag oder ein Haustarifvertrag an sich den nach §§ 7 bzw. 7 a AEntG erstreckten Tarifvertrag verdrängen. Ganz genau betrachtet geht es hier freilich nicht um die Aufhebung des Spezialitätsgrundsatzes, weil der nach dem AEntG erstreckte Tarifvertrag ja nicht tarifrechtlich wirkt (→ Rn. 41), sondern darum, dass die für zwingend erklärten Mindestarbeitsbedingungen nicht tarifdispositiv sind. Jedenfalls bestimmt das AEntG aus europarechtlichen Gründen (→ Rn. 101), dass dem Arbeitnehmer unabhängig von einer anderweitigen Tarifbindung stets die Arbeitsbedingungen des erstreckten Tarifvertrags zu gewähren sind (s. zur vergleichbaren Konstellation bei § 5 Abs. 1 a AEntG → Rn. 20, → § 5 Rn. 27).

47 **Beispiel:** Gebäudereiniger A gehört dem G-Verband an, der mit der H-Gewerkschaft einen Tarifvertrag TV-G/H abgeschlossen hat. Dieser enthält vier Lohngruppen (1 bis 4) mit einem gestaffelten Stundenlohn von 9,50, 10, 12,50 und 15 EUR. Der bei A beschäftigte Arbeitnehmer N ist Mitglied der H-Gewerkschaft. Wenig später wird zwischen dem R-Verband und der S-Gewerkschaft ein Mindestlohntarifvertrag für Gebäudereiniger verabredet (TV-R/S), der einen Mindestlohn von 11 EUR vorgibt. Dieser wird per Rechtsverordnung nach § 7 AEntG erstreckt. Grundsätzlich sind A und N an den TV-G/H normativ gebunden (§§ 3 Abs. 1, 4 Abs. 1 TVG). Daneben sind aber auch die Mindestarbeitsbedingungen des TV-R/S zu beachten (§§ 7 Abs. 1, 8 Abs. 1 AEntG). Würde man den Spezialitätsgrundsatz anwenden, würde der TV-G/H als der mitgliedschaftlich legitimierte, sachnähere Tarifvertrag den »nur« per staatlichem Erstreckungsbefehl geltenden TV-R/S verdrängen. § 8 Abs. 2 AEntG bestimmt indes, dass dem N in jedem Fall ein Mindeststundenentgelt von 11 EUR zu bezahlen ist: § 8 Abs. 2 AEntG. Danach gilt: Ist N in die Lohngruppen 1 und 2 eingruppiert, kann er ein Entgelt nach dem TV-R/S beanspruchen; der Spezialitätsgrundsatz ist an dieser Stelle durchbrochen. Gehört N dagegen den Lohngruppen 3 oder 4 an, verbleibt es in seinem Arbeitsverhältnis bei der Geltung »seines« Tarifvertrags. Er erhält danach einen Stundenlohn in Höhe von 12,50 bzw. 15 EUR.

48 Mit § 9 hat der Gesetzgeber eine Regelung in das AEntG aufgenommen, die sich weitgehend als Spiegelbild des § 4 Abs. 4 TVG erweist (→ § 6 Rn. 31 ff.). Interessant erscheint dabei, dass nach § 9 S. 3 Hs. 2 AEntG tarifliche Ausschlussfristen (→ § 6 Rn. 37) mindestens sechs Monate betragen müssen.[55]

c) Weitere Durchsetzungsinstrumentarien, Sanktionen bei Verstößen

49 Wie eingangs dargelegt, verfolgt das AEntG auch ordnungspolitische Ziele, nämlich die Sicherung angemessener und sozialverträglicher Mindestarbeitsbedingungen. Dabei hat es zumindest auch ausländische Anbieter im Blick, die nur kurzzeitig Arbeitnehmer ins Inland entsenden, wobei es insoweit seinen Ausgangspunkt eben in der Baubranche genommen hat, die durch einen besonders harten Verdrängungswett-

---

54 *BAG* 18.11.2015, NZA 2016, 828.
55 Die Rechtsfolgen einer Fristunterschreitung sind unklar: Ist die Ausschlussklausel unwirksam oder darf ein Tarifvertrag, der eine zu kurze Frist enthält, nicht zum Gegenstand einer Rechtsverordnung nach §§ 7, 7 a AEntG gemacht werden?

bewerb gekennzeichnet ist, der lange Zeit fast ausnahmslos über Lohn- und Arbeitsbedingungen geführt wurde. Daher war der Gesetzgeber der Ansicht, dass es zur
Durchsetzung des AEntG nicht ausreicht, wenn lediglich dem einzelnen Arbeitnehmer ein individueller Anspruch auf Gewährung der einschlägigen Arbeitsbedingungen
zur Verfügung gestellt würde. Und in der Tat ist anzunehmen, dass ein Bauarbeiter aus
dem Ausland, der der deutschen Sprache nicht mächtig ist, seine Rechte aus dem
AEntG regelmäßig nicht kennen wird und für seinen Arbeitgeber lediglich einige Monate vor Ort tätig ist, diesen nach Rückkehr in seinen Heimatstaat kaum auf Nach-
gewährung des nach dem AEntG verbindlichen Mindestlohn in Anspruch nehmen
wird.

Zwar kann die Unterschreitung von Mindestlöhnen nach § 291 Abs. 1 Nr. 3 StGB[56]   **50**
strafbar sein. Doch ist das Strafrecht kein geeignetes Mittel, um dafür zu sorgen, dass
verbindliche Mindestarbeitsbedingungen auch tatsächlich eingehalten werden. Denn
zum einen ist nicht eindeutig, ob bereits jede oder nur eine signifikante Unterschreitung des Mindestlohns strafbar ist,[57] zum anderen sind Staatsanwaltschaften und Strafgerichte auch nicht die richtigen Ansprechpartner, soweit es um die Durchsetzung
zwingender Mindestarbeitsbedingungen in der Fläche geht.

Das AEntG hält daher ein ganzes Bündel an begleitenden »Anwendungsvorschriften«   **51**
bereit. Die in zivilrechtlicher Hinsicht wichtigste ist dabei die »Auftraggeberhaftung«
des § 14 AEntG.[58] Entgegen der amtlichen Überschrift und wohl auch des Wortlauts
der Regelung, soll sie nach Ansicht der Rechtsprechung aber keine eigentliche Auf-
traggeber-, sondern nur eine Generalunternehmerhaftung anordnen.[59] Danach haftet
ein Unternehmer, der Aufträge oder Teile eines gegenüber einem Dritten übernommenen Auftrags an einen Subunternehmer weitergibt, wie ein selbstschuldnerischer
Bürge (§§ 765, 767, 773 Abs. 1 Nr. 1 BGB) für die Verpflichtungen seiner Nachunternehmer zur Zahlung des branchenspezifischen Mindestentgelts sowie für Beiträge an
gemeinsame Einrichtungen der Tarifvertragsparteien (also etwa: SOKA-Bau, → § 5
Rn. 27). Dem liegt die Überlegung zu Grunde, dass die Arbeitnehmer, die den Auftrag
letztlich ausführen, so einen weiteren Haftungspartner gewinnen. Vor allem aber soll
der Generalunternehmer seine Subunternehmer sorgfältig auch danach aussuchen, ob
sie die einschlägigen Mindestarbeitsbedingungen einhalten. In grenzüberschreitenden
Sachverhalten kommt die Annahme hinzu, dass die »Hemmschwelle« entsandter Arbeitnehmer, den Generalunternehmer in Anspruch zu nehmen, möglicherweise niedriger liegt als bei einer Klage gegen ihren eigenen »Heimatarbeitgeber.« Die Zuständigkeit der Arbeitsgerichte für solche Klagen folgt aus § 3 ArbGG. Auch hier knüpfen
sich in der Praxis viele umstrittene Folgeprobleme an, die mit dem Erlass des MiLoG,
das in § 13 auf § 14 AEntG verweist, in den Fokus der allgemeinen Aufmerksamkeit
gerückt sind.[60] Hauptdiskussionspunkt ist, ob der Generalunternehmer auch in der Insolvenz des Auftragnehmers haftet. Häufig geht es bei § 14 AEntG nämlich gar nicht

---

56 Ggf. kommt auch eine Strafbarkeit nach § 266a StGB in Betracht.
57 Vgl. *BGH* 22.4.1997, BGHSt 43, 53 = NZA 1997, 1166: Strafbar ist erst die Unterschreitung des (allerdings) ortsüblichen Lohns um mehr als 1/3. Im Prinzip ähnlich zu § 138 BGB: *BAG* 22.4.2009,
NZA 2009, 837.
58 Auch das Sozialrecht sieht eine Bürgenhaftung des Generalunternehmers für (sämtliche) von seinen
Subunternehmern abzuführende Sozialversicherungsbeiträge vor: § 28e Abs. 3a ff. SGB IV – allerdings beschränkt auf die Baubranche. In zivilrechtsdogmatischer Hinsicht sehr interessant ist dabei
die Exkulpationsregelung des § 28e Abs. 3b SGB IV.
59 *BAG* 28.3.2007, NZA 2007, 613; *BAG* 12.1.2005, NZA 2005, 627. Viel weitergehend aber: BT-Drs.
14/45, S. 26; BT-Drs. 542/08, S. 19.
60 Zusammenfassend: *Bayreuther*, NZA 2015, 961.

einmal darum, dass der Generalunternehmer es mit einem Auftragnehmer zu tun hat, der Dumpinglöhne zahlt, sondern vielmehr, dass dieser zahlungsunfähig oder auch nur -unwillig ist und dessen Arbeitnehmer deshalb auf den Auftraggeber zugehen. Gerade dann ist der Arbeitnehmer besonders schutzwürdig und es wäre sinnwidrig, wenn zwar der Auftraggeber des solventen Auftragnehmers für dessen Mindestlohnschulden haften müsste, er dagegen frei würde, wenn dieser nicht mehr leisten kann.[61] Viele Generalunternehmer versuchen sich mit umfassenden, den Auftragnehmern gestellten Vertragsklauseln abzusichern, die zahlreiche Grundfragen des bürgerlichen Rechts (insb. Bürgschaftsrecht, Recht der Kreditsicherheiten) und des AGB-Rechts berühren. Schwierig ist auch die Abgrenzung zwischen einem Generalunternehmer und einem »einfachen« Auftraggeber.

Beispiele: Bauunternehmer B soll ein Bürohaus errichten. Dieser vergibt die Elektroinstallation an den Elektrikermeister E. Unzweifelhaft ist B hier Generalunternehmer und haftet nach § 14 AEntG den Arbeitnehmern des E für dessen Mindestlohnschulden nach § 8 AEntG, soweit diese bei der Errichtung des Bürohauses tätig waren. Lässt dagegen Rechtsanwalt R seine Kanzlei reinigen, ist er nicht haftbar. Seine Mandanten mögen eine gut gereinigte Kanzlei als ansprechend empfinden; doch schuldet er diesen alleine eine Rechtsberatung. Wie sieht es aber aus, wenn ein Krankenhaus, ein Kantinenbetreiber oder ein Supermarkt Reinigungsarbeiten an Dritte überträgt? Auch diese schulden ihren Kunden (Patienten) nicht primär die Reinigung des Krankenhauses (der Kantine, des Supermarkts). Doch sind hygienisch einwandfreie Räumlichkeiten eine unerlässliche Voraussetzung für die Leistungserbringung.

52 Nach den §§ 16 ff. AEntG sind die Zollverwaltungen zur Überwachung der Einhaltung verbindlicher Mindestarbeitsbedingungen berufen. Verstöße sanktioniert § 23 AEntG als Ordnungswidrigkeiten, die mit einem Bußgeld von bis zu 500.000 EUR bedroht sind. Ein solches kann auch (ein Verschulden vorausgesetzt) gegen einen Generalunternehmer verhängt werden. Ein besonders scharfes Schwert hält schließlich § 21 AEntG bereit. Danach kann ein Unternehmen bzw. Generalunternehmer, gegen den ein Bußgeld nach § 23 AEntG verhängt wurde, für »angemessene« Zeit vom Wettbewerb um öffentliche Aufträge ausgeschlossen werden, was vor allem in der Baubranche herausragende Bedeutung erlangt. Schließlich können verhängte Bußgelder dazu führen, dass ein Gewerbetreibender als unzuverlässig einzustufen und ihm daher die Gewerbezulassung zu entziehen ist. In deregulierten Marktbereichen, in denen die Erbringung der Dienstleistung eine öffentlich-rechtliche Lizenz voraussetzt, kann diese entzogen werden, wenn wesentliche Arbeitsbedingungen nicht gewährt werden (etwa: § 6 Abs. 3 S. 1 Nr. 3 i. V. m. § 9 PostG).

4. Erstreckung von Mindestarbeitsbedingungen auf ausländische Dienstleistungserbringer

53 Wenngleich sich das AEntG mehr und mehr zu einem Gesetz zur Verbindlicherklärung tariflicher Mindestarbeitsbedingungen entwickelt hat, besteht eine der Kernregelungsaufgaben des Gesetzes dessen ungeachtet nach wie vor in der Erstreckung inländischer Mindestarbeitsbedingungen auf ausländische Diensterbringer, die Mitarbeiter ins Inland entsenden (→ Rn. 26 ff.). Insoweit maßgeblich sind die §§ 2 ff. AEntG.

54 Nach § 2 AEntG finden sämtliche Rechts- und Verwaltungsvorschriften (u. a.) über Mindestentgeltsätze sowie über den bezahlten Mindestjahresurlaub auch auf Arbeits-

---

61 Indes kommt es – was in der Praxis besonders wichtig ist – zu keiner Haftung, wenn die Bundesagentur Insolvenzausfallgeld geleistet hat. Ein Rückgriff auf §§ 169 S. 1 SGB III, 401, 412 BGB scheidet nach hM aus. *BAG* 8.12.2010, NZA 2011, 514.

verhältnisse zwischen einem im Ausland ansässigen Arbeitgeber und seinen im Inland beschäftigten Arbeitnehmern Anwendung und zwar auch dann, wenn das Arbeitsverhältnis – wie regelmäßig (vgl. Art. 8 Abs. 2 S. 2 Rom I-VO) – während der Entsendezeit weiterhin dem jeweiligen Heimatrecht unterliegt. Rechtstechnisch gesehen werden die einschlägigen Regelungen dadurch zu zwingend zu beachtenden Eingriffsnormen des nationalen Rechts (Art. 9 Rom I-VO) qualifiziert.

Die in der Praxis weitaus bedeutendere Regelung hält indes § 3 AEntG bereit: Danach **55** kommt es auch dann zu einer derartigen Erstreckung auf ausländische Arbeitsverhältnisse, wenn die fraglichen Mindestarbeitsbedingungen zwar »nur« in einem Tarifvertrag niedergelegt sind, dieser aber über eine Rechtsverordnung nach §§ 7, 7a AEntG auf alle Arbeitsverhältnisse der Branche erstreckt wurde.[62] Wie bereits mehrfach angesprochen, erfasst § 3 AEntG auch Tarifverträge, die einen Beitragszwang zu gemeinsamen Einrichtungen der Tarifpartner vorsehen (§§ 3 i. V. m. 5 Nr. 3 AEntG).

Das materiell-rechtliche Entsenderecht wird prozessual durch § 15 AEntG abgerundet. **56** Danach kann der ins Inland entsandte Arbeitnehmer alle sich aus dem AEntG ergebenden Ansprüche vor den deutschen Arbeitsgerichten verfolgen.[63] Dagegen wäre nach dem normalen Verlauf der Dinge ohne eine derartige Sonderregelung kein Gerichtsstand im Inland begründet (vgl. Art. 18 und 19 EuGVVO[64]). Der Arbeitnehmer müsste seine Ansprüche vor seinen »Heimatgerichten« einklagen (Sitz des Arbeitgebers, gewöhnlicher Arbeitsort). Indes erscheint in rechtlicher Hinsicht[65], letztlich aber auch in tatsächlicher Hinsicht fraglich, ob diese auf das AEntG bzw. die einschlägigen Tarifverträge zugreifen würden. Überragende Bedeutung erlangt dies in der Praxis nicht. Tatsächlich erfolgt die Durchsetzung des AEntG gegenüber ausländischen Diensterbringern mehr oder weniger mittelbar durch die Zollverwaltung (→ Rn. 52).

Beispiel: Der tschechische Staatsbürger K ist bei O, einer tschechischen Baufirma mit Sitz in Teplice **57** (Tschechien), angestellt. O übernimmt im April 2018 von der Stuttgarter Bauunternehmung B-GmbH als deren Nachunternehmer einige Arbeiten in der Nähe von Passau. Dabei setzt er unter anderem den K ein. Wie im Arbeitsvertrag vorgesehen zahlt O dem K pro Stunde einen Lohn in Höhe von 5 EUR. Wie ist die Rechtslage und was könnte K unternehmen?

Auf das zwischen K und O bestehende Arbeitsverhältnis findet zwar auch während **58** der Entsendung nach Deutschland tschechisches Recht Anwendung: Art. 8 Abs. 2 insb. S. 2 Rom I-VO. Danach wäre die zwischen den Parteien getroffene Lohnvereinbarung wohl nicht zu beanstanden (der gesetzliche Mindestlohn für Tschechien beträgt 2018 ca. 2,50 EUR). Indes hat das BMAS mit Verordnung vom 20.12.2017[66] den Mindestlohntarifvertrag der Baubranche vom 3.11.2017 nach § 7 AEntG für zwingend erklärt. Dieser gibt für Bayern einen einheitlichen Mindestlohn von 11,75 EUR vor[67]

---

62 Zum Sonderfall der für allgemeinverbindlich erklärten Tarifverträge in der Baubranche, → Rn. 42.

63 Was die örtliche Zuständigkeit betrifft, ist für entsandte Arbeitnehmer die Zuständigkeitsregelung nach § 48 Abs. 1 a ArbGG von besonderem Interesse, da der Ort der Entsendung der für ihn im Inland maßgebliche »gewöhnliche Arbeitsort« ist.

64 Verordnung (EG) Nr. 44/2001 (Verordnung der EU zur Bestimmung des internationalen Gerichtsstands). Zur Vereinbarkeit des § 15 AEntG mit der EuGVVO, lies: Art. 67 EuGVVO i. V. m. Art. 6d Entsenderichtlinie (96/71/EG).

65 Ein »Zugriff« auf das deutsche AEntG und die jeweils einschlägigen Tarifverträge wäre ausländischen Gerichten wohl nur über Art. 9 Abs. 3 Rom I-VO (sog. »fremdes Eingriffsrecht«) möglich.

66 BAnz. AT 29.12.2017 B 4, leichter zu ermitteln über das Verzeichnis der allgemein verbindlich erklärten Tarifverträge auf der Homepage des BMAS (→ Rn. 17), dort: S. 16.

67 Ermittelt nach der Übersicht über die Branchen-Mindestlöhne der Zollverwaltung (s. Fn. 35, 36).

und ist gem. §§ 4 Nr. 1, 3 S. 1, 8 Abs. 1 AEntG auch für O verbindlich, soweit er Arbeitnehmer auf deutsche Baustellen entsendet. K kann daher den O auf Zahlung der Lohndifferenz in Höhe von 6,75 EUR pro Stunde in Anspruch nehmen. Diesen Anspruch kann er nach § 15 AEntG auch vor den deutschen Arbeitsgerichten verfolgen (örtliche Zuständigkeit des ArbG Passau nach § 48 Abs. 1a ArbGG [ggf. auch: §§ 46 Abs. 2 ArbGG, 495, 29 ZPO]). Alternativ dazu kann er seinen Nachzahlungsanspruch auch gegenüber der B-GmbH geltend machen (§§ 14 AEntG, 765, 767, 773 Abs. 1 Nr. 1 BGB) und eine entsprechende Klage entweder vor dem ArbG Stuttgart oder dem ArbG Passau erheben: Art. 19 Nr. 1 EuGVVO, §§ 3, 46 Abs. 2 u. 48 Abs. 1a ArbGG, 495, 29, 12 u. 17, 35 ZPO).

59 Daneben sind auf die Lohndifferenz möglicherweise Sozialversicherungsbeiträge zu entrichten, wobei sich die Einzugsstelle entweder an O oder alternativ auch an die B-GmbH halten kann (§ 28e Abs. 3 SGB IV; dies gilt nicht, wenn die Geschäftsführer der B-GmbH davon ausgehen durften, dass O die geschuldeten Sozialbeiträge abführt: §§ 28e Abs. 3b SGB IV, 13, 35 GmbHG, 31, 276 BGB). Dies hängt allerdings davon ab, ob K in Deutschland tatsächlich sozialversicherungspflichtig war (was sich nach den Sozialversicherungsverordnungen 883/2004 und 987/2007 der EU beurteilt und zumindest nach der »Papierlage« nicht der Fall ist, s. Art. 12 Abs. 1 VO 883/2004). O und ggf. der B-GmbH (§ 30 Abs. 1 OWiG) drohen ein Bußgeld nach §§ 23 Abs. 1 Nr. 1, Abs. 2 Nr. 1 AEntG und der zeitweilige Ausschluss von der Vergabe öffentlicher Aufträge: § 21 AEntG. Darüber hinaus dürfte sich zumindest O wegen des signifikanten Unterschreitens des zwingenden Mindestlohns auch nach § 291 Abs. 1 Nr. 3 StGB strafbar gemacht haben. In Betracht kommt überdies eine Strafbarkeit nach § 266a StGB. Dagegen kann K weder von O noch der B-GmbH die Zahlung des gesetzlichen Mindestlohns nach §§ 1 und 2 MiLoG (ggf. i. V. m. §§ 13 MiLoG u. 14 AEntG) verlangen, weil der entsendrechtliche Mindestlohn diesem gegenüber vorrangig ist: § 1 Abs. 3 MiLoG.

5. Rechtsschutz

60 Der Rechtsschutz gegen einen Verordnungserlass ist in §§ 2a Abs. 1 Nr. 5, 98 ArbGG geregelt. Insoweit kann auf die Ausführungen verwiesen werden, die zum Rechtsschutz gegen eine Allgemeinverbindlicherklärung getroffen wurden → Rn. 23. Einzelne Arbeitgeber sind hier schon deshalb antragsbefugt, weil ihnen bei Nichtbeachtung einer Verordnung nach § 23 Abs. 1 Nr. 1 AEntG die Verhängung eines Bußgelds droht. Sollte es in der Branche tatsächlich konkurrierende Tarifverträge geben und musste das BMAS daher eine Auswahlentscheidung nach (§ 7a Abs. 2 i. V. m.) § 7 Abs. 2 und 3 AEntG treffen, können selbstredend auch die »unterlegenen« Tarifvertragsparteien den Verordnungserlass angreifen.

61 Am Rande sei angemerkt, dass sich im Umfeld des AEntG ansonsten leider eine beispiellose Zersplitterung des Rechtswegs ergeben hat. Dass für individualrechtliche Zahlungsklagen die Arbeitsgerichte zuständig sind, braucht nicht näher ausgeführt zu werden. Bußgeldbescheide nach § 23 AEntG sind vor den ordentlichen Gerichten anzugreifen (§§ 67ff. OWiG). Was einen Ausschluss vom Wettbewerb nach § 21 AEntG betrifft, ist die Zuständigkeit der Vergabekammern bzw. der nachgeordneten Oberlandesgerichte begründet. Wird ein Arbeitgeber, der die Mindestlohnvorgaben einer Rechtsverordnung nicht beachtet hat, von den Sozialversicherungsträgern zu Beitragsnachzahlungen herangezogen (vgl. § 28p Abs. 1 SGB IV), muss er den Rechtsweg zu den Sozialgerichten beschreiten: §§ 51 Abs. 1, 54 Abs. 1 S. 1 SGG. Trifft die Zollverwaltung Anordnungen nach §§ 17 Abs. 1 AEntG i.V.m. dem SchwarzArbG (etwa: Einsicht in Geschäftsunterlagen), ist der Rechtsweg zu den Finanzgerichten eröffnet. Bei allen diesen Verfahren ist umstritten, ob dort § 98 Abs. 6 S. 1 ArbGG anwendbar ist. Wäre das nicht der Fall, müssten die ordentlichen Gerichte bzw. die Sozialgerichte inzident prüfen, ob die Verordnung wirksam ist, was ausgesprochen misslich ist. Am Rande kann schließlich auch noch die Verwaltungsgerichtsbarkeit beteiligt werden, nämlich dann, wenn das BMAS einen Antrag der Tarifvertragsparteien auf Verordnungserlass ablehnen sollte → Rn. 24.

IV. Mittelbarer »Tarifzwang« und Erstreckung der untersten Lohngruppe eines Tarifvertrags in der Leiharbeit

1. Mittelbarer »Tarifzwang« durch das equal-pay-Prinzip

Im Zuge der sog. Hartz-Reformen hat der Gesetzgeber 2002 das AÜG erheblich liberalisiert (»Hartz-III«) und dabei einen Großteil der Beschränkungen, denen die Arbeitnehmerüberlassung bis dahin unterlag, aufgehoben. Gewissermaßen als Ausgleich dazu wurde bestimmt, dass Leiharbeitnehmer für den Zeitraum einer Überlassung zu genau den Arbeitsbedingungen zu beschäftigen sind, die für vergleichbare Stammarbeitnehmer des entleihenden Unternehmens gelten (»equal pay treatment«: §§ 8, 9 Abs. 1 Nr. 2 AÜG). Allem voran haben sie einen Anspruch auf das gleiche Arbeitsentgelt wie ihre im Einsatzbetrieb fest angestellten »Kollegen«. Zahlt der Verleiher seinen Arbeitnehmern dementgegen ein schlechteres Arbeitsentgelt, begeht er eine Ordnungswidrigkeit (§ 16 Abs. 1 Nr. 7a AÜG) und riskiert den Widerruf der Erlaubnis zur Arbeitnehmerüberlassung (§§ 3 Abs. 1 Nr. 3, 5 Abs. 1 Nr. 3 AÜG). **62**

Müsste der Verleiher seinen Arbeitnehmern aber tatsächlich die im Entleihbetrieb vorherrschenden Arbeitsbedingungen gewähren, wäre die Arbeitnehmerüberlassung häufig nicht mehr rentabel. Oft wird schon der Entleiher nicht zur Zahlung eines Überlassungsentgelts in Höhe der für die eigene Belegschaft maßgeblichen Arbeitslöhne bereit sein, vor allem aber würde dem Verleiher keine Gewinnspanne bleiben. Daher kommt es Verleihern entgegen, dass die Absätze 2 bis 4 des § 8 AÜG bestimmen, dass ein Tarifvertrag einen Dispens vom equal-pay-Gebot gewähren darf. Sind Verleiher und Arbeitnehmer an einen derartigen Tarifvertrag gebunden oder ist im Arbeitsvertrag auf ihn verwiesen (→ § 7 Rn. 18), ist das überlassungsrechtliche Gleichbehandlungsgebot also faktisch außer Kraft gesetzt. Umgekehrt werden Verleiher durch das AÜG so mittelbar gezwungen, sich einem Tarifvertrag anzuschließen. Aktuell werden mehr oder weniger von allen Verleihfirmen Tarifverträge angewandt, wobei überwiegend mit Bezugnahmeklauseln gearbeitet wird, da sich der Organisationsgrad in der Branche auf Arbeitnehmerseite sehr gering bemisst. **63**

In einschlägigen Tarifverträgen wird meist kein förmlicher Dispens vom equal-pay-Gebot ausgesprochen, sondern vielmehr ein bestimmter Lohn für Leiharbeitnehmer festgesetzt, aus dem sich mittelbar die Befreiung vom Gleichbehandlungsgebot ergibt. Hierfür stehen den Tarifvertragsparteien zwei Vorgehensweisen zur Verfügung: (1.) Sie begrenzen die Abweichung vom equal-pay-Gebot auf die ersten neun Monate des Einsatzes; für diesen Zeitraum sind sie bei der Gestaltung des Lohngefüges frei: § 8 Abs. 4 S. 1 AÜG. (2.) Nach § 8 Abs. 4 S. 2 AÜG können die Tarifvertragsparteien dem Verleiher aber auch einen zeitlich nicht begrenzten Dispens vom equal-pay-Grundsatz ge- **64** währen.[68] Sie müssen jedoch im Gegenzug festlegen, dass der Arbeitnehmer ab dem 15. Einsatzmonat das Tarifentgelt der Zielbranche erhält und nach der 6. Einsatzwoche schrittweise an dieses Niveau herangeführt wird. Dieses Verfahren hat sich in der Praxis durchgesetzt. Dabei darf die 15-Monats-Regelung nicht dahingehend missverstanden werden, dass der Tarifvertrag dem Leiharbeitnehmer ab dem 15. Einsatzmonat equal-pay zusprechen müsste. Vielmehr müssen die Tarifvertragsparteien ab diesem Zeitpunkt ein Arbeitsentgelt festlegen, das ihnen dem tarifvertraglichen Arbeitsentgelt der Einsatzbranche gleichwertig erscheint. Dieses muss aber nicht dem Gehalt entsprechen, das im konkreten Einsatzbetrieb gezahlt wird. So können beispielsweise außer- und übertarifliche Zulagen außen vor bleiben. Darüber hinaus kommt den Tarifvertragsparteien aber auch ein großer Einschätzungsspielraum im Hinblick auf die Beurteilung des tariflichen Gehaltsniveaus der Zielbranche zu. Sie dürfen dieses pauschalieren. So hat es sich eingebürgert, dass der Ausgangspunkt der Berechnung die in den Verleihertarifverträgen festgelegten Lohnsätze bleiben und der Arbeitnehmer als Aufschlag hierzu einen bestimmten »Branchenzuschlag« erhält, der proportional mit der Einsatzzeit ansteigt.

65   Insgesamt blickt das Tarifrecht der Arbeitnehmerüberlassung auf zehn bewegte Jahre zurück. Nach den Hartz-Reformen etablierten sich am Markt zwar rasch zahlreiche Tarifverträge, die die Branche überhaupt erst einmal tarifierten. Bis dahin stellten tarifgebundene Verleihunternehmen nämlich eher eine Ausnahmeerscheinung dar. Indes war das Niveau der ersten Tarifverträge ausgesprochen niedrig; die Gehaltssätze lagen regelmäßig unter dem (heutigen) gesetzlichen Mindestlohn. Das erstaunte, weil viele Beobachter eigentlich eine gegenteilige Entwicklung prognostiziert hatten: Denn zunächst hatte es den Anschein, dass das AÜG die Gewerkschaften in eine relativ starke Position versetzen würde. Sie müssen ja nur mit der Nichtaufnahme bzw. dem Scheitern von Verhandlungen drohen, um die Arbeitgeber zu einem Tarifabschluss zu bewegen, da diese ansonsten dem für sie wirtschaftlich kaum leistbaren equal-pay-Grundsatz unterworfen bleiben. Überraschenderweise waren jedoch einige im CGB organisierte Gewerkschaften, insbesondere die von ihnen gebildete Spitzenorganisation CGZP, mit schwachen Tarifabschlüssen vorgeprescht. In der Folge schlossen auch die DGB-Gewerkschaften Tarifverträge mit eher moderaten Standards ab. Die Zeitarbeit gewann so im Wirtschaftsleben zwar ganz erheblich an Bedeutung hinzu, doch fiel deren arbeitsmarktpolitische Bewertung recht konträr aus und zwar auch, weil Leiharbeitnehmer viel zu oft Stammarbeitsplätze eingenommen hatten (»Jobmotor« oder umgekehrt: »Ersetzung von regulären Arbeitsplätzen durch Zeitarbeitsplätze«). Indes hat das BAG dem sich so langsam anstauenden Konfliktpotential viel Wind aus den Segeln genommen, als es 2010 die CGZP für tarifunfähig erklärt hat (→ § 3 Rn. 6 und 16). Aber auch die Tarifakteure haben das ihrerseits Erforderliche getan. Der Arbeitgeberverband AMP, der bislang ausschließlich mit der CGZP Tarifverträge abgeschlossen hatte, fusionierte mit dem Konkurrenzverband BZA, einem der Tarifpartner der DGB-Gewerkschaften. Der andere große Arbeitgeberverband der Branche, der Interessengemeinschaft Zeitarbeit (iGZ) hatte von vornherein mit den DGB-Gewerkschaften kontrahiert. Es entstanden Branchenzuschlagstarifverträge (s. Rn. 64) und sämtliche Beteiligten einigten sich auf erste Mindestlohnempfehlungen nach § 3a AÜG. Die Arbeitsbedingungen in der Branche haben sich so ganz erheblich verbessert und Schritt für Schritt ist eine stabile Tarifsituation entstanden. Aber auch

---

68 Eine zeitliche Grenze ergibt sich mittelbar freilich durch die Höchstüberlassungsdauer des § 1b Abs. 1 AÜG bzw. durch die in den einschlägigen Tarifverträgen vorgesehene maximale Überlassungsdauer (→ § 5 Rn. 21 f.).

der Gesetzgeber war nicht untätig. Mit drei Novellen hat er in den Jahren 2011, 2014 und 2017 die Überlassungsdauer auf maximal 18 Monate begrenzt (§ 18 Abs. 1b AÜG, s. dazu § 5 Rn. 21), einen Mindestlohn für die Branche eingeführt (§ 3a AÜG), sowie Zeitarbeitnehmer betriebsverfassungsrechtlich stärker in die Stammbelegschaft eingegliedert (vgl. §§ 14 Abs. 2 u. 3 AÜG, 7 S. 2 BetrVG). 2017 wurde dann auch der Vergütungsanspruch des Leiharbeitnehmers einer grundlegenden Reform unterzogen.

2. Verleihrechtlicher Mindestlohn

Mit der Novelle des AÜG im Jahr 2011 hat der Gesetzgeber mit § 3a AÜG auch für die **66** Leiharbeit eine Möglichkeit zur Festsetzung verbindlicher Mindestlöhne eingeführt. Dass er dabei seine ursprüngliche Absicht, die Branche in das AEntG aufzunehmen, aufgegeben hat,[69] ist bedauerlich, weil durch die Schaffung einer weiteren Mindestlohnregelung die Komplexität des Mindestlohnsystems noch weiter gesteigert wurde (→ Rn. 3f.).

Der verleihrechtliche Mindestlohn bewegt sich an der Grenze zwischen erstrecktem **67** Tarifrecht und einem gesetzlichen Mindestlohn. Er hat insoweit einen kollektivrechtlichen Einschlag, als Gewerkschaften und Arbeitgeberverbände im Bereich der Leiharbeit dem BMAS übereinstimmend vorschlagen können, die unterste Lohnstufe eines Tarifvertrags in einer Rechtsverordnung als verbindlichen Mindestlohn festzusetzen. Auch das konkrete Erstreckungsverfahren ähnelt dem der AVE nach § 5 TVG bzw. dem Verordnungserlass nach §§ 7 und 7a AEntG, so dass auf die dazu getroffenen Ausführungen verwiesen werden kann. Voraussetzung ist erneut, dass die Vorgabe einer Lohnuntergrenze im öffentlichen Interesse geboten erscheint (vgl. → Rn. 9, 11, 32, und 35). Nach § 3a AÜG hat das BMAS bei seiner Entscheidung im Rahmen einer Gesamtabwägung zu prüfen, ob eine Rechtsverordnung insbesondere geeignet ist, die finanzielle Stabilität der sozialen Sicherungssysteme zu gewährleisten. Der Verordnungsgeber hat weiter die bestehenden bundesweiten Tarifverträge in der Arbeitnehmerüberlassung und die Repräsentativität der vorschlagenden Tarifvertragsparteien zu berücksichtigen. Ein den §§ 7 Abs. 4, 7a Abs. 3 AEntG nachgebildetes Anhörungsverfahren sieht § 3a Abs. 5 S. 1 AÜG vor. Der beim BMAS eingerichtete Tarifausschuss ist lediglich zu hören, § 3a Abs. 5 S. 2 AÜG, hat aber keine eigentlichen Beteiligungsrechte. Da sich gerade im Leiharbeitsbereich mehrere miteinander konkurrierende Arbeitgeberverbände finden, hat der Gesetzgeber in § 3a Abs. 4 AÜG eine Regelung für den Fall aufgenommen, dass dem BMAS divergierende Vorschläge auf Erlass einer Verordnung unterbreitet werden. Inhaltlich ist diese weitgehend § 7 Abs. 2 und 3 AEntG nachgebildet (vgl. dazu → Rn. 38ff.). Dessen ungeachtet haben sich die konkurrierenden Arbeitgeberverbände BAP und iGZ mit den DGB-Gewerkschaften stets auf einen gemeinsamen Vorschlag für einen Mindestlohn verständigt.

Im Unterschied zu §§ 5 TVG und 7 AEntG wird im Anwendungsbereich des § 3a **68** AÜG dann aber kein Tarifvertrag im technischen Sinn auf tarifungebundene Arbeitsvertragsparteien erstreckt. Vielmehr schafft das BMAS mit dem Erlass einer Rechtsverordnung nach § 3a AÜG eine davon völlig isolierte, originäre Lohnbestimmung. Die Tarifregelung, auf die sie mittelbar zurückgeht, hat im Festsetzungsverfahren mehr

---

69 Zwar könnte für die Branche nach der AEntG-Novelle 2014 eine Rechtsverordnung nach § 7a AEntG erlassen werden, doch macht das BMAS weiterhin alleine von dem in § 3a AÜG festgelegten Verfahren Gebrauch.

oder weniger nur Orientierungsfunktion, der Lohnanspruch ergibt sich dagegen aus staatlichem Recht.

69 Der Mindestlohn nach § 3a AÜG ist tarifvertragsfest (s. auch: § 3a Abs. 1 S. 1, Abs. 2, § 8 Abs. 5 TVG). Verleiher können also nicht einwenden, dass sie an einen eigenen, spezielleren Tarifvertrag gebunden seien, der ein niedrigeres Lohnniveau vorgibt. Weiter knüpft das AÜG an die Nichtgewährung des Mindestlohns Sanktionen, die denen des AEntG bzw. denen des MiLoG nachgebildet sind (Bußgeld nach § 16 Abs. 1 Nr. 7b i.V.m. § 8 Abs. 5 AÜG; Zuständigkeit [auch] der Zollverwaltung nach § 17 Abs. 2 AÜG). Allerdings kennt das AÜG weder einen Ausschluss von öffentlichen Vergaben, noch eine Generalunternehmerhaftung (insoweit anders aber das Sozialrecht: § 28e Abs. 2 S. 1 SGB IV).

70 Den Rechtsschutz gegen eine Verordnung regeln §§ 2a Abs. 1 Nr. 5, 98 ArbGG. Insoweit ergeben sich keine Besonderheiten gegenüber dem Verfahren der AVE (Rn. 23).

71 Die einschlägigen Mindestlöhne sind auch von ausländischen Verleihern einzuhalten, soweit sie Arbeitnehmer ins Inland verleihen. Das folgt aus § 2 Nr. 1 AEntG.

72 Die bei Manuskriptabschluss aktuelle Dritte Verordnung über eine Lohnuntergrenze in der Arbeitnehmerüberlassung sieht seit dem 1.4.2018 einen Mindestlohn in Höhe von 9,49 EUR (West) bzw. 9,27 EUR (Ost) vor, der sich ab Januar 2019 auf 9,79 EUR (9,49 EUR) und ab Oktober 2019 auf 9,96 EUR (9,66 EUR) erhöht. Damit liegt der verleihrechtliche Mindestlohn, wenn auch nur knapp, über dem gesetzlichen Mindestlohn und ist diesem nach § 1 Abs. 3 MiLoG vorrangig.[70]

V. Tariftreueverlangen und vergaberechtlicher Mindestlohn

73 In zahlreichen Landesvergabegesetzen finden sich Bestimmungen[71], wonach die Vergabe eines öffentlichen Auftrags nach den §§ 98ff. GWB davon abhängt, dass sich der Auftragnehmer verpflichtet, seinen Arbeitnehmern bestimmte (Mindest-) Arbeitsbedingungen zu gewähren. Großer Beliebtheit erfreuen sich dabei so genannte Tariftreueverlangen. Sie sehen vor, dass öffentliche Aufträge nur an Anbieter vergeben werden dürfen, die zusagen, ihren Arbeitnehmern während der Auftragsausführung die Arbeitsbedingungen zu gewähren, wie sie sich aus den vor Ort einschlägigen Tarifverträgen ergeben. Hier geht es also nicht etwa darum, dass der Bieter auf die Einhaltung eines grundständigen Mindestlohns eingeschworen werden soll. Vielmehr soll er das gesamte Tarifgitter umsetzen, so als wäre er selbst tarifgebunden. So muss er auch höheren Entgeltgruppen, bis hin zu tariflichen Höchstgehältern Beachtung schenken.

74 Ein derart weitreichendes Vorgehen der Vergabebehörden hatte der EuGH jedoch als europarechtswidrig verworfen (ausführlich → Rn. 103), woraufhin entsprechende Passagen aus den Vergabegesetzen gestrichen wurden.[72] Möglicherweise werden die Uhren demnächst aber wieder auf den Anfang zurückgestellt. Die Union plant nämlich die Entsenderichtlinie zu novellieren (→ Rn. 91, 104f.). Die Neufassung erlaubt den Mitgliedstaaten ausdrücklich, bei Vergaben auf Tariftreue zu drängen.

---

70 Bis 31.12.2018: 8,84 EUR, für 2019: 9,19 EUR, ab 2020: 9,35 EUR.

71 Übersicht bei: www.boeckler.de (> Forschung > WSI > Tarifarchiv > Wer verdient was? > Tariftreue bei öffentlichen Aufträgen).

72 Partielle Ausnahme lediglich in Bremen: § 10 Abs. 1 S.1 Hs. 2 TarifVergabeG BR.

In den meisten aktuell geltenden Vergabegesetzen ist hingegen nur noch bestimmt, **75** dass sich der Auftragnehmer zur Einhaltung derjenigen Mindestarbeitsbedingungen verpflichten muss, die Gegenstand einer Rechtsverordnung nach §§ 7 bzw. 7a AEntG sind.[73] Einige wenige Landesgesetze fügen noch Tarifverträge hinzu, die nach § 5 TVG für allgemein verbindlich erklärt wurden.[74] Rechtlich gesehen wirkt eine derartige Selbstverpflichtung freilich nur deklaratorisch, weil der Auftraggeber die fraglichen Tarifregelungen ja ohnehin beachten müsste (§§ 5 Abs. 4 TVG bzw. 7, 7a und 8 AEntG). Die Arbeitnehmer gewinnen durch sie im Ergebnis nichts hinzu und zwar selbst dann nicht, wenn man die gegenüber der Vergabebehörde abgegebene Erklärung ihres Arbeitgebers als Vertrag zu Gunsten Dritter i. S. d. § 328 BGB auslegen würde (→ Rn. 76). Dessen ungeachtet sind derartige Tariftreueerklärungen aber nicht völlig bedeutungslos, weil sie der Vergabebehörde die Kündigung des Auftrags erleichtern können, sollte der Auftragnehmer gegen Tarifrecht verstoßen.

Darüber hinaus sehen einige Landesgesetze vor, dass sich Auftraggeber verpflichten **76** müssen, ihren Arbeitnehmern einen bestimmten, im Gesetz abstrakt festgelegten Arbeitslohn zu zahlen. Mit dem Erlass des MiLoG im Jahr 2015 ist diese Variante aber tendenziell bedeutungslos geworden, zumal die meisten Lohnsätze nur knapp über dem gesetzlichen Mindestlohn liegen[75] (einige veraltete Bestimmungen liegen sogar darunter[76]). Dogmatisch umstritten ist zudem, ob Arbeitnehmer über das Vergabeangebot ihres Arbeitgebers einen individuellen Anspruch auf Gewährung des jeweiligen Mindestlohns erhalten (§ 328 BGB). Und ganz generell ist unklar, ob ein durch Landesgesetz festgelegter vergaberechtlicher Mindestlohn nach Erlass des MiLoG im Jahr 2015 überhaupt noch mit Art. 31 GG vereinbar ist. Dafür spricht, dass der Bund mit der Schaffung des MiLoG lediglich von seiner Gesetzgebungskompetenz nach Art. 74 Abs. 1 Nr. 12 GG (Arbeitsrecht) Gebrauch gemacht hat. Die einschlägigen Landesgesetze sind dagegen dem Kompetenztitel des Art. 74 Abs. 1 Nr. 11 GG, also dem Recht der Wirtschaft, zuzuordnen.[77]

Am Rande finden sich in einigen aktuellen Landesgesetzen dann doch noch Tariftreue- **77** verlangen im eigentlichen Sinn. Diese beschränken sich aber ausnahmslos auf die Vergabe von Verkehrsdienstleistungen im öffentlichen Nahverkehr, s. dazu → Rn. 105.

VI. Verfassungs- und europarechtliche Fragen der staatlichen Erstreckung von Tarifrecht

Die Erstreckung von Tarifverträgen auf Außenseiter und Andersorganisierte bringt, **78** ebenso wie die direkte Vorgabe von Mindestlöhnen und -arbeitsbedingungen, nicht unerhebliche verfassungs- und europarechtliche Probleme mit sich. Dabei werfen alle zuvor besprochenen Erstreckungsformen mehr oder weniger die gleichen Rechtsfragen auf, weshalb diese hier zusammenfassend dargestellt werden sollen.

---

73 Ausnahme: Bayern, Brandenburg, Bremen, Mecklenburg, Niedersachsen, Sachsen.

74 Nordrhein-Westfalen, Schleswig-Holstein.

75 Darüber liegen immerhin: Saarland: 8,84 EUR, Rheinland-Pfalz: 8,90 EUR, Brandenburg: Brandenburg: 9 EUR. Auch für diese wäre allerdings eine Anpassung zum 1.1.2019 erforderlich. Klare Ausnahme nur: Schleswig-Holstein: 9,99 EUR.

76 Etwa: Berlin und Mecklenburg-Vorpommern mit 8,50 EUR.

77 Vgl. *BVerfG* 11.7.2006, BVerfGE 116, 202 = NJW 2007, 51 (52); zweifelnd nun aber *VG Düsseldorf* 27.8.2015 – 6 K 2793/13 (dessen Vorlage an den VerfGH NRW hatte sich anderweitig erledigt: *VerfGH NRW* 21.6.2016, VerfGH 10/15).

1. Vereinbarkeit mit dem Grundgesetz

a) Demokratiegebot

79 Aus dem Demokratiegebot des Art. 20 Abs. 2 GG folgt, dass nicht tarifgebundene Arbeitsvertragsparteien nicht einfach der normsetzenden Gewalt der Tarifvertragsparteien unterworfen werden dürfen, die ihnen gegenüber weder staatlich-demokratisch noch mitgliedschaftlich legitimiert sind.[78] Die Erstreckung des privat geschaffenen Tarifrechts auf außenstehende Dritte bedarf also eines konkreten staatlichen Erstreckungsakts. Unzureichend wäre dagegen eine Blankett-Verweisung, die dynamisch auf ein Tarifwerk oder gar nur auf Tarifverträge ganz allgemein Bezug nimmt. Dennoch erweisen sich die Regelungen der §§ 5 TVG, 7 bzw. 7a AEntG und 3a AÜG insoweit als akzeptabel, weil hier mit jedem einzelnen Erstreckungsakt nur ein ganz bestimmter Tarifvertrag (bzw. die unterste Lohngruppe eines bestimmten Tarifvertrags) auf Dritte erstreckt wird.

b) Negative Koalitionsfreiheit

80 Probleme der negativen Koalitionsfreiheit (→ § 2 Rn. 57) ergeben sich immer dann, wenn der Staat Tarifrecht auf Außenseiter und Andersorganisierte erstreckt. Das ist bei der AVE nach § 5 TVG, sowie beim Rechtsverordnungserlass nach §§ 7 und 7a AEntG der Fall. Gleiches gilt aber auch für »echte« Tariftreueverlangen (→ Rn. 73), jedenfalls in Branchen, die stark von öffentlichen Aufträgen abhängen.[79] Will sich nämlich ein Arbeitgeber an einem Ausschreibungsverfahren beteiligen, führt für ihn kein Weg an der Anwendung des vorgegebenen Tarifvertrags vorbei. Das gilt auch, wenn er eigentlich an einen anderen Tarifvertrag gebunden ist (beachtlich ist dies freilich nur dann, wenn dieser einen im Vergleich zu den vergaberechtlichen Vorgaben geringeren Lohn vorsieht). Bedeutung erlangt die negative Koalitionsfreiheit auch bei der Vorgabe eines verleihrechtlichen Mindestlohns nach § 3a AÜG, da dieser immerhin an die unterste Lohngruppe eines aktuellen Tarifvertrags angelehnt ist. Vor allem aber das equal-pay-Prinzip der § 8 AÜG erweist sich insoweit als problematisch, weil dieses die Verleiher faktisch in eine Tarifbindung zwingt. Dem Verleiher ist es regelmäßig nicht möglich, sinnvoll zu wirtschaften, solange er nicht in den Genuss eines »Dispenstarifvertrags« gelangt (→ Rn. 63f.).[80]

81 Doch hat das BVerfG[81] bereits für die Allgemeinverbindlicherklärung nach § 5 TVG entschieden, dass die negative Koalitionsfreiheit Außenseiter und Andersorganisierte nur davor schützt, dass auf sie Zwang oder erheblicher Druck zum Beitritt zu einer bestimmten Koalition ausgeübt wird. Dazu reicht aber nicht, wenn auf den Außenseiter lediglich fremdes Tarifrecht erstreckt wird, weil dieser nicht beanspruchen kann, von jeder »Lebensäußerung« der Koalition verschont zu bleiben. Nun mag es zwar sein, dass Außenseiter deshalb geneigt sein könnten, dem tarifschließenden Verband doch noch beizutreten, um dadurch Einfluss auf die nächsten Tarifverhandlungen zu

---

78 *BVerfG* 14.6.1983, BVerfGE 64, 208, 314 = NJW 1984, 1225.
79 Das relativiert allerding stark: *BVerfG* 11.7.2006, BVerfGE 116, 202 = NZA 2007, 42.
80 Man kann hier auch umgekehrt argumentieren: Der Gesetzgeber ist nicht gezwungen, das staatliche Arbeitsrecht tarifdispositiv auszugestalten. Wenn er das dennoch tut, stellt dies zu allererst nur ein Angebot an Verleiher dar, dem Gleichbehandlungsgrundsatz zu entgehen. Die Entscheidung des Gesetzgebers, dass Verleiher von dieser Option nur durch Unterwerfung unter einen dispensierenden Tarifvertrag Gebrauch machen können, wäre folglich unproblematisch.
81 *BVerfG* 24.5.1977, BVerfGE 44, 322 = NJW 1977, 2255; *BVerfG* 15.7.1980, BVerfGE 55, 7 = NJW 1981, 215.

gewinnen. Indes ergibt sich daraus lediglich ein unbeachtlicher mittelbarer Beitritts-druck. Zusammenfassend gilt also, dass die negative Koalitionsfreiheit den Gesetz-geber nicht daran hindert, die Ergebnisse von Koalitionsvereinbarungen zum An-knüpfungspunkt gesetzlicher Regelungen zu machen. Diese Grundsätze hat das BVerfG später auf die Rechtsverordnung nach § 7 AEntG[82] und auch auf Tariftreue-verlangen[83] übertragen.

c) Positive Koalitionsfreiheit

Die Vorgabe von Mindestarbeitsbedingungen bewirkt immer dann einen Eingriff in die positive Koalitionsfreiheit von Arbeitnehmern und Arbeitgebern, wenn diese tarif-fest ausgestaltet sind, so dass Arbeitsvertragsparteien von diesen auch dann nicht ab-weichen dürfen, wenn sie an einen anderen Tarifvertrag gebunden sind, der andere (oder genauer: für den Arbeitnehmer weniger günstige) Arbeitsbedingungen vorgibt.   **82**

Als unproblematisch erweist sich die AVE von Tarifverträgen außerhalb des Anwen-dungsbereichs des AEntG. Sind die Arbeitsvertragsparteien nämlich bereits nach §§ 3 Abs. 1 und 4 Abs. 1 TVG an einen anderen Tarifvertrag gebunden, besteht in ihrem Ar-beitsverhältnis Tarifkonkurrenz. Diese ist nach dem Spezialitätsprinzip (→ § 6 Rn. 80) aufzulösen, so dass sich ihr »eigener« Tarifvertrag gegen den »nur« für allgemein ver-bindlich erklärten Tarifvertrag durchsetzt. Wie mehrfach dargelegt gibt es hiervon aber auch Ausnahmen, s. § 5 Abs. 1 a, Abs. 4 S. 2 TVG.   **83**

Alle anderen Formen der staatlichen Festsetzung von Mindestlöhnen und -arbeits-bedingungen tangieren stets die Koalitionsfreiheit anders organisierter Arbeitsver-tragsparteien. Sie sind tariffest: §§ 1 und 3 MiLoG, 7, 7a und 8 Abs. 2 AEntG, 3a AÜG. Diese verpflichten auch Andersorganisierte zur Einhaltung der jeweils fest-gesetzten Mindestarbeitsbedingungen, wenn sie in den Geltungsbereich eines abwei-chenden Tarifvertrags gelangen (→ Rn. 41 ff., 80 f., 101 sowie → § 6 Rn. 77 ff.).   **84**

Im Ansatz stellt es einen sehr schwerwiegenden Eingriff in die kollektive Koalitions-freiheit der tarifschließenden Verbände und in die individuelle Koalitionsfreiheit ihrer Mitglieder dar, wenn das staatliche Recht einem Tarifvertrag seinen Geltungsanspruch in Arbeitsverhältnissen einschlägig organisierter Arbeitsvertragsparteien versagt. Denn der Anspruch der Koalitionen und ihrer Mitglieder auf Geltung »ihres« Tarifvertrags gehört zu den elementarsten Bestandteilen des Koalitionsgrundrechts (→ § 2 Rn. 65).   **85**

Doch relativiert sich die Schwere eines mit einem staatlichen Mindestlohn verbunde-nen Eingriffs in die Koalitionsfreiheit erheblich, weil in den Branchen, die das AEntG, AÜG und letztlich auch das MiLoG ansprechen, die möglicherweise verdrängten Ta-rifverträge in den einzelnen Arbeitsverhältnissen meist alleine über Bezugnahmeklau-seln Anwendung finden. Die Tarifanwendung auf der Basis einer rein schuldrechtlich wirkenden Bezugnahmeklausel nimmt indes nicht am Koalitionsschutz des Art. 9 Abs. 3 GG teil. Weiter kommt hinzu, dass die einschlägigen Regelungen »andere« Ta-rifverträge ja nicht schlechterdings verdrängen, sondern sich nur auf elementare Min-destarbeitsbedingungen beziehen. Vor allem aber ist kaum zu erwarten, dass Gewerk-schaften überhaupt bereit sein könnten, die einmal gesetzten Mindestlohntarifverträge zu unterschreiten. Insoweit lehrt die Erfahrung, dass die Gewerkschaften, die Min-destlöhne möglicherweise unterboten hätten, allesamt nicht tariffähig waren (CGZP, GNBZ [→ § 2 Rn. 4, → § 3 Rn. 16, → § 9 Rn. 65]). Dass die staatliche Erstreckung von   **86**

---

82 *BVerfG* 18.7.2000, NZA 2000, 948.
83 *BVerfG* 11.7.2006, BVerfGE 116, 202 = NZA 2007, 42.

Mindestarbeitsbedingungen dessen ungeachtet tatsächlich einen Eingriff in die positive Koalitionsfreiheit bewirkt, liegt daher vor allem daran, dass dadurch der Gang von Tarifverhandlungen prädisponiert wird. Der Mindestlohn bietet Gewerkschaften eine relativ komfortable Rückfallbasis, so dass sie sich darauf beschränken können, von der Arbeitgeberseite ein »Mehr« zu fordern. Das belastet Arbeitgeber und ihre Verbände nicht unerheblich.

d) Eingriff in die Vertrags- und Berufsfreiheit (Art. 2 Abs. 1 und 12 GG)

87   Die staatliche Vorgabe von Mindestarbeitsbedingungen, vor allem von Mindestlöhnen, greift in die Vertrags- und Berufsfreiheit der Arbeitsvertragsparteien ein. Auf Arbeitnehmerseite wiegt dieser Eingriff allerdings weniger schwer, da sich deren Arbeitsbedingungen dadurch nur verbessern. Denkbar ist aber immerhin, dass Arbeitnehmer, die ansonsten vom Arbeitsmarkt ausgeschlossen sind, es vorziehen könnten, lieber zu untertariflichen Bedingungen zu arbeiten als arbeitslos zu bleiben. Sehr offen tritt der Eingriff dagegen auf der Arbeitgeberseite zu Tage.

e) Rechtfertigung und verfassungsgerichtliche Rechtsprechung

88   Insbesondere seit dem Erlass des MiLoG ist vermehrt in den Fokus der Betrachtung gerückt, ob und inwieweit der Gesetzgeber aus dem Sozialstaatsprinzip (Art. 20 Abs. 1 GG) bzw. mit Rücksicht auf die Menschenwürde (Art. 1 Abs. 1, 2 Abs. 2 GG) berechtigt oder gar verpflichtet ist, auch im Lohnbereich für ein angemessenes Schutzniveau zu sorgen. Dass dies der Fall ist, zeigen neben einigen landesverfassungsrechtlichen Bestimmungen (s. Art. 168 Verfassung Bayern,[84] Art. 24 Abs. 2 der Verfassung NRW[85]) und Art. 4 Nr. 1 ESC[86] vor allem die Bürgschafts- und Handelsvertreterentscheidungen des BVerfG[87] und zuletzt der Beschluss des Gerichts[88] zum Anspruch des Urhebers auf eine angemessene Vergütung (§§ 32, 32 a ff. UrhG). Der Gesetzgeber darf die Freiheit, das Entgelt für berufliche Leistungen einzelvertraglich zu vereinbaren, durch zwingendes Gesetzesrecht begrenzen, um sozialen oder wirtschaftlichen Ungleichgewichten entgegenzuwirken. Die damit kollidierenden Interessen Privater sind nach dem Grundsatz der praktischen Konkordanz in Ausgleich zu bringen, so dass sie für alle Beteiligten möglichst weitgehend wirksam werden. Andere Überlegungen kommen hinzu: In der Vergangenheit hatte sich immer wieder gezeigt, dass Aufstockungsleistungen des Staates in die Lohnfindung mit einkalkuliert werden und genutzt werden, um Löhne künstlich niedrig zu halten. Dem Arbeitnehmer wurde ein geringer Lohn gezahlt. Damit er davon leben konnte, beantragte er gleichzeitig Leistungen aus der Grundsicherung des SGB II (umgangssprachlich auch: »Hartz IV«). Es kann aber nicht Aufgabe des Staates sein, private Arbeit querzufinanzieren. Nach den Angaben der Zollverwaltung soll darüber hinaus häufig festgestellt worden sein,

---

84 »Jede ehrliche Arbeit hat den gleichen sittlichen Wert und Anspruch auf angemessenes Entgelt.«

85 »Der Lohn muss der Leistung entsprechen und den angemessenen Lebensbedarf des Arbeitenden und seiner Familie decken.«

86 Danach haben Arbeitnehmer ein Anrecht auf ein Arbeitsentgelt, welches ausreicht, »um ihnen und ihren Familien einen angemessenen Lebensstandard zu sichern«.

87 *BVerfG* 19.10.1993, BVerfGE 89, 214 = NJW 1994, 36 – Bürgschaft I; *BVerfG* 5.8.1994, NJW 1994, 2749 – Bürgschaft II; *BVerfG* 7.2.1990, BVerfGE 81, 242 = NJW 1990, 1469 – Handelsvertreter; s. auch: *BVerfG* 1.7.1998, BVerfGE 98, 169 = NJW 1998, 3337 – Entlohnung von Strafgefangenen; *BVerfG* 12.11.1958, BVerfGE 8, 279 = NJW 1959, 475 – § 2 PreisG 1948; *BAG* 10.6.1964, BAGE 16, 95 = NJW 1964, 2269, 2271 f. – Art. 24 Abs. 2 VerfNRW.

88 *BVerfG* 23.10.2013 – 1 BvR 1842/11, BVerfGE 134, 204 = NJW 2014, 46. Didaktisch aufbereitet von *Sachs*, JuS 2014, 1050.

dass Arbeitnehmern dessen ungeachtet Beträge ausgereicht wurden, die den Mindestlohn erreicht hätten, indes ein bestimmter Teil nur »schwarz« gewährt wurde. Die Gemeinschaft wurde so gleich doppelt belastet, einerseits, weil die Parteien mit Aufstockungsleistungen kalkulierten, andererseits, weil dem Staat Steuer- und Sozialabgaben vorenthalten wurden.

Soweit mit der gesetzlichen Vorgabe von Mindestarbeitsbedingungen bzw. der staat- **89** lichen Erstreckung von Tarifverträgen auf Außenseiter und Andersorganisierte Grundrechtseingriffe verbunden sind, sind diese nach der Rechtsprechung des BVerfG gerechtfertigt. Das begründet das BVerfG unter Verweis auf eine Vielzahl ganz unterschiedlicher Rechtfertigungsgründe:

Nach Ansicht des BVerfG kann sich der Gesetzgeber darauf berufen, dass insbeson- **90** dere das AEntG und Tariftreueklauseln einen Beitrag zur Bekämpfung der Arbeitslosigkeit leisten können. Dabei betont das BVerfG, dass dem Gesetzgeber ein großer Einschätzungs- und Prognosespielraum zukommt, wenn es darum geht, abzuschätzen, ob die jeweilige Regelung wirklich zum Abbau der Arbeitslosigkeit geeignet ist. Aus europarechtlicher Sicht erweist sich dieses Argument allerdings als problematisch. Denn im Grunde besagt es nichts anderes, als dass sich heimische Arbeitsplätze dadurch schützen lassen, indem man verhindert, dass sich ausländische Anbieter auch im Inland das günstige Lohnniveau ihres Heimatlandes zu Nutze machen können, also mit anderen Worten, dass ihnen gegenüber Marktzutrittsschranken errichtet werden (→ Rn. 26 und 99).

Weiter hat das BVerfG herausgearbeitet, dass es ein legitimes Ziel des Gesetzgebers ist, **91** einen Unterbietungswettbewerb über Lohnkosten zu verhindern, zumal dieser nicht einmal nur Arbeitnehmer, sondern durchaus auch kleine und mittlere Arbeitgeber treffen könnte. Auch ist die Vorgabe unterer Lohngrenzen nach Ansicht des BVerfG geeignet, um gespaltene Arbeitsmärkte sowie soziale Spannungen zu vermeiden, die sich ergeben würden, wenn Arbeitnehmer trotz gleicher Arbeitsleistungspflicht zu stark divergierenden Arbeitsbedingungen beschäftigt würden. Darüber hinaus erkennt das BVerfG in der Erstreckung von Tarifverträgen mit grundständigen Arbeitsbedingungen auch einen Beitrag zur Stützung und Absicherung der Ordnungs- und Befriedungsfunktion der Tarifautonomie. Schließlich weist das BVerfG darauf hin, dass durch Mindestlohnvorgaben die sozialen Sicherungssysteme gestärkt werden. Dabei trifft dies ganz besonders auf die Erstreckung von Tarifregelungen über gemeinsame Einrichtungen (namentlich: SOKA-Bau → § 5 Rn. 27) zu, die letztlich die gesetzliche Sozialversicherung um solche Leistungen ergänzen, die sich im Hinblick auf branchenspezifische Risiken als erforderlich erweisen. Das hat der EGMR mittlerweile so auch für Art. 11 EMRK anerkannt.[89]

Bereits in den 1970er Jahren hat das BVerfG § 5 TVG als verfassungskonform gebil- **92** ligt,[90] wobei es sich damals aber weitgehend auf die Aussage beschränkte, dass die AVE von Tarifverträgen nicht in die negative Koalitionsfreiheit der von ihr betroffenen Außenseiter eingreift (→ § 5 Rn. 19).[91] Im Jahr 2000 hat das BVerfG in einem sehr knapp

---

89 *EGMR* 2.6.2016, NZA 2016, 1519.
90 *BVerfG* 24.5.1977, BVerfGE 44, 322 = NJW 1977, 2255; *BVerfG* 15.7.1980, BVerfGE 55, 7 = NJW 1981, 215.
91 Darüber hinaus diskutiert das Gericht, ob § 5 TVG die positive Koalitionsfreiheit von Andersorganisierten tangieren könnte. Das lehnt es mit Hinweis auf das damals noch uneingeschränkt eingreifende – die Regelung des § 8 AEntG gab es ja noch nicht – Spezialitätsprinzip (→ Rn. 101 u. → § 6 Rn. 81) ab.

formulierten Nichtannahmebeschluss das Rechtsverordnungsverfahren nach § 7 AEntG[92] für verfassungskonform befunden, allerdings ohne sich auch nur annähernd mit den zahlreichen Rechtsfragen zu befassen, die mit der großzügigen Erstreckung von Tarifrecht auf Außenseiter und Andersorganisierte verbunden sind. Ähnlich wortkarg zeigte sich das Gericht einige Jahre später, als es eine gegen den equal-pay-Zwang des AÜG[93] gerichtete Verfassungsbeschwerde nicht zur Entscheidung annahm. Erstmalig im Zusammenhang mit »echten Tariftreueklauseln« setzte sich das BVerfG dann eingehender mit den mit staatlichen Lohndirigismen verbundenen Grundrechtseingriffen auseinander, hielt dann aber auch diese für verfassungskonform.[94]

2. Europarechtliche Grenzen der Dritterstreckung von Tarifrecht bzw. der Vorgabe von Mindestarbeitsbedingungen

a) Dienstleistungsfreiheit (Art. 56 AEUV) und Entsenderichtlinie

93 Sämtliche staatliche Mindestlohnvorgaben (u. Ä.) stellen Eingriffsnormen i. S. d. Art. 9 Rom I-VO dar. Sie sind daher auch von Arbeitgebern aus dem EU-Ausland einzuhalten, soweit und solange diese Arbeitnehmer nach Deutschland entsenden und zwar ungeachtet des Umstands, dass das Arbeitsverhältnis trotz der Entsendung weiterhin dem jeweiligen Heimatrecht unterliegt (→ Rn. 54 ff.). Das ergibt sich: (1.) für einen per Rechtsverordnung nach §§ 7 und 7a AEntG erstreckten Tarifvertrag aus §§ 3 und 7, 7a und 8 AEntG, (2.) für den verleihrechtlichen Mindestlohn nach § 3a AÜG aus § 2 Nr. 1 AEntG, (3.) für verbindliche Tarifverträge über gemeinsame Einrichtungen in der Baubranche nach §§ 5 Abs. 1a TVG, 3 S. 1, 4 Abs. 1 S. 1 TVG und (4.) für Mindestlöhne nach dem MiLoG aus § 2 Nr. 1 AEntG. (5.) Tariftreueverlangen und vergaberechtliche Mindestlöhne richten sich naturgemäß an alle Unternehmen, die ein Angebot abgeben wollen und mithin auch an ausländische Bieter.

94 Damit stellt sich die Frage, ob und inwieweit diese vielfältige Erstreckung von inländischen Mindestarbeitsbedingungen mit dem europäischen Recht vereinbar ist. Beurteilungsmaßstab auf primärrechtlicher Ebene ist dabei die Dienstleistungsfreiheit des Art. 56 AEUV. Auf der Ebene des Sekundärrechts kommt die Entsenderichtlinie 96/71/EG hinzu. Diese wurde 1996[95] erlassen und verpflichtet die Mitgliedstaaten, bestimmte Mindestarbeitsbedingungen (wie etwa Mindestlöhne), die in nationalen Gesetzen oder Verwaltungsvorschriften festgelegt sind, auch auf ausländische Dienstleister zu erstrecken, soweit diese Aufträge im Inland ausführen. Darüber hinaus sieht die Richtlinie vor, dass auch allgemeinverbindlich erklärte Tarifverträge, die Mindestarbeitsbedingungen garantieren, auf ausländische Arbeitsvertragsparteien erstreckt werden sollen.[96] Letzteres beschränkt sich jedoch auf die Baubranche.[97] Derzeit ist eine – inhaltlich außerordentlich weitreichende (→ Rn. 74, 104 f.) – Novelle der Richtlinie in Arbeit.[98] Diese passierte im Mai 2018 das Parlament, allerdings stand zum Zeitpunkt des Manuskriptabschlusses die Zustimmung des Rates noch aus.

---

92 *BVerfG* 18.7.2000, NZA 2000, 948, es finden sich in der Folge mehrere, ähnlich lautende Entscheidungen.

93 *BVerfG* 29.12.2004, NZA 2005, 153.

94 *BVerfG* 11.7.2006, BVerfGE 116, 202 = NZA 2007, 42; *BayVerfGH* 20.6.2008, NJW-RR 2008, 1403.

95 Die Richtlinie trat erst nach dem AEntG in Kraft. Vgl. dazu → Rn. 28.

96 S. vorige Fn.

97 Samt Arbeiten im Baunebengewerbe und verwandten Tätigkeiten.

98 COM (2016) 128 final 2016/0070(COD).

Wenngleich der EuGH das systematische Verhältnis zwischen der primärrechtlichen 95
Dienstleistungsfreiheit und der sekundärrechtlichen Entsenderichtlinie noch nicht abschließend ausgelotet hat, lässt sich seine Rechtsprechung wohl dahingehend interpretieren, dass die Entsenderichtlinie ihrerseits mit Art. 56 AEUV vereinbar ist (wenngleich schon nicht mehr so eindeutig ist, ob das auch für die novellierte Richtlinie
uneingeschränkt so gelten kann). Daraus würde wiederum folgen, dass eine nationale
Regelung, die der Entsenderichtlinie genau entspricht, ihrerseits primärrechtskonform
ist. Geht ein Mitgliedstaat dagegen mit bestimmten Regelungen über die Vorgaben der
Richtlinie hinaus, sind diese keineswegs per se europarechtswidrig, sondern müssen
sich vielmehr unmittelbar an Art. 56 AEUV messen lassen. Der nationale Gesetzgeber
handelt insoweit, wenn man so will, auf eigene Gefahr.[99] Da sich die meisten Erstreckungsregelungen des deutschen Rechts aber allenfalls partiell unter die Entsenderichtlinie subsumieren lassen, werden diese in der nachfolgenden Darstellung insgesamt auf ihre Vereinbarkeit mit Art. 56 AEUV überprüft. Für ein solches Vorgehen
spricht auch, dass in den meisten Entscheidungen des EuGH die primär- und sekundärrechtliche Ebene stark miteinander verwoben sind, so dass im Ergebnis auch der
EuGH einschlägige Vorschriften des nationalen Rechts stets auf ihre Vereinbarkeit
mit Art. 56 AEUV hin überprüft.

b) Beschränkungsverbot nach Art. 56 AEUV

EU-Ausländer werden durch die Erstreckung von inländischen Mindestarbeitsbedin 96
gungen in ihrer Dienstleistungsfreiheit aus Art. 56 AEUV beschränkt. Diese Annahme
drängt sich auf den ersten Blick indes nicht auf, weil Regelungen über Mindestarbeitsbedingungen In- und Ausländer absolut gleichbehandeln, denn schließlich sind sie von
allen Arbeitgebern einzuhalten. Der Wortlaut des Art. 56 AEUV verbietet aber nur,
ausländische Dienstleistungserbringer gegenüber den Staatsangehörigen des Bestimmungsstaates zu diskriminieren. Indes hat der EuGH das Diskriminierungsverbot des
Art. 56 AEUV schon früh um ein Behinderungsverbot ergänzt.[100] Danach darf das
Recht des Aufnahmemitgliedstaats ausländischen Anbietern keine zusätzlichen administrativen oder wirtschaftlichen Belastungen auferlegen, die geeignet sind, Dienstleistungen von in anderen Mitgliedstaaten ansässigen Unternehmen zu unterbinden, zu
behindern oder weniger attraktiv zu machen.

Genau das trifft indes auf die Vorgabe von Mindestlöhnen und anderen Arbeitsbedin 97
gungen zu. Derartige Rechtsvorschriften regeln nämlich nicht etwa nur die äußeren
Modalitäten der Leistungserbringung[101], sondern beeinflussen die Erbringung der
Dienstleistung selbst, denn sie beeinflussen ganz maßgeblich deren Preis. Einschlägige
Regelungen nehmen Anbietern aus »Billiglohnländern« einen Teil ihres Wettbewerbsvorteils, da diese so ihr Angebot nicht mehr auf Basis der günstigen Löhne ihres Heimatlandes kalkulieren können.[102]

---

99 Insoweit kommt ganz entscheidend hinzu, dass der EuGH eine Richtlinie nur sehr selten als primärrechtswidrig verwirft, während es häufig nicht absehbar ist, wie die Überprüfung, ob eine nationale Bestimmung mit dem AEUV vereinbar ist, ausgeht.
100 *EuGH* 3.12.1974, NJW 1975, 1095 – van Binsbergen.
101 Etwa: Arbeitssicherheitsbestimmungen, technische Normen, Tempobeschränkung auf Straßen
    (Speditionen, Kurierdienste) oder Ladenöffnungszeiten.
102 *EuGH* 25.10.2001, NZA 2001, 1377 – Finalarte, Rn. 30; *EuGH* 3.4.2008, NZA 2008, 537 – Rüffert,
    Rn. 37.

c) Rechtfertigbarkeit der Erstreckung von inländischen Mindestarbeitsbedingungen auf EU-Ausländer

98 Eine Beschränkung der Dienstleistungsfreiheit kann nach der ständigen Rspr. des EuGH durch zwingende Erfordernisse des Allgemeininteresses gerechtfertigt sein, zu denen auch der Arbeitnehmerschutz gehört.[103] Doch bindet der EuGH eine Rechtfertigung eines derartigen Eingriffs in die Grundfreiheit aus Art. 56 AEUV an vier Voraussetzungen (sog. Gebhard-Formel[104]): (1.) Die nationale Regelung muss in nicht-diskriminierender Weise angewandt werden, (2.) sie muss tatsächlich zwingenden Belangen des Allgemeininteresses dienen, (3.) die Verwirklichung dieser Belange gewährleisten und darf (4.) nicht über das hinausgehen, was zur Erreichung dieses Zieles erforderlich ist.

99 Nach der Rechtsprechung des EuGH trägt eine nationale Rechtsvorschrift zum Schutz der entsandten Arbeitnehmer bei, wenn diese ihnen im Entsendestaat einen zusätzlichen Vorteil verschafft, den sie nach ihrem Heimatrecht nicht beanspruchen könnten. Das steht freilich unter dem Vorbehalt der Verhältnismäßigkeit. Denn andernfalls wären Marktzutrittsschranken desto eher zu akzeptieren, je höher und damit je protektionistischer sie ausgestaltet sind. Grundsätzlich nicht als Rechtfertigungsgrund taugt dagegen der Schutz inländischer Unternehmen bzw. inländischer Arbeitsplätze (→ Rn. 26), weil das mit dem gemeinsamen Binnenmarkt natürlich unvereinbar wäre. Insoweit war der EuGH der Bundesrepublik Deutschland weit entgegen gekommen, weil genau das der Ansatz des Gesetzgebers bei der Schaffung des AEntG 1996 war und er das Gesetz auch ganz offen so im Regierungsentwurf begründet hatte.[105] Der EuGH ging darüber galant hinweg, indem er darauf verwies, dass es lediglich auf eine objektive Betrachtung ankomme, also darauf, ob die in Frage stehende Regelung tatsächlich zum Schutz der entsandten Arbeitnehmer beitragen könne oder nicht. Dagegen sei die Absicht des Gesetzgebers, wie sie in der Gesetzesbegründung zum Ausdruck kommt, nicht ausschlaggebend.[106]

100 Insgesamt hält es der EuGH für zulässig, dass ein Mitgliedstaat Unternehmen mit Sitz in einem anderen Mitgliedstaat, das im Inland Dienstleistungen erbringt, die Verpflichtung auferlegt, seinen Arbeitnehmern die vor Ort einschlägigen Mindestlöhne zu gewähren.[107] Auch Urlaubsregelungen dürfen auf ausländische Dienstleister erstreckt werden[108], und zwar auch dann, wenn diese über den Mindesturlaub nach der EU-Arbeitszeitrichtlinie hinausgehen und das Heimatrecht des Arbeitnehmers einen Urlaubsanspruch in genau diesem Umfang vorsieht.[109] Schließlich hat der EuGH auch die Generalunternehmerhaftung des § 14 AEntG gebilligt.[110]

---

103 *EuGH* 25.10.2001, NZA 2001, 1377 – Finalarte; *EuGH* 24.1.2002, NZA 2002, 207 – Portugaia; *EuGH* 23.11.1999, NZA 2000, 85 – Arblade.
104 Benannt nach dem Urteil des *EuGH* in Sachen Gebhard (30.11.1995, NJW 1996, 579).
105 BT-Drs. 13/2414, S. 8.
106 *EuGH* 24.1.2002, NZA 2002, 207 – Portugaia, Rn. 27; *EuGH* 25.10.2001, NZA 2001, 1377 –Finalarte, Rn. 40.
107 *EuGH* 3.4.2008, NZA 2008, 537 – Rüffert; *EuGH* 12.10.2004, NZA 2004, 1211 – Wolff & Müller; *EuGH* 23.11.1999, NZA 2000, 85 – Arblade.
108 *EuGH* 25.10.2001, NZA 2001, 1377 – Finalarte.
109 Art. 7 RL 2003/88/EG. Danach stehen jedem Arbeitnehmer im Kalenderjahr vier Wochen bezahlter Jahresurlaub zu. Dagegen können Arbeitnehmer nach § 8 Nr. 1 des für allgemeinverbindlich erklärten und damit international-privatrechtlich zwingenden Bundesrahmen-TV Bau (§§ 5 TVG, 3 S. 1, 4 Nr. 1, 5 Nr. 2, 8 Abs. 1 und 2 AEntG) sechs Wochen Jahresurlaub beanspruchen.
110 *EuGH* 12.10.2004, NZA 2004, 1211 – Wolff & Müller.

Die zwingende Vorgabe von Mindestarbeitsbedingungen führt aber zu einer unzulässigen Ungleichbehandlung von deutschen und ausländischen Unternehmen, wenn inländische Arbeitgeber die verbindlichen Mindestarbeitsbedingungen dann nicht einhalten müssen, sobald sie an einen abweichenden Tarifvertrag gebunden sind, während
ausländische Anbieter nicht in den Genuss eines derartigen Dispenses gelangen können, weil das deutsche Recht ihre »Heimattarifverträge« nicht anerkennt.[111] Es gilt mit
anderen Worten: »Gleiches Recht für alle!« Da das AEntG indes funktionslos gemacht
würde, würde man ausländischen Unternehmen gestatten, sich unter Verweis auf
»ihre« Tarifverträge den inländischen Mindestlohnvorgaben (u.a.) zu entziehen, hat
sich der Gesetzgeber entschlossen, Mindestarbeitsbedingungen tariffest auszugestalten
(vgl. etwa §§ 1, 3 S. 1 MiLoG, 8 Abs. 2 AEntG und → Rn. 46f. und 69).[112]

101

Nach der anfangs sehr erstreckungsfreundlichen Rechtsprechung ist der EuGH mit
der Rechtssache Laval[113] dann aber auf eine weitaus restriktivere Linie eingeschwenkt.
In dieser Entscheidung verwarf er das schwedische Entsenderecht, das Gewerkschaften erlaubte, einen in einem anderen Mitgliedstaat ansässigen Dienstleister gegebenenfalls durch Arbeitskämpfe, Blockaden und Boykotts dazu zu zwingen, mit ihnen über
die Löhne zu verhandeln, die er seinen Arbeitnehmern während der Entsendezeit gewährt. Das Urteil hat viel Kritik erfahren, erscheint bei Licht betrachtet aber vor allem
den Eigenarten des Falles geschuldet. Das schwedische Recht kennt nämlich weder gesetzliche Mindestlöhne noch die Allgemeinverbindlicherklärung von Tarifverträgen,
weil aufgrund des extrem hohen gewerkschaftlichen Organisationsgrades ohnehin fast
jeder Arbeitnehmer von tarifvertraglichen Regelungen erfasst wird. Daher hatte sich
Schweden entschlossen, die Umsetzung der Entsenderichtlinie mehr oder weniger in
die Hände der Gewerkschaften zu legen, die ausländischen Dienstleistern von Fall zu
Fall den Abschluss eines »situationsgebundenen« Firmentarifvertrags abringen mussten. Dieses Verfahren war nicht nur weithin intransparent, sondern barg auch das Risiko in sich, dass die Gewerkschaften gegenüber Ausländern höhere Forderungen erhoben als gegenüber Inländern.

102

Später verwarf der EuGH das luxemburgische Entsenderecht, weil dieses eine auto-
matische Anpassung der stark ausdifferenzierten inländischen Mindestlöhne an die
allgemeine Preissteigerung vorsah.[114] Aber auch dieser Fall zeichnete sich durch eine
Besonderheit aus: Das luxemburgische Entsenderecht führte nämlich zu einer Erstreckung der inländischen Reallohnentwicklung auf ausländische Diensterbringer. Weitaus bedeutender für das deutsche Recht ist indes, dass der EuGH fast zeitgleich dazu
die (früheren) »echten« vergaberechtlichen Tariftreueverlangen für europarechtswidrig
erklärte (Rechtssache »Rüffert«).[115] Zur Begründung führte er aus, dass derartige Tariftreueverlangen intransparent seien, weil der ausländische Anbieter nicht ohne weiteres
erkennen kann, welche Arbeitsbedingungen für ihn maßgeblich sein könnten. Vor allem aber dürfe ein Tarifvertrag nur dann auf EU-Ausländer erstreckt werden, wenn er
generell und in seinem gesamten Anwendungsbereich für zwingend erklärt wird. Dagegen binden Tariftreueverlangen Arbeitgeber nur dann an die einschlägigen Tarifverträge, soweit sich diese um einen öffentlichen Auftrag bewerben wollen. Eine derartige
Erstreckung von Tarifverträgen könne aber nicht durch Belange des Arbeitnehmer-
schutzes gerechtfertigt sein. Läge die Erstreckung nämlich im Allgemeininteresse,

103

---

111 *EuGH* 24.1.2002, NZA 2002, 207 – Portugaia.
112 So bereits zuvor *BAG* 25.6.2002, NZA 2003, 275.
113 *EuGH* 18.12.2007, NZA 2008, 159 – Laval.
114 *EuGH* 19.6.2008, NZA 2008, 865 – Kommission/Luxemburg.
115 *EuGH* 3.4.2008, NZA 2008, 537 – Rüffert.

müsste der Gesetzgeber Außenseiter und Andersorganisierte auch dann zur Einhaltung der jeweiligen Tarifverträge anhalten, wenn sie private Aufträge erledigen. Eine Nachfolgeentscheidung, die allerdings einen nicht verallgemeinerungsfähigen Sonderfall betrifft, liegt ebenfalls auf dieser Linie.[116]

104 In den Entscheidungen Laval, Rüffert und Kommission gegen Luxemburg finden sich vereinzelte Passagen, die sich dahingehend hätten deuten lassen können, dass die Mitgliedstaaten nur einen »echten« Mindestlohn auf EU-Ausländer erstrecken dürfen, also einen einzigen, fixen Stundenlohn, der für alle Branchen und Arbeitnehmer Geltung beansprucht (»one size fits all«). Mittlerweile hat der EuGH[117] aber ausdrücklich klargestellt, dass dies nicht der Fall ist. Er betont, dass die Mitgliedstaaten den Begriff des »Mindestlohnsatzes« für ihr Hoheitsgebiet auszufüllen haben und ihnen dabei ein weiter Entscheidungsspielraum zukommt. Auch verweist er darauf, dass Art. 3 Abs. 1 lit. c der Entsenderichtlinie ausdrücklich von »Mindestlohnsätzen« spricht und der Union keine Rechtsetzungskompetenz im Bereich des Arbeitsentgelts zusteht (Art. 153 Abs. 5 AEUV). Danach ist die Vorgabe von »Lohnquartetten«, wie sie sich im deutschen Recht eingebürgert haben (→ Rn. 33 und 72), jedenfalls europarechtskonform.[118] Die sich derzeit im Entstehen befindliche neue Entsenderichtlinie (→ Rn. 74, 94) würde den Mitgliedstaaten dann ganz zweifelsfrei erlauben, Tarifverträge insgesamt auf (in- und) ausländische Unternehmen zu erstrecken.

105 Wie bereits in Abschnitt V. aufgezeigt, haben die Bundesländer auf das Rüffert-Urteil des EuGH reagiert, indem sie die Anbieter zunächst zur Einhaltung des gesetzlichen Mindestlohns sowie von Tarifverträgen verpflichten, die ohnehin für allgemein verbindlich erklärt bzw. über eine Rechtsverordnung nach §§ 7 und 7a AEntG auf alle Marktteilnehmer erstreckt wurden (→ Rn. 75). Darüber hinaus haben einige Bundesländer vergabespezifische Mindestlöhne eingeführt (→ Rn. 76). Man geht nämlich davon aus, dass eine derartige Regelung nicht nur hinreichend transparent ist, sondern sich auch direkt unter die Entsenderichtlinie subsumieren lässt (vgl. → Rn. 95 ff.), weil sich hier der einzuhaltende Mindestlohn bereits aus dem staatlichen Gesetz selbst ergibt (vgl. Art. 3 Abs. 1 RL 96/71/EG).[119] »Echte« Tariftreueverlangen gibt es derzeit zwar nicht. Sie werden allerdings in der zur Verabschiedung anstehenden neuen Entsenderichtlinie (→ Rn. 74, 104) ausdrücklich legalisiert (Art. 1b des Entwurfs). Würde diese in Kraft treten, wäre mit einer raschen Renaissance einschlägiger Regelungen zu rechnen. Dass sich immerhin noch für den ÖPNV solche Regelungen finden, liegt übrigens daran, dass der Personennahverkehr nicht unter die Dienstleistungsfreiheit des Art. 56 AEUV fällt (s. nur: Art. 58 Abs. 1 AEUV). Vielmehr ist der Personennahverkehr der Niederlassungsfreiheit des Art. 49 AEUV zuzurechnen, zumindest dann, wenn, wie in Deutschland der Fall, jeder Beförderer über eine Niederlassung im Inland verfügen muss.[120] Nun enthält zwar auch die Niederlassungsfreiheit ein Beschränkungsverbot. Indes darf von einem dauernd Ansässigen erheblich mehr verlangt werden als von einem lediglich vorübergehend Tätigen. Wer sich im Inland niederlässt, hat letztlich nur einen Anspruch darauf, so behandelt zu werden wie ein Inländer. Gestützt werden solche Vorgaben durch Art. 4 Abs. 5 und 6 der VO 1370/2007.

---

116 *EuGH* 18.9.2014, NZA 2014, 1129 – Bundesdruckerei GmbH/Stadt Dortmund.
117 *EuGH* 12.2.2015, NZA 2015, 345 – Elektrobudowa.
118 *Franzen,* NZA 2015, 338; *Bayreuther,* EuZA 2015, 346.
119 So auch: EuGH 17.11.2015, C-115/14 – RegioPost. Die Entscheidung fällt an der entscheidenden Stelle allerdings nicht ganz eindeutig aus. Es gibt Stimmen, die dem Urteil entnehmen wollen, dass dies nur für den Fall gelten soll, wenn es in einem Mitgliedstaat keinen allgemeinen gesetzlichen Mindestlohn gibt.
120 Das ist europarechtskonform: *EuGH* 22.12.2010, NJW 2011, 909 – Yellow Cab.

4. Teil. Arbeitskampf- und Schlichtungsrecht

§ 10. Zulässigkeit und Grenzen von Arbeitskämpfen

I. Rechtsgrundlagen

1. Rechtliche und wirtschaftliche Bedeutung

Während das Arbeitskampfrecht in den 1970er und 1980er Jahren zum Schauplatz teils erbitterter und zuweilen auch ideologisch aufgeheizter Auseinandersetzungen wurde, war es in den nachfolgenden eineinhalb Dekaden erst einmal relativ ruhig um den Arbeitskampf geworden. Zwischenzeitlich war sogar ein Bedeutungsverlust des Arbeitskampfes als koalitionäre Betätigungsform ausgemacht worden. Doch hat sich dieses Bild relativer Ruhe mit Beginn der 2000er Jahre deutlich gewandelt. Die Ursachen sind vielfältig: Das verstärkte Auftreten von Spartengewerkschaften trug hierzu ebenso bei, wie ein deutlicher Anstieg von Streiks in der Daseinsvorsorge. Beides mündete in eine breite Debatte über die Gemeinwohlbindung der Tarifvertragsparteien und etwaige Restriktionen für solche Arbeitskämpfe. Aber auch die Kampfziele veränderten sich signifikant. Mit der Technisierung, Globalisierung und Digitalisierung gingen zahlreiche klassische Industriebranchen in Deutschland verloren, Betriebe wurden geschlossen oder ins Ausland verlagert. Der Antagonismus, in den abhängige Arbeit eingebettet ist, besteht kaum mehr alleine zwischen dem Gewinnstreben des Eigners und den Lohn- und Zeitinteressen der abhängig Beschäftigten, sondern auch zwischen der Dynamik des Kapitals und dem Interesse der Arbeitnehmer am Erhalt ihres Arbeitsplatzes. In der Folge entwickelten beide Seiten völlig neue Kampfstrategien bzw. nutzen andere Möglichkeiten, um auf Arbeitskämpfe zu reagieren. So ist der Arbeitskampf in den vergangenen Jahren wieder stark in den Mittelpunkt des Arbeitsrechts gerückt.

Im Vergleich zu den meisten Industrienationen zeichnet sich Deutschland durch eine relativ niedrige Arbeitskampffrequenz aus. Die Streikstatistik der Bundesagentur für Arbeit[1] wies für das Jahr 2017 in etwa 130.000 durch Streik ausgefallene Arbeitstage[2] auf. Im Zehnjahresdurchschnitt gehen in Deutschland je 1.000 Beschäftigte streikbedingt pro Jahr zwischen 4 und 7 Arbeitstage (abhängig vom jeweiligen Jahr, aber auch von der Quelle, der man die einschlägigen Zahlen entnimmt) verloren. Gesamtwirtschaftlich macht das in etwa eine jährliche Ausfallzeit von 0,002 bis 0,004 Arbeitstagen bzw. von ein bis zwei Minuten für jeden in Deutschland beschäftigten Arbeitnehmer aus. Dennoch ist in den vergangenen Jahren ein, wenngleich verhaltener, Anstieg von arbeitskampfbedingten Ausfallzeiten auszumachen.[3] Wenn dabei in der Bevölkerung, in den Medien, teils aber auch in der Fachliteratur zuweilen der etwas trügerische Eindruck entstanden ist, als hätten Arbeitskämpfe drastisch zugenommen, dann liegt das vor allem daran, dass in der vergangenen Dekade vor allem Streiks gerade im Bereich der Daseinsvorsorge deutlich zugenommen haben, während in den

1

2

---

1 Einzusehen unter: www.arbeitsagentur.de (> Statistik > Statistik nach Themen > Beschäftigung > Streik).
2 Als Ausfalltag gilt jeder Tag, an dem ein Arbeitnehmer streikbedingt nicht zur Arbeit erscheint.
3 Streikstatistik der Bundesagentur für Arbeit: 2010: 24.501; 2011: 69.896; 2012: 86.051; 2013: 149.584; 2014: 154.745; 2015: 1.092.121; 2016: 209.435; 2017: 128.997.

klassischen Produktionszweigen immer weniger Streiks geführt werden (selbst die »öffentlichkeitswirksamen« Tarifauseinandersetzungen in der Metallbranche beschränkten sich zuletzt meist auf einige wenige, dafür aber in den Berichterstattungen häufig prominent dargestellte Warnstreiks). So dürften die Tarifauseinandersetzungen in der Daseinsvorsorge zuletzt wohl 95 Prozent aller streikbedingten Ausfalltage verursacht haben. Die Konflikte zwischen GdL und der Deutschen Bahn AG (2007/ 2014–2015), sowie zwischen Cockpit und Lufthansa (2014–2017) kann man dabei fast schon als legendär bezeichnen. Streiks bei Vorfeldlotsen (2012), Schleusenwärtern (2013), Sicherheitspersonal am Flughafen Frankfurt Main (2014), Kitas (2015), der Deutschen Post (2015), Berliner Flughäfen (2017) oder in der Charité (2015/2017) kommen hinzu (s. a. → Rn. 133 ff.). Da derartige Arbeitskämpfe zu teils deutlichen Einschränkungen für die Bevölkerung führen, werden sie in der Öffentlichkeit viel intensiver wahrgenommen, als jeder noch so heftige Arbeitskonflikt in einer klassischen Industriebranche. Deutschland ist deshalb zwar sicher noch nicht zu einem »Streikland« geworden. Dennoch sollte nicht übersehen werden, dass die geringe Streikfrequenz hierzulande nicht zuletzt ein Ausdruck der funktionierenden Sozialpartnerschaft zwischen Gewerkschaften und Arbeitgebern ist, die es zu bewahren gilt. Dies bei weitem nicht alleine, weil die resultierende Produktions- und Lieferzuverlässigkeit unzweifelhaft zu den besonderen Vorzügen des Wirtschaftsstandorts Deutschland gehört, sondern, weil die Tarifpartnerschaft ein Garant für den sozialen Frieden im Arbeitsleben ist. Zur Spartenproblematik überdies → Rn. 75 ff.; → § 6 Rn. 83 ff.

2. Verfassungsrechtliche Grundlagen des Arbeitskampfes

3 Das Grundgesetz hat darauf verzichtet, das Recht, Arbeitskämpfe zu führen, in den Verfassungstext mitaufzunehmen. Zwar wurde im Parlamentarischen Rat diskutiert, nach dem Vorbild entsprechender Regelungen in den Länderverfassungen, in einem Abs. 4 des späteren Art. 9 GG festzulegen: »Das Streikrecht wird im Rahmen der Gesetze anerkannt.« Man nahm aber von diesem Vorhaben Abstand, weil der Ausschluss des politischen Streiks und des Beamtenstreiks eine zu große Kasuistik ergeben hätte. Daher wurde die Koalitionsfreiheit in Art. 9 Abs. 3 GG verankert, ohne zugleich einen Hinweis auf das Koalitionsmittel des Arbeitskampfes aufzunehmen. Allerdings ist das Streikrecht in einigen Landesverfassungen[4] niedergelegt. Wegen des Vorrangs des Bundesrechts (Art. 31 GG) kommt diesen indes praktisch keine Bedeutung zu.[5]

4 Immerhin fand der Begriff des Arbeitskampfes durch das Gesetz über die Notstandsverfassung vom 24.6.1968 Eingang in den Verfassungstext. Dem Art. 9 Abs. 3 GG wurde ein S. 3 angefügt, durch den festgelegt wird, dass Maßnahmen, die im Verteidigungs- oder sonstigen Notstandsfall ergriffen werden, sich nicht gegen Arbeitskämpfe richten dürfen, »die zur Wahrung und Förderung der Arbeits- und Wirtschaftsbedingungen von Vereinigungen im Sinne des Satzes 1 geführt werden«. Die – in der Rechtspraxis bedeutungslose – Vorschrift enthält zwar keine Verankerung eines Grundrechts auf Streik, sondern zieht für den Arbeitskampf lediglich den sonst im Notstandsfall zulässigen Grundrechtsschranken eine Schranke (sog. Schranken-Schranke). Immerhin mittelbar wird so aber bestätigt, dass der Arbeitskampf vom kollektiven Schutzbereich der Koalitionsfreiheit in Art. 9 Abs. 3 GG erfasst wird.

---

4 Übersicht bei ErfK/*Linsenmaier* GG Art. 9 Rn. 104.
5 S. etwa: *BAG* 26.4.1988, NZA 1988, 775 – Aussperrungsverbot nach Art. 29 HessVerf; *Hessischer Staatsgerichtshof* 10.5.2017, NZA 2017, 727.

Dessen ungeachtet ist der Arbeitskampf durch Art. 9 Abs. 3 GG institutionell garan- 5
tiert, soweit er erforderlich ist, um eine funktionierende Tarifautonomie sicherzustellen.[6] Denn andernfalls wäre die Gewährleistung der Tarifautonomie unvollständig.
Die Tarifautonomie ist darauf angelegt, die strukturelle Unterlegenheit der einzelnen
Arbeitnehmer beim Abschluss von Arbeitsverträgen durch kollektives Handeln aus-
zugleichen und damit ein annähernd gleichgewichtiges Aushandeln der Löhne und
Arbeitsbedingungen zu ermöglichen. Das aber setzt voraus, dass Koalitionen notfalls
versuchen können, eine Tarifforderung durch Ausübung von Druck auf den sozialen
Gegenspieler zu erzwingen, sollte sich dieser nicht auf sie einlassen. Der Arbeitskampf
hat mithin Hilfsfunktion für die Tarifautonomie, weshalb verfassungsrechtlich auch
von einer Annexgewährleistung des Arbeitskampfes gesprochen wird. Dies stellt eine
gewisse Besonderheit des deutschen Rechts dar, da viele andere Rechtsordnungen zunächst (oder gar nur) das Streikrecht garantieren, während die Tarifautonomie entweder verfassungsrechtlich gar nicht abgesichert ist oder lediglich als Annex zum Streikrecht fungiert. Verfassungsrechtlich ist der Arbeitskampf dabei für beide Seiten
garantiert, also sowohl zu Gunsten der Arbeitnehmer, als auch der Arbeitgeber.

3. Völkerrechtliche Übereinkommen und europäisches Recht

Wie bereits in § 2 Rn. 12 ff. dargestellt, finden sich zahlreiche völkerrechtliche Abkom- 6
men, die den Arbeitskampf bzw. das Streikrecht garantieren. Hier sei nochmals darauf
hingewiesen, dass der EGMR Art. 11 Abs. 1 EMRK mehr und mehr zu einem umfassenden Tarif- und vor allem Streikgrundrecht entwickelt hat. In einer Reihe von Urteilen jüngeren Datums hat er herausgearbeitet, dass die Vereinigungsfreiheit des Art. 11
Abs. 1 EMRK auch das Recht von Arbeitnehmern beinhaltet, ihre wirtschaftlichen Interessen durch Tarifverträge zu schützen und hierfür gegebenenfalls auch zu streiken
(→ § 2 Rn. 15).[7] Der Schwerpunkt dieser Rechtsprechung lag dabei zuletzt sogar ganz
betont im Arbeitskampfrecht. Insoweit hat für das deutsche Recht besondere Bedeutung erlangt, dass der EGMR mehrfach betont hat, dass die Schrankenbestimmung
des Art. 11 Abs. 2 S. 1 EMRK eng auszulegen ist. Das beeinflusst insbesondere den Arbeitskampf in der Daseinsvorsorge, das Streikrecht von Beamten (→ § 10 Rn. 104), den
Arbeitskampf gegen kirchliche Arbeitgeber (→ § 10 Rn. 106 ff.), aber auch den von
Spartengewerkschaften. Zur Einwirkungsmechanik des Art. 11 EMRK auf das deutsche Recht und zur Abgrenzung dieses Grundrechts von dem des Art. 9 Abs. 3 GG s.
ausführlich → § 2 Rn. 25 ff.

Dagegen kaum Einfluss auf das deutsche Arbeitskampfrecht hat bislang Art. 6 Abs. 4 7
der ESC genommen (s. zu dieser Bestimmung ausführlich → § 2 Rn. 24). Auch diese
Bestimmung erkennt nicht nur ein Recht auf Kollektivverhandlungen an, sondern im
Falle von Interessenkonflikten auch das Recht auf Streik. Nicht erwähnt wird das Aussperrungsrecht, das aber durch das Recht auf »kollektive Maßnahmen« mit angesprochen ist. Allerdings hat das BAG bislang keine konkreten Schlussfolgerungen aus die-

---

6 *BVerfG* 11.7.2017, BVerfGE 146, 71 = NZA 2017, 915; *BVerfG* 10.9.2004, NZA 2004, 1338; *BVerfG*
  4.7.1995, BVerfGE 92, 365 = NZA 1995, 754; *BVerfG* 2.3.1993, BVerfGE 88, 103 = NJW 1993, 1379;
  BVerfG 26.6.1991, BVerfGE 84, 212 (224) = NZA 1991, 809.
7 *EGMR* 27.11.2014 – 36701/09 – Hrvatski Liječnički Sindikat/Kroatien; *EGMR* 2.10.2014, NZA
  2015, 1268 – Tymoshenko/Ukraine; *EGMR* 8.4.2014, NZA 2015, 1270 – National Union of Rail, Maritime and Transport Workers/Vereinigtes Königreich; *EGMR* 31.1.2012 – 2330/09 – Sindicatul »Pastorul cel Bun«/Rumänien; *EGMR* 12.11.2008, NZA 2010, 1425 – Demir u. Baykara/Türkei; *EGMR*
  21.4.2009, NZA 2010, 1423 – Enerji Yapi-Yol Sen/Türkei.

ser Regelung gezogen, die unmittelbaren Einfluss auf die Ausgestaltung des Streikrechts in Deutschland genommen hätten. Immerhin hat der für die »Kontrolle« der ESC zuständige »Sachverständigenausschuss« 1998 das gewerkschaftliche Streikmonopol (→ § 2 Rn. 24) und die Beschränkung von Streikforderungen auf tariflich regelbare Ziele (→ Rn. 22) als konventionswidrig gerügt. Geändert hat sich dadurch im deutschen Recht aber nichts.

8   Auf der Ebene der Europäischen Union kommt Art. 28 GrCh hinzu. Auch diese Bestimmung ist in § 2 bereits ausführlich gewürdigt worden. Hier sei daher nur nochmals in Erinnerung gerufen, dass diese Garantie rein national gelagerte Sachverhalte nicht erfasst. Umgekehrt hat der EuGH auf Art. 28 GrCh abgestellt, als er die Rechtmäßigkeit eines Arbeitskampfes zu beurteilen hatte, der mit den Grundfreiheiten des Vertrags kollidierte, weil er sich gegen die geplante Verlagerung eines Unternehmens ins EU-Ausland richtete (Urteil Viking → Rn. 52 ff.). Ein weiteres Beispiel für einen Anwendungsfall des Art. 28 GrCh bietet ein später noch zu besprechendes Urteil des BGH zu der Frage, ob Fluggäste, deren Flug wegen eines Streiks annulliert wurde, Ersatzleistungen nach Art. 5 und 7 der VO (EG) 261/2004 beanspruchen können (→ § 11 Rn. 55).

9   Schon in § 2 Rn. 23 wurde angemerkt, dass die Verdreifachung des Koalitionsschutzes durch die sich überlappenden Grundrechte aus Art. 9 Abs. 3 GG, 11 EMRK und 28 GrCh das Arbeitsrecht gegenwärtig auf eine gewisse Spannungsprobe stellt. Die größten Herausforderungen ergeben sich dabei für das Arbeitskampfrecht. Wertungswidersprüche und Abgrenzungsschwierigkeiten zwischen den jeweiligen Koalitionsgarantien sind hier fast nicht zu vermeiden. Einzelheiten dazu bei → § 2 Rn. 23. Allerdings gilt auch an dieser Stelle: Nach wie vor die wichtigste grundrechtliche Fundierung für das Arbeitskampfrecht bildet Art. 9 Abs. 3 GG. Dagegen beeinflussen die Art. 28 GrCh u. 11 EMRK bislang nur einzelne, punktuelle Sachfragen. Daher ist auch die nachfolgende Darstellung des Arbeitskampfrechts primär auf Art. 9 Abs. 3 GG ausgerichtet. Die Art. 11 EMRK und 28 GrCh werden immer (nur) dann angesprochen und eingeflochten, soweit die Normen konkreten Einfluss auf die jeweils abgehandelte Sachfrage nehmen.

4. Einfaches Recht

10 Das Arbeitskampfrecht ist gesetzlich nicht geregelt und daher reines Richterrecht. So finden sich bislang nur marginale Rechtsvorschriften, die lediglich Randfragen oder gar nur entfernte Folgefragen von Arbeitskämpfen ansprechen, wie insb. §§ 2 Abs. 1 Nr. 2 ArbGG, 74 Abs. 2 BetrVG, 66 Abs. 2 BPersVG, 11 Abs. 5 AÜG, 25 KSchG, 174 Abs. 6 SGB IX. Alleine die Vorschriften der §§ 36 Abs. 3, 100 und 160 SGB III dringen etwas weiter zu den Kernfragen des Arbeitskampfes vor (zu diesen → § 11 Rn. 19 f.).

11 Immer wieder hat das BVerfG angemahnt, dass es Sache und Aufgabe des Gesetzgebers ist, das Koalitionsgrundrecht näher auszugestalten. Zwar steht es außerhalb jeder Diskussion, dass die Arbeitsgerichtsbarkeit fachlich ohne weiteres dazu in der Lage ist, das Arbeitskampfrecht zu ordnen. Doch geht es dabei häufig um politische Wertentscheidungen, die in einem demokratischen Rechtsstaat eigentlich nur durch den Gesetzgeber entschieden werden könnten und zwar schon auf Grund der enormen wirtschaftlichen und gesellschaftlichen Folgen der Zulassung oder Versagung einzelner Arbeitskampfmaßnahmen. Dabei erweist sich die Ausgangslage für eine gesetzliche Regelung als durchaus günstig, als seit nunmehr über zwei Jahrzehnten ein sog.

»Professorenentwurf« für ein Arbeitskampfgesetz vorliegt,[8] der den in Rechtsprechung und Wissenschaft erreichten Erkenntnisstand umfassend und in ausgewogener Weise in einen Gesetzesvorschlag gebracht hat. 2012 hat eine Professoreninitiative einen neuerlichen Entwurf vorgestellt, diesmal beschränkt auf Regelungen für kollektive Arbeitskonflikte in der Daseinsvorsorge.[9] Doch erkennt das BVerfG umgekehrt natürlich auch an, dass die Arbeitsgerichte hier »in die Bresche springen« müssen, solange der Gesetzgeber untätig bleibt.[10] Denn natürlich liegt auf der Hand, dass es mit dem Justizgewährleistungsanspruch des Art. 19 Abs. 4 GG unvereinbar wäre, wenn die Gerichte unter Verweis auf die Untätigkeit des Gesetzgebers dem Geschehen einfach freien Lauf lassen und Arbeitnehmern, Arbeitgebern, Gewerkschaften und Arbeitgeberverbänden jeden Rechtsschutz in Arbeitskämpfen verweigern würden.

II. Staatliche Neutralitätspflicht

Art. 9 Abs. 3 GG verpflichtet den Staat für das gesamte Tarifgeschehen und mithin **12** auch für den Arbeitskampf zur Neutralität. Die Verfassungsbestimmung garantiert Koalitionen, dass sie die Lohn- und Arbeitsbedingungen in eigener Verantwortung und (im Wesentlichen) frei von staatlicher Einflussnahme regeln können (→ § 2 Rn. 64).

Aus dem Neutralitätsgebot folgt zunächst, dass der Staat nicht handelnd in Arbeits- **13** kämpfe eingreifen darf. Insoweit völlig selbstverständlich ist, dass die staatlichen Behörden Arbeitskämpfe nicht verbieten oder die unterbleibenden Arbeiten nicht ersatzweise durchführen lassen dürfen. Ebenso wenig können gewerkschaftliche Druckschriften oder Flugblätter beschlagnahmt oder Versammlungen aufgelöst werden. Soweit der Arbeitskampf oder einzelne Kampfmaßnahmen bei wertungsfreier Subsumtion den Tatbestand eines Strafgesetzes erfüllen könnten (etwa: §§ 240[11] oder 253 StGB), sind diese im Licht von Art. 9 Abs. 3 GG auszulegen, so dass alleine rechtswidrige oder exzessiv überdehnte Kampfmaßnahmen strafrechtlich relevant sein können (das gilt etwa für Betriebsbesetzung [§§ 123, 124 StGB], Sabotagen im Betrieb oder die Zerstörung von Betriebsmitteln [§ 303 ff. StGB] und das gewaltsame Hindern von Streikbrechern am Betreten des Betriebs [§ 240 StGB u. a., str.]). Auch keiner weiteren Erwähnung bedarf, dass die staatlichen Sicherheitsorgane nicht zur Verhinderung oder Beendigung von Arbeitskämpfen eingesetzt werden dürfen. Dort, wo im Zusammenhang mit Arbeitskämpfen strafbare Handlungen begangen werden, greifen die Befugnisse der staatlichen Ermittlungs- und Strafverfolgungsbehörden aber uneingeschränkt.

Teilweise wird aus dem staatlichen Neutralitätsgebot das Verbot einer staatlichen **14** Zwangsschlichtung hergeleitet. Einzelheiten hierzu bei Rn. 145 ff.

Die eigentlichen Schwierigkeiten bei der Auslotung des Neutralitätsgebots stellen sich **15** indes bei der Regelung der zivil-, arbeits- und sozialrechtlichen Rechtsfolgen von Arbeitskämpfen, weil auch diese das sich zwischen den Parteien ergebende Kräfteverhält-

---

8 *Birk/Konzen/Löwisch/Raiser/Seiter*, Gesetz zur Regelung kollektiver Arbeitskonflikte, 1988. Der – für Studierende sehr lehrreiche – Entwurf ist online abrufbar unter: www.zaar.uni-muenchen.de (> Forschung > Dokumentation > Arbeitskampfrecht).

9 *Franzen/Thüsing/Waldhoff*, Arbeitskampf in der Daseinsvorsorge, 2012; online abrufbar unter: www.cfvw.org/stiftung (> Projektbereich > Zukunft der Arbeit > Arbeitskampf > Gesetzesentwurf).

10 S. nur *BVerfG* 26.6.1991, BVerfGE 84, 212 = NZA 1991, 809, instruktiv insb. C. I.2.a.; *Poscher*, RdA 2017, 235 (bezogen auf Arbeitskämpfe um Ausgründung und Umstrukturierung).

11 Im Hinblick auf die Sitzblockadeentscheidung des *BVerfG* (7.3.2011, NJW 2011, 3020) würden rechtmäßige Arbeitskampfmittel aber auch aus Sicht des Strafrechts nicht den Tatbestand des § 240 StGB erfüllen.

nis ganz entscheidend mit beeinflussen. Würde beispielsweise angeordnet, dass der Arbeitgeber das Arbeitsentgelt auch während eines Streiks fortzuzahlen hat, wäre dieser Arbeitskämpfen mehr oder weniger schutzlos ausgeliefert. Während dieses Beispiel freilich nur theoretischer Natur ist, hat es im Bereich des Sozialrechts massive Auseinandersetzungen darüber gegeben, inwieweit die Bundesagentur für Arbeit Arbeitnehmern während eines Arbeitskampfes Unterstützungsleistungen gewähren darf. Einzelheiten hierzu bei § 11 Rn. 19.

16 Weiter fließt aus dem Neutralitätsgebot die Frage aus, ob öffentliche oder zumindest »staatsnahe« Arbeitgeber in einem gegen sie geführten Arbeitskampf anstelle von streikenden Arbeitnehmern Beamte einsetzen dürfen. Einzelheiten dazu bei Rn. 125 f. In die Diskussion geraten ist auch der Streikeinsatz von Leiharbeitnehmern → Rn. 121 ff. Schließlich war zuletzt umstritten, ob es der Deutschen Post AG erlaubt werden darf, nach einem langen Arbeitskampf Briefe und Pakete auch am Sonntag auszutragen, da sich in den Verteilzentren viele Sendungen angestaut hatten. Insoweit war unklar, ob sich die Post auf eine Ausnahme vom Verbot der Sonntagsarbeit (§ 9 ArbZG) nach § 10 Abs. 1 Nr. 10 Alt. 1 ArbZG berufen darf oder eine Bewilligung nach § 13 Abs. 3 ArbZG möglich ist.[12] Diskutiert wurde, ob derart nicht gegen die staatliche Neutralitätspflicht verstoßen wird. Das ist nicht der Fall. Ein Verstoß gegen die staatliche Neutralitätspflicht liegt erst dann vor, wenn sich erkennbar abzeichnet, dass die fragliche Maßnahme einen deutlichen Einfluss auf das vorhandene Gleichgewicht der Kräfte nimmt oder ein Ungleichgewicht deutlich verstärkt. Hinzukommt, dass das Abarbeiten aufgelaufener Briefsendungen nach Streikende kaum neutralitätsschädlich sein kann. Letztlich wurde die fragliche Sonntagsarbeit dann aber unter Verweis auf eine einfachrechtliche Auslegung des ArbZG abgelehnt.

17 Verschiedentlich wird auch das Paritätsgebot auf die staatliche Neutralitätspflicht zurückgeführt. Einzelheiten bei → Rn. 41.

III. Allgemeine Anforderungen an die Rechtmäßigkeit eines Arbeitskampfes

1. Tariffähige Kampfparteien und Verbot des wilden Streiks

a) Führung des Arbeitskampfes durch tariffähige Kampfparteien

18 Wegen der Konnexität mit der Tarifautonomie dürfen Arbeitskämpfe nur von tariffähigen Parteien geführt werden, weil nur diese Tarifverträge abschließen können. Daher dürfen Arbeitnehmerkoalitionen, die nicht tariffähig sind (→ § 3 Rn. 1–17), nicht zu Streiks aufrufen. Erst recht unzulässig ist ein nichtgewerkschaftlicher Streik, meist als »wilder Streik« bezeichnet, was nicht ganz glücklich erscheint, da ein derartiger Streik nicht notwendiger Weise »unorganisiert« oder gar im Wortsinn »wild« verlaufen muss. Zu einem nicht gewerkschaftlichen Streik kommt es etwa dann, wenn Arbeitnehmer spontan die Arbeit niederlegen. Gleiches gilt aber auch, wenn sich Arbeitnehmer zu einer ad-hoc-Koalition zusammenschließen, weil diese regelmäßig nicht den Anforderungen an eine Gewerkschaft genügen wird (→ § 2 Rn. 39, → § 3 Rn. 3 ff.). Möglich ist aber, dass eine Gewerkschaft nachträglich die Leitung übernimmt. Der wilde Streik wird dann rückwirkend zu einem gewerkschaftlichen Streik. Zur Massen-

---

12 *OVG Münster* 10.7.2015, NVwZ-RR 2015, 776.

änderungskündigung → Rn. 99 f., zu tarifunwilligen Unternehmensverbänden → § 3 Rn. 2.

Aus dem Grundsatz, dass Arbeitskämpfe nur durch Tarifvertragsparteien geführt wer- **19** den dürfen, folgt auch, dass nur diese die Vornahme einzelner Kampfmaßnahmen anordnen können. Alleine die kampfführende Gewerkschaft entscheidet, ob, wann, wo und wie gestreikt wird. Es ist also nicht so, dass die Arbeitnehmer während eines schwelenden Arbeitskampfes ihre Arbeit »auf eigene Faust« niederlegen dürften. Die Gewerkschaft muss sie vielmehr hierzu aufrufen. Entsprechend dürfen auch nur die Arbeitnehmer streiken, auf die sich der Streikaufruf in fachlicher, betrieblicher, räumlicher und zeitlicher Hinsicht erstreckt (also etwa: »Arbeitnehmer der metallverarbeitenden Betriebe in der C-Region, am 18.7.2018 von 8.00 Uhr bis 12.00 Uhr«). Daher darf auch die häufig gebrauchte Formel, wonach Arbeitgeber auf einen Streik ggf. mit einer Aussperrung reagieren können, nicht dahin missverstanden werden, dass der einzelne Arbeitgeber nach eigenem Gutdünken Belegschaftsmitglieder aussperren könnte. Ist das Ziel des Arbeitskampfes der Abschluss eines Verbandstarifvertrags und der Kampfgegner auf Arbeitgeberseite daher ein Arbeitgeberverband, kann nur dieser seine Mitglieder aufrufen, ihre Beschäftigten auszusperren. Anders liegen die Dinge, wenn der Arbeitskampf gegen einen einzelnen Arbeitgeber gerichtet wird, mit dem Ziel des Abschlusses eines Firmentarifvertrags. In diesem Fall entscheidet der Arbeitgeber autonom, ob und von welchen Mitteln des Arbeitskampfes er Gebrauch machen will.

Schließlich darf sich ein Arbeitskampf nur gegen einen tariffähigen Gegner richten. **20** Will die Gewerkschaft also den Abschluss eines Verbandstarifvertrags erzwingen, ist ihr »Kampfgegner« der entsprechende Arbeitgeberverband, nicht aber die in ihm organisierten Arbeitgeber. Tarifforderungen sind daher gegen den Verband vorzutragen und Erklärungen ihm gegenüber abzugeben. Auf einem anderen Blatt steht freilich, dass der »gedankliche« Gegner der Gewerkschaft dessen ungeachtet die im Verband zusammengeschlossenen Arbeitgeber sind. Denn wirtschaftlich betrachtet werden sie bestreikt und sie entscheiden im Ergebnis, ob und inwieweit ihr Verband auf die Forderungen der Gewerkschaft eingehen will.

b) Exkurs: Verbot des Arbeitskampfes zwischen Arbeitgeber und Betriebsrat

Völlig unabhängig vom Verbot nicht gewerkschaftlich geführter Streiks sind Maßnah- **21** men des Arbeitskampfes zwischen Arbeitgeber und Betriebsrat unzulässig: § 74 Abs. 2 S. 1 BetrVG. Kampfmaßnahmen können insoweit auch verkappt erfolgen, etwa, wenn der Betriebsrat eine Betriebsversammlung ganz gezielt auf einen Termin mit einem singulären Spitzenarbeitsaufkommen legt.[13] Meinungsverschiedenheiten über die Regelung und Durchsetzung beteiligungspflichtiger Angelegenheiten zwischen Arbeitgeber und Betriebsrat sind in den gesetzlich vorgesehenen Verfahren, also entweder im Einigungsverfahren vor der Einigungsstelle oder im arbeitsgerichtlichen Beschlussverfahren auszutragen. Entsprechendes gilt für die Personalvertretung (vgl. § 66 Abs. 2 S. 2 BPersVG). Zu beachten ist aber, dass dem Arbeitgeber nach der Rechtsprechung des BAG kein Unterlassungsanspruch gegen den Betriebsrat zusteht.[14] Als Reaktion kann er nur die Auflösung des Gremiums oder den Ausschluss einzelner Betriebsratsmitglieder nach § 23 Abs. 1 BetrVG versuchen. Als »individueller« Arbeitnehmer bzw.

---

13 *ArbG Kiel* 27.5.2015 – 1 BV 1 b/15.
14 *BAG* 17.3.2010, NZA 2010, 1133 – Bezugspunkt der Entscheidung ist allerdings (»nur«) ein Verstoß gegen das Verbot parteipolitischer Betätigung der Betriebsparteien (§ 74 Abs. 2 S. 3 BetrVG).

als Gewerkschaftsmitglied können Betriebsratsmitglieder aber wie jeder andere Arbeitnehmer des Betriebs auch zu gewerkschaftlichen Kampfmaßnahmen Stellung nehmen und sich an ihrer Durchführung beteiligen (§ 74 Abs. 3 BetrVG). Zum partiellen Ruhen der Beteiligungsrechte des Betriebsrats im Arbeitskampf → Rn. 142 f.

2. Tarifbezogenheit

a) Allgemeines

22 Arbeitskämpfe dürfen nur zur Durchsetzung von Tarifforderungen geführt werden. Was sich also nicht in einem Tarifvertrag regeln lässt, darf auch nicht erstreikt werden. Nachdem Arbeitskämpfe verfassungsrechtlich nur zur Sicherstellung einer funktionierenden Tarifautonomie abgesichert sind (→ Rn. 5), können sie auch nur geführt werden, um tarifliche Regelungen durchzusetzen. Daraus folgt unter anderem, dass politische Streiks oder Demonstrationsstreiks nicht zulässig sind (→ Rn. 103).

b) Identität von Kampfgegner und Forderungsadressat

23 Kampfgegner kann nur der Forderungsadressat sein, weil nur er die erhobenen Forderungen durch Abschluss eines Tarifvertrags erfüllen kann. Davon zu unterscheiden ist, dass sich an einem Streik grundsätzlich auch nicht gewerkschaftlich organisierte Arbeitnehmer beteiligen dürfen (→ Rn. 61) und der Arbeitgeber auch Außenseiter aussperren darf (und dies sogar muss → Rn. 115). Denn insoweit geht es nur darum, welche Personen sich an einer Kampfmaßnahme beteiligen können; Kampfgegner bleibt dessen ungeachtet die streikführende Gewerkschaft bzw. der angegriffene Arbeitgeberverband. Partiell durchbrochen ist das Gebot der Identität von Kampfgegner und Forderungsadressat allerdings beim Unterstützungsarbeitskampf → Rn. 80 ff.

c) Rechtmäßigkeit der angestrebten Regelung

24 Arbeitskämpfe dürfen nur um Forderungen geführt werden, die zulässigerweise zum Gegenstand einer Tarifregelung gemacht werden können. Maßgeblich ist der Streikbeschluss. Insoweit gilt, dass bereits eine unzulässige Forderung den gesamten Arbeitskampf rechtswidrig werden lässt (zuweilen auch als »Rührei-Theorie« [»ein faules Ei verdirbt das Omelett«] bezeichnet).[15] Mit Rücksicht auf das Verbot der Tarifzensur (→ Rn. 47) gilt dies auch dann, wenn diese Forderung nur einen vermeintlich unwichtigen Nebenpunkt betrifft. Handelt es sich indes nicht um eine zentrale Forderung, steht es der Gewerkschaft aber frei, diese für die Zukunft aufzugeben. Sie kann den Arbeitskampf ohne Verstoß gegen das Verhältnismäßigkeitsprinzip »fortführen«, ohne dass sie zuvor nochmals in »kampffreie« Verhandlungen mit der Arbeitgeberseite treten müsste (insoweit trägt also der »Rührei«-Vergleich).[16] Eine einfache Erklärung ihres Rechtsanwalts in einem von der Arbeitgeberseite angestrengten Unterlassungsverfahren reicht hierzu aber nicht aus.[17] Für in der Vergangenheit aufgelaufene Schäden bleibt sie haftbar. Dazu, dass in einer solchen Konstellation der Einwand eines rechtmäßigen Alternativverhaltens scheitert → § 11 Rn. 35.

25 Dass ein Arbeitskampf rechtswidrig ist, wenn der angestrebte Regelungsinhalt gegen zwingendes Gesetzesrecht verstößt, bedarf an sich keiner näheren Erläuterung. Doch

---

15 *BAG* 26.7.2016, NZA 2016, 1543 Rn. 51.
16 S. *Fischer*, NZA 2014, 1177.
17 Anders: *LAG Berlin-Brandenburg*, 14.8.2012 – 22 SaGa 1131/12 Rn. 67.

kommt den kampfführenden Parteien bei der Formulierung von Tarifforderungen (in aller Regel ist das die Gewerkschaft) eine Einschätzungsprärogative zu, was die Beurteilung der Rechtmäßigkeit einer Tarifforderung angeht. Denn es wäre mit der Koalitionsfreiheit des Art. 9 Abs. 3 GG unvereinbar, wenn ein Arbeitskampf schon immer dann unzulässig wäre, wenn sich die Frage, ob ein bestimmter Sachverhalt zulässigerweise tarifierbar ist, im Vorfeld nicht eindeutig beantworten lässt. Unzulässig ist es auch, wenn mit einem Arbeitskampf ein Ziel verfolgt wird, das nur im Rechtswege durchgesetzt werden kann und muss, etwa wenn der Arbeitgeber zur Rücknahme einer Kündigung gezwungen werden soll.

d) Unternehmerische Entscheidungsfreiheit

Große Schwierigkeiten bereiten Tarifforderungen, die auf die Freiheit der unterneh- **26** merischen Entscheidung zugreifen. Das bereits in § 5 Rn. 3 ff. angesprochene Verhältnis zwischen Regelungsintensität und -legitimation setzt sich hier fort. Ist der einzelne Arbeitgeber von sich aus bereit, einschlägige Regelungen in einen Firmentarifvertrag aufzunehmen, kann er das weitgehend einschränkungslos tun, weil sich jeder zu alldem verpflichten kann, zu dem er sich verpflichten will. Grenzen ergeben sich insoweit aber für den Arbeitgeberverband beim Abschluss von Verbandstarifverträgen, weil dem Verbandstarifvertrag immer eine gewisse Tendenz der Fremdbestimmung innewohnt, was die einzelnen Arbeitgeber angeht. Sie sind mit Rücksicht auf Art. 14 GG beim Arbeitskampf außerordentlich eng zu fassen, weil die Gewerkschaft hier eine Regelung gänzlich gegen den Willen der Arbeitgeberseite durchzusetzen versucht.

Grobschlächtig lässt sich festhalten, dass Forderungen, die auf unternehmerische **27** Grundlagenentscheidungen zugreifen, nicht zum Gegenstand eines Arbeitskampfes gemacht werden dürfen. Beispielhaft zeigt das der Cockpit-Streik 2015, mit dem die Gewerkschaft versuchen wollte, Einfluss auf die Verlagerung von Flügen zu Töchtergesellschaften (»Billigflüge«) zu nehmen (»Wings-Konzept«);[18] weitere Beispiele bei Rn. 68 ff. Dagegen ist es der Gewerkschaft unbenommen, dort anzusetzen, wo die Entscheidung des Arbeitgebers die Modalitäten beeinflusst, unter denen abhängige Arbeit zu leisten ist. Die Grenzziehung zwischen beiden Bereichen ist in der Praxis freilich alles andere als einfach. Deshalb ist das BAG mit der gerichtlichen Kontrolle von Streikforderungen sehr zurückhaltend und erkennt Gewerkschaften einen großen Einschätzungsspielraum bei der Formulierung einer Tarifforderung zu, weil der Verweis auf die Freiheit der Unternehmerentscheidung nicht in eine faktische Arbeitskampfsperre münden darf. Überdies sieht das BAG die Tarifautonomie prinzipiell als eröffnet an, soweit sich die wirtschaftliche Seite einer unternehmerischen Maßnahme nicht von ihrer sozialen Seite trennen lässt. Große Bedeutung erlangen die hier angesprochenen Fragen bei Arbeitskämpfen, die auf Abschluss eines Tarifsozialplans oder eines Standortsicherungstarifvertrags gerichtet sind, Einzelheiten hierzu → Rn. 68 ff.

3. Friedenspflicht

a) Funktion der Friedenspflicht und dogmatische Herleitung

Ein Arbeitskampf ist nur dann zulässig, wenn er nicht gegen die tarifliche Friedens- **28** pflicht verstößt. Der Abschluss eines Tarifvertrags begründet eine Pflicht der Tarifvertragsparteien, die im Tarifvertrag festgelegte Ordnung während seiner Geltung nicht

---

18 *LAG Hessen* 9.9.2015, NZA 2015, 1337.

durch Kampfmaßnahmen in Frage zu stellen. Die Friedenspflicht ist Bestandteil des schuldrechtlichen Teils des Tarifvertrags (§ 1 Abs. 1 TVG → § 4 Rn. 3). Letztlich hat sie sich freilich längst von dieser vertragsrechtlichen Konstruktion gelöst und ist zu einem ungeschriebenen Rechtsgrundsatz des objektiven Arbeitsrechts geworden. Das BAG wählt insoweit einen Mittelweg und spricht davon, dass sie dem Tarifvertrag als einer Friedensordnung immanent ist.[19] Tatsächlich dient die Friedenspflicht auch der Absicherung der Funktionsfähigkeit der Tarifautonomie. Essentielle Bedeutung hat sie dabei insbesondere für die Arbeitgeberseite. Arbeitgeber treten nicht zuletzt deshalb einem Verband bei bzw. schließen Firmentarifverträge, um für die Laufzeit eines Tarifvertrags Rechts- und Planungssicherheit zu gewinnen. Sie müssen daher darauf vertrauen können, dass sie während der Laufzeit eines Tarifvertrags nicht mit Nachforderungen oder gar Arbeitskämpfen überzogen werden. Andernfalls macht es für den Arbeitgeber auf lange Sicht keinen Sinn, sich einem Tarifvertrag zu unterwerfen.

b) Relative Friedenspflicht

29 Im Einzelnen ist zwischen der relativen und der absoluten Friedenspflicht zu unterscheiden. Die relative Friedenspflicht ist jedem Tarifvertrag immanent. Sie besteht also auch dann, wenn im Tarifvertrag keine besonderen Abreden über die Führung von Arbeitskämpfen während der Laufzeit des Tarifvertrags getroffen wurden. Gegenständlich ist die relative Friedenspflicht allerdings auf diejenigen Arbeitsbedingungen begrenzt, die im Tarifvertrag geregelt sind. Sie schließt also einen Arbeitskampf um andere, im Tarifvertrag nicht niedergelegte Regelungsgegenstände nicht aus. Ein Tarifvertrag mit Regelungen über die Höhe der Arbeitsvergütung würde also einen Streik, der die Dauer der Arbeitszeit zum Gegenstand hat, nicht sperren.

30 Die Feststellung des Umfangs der Friedenspflicht ist in vielen Einzelfällen allerdings schwierig. Enthält etwa ein Urlaubstarifvertrag keine Bestimmungen über ein zusätzliches Urlaubsgeld, das über die Weiterzahlung des Arbeitsentgelts hinausgeht, stellt sich die Frage, ob die Gewerkschaft hierüber einen Arbeitskampf führen darf. Große Bedeutung hat zuletzt erlangt, inwieweit einzelne Rationalisierungsschutzbestimmungen im Tarifvertrag einen Arbeitskampf um Sozialplan- und Standortsicherungstarifverträge sperren (→ Rn. 68 ff.).

31 Ob sich die Friedenspflicht auch auf Gebiete bezieht, die mit dem eigentlichen Vertragsgegenstand (nur) zusammenhängen, ist nach allgemeinen Auslegungsgrundsätzen zu ermitteln. Ein Vergleich zwischen Tarifregelung und Streikforderung »im Verhältnis 1: 1« reicht jedenfalls nicht. Vielmehr kommt es darauf an, ob zwischen der im Tarifvertrag bestehenden Regelung und der erhobenen Forderung ein innerer Zusammenhang besteht. Nachdem die Friedenspflicht vor allem der Absicherung der Funktionsfähigkeit der Tarifautonomie dient, spricht, viel dafür, sie betont weit auszulegen.[20] Hinzu kommt, dass das BAG im vergangenen Jahrzehnt den Katalog zulässiger Streikziele bzw. Kampfmittel nicht unerheblich erweitert hat. Die verhältnismäßig großzügige Zulassung des Arbeitskampfes gegen verbandsangehörige Arbeitgeber, der Streiks um einen Sozialplantarifvertrag und in Grenzen auch von Sympathiearbeitskämpfen findet ihre Absicherung aber gerade darin, dass der Arbeitgeber gegen überbordende Kampfmaßnahmen vor allem durch die Friedenspflicht eines bereits existierenden Verbandstarifvertrags geschützt wird. Derartige Streiks würden die individuelle Koalitionsfreiheit des einzelnen Arbeitgebers bzw. die kollektive Koalitionsfreiheit sei-

---

19 *BAG* 25.8.2015, NZA 2016, 179 Rn. 43.
20 In dieser Tendenz nun auch: *BAG* 26.7.2016, NZA 2016, 1543 Rn. 36.

nes Verbands verletzen, würden Verbandstarifverträge keine realistische Schutzfunktion mehr entfalten. Daher greift die Friedenspflicht nicht erst dann, wenn die Tarifvertragsparteien eine bestimmte Sachmaterie erkennbar umfassend geregelt haben. Vielmehr sind Forderungen schon dann gesperrt, wenn sie in einem Zusammenhang mit dem im Tarifvertrag befriedeten Bereich stehen, etwa weil sie Tarifregelungen betreffen, die bei wirtschaftlicher Betrachtung ähnlich sind. So kann die Gewerkschaft im Beispiel kein Urlaubsgeld nachfordern, weil bereits ein Tarifvertrag über Fragen der Urlaubsgewährung abgeschlossen wurde und zwar obwohl dieser keine Regelung zu einem Urlaubsgeld trifft.

Abgrenzungsprobleme bereitet es auch, wenn ein Tarifvertrag sich zu einem bestimmten Sachgegenstand völlig ausschweigt. Natürlich gibt es keinen Grundsatz, wonach jedes Schweigen des Tarifvertrags im Zweifel schon einen Regelungsverzicht bedeutet, weil ansonsten jeder Tarifabschluss in eine absolute Friedenspflicht münden würde (was geregelt ist, dürfte wegen des Bestehens einer Regelung nicht erstreikt werden, was nicht geregelt ist, dagegen nicht, weil anzunehmen wäre, dass die Parteien für diesen Gegenstand auf eine Regelung verzichtet haben). Umgekehrt greift die Friedenspflicht aber nicht erst dann, wenn die Parteien den Verzicht auf eine bestimmte Regelung mehr oder weniger direkt zum Vertragsinhalt gemacht haben. Sie besteht vielmehr schon, wenn eine Forderung ein Bestandteil eines übergreifenden »Forderungspakets« war, sie im Tarifkompromiss indes keine Berücksichtigung fand. Entgegen der wohl überwiegenden Meinung gilt dies gerade auch dann, wenn die Gewerkschaft in den Verhandlungen eine entsprechende Forderung erhoben hatte, sich mit dieser aber insgesamt nicht durchsetzen konnte. **32**

c) Vertragliche Erweiterung der Friedenspflicht, insb. absolute Friedenspflicht

Die Tarifvertragsparteien können die Friedenspflicht auch erweitern, insbesondere sie zu einer absoluten Friedenspflicht ausbauen. Doch bedarf es hierzu einer expliziten Vereinbarung im Tarifvertrag. Haben sich die Parteien auf eine absolut wirkende Friedenspflicht verständigt, sind Maßnahmen des Arbeitskampfes während der Geltung des Tarifvertrags schlechthin ausgeschlossen. Lange Zeit stellten derartige Abreden eine seltene Ausnahmeerscheinung dar. In der letzten Zeit haben indes vor allem Arbeitgeber, die Tarifpartner und damit Kampfgegner von Berufsgruppen- und Spartengewerkschaften sind, bei Tarifabschlüssen vermehrt auf die Aufnahme einer absoluten Friedenspflicht bestanden. Auch ist Arbeitgebern im Anschluss an die Urteile des BAG zur Zulässigkeit von Sympathiearbeitskämpfen und zur Erstreikbarkeit von Sozialplantarifverträgen (→ Rn. 68ff. und 80ff.) zum Abschluss einschlägiger Regelungen geraten worden. **33**

Die Friedenspflicht kann auch in zeitlicher Hinsicht erweitert werden. Grundsätzlich endet sie mit Ablauf des Tarifvertrags, also in dem Moment, in dem der Tarifvertrag in Nachwirkung tritt (§ 4 Abs. 5 TVG). Typische Beispiele hierfür sind Schlichtungs- und Friedensabkommen, mit denen festgelegt wird, dass Kampfmaßnahmen erst nach dem erfolglosen Durchlaufen einer Schlichtung oder erst nach einer bestimmten Karenzzeit nach Auslaufen des Tarifvertrags ergriffen werden dürfen (→ Rn. 148). **34**

d) Personeller Schutzbereich

Die Friedenspflicht ist nach herkömmlicher Auffassung Bestandteil des schuldrechtlichen Teils des Tarifvertrags (→ Rn. 28ff. und → § 4 Rn. 3). Schuldner der Friedenspflicht sind daher die Tarifvertragsparteien selbst, bei einem Verbandstarifvertrag also **35** die tarifschließende Gewerkschaft und der kontrahierende Arbeitgeberverband. Dagegen bindet die Friedenspflicht nicht die einzelnen Arbeitnehmer und Arbeitgeber, weil sie ansonsten einen unzulässigen Vertrag zu Lasten Dritter darstellen würde. Auch eine Erstreckung der Friedenspflicht auf die Arbeitsvertragsparteien über § 4 Abs. 1 TVG kommt nicht in Betracht, weil die Friedenspflicht keine Rechtsnorm i. S. d. § 1 Abs. 1 TVG ist.

36 Anders liegen die Dinge dagegen, was die Berechtigung aus der Friedenspflicht angeht. Zwar sind die Gläubiger der Friedenspflicht zunächst die Tarifvertragsparteien selbst. Parallel dazu hat die Friedenspflicht aber auch den Charakter eines Vertrags zu Gunsten Dritter (§ 328 BGB). Sie begünstigt daher auch die Mitglieder der Tarifvertragsparteien, also die einzelnen Arbeitsvertragsparteien. Diese werden durch die Friedenspflicht aber nicht gebunden, da sie andernfalls als unzulässiger Vertrag zu Lasten Dritter zu qualifizieren wäre. Grundsätzlich nicht in den Genuss der Friedenspflicht gelangen außenstehende Dritte, wie etwa Kunden, Zulieferer oder Abnehmer der bestreikten Unternehmer oder auch sonstige Personen, die durch den Streik betroffen sind. Hierzu ausführlich → § 11 Rn. 46.[21] Solches lässt sich auch nicht über die Annahme eines Vertrags mit Schutzwirkung zu Gunsten Dritter erreichen.

37 **Beispiel:** Zwischen dem A-Arbeitgeberverband und der G-Gewerkschaft ist ein Urlaubstarifvertrag abgeschlossen, wonach Arbeitnehmern ein (übergesetzlicher) Urlaubsanspruch von 5 Tagen zusteht. Arbeitgeber U gehört dem A-Arbeitgeberverband an. (1.) Noch während der Laufzeit verlangt die G-Gewerkschaft einen weiteren Urlaubstag. Als der A-Verband diese Forderung ablehnt, ruft die G zum Streik auf, unter anderem im Unternehmen des U.
Konsequenz: Der A-Verband kann nach § 241 Abs. 1 S. 2 BGB i. V. m. der tariflichen Friedenspflicht von G verlangen, den Streikaufruf zu unterlassen bzw. zurückzunehmen und von G ggf. nach §§ 283, 280 Abs. 1, 241 Abs. 1 S. 2, 249 BGB Schadensersatz fordern (Einzelheiten bei → 11 Rn. 27). Über § 328 BGB kann sich auch U mit gleichen Forderungen an die Gewerkschaft richten. Indes können weder der A-Verband noch U gegen die streikenden Arbeitnehmer unter Verweis auf die tarifvertragliche Friedenspflicht vorgehen (zu anderen Ansprüchen → § 11 Rn. 27 ff.). (2.) Noch während der Laufzeit treten die bei U beschäftigten Arbeitnehmer in Streik, weil sie U zur Gewährung eines weiteren Urlaubstags bewegen wollen. Auch hier kann sich U nicht unter Hinweis auf die tarifvertragliche Friedenspflicht gegen den Streik verteidigen. Ihm stehen aber arbeitsvertragliche bzw. deliktische Ansprüche gegen die streikenden Arbeitnehmer zu (→ § 11 Rn. 37 ff.). Sie machen sich aber eben nicht daran fest, dass die streikenden Arbeitnehmer die tarifvertragliche Friedenspflicht verletzen würden, sondern vielmehr alleine daran, dass ihr Streik rechtswidrig ist, weil er nicht durch eine tariffähige Gewerkschaft geführt wird (→ Rn. 18).

e) »Firmenarbeitskampf« gegen den verbandsangehörigen Arbeitgeber

38 Der verbandsangehörige Arbeitgeber ist unabhängig von der Satzung des Verbands gem. § 2 Abs. 1 TVG tariffähig und bleibt dies auch dann, wenn »sein« Arbeitgeberverband einen Tarifvertrag abschließt (→ § 3 Rn. 12). Dies gilt auch im Fall, dass er mit der Gewerkschaft einen Tarifvertrag abschließen möchte, die Partnerin des Verbandstarifvertrags ist. Gleichermaßen kann diese Gewerkschaft aber ihrerseits ihn auf Abschluss eines Firmentarifvertrags in Anspruch nehmen.[22] Das ist im Hinblick auf die positive Koalitionsfreiheit verbandsangehöriger Arbeitgeber nicht unbedenklich. Denn vor allem kleinere und mittlere Arbeitgeber treten einem Verband nicht zuletzt deshalb bei, weil sie dort Schutz vor Arbeitskämpfen suchen, die sich gezielt gegen sie als Einzelarbeitgeber richten. Deshalb ist es zwingend, dass sich der verbandsangehörige Arbeitgeber mit Hilfe der Friedenspflicht des Verbandstarifvertrags gegen einen derartigen

---

21 *BAG* 26.7.2016, NZA 2016, 1543; *BAG* 25.8.2015, NZA 2016, 179.
22 *BAG* 24.4.2007, NZA 2007, 987; *BAG* 10.12.2002, NZA 2003, 734.

Arbeitskampf zur Wehr setzen kann. Dabei muss die sachliche Reichweite der relativen Friedenspflicht (→ Rn. 31) hier weit bestimmt werden, weil für Arbeitgeber andernfalls der Wert einer Verbandsmitgliedschaft erheblich in Mitleidenschaft gezogen wäre.

4. Streik als ultima ratio

a) Allgemeines, Bekanntgabe des Kampfbeschlusses an den Gegner

In seiner älteren Rechtsprechung hat das BAG dem Verhältnismäßigkeitsgrundsatz **39** entnommen, dass der Arbeitskampf ultima ratio sein muss.[23] Danach darf eine Arbeitskampfmaßnahme auch nach Ablauf der Friedenspflicht erst dann ergriffen werden, wenn alle Verhandlungsmöglichkeiten ausgeschöpft sind. In den noch zu besprechenden Warnstreik-Entscheidungen (→ Rn. 62ff.)[24] ist dieses Prinzip aber weitgehend dadurch entwertet worden, dass es das BAG der freien, gerichtlich nicht überprüfbaren Entscheidung der Tarifvertragsparteien überlässt, Tarifverhandlungen als gescheitert anzusehen. In formeller Hinsicht kommt noch hinzu, dass die betreffende Tarifvertragspartei nicht ausdrücklich zu erklären braucht, dass sie keine Chance mehr auf eine friedliche Einigung sieht. Allerdings hat die Arbeitskampfpartei vor Beginn einer Arbeitskampfmaßnahme dem jeweiligen Gegner den Kampfbeschluss bekanntzugeben. An Form und Inhalt der Unterrichtung sind indes keine hohen Anforderungen zu stellen. Für einen wirksamen Streikaufruf, dem ein entsprechender Streikbeschluss der zuständigen Gewerkschaft zu Grunde liegt, genügt deshalb ein von der Gewerkschaft im zu bestreikenden Betrieb verteiltes Flugblatt, aus dem sich die Arbeitskampfmaßnahme und der Zeitraum des Streiks ergeben.[25] Gegebenenfalls kann die Erklärung auch konkludent durch die Einleitung von Kampfmaßnahmen geschehen.

b) Urabstimmung

Die Durchführung einer Urabstimmung ist keine Voraussetzung für die Rechtmäßig- **40** keit eines Streiks. Eine solche ergibt sich auch nicht aus dem Ultima-Ratio-Prinzip (→ Rn. 39). Die Urabstimmung betrifft die verbandsinterne Willensbildung und hat deshalb nichts damit zu tun, ob der Arbeitskampf verhältnismäßig ist und sagt auch nichts darüber aus, ob bereits alle Verhandlungsmöglichkeiten ausgeschöpft sind. Im Außenverhältnis zu Dritten sind Gewerkschaften noch nicht einmal dann zur Durchführung einer Urabstimmung gehalten, wenn die Verbandssatzung die Einleitung von Arbeitskämpfen an eine zuvorige Urabstimmung bindet. Die Frage, ob der Gesetzgeber eine dahingehende Verpflichtung einführen dürfte, ist umstritten, indes allenfalls von theoretischem Nutzen, da es eine solche nicht gibt. Absolut unvereinbar mit Art. 9 Abs. 3 GG wäre es jedenfalls, wenn eine solche Regelung nicht nur eine Urabstimmung unter den Gewerkschaftsmitgliedern, sondern unter sämtlichen Arbeitnehmern im Geltungsbereich des angestrebten Tarifvertrags anordnen würde. Denn dann würden auch die nichtorganisierten Arbeitnehmer Einfluss auf die gewerkschaftliche Willensbildung gewinnen.

---

23 *BAG (GS)* 21.4.1971, NJW 1971, 1668.
24 Vor allem *BAG* 21.6.1988, NZA 1988, 846.
25 *BAG* 19.6.2012, NZA 2012, 1372.

5. Verhandlungsparität

41 In Rechtsprechung und Literatur findet sich immer wieder die Aussage, dass die Gerichte bei der Ausgestaltung des Arbeitskampfrechts darauf zu achten haben, dass ein vorhandenes Kräftegleichgewicht zwischen den Tarifvertragsparteien nicht gestört oder ein Ungleichgewicht nicht verstärkt wird. Dieses Gebot der Verhandlungsparität (auch: Proportionalität[26]) findet seinen Ursprung darin, dass Tarifautonomie nur funktionsfähig ist, wenn die sozialen Gegenspieler das Verhandlungsgleichgewicht notfalls mit Hilfe von Arbeitskämpfen herstellen oder wahren können.

42 Den Grundsatz der Verhandlungsparität darf man aber nicht dahingehend missverstehen, dass die Gerichte im konkreten Arbeitskampf für ein Gleichgewicht der Kräfte zwischen den Kampfgegnern zu sorgen haben. Sie dürfen also nicht etwa einer schwach aufgestellten Gewerkschaft, die mit einem »starken« Arbeitgeberverband verhandeln muss, solange »unter die Arme greifen«, bis diese ihrem Gegenspieler auf gleicher Augenhöhe begegnen kann, etwa indem ihr ansonsten unzulässige Arbeitskampfmaßnahmen zugestanden oder dem Arbeitgeberverband ansonsten zulässige Abwehrmittel verwehrt werden. Vielmehr ist die Parität ohne Berücksichtigung situativer Besonderheiten typisierend und abstrakt zu bestimmen. Es geht also darum das »Arsenal zulässiger Kampfmittel« so festzulegen, dass offensichtliche Ungleichgewichtslagen vermieden werden.

43 So oder so verspricht das Paritätskriterium weitaus mehr, als es tatsächlich einzulösen in der Lage ist. Zu Recht weist das BAG darauf hin, dass das Paritätsprinzip wegen seiner Abstraktionshöhe ungeeignet ist, um einzelne Kampfsituationen zu bewerten.[27] Es lassen sich nirgendwo griffige Maßstäbe finden, mit denen sich sicher beurteilen lässt, inwieweit eine Arbeitskampfmaßnahme für ein Kräftegleichgewicht zwischen den Tarifvertragsparteien sorgen wird, da deren Wirkung von einer im Einzelnen kaum überschaubaren Fülle von Faktoren abhängt. Das BAG erkennt im Paritätsprinzip daher nur noch eine äußerste Grenze, die bei der gerichtlichen Ausgestaltung des Arbeitskampfes nicht überschritten werden darf. Doch selbst aus dieser eingeschränkten Funktion des Paritätsprinzips zieht das BAG in seiner aktuellen Rechtsprechung keine konkreten Schlussfolgerungen mehr. Vielmehr ist es vollständig zum Grundsatz der freien Kampfmittelwahl übergegangen.

6. Freie Wahl der Kampfmittel

44 Nach der jüngeren Rechtsprechung des BVerfG und des BAG[28] überlässt Art. 9 Abs. 3 GG den Koalitionen die freie Wahl der Kampfmittel. Lange Zeit tendierten Rechtsprechung und Lehre allerdings zur Annahme eines Numerus clausus von Arbeitskampfmitteln, unter denen die Tarifvertragsparteien dann wählen konnten. Während also einige Kampfmittel als ohne weiteres zulässig galten, insbesondere Streik und Aussperrung, hielt man andere für grundsätzlich unzulässig bzw. nur ausnahmsweise zulässig. Dagegen sind die Tarifvertragsparteien nach neuerer Rechtsprechung frei in ihrer Entscheidung, wie sie ihr Kampfverhalten ausgestalten wollen. Zwar unterzieht das BAG die eingesetzten Kampfmittel einer Verhältnismäßigkeitskontrolle (dazu sogleich

---

26 So: *BVerfG* 26.3.2014, NZA 2014, 493.
27 *BAG* 22.9.2009, NZA 2009, 1347.
28 *BVerfG* 26.3.2014, NZA 2014, 493; *BAG* 22.9.2009, NZA 2009, 1347; *BAG* 24.4.2007, NZA 2007, 987.

→ Rn. 46 ff.). Damit haben sich die Parameter verschoben, weil die jeweils eingesetzten Kampfmittel zunächst einmal als erlaubt gelten, solange nicht bewiesen ist, dass ihr Einsatz im konkreten Fall unverhältnismäßig ist. Entsprechend können die Tarifvertragsparteien ihre Kampftaktik auch an die sich wandelnden Umstände anpassen, namentlich um dem Gegner gewachsen zu bleiben. Sie können daher auch Mittel einsetzen, die sich bislang noch nicht etabliert hatten. Diese Überlegung bildet den Ausgangspunkt für die noch zu besprechenden Entscheidungen zur Zulässigkeit des Unterstützungsstreiks und von Flashmob-Aktionen (→ Rn. 80 ff. und 86 ff.).

Von Seiten der Kritiker wird insbesondere dem BAG vorgehalten, dass es mit seiner **45** neueren Rechtsprechung das Arbeitskampfrecht hat konturenlos werden lassen. Faktisch bestehe nunmehr unbeschränkte Kampffreiheit (pointiert der Vergleich von *Wank:* »[Der] Verkehrsteilnehmer [hat] die freie Wahl, wohin er mit seinem Fahrzeug fährt; aber doch nur im Rahmen der geltenden Straßenverkehrsordnung.«[29]), während es auf der zweiten Stufe nur zu einer relativ dünnen Verhältnismäßigkeitsprüfung komme, die überdies Rechtsstreitigkeiten, vor allem solche im einstweiligen Rechtsschutz, mit hohen Unsicherheiten belaste.

7. Verhältnismäßigkeitsgrundsatz nach deutschem Recht

a) Anknüpfungspunkt

Die Rechtsprechung sieht den zentralen Maßstab für die Beurteilung der Zulässigkeit **46** eines Arbeitskampfes im Grundsatz der Verhältnismäßigkeit. Bei genauer Betrachtung gibt es indes zwei Ansatzmöglichkeiten für den Verhältnismäßigkeitsgrundsatz, die in dogmatischer Sicht getrennt werden sollten, die in der Praxis aber so stark ineinander übergehen, dass sie auch in höchstrichterlichen Entscheidungen häufig miteinander verschwimmen. Zum einen geht es um die Frage, ob der Arbeitskampf als solcher verhältnismäßig ist und damit um das Verhältnis zwischen der erhobenen Tarifforderung, dem Arbeitskampf und den verfassungsrechtlich geschützten Rechtspositionen des unmittelbaren Kampfgegners bzw. Dritter, die durch den Arbeitskampf betroffen sein werden. Zum anderen geht es darum, ob das eingesetzte Kampfmittel im Verhältnis zum Kampfziel verhältnismäßig ist.

b) Keine Kontrolle der erhobenen Forderung

Faktisch ist die Verhältnismäßigkeitskontrolle, was die Beurteilung des Arbeitskamp- **47** fes selbst betrifft, schon dadurch erheblich eingeschränkt, dass wegen des Verbots der Tarifzensur eine gerichtliche Kontrolle des Umfangs von Streikforderungen nicht in Betracht kommt (s. auch → Rn. 71).[30] Entscheidend ist alleine, dass die Forderung auf ein an sich tariflich regelbares Ziel gerichtet ist. In der Tat würde eine Überprüfung der Tarifforderung die Koalitionsbetätigungsfreiheit von Gewerkschaften unverhältnismäßig einschränken. Sie wäre aber auch praktisch gar nicht durchführbar. So ist schon nicht absehbar, inwieweit die Gewerkschaft ihre Forderung überhaupt wird realisieren können, so dass man Gefahr liefe, eine nur potenzielle Tarifnorm auf eine mögliche Grundrechtswidrigkeit zu überprüfen, die es so vielleicht nie geben wird. Auch haben Gewerkschaften ganz unterschiedliche Motive für die Formulierung von Streikforderungen. So mag die Gewerkschaft versuchen, ihre Mitglieder mit der Aussicht auf

---

29 *Wank*, RdA 2009, 1 (3).
30 *BAG* 24.4.2007, NZA 2007, 987; vgl. *BVerfG* 26.6.1991, BVerfGE 84, 212 (231) = NZA 1991, 809.

einen hohen Lohnzuwachs zu mobilisieren oder vielleicht Tarifverhandlungen überhaupt erst einmal in Gang bringen zu wollen. Bei den ersten eigenständig geführten Arbeitskämpfen von Spartengewerkschaften (→ Rn. 75 ff. und → § 6 Rn. 83) fiel überdies auf, dass diese nicht zuletzt deshalb exorbitant hohe Forderungen stellten, um sich bei den Arbeitgebern überhaupt erst einmal Gehör zu verschaffen und von diesen als Tarifpartner anerkannt zu werden. Schließlich ließe sich auch keine Grenze ausmachen, ab der eine Streikforderung als überschießend zu bewerten ist. Es wäre skurril, wenn eine Tarifforderung in Höhe von 20 % für unzulässig erklärt würde, man den angekündigten Streik dann aber doch zuließe, weil die Gewerkschaft ihre Forderung auf 19,9 % reduziert hat.

c) Verhältnismäßigkeit des eingesetzten Kampfmittels

48 Was die eigentliche Verhältnismäßigkeitskontrolle, nämlich die des eingesetzten Kampfmittels angeht, kommt es darauf an, dass dieses geeignet, erforderlich und bezogen auf das Kampfziel angemessen ist.[31] Geeignet ist ein Kampfmittel, wenn durch seinen Einsatz die Durchsetzung des Kampfziels gefördert werden kann. Erforderlich ist es, wenn mildere Mittel zur Erreichung des angestrebten Ziels nicht zur Verfügung stehen. Insoweit billigt die Rechtsprechung den Koalitionen allerdings einen weiten Beurteilungsspielraum zu. Das wiederum ist in der Literatur nicht ohne Kritik geblieben. Und selbst wenn man dieser Kritik nicht folgen will, wird man feststellen müssen, dass beide Prüfungspunkte auf Grund der »Selbsteinschätzungskompetenz«[32] der kampfführenden Koalition kaum Bedeutung erlangen (s. auch → Rn. 44 f.).

49 Verhältnismäßig im engeren Sinn ist ein Kampfmittel, das sich unter Berücksichtigung der verfassungsrechtlich geschützten Betätigungsfreiheit der Tarifvertragsparteien auf der einen Seite und der verfassungsrechtlich geschützten Güter des Kampfgegners, dessen Mitglieder bzw. anderer Betroffener auf der anderen Seite als angemessen erweist. An dieser Stelle steht der kampfführenden Tarifvertragspartei nach Ansicht des BAG nun keine Einschätzungsprärogative zu, weil es hier nicht um die Beurteilung von Tatsachen, sondern um eine rechtliche Abwägung geht. Indes darf man die Bedeutung dieser abschließenden Proportionalitätsprüfung nicht überschätzen, da, worauf das BAG sogar mit Nachdruck hinweist, es gerade das Wesen einer Arbeitskampfmaßnahme ist, dem sozialen Gegenspieler (wirtschaftliche) Nachteile zuzufügen. Vor allem aber betont das BAG, dass eine Bewertung von Arbeitskampfmaßnahmen durch die Fachgerichte als rechtswidrig nur dann in Betracht kommt, wenn eine Arbeitskampfmaßnahme offensichtlich ungeeignet oder unverhältnismäßig ist. Derartige Entscheidungen sind daher selten und bislang vor allem in Zusammenhang mit Arbeitskämpfen von Berufsgruppengewerkschaften bekannt geworden → Rn. 75 ff. und → § 6 Rn. 82.

d) Gemeinwohlbindung?

50 Arbeitskämpfe dürfen nach der Grundlagenentscheidung des Großen Senats aus dem Jahr 1971[33] das Gemeinwohl nicht offensichtlich verletzen. Besser wäre es indes, insoweit nicht auf den mehr oder weniger nebulösen Begriff der »Gemeinwohlbindung« zurückzugreifen, sondern die »Drittverantwortung« der Arbeitskampfparteien im Verhältnismäßigkeitsgrundsatz zu verorten. Denn regelrecht gebunden an das Ge-

---

31 *BAG* 22.9.2009, NZA 2009, 1347.
32 Sehr pointiert: *Rieble*, BB 2008, 1506 (1510): »Der Streik ist erforderlich und geeignet, weil die Gewerkschaft ihn dafür hält.«
33 *BAG (GS)* 21.4.1971, BAGE 23, 292 = NJW 1971, 1668.

meinwohl sind die Tarifpartner nicht. Vielmehr geht es der Sache nach um einen Ausgleich zwischen der Koalitionsbetätigungsfreiheit der Tarifpartner und kollidierenden Grundrechten Dritter, die vom Arbeitskampf betroffen sind.[34] Hierzu und zur Kritik an diesen Überlegungen → Rn. 134 ff.

Daraus, dass die Tarifpartner Belange des Gemeinwohls nicht offensichtlich verletzen **51** dürfen, folgt in keinem Fall, dass die Gerichte die erhobene Tarifforderung daraufhin überprüfen können, ob sie angemessen oder sozialverträglich ist, oder ob sie aus gesamtwirtschaftlicher Sicht vertretbar oder gar vernünftig erscheint. Das Verbot der Tarifzensur schließt jede Kontrolle der Tarifforderung aus (→ Rn. 47). Allerdings lässt sich aus dem Verbot der Verletzung von Gemeinwohlinteressen eine Verpflichtung der Tarifvertragsparteien zur Sicherstellung von Notstandsarbeiten herleiten, insbesondere im Bereich der Daseinsvorsorge. Einzelheiten hierzu bei → Rn. 133 ff.

8. Verhältnismäßigkeitsgrundsatz nach europäischem Recht (EuGH-Urteile Viking und Laval)

Einen gewissen Unsicherheitsfaktor in die Bewertung von Arbeitskämpfen hat der **52** EuGH mit seinen Urteilen in Sachen Viking und Laval gebracht.[35] Einschlägig ist diese Rechtsprechung allerdings nur, soweit ein Arbeitskampf einen grenzüberschreitenden Bezug zu einem anderen Mitgliedstaat der EU aufweist.

Im Fall Viking ging es um eine finnische Reederei, eben die Viking Line, die u. a. eine **53** Fährverbindung zwischen Helsinki und Tallinn betrieb. Viking erlitt auf dieser Verbindung seit Jahren Verluste, da ihre estländischen Konkurrenten auf Grund des niedrigeren estnischen Lohnniveaus die gleiche Verbindung zu viel günstigeren Tarifen anbieten konnten. Daher entschloss sich Viking zur Gründung einer Tochtergesellschaft in Estland, die diese Verbindung betreiben sollte. Zu diesem Zweck sollte das auf der Verbindung eingesetzte Fährschiff »Rosella« der estländischen Tochtergesellschaft übereignet und dieses entsprechend nach Estland umgeflaggt werden. Vor allem aber sollten auf der Linie zukünftig Arbeitnehmer eingesetzt werden, die nach estländischen Tarifverträgen entlohnt werden. Diese Pläne stießen auf den erbitterten Widerstand der finnischen Seemannsgewerkschaft FSU. Diese bestreikte Viking, um das Unternehmen von der geplanten Umflaggung abzuhalten. Zumindest aber sollte ein Tarifvertrag abgeschlossen werden, in dem sich Viking nicht nur zu einem Verzicht auf betriebsbedingte Kündigungen verpflichten sollte, sondern auch dazu, unabhängig von einer etwaigen Umflaggung weiterhin die bislang an Bord geltenden Tarifverträge anzuwenden. Parallel dazu wandte sich die Gewerkschaft an den internationalen Verband von Gewerkschaften für Arbeiter im Transportsektor (ITF). Dieser forderte auf Bitte der FSU die einschlägigen estländischen Gewerkschaften auf, mit Viking Line keine Tarifverhandlungen für die Besatzung des Fährschiffes zu führen.

In der Rechtssache Laval stand das schwedische Entsenderecht auf dem Prüfstand des **54** EuGH. Wie bereits in § 9 Rn. 102 gezeigt, kennt das schwedische Arbeitsrecht weder gesetzliche Mindestlöhne noch die Möglichkeit, Tarifverträge für allgemein verbindlich zu erklären. Vielmehr ist es Aufgabe der Gewerkschaften, ausländische Dienstleister, die Arbeiten im Inland ausführen, zur Übernahme der am Arbeitsort geltenden Tarifverträge oder auch zum Abschluss von Firmentarifverträgen zu veranlassen und

---

34 Schaub/*Treber*, § 192 Rn. 38 u. 42.
35 *EuGH* 11.12.2007, NZA 2008, 124 – Viking; *EuGH* 18.12.2007, NZA 2008, 159 – Laval.

zwar auch dann, wenn diese bereits im Heimatland an Tarifverträge gebunden sind (sog. »Lex Britannia«). Sind diese hierzu nicht bereit, können die Gewerkschaften Kampfmaßnahmen einleiten. Im Fall Laval entsandte die lettische Gesellschaft Laval Arbeitnehmer zur Errichtung eines Schulgebäudes nach Schweden. Diese widersetzte sich den Forderungen der schwedischen Bauarbeitergewerkschaft auf Beitritt zum schwedischen Bautarifvertrag. Darauf blockierte die Gewerkschaft sämtliche Baustellen von Laval in Schweden. Die schwedische Elektrikergewerkschaft schloss sich mit einem Sympathiestreik an, so dass notwendige gebäudeelektrische Vorarbeiten unterblieben. In der Folge fiel Laval in Insolvenz.

55 In beiden Fällen kollidiert der Arbeitskampf mit Grundfreiheiten des Unionsrechts, im Fall Viking mit der Niederlassungsfreiheit nach Art. 49 AEUV, im Fall Laval mit der Dienstleistungsfreiheit nach Art. 56 AEUV.[36] Daher bedarf es nach Ansicht des EuGH einer Abwägung zwischen der Arbeitskampffreiheit der kampfführenden Gewerkschaften (Art. 28 GrCh, → Rn. 8f., → § 2 Rn. 17ff.) und den Grundfreiheiten der vom Streik angegriffenen Arbeitgeber. Oder mit anderen Worten: Zwischen den kollidierenden Rechtspositionen ist eine Art praktische Konkordanz herzustellen. Dazu greift der EuGH auf die Gebhard-Formel (→ § 9 Rn. 98) zurück, wonach eine Beschränkung der Niederlassungs- bzw. Dienstleistungsfreiheit durch zwingende Erfordernisse des Allgemeininteresses gerechtfertigt sein kann, zu denen auch der Arbeitnehmerschutz gehört. Daraus leitet der EuGH ab, dass ein Arbeitskampf Unternehmen dann im Gebrauch ihrer Grundfreiheiten einschränken darf, soweit der Streik tatsächlich dem Schutz berechtigter Arbeitnehmerbelange dient und er nicht unverhältnismäßig ist. Die Prüfung im Einzelnen überlässt der EuGH zwar den nationalen Gerichten. Doch weist er in der Rechtssache Viking darauf hin, dass der Arbeitskampf teilweise unverhältnismäßig gewesen wäre, weil die kampfführenden Gewerkschaften auch über andere, die Niederlassungsfreiheit weniger beschränkende Mittel verfügt hätten, um die Arbeitsbedingungen ihrer Mitglieder abzusichern (das wiederum ist einigen Besonderheiten des Sachverhalts geschuldet, auf die hier nicht näher eingegangen werden kann). Das schwedische Entsenderecht hielt der EuGH sogar für insgesamt überschießend, weil es zulässt, dass ausländische Unternehmen gezwungen werden können, ihren Arbeitnehmern während der Entsendung Arbeits- und Beschäftigungsbedingungen zu gewährleisten, die weit über das nach der Entsenderichtlinie zwingende Maß hinausgehen (Einzelheiten bei → § 9 Rn. 102).

56 Beide Entscheidungen sind im Schrifttum eher kritisch, zuweilen auch regelrecht entrüstet aufgenommen worden und wurden zum Gegenstand unzähliger Abhandlungen, Symposien und Forschungsprojekte gemacht. Dem EuGH wurde vorgeworfen, dass er sich alleine von wirtschaftlichen Erwägungen habe leiten lassen und die wirtschaftlichen Grundfreiheiten der Unternehmen über die sozialen Interessen ihrer Belegschaften und deren Streikrecht gestellt habe. Bei nüchterner Betrachtung im Nachgang präsentieren sich beide Entscheidungen ohnehin als weitaus weniger dramatisch als sie im Inland zunächst aufgenommen wurden. Letztlich entsprechen die Vorgaben des EuGH nämlich in weiten Teilen den Voraussetzungen, die das deutsche Recht an die Rechtmäßigkeit eines Arbeitskampfes richtet. Auch in Deutschland steht der Arbeitskampf unter dem Vorbehalt der Verhältnismäßigkeit. Vor allem aber dürfen Arbeitskämpfe im Inland nur um Tarifverträge bzw. um tariflich regelbare Streikziele geführt

---

[36] Eine weitere interessante Frage ist, inwieweit den jeweiligen Grundfreiheiten Drittwirkung zukommt, so dass die Gewerkschaft durch sie überhaupt gebunden wird. S. dazu die didaktisch ausgerichtete Besprechung von *Streinz*, JuS 2008, 447.

werden (→ Rn. 22). Das deckt sich weitgehend mit der Forderung des EuGH, wonach der Streik den Schutz von Arbeitnehmern zum Ziel haben muss. Wohl will der Gerichtshof mit dieser Formel sogar nur ausschließen, dass die Mitgliedstaaten es den nationalen Gewerkschaften gestatten, für die Wiedererrichtung von Handelsschranken zu streiken, die sie selbst nach dem AEUV gerade nicht mehr errichten dürften. Schließlich fällt auf, dass der EuGH im Viking-Urteil den Arbeitskampf im Grundsatz für gerechtfertigt hielt, obwohl er sich zielgerichtet gegen eine unternehmerische Grundlagenentscheidung richtete und er daher nach deutschem Recht unzulässig gewesen wäre (→ Rn. 26, 68 ff., → § 5 Rn. 3 f.). Schließlich ist der Umstand, dass der EuGH das schwedische Entsenderecht kassierte, überwiegend dessen rechtlichen Besonderheiten geschuldet (→ § 9 Rn. 102) und gibt daher wenig für die Annahme her, dass der EuGH arbeitnehmer- oder streikfeindlich sei. Allerdings ist den Kritikern des EuGH darin beizupflichten, dass die Aufforderung des EuGH zu einer relativ wertungsoffenen Abwägung zwischen dem Streikrecht und den von Arbeitskämpfen tangierten Grundfreiheiten auf eine zu Lasten streikführender Gewerkschaften eher restriktive Handhabung des Verhältnismäßigkeitsgrundsatzes schließen lässt. Das gilt nicht zuletzt deshalb, weil der EuGH, anders als das BAG (→ Rn. 46 f.), den Gewerkschaften insoweit keinerlei Einschätzungs- und Gestaltungsprärogative zuerkennt.

IV. Der »klassische« Streik

1. Formen der »klassischen« Arbeitsniederlegung

Unter einem Arbeitskampf versteht man die zielgerichtete Ausübung kollektiven **57** Drucks durch die Arbeitnehmer- oder Arbeitgeberseite mittels Zufügung von Nachteilen oder deren Abwehr. Für die Gewerkschaft ist dabei der Streik das Arbeitskampfmittel schlechthin. Er besteht darin, dass eine größere Anzahl von Arbeitnehmern planmäßig und gemeinschaftlich ihre Arbeitsleistung einstellt, um ein bestimmtes Ziel zu erreichen.

Je nach Taktik kann der Streik Vollstreik oder Teilstreik sein. Bei einem Vollstreik, den **58** man auch als Flächenstreik bezeichnet, sind alle Arbeitnehmer eines Kampfgebiets oder zumindest ein großer Teil davon zur Arbeitsniederlegung aufgerufen. Derartige Streiks waren bis in die 1970er Jahre der Regelfall, sind danach aber eher selten geworden.

Dagegen erfasst der Teilstreik nur einen Teil der Arbeitnehmer der bestreikten Betriebe **59** innerhalb eines Kampfgebiets. Er wird als Schwerpunktstreik bezeichnet, wenn lediglich die Arbeitnehmer, die in Betrieben eine Schlüsselstellung einnehmen, die Arbeit niederlegen oder – wie häufig der Fall – in den Streik nur Betriebe einbezogen werden, die für andere Betriebe notwendiges Vormaterial liefern oder die Energieversorgung sicherstellen.

Schließlich spricht man von Wellenstreiks, wenn Arbeitsniederlegungen kurzfristig in **60** verschiedenen, immer wieder wechselnden Betrieben stattfinden. Wellen- und Schwerpunktstreiks werden häufig miteinander kombiniert. Entstanden sind sie Ende der 1970er Jahre als Streikkonzept der »neuen Beweglichkeit.« Sie haben sich vor allem in Industriezweigen eingebürgert, die stark arbeitsteilig arbeiten und in denen von den Endproduzenten große Teile der Fertigung an Drittfirmen vergeben werden (»Outsourcing«). Meist stehen diese in sog. just-in-time-Produktionsbeziehungen zu ihren Zulieferern, bei denen der Endproduzent Zulieferteile allenfalls für einige Tage bevorratet. Daher genügt nicht selten ein Streik bei einigen ausgewählten Zulieferbetrieben, um den ganzen Industriezweig lahmzulegen. Dadurch erreicht die Gewerkschaft eine relativ große Effizienz bei einer weitgehenden Schonung der eigenen Streikkasse (s. auch → § 11 Rn. 18). Historischer Ausgangspunkt waren Ende der 1970er Jahre aber auch einige große Aussperrungswellen, vor allem im Rahmen des Druckerstreiks 1978.

2. Beteiligte Arbeitnehmer und Streikbetroffene

61 An einem Streik können sich alle Arbeitnehmer beteiligen, die vom gewerkschaftlichen Streikaufruf erfasst sind (→ Rn. 19). Es dürfen also nicht nur Gewerkschaftsmitglieder, sondern genauso auch Außenseiter (und mit Einschränkungen) auch anders organisierte Arbeitnehmer die Arbeit niederlegen. Diese werden in aller Regel aber keine Unterstützung aus der Streikkasse der kämpfenden Gewerkschaft erhalten. Dagegen können Streikgegner bei einem angestrebten Verbandstarifvertrag nur verbandsangehörige Arbeitgeber sein, weil die Gewerkschaft Außenseiterarbeitgeber nicht in den Verband streiken darf (Ausnahmen: Beim Außenseiterarbeitgeber gilt ein Firmentarifvertrag, der dynamisch auf den Verbandstarifvertrag verweist). Dies beinhaltet für die Gewerkschaft ein gewisses Risiko, dass sie einen Arbeitgeber, dessen Verbandsmitgliedschaft sie nicht kennt, rechtswidrig bestreikt.

V. Besondere Formen und Ziele des arbeitnehmerseitigen Arbeitskampfes

1. Warnstreik

62 Warnstreiks sind befristete Streiks, mit denen die Gewerkschaft die Entschlossenheit der Arbeitnehmer bekunden will, einen Erzwingungsstreik zu führen, wenn ihre Forderungen nicht erfüllt werden. Häufig dienen sie auch dazu, die eigene Anhängerschaft zu mobilisieren und auf den bevorstehenden »großen« Arbeitskampf einzuschwören. In Mode gekommen ist der Warnstreik in den späten 1970er und den frühen 1980er Jahren in Zusammenhang mit dem von den Gewerkschaften damals eingeführten Streikkonzept der »neuen Beweglichkeit« (→ Rn. 60f.), dessen »Keimzelle« der Warnstreik gewissermaßen war. Mit der Einführung der §§ 100 und 160 Abs. 3 SGB III (früher: § 116 AFG) hat der Warnstreik sogar nochmals an Bedeutung gewonnen, da sich die Gewerkschaften dadurch veranlasst sahen, ihre Tarifforderungen möglichst ohne Erzwingungsstreik durchzusetzen und nach Möglichkeit ihre Aktionen schon in das Vorfeld des eigentlichen Arbeitskampfes zu verlagern. Wie allerdings der Metallarbeitnehmerstreik 2018 zeigt, sind die Warnstreiks zuletzt wieder etwas »länger« geworden und erreichen teilweise einen Mix aus Warn- und Erzwingungsstreik im klassischen Sinn.

63 Die Zulässigkeit von Warnstreiks war anfangs Gegenstand von im Schrifttum geradezu erbittert geführten Auseinandersetzungen. Dabei erschließt sich die Vehemenz, mit der die damalige Diskussion geführt wurde, dem heutigen Betrachter nicht mehr uneingeschränkt. Warnstreiks haben sich im Arbeitsleben längst etabliert und gehören in einigen Branchen (so etwa in der Metallindustrie oder im öffentlichen Dienst) mehr oder weniger zum »Ritual« von Tarifverhandlungen. Auch scheinen aus heutiger Sicht andere Kampfmittel (wie etwa der »Flashmob« → Rn. 86ff.) weitaus eher Anlass für kritische Nachfragen zu geben. Verständlich erscheint die früher um Warnstreiks geführte

Auseinandersetzung wohl nur, wenn man sich vor Augen führt, dass die Arbeitgeber in den 1980er Jahren die Aussperrung noch als ein für sie entscheidendes Kampfmittel angesehen haben[37] und es einem Arbeitgeber nicht ohne Weiteres möglich ist, damit auf Warnstreiks zu reagieren.

Das rechtliche Problem von Warnstreiks besteht darin, dass sie noch während laufender **64** Tarifverhandlungen durchgeführt werden. Warnstreiks reiben sich daher am Ultima-Ratio-Prinzip des Arbeitskampfrechts, wonach Kampfmaßnahmen nur nach Ausschöpfung aller Verständigungsmöglichkeiten ergriffen werden dürfen (→ Rn. 39f.).

Das BAG hat sich gleich in vier umfassenden Entscheidungen mit der Zulässigkeit des **65** Warnstreiks auseinandergesetzt. Nach dem aus heutiger Sicht alleine maßgeblichen 4. Warnstreikurteil[38] sind Warnstreiks als »ganz normaler« Streik zu qualifizieren und unterliegen daher allen Voraussetzungen, die an die Zulässigkeit eines Arbeitskampfes zu stellen sind. Damit hat sich die Differenzierung zwischen Warn- und Erzwingungsstreik erledigt. Sie unterfallen auch dem Ultima-Ratio-Prinzip (→ Rn. 39f.). Das verlangt nach Ansicht des BAG aber nicht, dass die Tarifverhandlungen förmlich für gescheitert erklärt werden müssen, damit Arbeitskampfmaßnahmen zulässig werden. Vielmehr kann eine Tarifvertragspartei alleine mit der Einleitung von Arbeitskampfmaßnahmen dokumentieren, dass sie die Verhandlungsmöglichkeiten ohne begleitende Arbeitskampfmaßnahmen als ausgeschöpft ansieht. Folglich markiert die Einleitung des Warnstreiks selbst den Übergang von der freien Verhandlungsphase zum Arbeitskampf. Als noch bedeutender erweist sich, dass das BAG es der freien Einschätzung der Tarifvertragsparteien überlässt, zu bestimmen, wann die Verhandlungen gescheitert sind. Die Gerichte dürfen also nicht überprüfen, ob bei objektiver Betrachtung noch Raum für Verhandlungen bestanden hätte. Da der Warnstreik aber eben ein »vollwertiges« Kampfmittel des Arbeitskampfes darstellt, können die Arbeitgeber ihn mit einer Abwehraussperrung beantworten.

Danach kann die Gewerkschaft nach dem Auslaufen des bisherigen Tarifvertrags je- **66** derzeit zu Warnstreiks aufrufen. Allenfalls müssen zuvor Forderungen erhoben worden sein, gegebenenfalls muss die Gewerkschaft noch eine erste Antwort der Arbeitgeberseite abwarten. Indes gibt es nach Auslaufen der Friedenspflicht keine weitere Karenzzeit mehr, während der die Arbeitgeberseite beanspruchen könnte, Tarifverhandlungen ohne arbeitskampfbedingten Druck führen zu können. Das indes ist hinzunehmen. Denn Tarifvertragsverhandlungen werden schon grundsätzlich nicht alleine nach dem Muster des individuell ausgehandelten Vertrags im Rahmen freier Konkurrenz geführt, sondern stets auch vor dem Hintergrund, dass die Gewerkschaft streiken könnte, wenn die Arbeitgeber die erhobenen Forderungen nicht erfüllen oder sich nicht wenigstens auf einen Kompromiss einlassen. Und auch während eines Arbeitskampfes wird immer wieder verhandelt, so dass sich Tarifverhandlungen, die durch Warnstreiks begleitet werden, kaum von Tarifverhandlungen unterscheiden, die im Streikstadium geführt werden (zumal sich das mit Warnstreiks verbundene Drohpotential auch dadurch abnutzt, dass sich die Beteiligten gewissermaßen an sie gewöhnen). Schließlich kommt hinzu, dass, wenn Warnstreiks erst dann zulässig wären, wenn Verhandlungen endgültig gescheitert sind, die Gewerkschaften sich möglicher-

---

37 Die Möglichkeit, den Betrieb während des Arbeitskampfes stillzulegen (→ Rn. 127ff.), hat die Rechtsprechung erst ein knappes Jahrzehnt später etabliert, die in § 11 Rn. 15f. dargestellten Grundsätze über die Verteilung des Arbeitskampfrisikos bei Fernwirkungen von Arbeitskämpfen erst mit Beginn der 1980er Jahre höchstrichterlich abgesichert.

38 *BAG* 21.6.1988, NZA 1988, 846.

weise herausgefordert sehen könnten, diese verfrüht scheitern zu lassen, um so freie Bahn für einen wirkungsvollen Warnstreik zu bekommen. Das alles spricht dafür, es der Einschätzung der Gewerkschaft zu überlassen, wann, wie und in welchem Umfang sie zu Arbeitskämpfen schreiten will. Entsprechend kann ein »Warnstreik« durchaus auch einen ganzen Tag dauern.[39]

67   Wenngleich die aktuell maßgebliche Rechtslage alleine auf dem 4. Warnstreikurteil des BAG basiert, erweisen sich nach wie vor auch die drei vorangehenden Entscheidungen[40] als interessant, weil sich an ihnen die Unsicherheiten im Umgang mit dem Streikkonzept der »neuen Beweglichkeit« (→ Rn. 60 f.) gut studieren lassen. Ganz anders als im 4. Urteil war das BAG in den drei Vorläuferurteilen nämlich der Ansicht, dass der Warnstreik, aber auch die als »Warnstreik« titulierten Teil- und Wellenstreiks im Rahmen des Konzepts der »neuen Beweglichkeit« eine privilegierte Kampfform sui generis seien. Der Warnstreik sei nicht mit dem eigentlichen Erzwingungsstreik vergleichbar, weshalb für ihn die allgemeinen Voraussetzungen für die Zulässigkeit eines »normalen« Streiks keine Geltung beanspruchen könnten. Zur Begründung führte das BAG aus, dass es bei einem Warnstreik nur darum gehe, den Abschluss der noch laufenden Tarifverhandlungen dadurch zu beschleunigen, indem den Arbeitgebern die Bereitschaft der Arbeitnehmerschaft zu einem intensiveren Arbeitskampf vor Augen geführt wird. Dieser »milde« Druck könne auch vor Ausschöpfung aller Verständigungsmöglichkeiten ausgeübt werden. Das laufe dem Grundsatz der Verhältnismäßigkeit nicht zuwider, sondern entspreche diesem, weil die Gewerkschaft mit dem Warnstreik gerade den Übergang zu einem unbefristeten Arbeitskampf zu vermeiden sucht. Wäre man hier stehen geblieben, wäre mehr als fraglich, ob die Arbeitgeberseite einen Warnstreik mit einer Aussperrung beantworten darf, weil diese dann möglicherweise als Angriffsaussperrung (→ Rn. 111 ff.) zu qualifizieren wäre, da der eigentliche Arbeitskampf ja noch nicht begonnen hat. Doch konnte dieses Konzept kaum überzeugen, weil Warnstreiks sich meist nicht als ein bloßes »Säbelrasseln« der Gewerkschaft erweisen, sondern nichts anderes sind als ein lediglich befristeter Erzwingungsstreik. Das gilt umso mehr, als die Streiks in den damals entschiedenen Fällen in Ausmaß und Umfang kaum hinter einem Vollstreik zurückstanden.

2. Streik um Tarifsozialpläne und Standortsicherungstarifverträge

68   Arbeitskämpfe, die um Tarifsozialpläne oder Standortsicherungstarifverträge geführt werden, sind eine relativ neue Erscheinung. Sie hängen eng mit der extrem rasch voranschreitenden Globalisierung und der internationalen Vernetzung der Wirtschaft in den vergangenen beiden Jahrzehnten zusammen und der damit einhergehenden Verlagerung von Produktionsbetrieben, insbesondere nach Osteuropa und Asien.

69   Entsprechend entzünden sich Streiks um Tarifsozialpläne regelmäßig an den Plänen der Unternehmensleitung, Produktionszweige oder ganze Betriebsteile ins Ausland zu verlagern bzw. stillzulegen, was notwendigerweise mit dem Verlust einer sehr großen Zahl von Arbeitsplätzen verbunden ist. Vereinzelt sind Gewerkschaften gegen solche Vorhaben angegangen, dies durchaus öffentlichkeitswirksam. Aus jüngster Zeit ist auf Arbeitsniederlegungen an den Opel-Standorten Kaiserslautern und Eisenach zu verweisen (2018), sowie auf die Proteste verschiedener Siemens- und Bombardier-Be-

---

39 *ArbG Krefeld* 30.1.2018 – 1 Ga 1/18.
40 *BAG* 17.12.1976, BAGE 28, 295 (298) = DB 1977, 824; *BAG* 12.9.1984 – 1 AZR 420/83; *BAG* 29.1.1985, AP Nr. 83 zu Art 9 GG Arbeitskampf.

legschaften (2017). Im Grunde ebenfalls in diese Reihe fügen sich die Proteste der Mitarbeiter von Lufthansa (2015), Air Berlin (2017) und Tuifly (2016) ein (s. zu den beiden zuletzt genannten aber auch → Rn. 98). Streiks um Sozialplantarifverträge ieS wurden indes überwiegend in den 2000er Jahren geführt. Bekanntheit haben die Arbeitskämpfe bei Infineon, OTIS, AEG oder Heidelberger Druck erlangt. Letzterer bildet den Ausgangspunkt für das einschlägige Urteil des BAG.

Obgleich zumindest das »ideelle« Ziel der kampfführenden Gewerkschaft die Standortentscheidung selbst ist, haben Gewerkschaften es mit Rücksicht auf die Unangreifbarkeit der Unternehmerentscheidung bislang vermieden, offen für deren Rücknahme oder Modifikation einzutreten. Vielmehr erhoben sie lediglich Tarifforderungen, die abstrakt betrachtet, alleine die mit der Standortschließung für die Arbeitnehmer einhergehenden sozialen Folgen abmildern sollten, typischerweise: (1.) Verlängerung der Kündigungsfristen bei betriebsbedingten Kündigungen, (2.) Gründung einer Qualifizierungsgesellschaft zur temporären Fortbeschäftigung der Arbeitnehmer[41] und (3.) Abfindungen. Diese wurden dann aber so hoch angesetzt, dass sie die Umsetzung der Standortentscheidung unbezahlbar oder zumindest extrem teuer gemacht hätten. Im Fall Heidelberger Druck[42] wurde etwa eine Grundkündigungsfrist von drei Monaten zum Quartalsende verlangt, die sich um jeweils zwei Monate für jedes volle Jahr des Bestehens des Arbeitsverhältnisses verlängern sollte (so dass sich für einen seit 17 Jahren im Unternehmen beschäftigten Arbeitnehmer eine Kündigungsfrist von etwas über drei Jahren zum Quartalsende ergeben hätte). Entsprechend hatten die kampfführenden Gewerkschaften den Belegschaften durchaus signalisiert, dass es natürlich auch darum geht, die Standortentscheidung selbst nochmals zur Diskussion zu stellen, diese zu verteuern oder die Belegschaft an den Vorteilen teilhaben zu lassen, die sich die Unternehmensleitung von ihr erhofft. Nebenbei bemerkt: Man kann sich natürlich fragen, warum den Arbeitgeber ein derartiger Streik überhaupt trifft, da er den fraglichen Betrieb doch ohnehin stilllegen möchte. Hauptgrund hierfür ist, dass vor allem Produktionsverlagerungen ins Ausland häufig eine lange Vorlaufzeit erfordern, während der das Unternehmen weiterhin auf den bisherigen Produktionsstandort angewiesen ist.

Das BAG hat Arbeitskämpfe um Standortsicherungstarifverträge für zulässig erklärt.[43] Dies begründet es vor allem damit, dass sich einschlägige Forderungen auf tariflich regelbare Ziele beziehen. Sie sprechen nur den »sozialen Datenkranz« der unternehmerischen Entscheidung an, richten sich aber nicht direkt gegen diese selbst (s. hierzu → Rn. 26f., → § 5 Rn. 3ff.). Dass diese so hoch formuliert sind, dass sie faktisch die im Raum stehende Unternehmerentscheidung angreifen, sei unbeachtlich, weil die Höhe einer Streikforderung nicht der Nachprüfung durch die Arbeitsgerichte unterliegt (→ Rn. 47). Dagegen ließe sich freilich einwenden, dass es hier nicht darum geht, einen Streik zu untersagen, weil überzogene Forderungen gestellt werden, sondern vielmehr nur um eine Einschätzung, ob die Forderungen auf Grund ihrer Höhe geeignet oder dazu bestimmt sind, eine bestimmte unternehmerische Entscheidung anzugreifen.

Gegen die Zulässigkeit von Sozialplantarifverträgen ist häufig eingewandt worden, dass sie den Arbeitgeber in einen Zangengriff zwischen Gewerkschaft und Betriebsrat führen. Der Arbeitgeber muss fürchten, nach Abschluss eines kampfweise durch-

70

71

72

---

41 Beachte: Tarifregelungen über Qualifizierungsmaßnahmen sind Rechtsnormen, die die Beendigung von Arbeitsverhältnissen betreffen (→ § 5 Rn. 14).
42 *BAG* 24.4.2007, NZA 2007, 987.
43 *BAG* 24.4.2007, NZA 2007, 987.

gesetzten Tarifsozialplans nochmals auf Aufstellung eines klassischen Betriebssozialplans nach § 112 BetrVG in Anspruch genommen zu werden, den der Betriebsrat ja über die Einigungsstelle erzwingen kann (→ § 37 Rn. 31). In der Praxis scheint es indes dazu nicht zu kommen, weil Tarifsozialpläne fast ausnahmslos als dreiseitige Vereinbarung zwischen Arbeitgeber, Gewerkschaft und Betriebsrat abgeschlossen werden[44] (was aus kautelarjuristischer Sicht allerdings alles andere als einfach ist[45]). Selbst, wenn es nicht zum Abschluss einer derartigen dreiseitigen Vereinbarung kommen sollte, finden sich verschiedene Instrumentarien, um beide »Sozialpläne« miteinander in Einklang zu bringen.[46]

73 Schließlich ist gegen Tarifsozialpläne eingewandt worden, dass es den Tarifvertragsparteien in Betrieben mit Betriebsrat an der Kompetenz zur Schaffung von Abfindungsregelungen (u. Ä.) fehlt, weil die kollektive Regelung dieser Materie ausschließlich den Betriebsparteien vorbehalten wäre. Doch ordnen die §§ 111 ff. BetrVG keine dahingehende Sperrwirkung an und könnten das auch gar nicht, ohne gegen Art. 9 Abs. 3 GG zu verstoßen. Im Gegenteil: Während des Arbeitskampfes ruhen die Mitwirkungs- und Mitbestimmungsrechte des Betriebsrats aus den §§ 111 ff. BetrVG (→ § 10 Rn. 142).[47] Der Betriebsrat müsste also mit echten Sozialplanverhandlungen abwarten, bis die Tarifverhandlungen abgeschlossen sind. Theoretisch ist es daher denkbar, dass ein Tarifsozialplan bereits alle Mittel verbraucht, die zur Abfederung der sozialen Folgen der Betriebsänderung zur Verfügung stehen. In der Folge würden Außenseiter, die nicht an den Tarifvertrag gebunden sind, aus einem betrieblichen Sozialplan deutlich weniger Leistungen erhalten als das der Fall wäre, wenn kein Tarifsozialplan zuvor abgeschlossen worden wäre (§ 112 Abs. 5 S. 1 BetrVG!), häufig dürften sie sogar ganz leer ausgehen. Diese Problematik entschärft sich aber schon dadurch, dass Tarifsozialpläne in aller Regel eben als dreiseitige Vereinbarung zwischen Arbeitgeber, Gewerkschaft und Betriebsrat abgeschlossen werden (zuvor → Rn. 72). Nebenbei bemerkt ist auch zu beobachten, dass in einer derartigen Krisensituation große Teile der Belegschaft der Gewerkschaft beitreten. Vor allem aber darf nicht übersehen werden, dass organisierte Arbeitgeber fast ausnahmslos Bezugnahmeklauseln in ihre Arbeitsverträge aufnehmen (→ § 7 Rn. 2), so dass der Sozialplantarifvertrag auch Außenseitern zu Gute kommen wird. Wirklich problematisch sind also nur Arbeitskämpfe, die gegen einen zuvor nicht tarifgebundenen Arbeitgeber geführt werden, der in seinem Betrieb auch nicht auf schuldrechtlicher Basis einen Tarifvertrag zur Anwendung gebracht hat, so dass sich in den Einzelarbeitsverträgen keine Bezugnahmeabreden finden. Soweit es dann tatsächlich zu einer Benachteiligung von Außenseitern durch den Tarifsozialplan kommt, ist diese nach Ansicht des BAG hinzunehmen, da die Tarifautonomie des Art. 9 Abs. 3 GG nicht durch die einfachgesetzlichen Regelungen der §§ 111 ff. BetrVG eingeschränkt werden kann.

74 Steht allerdings eine Verlagerung des Betriebs bzw. von Produktionsteilen in einen anderen Mitgliedstaat der EU zur Debatte, ist zu beachten, dass die Grundfreiheiten des angegriffenen Unternehmens aus Art. 49 bzw. Art. 56 AEUV nicht übermäßig beeinträchtigt werden dürfen. Einzelheiten dazu bei → Rn. 52 ff.

---

44 Beispielhaft die Fallgestaltung von *BAG* 15.4.2015, NZA 2015, 1388.
45 S. insb. *BAG* 15.4.2008, NZA 2008, 1074.
46 Dazu etwa: *Bayreuther*, NZA 2007, 1017; *Bauer/Krieger*, NZA 2004, 1019 (1023).
47 *BAG* 13.12.2011, NZA 2012, 571.

3. Spartenarbeitskampf

Bereits in § 6 VIII. (→ Rn. 89, 114, 122) wurde auf die mit Streiks von Berufsgruppen- und Spartengewerkschaften verbundenen Probleme hingewiesen. Umso mehr überrascht, dass der Gesetzgeber sich zwar zur gesetzlichen Verankerung der Tarifeinheit entschlossen hatte, dessen ungeachtet in die einschlägige Regelung (§ 4a TVG) aber keinerlei Aussage zum Arbeitskampf im tarifpluralen Betrieb aufgenommen hat. Grund hierfür ist, wie bereits in § 6 angedeutet, dass sich die Regierungskoalition der 18. Legislaturperiode (große Koalition aus CDU/CSU und SPD) nicht auf eine arbeitskampfrechtliche Regelung verständigen konnte, weil sich die SPD mit Rücksicht auf das Gewerkschaftslager nicht mit einer streikbeschränkenden Regelung einverstanden erklären wollte. So findet sich lediglich in der Gesetzesbegründung ein etwas versteckt gehaltener Hinweis, wonach ein Streik um einen Spartentarifvertrag, der später im Betrieb nicht zur Anwendung kommt, unverhältnismäßig und daher unzulässig sein wird.[48] Dem liegt die Überlegung zu Grunde, dass der Arbeitskampf der Sicherung der Tarifautonomie dient. Verfügt die kämpfende Gewerkschaft aber über keine Mehrheit im Betrieb, kommt dem erstrittenen Tarifvertrag keine ordnende Funktion zu, da er nach § 4a TVG dort ja nicht zur Anwendung kommen wird. Auch erscheint es nur bedingt hinnehmbar, wenn der Arbeitgeber einen Streik für einen Tarifvertrag erdulden muss, den er im Betrieb nicht wird anwenden müssen. **75**

Indes ist die Überlegung, wonach Gerichte einen Arbeitskampf um einen Minderheitstarifvertrag unter Hinweis darauf verbieten könnten, dass dieser im Betrieb nicht zur Anwendung kommen wird, mit dem Urteil des BVerfG zur Verfassungsmäßigkeit des § 4a TVG obsolet.[49] Das BVerfG ist nämlich der Ansicht, dass die Regelung des § 4a TVG nicht so ausgelegt werden darf, dass sie sich einschränkend auf Arbeitskämpfe von Spartengewerkschaften auswirkt. Diese Sichtweise verdient aber auch in einfachrechtlicher Hinsicht Unterstützung. Der Wortlaut des § 4a TVG gibt nichts für die Annahme her, dass sich die Norm auf das Arbeitskampfrecht beziehen könnte. Dass der Gesetzgeber eine entsprechende Rückkoppelung vielleicht für wünschenswert hielt, ist unbeachtlich, weil die historische Auslegung eines Gesetzes der grammatikalischen nur nachgeordnet ist. Im Gegenteil: Die gesetzliche Regelung, wonach Tarifpluralitäten aufzulösen sind, impliziert sogar, dass solche herbeigeführt werden können.[50] § 4a Abs. 1 S. 2 u. 3 TVG macht die Mehrheitsfeststellung (→ § 6 Rn. 91, 108 ff.) ausdrücklich an den Zeitpunkt des Abschlusses des letzten kollidierenden Tarifvertrags im Betrieb fest. Weiter kommt hinzu, dass das Nachzeichnungsrecht nach § 4a Abs. 4 TVG daran ansetzt, dass der Tarifvertrag der Minderheitsgewerkschaft durch den Mehrheitstarifvertrag verdrängt worden ist (→ § 6 Rn. 102 ff.). Dazu muss es einen solchen aber erst einmal geben. Folglich muss es der Minderheitsgewerkschaft möglich sein, einen eigenen Tarifvertrag zu erstreiken. **76**

Arbeitskampfrechtlich gesehen bleibt § 4a TVG somit auf eine rein faktische »Vorwirkung« beschränkt. Minderheitsgewerkschaften werden sich gut überlegen müssen, ob sie ihre Mitglieder für einen Streik motivieren können und wollen, obwohl sie davon ausgehen müssen, dass der erkämpfte Tarifvertrag am Ende des Tages hinter dem Mehrheitstarifvertrag zurücktritt. Das hat sicher einen ganz erheblichen Einfluss auf Spartenarbeitskämpfe, wobei noch hinzukommt, dass die Regelung des § 4a TVG für **77**

---

48 BT-Drs. 18/4062, S. 12.
49 *BVerfG* 11.7.2017, BVerfGE 146, 71 = NZA 2017, 915, Rn. 140.
50 So bereits: *LAG Sachsen* 2.11.2007, NZA 2008, 59; *LAG Hessen* 2.12.2004 – 9 Sa 881/04.

einige Verunsicherung sorgt, weshalb die Akteure bislang Auseinandersetzungen in ihrem Anwendungsbereich eher scheuen (→ § 6 Rn. 123). Soweit ersichtlich, ist es nach Inkrafttreten des § 4a TVG zu keinem größeren Berufsgruppenstreik mehr gekommen, was freilich auch daran liegen kann, dass kurz vor Inkrafttreten des § 4a TVG in vielen einschlägigen Branchen Tarifverträge abgeschlossen wurden, so dass bislang weithin Friedenspflicht bestand.

78 In die Diskussion gelangen könnten aber Arbeitskämpfe um »Abrundungsvereinbarungen,« mit denen eine Minderheitsgewerkschaft versucht, nicht nur einen Tarifvertragsabschluss durchzusetzen, sondern auch den Abschluss einer (schuldrechtlichen) Begleitvereinbarung, die sicherstellen soll, dass kollektiv vereinbarte Regelungen auch tatsächlich in den Arbeitsverhältnissen ihrer Mitglieder zur Anwendung kommen. Wie in § 6 Rn. 105 ff. ausführlich beschrieben, kann sie von der Arbeitgeberseite einen Verzicht auf eine Mehrheitsfeststellung nach §§ 2a Abs. 1 Nr. 6, 99 ArbGG fordern, diese zum Abschluss einschlägiger Bezugnahmeabreden drängen oder ihr eine Vereinbarung abringen, wonach diese bereit sein wird, den fraglichen Tarifvertrag auch tatsächlich anzuwenden. Alternativ wäre möglich, dass die Minderheitsgewerkschaft den Abschluss eines sonstigen kollektiven Normenvertrags verlangt, ergänzt durch eine Zusage, diesen in die Arbeitsverträge umzusetzen.[51] Ob derartige Arbeitskämpfe zulässig sind, ist fraglich, da es bei diesen um den Abschluss nur schuldrechtlich wirkender Vereinbarungen geht, die überdies nur dann zu Lasten der einzelnen Mitglieder wirken, wenn diese ihren Arbeitgeberverband nach den §§ 164 ff. BGB zu einem entsprechenden Vertragsschluss ermächtigt hatten. All diese Vereinbarungen liegen außerhalb der Normwirkungen des TVG und können damit möglicherweise nicht zum Gegenstand einer Kampfforderung gemacht werden. Das Tarifeinheitsurteil legt indes nahe, dass einschlägige Arbeitskämpfe dennoch zulässig sein könnten, da Minderheitsgewerkschaften danach ein von den Restriktionen des Grundsatzes der Tarifeinheit unbeeinflusster kampfrechtlicher Aktionsraum zu belassen ist.

79 Lässt man einen Spartenarbeitskampf zu, stellt sich die Frage, ob »Andersorganisierte« an Arbeitskämpfen einer »Konkurrenzgewerkschaft« teilnehmen dürfen. Das ist zu bejahen, da sich grundsätzlich jeder Arbeitnehmer unabhängig von einer Gewerkschaftszugehörigkeit an einem Streik beteiligen darf, soweit dieser von einer tariffähigen Gewerkschaft geführt wird. Weiter wird diskutiert, ob die Gewerkschaft beim Streik einer Berufsgruppe Mitglieder einer anderen Berufsgruppe, die ebenfalls in ihr organisiert sind, zu einem Sympathiearbeitskampf (→ Rn. 80 ff.) aufrufen könnte. So hatte anlässlich des erwähnten »Fraportstreiks« 2012 die streikführende Gewerkschaft der Flugsicherung (→ § 2 Rn. 6) die Fluglotsen zur Arbeitsniederlegung aufgerufen, nachdem sich die Vorfeldmitarbeiter offenbar als nicht hinreichend durchsetzungskräftig erwiesen. Noch völlig in der Diskussion ist, ob eine Berufsgruppengewerkschaft in Betrieben, in denen sie über keine Mehrheit verfügt, zu einem Streik aufrufen darf, um einen in anderen Betrieben geführten Arbeitskampf zu unterstützen, in dem ihre Mitglieder in der Mehrheit sind. Umgekehrt zeigt sich, dass der Partizipationsgedanke, mit dem die Zuweisung des Arbeitskampfrisikos auch an Nicht- und Anders-

---

51 Nochmals zu beachten ist, dass solche Forderungen nur dann fruchten, wenn auf der Arbeitgeberseite ein einzelner Arbeitgeber steht, weil die einschlägigen Abreden als Vertrag zu Gunsten Dritter (§ 328 BGB) gewertet werden können, oder aber, wenn der Arbeitgeberverband ausreichend nach § 164 BGB bevollmächtigt ist. Ansonsten wären derartige Versprechen des Verbandes unzulässige Verträge zu Lasten Dritter. Dieser kann sich außerhalb des Geltungsbereichs des TVG selbst nur dazu verpflichten, auf seine Mitglieder einzuwirken, dass diese die Kollektivabrede auch tatsächlich anwenden.

organisierte üblicherweise gerechtfertigt wird, hier rasch an Grenzen stößt. Daher wird diskutiert, ob die allgemeinen Regeln des Arbeitskampfrisikos (→ Rn. 12 ff., → § 11 Rn. 14) auch für »Andersorganisierte« gelten, wenn sie wegen des Streiks einer »Konkurrenzgewerkschaft« nicht beschäftigt werden können. Schließlich ist offen, ob der Arbeitgeber im angestrebten Geltungsbereich des Tarifvertrags auch Un- und Andersorganisierte aussperren dürfte, was fraglich erscheint, eben weil sie möglicherweise nicht vom fraglichen Tarifvertrag profitieren würden.

4. Unterstützungsarbeitskampf

Bei einem Unterstützungsarbeitskampf (auch: Sympathiearbeitskampf) werden Arbeitnehmer zum Streik aufgerufen, um einen anderweitig geführten Arbeitskampf zu unterstützen. Daher werden weder die zum Sympathiestreik aufgerufenen Arbeitnehmer noch die hiervon betroffenen Arbeitgeber vom Geltungsbereich des umkämpften Tarifvertrages erfasst. **80**

Beispiele:[52] (1.) Die Gewerkschaft G streikt in der Metallbranche im Tarifgebiet Bayern gegen den bayerischen Metallarbeitgeberverband auf Abschluss eines Verbandstarifvertrags. Um ihren Forderungen Nachdruck zu verleihen, ruft sie auch die in der benachbarten baden-württembergischen Metallbranche tätigen Arbeitnehmer zum Arbeitskampf auf. (2.) Die Gewerkschaft G bestreikt den in München ansässigen, aber nicht verbandsangehörigen Metallarbeitgeber A auf Abschluss eines Haustarifvertrags. Im Zuge der Auseinandersetzungen ruft sie die bei verbandsangehörigen Arbeitgebern beschäftigten Arbeitnehmer zu einem Solidaritätsstreik auf. (3.) Die Gewerkschaft G bestreikt die in München ansässige A-GmbH, die eine Tochtergesellschaft der B-AG ist, auf Abschluss eines Haustarifvertrags. Da sie sich mit ihren Forderungen nicht durchsetzen kann, ruft sie auch Arbeitnehmer zum Arbeitskampf auf, die bei nordrhein-westfälischen Tochterunternehmen der B-AG beschäftigt sind. (4.) Die Gewerkschaft G streikt in der Metallbranche im Tarifgebiet Bayern gegen den bayerischen Metallarbeitgeberverband auf Abschluss eines Verbandstarifvertrags. Sie bittet die für die Textilindustrie in Bayern zuständige Gewerkschaft um Unterstützung. Diese ruft Arbeitnehmer zum Streik auf, die in Unternehmen beschäftigt sind, die Zulieferprodukte (technische Textilien) für die bestreikten Metallarbeitgeber herstellen.

Sympathiearbeitskämpfen ist gemeinsam, dass Kampfgegner und Forderungsadressat auseinanderfallen. Damit liegen sie quer zu einer der entscheidenden Grundvoraussetzungen für die Rechtmäßigkeit von Arbeitskämpfen, nämlich der, dass nur die gegnerische Tarifvertragspartei mit einem Arbeitskampf überzogen werden darf, weil nur diese die Tarifforderungen erfüllen kann. Dagegen ist es das Ziel eines Sympathiearbeitskampfes, mittelbaren Druck auf den eigentlichen Kampfgegner aufzubauen. So kann die Gewerkschaft sich etwa die wirtschaftliche Verbundenheit zwischen dem Gegner des Haupt- und des Sympathiearbeitskampfes zu Nutze machen (so in den Beispielsfällen 3 und 4) oder aber darauf hoffen, dass die Gegner des Unterstützungsarbeitskampfes über ihre Verbindungen und Kontakte mit dem Hauptgegner Einfluss auf dessen Verhandlungsverhalten nehmen (so in den Beispielsfällen 1 und 2). **81**

Ausgehend vom Grundsatz der freien Wahl der Kampfmittel hält das BAG Unterstützungsarbeitskämpfe[53] für zulässig, unterzieht sie aber einer Verhältnismäßigkeitsprüfung. Ein Sympathiearbeitskampf ist damit nur dann rechtswidrig, wenn er bezogen auf das Kampfziel ungeeignet, nicht erforderlich oder unangemessen ist. Wie bereits dargelegt, erlangen die ersten beiden Prüfkriterien faktisch keine Bedeutung, weil der **82**

---

52 Die Beispiele sind im Vergleich zu der in einschlägigen Industrien in Bayern, Baden-Württemberg und Nordrhein-Westfalen tatsächlich vorzufindenden Gewerkschafts- und Verbandslandschaft stark vereinfacht.
53 *BAG* 19.6.2007, NZA 2007, 1055.

Gewerkschaft bei der Beurteilung der Geeignetheit und Erforderlichkeit eines Arbeitskampfes eine weite Einschätzungsprärogative zukommt (→ Rn. 25 und 48). Was die Verhältnismäßigkeit im engeren Sinn angeht, kommt es zunächst darauf an, dass der Hauptstreik seinerseits rechtmäßig ist. Im Übrigen ist für die Beurteilung der Verhältnismäßigkeit die Nähe oder Ferne des Unterstützungsstreiks gegenüber dem Hauptarbeitskampf maßgeblich. Der Unterstützungsstreik darf also nicht ungeeignet sein, um den Druck auf den sozialen Gegenspieler zu verstärken und den Hauptarbeitskampf zu beeinflussen. Dieser kann dabei wirtschaftlicher oder auch psychischer Art sein (s. oben Beispiele 1 bis 3). Insoweit kann es etwa eine Rolle spielen, ob die vom Hauptarbeitskampf und vom Unterstützungsarbeitskampf betroffenen Arbeitgeber miteinander in einer konzernrechtlichen Verbindung stehen (s. oben Beispiel 3). Einen Unterschied kann es auch machen, ob die Gewerkschaft, die den Unterstützungsstreik führt, damit einen eigenen oder nur einen fremden Hauptstreik fördern will (vgl. oben Beispiel 4). Unangemessen kann ein Unterstützungsstreik sein, wenn sich der Schwerpunkt des Arbeitskampfes auf den Unterstützungsstreik verlagert und dieser seinen Charakter als bloßer Unterstützungsstreik verliert.

83 Genau gegenteilig hatte das BAG bis zu dem in der vorigen Randnummer besprochenen Urteil aus dem Jahr 2007[54] entschieden und den Unterstützungsarbeitskampf für »in der Regel« unzulässig gehalten. Er könne nur ausnahmsweise gerechtfertigt sein, insbesondere dann, wenn der betroffene Arbeitgeber zuvor seine »Neutralität« im Hauptarbeitskampf verletzt hatte, etwa weil zwischen Haupt- und Sympathiegegner eine konzernrechtliche Verflechtung bestand und der Sympathiegegner während des Arbeitskampfes die Produktion des an sich bestreikten Arbeitgebers übernommen hatte. Sogar noch einen Schritt weiter geht der EGMR[55]: Er sieht ein abschließendes staatliches Verbot von Unterstützungsmaßnahmen als durch Art. 11 Abs. 2 EMRK gedeckt an. Es könne einem sozialen Bedürfnis entsprechen, im Interesse der Wirtschaft des Landes ein Gleichgewicht zwischen Arbeitgebern und -nehmern herzustellen. Freilich nimmt diese Entscheidung keinen Einfluss auf das deutsche Recht, weil die Unterzeichnerstaaten natürlich nicht verpflichtet sind, ebenfalls ein solches Verbot vorzusehen. Für das BAG spricht jedenfalls, dass die Umkehrung des Regel-/Ausnahmeverhältnisses insoweit durchaus tolerabel ist, als die meisten einschlägigen Fälle nach der neueren Rechtsprechung kaum anders zu beurteilen sind, als das schon früher der Fall gewesen wäre.[56] Es kommt hinzu, dass die Arbeitgeberseite durch die kleingliedrige Aufspaltung vormaliger »Einheitsunternehmen« in eine große Zahl konzernabhängiger Einzelgesellschaften und ein massives Outsourcing von bislang im Unternehmen erledigten Aufgaben ihrerseits zumindest faktisch die Kampfparität zu Lasten der Gewerkschaftsseite verschoben hat. Gerade in dem Sachverhalt, der dem BAG (aaO) zur Entscheidung vorlag, hatte ein Konzernunternehmen die im bestreikten Unternehmen erledigten Aufgaben kurzerhand durch ein in einem anderen Tarifbezirk gelegenes Konzernunternehmen ausführen lassen.

84 Bedenken ruft das Urteil zum Unterstützungsstreik aber hervor, weil das BAG die Änderung seiner bisherigen Rechtsprechung auf die These der Freiheit der Kampfmittelwahl baut (→ Rn. 44). Diese weitreichende Öffnung des Arbeitskampfes wäre alleine

---

54 Dies bezieht sich auf die Rspr. des BAG. Dagegen hatte das Reichsgericht den Sympathiearbeitskampf für zulässig gehalten.
55 *EGMR* 8.4.2014, NZA 2015, 1270 – National Union of Rail, Maritime and Transport Workers/Vereinigtes Königreich.
56 Vgl. dazu die Stellungnahme eines der Richter des damals zuständigen 1. Senats des BAG: *Kreft*, BB Special 4/2008, S. 11.

zur Begründung der Änderung der Sympathiestreikrechtsprechung indes nicht erforderlich gewesen. Darüber hinaus erweist sich diese neue Rechtsprechung aber auch deshalb als nicht frei von Kritik, weil sie mit einer weiteren Relativierung der tariflichen Friedenspflicht einhergeht (s. auch → Rn. 28 ff., insb. 38, sowie → § 3 Rn. 12). Denn das BAG lässt einen Sympathiearbeitskampf auch dann zu, wenn im angegriffenen Unternehmen ein Tarifvertrag normativ anwendbar ist. Dabei zieht es sich auf eine rein formelle Betrachtungsweise zurück: Der Sympathiearbeitskampf verstoße nicht gegen die relative Friedenspflicht des im angegriffenen Unternehmen geltenden Tarifvertrags, weil dieser nicht in Frage gestellt werde. Abstrakt betrachtet ist das sicherlich richtig. Doch darf eben auch nicht übersehen werden, dass damit der Schutz gefährdet wird, den sich ein Arbeitgeber von einem Tarifabschluss erhofft (→ Rn. 38). Entsprechend wird Arbeitgebern vermehrt empfohlen, beim Tarifabschluss auf die Vereinbarung einer absoluten Friedenspflicht zu drängen (→ Rn. 33).

Anders als von den Kritikern der BAG-Rechtsprechung befürchtet, ist es in der Nachfolge des Sympathiearbeitskampfurteils aber nicht zu einer großen Anzahl von Unterstützungsstreiks gekommen. Von Gewicht erwiesen sich wohl nur die Sympathiearbeitskämpfe, zu denen die Gewerkschaft der Flugsicherung (GdF) auf den Flughäfen Stuttgart und Frankfurt aufgerufen hatte. Beide Streiks waren Gegenstand gerichtlicher Auseinandersetzungen, die sich als lehrreich erweisen, weil sich an ihnen die praktischen Auswirkungen der BAG-Rechtsprechung gut studieren lassen. (1.) Am Stuttgarter Flughafen kam es zu einem Arbeitskampf zwischen der GdF und der Flughafen Stuttgart GmbH (FSG). Gegenstand war die Vergütung der bei der FSG beschäftigten Vorfeldmitarbeiter. Schon vor diesem Streik hatte die FSG beschlossen, diese Arbeiten auf Dauer an die Deutsche Flugsicherung (DFS) »out-zu-sourcen«. Während des Streiks haben FSG und DFS dann kurzfristig vereinbart, dass die bei der DFS am Standort Stuttgart beschäftigten Fluglotsen die Aufgaben der Vorfeldkontrolle schon vorab, nämlich für den Zeitraum des Arbeitskampfes übernehmen sollen. Daher hielt es das LAG Stuttgart[57] für legitim, dass die GdF die bei der DFS in Stuttgart beschäftigten Arbeitnehmer zu einem Solidaritätsstreik aufgerufen hatte. (2.) Auch am Frankfurter Flughafen versuchte die GdF für die dort beschäftigten 200 Vorfeldlotsen massive Lohnerhöhungen zu erreichen. Nachdem es ihr nicht gelang, die Forderungen gegen die Flughafengesellschaft durchzusetzen, rief sie die für die DFS in Frankfurt tätigen Fluglotsen zu einem Unterstützungsstreik auf. Das ArbG Frankfurt[58] untersagte den Streikaufruf. In diesem Fall hatte die DFS ihre »Neutralitätspflicht« (i. w. S.) nicht verletzt, vor allem aber hätte sich der geplante Unterstützungsstreik der Fluglotsen als völlig unverhältnismäßig erwiesen, da er von seinen Auswirkungen und seiner Bedeutung her den Hauptstreik der Mitarbeiter in der Vorfeldkontrolle übertroffen und daher nicht mehr lediglich unterstützend gewirkt hätte.

5. Aktiv produktionsbehindernde Maßnahmen

a) Flashmob

Flashmob-Aktionen sind eine sehr neue Erscheinungsform des Arbeitskampfes. Ihren Ursprung nehmen derartige Aktionen in spontanen Kunst- oder Protesthappenings vorwiegend junger Menschen, mit denen, soweit die Aktion nicht gänzlich sinnfrei ist,

85

86

---

57 *LAG Stuttgart* 31.3.2009, NZA 2009, 631; zur schadensrechtlichen Seite dieses Arbeitskampfes: s. *BAG* 25.8.2015, NZA 2016, 47.
58 *ArbG Frankfurt* 28.2.2012, NZA 2012, 579.

an einem bestimmten Ort das öffentliche Leben für eine kurze Zeit zum Stillstand gebracht werden soll. Mitte der 2000er Jahre hat die Dienstleistungsgewerkschaft ver.di diese Aktionsform auf den Arbeitskampf übertragen und von ihr erstmalig anlässlich einer in der Einzelhandelsbranche geführten Tarifauseinandersetzung Gebrauch gemacht. Anlass dafür war auch, dass ihr bis dahin »konventionell« geführter Streik erfolglos blieb, dies nicht zuletzt deshalb, weil die Arbeitgeber Aushilfskräfte (darunter leider auch Studierende), vor allem aber Leiharbeitnehmer einsetzten (zum Streikeinsatz von Leiharbeitnehmern → Rn. 120). Ver.di forderte über virtuell verteilte Flugblätter auf, sich unter Angabe einer Mobilfunknummer in eine Liste einzutragen. Per SMS wurden die potentiellen Teilnehmer aufgerufen, zu einer bestimmten Zeit eine bestimmte Einzelhandelsfiliale aufzusuchen und dort entweder massenhaft Pfennigartikel einzukaufen oder Einkaufswägen komplett mit Artikeln zu füllen, diese dann aber an der Kasse stehen zu lassen ohne zu bezahlen. Dadurch sollte der reguläre Geschäftsbetrieb für eine gewisse Zeit lahmgelegt werden. Dabei sind einige Aktionen im Internet dokumentiert und eignen sich gut als Anschauungsmaterial für deren rechtliche Beurteilung.[59] Nach der sogleich darzustellenden Entscheidung des BAG ist es indes eher ruhig um dieses Arbeitskampfmittel geworden. Zu einem Massenphänomen haben sie sich jedenfalls nicht entwickelt. Gründe hierfür sind unter anderem, dass die Planung derartiger Aktionen relativ aufwändig ist, sie die Tarifverhandlungen erheblich belasten und bei den Arbeitnehmern der betroffenen Betriebe, bei Kunden und in der Öffentlichkeit vielfach auf Ablehnung gestoßen sind.[60]

87 Anknüpfend an den Grundsatz der freien Kampfmittelwahl (→ Rn. 44 f., 48 f.) geht das BAG[61] davon aus, dass streikbegleitende Flashmob-Aktionen nicht generell rechtswidrig seien. Das BVerfG hat diese Rechtsprechung als verfassungskonform bestätigt.[62]

88 Wirklich überzeugend erscheint das nicht. Aus dogmatischer Sicht stört an der Zulassung des Flashmob-Streiks, dass Beteiligte des Arbeitskampfes nicht mehr alleine die Parteien des Arbeitsvertrags sind. Denn häufig nehmen an derartigen Aktionen unbeteiligte Dritte teil. Dabei erscheint die Aussage des BAG, dass es unschädlich sei, wenn nicht ausgeschlossen werden könne, dass sich an diesen auch Dritte beteiligen, viel zu euphemistisch. Denn in dem durch das BAG entschiedenen Fall sollen sich ganz überwiegend Betriebsfremde beteiligt haben (das zeigt etwa ein Blick in den, dem BAG zur Entscheidung vorgelegten Sachverhalt; danach lautete der Streikaufruf wie folgt: »Hast Du Lust, Dich an Flashmob-Aktionen zu beteiligen?«)[63] Auch die vom Gericht formulierte Zulässigkeitsvoraussetzung, wonach der Flashmob als Kampfmaßnahme erkennbar sein müsse, und daher ersichtlich zu machen sei, dass es sich nicht um eine wilde oder anonyme, sondern um eine von der Gegenseite getragene Kampfmaßnahme handle, zeigt das klar. Denn einer solchen Erklärung bedürfte es kaum, wenn die »eigenen« Arbeitnehmer »flashen«. Der mit dem Flashmob verbundene Eingriff in Rechtspositionen des Arbeitgebers (Art. 2, 9 Abs. 3, 12 und 14 GG) ließe sich aber nur durch das gegenläufige Koalitionsgrundrecht der Kämpfenden bzw. ihrer Gewerkschaft rechtfertigen. Das schließt aus, dass sich diese bei Externen Kampfkraft besorgt. Immerhin bemühten sich die Gewerkschaften in der Folge darum, mög-

---

59 So zum Beispiel: www.youtube.com/watch?v=nCJ6ZTSh19Y.

60 Eine Analyse des Potentials derartiger Aktionen im öffentlichen Dienst nimmt etwa vor: *Herbert,* ZTR 2014, 639.

61 *BAG* 22.9.2009, NZA 2009, 1347.

62 *BVerfG* 26.3.2014, NZA 2014, 493.

63 *BAG* 22.9.2009, NZA 2009, 1347, Rn. 2, 4. Spiegelstrich.

lichst nur Arbeitnehmer des umkämpften Tarifgebiets für solche Aktionen zu gewinnen (Mitarbeiter des bestreikten Geschäfts, Kollegen aus anderen Filialen oder Arbeitnehmer, die bei Konkurrenten beschäftigt sind).

Bedenklich an Flashmobs ist auch, dass der Arbeitgeber einem derartigen Kampfmittel **89** eher schutzlos ausgeliefert ist. Sein Hausrecht erweist sich zumindest in praktischer Hinsicht als nutzlos, weil derartige Aktionen meist spontan ablaufen und er sich gegen die Vielzahl der anrückenden Störer schon rein tatsächlich nicht zur Wehr setzen kann. Mit einer Stilllegung der Filiale würde sich der Arbeitgeber erheblich selbst schädigen, zumindest dann, wenn er nicht sicher weiß, ob und wann er zum Ziel eines Flashmobs werden wird. Weiter bergen derartige Aktionen die latente Gefahr einer Eskalation in sich, weil sowohl betriebsstörende Mitarbeiter, erst recht aber fremde »Aktivisten« überreagieren könnten.[64] Die Gewerkschaft kann etwa ausgesprochene Ermahnungen, Waren nicht zu beschädigen und keine verderblichen Waren zu entnehmen, nicht ansatzweise kontrollieren und in der Hitze des Gefechts wird wohl immer etwas zu Bruch gehen. Selbst aber dann, wenn sich die »Aktivisten« äußerst diszipliniert verhalten, erleidet der Betriebsinhaber schon dadurch Substanzeinbußen, dass er die Waren mit großem Aufwand wieder in die Regale zurückräumen muss, sollte das überhaupt möglich und lebensmittelrechtlich zulässig sein.

b) Betriebsblockade und -besetzung, Bildung von Streikgassen

Große Ähnlichkeit mit der Flashmob-Problematik weisen Betriebsblockaden und -be- **90** setzungen auf; beides lässt sich letztlich nicht wirklich scharf voneinander abgrenzen. Dabei geht es darum, dass Gewerkschaften und Arbeitnehmer sich gegen den Willen des Arbeitgebers auf dem Betriebsgelände aufhalten, um dort ihre Meinung kundzutun. Zuweilen demonstrieren Arbeitnehmer auch vor dem Betrieb und versuchen dabei zu verhindern, dass streikunwillige Arbeitnehmer, Kunden, Zulieferer oder Abnehmer Zugang zum Betrieb erhalten.

Grundsätzlich gilt, dass der Inhaber eines Betriebs nicht die Inanspruchnahme seines **91** Besitztums zum Zwecke der Herbeiführung von Betriebsablaufstörungen im Arbeitskampf dulden muss. Das gilt obgleich das BVerfG zuletzt angedeutet hat, dass unter besonderen Umständen auch Private Meinungskundgaben auf ihrem Grundeigentum hinnehmen müssen. Die Qualität der hier zu diskutierenden »Störungen« ist nämlich eine ganz andere. In den BVerfG-Fällen ging es um quasi-öffentliche Räume bzw. Orte, die dem öffentlichen Verkehr für die allgemeine Kommunikation zur Verfügung stehen (Flughafengebäude, zentraler Platz in der Stadtmitte) und dort ging es nur um kurzzeitige, »normale« Demonstrationen.[65] Hier ist dagegen der Kernbereich des privaten Eigentums angesprochen.

Blockaden und Besetzungen sind daher unzulässig, auch ist der Zugang zum Betrieb in **92** angemessener Weise offen zu halten.[66] Entsprechend ist es nicht angängig, wenn

---

64 Die Frage, inwieweit die kampfführende Gewerkschaft etwa nach § 831 BGB für von Aktionsteilnehmern angerichtete Schäden haftet, ist bislang ungeklärt. Sehr großzügig insoweit auch das BVerfG, a. a. O., wonach derartige Aktionen *»jedenfalls nicht typischerweise mit Straftaten wie Hausfriedensbruch, Nötigung oder Sachbeschädigung einhergehen.«*

65 *BVerfG* 22.2.2011, BVerfGE 128, 226 = NJW 2011, 1201 – Demonstration im Zentralgebäude des Frankfurter Flughafens; *BVerfG* 18.7.2015 – 1 BvQ 25/15, NJW 2015, 2485 – Bierdosen Flashmob auf einem zentralen, indes in Privateigentum stehenden Platzes einer Gemeinde.

66 *ArbG Fulda* 19.7.2017 – 3 Ga 4/17; *LAG Rheinland-Pfalz* 31.8.2016 – 4 Sa 512/15; *LAG Hamburg* 6.2.2013 – 5 SaGa 1/12, das aber meint, eine 15-minütige Blockade gehe noch in Ordnung.

Streikteilnehmer durch »dicht gestellte Streikpostenketten, Absperrgitter, Fahrzeuge, Bierbänke und Eisenketten mit Vorhängeschlössern« den Zugang zum Betrieb, einschließlich der Feuerwehr- und Rettungszufahrten versperren und überdies Besucher und Werksangehörige gewaltsam am Betreten und Verlassen des Werksgeländes hindern.[67] Halten sich Streikteilnehmer gegen den Willen des Unternehmens auf dem Betriebsgelände auf, stellt das eine nach § 858 BGB rechtswidrige Besitzstörung dar, sowie einen nach § 123 StGB strafbaren Hausfriedensbruch. Soweit sich Arbeitnehmer am Streik beteiligen, ist die vom Arbeitgeber ursprünglich erteilte Aufenthaltserlaubnis erloschen, weil der Arbeitsvertrag kein Recht zur Anwesenheit im Betrieb gewährt, wenn keine Arbeitsleistung erbracht wird. An dieser Beurteilung ändert auch das Koalitionsgrundrecht des Art. 9 Abs. 3 GG nichts, in dessen Licht das einfache Gesetzesrecht auszulegen ist. Deutlich großzügigere Maßstäbe sind freilich anzulegen, wenn nur auf dem vor einem Auslieferungswerk gelegenen Betriebsparkplatz demonstriert wird.[68]

93 Zwar hat das BAG in seinem Flashmob-Beschluss obiter dictum offen gelassen, ob produktionsbehindernde Maßnahmen in Einzelfällen nicht ausnahmsweise doch zulässig sein könnten, sollte andernfalls das Arbeitskampfmittel des Streiks leerlaufen. Aus den bereits in den Rn. 88 f. geschilderten Gründen sollte von dahingehenden Überlegungen indes Abstand genommen werden. Es wäre dem sozialen Frieden nicht zuträglich, würden sich derart überschießende Kampfmaßnahmen weiter durchsetzen. Dazu muss man noch nicht einmal das in Frankreich von aufgewühlten Belegschaften zuweilen praktizierte »Bossnapping« als warnendes Beispiel bemühen (dort haben Belegschaften, auch unter Führung von Gewerkschaften, Geschäftsleiter entführt und solange in Geiselhaft gehalten, bis eine bestimmte Forderung durchgesetzt wird oder mit der Sprengung des Betriebs gedroht).[69] Vielmehr sollte der Hinweis darauf reichen, dass eine funktionierende Sozialpartnerschaft gerade auch darauf aufbaut, dass Arbeitskonflikte im Rahmen der durch die Rechtsordnung vorgegebenen Verhaltensmaßstäbe und am Ende eben einvernehmlich gelöst werden.

c) Zugriff auf datentechnische Informationssysteme des Arbeitgebers, Nutzung betrieblicher Kommunikationssysteme

94 Mit dem Siegeszug digitaler Medien und Arbeitsformen könnten schließlich DoS-Aktionen als neue Kampfformen in das Arbeitsleben Einzug halten.[70] Bei derartigen Denial-of-Service-Aktionen könnte es darum gehen, die Dienste des Servers des Arbeitgebers durch eine Vielzahl von Anfragen derart zu belasten, dass dessen Aufnahme- und Verarbeitungskapazität nicht mehr ausreicht, um Geschäftspartner des Arbeitgebers zu bedienen. Im Grunde gilt hier dasselbe, was bereits zu aktiv produktionsbehindernden Maßnahmen gesagt wurde: Ein zielgerichteter, schädigender Zugriff auf Betriebsressourcen des Arbeitgebers kann grundsätzlich nicht zulässig sein. Allerdings bedarf es insoweit einer Abwägung im Einzelfall, die letztlich auch die Trennlinie für eine Strafbarkeit nach § 303 b Abs. 1 Nr. 2 StGB zieht. Dabei spielen nicht nur Anlass, Ausmaß und Umfang der Störung eine Rolle, sondern auch, ob der Arbeitgeber die angegriffene Plattform ohnehin zur öffentlichen Kommunikation bestimmt hat (etwa:

---

67 *ArbG Zwickau* 17.6.2016 – 8 Ga 5/16; ähnlich auch Sachverhalt und Urteil des *LAG Berlin-Brandenburg* 15.6.2016 – 23 SaGa 968/16.

68 *LAG Berlin-Brandenburg* 29.3.2017 – 24 Sa 979/16; LAG Baden-Württemberg 24.2.2016 – 2 SaGa 1/15.

69 S. etwa F. A. Z. v. 22.4.2009; S.Z. v. 21.4.2009.

70 Ausführliche Darstellung der Problematik durch *Giesen/Kersten*, NZA 2018, 1, insb. 5 ff.

Kommunikationsform des Unternehmens) oder ob es sich dabei um eine Seite handelt, die der Abwicklung von Geschäften dient (etwa: Bestellmasken). Unter dieser Prämisse kann eine Meinungskundgabe im fremden Raum zulässig sein, aber niemals eine schädigende bzw. sabotierende Einwirkung auf informationstechnische Systeme des Arbeitgebers. Erst recht kommt eine datentechnisch herbeigeführte Blockade von Betriebsabläufen nicht in Betracht.

Daran fügt sich an, dass der Arbeitgeber nicht verpflichtet ist, die Nutzung eines für **95** dienstliche Zwecke eingerichteten E-Mail Accounts durch die bei ihm beschäftigten Arbeitnehmer zu Zwecken des Arbeitskampfs zu dulden. Dies folgt freilich weniger aus einem Anspruch des Arbeitgebers auf die Integrität seiner datentechnischen Informationssysteme, sondern letztlich aus dem Grundsatz der Kampfparität. Danach ist die Mobilisierung von Arbeitnehmern zur Streikteilnahme Aufgabe der jeweiligen Koalition und ihrer Mitglieder. Vom Arbeitgeber kann schlechterdings nicht verlangt werden, hieran durch Bereitstellung eigener Betriebsmittel mitzuwirken.[71]

6. Boykott

Neben Streik und Aussperrung ist der Boykott ein geschichtlich überkommenes **96** Kampfmittel, das sowohl die Arbeitgeber als auch die Arbeitnehmer einsetzen können. Er besteht in der planmäßigen Absperrung eines Gegners vom geschäftlichen Verkehr durch Ablehnung von Vertragsabschlüssen, um ein bestimmtes Kampfziel, z. B. den Abschluss eines Tarifvertrags, zu erreichen. Der Boykott kann sich darauf beziehen, keine Arbeitsverträge abzuschließen (Arbeits- oder Zuzugssperre). Er kann sich aber auch völlig vom Rahmen des Arbeitsverhältnisses lösen, z. B. wenn eine Gewerkschaft andere Arbeitnehmer oder auch Dritte auffordert, Waren des boykottierten Arbeitgebers nicht zu kaufen oder ihn nicht zu beliefern. Solche Aufrufe sind zwar extrem selten, waren aber immerhin in Zusammenhang mit der Abwicklung der AEG/Electrolux Haushaltsgeräte Nürnberg (2006) und Nokia (2008) zu verzeichnen.

7. Go slow, go sick

Von einem Bummelstreik spricht man, wenn Arbeitnehmer übermäßig langsam arbei- **97** ten. Er ist eng verwandt mit dem »Dienst nach Vorschrift«, bei dem übermäßig genau gearbeitet wird (»Go slow«). In beiden Fällen kann der Arbeitgeber keinen wirtschaftlichen Nutzen aus der Arbeit ziehen. Derartige Kampfformen sind wegen der mit ihr verbundenen Verschleierung des Arbeitskampfes unzulässig.[72] Diese treten allerdings ohnehin eher im Bereich des öffentlichen Dienstes auf, in denen Beamte eingesetzt sind, die schon grundsätzlich nicht streiken dürfen (→ Rn. 104). So verkündete etwa die Gewerkschaft der Polizei im Juni 2013 nachdem der Bremer Senat die Gehaltssteigerungen im TVöD und die damit regelmäßig einhergehende Anhebung der Beamtenbesoldungen nicht übernommen hatte, eine »bürgerfreundliche Verkehrsstrategie« für den Stadtstaat. Polizisten würden Bürger auf Ordnungswidrigkeiten »verkehrserzieherisch« ansprechen und allenfalls mündliche Verwarnungen aussprechen. Daraufhin soll die Erteilung von Strafmandaten um 60 % gesunken sein.

---

71 *BAG* 15.10.2013, NZA 2014, 319; vgl. auch → § 2 Rn. 62.
72 ErfK/*Linsenmaier* GG Art. 9 Rn. 273.

98 Erst recht rechtswidrig ist ein »Go sick«. Solche Aktionen fristeten lange Zeit ein Schattendasein im Geschehen, sind zuletzt aber häufiger in der Luftfahrt praktiziert worden. Dabei melden sich die Arbeitnehmer auf Grund einer gemeinsamen Verabredung »krank«. Große Aufmerksamkeit auf sich gezogen hat namentlich eine einschlägige Aktion der Tuifly-Belegschaft im Oktober 2016. Nachdem angekündigt wurde, dass die Gesellschaft in eine Dachgesellschaft unter Führung von Etihad eingegliedert werden soll, sollen, Berichten zu Folge,[73] rund 450 Crew-Mitglieder auf Grund von Krankheitsanzeigen ausgefallen sein. Insgesamt sollen sich in einer Woche etwa 2.000 Krankheitstage angesammelt haben; tagelang kam es zu massiven Ausfällen und Verspätungen. Dem gleichen Muster folgte im September 2017 ein »go sick« der Piloten bei Air Berlin, die im Umfeld der Insolvenz der Gesellschaft Forderungen auf Übernahme bei etwaigen Aufkäufern Nachdruck verleihen wollten.[74] An zwei Tagen mussten in etwa jeweils 200 Flüge annuliert werden.[75] Das hat nichts mit Arbeitskampf zu tun. Soweit die betreffenden Arbeitnehmer nicht wirklich arbeitsunfähig sind, liegt darin ein Betrug zu Lasten des Arbeitgebers, weil die Arbeitnehmer sich wahrheitswidrig einen Anspruch auf Entgeltfortzahlung erschleichen. Bei einem Streik dagegen halten die Arbeitnehmer ihre Arbeitsleistung unter Inkaufnahme des Verlusts des Entgelts zurück (»Politik des offenen Visiers«). In der Konsequenz ist der Arbeitgeber nicht nur wegen des unrechtmäßigen Kampfmittels, sondern auch wegen der Vortäuschung einer nicht gegebenen Arbeitsunfähigkeit zur verhaltensbedingten Kündigung des Arbeitsverhältnisses berechtigt. Allerdings wird ihm der (jedenfalls bei Ausspruch einer Kündigung erforderliche) Nachweis nur selten gelingen, dass die Arbeitnehmer nicht wirklich erkrankt waren. Dass er ohnehin nicht einen Großteil der Belegschaft sanktionieren kann, kommt noch hinzu und bei längerer »Krankheit« bleibt er wegen des hohen Beweiswerts etwa vorliegender ärztlicher Arbeitsunfähigkeitsbescheinigungen faktisch zur Entgeltzahlung verpflichtet. Das lässt insgesamt deutlich werden, dass die Zulassung derartige Aktionen die Kampfparität zu Lasten der Arbeitgeberseite verschieben würde.

8. Kollektive Ausübung von Individualrechten

99 Nach der, allerdings älteren Rechtsprechung des BAG ist eine Massenänderungskündigung seitens der Arbeitnehmer als Mittel des Arbeitskampfes zu bewerten und daher an den für den Streik entwickelten Regeln zu messen.[76] Richtigerweise muss unterschieden werden: Wollen die Arbeitnehmer lediglich eine Verbesserung ihrer individuellen Arbeitsbedingungen erreichen, handelt es sich um keinen Arbeitskampf; vielmehr nehmen die Arbeitnehmer lediglich ein legitimes Gestaltungsmittel des Individualarbeitsrechts kollektiv wahr. Nichts anderes gilt, wenn die Arbeitnehmer gemeinsam Zurückbehaltungsrechte ausüben.[77] Argumentiert werden könnte allenfalls, dass eine derartige kollektive Ausübung von Individualrechten einem Arbeitskampf gleichgestellt werden muss, weil die Arbeitnehmer sonst das Verbot des wilden Streiks umgehen könnten, nämlich dann, wenn sie ihre Arbeitsverträge massenhaft kündigen, ohne dass sie eine Gewerkschaft hierzu aufgerufen hat. Überlegen ließe sich auch, dass

---

73 F.A.Z. v. 17.10.2016, Nr. 242, S. 20; s. auch: *Giesen,* NZA-Editorial 21/2016, »unfit to fly«; *Beckerle/Stolzenberg,* NZA 2016, 1313; *v. Steinau-Steinrück/Nonnaß,* NJW-Spez. 2016, 754.

74 S.Z. v. 13.9.2017, S. 19.

75 Die Gewerkschaften, die als kampfführende Parteien (Cockpit, UFO) in Betracht gekommen wären, haben allerdings stets bestritten, ihre Mitglieder zu den Krankmeldungen aufgerufen zu haben.

76 *BAG* 8.2.1957, BAGE 3, 280; *BAG* 28.4.1966 – 2 AZR 176/65.

77 *BAG* 20.12.1963, BAGE 15, 202 = NJW 1964, 887.

sich die Belegschaft so auf Umwegen der tariflichen Friedenspflicht entziehen könnte, indem sie über eine Änderungskündigung der Arbeitsverträge versucht, bessere Arbeitsbedingungen zu erreichen als im Tarifvertrag vorgesehen. Wird dagegen versucht, über eine Massenänderungskündigung einen kollektiven Druck auf die Arbeitgeberseite aufzubauen, damit diese eine bestimmte Tarifforderung akzeptiert, stellen die Kündigungen in der Tat eine Maßnahme des Arbeitskampfes darf.

Ohnehin gehören derartige Massenänderungskündigungen aber eher der Vergangenheit an. Dagegen einer gewissen Beliebtheit hat sich zwischenzeitlich die kollektive Ausübung des Widerspruchsrechts nach § 613 a Abs. 6 BGB erfreut. In einigen aufsehenerregenden Fällen haben Belegschaften, die von einem Betriebsübergang betroffen waren, versucht, durch die massenhafte Ausübung des Widerspruchsrechts, Einfluss auf die bevorstehende Betriebsveräußerung zu nehmen. Das geschieht freilich kaum motivationslos, vielmehr kommt es vor allem in solchen Fällen zu Kollektivwidersprüchen, in denen die Arbeitnehmer Sorge haben, auf Grund des Betriebsübergangs Nachteile zu erleiden. In den bekannt gewordenen Fällen hatte der Betriebsrat oder eine im Betrieb vertretene Gewerkschaft die Belegschaft zum Massenwiderspruch aufgerufen, nicht selten wurde auf einem von der Gewerkschaft vorgedruckten Formular widersprochen. **100**

Der Kollektivwiderspruch gegen einen Betriebsübergang stellt kein Arbeitskampfmittel dar, obwohl Betriebsveräußerer und -erwerber damit durchaus massiv unter Druck gesetzt werden können.[78] Die Arbeitnehmer üben das Widerspruchsrecht ja gerade aus, um den status quo zu erhalten (= Fortsetzung des Arbeitsverhältnisses mit dem Veräußerer), während der Arbeitskampf darauf gerichtet ist, die für das Arbeitsverhältnis einschlägigen Arbeitsbedingungen zu ändern. Während dem Widerspruchsrecht eine Rechtsfrage zu Grunde liegt, besteht der Arbeitskampf in einer Regelungsstreitigkeit. Da es sich beim Widerspruch nicht um ein zweckgebundenes Recht handelt, sondern dieses seine Rechtfertigung darin findet, dass dem Arbeitnehmer nicht gegen seinen Willen ein neuer Arbeitgeber aufgedrängt werden soll, ist dessen Ausübung auch nicht an sachliche Gründe gebunden. **101**

Allerdings ist das BAG der Ansicht, dass der Widerspruch nicht institutionell missbraucht werden darf. Daher sei er rechtsmissbräuchlich (§ 242 BGB), wenn er nur als Vorwand für die Erreichung vertragsfremder oder unlauterer Zwecke dient. Das sei dann der Fall, wenn er im Schwerpunkt nicht mehr auf die Verhinderung des Arbeitgeberwechsels gerichtet ist, sondern von der Motivation getragen ist, den Betriebsübergang als solchen zu verhindern oder aber Vergünstigungen zu erzielen, auf die die Arbeitnehmer keinen Rechtsanspruch haben. Der zuletzt genannte Ausschlusstatbestand leuchtet ein: So haben Belegschaften zuweilen die Rücknahme ihrer Widersprüche in Aussicht gestellt, falls ihnen bestimmte Vergünstigungen gewährt würden, wie etwa besondere Sozialplanleistungen oder die Garantie der Tarifbindung durch den Veräußerer. Als schwierig erweist sich dagegen die erste Einschränkung, weil sich das zulässige Ziel, den Übergang der Arbeitsverhältnisse auf den Erwerber zu verhindern, kaum von dem vermeintlich unzulässigen Vorhaben, den Betriebsübergang als solchen zu verhindern, trennen lässt. **102**

---

78 *BAG* 30. 9. 2004, NZA 2005, 43.

9. Politischer Streik

103 Bei einem politischen Streik soll nicht auf den gegnerischen Tarifpartner oder den sozialen Gegenspieler, sondern auf den Gesetzgeber eingewirkt werden. Da ein derartiger Streik nicht auf die Erzwingung eines Tarifvertrags, sondern eine Parlamentsentscheidung gerichtet ist, ist er rechtswidrig (es sei denn, er wäre durch das verfassungsrechtliche Widerstandsrecht gemäß Art. 20 Abs. 4 GG gedeckt). Entsprechend sind seitdem gegen den Kapp-Putsch gerichteten Generalstreik im Jahr 1920 in Deutschland nahezu keine politischen Streiks bekannt geworden. Allenfalls der zweitägige Proteststreik im Druckgewerbe gegen die bevorstehende Verabschiedung des Betriebsverfassungsgesetzes (1952), der zweite Reichsbahnerstreik von 1980 im westlichen Teil Berlins und eventuell einige gewerkschaftliche Aktionen im Umfeld der 1986 erfolgten Verabschiedung des § 160 Abs. 3 SGB III[79] (damals: § 116 Abs. 3 AFG, Einzelheiten bei → § 11 Rn. 19ff., insb. Rn. 24) können als eher politisch motiviert angesehen werden. Das BAG hat allerdings im Urteil zur Zulässigkeit von Sympathiearbeitskämpfen[80] obiter dictum bemerkt, dass sich im Fall »die Frage, ob auch reine Demonstrationsstreiks, mit denen ohne Bezug auf einen um einen Tarifvertrag geführten Arbeitskampf lediglich Protest oder Sympathie – etwa für oder gegen Entscheidungen des Gesetzgebers – zum Ausdruck gebracht werden soll, zur gewerkschaftlichen Betätigungsfreiheit gehören, (…)« nicht gestellt habe, woraus sich schließen ließe, dass das Gericht diesem nicht kategorisch ablehnend gegenüber stehen könnte. Teilweise wird im Schrifttum mit Rücksicht auf eine (unverbindliche → Rn. 7) Empfehlung des Ministerkomitees vom 3.2.1998 angenommen, dass das Verbot des politischen Streiks mit Art. 6 Abs. 4 ESC kollidiert. Doch spricht viel für die Beibehaltung dieses Verbots. Jedenfalls würde den Arbeitsgerichten ohne gesetzliche Regelung die legitimierende Rechtsgrundlage fehlen, um darüber zu befinden, ob und inwieweit wegen politischer Zielsetzungen arbeitsvertragliche Pflichten ausgesetzt und Dritte geschädigt werden dürfen.[81]

10. Streikverbot für Beamte

104 Beamte sind nicht streikbefugt.[82] Wie bereits in § 2 Rn. 51 gezeigt, gilt die Koalitionsfreiheit zwar im Grundsatz auch für Beamte, Richter und Soldaten. Doch sind sie und ihre Verbände in ihrer Koalitionsbetätigungsfreiheit eingeschränkt, als für Beamte keine Tarifautonomie besteht, da deren Arbeitsbedingungen einseitig durch Gesetz und/oder Verordnung geregelt werden. Daher kann ein Streik von Beamten nicht tarifbezogen sein (→ Rn. 22ff.), weshalb er nach dem Selbstverständnis des deutschen Arbeitskampfrechts schon deshalb unzulässig ist. Denkbar wäre allenfalls noch die Teilnahme an einem Unterstützungsarbeitskampf zu Gunsten von in Arbeitsverhältnissen beschäftigten Kollegen, deren Inhalt sich durch die Tarifverträge des öffentlichen Dienstes bestimmt. Davon unabhängig ist der Beamtenstreik aber auch mit Rücksicht auf die hergebrachten Grundsätze des Berufsbeamtentums (Art. 33 Abs. 5 GG)[83] aus-

---

79 S. etwa die Sachverhalte von *ArbG Hagen* 5.3.1986, NZA 1986, 440 u. *ArbG München* 3.2.1986, NZA 1986, 235.

80 *BAG* 19.6.2007, NZA 2007, 1055 Rn. 13.

81 ErfK/*Linsenmaier* GG Art. 9 Rn. 119.

82 Zuletzt *BVerfG* 12.6.2018 – 2 BvR 1738/12; *BVerwG* 27.2.2014, NZA 2014, 616.

83 Historisch geht das Streikverbot für Beamte auf eine Notverordnung nach Art. 48 WRV des Reichspräsidenten *Ebert* vom 1.2.1922 (RGBl. I S. 187) zurück. Anlass war der Streik der (damals verbeamteten) Eisenbahner. Ungeachtet des Verbots eskalierte dieser in der ersten Februarwoche 1922. Er soll insbesondere in Berlin zu katastrophalen Versorgungsverhältnissen geführt haben (noch heute le-

geschlossen. Ein Arbeitskampf der Berufsbeamten wäre mit der beamtenrechtlichen Treuepflicht, dem Alimentationsprinzip, aber auch mit deren Verpflichtungen gegenüber der Allgemeinheit (vgl. §§ 60, 62 BBG) unvereinbar. Derart wird zwar in das Koalitionsgrundrecht der Beamten eingegriffen. Dieser Eingriff wird indes erheblich dadurch abgemildert, dass Beamten die Vorzüge des Alimentationsprinzips zu Gute kommen und ihnen das grundrechtsgleiche Recht eingeräumt ist, die Erfüllung der dem Staat obliegenden Alimentationsverpflichtung erforderlichenfalls auf dem Rechtsweg durchzusetzen.

Insoweit sieht sich das deutsche Recht allerdings einem gewissen Wertungskonflikt mit **105** Art. 11 EMRK ausgesetzt (→ Rn. 6 ff., → § 2 Rn. 13). Der EGMR[84] hat in drei Entscheidungen nämlich betont, dass Ausnahmen von der Streikgarantie (Art. 11 Abs. 2 EMRK) eng zu fassen sind. Sie sind auf solche Beschäftigte des öffentlichen Dienstes zu beschränken, die im Namen des Staates Hoheitsgewalt ausüben. Im Übrigen sind Arbeitskämpfe im Bereich der Daseinsvorsorge nur dann ausgeschlossen, wenn es darum geht, vernehmbare Interessen der Allgemeinheit von einigem Gewicht zu schützen.[85] Daran scheint sich das deutsche Streikverbot zu reiben, das alleine am Status des Beamten und nicht an dessen Funktion ansetzt. Möglicherweise müsste das Streikverbot also auf Beamte beschränkt werden, die Hoheitsgewalt im engeren Sinn ausüben, wie das etwa bei Mitgliedern der Streitkräfte, der Polizei, der Staatsverwaltung, der Justiz oder der Feuerwehr der Fall ist, während etwa Lehrer, Professoren und ggf. auch Ärzte streikberechtigt wären. Das BVerfG hat dies jedoch anders gesehen und es abgelehnt, zwischen Beamten im Kernbereich der Staatsverwaltung und streikbefugten Beamten in Randbereichen zu unterscheiden. Derart würde das deutsche Beamtenrecht im Grundsatz verändert und in Frage gestellt. Vorsorglich fügt das BVerfG noch an, dass ein besonderes Interesse des Staates an der Aufgabenerfüllung durch Beamte beispielsweise auch besteht, was Lehrkräfte an öffentlichen Schulen betrifft. Schulwesen und staatlicher Erziehungs- und Bildungsauftrag nehmen im Grundgesetz (Art. 7 GG) und den Verfassungen der Länder einen hohen Stellenwert ein. Selbst wenn man sich dem nicht anschließen und einen Konflikt mit Art. 11 EMRK bejahen wollte, wäre jedenfalls das in § 2 Rn. 16 dargestellte Rangverhältnis zwischen dem nationalen Verfassungsrecht und der EMRK zu beachten. Zwar ist das nationale Recht und dabei auch das Verfassungsrecht konventionsfreundlich auszulegen. Die konventionsfreundliche Auslegung endet aber eben dort, wo sie nach den anerkannten Methoden der Gesetzesauslegung und Verfassungsinterpretation nicht mehr vertretbar ist. Sollte ein Wertungskonflikt bleiben, gebührt jedenfalls dem GG der Vorrang.[86] Jedenfalls deshalb

---

senswert, wenngleich sehr parteiisch eingefärbt: *Friedl*, Archiv für Eisenbahnwesen 47 [1924], S. 938 ff.), da zur damaligen Zeit alternative Transportmittel nur in sehr eingeschränktem Maß zur Verfügung standen und überdies auch Beschäftigte der Berliner Versorgungsbetriebe die Arbeit niederlegten. Der Streik wurde als rechtswidrig, die streikenden Eisenbahner und ihre Gewerkschaften nach §§ 823 Abs. 2 BGB i.V. m. der Notverordnung u. 826 BGB als schadensersatzpflichtig angesehen: *LG Berlin* 17.1.1923, JW 1923, 244 und *LG Berlin* 8.11.1923, NZfA 1923, 501.

84 *EGMR* 31.1.2012 – 2330/09 – Sindicatul »Pastorul cel Bun«/Rumänien; *EGMR* 12.11.2008, NZA 2010, 1425 – Demir u. Baykara/Türkei; *EGMR* 21.4.2009, NZA 2010, 1423 – Enerji Yapi-Yol Sen/Türkei.

85 *EGMR* 27.11.2014 – 36701/09 – Hrvatski Liječnički Sindikat/Kroatien; *EGMR* 2.10.2014, NZA 2015, 1268 – Tymoshenko/Ukraine.

86 *BVerfG* 12.6.2018 – 2 BvR 1738/12 insb. Rn. 127, 2128, 133 ff.; *BVerwG* 27.2.2014, NZA 2014, 616 Rn. 35 ff., insb. Rn. 47 ff.; *BAG* 20.11.2012, NZA 2013, 448 Rn. 125 ff.; *BAG* 20.11.2012, NZA 2013, 437 Rn. 68 ff.; *BAG* 22.11.2012, NZA-RR 2014, 91; erneut verwiesen sei dabei auf die didaktische Aufbereitung durch: *Hufen*, JuS 2014, 670 und *Hebeler*, JA 2014, 718.

muss es beim Streikverbot für Beamte bleiben. Zum Streikeinsatz von Beamten bei Arbeitskämpfen in der Daseinsvorsorge → Rn. 125 f.

11. Arbeitskämpfe gegen kirchliche Arbeitgeber

106   Arbeitskämpfe im kirchlichen Dienst werfen noch nicht vollständig gelöste, menschen-, verfassungs- und arbeitsrechtliche Fragestellungen auf. Angesprochen sind dabei sämtliche organisatorischen Einrichtungen der Kirche, wie etwa auch Krankenhäuser, Heime und Betreuungseinrichtungen (z. B. Kindergärten und -tagesstätten), ohne dass es auf deren Nähe zum kirchlichen Verkündungsauftrag ankäme. Ausgangspunkt ist, dass der Schutzbereich des kirchlichen Selbstbestimmungsrechts aus Art. 140 GG i. V. m. 137 Abs. 3 S. 1 WRV auch die Ausgestaltung der Arbeitsbedingungen der Arbeitnehmer in kirchlichen Einrichtungen umfasst. Dieses kollidiert freilich mit dem Koalitionsgrundrecht der Beschäftigten aus Art. 9 Abs. 3 GG. Zwischen beiden Grundrechtspositionen ist daher ein angemessener Ausgleich herzustellen.[87] Dass es insoweit praktischer Konkordanz bedarf, ist zwar im Grunde fast zwingend im deutschen Verfassungsrecht angelegt, stand aber nicht immer im Fokus einschlägiger Überlegungen. Vielmehr wurde lange Zeit eher unbesehen von einem Arbeitskampfverbot im Bereich der Kirchen ausgegangen. Einige Bewegung in diese Diskussion hat dann der EGMR gebracht (→ Rn. 6 ff., → § 2 Rn. 14 f.). Dieser hatte zunächst mit einer ganzen Urteilsserie im kirchlichen Individualarbeitsrecht auf eine wertungsoffenere Güterabwägung gedrängt.[88] In einer Grundsatzentscheidung rügte er dann, dass der rumänische Staat einer von einer Gruppe von Priestern und Arbeitnehmern der orthodoxen Kirche gegründeten Gewerkschaft die Anerkennung versagt hatte, nachdem der Erzbischof die dafür erforderliche Zustimmung nicht erteilt hatte.[89] Dabei stellte der EGMR aber auch klar, dass umgekehrt die Koalitionsfreiheit im Bereich der Kirchen nicht schrankenlos gewährleistet ist, sondern sich einer Abwägung mit deren in Art. 9 Abs. 1 EMRK verankerten Recht auf Autonomie zu stellen hat. Ergänzend wies er darauf hin, dass den nationalen Rechtsordnungen dabei ein umfangreicher Ermessensspielraum zusteht.

107   Viele Religionsgemeinschaften und kirchliche Einrichtungen richten ihre Arbeitsbedingungen am Leitbild der so genannten Dienstgemeinschaft aus (die Arbeitsvertragsparteien werden deshalb auch als »Dienstgeber« oder »-nehmer« bezeichnet). Die kollektive Arbeitsrechtsetzung erfolgt dann häufig in einer von der Arbeitnehmer- und Arbeitgeberseite paritätisch besetzten Kommission. Konflikte werden unter Hinzuziehung eines neutralen Schlichters entschieden. Allgemein wird dieses Verfahren als so genannter »Dritter Weg« bezeichnet. Das BAG[90] sieht die Entscheidung einer Einrichtung, diesen Dritten Weg zu beschreiten, als vom Selbstbestimmungsrecht der Kirchen umfasst an. Sie schließt in der Folge den Arbeitskampf zur Gestaltung von Arbeitsverhältnissen durch Tarifvertrag aus. Das BAG begründet dies damit, dass die in Art. 9 Abs. 3 GG verankerte Tarifautonomie und der Dritte Weg sich nicht im Ziel, sondern nur in der Wahl der zur Erreichung gebotenen Mittel unterscheiden. Sowohl das Regelungsverfahren der Kirche als auch das der Koalitionen ist darauf gerichtet, den von der staatlichen Rechtsordnung frei gelassenen Raum des Arbeitslebens sinnvoll zu ordnen, indem der typische Interessengegensatz zwischen Arbeitgeber und Ar-

---

87 *BAG* 20.11.2012, NZA 2013, 448.
88 *EGMR* 28.6.2012, NZA 2013, 1425 – Schüth; *EGMR* 3.2.2011, NZA 2012, 199 – Siebenhaar; *EGMR* 23.9.2010, NZA 2011, 277 – Obst.
89 *EGMR* 31.1.2012 – 2330/09 – Sindicatul »Pastorul cel Bun«/Rumänien.
90 *BAG* 20.11.2012, NZA 2013, 448.

beitnehmer durch kollektives Handeln zu einem angemessenen Ausgleich gebracht wird.

Vergleichbar sind die tarifautonome Rechtsetzung und der Dritte Weg aber nur dann, **108** wenn die Interessen der Arbeitnehmerseite in einem verlässlichen Verfahren so berücksichtigt werden, dass der Arbeitgeber sie nicht einfach übergehen kann. Insgesamt muss daher sichergestellt sein, dass (1.) für den Fall einer Nichteinigung ein Schiedsverfahren zur Verfügung steht, das beide Seiten ohne Beschränkung anrufen können, (2.) dieses von einem unabhängigen und neutralen Vorsitzenden geleitet wird und (3.) das Ergebnis der gemeinsamen Verhandlungen bzw. einer Schlichtung für die Arbeitsvertragsparteien verbindlich ist. Es muss einer einseitigen Abänderung durch den Arbeitgeber entzogen sein. Die erzielte Vereinbarung muss daher, ähnlich wie in §§ 3 und 4 TVG vorgesehen, unmittelbar und zwingend auf das Arbeitsverhältnis einwirken. Das ist weitgehend der Fall, da die Arbeitgeber meist durch Kirchen- oder Satzungsrecht zur Übernahme der vereinbarten Arbeitsbedingungen verpflichtet werden (in der Praxis haben diese allerdings zuweilen ein Wahlrecht zwischen verschiedenen Dienstordnungen, was unzulässig ist). Schließlich müssen Gewerkschaften die Arbeitnehmer bei der Festsetzung von Arbeitsbedingungen unterstützen können. Sie müssen also in das Kommissions- bzw. Schlichtungsverfahren eingebunden sein. Was die konkrete Ausgestaltung deren Einbindung betrifft, gesteht die Rechtsprechung den Kirchen einen großen Gestaltungsspielraum zu. Das BVerfG hat allerdings offengelassen, ob diese Grundsätze bzw. eine etwaige fachgerichtliche Ausgestaltung verfassungsrechtlich abschließend haltbar sind.[91]

Die in Rn. 107 und 108 dargestellten Grundsätze sind auf die Konstellation übertrag- **109** bar, dass sich die Religionsgemeinschaft bzw. ihre Einrichtung für ein anderes Verfahren zur kollektiven Festsetzung von Arbeitsbedingungen entscheidet. Akzeptiert sie etwa das Verhandlungsmandat von Gewerkschaften und ist bereit, mit diesen Tarifverträge zu schließen, kann sie ihre Verhandlungsbereitschaft davon abhängig machen, dass bei einem Scheitern von Tarifverhandlungen ein Schlichtungsverfahren durchgeführt wird, an dessen Ausgang die Parteien gebunden sind. Dieses muss allerdings geeignet sein, Verhandlungsblockaden zu lösen und die Einigungsbereitschaft der Dienstgeberseite zu fördern. Die in Rn. 108 unter Ziffern 1 bis 3 getroffenen Überlegungen gelten daher entsprechend. Arbeitskämpfe bleiben dann unzulässig (so genannter »Zweiter Weg«).[92]

VI. Reaktionsmöglichkeiten der Arbeitgeberseite

1. Arbeitskampfverhalten der Arbeitgeberseite im Wandel

Lange Zeit war die Aussperrung das Kampfmittel der Arbeitgeberseite schlechthin. In- **110** zwischen gehören Aussperrungen wohl nur noch der Rechtsgeschichte an. Die letzten beiden größeren Aussperrungswellen waren in den Jahren 1978 und 1984 zu verzeichnen. Danach ist es zu keinen nennenswerten Aussperrungen mehr gekommen. Nach einer Statistik der Bundesagentur für Arbeit gab es zwischen 1980 und 1983, 1985 und 1987, 1990 und 1997, 1999 und 2008 und seit 2011 überhaupt keine durch Aussperrung

---

91 *BVerfG*, 15.7.2015, BVerfGE 140, 42 = NZA 2015, 1117. Mit diesem Beschluss wies das BVerfG die von ver.di gegen das in Fn. 85 zitierte BAG-Urteil erhobene Verfassungsbeschwerde aus verfassungsprozessualen Gründen als unzulässig zurück, ohne zur Sache selbst Stellung zu nehmen.
92 *BAG* 20.11.2012, NZA 2013, 437.

ausgefallenen Arbeitstage. 2009 und 2010 wurden lediglich belanglose Zahlen erfasst. Dies hat mannigfaltige Gründe. Am Anfang dieser Entwicklung steht die sogleich zu besprechende, relativ restriktive Aussperrungsrechtsprechung des BAG. Entscheidend aber dürfte ein anderes sein: Im modernen Wirtschaftsleben sind Arbeitgeber weitaus weniger daran interessiert, die kämpfende Gewerkschaft durch finanzielle Belastungen zu schwächen, sondern sie versuchen, den Betrieb so gut als nur möglich aufrecht zu erhalten, mögen damit auch zusätzliche Kosten verbunden sein. Aussperrungen verhalten sich dazu völlig konträr. Gelingt dem Arbeitgeber wenigstens die partielle Fortführung des Betriebs, wirkt sich dies auch demotivierend auf die streikenden Arbeitnehmer aus, wozu weiter beiträgt, dass die Streikbereitschaft in den immer inhomogener werdenden Belegschaften schon grundsätzlich abgenommen hat. Nicht selten haben Arbeitgeber daher versucht, Dritte, wie etwa befristet beschäftigte Aushilfen oder Leiharbeitnehmer im bestreikten Betrieb einzusetzen. Zudem ist es Unternehmen mit der Vernetzung und Digitalisierung der Industrie und unter Inanspruchnahme moderner Logistikleistungen wesentlich einfacher möglich, einzelne Arbeiten, ggf. auch kurzfristig, auf konzernverbundene Unternehmen oder externe Dienstleister zu verlagern, die nicht bestreikt werden. Aber auch grundsätzlich haben sich die Parameter ganz wesentlich verschoben. Infolge der Globalisierung und der europäischen Einigung stehen fast alle Unternehmen in einem internationalen Wettbewerb. Für die Unternehmerseite ergeben sich dadurch früher noch nicht einmal ansatzweise vorstellbare Entscheidungsoptionen, wie etwa eine Betriebsverlagerung ins Ausland. Arbeitgeber können auf mögliche Bestandsgefährdungen durch lange Arbeitskämpfe oder überhöhte Forderungen verweisen und ggf. auch die Standortfrage in die Diskussion bringen, mag diese auch noch so wenig mit dem eigentlichen Arbeitskampf zusammenhängen. Umgekehrt müssen Gewerkschaften von vornherein den Fortbestand der Unternehmen in ihre Entscheidungen mit einkalkulieren. Schließlich hatte sich das BAG relativ großzügig gezeigt, was die Befugnis des Arbeitgebers zur kompletten Stilllegung seines Betriebs angeht (→ Rn. 127 ff.). Will der Arbeitgeber im Arbeitskampf also doch Arbeitnehmer freistellen, scheint dies ein wesentlich probateres Mittel zu sein als die verhältnismäßig schwerfällige Aussperrung.

2. Aussperrung

111   Zu den durch die Koalitionsbetätigungsgarantie gewährleisteten Kampfmitteln der Arbeitgeber zählen in jedem Fall Aussperrungen, die der Abwehr von Teil- und Schwerpunktstreiks dienen (→ Rn. 59 f.). Die Arbeitgeber müssen auf einen nur punktuellen Angriff angemessen reagieren können. Das ergibt sich in jedem Fall aus dem Gebot der Verhandlungsparität (→ Rn. 41 ff.), folgt letztlich aber auch aus der Gewährleistung der Verbandssolidarität.

112   Wenngleich umgangssprachlich davon gesprochen wird, dass »der Arbeitgeber ausgesperrt hat«, liegt bei einem Kampf um einen Verbandstarifvertrag die Entscheidungskompetenz für die Aussperrung alleine beim kampfführenden Verband (→ Rn. 19). Wird dagegen um einen Firmentarifvertrag gekämpft, entscheidet alleine der Arbeitgeber, ob er aussperren will oder nicht.

113   Da die Aussperrung der Sicherung und Wiederherstellung des Verhandlungsgleichgewichts dient, erlangt der Verhältnismäßigkeitsgrundsatz hier besondere Bedeutung. Der Arbeitgeberseite kommt insoweit keine Einschätzungsprärogative zu, vielmehr muss sich die Aussperrung bei objektiver Betrachtung sowohl was ihren Umfang, als

auch was ihre Dauer angeht, als verhältnismäßig erweisen. Das unterliegt der vollen inhaltlichen Nachprüfung durch die Gerichte.

Im Interesse der Rechtssicherheit und der Kalkulierbarkeit des Arbeitskampfes hat das **114** BAG[93] »Leitlinien« herausgearbeitet, an denen sich die Rechtmäßigkeit einer Aussperrung überprüfen lässt. Grundvoraussetzung ist, dass das Kampfgebiet für die Aussperrung nicht über das Tarifgebiet hinausgeht. Für den quantitativen Umfang der Aussperrung hat das BAG für den Verbandsarbeitskampf feste Quoten herausgearbeitet (sog. »Aussperrungsarithmetik«): Wenn auf Grund eines Streikbeschlusses weniger als ein Viertel der Arbeitnehmer des Tarifgebiets zur Arbeitsniederlegung aufgerufen sind, kann der Verband beschließen, bis zu einem (weiteren) Viertel der Arbeitnehmer auszusperren.[94] Wendet sich der Streikbeschluss an mehr als 25 %, aber weniger als 50 % der im Tarifgebiet beschäftigten Arbeitnehmer, darf der Arbeitskampf durch die Aussperrung auf insgesamt bis zu 50 von Hundert der Arbeitnehmer des Tarifgebiets ausgeweitet werden.[95] Ruft die Gewerkschaft dagegen mehr als 50 % der Arbeitnehmer zum Streik auf, ist eine Abwehraussperrung in aller Regel unverhältnismäßig, wobei sich das BAG insoweit aber nicht abschließend festlegt. Maßgeblich ist stets der Umfang des Streikaufrufs auf der Seite der Gewerkschaft und des Aussperrungsbeschlusses auf der Seite des Arbeitgeberverbands, dagegen nicht die Zahl der tatsächlich streikenden bzw. ausgesperrten Arbeitnehmer.[96]

Bei der Auswahl der auszusperrenden Arbeitnehmer darf der Arbeitgeber nicht nach **115** der Gewerkschaftszugehörigkeit differenzieren. Eine selektive Aussperrung alleine von Gewerkschaftsmitgliedern ist unzulässig. Doch darf der Arbeitgeber als Antwort auf einen Warnstreik alleine die streikbeteiligten Arbeitnehmer aussperren,[97] auch wenn dies typischerweise das Risiko begründet, dass derart nur Gewerkschaftsmitglieder ausgesperrt werden. Beispiel[98]: Die Gewerkschaft GdL hatte 2011 die bei einem Privatbahnbetreiber beschäftigten Lokomotivführer zu einem [Erzwingungs-]Streik am Donnerstag und Freitag aufgerufen. Gleich zu Beginn des Streiks erklärte die Arbeitgeberin, dass sie alle Arbeitnehmer, die am Streik teilnehmen, im nahtlosen Anschluss bis zum Tagesbeginn des nachfolgenden Montags aussperren wird. Streikwillig waren 12 der 80 bei der Arbeitgeberin beschäftigten Lokomotivführer.

Die Dauer einer Aussperrung darf die Dauer der Arbeitsniederlegung durchaus um ei- **116** niges überschreiten. Eine länger anhaltende Aussperrung ist also auch gegen Kurz-,

---

93 *BAG* 10.6.1980, BAGE 33, 185 = NJW 1980, 1653; gebilligt durch *BVerfG* 26.6.1991, BVerfGE 84, 212 = NZA 1991, 809. Die Entscheidung des BAG ist für das Arbeitskampfrecht von geradezu herausragender Bedeutung. Die Sitzung des 1. Senats zu den entschiedenen Fällen ist übrigens in einem kleinen Ausschnitt auf einer Fotografie des Bundesarchivs dokumentiert, abrufbar unter: http://up load.wikimedia.org/wikipedia/commons/f/f9/Bundesarchiv_B_145_Bild-F058390-0016,_Kassel,_Bundesarbeitsgericht.jpg.

94 Beispiel: Ruft die Gewerkschaft lediglich 8 % der Arbeitnehmer des Tarifgebiets zum Arbeitskampf auf, kann der angegriffene Arbeitgeberverband 25 % der im Tarifgebiet beschäftigten Arbeitnehmer aussperren. Insgesamt wären dann also 33 % der dort tätigen Arbeitnehmer vom Arbeitskampf erfasst.

95 Beispiel: Sind 45 % der Arbeitnehmer zum Streik aufgerufen, dürfen weitere 5 % ausgesperrt werden.

96 Streiken mehr Arbeitnehmer als aufgerufen oder werden mehr ausgesperrt als beschlossen, ist deren Streik (Aussperrung) rechtswidrig, weil er (sie) nicht durch den Beschluss einer tariffähigen Kampfpartei gedeckt ist (→ Rn. 18 ff.).

97 Treffend ErfK/*Linsenmeier* GG Art. 9 Rn. 254: Das ist die Konsequenz der gewerkschaftlichen Kampftaktik der »offenen Tür«. So wohl auch: *BAG* 11.8.1992, NZA 1993, 39 (dort insb. unter A. 3. e. der Entscheidungsgründe); a. A. aber: *ArbG Frankfurt* 2.4.2011 – 1 Ga 63/11.

98 A. A. *ArbG Frankfurt* 2.4.2011 – 1 Ga 63/11 (Rn. 38). Dieses war der Meinung, dass eine unzulässige Selektivaussperrung vorliegen würde.

Warn- oder Wellenstreiks möglich. Dessen ungeachtet darf die Dauer der Aussperrung nicht überschießend sein, zumal die Arbeitgeberseite andernfalls die »Quotenarithmetik« des BAG im Ergebnis leicht umgehen könnte. So leuchtet ein, dass eine Aussperrung von zwei Tagen, mit der auf einen für eine halbe Stunde ausgerufenen Warnstreik reagiert wird, das Übermaßverbot verletzt.[99] Die Aussperrung muss, da sie ein Arbeitskampfmittel ist, auch nicht parallel zum Streik erfolgen; sie kann diesem vielmehr auch nachgeschaltet werden.

117 Mit einer Angriffsaussperrung tritt die Arbeitgeberseite einer gewerkschaftlichen Forderung entgegen, bevor diese zum Streik aufgerufen hat oder versucht, ein eigenes kollektivvertragliches Regelungsziel durchzusetzen. Ob das zulässig ist, ist umstritten. Sowohl in den beiden arbeitskampfrechtlichen Grundlagenentscheidungen des BAG aus den Jahren 1955 und 1971, als auch im Aussperrungsurteil des BVerfG[100] finden sich einzelne Passagen, die auf die Zulässigkeit dieses Arbeitskampfmittels hindeuten. Praktische Bedeutung erlangt diese Frage aber ohnehin nicht, denn schon seit geraumer Zeit ist kein derartiger Angriff der Arbeitgeberseite mehr bekannt geworden. Unzulässig wäre dagegen eine Sympathieaussperrung,[101] weil für die Aussperrung (anders als für den Streik) das Tarifgebiet zwingend die Grenze des Kampfgebiets darstellt.

118 Die Aussperrung hat nur suspendierende Wirkung für das Arbeitsverhältnis, löst dieses aber nicht auf (Einzelheiten dazu → § 11 Rn. 1 ff., 4). Arbeitnehmer haben während der Zeit in der sie ausgesperrt sind keinen Anspruch auf Arbeitslohn (→ § 11 Rn. 6 f.).

3. Versetzungen, Anordnung von Überstunden, Streikbruchprämien

119 Wie eingangs erwähnt, ist der Arbeitgeber im modernen Wirtschaftsleben zunächst daran interessiert, den Betrieb während des Arbeitskampfes so gut als möglich aufrechtzuerhalten. Dazu darf er auch Versetzungen vornehmen, doch darf er Arbeitnehmern nur solche Arbeiten übertragen, zu deren Übernahme diese auch tatsächlich nach dem Arbeitsvertrag bzw. § 106 GewO verpflichtet sind. Soweit er arbeitsvertraglich zur Anordnung von Überstunden berechtigt ist, kann er das tun und andernfalls Arbeitnehmern eine Erhöhung ihrer Vergütung im Gegenzug zu einer Verlängerung ihrer Arbeitszeit anbieten (s. zur betrieblichen Mitbestimmung in diesen Fällen → Rn. 142 f.). Weiter kann er auch Anreize setzen, um die Arbeitnehmer von einer Streikteilnahme abzuhalten und zur Weiterarbeit zu motivieren. Insbesondere kann er Streikbruchprämien ausloben. Ein solches Angebot muss er allerdings unterschiedslos allen arbeitswilligen Arbeitnehmern unterbreiten, also ohne Rücksicht darauf, ob sie der kämpfenden Gewerkschaft angehören oder nicht. Eine solche Streikbruchprämie erfüllt nicht den Maßregelungstatbestand des § 612a BGB und verstößt nicht gegen den allgemeinen Gleichheitsgrundsatz, sondern ist nach dem Prinzip der Kampfmittelfreiheit gerechtfertigt. Sie muss allerdings verhältnismäßig sein. Insoweit legt das BAG einen großzügigen Maßstab an und akzeptierte selbst eine Prämie, die den normalen Tagesverdienst um ein Vielfaches überschritten hatte. Voraussetzung ist aber, dass sie vor der Erbringung der angeforderten Arbeitsleistung ausgelobt wurde. Dagegen dürfen nach der Beendigung des Arbeitskampfes keine Streikbruchprämien gleichsam als Beloh-

---

99 *BAG* 11.8.1992, NZA 1993, 39.
100 *BVerfG* 26.6.1991, BVerfGE 84, 212 = NZA 1991, 809; *BAG* 21.4.1971, BAGE 23, 292 = NJW 1971, 1668; *BAG (GS)* 28.1.1955, BAGE 1, 291 = NJW 1955, 882.
101 So auch i. E. *BAG* 19.6.2007, NZA 2007, 1055; *BAG* 10.6.1980, NJW 1980, 1653.

nung für eine unterlassene Streikbeteiligung gezahlt werden.[102] Anderes gilt wiederum, wenn die begünstigten Arbeitnehmer während des Streiks Belastungen ausgesetzt waren, die erheblich über das normale Maß der mit jeder Streikarbeit verbundenen Erschwerungen hinausgegangen waren oder wenn diese von ihnen nicht geschuldete Arbeiten übernommen hatten.

4. Streikeinsatz von Aushilfen, Leiharbeitnehmern und Beamten

Im Mittelpunkt der aktuellen arbeitskampfrechtlichen Diskussion steht vor allem der **120** Streikeinsatz von Dritten. Die Beschäftigung von Aushilfen erweist sich indes als schwierig. Eine sachgrundlose Befristung (§ 14 Abs. 2 S. 1 TzBfG) ist dem Arbeitgeber wegen des in § 14 Abs. 2 S. 2 TzBfG verankerten Anschlussverbots allenfalls einmalig möglich. Eine Befristung mit Sachgrund könnte zwar im theoretischen Ansatz nach § 14 Abs. 1 Nrn. 1 und 3 TzBfG zulässig sein. Indes wird man es mit Rücksicht auf die Kampfparität dem Arbeitgeber nicht gestatten können, diese Tatbestände mit dem Hinweis auszufüllen, dass die fragliche Arbeitsleistung nur während des Streiks benötigt wird. Noch weniger kann er Aushilfen eine Zweckbefristung nach §§ 21 i. V. m. 14 Abs. 1 TzBfG anbieten. Denkbar ist also nur, dass er neue Beschäftigte unbefristet einstellt. Freilich geht der sich dann nach Streikende einstellende Überhang von Arbeitskräften zu seinen Lasten, wobei eine Kündigung der hinzugekommenen Arbeitskräfte allerdings dadurch begünstigt ist, dass diese nach Streikende in aller Regel noch nicht dem KSchG unterfallen (s. § 1 Abs. 1 KSchG) oder aber nur über eine relativ kurze Betriebszugehörigkeit verfügen, was im Rahmen einer etwa notwendigen Sozialauswahl nach § 1 Abs. 3 KSchG Bedeutung erlangen könnte.

§ 11 Abs. 5 S. 1 und 2 AÜG bestimmen, dass der Entleiher Leiharbeitnehmer nicht tä- **121** tig werden lassen darf, soweit sein Betrieb unmittelbar durch einen (rechtmäßigen) Arbeitskampf betroffen ist. Was genau unter einer solchen »unmittelbaren Betroffenheit« zu verstehen ist, ist noch nicht geklärt. Erforderlich ist wohl, dass der konkrete Betrieb (also nicht das Arbeitgeberunternehmen schlechthin) nicht nur in den Geltungsbereich des umkämpften Tarifvertrags fällt, sondern auch, dass dieser vom Streikbeschluss der Gewerkschaft umfasst ist. Dagegen kommt es nicht darauf an, dass dort tatsächlich gestreikt wird. Das Einsatzverbot richtet sich dabei sowohl an Leiharbeitnehmer, die nach Streikbeginn neu in den Betrieb entsandt werden als auch an solche, die dort bereits vor dem Arbeitskampf tätig waren. Es greift indes nur, wenn der Leiharbeitnehmer unmittelbar oder mittelbar Tätigkeiten übernimmt, die bisher von Arbeitnehmern erledigt wurden, die sich im Arbeitskampf befinden. Letzteres ist der Fall, wenn der Leiharbeitnehmer Tätigkeiten eines Stammarbeitnehmers übernimmt, der seinerseits einen kämpfenden Kollegen vertritt (mittelbare Vertretung). Nicht ausreichend ist aber, wenn bereits vor Streikbeginn eingesetzte Leiharbeitnehmer weiterhin ihre Arbeit verrichten und diese nur identisch mit Leistungen ist, die ansonsten auch von streikenden Arbeitnehmern erledigt werden. Auch greift das Einsatzverbot nicht, wenn die Arbeiten aus dem Entleihbetrieb in den Betrieb des Verleihers verlagert werden.[103]

Missachtet der Entleiher das Beschäftigungsverbot, begeht er eine Ordnungswidrig- **122** keit: § 16 Abs. 1 Nr. 8a, Abs. 2 AÜG. Möglicherweise steht der Gewerkschaft auch ein Anspruch auf Unterlassung des Einsatzes der Leiharbeitnehmer nach § 1004 BGB analog i. V. m. § 823 Abs. 1 BGB, Art. 9 Abs. 3 S. 2 GG zu. Wird der Leiharbeitnehmer ab-

---

102 *BAG* 14.8.2018 – 1 AZR 287/17; 28.7.1992, NZA 1993, 267.
103 A. A. *LAG Baden-Württemberg* 31.7.2013 – 4 Sa 18/13.

gezogen, ist unklar, ob er mit Rücksicht auf § 615 S. 1 u. 3 BGB seinen Vergütungsanspruch auch dann behält, wenn der Verleiher ihn nicht anderweitig einsetzen kann. Dafür spricht aber viel.

123 Die Verfassungskonformität dieser Regelung ist massiv umstritten. Sie greift in die negative Koalitionsfreiheit des Arbeitnehmers ein, der von Gesetzes wegen gezwungen wird, sich an einem Arbeitskampf zu beteiligen. Sie tangiert aber auch die Berufsfreiheit des Leiharbeitnehmers. Diesem muss die Entscheidung freistehen, ob er sich als Streikbrecher engagieren will oder nicht. Zudem büßt er seinen Beschäftigungs- und im schlimmsten Fall sogar seinen Lohnanspruch ein (→ Rn. 122). Das wiegt umso schwerer, als es um einen Arbeitskampf geht, der ihm fremd bleiben wird. Der Leiharbeitnehmer gehört nicht der Einsatzbranche an, ist nicht in der kampfführenden Gewerkschaft organisiert und wird auch nicht am Tarifergebnis partizipieren. Schließlich wirft die Norm aber auch Bedenken mit Blick auf den Entleiher auf, dem eine Möglichkeit, auf einen Streik reagieren zu können, aus der Hand genommen wird. Seine freie Wahl der Kampfmittel wird beschränkt, was umso bedenklicher erscheint, als das BAG diesen Grundsatz in seiner jüngeren Judikatur zu Gunsten der Arbeitnehmerseite relativ hoch gesteckt hat. Zudem fragt sich, warum der Arbeitgeber die ausfallenden Arbeiten denn dann immerhin an externe Dritte übertragen oder einen Stammarbeitnehmer anweisen kann, diese zu übernehmen, etwa weil er bereit ist, den Ausfall von dessen eigentlicher Arbeitsleistung eher in Kauf zu nehmen.

124 Nach § 11 Abs. 5 S. 3 AÜG ist der Leiharbeitnehmer berechtigt, seine Arbeitsleistung zu verweigern, wenn der Einsatzbetrieb unmittelbar von einem Arbeitskampf betroffen ist. Die Regelung geht insoweit über das Einsatzverbot der Sätze 1 und 2 hinaus, als das Leistungsverweigerungsrecht auch dann ausgeübt werden kann, wenn nur im Entsendebetrieb gestreikt wird, der Leiharbeitnehmer aber nicht auf einem bestreikten Arbeitsplatz eingesetzt werden soll. Sinn dieser Regelung ist, dass er nicht gezwungen wird, sich einem Konflikt mit der kämpfenden Stammbelegschaft auszusetzen. Selbst könnte er sich ja nicht an den im Entleihbetrieb geführten Arbeitskämpfen beteiligen, da er mangels eines Arbeitsverhältnisses mit dem Entleiher nicht in den Streikaufruf der kämpfenden Gewerkschaft einbezogen sein kann. Verweigert der Leiharbeitnehmer die Arbeit und wird er aus dem Betrieb abgezogen, behält er nach § 615 S. 1 u. 3 BGB seinen Vergütungsanspruch und zwar auch dann, wenn der Verleiher ihn nicht anderweitig einsetzen kann (strittig). In der Praxis läuft das Leistungsverweigerungsrecht allerdings meist leer, weil sich die betroffenen Arbeitnehmer häufig nicht trauen, davon Gebrauch zu machen. Deshalb hatte der Gesetzgeber diese schon lange bestehende Regelung mit der AÜG-Reform 2017 um die nunmehrigen Sätze 1 und 2 ergänzt.

125 Öffentliche Arbeitgeber hatten früher versucht, Beamte auf bestreikten Arbeitsplätzen einzusetzen. Das BVerfG hält dies für zulässig, soweit der Beamte von sich aus zur Streikarbeit bereit ist.[104] Jedem Arbeitgeber ist es unbenommen, die Arbeitsleistung von »Streikbrechern« anzunehmen. Darüber hinaus könnte der Dienstherr theoretisch aber auch einseitig Streikarbeit anordnen, vorausgesetzt natürlich, dass die Anordnung, die fragliche Tätigkeit zu erbringen, dienstrechtlich zulässig ist. Problematisch daran ist aber, dass sich der Staat insoweit in einer im Vergleich zu einem privaten Arbeitgeber privilegierten Situation befindet. Da die angesprochenen Beamten nicht streiken und sich nicht am Arbeitskampf beteiligen dürfen, steht ihm so eine gewisse

---

104 *BVerfG* 2.3.1993, BVerfGE 88, 103 = NJW 1993, 1379.

Reserve bei Arbeitskämpfen zur Verfügung, über die der private Arbeitgeber nicht verfügt. Noch bedenklicher ist, dass der Staat derart nicht nur bestreikter Arbeitgeber ist, sondern auch derjenige, der als Gesetzgeber die »Spielregeln« für einen solchen Arbeitskampf festsetzt. Daher bindet das BVerfG (aaO) den einseitig angeordneten Streikeinsatz von Beamten an eine gesetzliche Grundlage. Daran fehlt es, so dass die einseitige Anordnung von Streikarbeit gegenwärtig im Ergebnis eben doch unzulässig ist.

Der klassische Beamteneinsatz hat allerdings stark an Bedeutung verloren, nachdem die **126** Versorgungsbereiche, in denen sich Beamte als »Streikbrecher« einsetzen ließen, überwiegend privatisiert sind (Deutsche Bahn AG, Post, Telekom). Die dort früher beschäftigten Beamten sind regelmäßig in einem Pool »geparkt« (etwa: Bundeseisenbahnvermögen [Deutsche Bahn AG], Stellenpool beim Bundesministerium der Finanzen [Deutsche Post/Telekom]) und werden von dort aus an die jeweiligen Unternehmen (im untechnischen Sinn) »verliehen«. Gerade während des 2015 intensiv geführten Arbeitskampfes bei der Deutschen Post soll es zu einem vermehrten Streikeinsatz von Beamten gekommen sein. Dies ruft, selbst dann, wenn die Beamten zu einem Streikeinsatz bereit sind, erhebliche Bedenken hervor, weil es dadurch zu einer mit Art. 3 GG kaum zu vereinbarenden Ungleichbehandlung zwischen den früheren Staatsunternehmen und ihren privaten Wettbewerbern kommt.[105]

5. Stilllegungsbefugnis des Arbeitgebers

Der Arbeitgeber ist nicht verpflichtet, den Arbeitskampf aktiv abzuwehren und den **127** Betrieb, soweit es ihm möglich und zumutbar ist, aufrechtzuerhalten. Er kann auch schlicht »kapitulieren« und ihn für die Zeit des Arbeitskampfes stilllegen.[106] Ob eine Aufrechterhaltung des Betriebs möglich oder sinnvoll gewesen wäre, ist unerheblich.

Die Betriebsstilllegung ist nach der Konzeption des BAG kein Mittel des Arbeits- **128** kampfes, weil der Arbeitgeber mit ihr lediglich die Streikfolgen »erduldet«. Daher entscheidet auch bei einem Arbeitskampf um einen Verbandstarifvertrag alleine der einzelne Arbeitgeber und nicht etwa der Arbeitgeberverband, ob der Betrieb aufrechterhalten oder stillgelegt werden soll. Der entscheidende Unterschied zur Aussperrung ist, dass sich der Arbeitgeber mit der Betriebsstilllegung die Möglichkeit nimmt, mit seinem Betrieb, wenn auch vielleicht nur in eingeschränktem Umfang, noch weiter zu wirtschaften und dennoch gezielt einer Gruppe von Arbeitnehmern ihren Lohnanspruch zu nehmen. Die Betriebsstilllegung muss weder verhältnismäßig sein noch unterliegt sie der »Aussperrungsarithmetik« des BAG (→ Rn. 114). Dabei kann der Arbeitgeber auch mit einem Teil der arbeitswilligen Belegschaft einen Notbetrieb »fahren«. Er muss dann nur in Ausübung seines Direktionsrechts eine billige Auswahl unter den Arbeitnehmern treffen (so darf er nicht etwa alleine Nichtgewerkschaftsmitglieder zur Arbeitsleistung heranziehen), die ihre Arbeit ordnungsgemäß anbieten, weil er andernfalls gegenüber den Nichtbeschäftigten in Annahmeverzug gerät. Im Gegensatz zur Aussperrung (→ Rn. 116) muss die Stilllegung allerdings zwingend mit der Beendigung des Streiks aufgehoben werden. Anderes gilt nur, wenn dem Arbeitgeber die sofortige Wiederaufnahme der Arbeit auf Grund einer kurzfristigen Beendi-

---

105 A. A. *ArbG Bonn* 26.5.2015 – 3 Ga 18/15, das keine Probleme sieht, solange die Beamten dem Streikeinsatz eben nicht widersprechen.
106 *BAG* 13.12.2011, NZA 2012, 995; *BAG* 22.3.1994, NZA 1994, 1097; *BAG* 27.6.1995, NZA 1996, 212; *BAG* 11.7.1995, NZA 1996, 209.

gung des Streiks oder wegen eines wellenartigen An- und Herunterfahrens der Streikaktivitäten nicht rechtzeitig möglich oder unzumutbar ist. Der Arbeitgeber kann dann die nächste »reguläre« Möglichkeit zur Wiederaufnahme des Betriebs abwarten, also z. B. das Ende der Schicht, während der gestreikt wurde.[107] Beispiel: Ein bestreikter Zeitungsverleger entschließt sich, eine Notausgabe herauszugeben; kurz vor dem Beginn der Drucklegung beschließt die Gewerkschaft, den Streik zu beenden. Der Arbeitgeber kann es hier sein Bewenden bei der Erstellung der Notausgabe lassen. Legt der Arbeitgeber den Betrieb indes »vorsorglich« still und bleibt der von ihm befürchtete Streikaufruf aus, geht dies zu seinen Lasten.[108]

129 Alleine dass der Arbeitgeber seinen Betrieb vorübergehend stilllegen kann, wäre noch nicht besonders bemerkenswert, wäre das BAG nicht auch der Ansicht, dass die Arbeitsverhältnisse auch durch eine Betriebsstilllegung vorübergehend suspendiert werden. Daraus folgt: Die Arbeitnehmer verlieren während der Stilllegungszeit ihren Lohnanspruch entgegen den Regelungen der §§ 615, 293 BGB → § 11 Rn. 6 ff.

130 Die Stilllegung erfordert eine eindeutige Stilllegungserklärung des Arbeitgebers, weil klargestellt sein muss, ob der Betrieb vorübergehend stillgelegt ist oder Arbeitnehmer ausgesperrt werden sollen.[109] Große formale Anforderungen sind an den Beschluss und seine Bekanntgabe aber nicht zu richten. Die Stilllegung muss eindeutig durchgeführt werden. Daran fehlt es, wenn der Arbeitgeber einzelne Arbeiten doch durchführt oder sie von einem von ihm beauftragten Drittunternehmen erbringen lässt (Ausnahme: Notstands- und Erhaltungsarbeiten → Rn. 133 ff.). Auch darf sich der Arbeitgeber nicht die Möglichkeit offenhalten, die Arbeitsleistung jederzeit doch noch in Anspruch zu nehmen (»Taktik der offenen Tür«).

131 Die Rechtsfigur der Betriebsstilllegung ist nicht ohne Kritik geblieben. Dabei lässt sich der früher erhobene Kernvorwurf, dass sie sich nicht in den Typenkanon der Arbeitskampfmittel einfügen lässt, vor dem Hintergrund der nunmehr durch das BAG vertretenen Lehre von der freien Wahl der Kampfmittel allerdings nicht mehr aufrechterhalten (wenngleich das BAG einen numerus clausus von Arbeitskampfmitteln bislang nur mit Blick auf die Gewerkschaftsseite abgelehnt hat). Kritisch mag man indes sehen, dass die Betriebsstilllegung arbeitswillige Arbeitnehmer insoweit benachteiligt, als ihnen ein Entgeltrisiko aufgebürdet wird, das über das normale Arbeitskampfrisiko streikunwilliger Arbeitnehmer hinausgeht (→ § 11 Rn. 13), weil sie ihren Lohnanspruch auch dann verlieren, wenn sie trotz des Arbeitskampfes weiter beschäftigt werden hätten können. Auch lässt sich hinterfragen, ob die Betriebsstilllegung mittelbar nicht doch als Kampfmittel zu qualifizieren wäre, weil sie in ihren Wirkungen der Aussperrung durchaus ähnlich ist und sie in der Praxis wohl kaum ohne Rücksprache mit dem kampfführenden Verband vorgenommen werden wird. Daher halten Kritiker dem BAG vor, dass es auf der einen Seite die Aussperrung unnötig erschwert hätte, auf der anderen Seite den Arbeitgebern aber die Möglichkeit der Betriebsstilllegung eröffnet hat, die ihnen in aller Regel weitaus weniger nützlich, gleichzeitig aber mit größeren Belastungen für die arbeitswilligen Arbeitnehmer verbunden ist.

---

107 *BAG* 12.11.1996, NJW 1997, 1801.
108 *BAG* 15.12.1998, NZA 1999, 552.
109 *BAG* 13.12.2011, NZA 2012, 995; *BAG* 22.3.1994, NZA 1994, 1097.

VII. Die Durchführung des Arbeitskampfes

1. Fairnessgebot, Zugang zum bestreikten Betrieb

Ein Arbeitskampf ist nur rechtmäßig, wenn und solange er nach den Regeln eines fai- **132** ren Kampfes geführt wird. Dogmatisch ist dieses Fairnessgebot im Verhältnismäßigkeitsprinzip (→ Rn. 46) angelegt. Teilweise wird zur Begründung auch auf das Verbot des Rechtsmissbrauchs oder auf § 826 BGB verwiesen. Viel Konkretes lässt sich daraus aber nicht ableiten. Eindeutig ist immerhin, dass Arbeitskämpfe nicht auf die Vernichtung der Gegenseite abzielen dürfen. Umgekehrt ist aber auch zu berücksichtigen, dass beide Parteien während des Arbeitskampfes einem gewissen emotionalen Druck unterliegen und dabei insbesondere versuchen, die öffentliche Meinung – die für den Ausgang vieler Arbeitskämpfe vor allem im Bereich der Daseinsvorsorge eine immer größere Rolle spielt – zu ihren Gunsten zu beeinflussen.[110] Zuweilen werden in diesem Zusammenhang auch Fragen des Zugangs zum Betrieb erörtert, die unter Rn. 92 dargestellt sind.

2. Erhaltungs- und Notstandsarbeiten

a) Arbeitskämpfe in der Daseinsvorsorge

Auf Grund der zahlreichen Streiks, die es in den vergangenen Jahren im Bereich der **133** Daseinsvorsorge gab (→ Rn. 2), sind immer wieder Forderungen nach Regeln (aber auch Reglementierungen) für solche Arbeitskämpfe laut geworden, da diese mit nicht unerheblichen Einschränkungen für die Bevölkerung verbunden waren (etwa: Kita-Streik von ver.di 2015). Dabei kommt hinzu, dass vor allem die Tarifauseinandersetzungen, in denen Spartengewerkschaften involviert waren (siehe auch → § 6 Rn. 83ff.), teils mit großer Härte und/oder über einen langen Zeitraum geführt wurden (etwa: zehnmonatige Tarifauseinandersetzungen der GdL gegen die Deutsche Bahn mit mehreren, teils auch mehrtägigen Streikwellen 2014/2015). Wie eingangs erwähnt hat eine Professoreninitiative 2012 einen Vorschlag für ein Gesetz zur Regelung kollektiver Arbeitskonflikte in der Daseinsvorsorge vorgelegt. Auch in den Bundesrat wurde ein dahingehender Antrag eingebracht.[111]

Bislang wurde die Mindestversorgung der Bevölkerung mit Gütern und Dienstleistun- **134** gen vor allem durch Notstandsvereinbarungen sichergestellt (→ Rn. 50). Einen wirklichen Totalausfall lebenswichtiger Versorgungsbereiche (etwa: Rettungsflieger, Ambulanzen der Krankenhäuser usw.) hat es in Deutschland bislang nie gegeben. Das wiederum findet seinen Grund darin, dass die Kampfparteien bislang fast ausnahmslos Vernunft haben walten lassen, soweit es um die Erbringung unbedingt erforderlicher Notdienste geht. In neuerer Zeit scheint der Abschluss von Notstandsvereinbarungen aber gerade in den privatisierten Branchen der öffentlichen Daseinsvorsorge zunehmend auf Schwierigkeiten zu stoßen. Offenbar ist mit der Unterwerfung der früher hoheitlich geführten Unternehmen unter einen nicht zuletzt lohnkostenorientierten Verdrängungswettbewerb eine gehörige Portion Arbeitskampfkultur verloren gegan-

---

110 *LAG Düsseldorf* 17.8.2012 – 8 SaGa 14/12 zu zahlreichen »*der Reimung geschuldeten Kraftausdrücken*« (so das Gericht) der kampfführenden Gewerkschaft.
111 Antrag des Freistaats Bayern zu einer Entschließung des Bundesrats zur Regelung des Streikrechts in Bereichen der Daseinsvorsorge v. 16.6.2015, BR-Drs. 294/15.

gen. Aber auch Gewerkschaften, vor allem kleineren Berufsgruppengewerkschaften scheint der Abschluss entsprechender Vereinbarungen nicht immer leicht zu fallen.

135 Tatsächlich ist eine Einschränkung von Arbeitskämpfen in der Daseinsvorsorge aber alles andere als einfach. So ist schon umstritten, welche Dienstleistungen überhaupt unter den Bereich der Daseinsvorsorge fallen. Eher gesichert erscheint: medizinische und pflegerische Versorgung, Versorgung mit Energie und Wasser, Feuerwehr, innere Sicherheit, Verkehr, Bestattungswesen; weniger eindeutig ist dagegen: Entsorgung, ÖPNV, Personenfernverkehr, Güterverkehr, Erziehungswesen, Kinderbetreuung, Kommunikationsinfrastruktur, Versorgung mit Bargeld, Zahlungsverkehr. Völlig unklar ist, wie die Grenzen im Einzelnen gezogen werden sollen: Viele Betriebe der Daseinsvorsorge erbringen neben essentiellen Dienstleistungen auch solche, auf die die Allgemeinheit nicht dringend angewiesen ist oder führen zumindest Nebenarbeiten aus, die unterbleiben können, ohne dass die eigentliche Versorgungsleistung dadurch Schaden nehmen würde. So eindeutig es etwa ist, dass ein Streik in der zentralen Blutbank einer Region oder in der Schaltzentrale eines Kernkraftwerkes ebenso wenig zulässig sein kann wie der umfassende Abzug des Pflegepersonals in einer psychiatrischen Rehaklinik oder ein Ausstand der Lehrer einer allgemeinbildenden Schule am Tag der Abiturprüfung,[112] so eindeutig ist es eben auch, dass das auf die HNO-Sprechstunde einer Klinik nicht zutrifft, weil deren Patienten jederzeit auf andere Häuser oder niedergelassene Ärzte ausweichen können. Und noch weniger angebracht erscheinen Streikrestriktionen für die Verwaltung, Abrechnung oder Buchhaltung eines Krankenhauses. Eindeutig ist das aber nur auf den ersten Blick: Was ist nämlich, wenn ein Streik in der Verwaltung eines Krankenhauses dazu führt, dass im klinischen Bereich benötigte Instrumente und Medikamente fehlen oder es dort mangels Erstellens von Personalplänen an Personal fehlt? Überhaupt ist unklar, ob sämtliche Leistungen, deren Ausfall zuletzt massiv beklagt wurde, so wichtig sind, dass sie zwingend aufrechterhalten werden müssten. Muss es in den Herbstferien den Ferienflieger nach Teneriffa um den Preis der Beschränkung eines elementaren Grundrechts geben?[113]

136 Erst recht ist unklar, welche Schranken Arbeitskämpfen im Bereich der Daseinsvorsorge gezogen werden dürfen. Darf im Kindergarten gar nicht oder nur für kurze Zeit gestreikt werden, muss eine Notbetreuung für berufstätige Eltern eingerichtet werden, die über keine Betreuungsalternativen verfügen oder genügt es, wenn der Streik hinreichend lange vorab angekündigt wird? Auch die vielfach befürworteten Ankündigungspflichten helfen nur sehr bedingt weiter: Die Idee, dass Streiks im Bereich der Daseinsvorsorge mit einer ausreichenden Ankündigungsfrist bekannt gemacht werden müssen, erscheint im Grundsatz sehr vernünftig. Denn nur wenn die betroffenen Arbeitgeber wissen, wann, wo und wie sie bestreikt werden, können sie die notwendigen Vorkehrungen treffen, um die jeweilige Versorgungsleistung noch so gut als möglich aufrecht zu erhalten. Vor allem aber die Öffentlichkeit wird so in die Lage versetzt, sich, soweit überhaupt möglich, rechtzeitig um Alternativen bemühen zu können. Für die betroffene Gewerkschaft verbindet sich damit aber ein sehr gewichtiger Eingriff in ihr Koalitionsgrundrecht, weil die Möglichkeit Arbeitsniederlegungen nur kurzfristig oder auch gar nicht anzukündigen geradezu zum Kernbestand des Kampfarsenals und der -taktik einer Gewerkschaft gehört, kann sie so doch verhindern, dass die Arbeit-

---

112 *LAG Hamm* 13.7.2015 – 12 SaGa 21/15; *LAG Hamm* 16.1.2007, NZA-RR 2007, 250; *LAG Berlin-Brandenburg* 14.8.2012 – 22 SaGa 1131/12; großzügiger aber *ArbG Berlin* 22.4.2013 – 59 Ga 5770/13 (Lehrerstreik).
113 *Rieble*, FA 2012, 130.

geberseite streikbedingte Ausfälle abfangen kann. Und: Wenn die Gewerkschaft »die Dauer« des Streiks angeben muss, müsste das eigentlich auch beinhalten, dass sie das genaue Ende der Arbeitsniederlegung festlegt, zumal Arbeitgeber und Öffentlichkeit nur dann Ausweichstrategien verlässlich planen können, wenn sie wissen für welchen Zeitraum sie das tun müssen. Sind dann noch unbefristete Streiks möglich? Und was gilt, wenn sich die Gewerkschaft gegen Ende der angekündigten »Kampfzeit« entschließt, den Streik noch fortzusetzen, weil die Arbeitgeberseite sich als unnachgiebig erweist. Muss sie dann erneut eine Karenzzeit abwarten? Muss auch ein noch so kurzer Warnstreik – der nach der Rechtsprechung ja keine privilegierte Kampfform darstellt – mit viertägiger Vorlaufzeit bekannt gegeben werden? Aber auch für die Arbeitgeberseite kann sich eine rechtlich bindende Verpflichtung der Gewerkschaft zum Arbeitskampf als durchaus nachteilig erweisen, weil – etwa im Bereich von Verkehrsdienstleistungen – schon die bloße Ankündigung einer Arbeitsniederlegung durchaus geeignet ist, um potenzielle Kunden abzuschrecken und dem Unternehmen einen erheblichen wirtschaftlichen Schaden zuzufügen (»Kalter Streik«).

Noch schwieriger beantwortet sich die Frage, warum, wenn eine Versorgungsleistung so elementar wichtig für die Allgemeinheit ist, dass im fraglichen Sektor überhaupt keine Arbeitskämpfe geführt werden dürften, deren Erbringung dann nicht konsequenterweise hoheitlich ausgestaltet ist bzw. bleibt (etwa: Flugsicherung, Strafvollzug). Warum soll der Gewerkschaft der Streik untersagt, nicht aber der Arbeitgeber verpflichtet werden, die Tarifforderung zu akzeptieren (denn auch so ließe sich ein Arbeitskampf vermeiden)? Nicht leicht erklären lässt sich auch, dass weder die vom Arbeitskampf in ihren verfassungsrechtlich geschützten Gütern betroffenen Dritten, noch der Staat einen Anspruch gegen die kampfführenden Tarifvertragsparteien auf Unterlassung des Arbeitskampfes haben können, sie also darauf angewiesen sind, dass der angegriffene Arbeitgeber(-verband) sich rechtzeitig gegen diesen wendet und das dann eben mit dem Argument, dass durch ihn Dritte geschädigt würden. Und: Müsste nicht konsequenterweise auch der Arbeitgeber verpflichtet werden, einschlägige Arbeiten so gut als möglich aufrecht zu erhalten? Nun werden die Arbeitgeber sicher häufig ein eigenes wirtschaftliches Interesse an der Aufrechterhaltung einer Minimalversorgung haben. Das muss aber nicht so sein. So mag dem Arbeitgeber die Leistungserbringung ungeachtet etwaiger Ersatzansprüche von Kunden oder von Auftrag- bzw. Konzessionsgebern als wirtschaftlich uninteressant erscheinen, etwa weil diese stark defizitär ist. Aber auch kampftaktische Überlegungen könnten den Arbeitgeber veranlassen, auf den Abschluss einer Notstandsvereinbarung zu verzichten. Möglicherweise hat er sogar ein Interesse an einem möglichst umfassenden Arbeitskampf, etwa weil er hofft, dass die Gewerkschaft diesen nicht lange durchhalten wird oder aber, weil er auf die »Unterstützung« durch die öffentliche Meinung baut. Und was ist, wenn er besonders rentable Leistungen aufrecht erhält (etwa im Flugverkehr die Interkontinentalverbindungen), nicht aber die von der Allgemeinheit dringend benötigten Dienste (Inlandsflüge)? Braucht es also eine staatliche Stelle, die Arbeitskämpfe reguliert? Oder sollen betroffene Bürger – etwa nach §§ 1004, 823 Abs. 2 BGB – direkt gegen die Gewerkschaft vorgehen können (mit der nicht hinnehmbaren Konsequenz, dass nahezu jeder Arbeitskampf im Bereich der Daseinsvorsorge zusammenbrechen würde, denn irgendwer wird immer klagen und im Übrigen müsste die Gewerkschaft uferlose Schadensersatzansprüche fürchten).

137

b) Abschluss und Durchführung von Vereinbarungen über Erhaltungs- und Notstandsarbeiten

138 Jedenfalls ist die Rechtmäßigkeit von Arbeitskämpfen an die Sicherstellung von Erhaltungs- und Notstandsarbeiten gebunden. Dies folgt aus dem Verhältnismäßigkeitsgrundsatz und, soweit es um die Absicherung einer Mindestversorgung der Bevölkerung mit unentbehrlichen Gütern im Bereich der Daseinsvorsorge geht, wohl auch aus der partiellen Gemeinwohlbindung der Tarifvertragsparteien (→ Rn. 50 f. und 133 ff., → § 2 Rn. 47). Gelingt der Abschluss einer Notdienstvereinbarung nicht, wird der Arbeitskampf aber nicht zwingend rechtswidrig; vielmehr soll der Arbeitgeber (ausschließlich) die Vornahme entsprechender Arbeiten durchsetzen können.[114] Rechtsprechung findet sich hier wenig, denn, wie gesagt (→ Rn. 134): Bislang hat der Abschluss von Notstandsvereinbarungen eigentlich immer gut funktioniert. Unter Erhaltungsarbeiten sind Arbeiten zu verstehen, die erforderlich sind, um die Anlagen und Betriebsmittel während des Arbeitskampfes so zu erhalten, dass der Betrieb nach Beendigung des Kampfes fortgesetzt werden kann (etwa: Sicherung empfindlicher Rohstoffe, Aufrechterhaltung von Hochöfen, Kühlung kühlpflichtiger Waren, Fortführung laufender chemischer Prozesse, Schutz der Betriebsanlagen vor dem Zugriff Unberechtigter, Melken von Kühen in einem Agrarbetrieb etc.). Notstandsarbeiten sind dagegen Arbeiten, die die Versorgung der Bevölkerung mit lebensnotwendigen Diensten und Gütern während eines Arbeitskampfes sicherstellen sollen. Diese beiden Begriffe werden allerdings nicht immer ganz einheitlich in diesem Sinn gebraucht, zuweilen werden beide Arbeiten zusammenfassend als »Notdienste« bezeichnet. Die Regelung der Modalitäten von Erhaltungs- und Notstandsarbeiten obliegt zunächst den Tarifvertragsparteien selbst. Umstritten ist, wem die Anordnungskompetenz zusteht, sollten sich die Beteiligten nicht einigen können.[115] Die Gewerkschaft kann von sich aus einen Notdienst organisieren, den der Arbeitgeber dann gerichtlich überprüfen lassen kann. Umgekehrt kann auch der Arbeitgeber die Vornahme eiliger Arbeiten einseitig anordnen. Dafür spricht, dass letztlich nur er überblicken kann, ob und in welchem Umfang Arbeiten zur Erhaltung der Anlagen und Betriebsmittel und zur Abwendung von Gefahren erforderlich sind. Die Gewerkschaft kann indes sowohl die Voraussetzungen als auch den Umfang der angeordneten Dienste gerichtlich überprüfen lassen. Schließlich steht dem Arbeitgeber die Möglichkeit offen, bei Gericht gleich direkt eine entsprechende Leistungsverfügung zu beantragen.[116] Unzulässig ist es in jedem Fall, wenn der Arbeitgeber auf diesem Weg versucht, den Betrieb trotz des Streiks so weit als möglich aufrecht zu erhalten.

Beispiel: Anordnung der Deutschen Bahn, einen verlässlichen Ersatzfahrplan im Umfang von 10 bis 40 % des regulären Betriebs zu fahren.[117]

139 Die Auswahl der heranzuziehenden Arbeitnehmer unterliegt dem kollektiven Gleichbehandlungsgrundsatz. Weder darf der Arbeitgeber einseitig nur unorganisierte Arbeitnehmer einteilen (mit dem Ziel, die Streikkasse der Gewerkschaft zu belasten) noch dürfen Arbeitgeber und Gewerkschaft in einer Notdienstvereinbarung unorganisierte Arbeitnehmer benachteiligen, indem bestimmt wird, dass nur Gewerkschaftsmitglieder zu Notdienstarbeiten herangezogen werden sollen. Ungeklärt ist, wer die Auswahlentscheidung trifft, wenn keine Einigung zwischen Arbeitgeber und Arbeit-

---

114 *LAG Hamm* 13.7.2015 – 12 SaGa 21/15.
115 Offen gelassen durch *BAG* 30.3.1982, BAGE 38, 207 = NJW 1982, 2835.
116 *LAG Hamm* 13.7.2015 – 12 SaGa 21/15.
117 *LAG Berlin-Brandenburg* 24.10.2007 – 7 SaGa 2044/07.

nehmern zustande kommt. Insoweit dürfte es dem Arbeitgeber freistehen, eine proportional angemessene Zahl von nicht organisierten Arbeitnehmern einzuteilen. Dagegen obliegt es der Gewerkschaft auf Grund ihres Streikführungsrechts, festzulegen, wer die »Streikarbeitsplätze« einnehmen soll, die Gewerkschaftsmitgliedern zustehen.

Bei einer Aussperrung ist es Sache des Arbeitgebers, die Arbeitnehmer zu bestimmen, **140** die Notstands- und Erhaltungsarbeiten zu leisten haben. Es ist aber kein Arbeitnehmer nur deshalb zu einer anderen Arbeit verpflichtet, als er im Vertrag zugesagt hat, weil der Arbeitgeber eine Aussperrung durchführt. Der Arbeitgeber kann die Erbringung von Notdiensten also nur dadurch sicherstellen, indem er die Arbeitnehmer von der Aussperrung ausnimmt, die er benötigt, um die nach seiner Meinung erforderlichen Notstands- und Erhaltungsarbeiten durchzuführen.

3. Rechtswidrigkeit einzelner Kampfmaßnahmen

Einzelne rechtswidrige Kampfmaßnahmen lassen die Rechtmäßigkeit des im Übrigen **141** zulässigen Arbeitskampfes unberührt. Insoweit ist die Situation eine andere als im Fall einzelner rechtswidriger Tarifforderungen, die den gesamten Arbeitskampf rechtswidrig werden lassen (→ Rn. 24). Anderes gilt nur, wenn die rechtswidrigen Kampfmaßnahmen planmäßiger Bestandteil der Kampfstrategie sind, der Arbeitskampf sich im Wesentlichen in ihnen erschöpft oder sie sich als komplett überschießend erweisen.

4. Betriebliche Mitbestimmung

Während des Arbeitskampfes ruhen die betrieblichen Beteiligungsrechte des Betriebs- **142** rates, soweit es um Maßnahmen des Arbeitgebers geht, die durch das Kampfgeschehen bedingt sind oder auf dieses einwirken.[118] Das ergibt sich bereits aus der Neutralitätspflicht des Betriebsrats (§ 74 Abs. 2 S. 1 BetrVG), weil die Gefahr besteht, dass der Betriebsrat sich herausgefordert sieht, eine arbeitskampfrechtlich mögliche Abwehrmaßnahme zu vereiteln, um zum Nachteil des Arbeitgebers in das Kampfgeschehen einzugreifen. Vor allem aber wäre die Kampfparität gestört, wenn der Betriebsrat den Arbeitgeber an der Ausübung von gegen den Arbeitskampf gerichteten Abwehrrechten hindern könnte. Zum eigentlichen Verbot des Arbeitskampfes zwischen Arbeitgeber und Betriebsrat → Rn. 21.

Soweit Beteiligungsrechte des Betriebsrats indes keinen Einfluss auf die Führung des **143** Arbeitskampfes durch den Arbeitgeber haben können, besteht kein Grund, den Betriebsrat von deren Ausübung auszuschließen. Daher sind die Beteiligungsrechte des BetrVG im Arbeitskampf »arbeitskampfkonform« auszulegen. Danach gilt etwa: Die Versetzung von Arbeitnehmern aus einem nicht bestreikten Betrieb in einen von einem Arbeitskampf betroffenen Betrieb desselben Arbeitgebers, die der Begrenzung von Streikfolgen dient, bedarf nicht der Zustimmung des Betriebsrats des abgebenden Betriebs nach § 99 Abs. 1 BetrVG.[119] Bei einer Teilaussperrung hat der Betriebsrat nicht nach § 87 Abs. 1 Nr. 1 BetrVG mitzubestimmen, wenn der Arbeitgeber einen Werks-

---

118 *BAG* 13.12.2011, NZA 2012, 571; grundlegend: *BAG* 22.12.1980, BAGE 34, 331 = NJW 1981, 937; *BAG* 22.12.1980, BAGE 34, 355 = NJW 1981, 942.

119 *BAG* 13.12.2011, NZA 2012, 571; Voraussetzung für eine derartige Versetzung ist natürlich, dass diese individualrechtlich zulässig ist, etwa weil die Arbeitnehmer mit ihr einverstanden sind (so im Streitfall) oder sie durch den Arbeitsvertrag bzw. das Direktionsrecht des Arbeitgebers nach § 106 GewO gedeckt ist.

ausweis so verändert, dass dieser für die Dauer der Aussperrung den Ausweisinhaber als nicht ausgesperrten Arbeitnehmer kennzeichnet.[120] Lässt in einem bestreikten Betrieb der Arbeitgeber von arbeitswilligen Arbeitnehmern vorübergehend Überstunden leisten, um dem Streik zu begegnen und dessen Auswirkungen möglichst gering zu halten, entfällt das Mitbestimmungsrecht des Betriebsrats nach § 87 Abs. 1 Nr. 3 BetrVG.[121] Hat ein Arbeitskampf zur Folge, dass die Produktion in einem nicht bestreikten Betrieb eingeschränkt werden muss, so hat der Betriebsrat, was die Anordnung der Verkürzung der Arbeitszeit selbst angeht, kein Mitbestimmungsrecht nach § 87 Abs. 1 Nr. 2 und 3 BetrVG. Anderes gilt indes für die Modalitäten der Arbeitszeitverkürzung, also dafür, wie die verkürzte Arbeitszeit verteilt werden soll, weil die Regelung der damit zusammenhängenden Frage keinen Einfluss auf die Führung des Arbeitskampfes nimmt.[122] Erklärt der Arbeitgeber gegenüber einem Arbeitnehmer wegen Verhaltensverstößen in Zusammenhang mit einem Streik eine Kündigung (→ § 11 Rn. 40 f.), bleiben die Mitwirkungsrechte des Betriebsrats nach §§ 102, 103 BetrVG bestehen. Die frühere Annahme des BAG[123], dass es sich insoweit um eine mitbestimmungsfreie Kampfkündigung handele, dürfte überholt sein.

VIII. Schlichtung

144 Scheitern Verhandlungen der Tarifvertragsparteien um den Abschluss eines Tarifvertrags, so kann zur Vermeidung eines Arbeitskampfes ein Schlichtungsverfahren durchgeführt werden. Natürlich kann ein derartiger Einigungsversuch auch noch unternommen werden, wenn ein Arbeitskampf bereits ausgebrochen ist. Insoweit ist zu unterscheiden zwischen einer zwischen den Tarifvertragsparteien vereinbarten Schlichtung und der staatlichen Schlichtung. Bei letzterer ist wiederum zu differenzieren, zwischen der staatlichen Schlichtung als solcher, einem staatlichen Schlichtungszwang und einer staatlichen Zwangsschlichtung.

145 Eine staatliche Zwangsschlichtung, die die Parteien nicht nur verpflichtet, vor einem Arbeitskampf ein Schlichtungsverfahren zu durchlaufen, sondern sie auch an den Schlichterspruch bindet (womit sich ein Arbeitskampf um die erhobene Tarifforderung erledigen würde), ist dem deutschen Arbeitsrecht fremd[124] und wäre mit Art. 9 Abs. 3 GG unvereinbar (Tarifautonomie, staatliche Neutralitätspflicht, Staatsferne der Festlegung der Lohn- und Arbeitsbedingungen).[125] Sie ist überdies historisch belastet durch die außerordentlich schlechten Erfahrungen, die die Weimarer Republik mit der staatlichen Zwangsschlichtung nach den §§ 15 ff. TVVO gemacht hat, weil sie dazu geführt hat, dass die Tarifpartner sich in großem Maß ihrer Tarifverantwortung entledigt hatten.

146 Ein gesetzlicher Schlichtungszwang, der die Tarifvertragsparteien verpflichtet, vor einem Arbeitskampf ein Schlichtungsverfahren zu durchlaufen, sie aber nicht an dessen Ergebnis bindet, wird zuweilen für Arbeitskämpfe im Bereich der Daseinsvorsorge

---

120 *BAG* 16.12.1986, BAGE 54, 36 = NZA 1987, 355.
121 *BAG* 24.4.1979, BAGE 31, 372 = NJW 1980, 140.
122 Grundlegend *BAG* 22.12.1980, BAGE 34, 331 = NJW 1981, 937; *BAG* 22.12.1980, BAGE 34, 355 = NJW 1981, 942.
123 *BAG* 14.2.1978, BAGE 30, 43 = NJW 1978, 2054; *BAG* 14.2.1978, BAGE 30, 50 = NJW 1979, 236.
124 Eine Ausnahme bilden allerdings die Regelungen §§ 12 Abs. 2 und 18 Abs. 1 Landesschlichtungsordnung für das Land Baden (dazu sogleich), von denen bis heute indes kein Gebrauch gemacht wurde.
125 *BAG* 20.11.2012, NZA 2013, 437 Rn. 56; *BVerfG* 6.5.1964, NJW 1964, 1267.

und Spartenarbeitskämpfe vorgeschlagen (→ Rn. 75 ff.). Ob ein solcher mit Art. 9 Abs. 3 GG zu vereinbaren wäre, erscheint fraglich.

Bei der staatlichen Schlichtung handelt es sich um eine Art »Serviceangebot« des Staa- **147** tes, das Tarifvertragsparteien, die eine Schlichtung durchführen wollen, eine Schlichtungsstelle samt Verfahrensordnung zur Verfügung stellt. Rechtsgrundlage dafür ist das Kontrollratsgesetz Nr. 35 über Ausgleichs- und Schiedsverfahren in Arbeitsstreitigkeiten vom 20. 8. 1946. Dieses gilt gem. Art. 123 GG[126] nach wie vor in Deutschland mit Ausnahme des (süd)badischen Landesteils von Baden-Württemberg.[127] Das Kontrollratsgesetz knüpft an die Schlichtungsverordnung vom 30. 10. 1923 an, sieht aber im Unterschied zu ihr keine Zwangsschlichtung vor. Mehrere Bundesländer[128] haben Verwaltungsvorschriften und Durchführungsverordnungen erlassen. Die staatliche Regelung gilt nur subsidiär, soweit eine tarifliche Schlichtungsstelle nicht vorgesehen ist oder das vereinbarte Schlichtungsverfahren ohne Erfolg geblieben ist und die Tarifvertragsparteien daraufhin den staatlichen Schiedsausschuss einschalten. Der von ihm gefällte Schiedsspruch bindet die Parteien nur, wenn sie seine Annahme erklären. Die Zahl derartiger Schlichtungsverfahren fällt zwar eher marginal aus, dennoch wird hier und da von der durch das Kontrollratsgesetz eingeräumten Schlichtungsmöglichkeit auch tatsächlich Gebrauch gemacht.

Den Tarifvertragsparteien steht frei, ein Schlichtungsverfahren zu vereinbaren und die- **148** ses näher auszugestalten. Derartige Vereinbarungen binden die Parteien schuldrechtlich. Sie werden entweder im schuldrechtlichen Teil eines übergreifenden Tarifvertrags getroffen oder aber auch als separater Tarifvertrag mit rein schuldrechtlichen Verpflichtungen verabredet (häufig auch als Schlichtungsabkommen bezeichnet). Derartige Schlichtungsvereinbarungen bestehen in einer Vielzahl von Branchen (u. a. öffentlicher Dienst, Baugewerbe, Chemie-, Druck- und Metallindustrie), divergieren inhaltlich indes sehr stark voneinander. Haben sich die Parteien einem Einlassungszwang unterworfen, dürfen keine Arbeitskämpfe geführt werden, solange das Schlichtungsverfahren nicht (erfolglos) durchlaufen ist. Die Parteien können die Schlichtungsstelle dabei auch ermächtigen, ihnen einen Einigungsvorschlag zu unterbreiten. Dieser ist dann aber eben nicht verbindlich, vielmehr müssen die Parteien übereinstimmend dessen Annahme erklären, was sie häufig auch tun, da dem Schlichterspruch eine gewisse faktische Autorität zukommt. Theoretisch wäre auch denkbar, dass die Parteien dem Schlichterspruch schon im Vorfeld bindende Wirkung zuerkennen, was indes außerordentlich selten und überdies nicht frei von Rechtsproblemen ist.

---

126 Das ist allerdings bestritten, s. Schaub ArbR-HdB/*Treber* § 195 Rn. 3.

127 Das frühere Bundesland Baden (das nicht mit dem badischen Landesteil von Baden-Württemberg deckungsgleich ist) hat sich 1949 ein eigenes Landesschlichtungsgesetz gegeben, das das Kontrollratsgesetz abgelöst hat.

128 Berlin und Saarland haben eigene Gesetze, die das KRG abgelöst haben, inhaltlich aber letztlich nichts anderes regeln als dieses auch.

§ 11. Die Rechtsfolgen des Arbeitskampfes

I. Rechtsfolgen rechtmäßiger Arbeitskämpfe

1. Suspendierende Wirkung von Streik und Aussperrung

1   Streik und Aussperrung suspendieren die gegenseitigen Hauptpflichten des Arbeitsvertrags. Einschlägige Kampfmaßnahmen beenden das Arbeitsverhältnis also nicht, heben aber die Hauptleistungspflichten für die Dauer des Arbeitskampfes auf. Der streikende Arbeitnehmer ist von seiner Arbeitspflicht, der Arbeitgeber von seiner Beschäftigungs- und Vergütungspflicht befreit. Dagegen bleiben Nebenpflichten auch während des Arbeitskampfes bestehen. Arbeitnehmer sind also gehalten, Geschäfts- und Betriebsgeheimnisse zu wahren, Wettbewerb zu unterlassen und Betriebsmittel, die ihnen der Arbeitgeber anvertraut hat, sorgfältig zu verwahren. Während die Aussperrung ausdrücklich erklärt werden muss, kann sich die Erklärung der Streikteilnahme auch aus den Umständen ergeben.

2   Arbeitnehmer, die ihre Arbeit niederlegen, um einem Streikbefehl der Gewerkschaft zu folgen, handeln bei Rechtmäßigkeit des Streiks nicht pflichtwidrig. Was kollektivrechtlich zulässig ist, kann individualrechtlich nicht als Verletzung des Arbeitsvertrags charakterisiert werden (sog. kollektivrechtliche Einheitstheorie).

3   Der Schritt zur suspendierenden Wirkung des Arbeitskampfes ist der Rechtsprechung zunächst nicht leichtgefallen. Bis zum grundlegenden Beschluss des Großen Senats des BAG vom 28.1.1955 umfasste die Anerkennung der Streikfreiheit nämlich kein subjektives Streikrecht, das die Arbeitsniederlegung rechtfertigte. Der Streik war zwar nicht verboten, gestattete aber auch nicht die Verletzung vertraglicher Pflichten. Daher wurde vertreten, dass die Arbeitnehmer ihr Arbeitsverhältnis erst fristgemäß kündigen müssen, bevor sie die Arbeit niederlegen. Tun sie dies nicht, verletzen sie ihre arbeitsvertraglichen Kernpflichten, weshalb sie sich auch bei einem rechtmäßigen Streik schadensersatzpflichtig machen können oder aber der Arbeitgeber ihnen wegen Arbeitsverweigerung fristlos kündigen dürfe.

4   Bis zum Beschluss des Großen Senats vom 21.4.1971 ging die Rechtsprechung davon aus, dass die Aussperrung für den Regelfall das Arbeitsverhältnis beendet. Diese »lösende« Aussperrung wurde als kollektive Arbeitskampfmaßnahme eigener Art angesehen, die ohne Kündigung zur sofortigen Beendigung des Arbeitsverhältnisses führt.[1] Mit dem erwähnten Beschluss hat das BAG dieses Regel-/Ausnahmeverhältnis umgekehrt: Aussperrungen haben im Allgemeinen nur suspendierende Wirkung. Nur ausnahmsweise könne auch eine lösende Aussperrung zulässig sein, falls der Arbeitgeber auf sie zur Wiederherstellung der Parität zurückgreifen muss. Eine derartige lösende Aussperrung ist, soweit ersichtlich, aber seit Jahrzehnten nicht mehr praktiziert, zuletzt aber in Zusammenhang mit Arbeitskämpfen von kleinen Spartengewerkschaften wieder in die Diskussion gebracht worden. Ihre Verhältnismäßigkeit steht aber selbst in diesem Kontext in Zweifel.

5   Selbst wenn der Arbeitgeber Arbeitnehmer ausnahmsweise lösend aussperren dürfte, stünde diesen nach Beendigung des Arbeitskampfes ein Anspruch auf Wiedereinstel-

---

1 Deshalb findet auf die Aussperrung auch das KSchG keine Anwendung und zwar ohne, dass es des Rückgriffs auf den (längst überholten und überflüssigen) § 25 KSchG bedarf.

lung nach billigem Ermessen des Arbeitgebers zu, es sei denn, dieser hätte die fraglichen Arbeitsplätze bereits während der Kampfzeit anderweitig besetzt. Darüber hinaus dürfte die Gewerkschaft in solchen Fällen wohl großen Wert darauf legen, dass eine Wiedereinstellung aller ausgelösten Arbeitnehmer durch tarifvertragliche Maßregelungsverbote abgesichert ist. Im Endergebnis wirkt die lösende Aussperrung daher nur wie eine suspendierende Aussperrung, allenfalls kann der Arbeitgeber mit ihr einen gewissen psychologischen Druck auf die Belegschaft ausüben.

2. Entgeltansprüche kampfbeteiligter Arbeitnehmer

a) Arbeitsentgelt und Gratifikationen

Während der Streikteilnahme oder den Zeiten einer Aussperrung sind die gegenseitigen Hauptleistungspflichten aufgehoben. Arbeitnehmern steht daher kein Lohnanspruch zu. Mithin bedarf es keines Rückgriffs auf die Regelungen des §§ 275 Abs. 1, 326 Abs. 1 BGB, aus denen sich freilich dasselbe ergeben würde. Maßgeblich ist die effektive Dauer der ausgefallenen Arbeitszeit.   **6**

Sonderzahlungen, die an den Bestand des Arbeitsverhältnisses anknüpfen, bleiben den Arbeitnehmern in vollem Umfang erhalten. Das trifft in aller Regel auf jährlich ausgereichte Gratifikationen zu. Dagegen werden Prämien, die direkt mit der Erbringung der Arbeitsleistung verbunden sind, anteilig gekürzt.[2] Sonderzahlungen mit Mischcharakter bleiben dem Arbeitnehmer erhalten, es sei denn, es wäre ausdrücklich vereinbart, dass sie anteilig um Fehltage bzw. für jeden Fehltag um einen bestimmten Faktor zu kürzen sind. Derartige vertragliche Vereinbarungen sind grundsätzlich zulässig und dürfen dabei auch streikbedingte Ausfallzeiten mitumfassen, wobei ihre AGB-rechtlichen Grenzen allerdings nicht abschließend geklärt sind. § 4a EFZG findet auf streikbedingte Fehlzeiten jedenfalls keine Anwendung.   **7**

Der umgekehrte Fall, nämlich der der Gewährung von Streikbruchprämien und von Zulagen für Streikarbeit, ist bei § 10 Rn. 119 besprochen.   **8**

b) Entgeltersatzansprüche

Beteiligt sich ein Arbeitnehmer an einem Streik oder wird er ausgesperrt und erkrankt danach, erhält er keine Entgeltfortzahlung nach § 3 EFZG, da die Krankheit dann nicht mehr die alleinige Ursache des Arbeitsausfalls ist. Eine Erklärung des erkrankten Arbeitnehmers, sich nun nicht mehr am Streik beteiligen zu wollen, bleibt wirkungslos (strittig). War der Arbeitnehmer dagegen bereits vor dem Arbeitskampf erkrankt, behält er seinen Anspruch auf Entgeltfortzahlung, es sei denn, er erklärt, am Streik teilnehmen zu wollen (was freilich wenig sinnvoll wäre). Vor Beginn des Arbeitskampfes erkrankte Arbeitnehmer verlieren ihren Anspruch auf Entgeltfortzahlung, sobald sie kampfbedingt ohnehin nicht mehr hätten beschäftigt werden können oder der Betrieb stillgelegt wird (→ § 10 Rn. 127 ff). Letzteres gilt auch für arbeitswillige Arbeitnehmer, die während des Streiks erkranken. Für die Dauer eines Streiks oder einer rechtmäßigen Aussperrung besteht gegen den Arbeitgeber kein Anspruch auf Zuschuss zum Mutterschaftsgeld nach § 20 Abs. 1 MuSchG. Auch beim Mutterschaftsgeld handelt es sich ungeachtet des gesetzlichen Beschäftigungsverbots nach § 3 MuSchG um eine Lohnersatzleistung.   **9**

---

2 *BAG* 30.10.2012, NZA-RR 2013, 288.

10 Dauert ein Arbeitskampf an einem gesetzlichen Feiertag fort, hat der streikende oder ausgesperrte Arbeitnehmer keinen Entgeltfortzahlungsanspruch nach § 2 Abs. 1 EFZG. Das gilt auch, wenn die Gewerkschaft die Aussetzung eines Streiks lediglich für den Feiertag erklärt, also »um den Feiertag herum streikt«. Anderes ergibt sich, wenn der Streik vor dem Feiertag beendet wird und im Anschluss an diesen die Arbeit wiederaufgenommen wird. Daran ändert sich nichts, wenn der Arbeitskampf – etwa weil zwischenzeitlich geführte Verhandlungen gescheitert sind – später dann doch nochmals wieder aufgenommen wird.

11 Diese Grundsätze setzen sich auch beim Annahmeverzug fort. Erklärt etwa ein gekündigter Arbeitnehmer nach Ablauf der Kündigungsfrist seine Streikteilnahme, steht ihm für diese Zeit auch dann kein Annahmeverzugslohn zu, wenn in einem nachfolgenden Kündigungsschutzprozess die Unwirksamkeit der Kündigung festgestellt wird. Wer streikt, ist nicht leistungswillig i. S. d. § 297 BGB. Hatte er dagegen seine Arbeitsleistung angeboten (wozu regelmäßig ausreicht, dass er Kündigungsschutzklage erhoben hat [vgl. § 296 BGB]), bleiben ihm seine Gehaltsansprüche nach § 615 BGB erhalten.

c) Urlaub

12 War der Urlaub bereits vor dem Streik bewilligt, besteht dieser im Arbeitskampf einschließlich des Anspruchs auf Urlaubsentgelt nach § 11 BUrlG fort. Der Arbeitnehmer kann sich aber durch ausdrückliche Erklärung dem Arbeitskampf anschließen, mit der Folge, dass sein Urlaubs- und Entgeltanspruch nach § 275 Abs. 1 BGB untergeht. Der nicht angetretene Urlaub ist dann nach Beendigung des Arbeitskampfes nachzugewähren. Dagegen besteht während des Arbeitskampfes kein Anspruch auf Urlaubsgewährung. Streikende Arbeitnehmer haben hierauf schon deshalb keinen Anspruch, weil deren Leistungspflicht ohnehin bereits suspendiert ist, aber auch deshalb, weil die Kampfparität zu Lasten des Arbeitgebers verschoben wäre, müsste dieser die Gewerkschaften mittelbar durch Zahlung von Urlaubsentgelt unterstützen. Auch nicht streikende Arbeitnehmer können keinen Urlaub nehmen, weil der Arbeitgeber so keine Möglichkeit mehr hätte, sie ggf. auszusperren.

3. Entgeltansprüche nicht kampfbeteiligter Arbeitnehmer im bestreikten Betrieb

13 Solange der Arbeitgeber die arbeitswilligen Arbeitnehmer des umkämpften Betriebs beschäftigt, ist die Situation naturgemäß unproblematisch. Ansonsten ist zu differenzieren: Kommt der Betrieb zum Erliegen oder legt der Arbeitgeber ihn still, entfällt der Entgeltanspruch der betroffenen Arbeitnehmer (→ § 10 Rn. 131).[3] Entscheidet sich der Arbeitgeber, den bestreikten Betrieb nicht stillzulegen und wäre ihm die Annahme der Arbeit möglich geblieben, kommt er, wenn er auf das Arbeitsangebot der Arbeitnehmer nicht eingeht, nach §§ 615 S. 1, 293 BGB in Annahmeverzug. Ist ihm die Beschäftigung der Arbeitnehmer infolge des Streiks allerdings nicht möglich, verlieren diese ihren Lohnanspruch.

14 Dass arbeitswillige Arbeitnehmer, die während eines Arbeitskampfes nicht beschäftigt werden können, ihren Lohnanspruch verlieren, begründet die Rechtsprechung unter Verweis darauf, dass den Arbeitnehmern insoweit das Arbeitskampfrisiko zugewiesen

---

3 *BAG* 13.12.2011, NZA 2012, 995 Rn. 60; *BAG* 27.6.1995, NZA 1996, 212; *BAG* 22.3.1994, NZA 1994, 1097.

ist. Vollständig erfassen lässt sich diese Überlegung nur, wenn man sich kurz das (hier stark vereinfacht und ohne genauere Betrachtung des Verhältnisses von §§ 326 und 615 BGB dargestellte) rechtliche Umfeld vor Augen führt, in das diese Rechtsfigur eingebettet ist: (1.) Nach den Regeln des BGB wäre vorliegend ein Fall der beiderseits unverschuldeten Unmöglichkeit gegeben. Danach würden die nicht zu beschäftigenden Arbeitnehmer ihren Lohnanspruch verlieren (§§ 275, 326 Abs. 1 BGB). (2.) Die Unmöglichkeitsregeln werden indes durch die Betriebsrisikolehre durchbrochen, § 615 S. 3 BGB. Danach schuldet der Arbeitgeber Annahmeverzugslohn nach § 615 S. 1 BGB. (3.) Die Rechtsfigur des Arbeitskampfrisikos besagt nun, dass die fehlende Möglichkeit zur Beschäftigung von arbeitswilligen Arbeitnehmern im Arbeitskampf nicht dem Betriebsrisiko des Arbeitgebers zuzuordnen ist (was sich aus rein betriebswirtschaftlicher Sicht durchaus behaupten ließe). Sie schränkt also das Betriebsrisiko ein, oder besser: sie grenzt den Arbeitsausfall als Folge eines Arbeitskampfes vom Arbeitsausfall in Folge betrieblicher Störungen ab. Damit finden im Ergebnis die §§ 275, 326 Abs. 1 BGB also doch Anwendung. Dass so auch arbeitswilligen Arbeitnehmern das Lohnrisiko für arbeitskampfbedingte Nichtarbeit aufgebürdet wird, gründet sich auf den Grundsatz der Kampfparität. Das Verhandlungsgleichgewicht wäre zu Lasten des Arbeitgebers verschoben, müsste dieser den Arbeitsausfall nicht kampfbeteiligter Arbeitnehmer finanzieren. Denn dann würde der Gewerkschaft genügen, einige wenige Arbeitnehmer in bestimmten Schlüsselpositionen zum Streik aufzurufen, um den Arbeitgeber mit den Lohnkosten des so insgesamt lahmgelegten Betriebs zu belasten.

4. Fernwirkungen des Arbeitskampfes

In einer stark vernetzten modernen Industriegesellschaft haben punktuell geführte Arbeitskämpfe häufig Fernwirkung. Wird in einem Zulieferbetrieb gestreikt, kann auch im Abnehmerbetrieb die Arbeit zum Erliegen kommen. Besondere Bedeutung hat dies in den Industrien erlangt, die stark arbeitsanteilig produzieren. So bevorraten Unternehmen, die just-in-time produzieren, Vorprodukte allenfalls für ein oder zwei Arbeitstage. **15**

Auch für derartige Fernwirkungen eines Arbeitskampfes nimmt die Rechtsprechung eine Modifikation der Betriebsrisikolehre vor (→ Rn. 14): Zwar scheint sich abstrakt betrachtet in diesen Fällen tatsächlich das allgemeine Betriebsrisiko zu realisieren, denn hier ist der Arbeitsausfall nicht die Folge eines im Betrieb geführten Arbeitskampfes, sondern resultiert ausschließlich daraus, dass es an den notwendigen Zuliefer- und Vorprodukten fehlt. Dessen ungeachtet kann alleine deshalb dem Arbeitgeber noch nicht das Entgeltrisiko zugewiesen werden. Vielmehr ist den Arbeitnehmern das Risiko des Lohn- und Entgeltausfalls aufzubürden, soweit die Fernwirkung »kampfbezogen« ist. Entscheidend ist, ob die Fernwirkungen kampftaktischer Natur sind oder aber die für den betroffenen Betrieb zuständigen Verbände mit den unmittelbar kampfführenden Verbänden identisch oder mit diesen organisatorisch eng verbunden sind, so dass diese sich untereinander über Fragen der Fortführung des Arbeitskampfes austauschen werden (sog. Binnendrucktheorie). Maßgeblich sind also Paritätserwägungen. Dagegen kommt es – anders als bei der sogleich zu besprechenden Regelung des § 160 Abs. 3 SGB III – nicht unbedingt darauf an, ob die betroffen Arbeitnehmer auch vom Tarifabschluss profitieren werden. Unterfällt der fragliche Betrieb aber dem fachlichen und räumlichen Geltungsbereich des angestrebten Tarifvertrags, ist eine Kampfbezogenheit regelmäßig gegeben. **16**

17 Diese Rechtsprechung wird im Schrifttum ganz überwiegend akzeptiert, hat indes aber auch vereinzelte Kritik erfahren. Zusammen mit der Stilllegungsbefugnis des Arbeitgebers relativiert sie die Beschränkungen, die die Rechtsprechung gegenüber der Aussperrung von Arbeitnehmern errichtet hat, deutlich. Kritiker bezeichnen diese Form der Nichtbeschäftigung deshalb zuweilen auch pointiert als »kalte Aussperrung«, wobei sie meist auch die sogleich zu besprechende Regelung des § 160 Abs. 3 SGB III im Blick haben.

5. Streikunterstützung durch Gewerkschaften

18 Gewerkschaftsmitglieder, die durch Streik oder Aussperrung direkt betroffen sind, erhalten in aller Regel von ihrer Gewerkschaft eine Unterstützung in Form eines Streikgeldes. Dieses lehnt sich meist an den monatlich zu zahlenden Mitgliedsbeitrag an.

Zur Veranschaulichung ein, sehr grob pauschalisiertes **Zahlenbeispiel**: Monatsgehalt: 3.000 EUR, Mitgliedsbeitrag: ca. 30 EUR, tägliches Streikgeld: häufig 2 bis 3-facher Monatsbeitrag, also ca. 75 EUR, zuweilen erhöht um bestimmte Sätze, etwa 5 EUR pro unterhaltsberechtigtes Kind etc.

Der Anspruch auf Erhalt eines Streikgelds, sowie die Voraussetzungen, Höhe und Einzelheiten seiner Auszahlung ergeben sich aus der jeweiligen Satzung der Gewerkschaft. Dagegen wird für den Entgeltausfall, der auf Grund von Fernwirkungen eines Arbeitskampfes entsteht (→ Rn. 15 ff.), meist kein Streikgeld gezahlt, weil derartige Leistungen Gewerkschaften überfordern würden.

6. Arbeitslosen- und Kurzarbeitergeld

19 Da Streik und Aussperrung nur suspendierende Wirkung haben (→ Rn. 1), führen sie nicht zur Beendigung des sozialrechtlichen Beschäftigungsverhältnisses. Daher werden streikende und ausgesperrte Arbeitnehmer nicht im eigentlichen Sinn arbeitslos. Sozialrechtlich gesehen gelten sie dessen ungeachtet aber – stark vereinfacht gesprochen – als beschäftigungslos i. S. d. § 138 Abs. 1 Nr. 1 SGB III und damit eben doch als arbeitslos. Das würde im Ansatz auch auf Arbeitnehmer zutreffen, die auf Grund eines im Betrieb geführten Arbeitskampfes nicht mehr beschäftigt werden können und erst recht für Beschäftigte, die auf Grund von Fernwirkungen des Arbeitskampfes einen Entgeltausfall (→ Rn. 15 ff.) erleiden. Danach hätten mehr oder weniger alle Arbeitnehmer, die mittelbar oder unmittelbar auf Grund von Streik oder Aussperrung keine Arbeitsleistung erbringen, Anspruch auf Arbeitslosengeld. Für das Kurzarbeitergeld gelten die nachfolgenden Grundsätze entsprechend: § 100 SGB III.

20 Ersatzleistungen an unmittelbar streikbeteiligte Arbeitnehmer wären indes mit der Neutralität der Sozialversicherungsträger völlig unvereinbar (→ § 10 Rn. 12 ff.). Müssten nämlich unmittelbar kampfbeteiligte Arbeitnehmer nur noch Einkommenseinbußen in Höhe der sich zwischen der Arbeitslosenunterstützung und dem Vollgehalt ergebenden Differenz hinnehmen, könnte die Gewerkschaft Arbeitskämpfe relativ kostengünstig führen. §§ 160 Abs. 1 S. 1 und Abs. 2 SGB III bestimmen daher, dass Arbeitnehmer, die sich an einem Streik beteiligen oder ausgesperrt werden, keinen Anspruch auf Arbeitslosengeld haben.

21 Nach § 160 Abs. 3 Nr. 1 SGB III ruht der Anspruch auf Arbeitslosengeld auch, wenn ein Arbeitnehmer in Folge eines Arbeitskampfes, an dem er nicht beteiligt ist, »arbeitslos« wird, soweit sein Beschäftigungsbetrieb dem räumlichen und fachlichen Gel-

tungsbereich des umkämpften Tarifvertrages zuzuordnen ist. Das betrifft zunächst die arbeitswilligen Arbeitnehmer des Betriebs, in dem unmittelbar gekämpft wird, die aber wegen des Arbeitskampfes nicht mehr fortbeschäftigt werden können (→ Rn. 13). Gleichermaßen spricht die Regelung aber auch Arbeitnehmer des bestreikten Betriebs an, die »arbeitslos« werden, weil der Arbeitgeber diesen während des Arbeitskampfes insgesamt stilllegt (→ § 10 Rn. 127 ff.).

Darüber hinaus erfasst § 160 SGB III schließlich auch die echte Fernwirkung von Arbeitskämpfen. Nach § 160 Abs. 3 S. 1 Nr. 1 SGB III ruht der Anspruch auf Arbeitslosengeld auch dann, wenn der mittelbar vom Arbeitskampf betroffene Betrieb dem räumlichen und fachlichen Geltungsbereich des umkämpften Tarifvertrages zuzuordnen ist. **22**

Beispiel: Gewerkschaft G fordert vom bayerischen Metallarbeitgeberverband eine Erhöhung des Tariflohns um 4 %. Um den Forderungen Nachdruck zu verleihen, ruft sie zum Streik u. a. beim Nürnberger Zündkerzenhersteller Z auf, der die großen bayerischen Automobilwerke mit Zündkerzen beliefert. In der Folge können die bei BMW und Audi angestellten Arbeitnehmer nicht mehr weiter beschäftigt werden. Die Mitarbeiter von BMW und Audi erhalten danach weder Arbeitsentgelt (→ Rn. 14), noch Arbeitslosenunterstützung.

Doch geht § 160 Abs. 3 S. 1 Nr. 2 SGB III noch einen wichtigen Schritt weiter und ordnet die gleiche Rechtsfolge an, wenn der Beschäftigungsbetrieb des Arbeitnehmers zwar nicht unter den räumlichen Geltungsbereich des angestrebten Tarifvertrags fällt, aber dessen fachlichen Geltungsbereich zuzuordnen ist und für den Tarifbezirk, in dem der Betrieb angesiedelt ist, bereits eine gleiche Forderung erhoben wurde und das Arbeitskampfergebnis aller Voraussicht nach dorthin übernommen werden wird. Der Anspruch auf Unterstützung ruht aber nur, wenn anzunehmen ist, dass die betreffenden Arbeitnehmer auch tatsächlich am Tarifabschluss teilhaben werden (vgl. insoweit den Unterschied zur vergütungsrechtlichen Situation → Rn. 16). Das Gesetz unterstellt, dass in dieser Konstellation ein »Stellvertreter-Arbeitskampf« geführt wird. Es sieht den vom Arbeitsausfall betroffenen Arbeitnehmer daher als beteiligt an, weil er am Arbeitskampfergebnis partizipieren wird. Anknüpfend an das Beispiel der Rn. 22: Auch in den Stuttgarter Werken der Daimler AG kommt es wegen der fehlenden Zündkerzen zu Arbeitsausfällen. Soweit die Gewerkschaft G auch für Baden-Württemberg eine vergleichbare Lohnerhöhung gefordert hat, erhalten auch die dort beschäftigten Arbeitnehmer kein Arbeitslosengeld. **23**

Die Regelung des § 160 Abs. 3 SGB III ist im Umfeld ihres Erlasses im Jahr 1986 (damals: § 116 Abs. 3 AFG) zum Gegenstand einer außerordentlich heftig geführten gesellschafts- und arbeitsmarktpolitischen Debatte gemacht worden. Das BVerfG hat sie jedoch als verfassungskonform gebilligt. Tragender Gesichtspunkt für das BVerfG ist die sich aus Art. 9 Abs. 3 GG ergebende Neutralitätspflicht des Staates (→ § 10 Rn. 12 ff.). Sie ist im Bereich der Sozialversicherung besonders stark ausgeprägt, weil diese sowohl durch Beitragsleistungen der Arbeitnehmer- als auch der Arbeitgeberseite finanziert wird. Die Bundesagentur ist daher verpflichtet, die bestehenden Kräfteverhältnisse der Koalitionen zu respektieren (»passive Neutralität«). Bei § 160 SGB III geht es also letztlich weniger darum, im Bereich des Arbeitskampfrechts Parität zu bewahren oder herzustellen. Vielmehr regelt sie vorwiegend die Neutralität der Bundesagentur für Arbeit bei der Leistungsgewährung. **24**

Selbst wenn der Anspruch auf Arbeitslosen- und Kurzarbeitergeld ruht, bleibt dem Arbeitnehmer (wahrscheinlich) ein Anspruch auf das im SGB II geregelte Arbeitslosengeld II erhalten (auch: Grundsicherung oder Hartz-IV). Zwar nimmt der Staat **25** auch durch Zahlung solcher Leistungen mittelbar Einfluss auf Arbeitskämpfe. Indes dürfte dem vom BVerfG anerkannten Grundrecht auf Sicherung des physischen und soziokulturellen Existenzminimums[4] im Rahmen der erforderlichen Abwägung der Vorrang einzuräumen sein. In der Praxis erweist sich das allerdings als bedeutungslos, wenn die Streikmaßnahme lediglich ein paar Tage oder gar nur Stunden andauert. Zur Streikunterstützung durch Gewerkschaften→ Rn. 18.

II. Rechtsfolgen rechtswidriger Arbeitskämpfe bzw. einzelner rechtswidriger Arbeitskampfmaßnahmen

1. Vorbemerkung: Rechtswidrige Arbeitskämpfe und Kampfmaßnahmen von Arbeitnehmer- und Arbeitgeberseite

26   Wenn von den Rechtsfolgen »rechtswidriger Arbeitskämpfe« gesprochen wird, müssten im Grunde vier Konstellationen voneinander unterschieden werden. Zum einen kann der Arbeitskampf an sich rechtswidrig sein, zum anderen ist denkbar, dass im Rahmen eines rechtmäßigen Arbeitskampfes einzelne rechtswidrige Arbeitskampfmaßnahmen ergriffen werden. Weiter wäre zwischen rechtswidrigen Arbeitskämpfen bzw. Kampfmaßnahmen der Arbeitgeberseite und solchen der Arbeitnehmerseite zu unterscheiden. In der Praxis gestalten sich die Dinge freilich so, dass fast ausnahmslos die Arbeitnehmerseite eine Forderung erhebt und die Initiative zu deren Durchsetzung ergreift, während es in den letzten Jahrzehnten nicht mehr beobachtet werden konnte, dass die Arbeitgeberseite »zum Angriff« schreitet. Das ist einer der Gründe dafür, dass in den nachstehenden Ausführungen überwiegend von rechtswidrigen Arbeitskämpfen der Arbeitnehmerseite und dabei vor allem von rechtswidrigen Streiks gesprochen wird. Dies dient aber auch der sprachlichen Vereinfachung der Darstellung, weil sich dadurch die andernfalls notwendigen Verdoppelungen von Anspruchsberechtigten bzw. -verpflichteten[5] vermeiden lassen. Das bedeutet natürlich nicht, dass Gewerkschaften bzw. einzelne Arbeitnehmer, wenn sie durch einen rechtswidrigen Arbeitskampf der Arbeitgeberseite betroffen wären, nicht ihrerseits die gleichen Ansprüche gegen die Arbeitgeberseite zur Hand hätten, die ansonsten der Arbeitgeberseite zur Abwehr rechtswidriger Angriffe der Arbeitnehmerseite zur Verfügung stehen. Immerhin ist aber vorstellbar, dass die Arbeitgeberseite innerhalb eines rechtmäßigen Arbeitskampfes zu einzelnen rechtswidrigen Kampfmaßnahmen schreitet, wozu es insbesondere kommen kann, wenn diese in unverhältnismäßiger Weise aussperrt (→ § 10 Rn. 111 ff.). Auf diese, inzwischen aber ebenfalls sehr selten gewordenen Konstellationen, wird nachfolgend vereinzelt Bezug genommen.

2. Ansprüche betroffener Arbeitgeber (Arbeitnehmer) gegen die gegnerische Tarifvertragspartei

27   Soweit die kampfführende Gewerkschaft mit der Einleitung von Kampfmaßnahmen gegen die tarifvertragliche Friedenspflicht verstößt (→ § 10 Rn. 28 ff.), können die betroffenen Arbeitgeber nach §§ 328 i. V. m. 241 Abs. 2 BGB Unterlassung bzw. nach

---

4 *BVerfG* 9.2.2010, NJW 2010, 505 Rn. 90.
5 »Anspruch des angegriffenen Arbeitgeberverbands bzw. der angegriffenen Gewerkschaft gegen den kämpfenden Arbeitgeberverband bzw. die streikführende Gewerkschaft« usw.

§§ 328[6] i. V. m. 283,[7] 280 Abs. 1 S. 2, 249 ff. BGB Schadensersatz verlangen (zum Einwand des rechtmäßigen Alternativverhaltens → Rn. 35 und → § 10 Rn. 24). Voraussetzung dafür ist aber, dass die angegriffenen Arbeitgeber Verbandsmitglieder sind, da regelmäßig nicht anzunehmen ist, dass die Tarifvertragsparteien auch Außenseiter in den Genuss der Friedenspflicht bringen wollen und zwar selbst dann nicht, wenn diese in ihren Arbeitsverträgen auf den Tarifvertrag Bezug nehmen. Verstöße gegen die Friedenspflicht sind indes außerordentlich selten. Zu ihnen kommt es zuweilen in unübersichtlichen Tarifstrukturen.[8] Zunächst wurde auch bei Arbeitskämpfen von Spartengewerkschaften, die anfangs offenbar noch über keine große Organisationserfahrung verfügten und im Bestreben, sich beim sozialen Gegenspieler erst einmal Gehör zu verschaffen, hier und da über das Ziel hinausschossen.

Weiterhin kommen deliktische Unterlassungs- und Schadensersatzansprüche in Betracht: (§ 1004 BGB analog i. V. m.) § 823 Abs. 1 BGB. Das absolut geschützte Rechtsgut auf Arbeitgeberseite[9] ist dabei der eingerichtete und ausgeübte Gewerbebetrieb der angegriffenen Unternehmen. Zudem kann als absolut geschütztes Rechtsgut das Koalitionsgrundrecht von organisierten Arbeitgebern herangezogen werden, wobei im Hinblick auf Unterlassungsansprüche insoweit wohl besser gleich direkt auf Art. 9 Abs. 3 S. 2 GG zugegriffen werden sollte, sodass es, was Unterlassungsansprüche betrifft, des »Umwegs« über § 823 Abs. 1 BGB gar nicht bedürfte. Bei Arbeitskampf- bzw. Streikexzessen können als weitere absolut geschützte Rechtsgüter auch Eigentum, berechtigter Besitz, Freiheit, Körper oder Gesundheit ins Spiel kommen. **28**

Schließlich können sich Unterlassungs- und Schadensersatzansprüche auch aus (§ 1004 BGB analog i. V. m.) § 823 Abs. 2 BGB ergeben. Dabei kommen situationsabhängig als verletzte Schutzgesetze Art. 9 Abs. 3 S. 2 GG, aber auch zahlreiche Strafgesetze und gegebenenfalls sogar die richterrechtlich entwickelten Grundsätze des Arbeitskampfrechts in Betracht. Bedeutung erlangt das vor allem bei Streikexzessen (Sachbeschädigung, Hausfriedensbruch, Körperverletzungsdelikte). Insgesamt weitgehend an Bedeutung verloren hat dagegen § 826 BGB. **29**

3. Ansprüche zwischen den Tarifvertragsparteien

Soweit eine Tarifvertragspartei mit der Einleitung von Arbeitskampfmaßnahmen gegen die tarifvertragliche Friedenspflicht verstößt (→ § 10 Rn. 28 ff.), stehen der gegnerischen Tarifvertragspartei vertragliche Unterlassungs- bzw. Schadensersatzansprüche zu. Rechtsgrundlage für Schadensersatzansprüche ist dabei §§ 275, 283, 280 Abs. 1 S. 2, 249 ff. BGB (teils werden auch §§ 241 Abs. 2, 280 Abs. 1, 249 ff. BGB genannt). Zu beachten ist allerdings, dass die angegriffene Tarifvertragspartei durch einen rechts- **30**

---

6 Soweit man die Friedenspflicht nicht als Vertrag zu Gunsten Dritter, sondern nur als Vertrag mit Schutzwirkung zu Gunsten Dritter ansieht, wäre fraglich, ob das einzelne Verbandsmitglied nicht auf Schadensersatzansprüche beschränkt ist.

7 Oder auch §§ 280 Abs. 1, 241 Abs. 2 BGB.

8 So hatte im Sachverhalt von *BAG* 26.7.2016, NZA 2016, 1543 die kampfführende GdF vor dem Streik versehentlich die »falschen« Tarifbestimmungen gekündigt.

9 Liegt die umgekehrte Konstellation vor, dass die Arbeitnehmerseite durch einen rechtswidrigen Arbeitskampf bzw. unzulässige Kampfmaßnahmen der Arbeitgeberseite betroffen wird (s. die Eingangsbemerkung unter → Rn. 26), können sich (organisierte) Arbeitnehmer im Anwendungsbereich des § 823 Abs. 1 BGB zunächst auf ihr Koalitionsgrundrecht berufen. Inwieweit (auch nicht organisierten) Arbeitnehmern darüber hinaus ein »Recht am Arbeitsplatz« bzw. der durch das allgemeine Persönlichkeitsrecht garantierte Beschäftigungsanspruch als absolut geschütztes Rechtsgut i. S. d. § 823 Abs. 1 BGB anzuerkennen ist, ist nicht abschließend geklärt.

widrigen Arbeitskampf meist keinen oder jedenfalls keinen nennenswerten Schaden erleiden wird (allenfalls: Aufwendungen zur Abwehr des Arbeitskampfes). Anders können die Dinge dagegen liegen, soweit sich ein Streik auf Abschluss eines Firmentarifvertrags gezielt gegen einen einzelnen Arbeitgeber richtet, der auch Tarifvertragspartei werden soll. Doch hat der Arbeitgeber die Schäden, die er insoweit am Unternehmen erleidet, entsprechend den unter Rn. 27ff. dargestellten Grundsätzen zu liquidieren.

31 Der kampfbetroffenen Tarifvertragspartei stehen überdies Unterlassungs- und Schadensersatzansprüche nach (§ 1004 BGB analog i. V. m.) § 823 Abs. 1 BGB zur Seite. Absolut geschütztes Rechtsgut ist jeweils deren kollektives Koalitionsgrundrecht, wobei im Hinblick auf den Unterlassungsanspruch auch hier besser direkt auf Art. 9 Abs. 3 S. 2 GG zugegriffen werden sollte (→ Rn. 28). Daneben sind zwar theoretisch auch Ansprüche aus §§ 823 Abs. 2 und 826 BGB denkbar, doch werden sich diese eher in Person der angegriffenen Arbeitgeber (bzw. Arbeitnehmer) realisieren (→ Rn. 29). Im Hinblick auf Schadensersatzansprüche ist zu beachten, dass es einer Koalition meist am ersatzfähigen Vermögensschaden fehlen wird (zuvor → Rn. 30).

4. Zurechnungs- und Verschuldensfragen, Rechtswidrigkeit, Schadensabwendung

32 Passivlegitimiert für die in Ziffern 2 und 3 dargestellten Unterlassungs- und Schadensersatzansprüche ist zunächst die Gewerkschaft, die zu einem rechtswidrigen Arbeitskampf aufgerufen hat. Was Schadensersatzansprüche betrifft, muss sie sich über § 31 BGB entsprechende Handlungen des Verbandsvorstands, aber auch der satzungsgemäß berufenen »Arbeitskampfvertreter«, also etwa des Streikvorstands, des Streikausschusses, der Landesstreikleitung oder auch der Vorsitzenden der örtlichen Streikleitung zurechnen lassen. Gleiches gilt für Arbeitskampfexzesse, die auf die Anordnung solcher Personen zurückgehen, so also etwa wenn die Gewerkschaft zu im Einzelnen rechtswidrigen oder überschießenden Flashmob-Aktionen aufruft.

33 Dagegen ist die Gewerkschaft im Rahmen eines rechtmäßigen Arbeitskampfes für einzelne Arbeitskampfbeteiligte (Streikposten, Arbeitnehmer, »Flashmob-Aktivisten«) lediglich nach § 831 BGB haftbar, kann sich für diese also ggf. exculpieren (wobei der »klassische« Exculpationsbeweis des § 831 BGB insoweit nicht passt, als die Gewerkschaft jedenfalls die Arbeitnehmer, die sich am Streik beteiligen, nicht im eigentlichen Sinn »auswählen« kann). Sie unterliegt aber gewissen arbeitskampfrechtlichen »Verkehrssicherungspflichten.« So muss eine Gewerkschaft im Rahmen der tatsächlichen Gegebenheiten und ihrer Möglichkeiten auf die Kampfteilnehmer auf ihrer Seite so einwirken, dass es möglichst nicht zu rechtswidrigen Arbeitskämpfen bzw. Exzessen kommt. Sie muss daher etwa einschlägige Streikrichtlinien erstellen und ausreichend bekannt machen, auch müssen im erforderlichen Maß Gewerkschaftssekretäre oder Streikleiter vor Ort präsent sein. Gegebenenfalls muss die Gewerkschaft auch versuchen, ihre Mitglieder von der Aufrechterhaltung eigenmächtig ergriffener exzessiver Kampfmaßnahmen abzuhalten. Ausschreitungen, die von der Gewerkschaft nicht geplant, gewollt oder geduldet sind, machen diese dagegen nicht haftbar.

34 Was das Verschulden der Gewerkschaft betrifft, ist zu beachten, dass ihr nach Art. 9 Abs. 3 GG ein gewisser Spielraum bei der Prüfung der Rechtmäßigkeit des Arbeitskampfes bzw. der eingesetzten Kampfmittel zukommen muss, insbesondere, was dessen Verhältnismäßigkeit i. e. S. angeht. Das Arbeitskampfrecht ist gesetzlich nicht geregelt, entwickelt sich laufend fort und ist durch wertungsoffene und generalklausel-artige Grundsätze geprägt. Die Gewerkschaft handelt daher nicht schuldhaft, wenn für die Zulässigkeit der umkämpften tariflichen Regelung des Arbeitskampfes oder der Kampfmaßnahme beachtliche Gründe sprachen, die Gewerkschaft von ihrem Streikrecht maßvoll Gebrauch gemacht hatte und eine wirkliche Klärung der Rechts-lage vor Streikbeginn nicht zu erreichen war.[10] Rechtstechnisch gesehen liegt in diesem Fall ein ausnahmsweise beachtlicher Rechtsirrtum vor. Hatte die Arbeitgeberseite ge-gen die streikführende Gewerkschaft allerdings bereits eine Unterlassungsverfügung erwirkt, lässt sich die Beachtlichkeit eines solchen Rechtsirrtums dagegen in der Regel nicht mehr begründen.

Hatte die Gewerkschaft gegen die tarifliche Friedenspflicht verstoßen, kann sie sich **35** nicht auf den Einwand des rechtmäßigen Alternativverhaltens berufen.[11] Dabei liegt der Einwand, dass der fragliche Schaden auch bei einer ebenfalls möglichen, recht-mäßigen Verhaltensweise entstanden wäre, in diesem Kontext gar nicht einmal fern. Nicht selten hätte die Gewerkschaft ja nur das Auslaufen des Tarifvertrags abwarten oder diesen (korrekt) kündigen müssen und schon wäre derselbe Arbeitskampf recht-mäßig geworden. Eine solche Argumentation würde aber Sinn und Zweck der Frie-denspflicht zuwiderlaufen. Sie soll dem Arbeitgeber die Sicherheit vermitteln, dass während des Laufs des Tarifvertrags nicht versucht wird, Änderungen oder Verbesse-rungen der tariflich geregelten Gegenstände durchzusetzen. Sie ist darauf gerichtet, für die Dauer ihres Bestehens die Schädigung des Arbeitgebers durch einen Streik »als sol-chen« auszuschließen.

Den Arbeitgeber trifft im Fall eines rechtswidrigen Arbeitskampfes auch dann kein **36** Abwendungsverschulden nach § 254 Abs. 2 S. 1 Alt. 2 BGB, wenn er keine Unterlas-sungsverfügung gegen die Gewerkschaft anstrengt.[12] Ein Geschädigter muss sich prin-zipiell nicht zur Schadensabwendung auf Rechtsstreitigkeiten einlassen, deren Erfolgs-aussichten ungewiss sind.[13] Dazu kommt, dass Art. 9 Abs. 3 GG dem Arbeitgeber das Recht vermittelt, selbst einem als rechtwidrig erkannten Streik dadurch zu begegnen, indem er ihn aushält. Er kann sogar auf die Rechtswidrigkeit hinweisen, um seine Ver-handlungsposition zu verbessern. Allerdings wird ein derart taktisches Vorgehen ir-gendwann die Grenze zur unzulässigen Rechtsausübung bzw. zum widersprüchlichen Verhalten überschreiten, wenn er im Anschluss an die so geführten Tarifverhandlun-gen, von der Gewerkschaft Schadensersatz fordert (diese wird freilich ihrerseits darauf dringen, dass in den Tarifvertrag entsprechende Verzichtsklauseln aufgenommen wer-den).

5. Einzelarbeitsverhältnis

Die Beteiligung eines Arbeitnehmers an einem rechtswidrigen Arbeitskampf stellt **37** einen Vertragsbruch dar, da die gegenseitigen Hauptleistungspflichten aus dem Ar-beitsverhältnis hier, anders als beim rechtmäßigen Arbeitskampf (→ Rn. 1 ff.), nicht sus-pendiert sind. Der Arbeitgeber kann verlangen, dass der Arbeitnehmer seine Arbeits-leistung fortsetzt. Dass er dem Arbeitnehmer für die Zeit der Nichtleistung nach §§ 275 Abs. 1, 326 Abs. 1 BGB keinen Arbeitslohn schuldet, liegt auf der Hand.

---

10 *BAG* 21.3.1978, BAGE 30, 189 = NJW 1978, 2114.
11 *BAG* 26.7.2016, NZA 2016, 1543 Rn. 67 ff.
12 *BAG* 26.7.2016, NZA 2016, 1543 Rn. 63 ff.
13 Palandt/*Grüneberg* BGB § 254 Rn. 45.

38 Theoretisch schuldet der Arbeitnehmer nach §§ 275, 283, 280 Abs. 1 S. 2 BGB und § 823 Abs. 1 BGB (geschützte Rechtsgüter → Rn. 28) dem Arbeitgeber auch Schadensersatz. Keine Anwendung finden insoweit die Grundsätze des innerbetrieblichen Schadensausgleichs, da der (überdies rechtswidrige) Arbeitskampf natürlich nicht betrieblich veranlasst ist, so dass bereits einfache Fahrlässigkeit haftungsbegründend wirken würde. Zu beachten ist aber, dass Arbeitnehmer in aller Regel auf die Rechtmäßigkeit des Streikaufrufs einer Gewerkschaft vertrauen dürfen. Erweist sich der Arbeitskampf dann dennoch als rechtswidrig, sind sie einem insoweit beachtlichen Rechtsirrtum unterlegen und handeln daher nicht schuldhaft i. S. d. § 276 BGB. Eine Haftung einzelner Arbeitnehmer kommt hingegen in Betracht, wenn sich diese an einem gewerkschaftlich nicht geführten, wilden Streik beteiligen (→ § 2 Rn. 39, → § 10 Rn. 18 ff.).

39 Nach den Regelungen der §§ 421 bzw. 840, 421 BGB würde jeder einzelne streikbeteiligte Arbeitnehmer dem Arbeitgeber gegenüber auf Ersatz des gesamten Streikschadens haften. Das indes bedarf der Korrektur. Dazu wird teilweise auf den in § 254 BGB Abs. 1 BGB verankerten Rechtsgedanken abgestellt und schon im Verhältnis zum Arbeitgeber der jeweilige Beitrag des einzelnen Arbeitnehmers zum Schadenserfolg berücksichtigt. Insoweit leuchtet ein, dass der Beitrag des schlichten Streikteilnehmers sowohl nach Ursache als auch nach Verschulden geringer wiegt, als der des für den Streik Verantwortlichen. Alternativ dazu ließe sich bereits das Entstehen eines Gesamtschuldverhältnisses nach § 421 BGB bestreiten, da die einzelnen Tatbeiträge hier erkennbar ungleich sind. Nachdem sich der eingetretene Schaden meist ohnehin nicht einmal in Ansätzen bei den streikbeteiligten Arbeitnehmern realisieren lässt, spielen Schadensersatzansprüche des Arbeitgebers gegen einzelne Belegschaftsmitglieder in der Praxis aber ohnehin kaum eine Rolle. Vielmehr zieht die Arbeitgeberseite (nicht selten auch aus verbandspolitischen Erwägungen) es vor, alleine die streikführende Gewerkschaft in Anspruch zu nehmen und reagiert auf rechtswidrige Arbeitskämpfe allenfalls durch den Ausspruch von Abmahnungen und Kündigungen (s. sogleich → Rn. 40).

40 Eine Arbeitsniederlegung anlässlich eines rechtswidrigen Streiks kann den Arbeitgeber zur verhaltensbedingten ordentlichen (§ 1 Abs. 2 S. 1 KSchG) und gegebenenfalls auch zur außerordentlichen Kündigung des Arbeitsverhältnisses (§ 626 BGB) berechtigen. Die Vorschrift des § 25 KSchG findet hier keine Anwendung, weil sie nur für rechtmäßige Arbeitskämpfe greift (bei denen die Norm aber längst keine Bedeutung erlangt, weil dort die gegenseitigen Hauptleistungspflichten lediglich suspendiert sind → Rn. 1 ff.). Daher ist auf eine wegen der Teilnahme an einem rechtswidrigen Arbeitskampf ausgesprochene ordentliche Kündigung das KSchG anzuwenden. Zu § 102 BetrVG → § 10 Rn. 143.

41 Der Arbeitgeber hat den Arbeitnehmer vor Ausspruch einer Kündigung grundsätzlich abzumahnen. Dabei hat das BAG[14] eine Abmahnung auch in einem Fall vorausgesetzt, in dem die Rechtswidrigkeit der Arbeitskampfmaßnahme relativ offen zu Tage lag (Beteiligung an einem durch den Betriebsrat gegen den Arbeitgeber unter Verstoß von § 74 Abs. 2 S. 1 BetrVG geführten »Arbeitskampf«). Insoweit kommt hinzu, dass die Arbeitnehmer in der Regel darauf vertrauen dürfen, dass ein von der Gewerkschaft geführter Arbeitskampf rechtmäßig sein wird (→ Rn. 38), was im Rahmen der nach §§ 1 Abs. 2 S. 1 KSchG bzw. 626 Abs. 1 BGB erforderlichen Einzelfallabwägung (Verhält-

---

14 *BAG* 17.12.1976, NJW 1977, 918; insoweit interessant auch *LAG Baden-Württemberg* 31.7.2013 – 4 Sa 18/13 (Arbeitsverweigerung seitens eines Leiharbeitnehmers nach § 11 Abs. 5 S. 3 AÜG).

nismäßigkeit i. e. S.) zu beachten ist. Daher kann es im Einzelfall auch darauf ankommen, ob die durch den Arbeitgeber ausgesprochene Abmahnung geeignet war, dieses Vertrauen zu erschüttern. Freilich kann sich eine Abmahnung bei Exzesshandlungen als entbehrlich erweisen. Bei der Auswahl der zu kündigenden Arbeitnehmer ist der Arbeitgeber nur in gewissen Grenzen zur Gleichbehandlung verpflichtet; so wäre es etwa sachlich gerechtfertigt, wenn er nur den »Rädelsführern« kündigt oder solchen Arbeitnehmern, die sich besonders exzessiv verhalten haben.

III. Prozessuales

Besondere Bedeutung erlangt bei Arbeitskämpfen der einstweilige Rechtsschutz nach **42** §§ 2 Abs. 1 Nr. 2, 62 Abs. 2 ArbGG i. V. m. 935 ff. ZPO. Sowohl die gegnerische Tarifvertragspartei als auch ein angegriffener Arbeitgeber können Unterlassungsansprüche im Verfahren des einstweiligen Rechtsschutzes verfolgen und beantragen, der kampfführenden Tarifvertragspartei aufzugeben, einen insgesamt rechtswidrigen Arbeitskampf oder auch im Rahmen eines rechtmäßigen Arbeitskampfes den Einsatz eines bestimmten Kampfmittels zu unterlassen. In beiden Fällen liegt eine Leistungsverfügung vor. Wegen der institutionellen Gewährleistung des Arbeitskampfes durch Art. 9 Abs. 3 GG erweist sich das summarische Verfahren allerdings als außerordentlich problematisch, denn vor allem der Arbeitgeberseite ist es mit einer Unterlassungsverfügung möglich, mit relativ geringem Aufwand maximale Wirkung zu erzielen, weil ein Streik nicht beliebig abgesagt und vertagt werden kann.[15] Daher sind vor allem im Umfeld ungeklärter Rechtsfragen hohe Anforderungen an den Verfügungsanspruch zu stellen. Regelmäßig ist erforderlich, dass der Arbeitskampf offensichtlich oder eindeutig rechtswidrig ist. Was den Verfügungsgrund betrifft, gilt, dass je eindeutiger die Rechtsverletzung ist, die Gegenseite desto eher das Unterlassungsgebot hinnehmen muss.

Nicht glücklich ist, dass zweitinstanzliche Urteile im einstweiligen Rechtsschutz nach **43** § 72 Abs. 4 ArbGG nicht revisibel sind, weil deshalb viele entscheidende Rechtsfragen nicht zum BAG gelangen und daher nicht abschließend geklärt werden können. Dadurch kann sich sogar ein gewisses Risiko sich widersprechender Entscheidungen ergeben, wobei erschwerend hinzukommt, dass nach § 32 ZPO überall dort ein Gerichtsstand besteht, wo (möglicherweise) Arbeitskampfmaßnahmen eingeleitet werden sollen. Das eröffnet etwa bei einem bundesweiten Streik der Lokomotivführer der Deutschen Bahn AG die Zuständigkeit aller deutschen Arbeitsgerichte, weil durch jeden Gerichtsbezirk eine Eisenbahnlinie führt, die betroffen sein kann.[16] Zum BAG können arbeitskampfrechtliche Fragen allerdings dann gelangen, wenn entweder eine kampfbeteiligte Partei von einer anderen Schadensersatz fordert, wenn Arbeitnehmer Individualrechte einklagen, die ihnen der Arbeitgeber in Zusammenhang mit einer Beteiligung an einem Arbeitskampf verweigert, oder sich gegen eine arbeitskampfbedingte Kündigung wehren oder aber in den seltenen Fällen, in denen der Unterlassungsanspruch im Hauptsacheverfahren verfolgt wird. So verdankt das Arbeitskampfrecht die Serie von höchstrichterlichen Entscheidungen des BAG aus den Jahren 2007 bis 2016 (Sozialplantarifvertrag, Sympathiestreik, Flashmob, Umfang der Friedenspflicht,

---

15 ErfK/*Linsenmaier* GG Art. 9 Rn. 228.
16 So wurde etwa der Deutschen Bahn AG vorgeworfen, dass sie beim Lokomotivführerstreik 2007 ein regelrechtes »forumshopping« betrieben habe: *Fischer*, NJW-Editorial 40/2007, *Fischer*, FA 2008, 2. Zur Prozessgeschichte s. insb. *LAG Sachsen* 2.11.2007, NZA 2008, 59.

Drittschäden) einer auf Arbeitgeberseite festzustellenden »neuen Lust am Schadensersatz«.[17]

IV. Rechtsfolgen von Arbeitskämpfen für Drittbetroffene

1. Ansprüche Drittbetroffener gegen die kampfführende Gewerkschaft

44 Gerade im Bereich der Daseinsvorsorge ist zuletzt immer wieder die Frage nach Schadensersatzansprüchen Drittbetroffener gegen die kampfführende Gewerkschaft aufgeworfen worden. Diese erweist sich in der juristischen Ausbildung nicht zuletzt deshalb als ganz besonders interessant, weil sich dort Rechtsprobleme des Arbeitskampfrechts mit solchen des allgemeinen Schuldrechts in vielfältiger Weise verzahnen.

45 Nun fast schon einen Klassiker bilden Streiks auf Flughäfen. Ausgangspunkt sind Arbeitskämpfe der Fluglotsen[18] bzw. der Mitarbeiter der Vorfeldkontrolle.[19] Holzschnittartig skizziert: Die Gewerkschaft der Flugsicherung (GdF) rief zu Streiks gegen Flughäfen bzw. die dort tätige Deutsche Flugsicherung (DFS) auf. Die bestreikten Flughäfen erlitten dadurch häufig nur Schäden im mittleren Bereich, namentlich in Form von Gebührenausfällen. Noch bescheidener nahmen sich auf Grund des Prinzips der staatlichen Vollkostendeckung die Ausfälle bei der Flugsicherung aus. Dagegen mussten die mittelbar betroffenen Fluggesellschaften, deren Flugzeuge »am Boden blieben«, in aller Regel ganz erhebliche Gewinneinbußen hinnehmen. Sie begehrten daher von der kampfführenden Gewerkschaft Regress.

46 Drittbetroffene Unternehmen (hier also: die Fluggesellschaften) können selbst dann, wenn der Arbeitskampf gegen die tarifliche Friedenspflicht verstoßen haben sollte, die kampfführende Gewerkschaft nicht nach §§ 328, 275, 283, 280 Abs. 1 S. 2, 249ff. BGB in Anspruch nehmen. Sie sind nicht in die Friedenspflicht einbezogen.[20] Die Friedenspflicht ist ein schuldrechtlicher Bestandteil des Tarifvertrags und der Abschlusswille der tarifschließenden Gewerkschaft würde überdehnt, würde man die Friedenspflicht so auslegen, dass auch »Drittbetroffene« in sie einbezogen sein sollen. Daran ändert sich auch nichts, würde man davon ausgehen wollen, dass sich der Arbeitskampf in diesen Konstellationen »in Wahrheit« gar nicht gegen die Mitglieder des gegnerischen Verbands, sondern gegen die Drittbetroffenen richten würde. Denn, einmal abgesehen davon, dass diese Annahme meist nicht belastbar verifizieren lässt, könnte selbst ein dahingehender Streikbeschluss nicht mehr den Parteiwillen beim Abschluss des Tarifvertrags beeinflussen, der zum fraglichen Zeitpunkt ja schon längst geschlossen ist. Auch nicht weiter gelangt man über einen Vertrag mit Schutzwirkung für Dritte. Dieses Rechtsinstitut setzt voraus, dass der Dritte mit der Hauptleistung aus dem Vertrag bestimmungsgemäß so in Berührung kommt wie auch der Gläubiger (Leistungsnähe). Vertragspartner der Mitgliedsunternehmen des tarifschließenden Arbeitgeberverbandes haben mit dem Tarifabschluss aber nichts zu schaffen. Die Friedenspflicht dient dazu, die Durchführung des Tarifvertrags zu sichern, die Arbeitsbeziehungen zu befrieden und dem normunterworfenen Arbeitgeber Planungssicherheit zu garantieren, nicht aber Integritätsinteressen tarifunbeteiligter Dritter. Zudem müsste bei einem Vertrag mit Schutzwirkung für Dritte der Gläubiger für Wohl und Wehe des Dritten ver-

---

17 Derart pointiert: *Melot de Beauregard/Baur,* NZA-RR 2016, 617, 620.
18 *BAG* 25.8.2015, NZA 2016, 179; *BAG* 25.8.2015, NZA 2016, 47.
19 *BAG* 26.7.2016, NZA 2016, 1543.
20 *BAG* 25.8.2015, NZA 2016, 179; *BAG* 26.7.2016, NZA 2016, 1543.

antwortlich sein, zumindest aber muss Sinn und Zweck des Vertrags und die Auswirkungen der Leistung auf den Dritten es rechtfertigen, dass dieser an der gegenseitigen Rechtsbeziehung teilnimmt. Auch daran fehlt es hier. Unabhängig aller bürgerlichrechtlicher Überlegungen, verbietet auch Art. 9 Abs. 3 GG eine derartige extensive Auslegung der Friedenspflicht (s. sogleich). Aus diesem Grund scheitert hier ebenso eine Drittschadensliquidation.[21]

Damit stellt sich die Frage, ob Drittbetroffenen wenigstens nach § 823 BGB ein **47** Anspruch gegen die kampfführende Gewerkschaft auf Regress zusteht. Dazu bedarf es zunächst der Verletzung eines absolut geschützten Rechtsguts. Durchaus spannend ist dabei in den Flughafenfällen, ob aus der streikbedingten »Blockade« der Flugzeuge eine Eigentumsverletzung resultiert (eine ähnliche Problematik stellte sich bei einem Streik der Schleusenwärter im Hinblick auf festsitzende Binnenschiffe[22]). Was die Flugzeuge angeht, die daran gehindert werden, auf ihrem Zielflughafen zu landen, ist das ganz sicher nicht der Fall. Dadurch werden die Fluggesellschaften lediglich in der Gebrauchsmöglichkeit eingeschränkt. Anderes könnte dagegen für die am Flughafen geparkten Maschinen gelten, die nicht mehr starten und in der Folge auch weitere, von den Zielflughäfen abgehende Flüge nicht bedienen können. Das alleine begründet aber noch keine Eigentumsverletzung, zumindest dann nicht, wenn die betroffenen Betriebsmittel (also die Flugzeuge) nur für eine verhältnismäßig kurze Zeitspanne nicht nutzbar sind. Alleine deshalb werden sie noch nicht als Transportmittel unbrauchbar. Es wird nicht mehr enttäuscht als die Erwartung der Gesellschaft, mit einem bestimmten Flugzeug zu einem bestimmten Zeitpunkt an einem bestimmten Flughafen zu starten oder zu landen. Das ist indes weder unumstritten, noch ist abschließend geklärt, ab welcher Streikdauer die Grenze zur Eigentumsverletzung überschritten wird.[23] Erkennt man eine Eigentumsverletzung an, bedürfte der so eröffnete Tatbestand mit Rücksicht auf Art. 9 Abs. 3 GG dann allerdings einer Korrektur auf der Ebene der Rechtswidrigkeit → Rn. 50.

Weiter ist denkbar, dass einschlägige Streiks in das Recht des eingerichteten und ausgeübten Gewerbetriebs der drittbetroffenen Unternehmen eingreifen. Die in den einschlägigen Fällen klagenden Fluggesellschaften argumentierten, dass die Schäden, die sie erleiden, in keinem Verhältnis zu den Einbußen des Kampfgegners stünden. Da ihnen zudem keine Ausweichmöglichkeiten zur Verfügung stehen, würden sie und ihre Kunden in »Geiselhaft« dafür genommen, dass der bestreikte Arbeitgeber den Forderungen der Fluglotsen nachkommt. Bei »wertender Betrachtung« hätte sich daher der Streik eigentlich gegen sie gerichtet. Das ist indes unzutreffend. Eine Verletzung des Rechts am eingerichteten und ausgeübten Gewerbebetrieb setzt einen zielgerichteten Eingriff voraus. Maßgeblich kann insoweit aber nur der Streikbeschluss der kampfführenden Gewerkschaft sein und nicht irgendeine Spekulation darüber, wer vom Streik am meisten getroffen wird. Jeder Arbeitskampf hat Drittfolgen, weil Streiks schlechthin darauf gerichtet sind, dass der Kampfgegner Einbußen erleidet. Diese setzen notwendigerweise voraus, dass das bestreikte Unternehmen seine Kunden nicht wie ge-

48

---

21 Denkbarer Ansatz: Anspruch, aber kein Schaden im Verhältnis Gewerkschaft/bestreikter Arbeitgeber; Schaden bei den Dritten, aber kein Anspruch im Verhältnis Gewerkschaft/Dritte.
22 Vgl. die Sachverhalte von: *ArbG Wesel* 23.8.2013 – 6 Ga 22/13; *ArbG Berlin* 22.8.2013 – 58 Ga 12250/13; *ArbG Herne* 23.8.2013 – 3 Ga 28/13.
23 Vgl. *BGH* 21.6.2016, NJW-RR 2017, 219; *BGH* 9.12.2014, NJW 2015, 1174, Rn. 8; *BGH* 11.1.2005, NJW-RR 2005, 673, Rn. 12 f.; *BGH* 21.6.1977, NJW 1977, 2264, Rn. 21 f. Eine übersichtliche Darstellung dieser Problematik findet sich bei: MüKoBGB/*Wagner* § 823 Rn. 236 ff.

wohnt bedienen kann. Es gibt aber keinerlei belastbare Parameter, um festzustellen, wann die Drittfolgen des Streiks so sehr die Schäden des primären Streikgegners überwiegen, dass der Arbeitskampf als drittbezogen und damit schadensbegründend einzuordnen wäre. So kann es ohne weiteres auch bei eng getakteten Zulieferbeziehungen oder einer just-in-time Produktionskette zu einem Durchschlagen des Arbeitskampfes auf die nächsten Wirtschaftsebenen kommen, was zur völligen Lahmlegung der Drittbetriebe führen kann. Auch bliebe unklar, wie weit man unter der gegenteiligen Annahme den Kreis der ersatzberechtigten Drittbetroffene ziehen wollte. Müsste bei einem Lotsenstreik dann nicht auch ein Spediteur, der eiliges Gut nach Übersee versenden muss und dem sich auf die Schnelle keine adäquate Ausweichmöglichkeit bietet, Regress nehmen dürfen? Müssten nicht auch Unternehmen der Stahl- und Energiebranche sich bei einer streikenden Eisenbahnergewerkschaft schadlos halten können, da auch ihnen keine realistische Transportalternative zur Verfügung steht?

49 Soweit man dessen ungeachtet den Tatbestand des § 823 BGB bejahen wollte, wäre in der Konsequenz die Rechtswidrigkeit des Eingriffs zu klären, vor allem (aber nicht nur) beim Recht am eingerichteten und ausgeübten Gewerbebetrieb, wo die Tatbestandsverwirklichung nicht die Rechtswidrigkeit indiziert. Wenn Drittbetroffene hier überhaupt weiterkommen könnten, dann nur, wenn der »Hauptarbeitskampf« rechtswidrig gewesen sein sollte. Anders lägen die Dinge dagegen, würde man gerade aus dem Umstand, dass der Streik überwiegend Dritte trifft, auch dessen Rechtswidrigkeit folgern. Indes drehte man sich so im Kreis: Die Betriebsbezogenheit des Eingriffs ergäbe sich daraus, dass der (an sich rechtmäßige) Streik sich vor allem bei Dritten auswirkt und dieser würde rechtswidrig, weil er sich bei Dritten auswirkt. Die Verwirklichung des Tatbestands indiziert damit dessen Rechtswidrigkeit, die ihrerseits aber erst das Vorliegen des Tatbestands begründet. Das kann nicht sein. Kommt es aber auf die Rechtswidrigkeit des Hauptarbeitskampfs an, wäre damit für den durchschnittlichen Drittbetroffenen im Regelfall nichts gewonnen. Rechtswidrige Arbeitskämpfe sind selten. Und selbst wenn das der Fall gewesen wäre, darf daraus, dass der Streik dem Kampfgegner gegenüber rechtswidrig war, nicht geschlossen werden, dass deshalb auch die damit verbundenen Drittschäden rechtswidrig herbeigeführt wurden. Vor allem dann, wenn gegen die Friedenspflicht verstoßen wurde, legt der Schutzzweck der Regelungen vielmehr die gegenteilige Annahme nahe, eben weil diese keine Drittwirkung hat.

50 So oder so muss am Ende jeder Prüfung das Koalitionsgrundrecht der kampfführenden Gewerkschaft in Anschlag gebracht werden. Die Feststellung der Rechtswidrigkeit bedingt eine umfassende, grundrechtsgeleitete Interessenabwägung. Entsprechend darf die Möglichkeit einer Gewerkschaft, von ihrem Grundrecht aus Art. 9 Abs. 3 GG Gebrauch zu machen, nicht davon abhängig gemacht werden, ob den Kunden ihres sozialen Gegenspielers alternative Versorgungsmöglichkeiten zur Verfügung stehen oder nicht. Müsste die Gewerkschaft in Fällen, bei denen mittelbar streikbetroffene Unternehmen nicht oder nur mit Mühe auf anderweitige Anbieter ausweichen können, tatsächlich Schadensersatzansprüche fürchten, wäre das Streikrecht jedenfalls für große Bereiche der öffentlichen Daseinsvorsorge obsolet. In diesem Bereich ist es fast zwangsläufig so, dass sich für die Drittbetroffenen keine ernsthaften Alternativen zur Leistung des bestreikten Unternehmens bieten. Das würde zu einem »kalten Streikverbot« im Bereich der Daseinsvorsorge führen. Schließlich hätte die Eröffnung eines deliktischen Drittregresses die bedenkliche Folge, dass Dritte auch ihr Glück mit Unterlassungsansprüchen versuchen (möglicherweise sogar gegen den Willen des unmittelbar kampfbetroffenen Arbeitgebers, der es vielleicht vorzieht, den Streik

durchzustehen) und die kampfführende Gewerkschaft so relativ leicht zermürben könnten.[24]

Ein Drittregress kann danach allenfalls in ganz besonders gelagerten Ausnahmefällen **51** zugelassen werden. Solches ist denkbar, wenn sich die Kampfmaßnahme gegen den Dritten richtet, weil er zielgerichtet angegriffen wird, was vor allem bei einem Unterstützungsarbeitskampf der Fall ist (→ § 10 Rn. 80). Darüber hinaus hatte der BGH[25] Drittbetroffenen, die unmittelbar auf die Leistung des Kampfgegners angewiesen sind, für den Fall eines völlig aus dem Ruder laufenden, exzessiv rechtswidrigen Arbeitskampfs einen Schadensersatzanspruch wegen Verletzung des Rechts auf den eingerichteten und ausgeübten Gewerbebetrieb zugesprochen. Das überzeugt aus den in den vorigen Randnummern dargestellten Gründen nur sehr bedingt. Indes zeichneten sich die durch den BGH entschiedenen Sachverhalte auch durch zahlreiche, nicht verallgemeinerungsfähige Besonderheiten aus. Seinerzeit traten verbeamtete Fluglotsen in einen Ausstand, obgleich diesen schon grundsätzlich kein Streikrecht zukommt (→ § 10 Rn. 104). Sie machten alleine von unzulässigen Kampfmitteln Gebrauch (Bummelstreik, go sick, → § 10 Rn. 97 f.). Überdies war der Streik nicht gewerkschaftlich organisiert. Vor allem aber wurden weder eine Gewerkschaft, noch die »streikenden« Fluglotsen beklagt, sondern alleine deren Anstellungsbehörde. Anspruchsgrundlage war also Art. 34 GG i. V. m. § 839 BGB.

2. Rechtsbeziehungen zwischen dem angegriffenen Arbeitgeber und seinen Vertragspartnern

Soweit der Arbeitgeber auf Grund eines Arbeitskampfes seinen Abnehmern oder **52** Kunden gegenüber unvermögend zur Leistung wird, verliert er diesen gegenüber nach §§ 275 Abs. 1, 326 Abs. 1 BGB den Anspruch auf die Gegenleistung. Handelt es sich bei der versprochenen Leistung, wie das etwa in einer Just-in-Time-Lieferkette oder bei einer Flugreise der Fall ist, um ein relatives Fixgeschäft,[26] kann der Kunde bei längerer Verzögerung (Verspätung) vom Vertrag zurücktreten. Er erhält dann die ggf. bereits gezahlte Vergütung (Flugpreis) zurückerstattet, verliert aber auch den Anspruch auf die bestellte Leistung (Beförderung): §§ 323 Abs. 2 Nr. 2, 346 Abs. 1 BGB.

Der Arbeitgeber haftet seinen Kunden weder auf Verzugs- noch auf Unmöglichkeits- **53** schäden (§§ 275, 283, 280 Abs. 1 S. 2, 249 BGB bzw. § 286 BGB). Das wird teils damit begründet, dass das Leistungsstörungsrecht hinter dem verfassungsmäßig begründeten Arbeitskampfrecht zurücktreten muss, teils damit, dass der Arbeitgeber mit Rücksicht auf Art. 9 Abs. 3 GG sein Unvermögen bzw. den Verzug nicht zu vertreten hat (§§ 283, 280 Abs. 1 S. 2, 276 bzw. 286 Abs. 4 BGB). Insbesondere muss er seine Leistungsfähigkeit nicht durch die Einstellung von Ersatzkräften bzw. die Leistung von Überstunden durch Arbeitswillige absichern. Vielmehr steht ihm mit Rücksicht auf Art. 9 Abs. 3 GG frei, ob er einen Arbeitskampf, etwa aus kampftaktischen Gründen, durchstehen und dessen Folgen schlicht hinnehmen möchte, ohne dass ihm der Vorwurf eines Abwendungsverschuldens gemacht werden kann (→ § 10 Rn. 127). Dabei kommt hinzu, dass das Engagement von »Streikbrechern« oder die Entgegennahme von Überstunden

---

24 Vgl. den Sachverhalt *ArbG Wesel* 23.8.2013 – 6 Ga 22/13, bei dem Binnenschiffer auf Beendigung eines Schleusenwärterstreiks klagten.

25 *BGH* 16.6.1977, BGHZ 69, 128 = NJW 1977, 1875; *BGH* 22.3.1979 – III ZR 24/78; *BGH* 28.2.1980, BGHZ 76, 387 = NJW 1980, 2457.

26 So wohl: *BGH* 28.5.2009, NJW 2009, 2743.

zwar nicht als Arbeitskampfmaßnahme i. e. S. zu qualifizieren ist, in psychologischer Hinsicht aber durchaus Einfluss auf den weiteren Verlauf des Arbeitskampfes nehmen kann. Eindeutig ist, dass der Arbeitgeber in keiner Weise verpflichtet ist, den Forderungen der Gewerkschaft nachzugeben. Alles andere würde zu einer bedenklichen Verschiebung der Kampfparität führen.

54 Diese Grundsätze sind zwar primär für den rechtmäßigen Arbeitskampf herausgearbeitet worden, gelten im Prinzip aber auch bei rechtswidrigen Streikmaßnahmen. Bei solchen mag man vielleicht die Frage aufwerfen, ob der Arbeitgeber mit einer einstweiligen Verfügung gegen die kampfführende Gewerkschaft hätte vorgehen müssen.[27] Weiter ist umstritten, ob sich der Arbeitgeber das »Teilnahmeverschulden« seiner Arbeitnehmer (s. aber zu deren Verschulden → Rn. 36) nach § 278 BGB zurechnen lassen muss. Das alles ist zu verneinen. Dem Arbeitgeber steht auch im rechtswidrigen Arbeitskampf sein Grundrecht aus Art. 9 Abs. 3 GG zur Seite. Daher kann er frei entscheiden, auch diesen Arbeitskampf durchzustehen (etwa, weil es auf lange Sicht ohnehin eines Tarifabschlusses mit der kämpfenden Gewerkschaft bedarf). Entsprechend muss er auch keine Sorge dafür tragen, dass für die kämpfenden Arbeitnehmer Ersatzkräfte zur Verfügung stehen. Die Arbeitnehmer ihrerseits heben mit der Teilnahme (auch) an einem rechtswidrigen Streik ihre Erfüllungsgehilfeneigenschaft auf.

55 An dieser Stelle findet sich ein schönes Beispiel für den Einfluss des Art. 28 GrCh auf das nationale Arbeitskampfrecht. So hat der BGH[28] entschieden, dass Fluggästen, die von einem Streik betroffen sind, keine Ersatzleistungen wegen einer Annullierung ihres Flugs nach Art. 5 und 7 VO (EG) 261/2004 (Fluggastrechteverordnung) zustehen, vorausgesetzt, dass die betreffenden Flüge auch tatsächlich nicht gestartet waren. Solche wären zwar nach dem Tatbestand des Art. 5 Abs. 1 VO denkbar. Allerdings greift das Ausschlusskriterium des Art. 5 Abs. 3 VO, wonach die Haftung entfällt, wenn die Annullierung auf »außergewöhnliche Umstände« zurückgeht, die sich auch dann nicht hätten vermeiden lassen, wenn alle zumutbaren Maßnahmen ergriffen worden wären. Der BGH stützt das zwar in erster Linie darauf, dass der streitgegenständliche Streikaufruf, auch soweit er zu einem Ausstand der eigenen Beschäftigten führt, »von außen« auf das Luftverkehrsunternehmen einwirkt und daher nicht Teil der normalen Ausübung seiner Tätigkeit ist. Zu Recht weist der BGH aber auch darauf hin, dass der Arbeitskampf ein Mittel der unionsrechtlich geschützten Koalitionsfreiheit des Art. 28 GrCh ist und der Arbeitgeber diesen daher erdulden darf, ohne dass er fürchten muss, sich Schadensersatzansprüchen seiner Kunden ausgesetzt zu sehen. Allerdings muss die Fluggesellschaft gegenüber »gestrandeten« Passagieren die verschuldensunabhängigen Unterstützungsleistungen nach Art. 9 der VO erbringen (etwa: Mahlzeiten und Erfrischungen, Hotelunterbringung, Beförderung zwischen dem Flughafen und dem Ort der Unterbringung, Möglichkeit, unentgeltlich zwei Telefongespräche zu führen oder E-Mails zu schreiben).[29] Strenger verfuhr der EuGH gegenüber Eisenbahnunternehmen. Danach haben Bahnreisende im Streikfall einen Anspruch auf teilweise Rück-

---

27 Für das Verhältnis zwischen Arbeitgeber und streikender Gewerkschaft verneint das allerdings klar: *BAG* 26.7.2016, NZA 2016, 1543 Rn. 63 ff. S. Rn. 36.

28 *BGH* 4.9.2018 – X ZR 111/17; *BGH* 21.8.2012, NJW 2013, 374; anders aber *EuGH* 4.10.2012, NJW 2013, 361 – Finnair – für von der Gesellschaft in der Folge bewusst herbeigeführte Annullierungen (Beispiel: die Fluggäste des bestreikten Flugs A werden auf einen nicht bestreikten Flug B umgebucht und in der Folge auf Flug B gebuchte Passagiere abgewiesen oder auf einen dritten Flug umgebucht).

29 So jedenfalls *EuGH* 31.1.2013, NJW 2013, 921 – McDonagh/Ryanair, wenngleich für den Ausfall des Flugverkehrs der Ausbruch des Vulkans Eyjafjallajökull verantwortlich war.

erstattung des Fahrpreises nach Art. 17 VO (EG) 1371/2007 (Fahrgastrechte im Eisenbahnverkehr). Sie behalten dessen ungeachtet den Beförderungsanspruch, so dass sie eine Art Verzugsschadensersatz erlangen.[30] Das ruft Kritik hervor, weil sich der Gerichtshof in dieser Entscheidung nun nicht mit dem Koalitionsgrundrecht des bestreikten Bahnunternehmens auseinandersetzt. Nimmt man Art. 28 GrCh ernst, hätte er prüfen müssen, ob der Erstattungs- oder alternativ: der Leistungsanspruch des Kunden im Streikfall nicht auf Grund einer grundrechtskonformen Auslegung der VO entfallen muss.

---

30 *EuGH* 26.9.2013, NJW, 2013, 3429 – ÖBB-Personenverkehr AG.

5. Teil. Betriebsverfassungsrecht

1. Kapitel. Grundlagen

§ 12. Betriebsverfassungsgesetz als Rechtsgrundlage

I. Überblick

Das Betriebsverfassungsgesetz (BetrVG) vom 15.1.1972 i.F. der Bekanntmachung 1
vom 25.9.2001 (BGBl. I S. 2518) gestaltet, wie sein Name sagt, die Verfassung des Betriebs und räumt den Arbeitnehmern bzw. ihrem Repräsentanten, dem Betriebsrat,
Mitwirkungs- und Mitbestimmungsrechte an Entscheidungen der Betriebs- und
Unternehmensleitung ein. Ebenso wie sein Vorgänger, das BetrVG vom 11.10.1952,
bezeichnet es sich nicht mehr als Betriebsrätegesetz; denn es erschöpft sich nicht
darin, die Organisation der Betriebsräte als Repräsentanten der Arbeitnehmer auf Betriebsebene zu regeln und ihnen bestimmte Zuständigkeiten einzuräumen, sondern
sein Grundanliegen ist die Beteiligung der Arbeitnehmer an den Entscheidungen der
Betriebs- und Unternehmensleitung, die ihre Rechts- und Interessenlage gestalten.
Zu diesem Zweck erhält der Betrieb eine für den Arbeitgeber verbindliche Konstitu-
tion.

Das Gesetz bezieht sich auf den Betrieb als Arbeitsorganisation des Unternehmens. 2
Für seine Anwendung spielt keine Rolle, welche Rechtsform ein Unternehmen hat, sofern dessen Rechtsträger eine natürliche Person, eine Gesamthand oder eine juristische
Person des Privatrechts ist. Für die Arbeitnehmerbeteiligung erhält das Unternehmen
eine Repräsentativvertretung der Arbeitnehmer, die auf der Ebene des Betriebs gebildet wird.

II. Geltungsbereich des BetrVG

Das BetrVG gestaltet nur die Betriebsverfassung der Betriebe und Unternehmen pri- 3
vatrechtlicher Rechtsträger in Deutschland. Es ist mit der Rahmenrichtlinie 2002/14/
EG vom 11.3.2002 für die Unterrichtung und Anhörung der Arbeitnehmer in der Europäischen Gemeinschaft konform, wenn man von § 106, § 112a und § 117 Abs. 2
absieht, für die zweifelhaft erscheint, ob sie richtlinienkonform sind. Das deutsche Betriebsverfassungsrecht erhält durch das Gesetz über Europäische Betriebsräte (Europäische Betriebsräte-Gesetz – EBRG) i. F. der Bekanntmachung vom 7.12.2011 (BGBl. I
S. 2650) eine europarechtlich gebotene Ergänzung. Das Gesetz hat die Richtlinie 2009/
38/EG über die Einsetzung eines Europäischen Betriebsrats oder die Schaffung eines
Verfahrens zur Unterrichtung und Anhörung der Arbeitnehmer in gemeinschaftsweit
operierenden Unternehmen und Unternehmensgruppen in nationales Recht umgesetzt. Trotz der Bezeichnung als »Gesetz über Europäische Betriebsräte« handelt es
sich bei ihnen nicht um Betriebsräte mit einem Aufgaben- und Zuständigkeitsbereich,
wie er dem deutschen BetrVG entspricht; der Funktion nach geht es vielmehr um Aufgaben, die nach § 106 BetrVG der Wirtschaftsausschuss wahrnimmt. Entsprechend
sieht daher das Gesetz auch zwei Beteiligungsformen vor: die Errichtung eines Europä-

ischen Betriebsrats kraft Gesetzes oder ein anderes Verfahren zur Unterrichtung und Anhörung der Arbeitnehmer.

1. Bereichsausnahmen

a) Öffentlicher Dienst

4 Das Gesetz gilt nicht für den öffentlichen Dienst (§ 130 BetrVG). Die Betriebsverfassung für den Bereich des öffentlichen Dienstes ist vielmehr im Bundespersonalvertretungsgesetz (BPersVG) vom 15.3.1974 und in den Landespersonalvertretungsgesetzen geregelt.

5 Die Abgrenzung zwischen dem Geltungsbereich des BetrVG und der Regelung des Personalvertretungsrechts richtet sich ausschließlich nach der Rechtsform des Inhabers bzw. des Rechtsträgers des Betriebs oder der Verwaltungsstelle. Ist der Rechtsträger der Staat oder sonst eine juristische Person des öffentlichen Rechts, so gilt das Personalvertretungsrecht. Ist der Inhaber eine Person oder eine Personengesamtheit des Privatrechts, so findet das BetrVG Anwendung. Auf den Zweck, der mit einer Einrichtung verfolgt wird, oder deren Organisation kommt es nicht an. Deshalb gilt das BetrVG auch für Versorgungsbetriebe, die in der Form einer juristischen Person des Privatrechts als AG oder als GmbH betrieben werden, selbst wenn sich alle Anteile in der Hand einer öffentlichen Körperschaft befinden.[1] Andererseits fällt der Betrieb bei gleicher Organisation nicht unter das BetrVG, wenn er von der öffentlichen Körperschaft unmittelbar geführt wird. Daher gilt für wirtschaftliche Unternehmen einer Gemeinde ohne eigene Rechtspersönlichkeit (Eigenbetriebe) und Sparkassen nicht das BetrVG, sondern das jeweils maßgebliche Landespersonalvertretungsgesetz.

b) Religionsgemeinschaften, insbesondere Kirchen

6 Nicht unter das BetrVG fallen die Religionsgemeinschaften, also vor allem die Kirchen, und ihre karitativen und erzieherischen Einrichtungen unbeschadet deren Rechtsform (§ 118 Abs. 2 BetrVG). Soweit eine Religionsgemeinschaft Körperschaft des öffentlichen Rechts ist, findet das BetrVG schon nach seinem § 130 keine Anwendung.[2] Nach der Verfassungsgarantie des Art. 140 GG i. V. m. Art. 137 Abs. 5 WRV sind die Gliederungen der verfassten Kirche, die man vielfach auch als Amtskirche bezeichnet, Körperschaften des öffentlichen Rechts. Die Ausklammerung des § 118 Abs. 2 BetrVG betrifft daher nicht primär die verfasste Kirche, die öffentlich-rechtlich organisiert ist, sondern die privatrechtlich verselbständigten karitativen und erzieherischen Einrichtungen.

7 Mit der Ausklammerung aus dem Geltungsbereich des BetrVG entspricht der Gesetzgeber der durch Art. 140 GG rezipierten Gewährleistung des Art. 137 Abs. 3 WRV, dass jede Religionsgesellschaft ihre Angelegenheiten selbständig innerhalb der Schranken des für alle geltenden Gesetzes ordnet und verwaltet.[3] Die Kirchen bestimmen des-

---

1 *BAG* 28.4.1964, AP BetrVG (1952) § 4 Nr. 3. Gleiches gilt, wenn zwei Gebietskörperschaften in der Rechtsform der BGB-Gesellschaft ein Theater unterhalten; vgl. *BAG* 7.11.1975, AP BetrVG 1972 § 130 Nr. 1; ebenso für den von einer juristischen Person des Privatrechts und einer des öffentlichen Rechts gemeinsam geführten Betrieb *BAG* 24.1.1996, AP BetrVG 1972 § 1 Gemeinsamer Betrieb Nr. 8.

2 Vgl. *BAG* 30.7.1987, AP BetrVG 1972 § 130 Nr. 3 (Klosterbrauerei der als Körperschaft des öffentlichen Rechts anerkannten Benediktinerabtei St. Bonifaz in München mit dem Priorat in Andechs).

3 BVerfGE 46, 73 ff. (11.10.1977).

halb als eigene Angelegenheit i. S. d. Art. 137 Abs. 3 WRV, »ob und in welcher Weise die Arbeitnehmer und ihre Vertretungsorgane in Angelegenheiten des Betriebs, die ihre Interessen berühren, mitwirken und mitbestimmen«.[4] Die Verfassungsgarantie erstreckt sich auf alle der Kirche in bestimmter Weise zugeordneten Einrichtungen ohne Rücksicht auf deren Rechtsform, »wenn sie nach kirchlichem Selbstverständnis ihrem Zweck oder ihrer Aufgabe entsprechend berufen sind, ein Stück Auftrag der Kirche in dieser Welt wahrzunehmen und zu erfüllen«.[5]

Bei rechtlich verselbständigten Einrichtungen ergibt sich daraus die folgende Zuordnung: Eine karitative oder erzieherische Einrichtung muss, soweit es sich um die katholische Kirche handelt, ihr so zugeordnet sein, dass sie teilhat »an der Verwirklichung eines Stückes Auftrag der Kirche im Geist katholischer Religiosität, im Einklang mit dem Bekenntnis der katholischen Kirche und in Verbindung mit den Amtsträgern der katholischen Kirche«.[6] Was für die katholische Kirche gilt, ist entsprechend auf Einrichtungen der evangelischen Kirche anzuwenden. Auch sie müssen den kirchlichen Auftrag »in Verbindung mit den Amtsträgern der Kirche« erfüllen.[7] **8**

Trotz der Nichtgeltung des BetrVG sind kirchliche Einrichtungen keineswegs ohne eine gesetzlich geordnete Betriebsverfassung. Für sie gilt das auf kirchengesetzlicher Grundlage beruhende Mitarbeitervertretungsrecht der Kirchen.[8] **9**

c) Luftfahrtunternehmen

Bei Luftfahrtunternehmen gilt das BetrVG nur für die Landbetriebe, nicht für den Flugbetrieb (§ 117 Abs. 1 BetrVG). Es kann aber für die im Flugbetrieb beschäftigten Arbeitnehmer durch Tarifvertrag eine Vertretung errichtet werden, was z. B. für das Bordpersonal der Deutschen Lufthansa durch Tarifvertrag vom 15. 11. 1972 (geändert durch Tarifvertrag vom 26. 6. 1976 und 29. 10. 1980) erfolgt ist (§ 117 Abs. 2 BetrVG). **10**

2. Auslandsbezug der Betriebsverfassung

Da das BetrVG an das Bestehen eines Betriebs anknüpft, macht es damit zugleich den Ort des Betriebs in der Bundesrepublik Deutschland zum entscheidenden Anknüpfungspunkt seiner Anwendbarkeit. Es kommt weder auf die Staatsangehörigkeit des Arbeitgebers noch auf die Staatsangehörigkeit des Arbeitnehmers an. Maßgebend ist allein das sog. Realstatut. Ausländische Betriebe inländischer Unternehmen fallen nicht unter das BetrVG, während umgekehrt inländische Betriebe ausländischer Unternehmen vom BetrVG erfasst werden. **11**

IV. Modifizierte und eingeschränkte Geltung des BetrVG

1. Seeschifffahrt

Für die Seeschifffahrt trifft das BetrVG eine Sonderregelung in den §§ 114 bis 116: Auf jedem Kauffahrteischiff, das nach dem Flaggenrechtsgesetz die Bundesflagge führt, **12**

---

4 BVerfGE 46, 73 (94); ebenso *BAG* 11. 3. 1986 und 25. 4. 1989, AP GG Art. 140 Nr. 25 und 34.
5 BVerfGE 46, 73 (85).
6 BVerfGE 46, 73 (87).
7 *BAG* 24. 7. 1991, AP BetrVG 1972 § 118 Nr. 48.
8 *Richardi*, Arbeitsrecht in der Kirche, 7. Aufl. 2015, S. 295 ff.

wird von den Besatzungsmitgliedern eine Bordvertretung, und in jedem Seebetrieb, d. i. die Gesamtheit der Schiffe eines Seeschifffahrtsunternehmens, wird von allen zum Seeschifffahrtsunternehmen gehörenden Besatzungsmitgliedern ein Seebetriebsrat errichtet. Für die Wahrnehmung der Beteiligungsrechte ist, wenn der Kapitän zur Regelung befugt ist, die Bordvertretung, sonst der Seebetriebsrat zuständig. Durch diese Kompetenzverteilung und durch Abweichungen, die sich aus den besonderen Verhältnissen im Bereich der Seeschifffahrt ergeben, erhält die Betriebsverfassung für den Bereich der Seeschifffahrt eine grundlegend andere Struktur.

2. Bahn und Post

13 Mit der Privatisierung von Bahn und Post fielen deren Betriebe aus dem Geltungsbereich des Bundespersonalvertretungsgesetzes. Für sie gilt daher das BetrVG. Betriebsverfassungsrechtliche Sonderregelungen enthält aber das Gesetz über die Gründung einer Deutsche Bahn AG vom 27.12.1993. Für die privatisierten Postunternehmen ergeben sich Modifikationen in der Anwendung des BetrVG aus §§ 24 bis 37 Postpersonalrechtsgesetz vom 14.9.1994.[9]

3. Tendenzbetriebe

14 Für sog. Tendenzbetriebe, also Unternehmen und Betriebe, die unmittelbar und überwiegend bestimmte geistig-ideelle Ziele verfolgen oder Zwecken der Berichterstattung oder Meinungsäußerung dienen, wird durch § 118 Abs. 1 BetrVG die Anwendung dieses Gesetzes eingeschränkt. Es handelt sich um die Parteien, Gewerkschaften, Arbeitgeberverbände und vor allem Presseunternehmen und sonstige Verlage. Weder Tendenzvielfalt (z. B. Vielfalt des Verlagsprogramms) noch Gewinnerzielungsabsicht schließen den Tendenzschutz aus.[10] Bei sog. Mischbetrieben entnimmt das BAG dem Gesetzestext, nach dem die Unternehmen und Betriebe »unmittelbar und überwiegend« den im Gesetz genannten Bestimmungen oder Zwecken dienen, eine Beurteilung nach ausschließlich quantitativen Gesichtspunkten.[11] Hat ein Betrieb lediglich eine Hilfsfunktion für die Erfüllung der geistig-ideellen Aufgaben, werden diese selbst dort aber nicht wahrgenommen, so handelt es sich nicht um einen Tendenzbetrieb (z. B. Lohndruckerei).[12]

15 Die Vorschriften über den Wirtschaftsausschuss (§§ 106 bis 110 BetrVG) sind nicht anzuwenden (absoluter Tendenzschutz, § 118 Abs. 1 S. 2 BetrVG). Die Regelung über die Mitwirkung des Betriebsrats bei Betriebsänderungen (§§ 111 bis 113 BetrVG) gilt nur insoweit, als sie sich auf den Ausgleich oder die Milderung wirtschaftlicher Nachteile für die Arbeitnehmer bezieht (§ 118 Abs. 1 S. 2 BetrVG); es besteht also kein Mitwirkungsrecht an einem Interessenausgleich bei wirtschaftlich-unternehmerischen Maßnahmen, aber wie sonst ein Mitbestimmungsrecht über die Aufstellung eines Sozialplans. Die übrigen Vorschriften des Gesetzes finden keine Anwendung, soweit die Eigenart des Unternehmens oder des Betriebs dem entgegensteht, wie § 118 Abs. 1 S. 1 BetrVG in einer Generalklausel umschreibt (relativer Tendenzschutz). Die entschei-

---

9 Zur Wahlberechtigung und Wählbarkeit zum Betriebsrat vgl. *BAG* 16.1.2008, AP BetrVG 1972 § 7 Nr. 12.

10 *BAG* 14.11.1975, AP BetrVG 1972 § 118 Nr. 5.

11 *BAG* 21.6.1989, AP BetrVG 1972 § 118 Nr. 43.

12 *BAG* 31.10.1975 und 30.6.1981, AP BetrVG 1972 § 118 Nr. 3 und 20.

denden Gesichtspunkte kreisen vor allem darum, wer von den Arbeitnehmern durch seine Tätigkeit die geistig-ideelle Zielsetzung der Einrichtung trägt und daher als Tendenzträger nicht in vollem Umfang dem Mitbestimmungsstatut unterliegt und welche Maßnahmen einen tendenzbezogenen Charakter haben, so dass bei ihnen eine Mitwirkung oder Mitbestimmung des Betriebsrats ausscheidet oder eingeschränkt ist.[13]

§ 13. Betrieb, Unternehmen und Konzern als Organisationseinheiten der betriebsverfassungsrechtlichen Mitbestimmung

I. Betrieb als organisatorische Grundeinheit der Betriebsverfassung

1. Betrieb als Grundlage einer arbeitgeberbezogenen Repräsentation der Arbeitnehmer

Der Repräsentationsbereich für die Bildung einer Arbeitnehmervertretung in der Betriebsverfassung wird durch den Begriff des Betriebs bestimmt. Nach § 1 Abs. 1 S. 1 BetrVG wird dort ein Betriebsrat gewählt, wenn diesem Repräsentationsbereich mindestens in der Regel fünf ständige wahlberechtigte Arbeitnehmer angehören, von denen drei wählbar sind. Bei dem Betrieb handelt es sich um die Arbeitsorganisation eines Unternehmens. Möglich ist aber, dass die Arbeitsorganisation auch mehreren Unternehmen zugeordnet werden kann. Deshalb stellt § 1 Abs. 1 S. 2 BetrVG klar, dass Betriebsräte auch in gemeinsamen Betrieben mehrerer Unternehmen gewählt werden können. **1**

2. Bestimmung des Betriebsbegriffs

Das Gesetz sieht davon ab, für den Betriebsbegriff eine Legaldefinition zu geben. Es setzt ihn als bekannt voraus, wobei es den Betrieb vom Unternehmen unterscheidet. **2**

Schon bei Erlass des BetrVG 1952 verzichtete der Gesetzgeber auf eine Legaldefinition, weil ihm eine eindeutige begriffliche Abgrenzung im Gesetz nicht möglich erschien. Der BT-Ausschuss für Arbeit glaubte, »auf dem von Rechtsprechung und Wissenschaft entwickelten Betriebsbegriff aufbauen zu können«.[1] Das BAG war schon in seinem Beschluss vom 3.12.1954 sogar der Meinung, die Begriffe »Betrieb« und »Unternehmen« seien durch die Wissenschaft und Praxis des Arbeitslebens so geklärt, dass es keinen Anlass habe, »über die Unterscheidung längere Ausführungen zu machen«.[2] Von Klarheit über den Betriebsbegriff kann allerdings nicht die Rede sein.[3] **3**

---

13 Vgl. für die Einstellung *BAG* 7.11.1975, AP BetrVG 1972 § 99 Nr. 3; für die Versetzung *BAG* 1.9.1987, AP BetrVG 1972 § 101 Nr. 10; weiterhin *BAG* 8.5.1990, 27.7.1993, 13.2.2007 und 14.9.2010, AP BetrVG 1972 § 118 Nr. 46 (Redaktion), Nr. 51 (Rundfunkanstalt), Nr. 81 (Theater) und Nr. 83 (Wohnheim für behinderte Menschen); für Arbeitszeitregelungen *BAG* 13.1.1987, AP BetrVG 1972 § 118 Nr. 33 (erzieherische Einrichtung); *BAG* 18.4.1989, AP BetrVG 1972 § 87 Arbeitszeit Nr. 34 (karitative Einrichtung).
1 BT-Drs. I/3585, S.3.
2 AP BetrVG (1952) § 88 Nr. 1.
3 Vgl. *Preis*, RdA 2000, 257ff.

4   Der von der Rechtsprechung verwandte Betriebsbegriff geht auf die Definition von *Erwin Jacobi* zurück: Betrieb ist die »Vereinigung von persönlichen, sächlichen und immateriellen Mitteln zur fortgesetzten Verfolgung eines von einem oder von mehreren Rechtssubjekten gemeinsam gesetzten technischen Zweckes«.[4] Das BAG bezeichnet daher als Betrieb die »organisatorische Einheit, innerhalb derer der Unternehmer allein oder in Gemeinschaft mit seinen Mitarbeitern mit Hilfe von sächlichen und immateriellen Mitteln bestimmte arbeitstechnische Zwecke fortgesetzt verfolgt«.[5]

5   Eine richtige Abgrenzung des Betriebs ist nur möglich, wenn man der Beurteilung zugrunde legt, dass für die Betriebsverfassung der Betrieb kein Funktionsbereich, sondern ein Repräsentationsbereich ist. Die Betriebsverfassung gibt den in ihm gewählten Arbeitnehmervertretungen Beteiligungsrechte an Entscheidungen des Arbeitgebers. Sie ist auf einen bestimmten Arbeitgeber bezogen, indem sie in dessen Arbeitsorganisation die Arbeitnehmerrepräsentanten bildet. Das gilt auch, wenn mehrere Unternehmen einen gemeinsamen Betrieb bilden. Für die Anwendung des Gesetzes genügt die privatrechtliche Organisationsform; es spielt keine Rolle, ob Rechtsträger der Arbeitsorganisation eine natürliche Person, eine Gesamthand oder eine juristische Person des Privatrechts ist. Ebenfalls unerheblich ist es, ob man den Arbeitgeber wegen seiner wirtschaftlichen Zielsetzung als *Unternehmen* einzuordnen hat oder den *freien Berufen* zurechnen muss.

6   Da Adressat der Beteiligungsrechte der Arbeitgeber ist, ist für die Bildung des Betriebsrats wesentlich, dass die von ihm repräsentierten Arbeitnehmer in einer arbeitsrechtlichen Beziehung zum Betriebsinhaber – wenn man vom drittbezogenen Personaleinsatz absieht, in einer Vertragsbeziehung – stehen. Bei einem gemeinsamen Betrieb mehrerer Unternehmen muss die Rechtsbeziehung zu einem der Unternehmen bestehen, die den gemeinsamen Betrieb bilden. Soweit es um den oder die Rechtsträger des Betriebs geht, enthält das BetrVG keine Sonderregelung; es gelten vielmehr, wenn es sich um eine Personen- oder Kapitalgesellschaft handelt, die Regeln des Gesellschaftsrechts über Zuständigkeit und Verantwortung.

7   Der Betrieb ist kein Rechtssubjekt. Das Arbeitsverhältnis besteht nicht mit ihm, sondern mit dem Arbeitgeber. Dessen Organisations- und Wirkungseinheit wird, wenn sie zwei oder mehrere Betriebe umfasst bzw. es sich um personelle Einzelmaßnahmen nach § 99 BetrVG oder wirtschaftliche Angelegenheiten handelt, durch den Begriff des *Unternehmens* festgelegt. Nach der ebenfalls auf *Jacobi* zurückgehenden Definition stellt das Unternehmen die organisatorische Einheit dar, mit der ein Unternehmer allein oder in Gemeinschaft mit anderen Personen bestimmte, hinter dem arbeitstechnischen Zweck des Betriebs liegende Zwecke, wirtschaftliche oder ideelle Ziele, fortgesetzt verfolgt.[6]

8   Nach diesem Verständnis sind deshalb Betrieb und Unternehmen organisatorische Einheiten, die sich allein durch ihren Zweck unterscheiden: Der Betrieb dient einem arbeitstechnischen Zweck, das Unternehmen dem hinter dem arbeitstechnischen Zweck liegenden Ziel, regelmäßig einem wirtschaftlichen Ziel. Daraus darf nicht abgeleitet werden, dass Betrieb und Unternehmen in der Betriebsverfassung verschiedene, voneinander unabhängige Organisationen darstellen. Es geht vielmehr stets darum, dass

---

4 *Jacobi*, Betrieb und Unternehmen als Rechtsbegriffe, 1926, S. 9.
5 *BAG* 29.5.1991, AP BetrVG 1972 § 4 Nr. 5; bereits *BAG* 3.12.1954, AP BetrVG (1952) § 88 Nr. 1; aus letzterer Zeit *BAG* 18.1.2012, AP BetrVG 1972 § 1 Gemeinsamer Betrieb Nr. 33 (Rn. 24).
6 *Jacobi*, ebd.

ein Arbeitgeber für seine unternehmerische Zielsetzung (oder auch für die Ausübung eines freien Berufs) durch die Beschäftigung von Arbeitnehmern eine Arbeitsorganisation bildet. Soweit in Arbeitsgesetzen an den Begriff des Betriebs angeknüpft wird, ist damit im Allgemeinen der Betrieb als das arbeitstechnische Spiegelbild des Unternehmens gemeint. Bei Unternehmen mit mehreren Betrieben bildet deshalb der Betrieb keinen vom Unternehmen verschiedenen Funktionsbereich, sondern er legt für die Betriebsverfassung den Repräsentationsbereich der Arbeitnehmer fest.

3. Notwendigkeit einer teleologischen Begriffsbestimmung

Nach Ansicht des BAG handelt es sich um einen Betrieb, wenn die Unternehmenslei- **9** tung selbst eine oder mehrere Arbeitsstätten (Produktions- oder Dienstleistungsstätten) in arbeitstechnischer Hinsicht leitet, und um mehrere Betriebe, wenn die Leitung insoweit jeweils in der Arbeitsstätte ausgeübt wird.[7] Kriterium der Betriebsabgrenzung ist nicht eine Verschiedenheit des arbeitstechnischen Zwecks, der in der Arbeitsstätte verfolgt wird, sondern eine Verselbständigung der Organisation durch einen *einheitlichen Leitungsapparat*, der Arbeitgeberfunktionen gegenüber den Arbeitnehmern ausübt.[8] Damit stellt sich die Frage, welche Leitungsbefugnisse betriebskonstituierend sind. Die Beantwortung hängt von der Leitungsstruktur des Unternehmens ab. Daraus folgt zugleich, dass die Einheit des Leitungsapparats im Verhältnis zur Unternehmensleitung nur relativ gegeben sein kann.

Verlangt wird nicht, dass die Leitung der einzelnen Arbeitsstätten die Kompetenz für **10** alle betriebsverfassungsrechtlich relevanten Maßnahmen hat, sondern es soll genügen, dass die Unternehmensleitung »die Entscheidung in personellen und sozialen Angelegenheiten im Wesentlichen der Leitung der einzelnen Produktionsstätte überlässt«.[9] Für die Beantwortung der Frage, nach welchen Merkmalen die einheitliche Leitung zu bestimmen ist, um mit ihrer Hilfe den Betrieb abzugrenzen, sind also spezifisch betriebsverfassungsrechtliche Gesichtspunkte maßgebend: Werden wesentliche Arbeitgeberfunktionen im sozialen und personellen Bereich auf einen der Unternehmensleitung nachgeordneten Leitungsapparat verlagert, so wird für den ihm zugeordneten Organisationsbereich eine Arbeitnehmerrepräsentation gebildet, um eine arbeitnehmernahe Wahrnehmung der Beteiligungsrechte herzustellen und zu sichern. Darin liegt der maßgebliche Gesichtspunkt für die Verselbständigung eines Organisationsbereichs als Betrieb innerhalb der Arbeitsorganisation eines Unternehmens, aber auch für die Anerkennung eines gemeinsamen Betriebs mehrerer Unternehmen.

4. Ergebnis

Der Betrieb ist, wenn der Arbeitgeber zur Verwirklichung seiner unternehmerischen **11** Zielsetzung (oder für die Ausübung eines freien Berufs) eine arbeitstechnische Organisation bildet, entweder mit dieser Organisation (= Unternehmen i. S. d. BetrVG) identisch oder ein relativ selbständiger Teil dieser Organisation. In einem zentralistisch organisierten Unternehmen sind daher für die Betriebsverfassung Unternehmen und

---

7 *BAG* 23.9.1982, AP BetrVG 1972 § 4 Nr. 3.
8 *BAG* 23.9.1982 und 17.2.1983, AP BetrVG 1972 § 4 Nr. 3 und 4; st. Rspr., zuletzt *BAG* 9.12.2009, AP BetrVG 1972 § 4 Nr. 19 (Rn. 22); *BAG* 18.1.2012 und 13.2.2013, AP BetrVG 1972 § 1 Gemeinsamer Betrieb Nr. 33 (Rn. 25) und Nr. 34 (Rn. 28).
9 *BAG* 23.9.1982, AP BetrVG 1972 § 4 Nr. 3.

Betrieb identisch. Der Betrieb ist in diesem Fall nichts anderes als das arbeitstechnische Spiegelbild des Unternehmens.

12 Eine Unterscheidung von Betrieb und Unternehmen ist daher für die Betriebsverfassung notwendig, wenn ein Unternehmen in Teilorganisationen gegliedert ist, die für die Betriebsverfassung die maßgebliche Organisationseinheit zur Bildung eines Betriebsrats darstellen. Ein Betrieb ist in diesem Fall Unternehmensteil. Wie die Grenze zum bloßen Betriebsteil zu ziehen ist, kann aber offen bleiben, wenn die Voraussetzungen des § 4 Abs. 1 S. 1 BetrVG erfüllt sind; denn in diesem Fall spielt keine Rolle, ob der entsprechend abgegrenzte Teil der für das Unternehmen bestehenden arbeitstechnischen Organisation einen Betrieb oder einen Betriebsteil darstellt.

13 Die Unterscheidung von Betrieb und Unternehmen ist schließlich zu beachten, wenn mehrere Unternehmen für ihre Zielsetzung eine einheitliche Arbeitsorganisation bilden. In diesem Fall entsteht ein gemeinsamer Betrieb mehrerer Unternehmen. Doch ist auch hier möglich, dass die Arbeitsorganisation sich in Teilorganisationen gliedert, die für die Betriebsverfassung die maßgebliche Organisationseinheit zur Bildung eines Betriebsrats darstellen.

II. Betriebsteil und Kleinbetrieb

1. Betriebsteil als betriebsratsfähige Organisationseinheit

14 Nach § 4 Abs. 1 S. 1 BetrVG gilt ein Betriebsteil bei Betriebsratsfähigkeit (§ 1 Abs. 1 S. 1 BetrVG) als selbständiger Betrieb, wenn er entweder »räumlich weit vom Hauptbetrieb« entfernt (Nr. 1) oder »durch Aufgabenbereich und Organisation eigenständig« ist (Nr. 2). Der Betriebsteil muss also räumlich oder organisatorisch abgrenzbar sein, damit er als Organisationseinheit für die Wahl eines Betriebsrats überhaupt in Betracht kommt. Die räumliche Abgrenzung genügt bei weiter Entfernung vom Hauptbetrieb, während bei räumlicher Nähe das Gesetz Eigenständigkeit durch Aufgabenbereich und Organisation verlangt. Der Betriebsteil muss in diesem Fall gegenüber anderen Teilen des Betriebs eine institutionell verankerte eigene Leitungsstruktur haben.[10]

15 Soweit das Gesetz für die betriebsverfassungsrechtliche Verselbständigung eines Betriebsteils räumlich weite Entfernung vom Hauptbetrieb verlangt, aber auch genügen lässt, ist mit dem Begriff des Hauptbetriebs der Betriebsteil gemeint, in dem die für die Belegschaft des Betriebsteils zuständige institutionelle Leitung zur Wahrnehmung der Arbeitgeberfunktionen in den sozialen und personellen Angelegenheiten des BetrVG organisatorisch angesiedelt ist. Die räumlich weite Entfernung kann nicht allein nach der Kilometerzahl gemessen werden, sondern entscheidend ist, dass infolge der räumlichen Entfernung eine Verselbständigung der Belegschaft im Betriebsteil eintritt. Maßgebend sind deshalb die Verkehrsverbindungen.[11] Jedoch handelt es sich insoweit nur um einen relativen Maßstab. Auch gute Verkehrsverhältnisse dürfen nicht dazu

---

10 So *BAG* 29.5.1991, AP BetrVG 1972 § 4 Nr. 5.
11 Eine räumlich weite Entfernung verneinend für den Kölner Betriebsteil einer Hauptniederlassung in Essen *BAG* 24.9.1968, AP BetrVG (1952) § 3 Nr. 9 und die Göttinger Filiale eines Lebensmittelunternehmens in Kassel *BAG* 24.2.1976, AP BetrVG 1972 § 4 Nr. 2; für ein Auslieferungslager, das vom Stammbetrieb mit einem PKW in ca. 25 Minuten bei einer Straßenentfernung von 22 km zu erreichen ist, *BAG* 17.2.1983, AP BetrVG 1972 § 4 Nr. 4.

führen, sehr weit auseinander liegende Werke als einheitlichen Betrieb anzusehen.[12] Voraussetzung ist aber stets, dass der Betriebsteil selbst nach seiner Arbeitnehmerzahl die in § 1 Abs. 1 S. 1 BetrVG festgelegten Voraussetzungen der Betriebsratsfähigkeit erfüllt.

Bei räumlicher Nähe ist ein Betriebsteil nur dann eine betriebsratsfähige Einheit, wenn **16** er durch Aufgabenbereich und Organisation eigenständig ist (§ 4 Abs. 1 S. 1 Nr. 2 BetrVG). Zweck der Vorschrift ist es, bei räumlicher Nähe von zum gleichen Unternehmen gehörenden Arbeitsstätten einer Meinungsverschiedenheit über die Betriebsabgrenzung zu begegnen. Führt die Eigenständigkeit des Aufgabenbereichs in einem Betriebsteil zu dessen Verselbständigung innerhalb der Betriebsorganisation,[13] so kann offen bleiben, ob bereits ein Betrieb vorliegt. Wenn die Eigenständigkeit auch organisatorisch abgesichert ist, also eine von der Betriebsleitung abgehobene eigene Leitung auf der Ebene des Betriebsteils besteht, gilt er als selbständiger Betrieb, wenn er nach seiner Arbeitnehmerzahl die Voraussetzungen der Betriebsratsfähigkeit erfüllt.

Wenn die Hauptverwaltung eines Unternehmens nicht auf die Leitung einer einzelnen **17** Produktionsstätte beschränkt ist, sind deshalb für Hauptverwaltung und Produktionsstätten auch bei räumlicher Nähe getrennte Betriebsräte zu bilden, wenn in der Hauptverwaltung im Wesentlichen planerische unternehmensbezogene Entscheidungen getroffen werden und die Entscheidungen in personellen und sozialen Angelegenheiten im Allgemeinen der Leitung der Produktionsstätten überlassen sind.[14]

2. Zuordnung von Kleinbetrieben

Da der Betrieb die organisatorische Grundeinheit der Betriebsverfassung bildet, be- **18** steht das Problem, dass Betriebe nach ihrer Arbeitnehmerzahl nicht die Voraussetzungen der Betriebsratsfähigkeit erfüllen, diese aber für das Unternehmen gegeben sind, dem sie angehören. Nach § 4 S. 2 BetrVG 1972 in seiner ursprünglichen Fassung war für einen Nebenbetrieb vorgesehen, dass er dem Hauptbetrieb zuzuordnen ist, soweit er selbst nicht die Voraussetzungen der Betriebsratsfähigkeit erfüllt. Diese Regelung erstreckt § 4 Abs. 2 BetrVG auf alle Betriebe, wobei er völlig missglückt formuliert, dass sie dem Hauptbetrieb zuzuordnen seien, also davon ausgeht, dass ein Betrieb die Voraussetzungen der Betriebsratsfähigkeit erfüllt. Darauf kommt es aber nicht an. Auch wenn man zu dem Ergebnis gelangt, dass bei der Aufgliederung der Arbeitsorganisation eines Unternehmens nicht nur Betriebsteile, sondern bereits Betriebe vorliegen, hat das nicht zur Folge, dass die Arbeitnehmer betriebsverfassungsrechtlich vertretungslos bleiben. Verfolgt ein Arbeitnehmer den gleichen arbeitstechnischen Zweck in mehreren selbständigen Betrieben, so bilden sie betriebsverfassungsrechtlich einen Betrieb, wenn keiner von ihnen die Voraussetzungen für die Betriebsratsfähigkeit erfüllt.[15] Die Zuordnung zu einem »Hauptbetrieb«, wie sie in § 4 Abs. 2 BetrVG angeordnet wird, spielt nur eine Rolle, wenn neben nicht betriebsratsfähigen Kleinstbetrieben mindestens zwei betriebsratsfähige Betriebe vorhanden sind. In diesem Fall ist der Kleinst-

---

12 So bei einer Entfernung von 260 km *BAG* 19.2.2002, AP BetrVG § 4 Nr. 13; für die Entfernung zwischen Köln und Paderborn *LAG Düsseldorf* (Köln) DB 1971, 2069.
13 So z.B. bei meheren Orchestern, wenn ein Orchester sich von den anderen durch ein eigenes künstlerisches Profil unterscheidet und deshalb personelle Entscheidungen nicht vom Geschäftsführer der GmbH, sondern vom Orchesterdirektor im Benehmen mit dem Chefdirigenten getroffen werden, *BAG* 21.7.2004, AP BetrVG 1972 § 4 Nr. 15.
14 *BAG* 23.9.1982, AP BetrVG 1972 § 4 Nr. 3.
15 Ebenso *Konzen*, RdA 2001, 76 (82).

betrieb bei räumlich annähernd gleich weiter Entfernung dem betriebsratsfähigen Betrieb zuzuordnen, der ihm im arbeitstechnischen Aufgabenbereich am meisten entspricht.

3. Zuordnung mehrerer Betriebsteile bei Betriebsratsfähigkeit

19 Sind zwei oder mehrere Betriebsteile räumlich weit entfernt vom sog. Hauptbetrieb, so bilden sie bei Betriebsratsfähigkeit je für sich einen betriebsverfassungsrechtlich verselbständigten Betriebsteil. Das gilt auch, wenn sie im Verhältnis zueinander räumlich nahe liegen.[16] Etwas anderes gilt nur, wenn ein Betriebsteil einem anderen organisatorisch untergeordnet ist, so dass er von ihm mitgeleitet wird.

4. Teilnahme an der Betriebsratswahl im Hauptbetrieb

a) Ausübung eines Optionsrechts

20 Den Arbeitnehmern eines betriebsverfassungsrechtlich verselbständigten Betriebsteils stellt das Gesetz frei, ob sie einen eigenen Betriebsrat wählen oder an der Wahl des Betriebsrats im Hauptbetrieb teilnehmen wollen (§ 4 Abs. 1 S. 2 bis 5 BetrVG).

21 Wenn der Arbeitgeber auf Grund seiner Organisationsherrschaft im Unternehmen die Betriebsstrukturen neu ordnet, kann daher die Belegschaft eines abgespaltenen Betriebsteils die alten Vertretungsstrukturen durch Mehrheitsbeschluss aufrechterhalten. Da § 3 Abs. 3 S. 2 BetrVG entsprechend gilt (§ 4 Abs. 1 S. 2 Hs. 2 BetrVG), kann die Abstimmung »von mindestens drei wahlberechtigten Arbeitnehmern des Unternehmens oder einer im Unternehmen vertretenen Gewerkschaft veranlasst werden«. Soweit es um die Arbeitnehmer geht, ist es allerdings teleologisch gerechtfertigt, die Befugnisse auf die wahlberechtigten Arbeitnehmer zu beschränken, die dem Betriebsteil angehören, in dem kein eigener Betriebsrat besteht. Durch den BT-Ausschuss für Arbeit und Sozialordnung wurde eingefügt, dass die Abstimmung auch vom Betriebsrat des Hauptbetriebs veranlasst werden kann (§ 4 Abs. 1 S. 3 BetrVG). Nach dem Wortlaut des § 4 Abs. 1 S. 2 Hs. 1 BetrVG bedarf der Beschluss über die Anschließung zur Wahl im Hauptbetrieb der »Stimmenmehrheit« der Arbeitnehmer des Betriebsteils, also einer konstitutiven Mehrheit von mehr als fünfzig Prozent aller Wahlberechtigten, wobei insoweit ausschließlich auf die Arbeitnehmer des Betriebsteils abgestellt wird, also unerheblich ist, ob auch die Arbeitnehmer im Hauptbetrieb damit einverstanden sind. Durch den BT-Ausschuss für Arbeit und Sozialordnung wurde eingefügt, dass die Arbeitnehmer »formlos« über die Teilnahme an der Wahl im Hauptbetrieb beschließen; es bedarf also keines bestimmten förmlichen Verfahrens. Nach der Begründung soll ein Beschluss im Umlaufverfahren ausreichen; eine Abstimmung in einer Versammlung sei nicht erforderlich.[17] Da der Gesetzestext aber ausdrücklich verlangt, dass die Arbeitnehmer die Teilnahme an der Wahl des Betriebsrats im Hauptbetrieb »beschließen«, ist die Abstimmung in einer Versammlung notwendig, weil sonst von keinem geordneten Verfahren die Rede sein kann. Der Beschluss ist dem Betriebsrat des Hauptbetriebs spätestens zehn Wochen vor Ablauf seiner Amtszeit mitzuteilen (§ 4 Abs. 1 S. 4 BetrVG).

---

16 Ebenso *BAG* 29.5.1991, AP BetrVG 1972 § 4 Nr. 5.
17 Ausschuss-Drs. 14/1610, S. 1.

b) Auswirkungen auf die Betriebsverfassung

Da der Betriebsbegriff für die Betriebsverfassung einen Repräsentationsbereich fest- **22**
legt, hat die Ausübung des Optionsrechts zur Folge, dass der Betriebsteil seine betriebsverfassungsrechtliche Selbständigkeit verliert. Soweit es um die Repräsentation
der Arbeitnehmer geht, bildet er mit dem Gesamtbetrieb eine Betriebseinheit.[18]

5. Arbeitsgerichtliche Klärung

Bestehen Zweifel über das Vorliegen einer betriebsratsfähigen Organisationseinheit, **23**
so entscheidet das Arbeitsgericht im Beschlussverfahren (§ 2a Abs. 1 Nr. 1, Abs. 2
ArbGG). Erfasst werden neben Meinungsverschiedenheiten über die Betriebsabgrenzung Streitigkeiten über die Frage, ob ein gemeinsamer Betrieb nach § 1 Abs. 2
BetrVG, ein selbständiger Betrieb i. S. d. § 4 Abs. 1 S. 1 BetrVG oder eine betriebsratsfähige Organisationseinheit nach § 3 Abs. 1 Nr. 1 bis 3 BetrVG vorliegt.

III. Unternehmen als betriebsverfassungsrechtlicher Repräsentationsbereich

Soweit der Unternehmensbegriff in der Betriebsverfassung Verwendung findet, knüpft **24**
er an den Unternehmensbegriff an, wie er auch sonst als Rechtsbegriff verstanden
wird. Der Begriff bezieht sich auf die Organisations- und Wirkungseinheit, für die bei
einer Gesellschaft das Gesellschaftsrecht die Zuständigkeit und Verantwortung der für
sie handelnden Organe regelt. Bei den juristischen Personen des Privatrechts ist die
Verfassung des Unternehmens mit der der juristischen Person identisch. Daraus folgt,
dass für die Annahme eines Unternehmens die Planungs-, Organisations- und Lei-
tungsautonomie weder erforderlich noch ausreichend ist. Auch bei fremdbestimmter
Leitung kann ein Unternehmen vorliegen, wie umgekehrt die Zusammenfassung unter
einheitlicher Leitung nicht genügt, um ein Unternehmen anzunehmen. Im letzteren
Fall handelt es sich vielmehr um einen Konzern, der in der Betriebsverfassung eine besondere Berücksichtigung erfährt.

Der Unternehmensbegriff wird in der Betriebsverfassung dadurch modifiziert, dass er **25**
einen *Arbeitgeber* als Rechtsträger voraussetzt. Hat das Unternehmen keine Arbeitnehmer, so besteht in ihm auch keine Betriebsvertretung. Soweit es um die Repräsenta-
tionsstruktur des Unternehmens geht, muss daher eine Arbeitsorganisation vorhanden
sein.

Da Adressat der betriebsverfassungsrechtlichen Beteiligungsrechte der Arbeitgeber ist, **26**
werden durch den Unternehmensbegriff die Grenzen des betriebsverfassungsrechtlichen Repräsentationsbereichs festgelegt, die nur unter den Voraussetzungen einer
Konzernbindung i. S. d. § 18 Abs. 1 AktG durch die Bildung eines Konzernbetriebsrats überschritten werden (§ 54 Abs. 1 S. 1 BetrVG). Gliedert sich die Arbeitsorganisation eines Unternehmens in zwei oder mehrere Betriebe, wobei unerheblich ist, ob
es sich um betriebsverfassungsrechtlich verselbständigte Betriebsteile handelt, so entsteht ein *zweistufiger Repräsentationsaufbau*: Neben den Betriebsräten wird ein Gesamtbetriebsrat für das Unternehmen gebildet (§ 47 Abs. 1 BetrVG).

---

18 Ebenso *BAG* 17. 9. 2013, AP BetrVG 1972 § 4 Nr. 20.

IV. Gemeinsamer Betrieb mehrerer Unternehmen

1. Besonderheit des Sachverhalts

27 Die Zusammenarbeit von Unternehmen bei gemeinsamen Projekten, Unternehmensaufspaltungen und die Erfüllung bestimmter Arbeitsaufgaben für mehrere Unternehmen in einem Konzern können zur Folge haben, dass zwei oder mehrere Unternehmen gemeinsam eine arbeitstechnische Organisation – einen gemeinsamen Betrieb – bilden. Zu den Sachverhalten, die mit dem Stichwort des gemeinsamen Betriebs erfasst werden, gehören die Hauptverwaltungen und die Filialdirektionen von Versicherungsgesellschaften, die aus Gründen des Versicherungsaufsichtsrechts die verschiedenen Sparten des Versicherungsgeschäfts getrennt betreiben müssen,[19] das gemeinsame Büro bei verschiedenen Buchverlagen[20] oder die Arbeitsgemeinschaften, die im Baugewerbe von mehreren Bauunternehmen für ein gemeinsames Bauprojekt gebildet werden, sog. ARGE. Wie auch sonst bei unternehmensübergreifenden Beziehungen gibt es auch hier keine arbeitsrechtliche Einheitslösung.

28 Von dem gemeinsamen Betrieb muss man das *Gemeinschaftsunternehmen* unterscheiden. Von ihm spricht man, wenn an einem Unternehmen zwei oder mehrere Unternehmen gesellschaftsrechtlich beteiligt sind und mit ihm eine gemeinsame Zielsetzung verfolgen. Der praktisch wichtigste Anwendungsfall ist das 50:50-Unternehmen. Ein Gemeinschaftsunternehmen kann aber auch für die Erfüllung bestimmter Arbeitsaufgaben gebildet werden. Betriebsverfassungsrechtlich handelt es sich bei seiner Arbeitsorganisation nicht um einen gemeinsamen Betrieb mehrerer Unternehmen, sondern um den Betrieb eines eigenen Unternehmens, des Gemeinschaftsunternehmens. Ebenfalls kein gemeinsamer Betrieb liegt vor, wenn die Unternehmen durch Abschluss eines Dienstleistungsvertrags einem Unternehmen die Erfüllung bestimmter Arbeitsaufgaben für ihre wirtschaftlich-unternehmerische Zielsetzung übertragen.

2. Gemeinsamer Betrieb mehrerer Unternehmen als betriebsratsfähige Einheit

29 Der Begriff des gemeinsamen Betriebs hat seine selbständige betriebsverfassungsrechtliche Bedeutung, wenn man ihn auf den Sachverhalt bezieht, dass zwei oder mehrere Unternehmen gemeinsam eine arbeitstechnische Organisation bilden, ohne sie einem eigenen Rechtsträger zu übertragen. Nach Ansicht des BAG liegt eine betriebsratsfähige Einheit nur vor, wenn die Funktionen des Arbeitgebers institutionell einheitlich für die beteiligten Unternehmen wahrgenommen werden und diese sich daher – zumindest stillschweigend – zu einer gemeinsamen Führung des Betriebs rechtlich verbunden haben.[21]

30 Da die Betriebsverfassung arbeitgeberbezogen gestaltet ist, muss ein einheitlicher Leitungsapparat vorhanden sein, der in der Lage ist, die Gesamtheit der für die Erreichung der arbeitstechnischen Zwecke eingesetzten personellen, technischen und immateriellen Mittel zu lenken. Es reicht nicht aus, dass die beteiligten Unternehmen dieselben

---

19 *BAG* 14.9.1988, AP BetrVG 1972 § 1 Nr. 9.
20 *BAG* 14.11.1975, AP BetrVG 1972 § 118 Nr. 5.
21 *BAG* 11.2.2004, AP BetrVG § 1 Gemeinsamer Betrieb Nr. 22 [B I 1]; bestätigt *BAG* 22.6.2005, AP BetrVG 1972 § 1 Gemeinsamer Betrieb Nr. 23; zuletzt *BAG* 18.1.2012, AP BetrVG 1972 § 1 Gemeinsamer Betrieb Nr. 33 (Rn. 25); *BAG* NZA 2017, 1003 (Rn. 33 ff.).

Gesellschafter haben. Der Betrieb einer GmbH ist notwendig ein anderer als der eines Mitgesellschafters. Handelt es sich um zwei verschiedene Gesellschaften, so ist Gesellschafteridentität weder erforderlich noch ausreichend. Notwendig ist vielmehr zweierlei: ein einheitlicher Leitungsapparat als Voraussetzung für die Anerkennung eines einheitlichen Betriebs und und die Gemeinsamkeit seiner Leitung; denn der einheitliche Leitungsapparat muss rechtlich so abgesichert sein, dass eine Wahrnehmung der Rechte durch ihn die beteiligten Unternehmen als Arbeitgeber bindet. Dabei ist wesentlich, dass ein Bezug zu den betriebsverfassungsrechtlichen Befugnissen hergestellt wird, deren Adressat der Arbeitgeber ist. Das BAG verlangt, dass der Kern der Arbeitgeberfunktionen im sozialen und personellen Bereich von derselben institutionellen Leitung ausgeübt wird.[22]

3. Vermutung eines gemeinsamen Betriebs

Nach § 1 Abs. 2 BetrVG wird ein gemeinsamer Betrieb mehrerer Unternehmen vermutet, »wenn **31**

1. zur Verfolgung arbeitstechnischer Zwecke die Betriebsmittel sowie die Arbeitnehmer von den Unternehmen gemeinsam eingesetzt werden oder

2. die Spaltung eines Unternehmens zur Folge hat, dass von einem Betrieb ein oder mehrere Betriebsteile einem an der Spaltung beteiligten anderen Unternehmen zugeordnet werden, ohne dass sich dabei die Organisation des betroffenen Betriebes wesentlich ändert«.

Nr. 2 bezieht sich auf den Fall, dass der Rechtsträger eines Betriebs gespalten wird, z. B. die GmbH A in die GmbH X und die GmbH Y & Co KG aufgespalten wird. Bei Nr. 1 enthält der Gesetzestext strenggenommen die Kriterien des gemeinsamen Betriebs, so dass zweifelhaft ist, worauf sich die Vermutungswirkung bezieht. Bei teleologischer Interpretation ist ein gemeinsamer Betrieb nur dann eine betriebsratsfähige Organisationseinheit, wenn der Kern der Arbeitgeberfunktionen im sozialen und personellen Bereich von derselben institutionellen Leitung auf Grund einer Führungsvereinbarung ausgeübt wird. Deshalb muss man zu dem Ergebnis gelangen, dass sich darauf die Vermutungswirkung bezieht, wenn Betriebsmittel und Arbeitnehmer von mehreren Unternehmen gemeinsam »eingesetzt« werden.

Der Vermutungstatbestand setzt voraus, dass, wie es in der Begründung des RegE zum **32** BetrVerf-Reformgesetz heißt, »von den Unternehmen, die in einer Betriebsstätte vorhandenen sächlichen und immateriellen Betriebsmittel für den oder die arbeitstechnischen Zwecke gemeinsam genutzt und die Arbeitnehmer – unabhängig davon, zu welchem der Unternehmer (Arbeitgeber) sie in einem Arbeitsverhältnis stehen – gemeinsam eingesetzt werden«.[23] Soweit es um die Betriebsmittel geht, genügt daher entgegen dem Gesetzestext, dass sie zur Verfolgung arbeitstechnischer Zwecke gemeinsam *genutzt* werden. Ein gemeinsamer Einsatz der Arbeitnehmer ist anzunehmen, wenn der für die Erbringung der Arbeitsleistung maßgebliche Rahmen (Arbeitszeit, betriebliche Ordnung) einheitlich ist, auch wenn die Gemeinsamkeit der Organisation nicht das die Arbeitsleistung betreffende Weisungsrecht gegenüber dem Arbeitnehmer umfasst. Sind die beiden kumulativ genannten Tatbestandsvoraussetzungen erfüllt, so wird die Annahme eines gemeinsamen Betriebs vermutet. Die Vermutung ist widerleg-

---

22 *BAG* 13.2.2013, AP BetrVG § 1 Gemeinsamer Betrieb Nr. 34 (Rn. 28).
23 BT-Drs. 14/5741, S. 33.

bar (§ 292 ZPO), kann aber nicht widerlegt werden. Zur Widerlegung genügt nämlich nicht die Kündigung der Führungsvereinbarung, sondern es muss auch die entsprechende Abwicklung nachgewiesen werden, z. B. dadurch, dass die Arbeitnehmer einer eigenen Leitung unterstellt oder in anderen Bereichen des Unternehmens eingesetzt werden. Damit ist aber bereits der Vermutungstatbestand nicht mehr erfüllt.

4. Besonderheit des gemeinsamen Betriebs in der Betriebsverfassung

33 Der gemeinsame Betrieb konstituiert kein eigenes Unternehmen. Das ist insbesondere zu beachten, soweit § 99 und § 111 BetrVG für die dort genannten Beteiligungsfälle auf die Arbeitnehmerzahl im Unternehmen abstellen. Maßgeblich ist bei einem gemeinsamen Betrieb nicht seine Arbeitnehmerzahl, sondern die der Trägerunternehmen.[24] Wie sich mittelbar aus § 47 Abs. 9 BetrVG ergibt, ist der Betriebsrat des gemeinsamen Betriebs an den Gesamtbetriebsräten bei den Trägerunternehmen zu beteiligen.

V. Konzern als Organisationseinheit der Betriebsverfassung

1. Betriebsverfassungsrechtlicher Konzernbegriff

34 Durch die Mitbestimmung sollen die Arbeitnehmer an bestimmten Planungs-, Leitungs- und Organisationsentscheidungen des Arbeitgebers beteiligt werden. Steht dieser in einer Unternehmensverbindung zu einem anderen Unternehmen, so berücksichtigt das BetrVG, dass grundlegende Entscheidungen mit Auswirkungen auf die Arbeitnehmer nicht von ihm, sondern auf der Konzernebene getroffen werden.

35 Das Gesetz kennt keinen besonderen Konzernbegriff.[25] Maßgebend für ihn ist die Zusammenfassung rechtlich selbständiger Unternehmen unter einheitlicher Leitung. Die Definitionsnorm in § 18 AktG unterscheidet zwei Arten von Konzernen: den *Unterordnungskonzern* und den *Gleichordnungskonzern*. Bildet die Abhängigkeit eines oder mehrerer Unternehmen von einem anderen Unternehmen (herrschenden Unternehmen) die Grundlage der Konzernleitung, so handelt es sich um einen Unterordnungskonzern (§ 18 Abs. 1 AktG). Sind dagegen rechtlich selbständige Unternehmen unter einheitlicher Leitung zusammengefasst, ohne dass das eine Unternehmen von dem anderen abhängig ist, so liegt ein Gleichordnungskonzern vor (§ 18 Abs. 2 AktG).

36 Für die Bildung eines Konzernbetriebsrats verweist § 54 Abs. 1 BetrVG nur auf § 18 Abs. 1 AktG. Notwendig ist daher, dass Konzernleitungsmacht auf der Grundlage eines Abhängigkeitsverhältnisses ausgeübt wird, es sich also um einen Unterordnungskonzern handelt. Unerheblich ist, ob die Konzernleitung nur tatsächlich besteht (faktischer Konzern) oder rechtlich begründet ist, es sich also um einen Vertragskonzern (vgl. §§ 291 ff. AktG) oder um eine Eingliederung (vgl. §§ 319 ff. AktG) handelt.

---

24 Ebenso zu § 99 BetrVG, aber für entsprechende Anwendung auf Versetzungen, wenn mehrere Unternehmen mit jeweils weniger als zwanzig wahlberechtigten Arbeitnehmern gemeinsam einen Betrieb führen, in dem insgesamt mehr als zwanzig wahlberechtigte Arbeitnehmer beschäftigt sind, *BAG* 29.9.2004, AP BetrVG § 99 Versetzung Nr. 40.

25 *BAG* 13.10.2004, AP BetrVG 1972 § 54 Nr. 9.

2. Konzern im Konzern

Wenn von einem abhängigen Konzernunternehmen weitere Unternehmen abhängig **37** sind, entsteht ein mehrstufiger, vertikal gegliederter Konzern. Bildreich spricht man von der Muttergesellschaft, der von ihr abhängigen Tochtergesellschaft und den durch sie in der Abhängigkeit vermittelten Enkel- und Urenkelgesellschaften. Bei einem derartigen Konzern stellt sich die Frage, ob ein Konzernbetriebsrat auch bei der Zwischenkonzernspitze, dem Tochterunternehmen, gebildet werden kann. Vielfach wird vertreten, dass es keinen Konzern im Konzern gibt.[26] Das BAG stellt dagegen darauf ab, ob dem Tochterunternehmen ein betriebsverfassungsrechtlich relevanter Spielraum für die bei ihm und für die von ihm abhängigen Unternehmen zu treffenden Entscheidungen verbleibt.[27] Demnach ist es möglich, dass bei einem mehrstufigen Konzern neben einem Konzernbetriebsrat für den Gesamtkonzern ein oder möglicherweise sogar mehrere Konzernbetriebsräte bestehen, die jeweils für den Unterkonzern gebildet werden.

3. Gemeinschaftsunternehmen (Mehrmütterherrschaft)

Ein weiteres Sonderproblem bildet das sog. Gemeinschaftsunternehmen, an dem zwei **38** oder mehrere Gesellschaften paritätisch beteiligt sind. Wenn diese Beteiligungsgesellschaften das Unternehmen beherrschen, stellt sich die Frage, ob das Gemeinschaftsunternehmen zu jeder Beteiligungsgesellschaft einen Konzern bildet. Das BAG tendiert dahin, dies anzuerkennen.[28] Da jedoch keine Beteiligungsgesellschaft allein die einheitliche Leitung über das Gemeinschaftsunternehmen verwirklichen kann, ist es nicht einsichtig, dass dessen Betriebsvertretung sich an der Errichtung eines Konzernbetriebsrats bei jeder Beteiligungsgesellschaft beteiligen kann.

§ 14. Betriebsunabhängige und zusätzliche Arbeitnehmervertretungen

Das BetrVerf-Reformgesetz hat die starre Anbindung des Betriebsrats an den Betrieb **1** als ausschließliche Organisationsbasis gelöst. Es hat daher den Beteiligten vor Ort, insbesondere den Tarifvertragsparteien, durch eine Neugestaltung des § 3 BetrVG weitreichende und flexible Gestaltungsmöglichkeiten eingeräumt, »damit sie mit Hilfe von Vereinbarungslösungen Arbeitnehmervertretungen schaffen können, die auf die besondere Struktur des jeweiligen Betriebs, Unternehmens oder Konzerns zugeschnitten sind«.[1]

---

26 Vgl. ausführlich zu der Problematik *Windbichler,* Arbeitsrecht im Konzern, 1989, S. 318 ff.
27 *BAG* 21.10.1980, AP BetrVG 1972 § 54 Nr. 1.
28 *BAG* 13.10.2004, AP BetrVG 1972 § 54 Nr. 9.
 1 Begründung des RegE, BT-Drs. 14/5741, S. 33; s. auch *Richardi,* Die neue Betriebsverfassung, 2. Aufl. 2002, S. 27 ff.

I. Gestaltungsmöglichkeiten durch Tarifvertrag

1. Betriebsersetzung durch Tarifvertrag

a) Betriebsübergreifender Repräsentationsbereich für die Bildung eines Betriebsrats im Unternehmen

2 Durch Tarifvertrag kann für Unternehmen mit mehreren Betrieben die »Bildung eines unternehmenseinheitlichen Betriebsrats« bestimmt werden, wenn dies die Bildung einer Betriebsvertretung erleichtert oder einer sachgerechten Wahrnehmung der Interessen der Arbeitnehmer dient (§ 3 Abs. 1 Nr. 1 lit. a BetrVG). Das Unternehmen erhält dadurch eine einheitliche Betriebsvertretung; die Notwendigkeit, dass in derartigen Unternehmen ein Gesamtbetriebsrat zu errichten ist, entfällt damit. Möglich ist aber auch, dass der Tarifvertrag sich auf die »Zusammenfassung von Betrieben« beschränkt, wenn dies die Bildung von Betriebsräten erleichtert oder einer sachgerechten Wahrnehmung der Interessen der Arbeitnehmer dient (§ 3 Abs. 1 Nr. 1 lit. b BetrVG). In diesem Fall wird kein unternehmenseinheitlicher Betriebsrat gebildet, so dass innerhalb des Unternehmens mehrere Betriebsräte bestehen können. In diesem Fall ist ein Gesamtbetriebsrat zu errichten (§ 47 Abs. 1 BetrVG).

3 Folgt man dem Gesetzestext, so setzen beide Formen einer vom Gesetz abweichenden Bildung von Betriebsräten in einem Unternehmen mit mehreren Betrieben voraus, dass »dies die Bildung von Betriebsräten erleichtert oder einer sachgerechten Wahrnehmung der Interessen der Arbeitnehmer dient«.[2] Liegt eine dieser alternativ genannten Voraussetzungen nicht vor, so ist die tarifvertragliche Regelung unwirksam. Im Streitfall unterliegt dies der Rechtskontrolle im arbeitsgerichtlichen Beschlussverfahren, das jeder zum Betriebsrat wahlberechtigte Arbeitnehmer einleiten kann (§ 2a Abs. 1 Nr. 1, Abs. 2 ArbGG). Nach der Begründung des Regierungsentwurfs soll sich die Möglichkeit, an Stelle von mehreren Betriebsräten und einem Gesamtbetriebsrat einen unternehmenseinheitlichen Betriebsrat zu wählen, »insbesondere anbieten, wenn die Entscheidungskompetenzen in beteiligungspflichtigen Angelegenheiten zentral auf Unternehmensebene angesiedelt sind«.[3] Die Zusammenfassung mehrerer Betriebe in einem Unternehmen soll ermöglichen, Regionalbetriebsräte in Unternehmen mit bundesweitem Filialnetz zu errichten.

b) Bildung von Spartenbetriebsräten

4 Soweit Unternehmen und Konzerne nach produkt- oder projektbezogenen Geschäftsbereichen (Sparten) organisiert sind und die Leitung der Sparte auch Entscheidungen in beteiligungspflichtigen Angelegenheiten trifft, kann durch Tarifvertrag für derartige Unternehmen und Konzerne die »Bildung von Betriebsräten in den Sparten (Spartenbetriebsräte)« bestimmt werden, wenn dies der sachgerechten Wahrnehmung der Aufgaben des Betriebsrats dient (§ 3 Abs. 1 Nr. 2 BetrVG).

5 Diese tarifvertragliche Gestaltungsmöglichkeit hängt von der Ausgestaltung der Spartenorganisation ab. Nach der Legaldefinition ist eine Sparte ein produktbezogener oder ein projektbezogener Geschäftsbereich. Die Geschäftsverteilung bei der Geschäftsführung kann jedoch nach anderen Gesichtspunkten verteilt sein, also insbes. auch funktionsbezogen (z. B. Bereiche Einkauf, Verkauf, Marketing, Personal). Eine

---

2 Vgl. *BAG* 24.4.2013, AP BetrVG 1972 § 3 Nr. 11.
3 BT-Drs. 14/5741, S. 34.

derartige Matrixorganisation wird nicht erfasst. Das Gesetz eröffnet die Bildung eines Spartenbetriebsrats für »Unternehmen und Konzerne«. Möglich ist allerdings auch, dass der als Sparte definierte Geschäftsbereich nur innerhalb eines Betriebs besteht, so dass in diesem Fall neben dem für den Betrieb gebildeten Betriebsrat ein Betriebsrat in der Sparte, der sog. Spartenbetriebsrat, gebildet wird. Es kommt also nicht nur ein betriebsübergreifender Spartenbetriebsrat in Betracht. Die Begründung des Regierungsentwurfs nennt als Beispiele »ein oder mehrere Betriebsräte je Sparte, betriebsübergreifende Spartenbetriebsräte oder mehrere Spartenbetriebsräte für ein als Betrieb anzusehendes Werk«.[4]

Da die Bildung von Spartenbetriebsräten »für Unternehmen und Konzerne« eröffnet **6** wird, sollen nach der Begründung des Regierungsentwurfs für den Fall, dass einer Sparte mehrere Unternehmen angehören, »auch unternehmensübergreifende Spartenbetriebsräte und Spartengesamtbetriebsräte« gebildet werden können; Entsprechendes gelte »für einen nach Geschäftsbereichen organisierten Konzern«.[5] Von einer tatbestandlich bestimmten Grenzziehung ist man damit weit entfernt. So ist offen, ob die Unternehmen, für die eine »Bildung von Betriebsräten in den Sparten (Spartenbetriebsräte)« bestimmt werden kann, in einer (gesellschaftsrechtlichen) Konzernbindung stehen müssen. Es ist auch offen, ob es sich bei ihr um einen Unterordnungskonzern handeln muss, der wegen der Verweisung auf § 18 Abs. 1 AktG für die Möglichkeit, einen Konzernbetriebsrat zu errichten, vorliegen muss (§ 54 Abs. 1 BetrVG). Aber auch soweit der Gesetzestext die Bildung von Spartenbetriebsräten für Konzerne eröffnet, fehlt eine Klarstellung, ob es sich um denselben Konzern handeln muss und es lediglich darum gehen kann, dass die Unternehmen, für die ein Spartenbetriebsrat gebildet werden kann, auf verschiedenen Stufen eines Konzerns angesiedelt sein können. Dies kommt insbesondere in Betracht beim »Konzern im Konzern«, wenn ein Unternehmen, das mit anderen zusammen eine Spartenbetriebsvertretung bilden soll, nicht demselben Unterkonzern (Konzernzwischenspitze) zugeordnet ist.

Eine Erleichterung in dieser Abgrenzungsvielfalt bildet die im Gesetz genannte zu- **7** sätzliche Voraussetzung, dass die »Leitung der Sparte auch Entscheidungen in beteiligungspflichtigen Angelegenheiten trifft«. Da der Gesetzestext der Verschiedenheit der Rechtsform eines Unternehmens und dem Sachverhalt, dass der Konzern eine Unternehmensverbindung darstellt, keine Beachtung schenkt, ist allerdings völlig offen, welche rechtlichen Voraussetzungen die Leitung einer Sparte erfüllen muss, damit man die von ihr getroffenen Entscheidungen dem in einem Konzern verschiedenen Arbeitgeber zurechnen kann. Es bestehen deshalb hier dieselben Probleme wie für die Anerkennung eines gemeinsamen Betriebs als betriebsratsfähige Organisationseinheit. Wie dort müssen sich deshalb hier die beteiligten Unternehmen zur Leitung der Sparte *rechtlich* verbunden haben.

Darauf müssen die Tarifvertragsparteien bei ihrer Regelung achten; denn die ihnen hier **8** eröffnete Gestaltungsmöglichkeit hängt davon ab, dass »dies der sachgerechten Wahrnehmung der Aufgaben des Betriebsrats dient«. Wie sich aus der Begründung des Regierungsentwurfs ergibt,[6] sollen nicht nur betriebsinterne, betriebsübergreifende oder auch unternehmensübergreifende Spartenbetriebsräte gebildet werden können, sondern auch Spartengesamtbetriebsräte. Doch ist offen, ob das Gesetz diese Möglichkeit eröffnet; denn nach § 3 Abs. 5 BetrVG gelten die auf Grund des Tarifvertrags gebilde-

---

4 BT-Drs. 14/5741, S. 34.
5 BT-Drs. 14/5741, S. 34.
6 BT-Drs. 14/5741, S. 34.

ten betriebsverfassungsrechtlichen Organisationseinheiten als Betriebe i. S. dieses Gesetzes. In Betracht kommt demnach kein eigener Spartengesamtbetriebsrat, der im Unternehmen den gesetzlich vorgesehenen Gesamtbetriebsrat ersetzen kann, wenn im Unternehmen neben einem Spartenbetriebsrat noch für den Betrieb gebildete Betriebsräte bestehen (§ 47 Abs. 1 BetrVG).

9 Probleme ergeben sich auch für die Zuordnung der Arbeitnehmer. § 3 Abs. 4 BetrVG geht davon aus, dass ein bestehender Betriebsrat durch eine tarifvertragliche Regelung nach § 3 Abs. 1 Nr. 2 BetrVG entfällt. Das ist aber nur anzunehmen, wenn der gesamte Betrieb in produkt- oder projektbezogene Geschäftsbereiche aufgegliedert ist und alle Entscheidungen in betriebspflichtigen Angelegenheiten der Leitung der Sparte zugewiesen ist. Wenn dies nicht gesichert ist, gibt es neben den Spartenbetriebsräten einen für den Betrieb gebildeten Betriebsrat. Er ist stets für die Arbeitnehmer zu bilden, die keiner Sparte zugeordnet werden, sowie für die Arbeitnehmer, die zwar einer Sparte angehören, aber keinen Spartenbetriebsrat bilden können, weil die Leitung der Sparte für sie keine Entscheidungen in beteiligungspflichtigen Angelegenheiten trifft. Schließlich bleibt der Betriebsrat auch sogar für die Arbeitnehmer, die einen Spartenbetriebsrat bilden, in den Angelegenheiten für die Mitbestimmungsausübung zuständig, in denen auf Arbeitgeberseite nicht die Leitung der Sparte die Entscheidungen trifft.

c) Schaffung anderer Arbeitnehmervertretungsstrukturen

10 Über die in Nr. 1 und 2 genannten speziellen Fälle hinaus eröffnet Nr. 3 des § 3 Abs. 1 BetrVG die Möglichkeit der Bildung »andere(r) Arbeitnehmervertretungsstrukturen, soweit dies insbesondere auf Grund der Betriebs-, Unternehmens- oder Konzernorganisation oder auf Grund anderer Formen der Zusammenarbeit von Unternehmen einer wirksamen und zweckmäßigen Interessenvertretung der Arbeitnehmer dient«. Damit hat der Gesetzgeber eine Generalklausel geschaffen, die den Tarifvertragsparteien die Möglichkeit eines umfassenden Zugriffs auf den betriebsverfassungsrechtlichen Repräsentationsbereich der Arbeitnehmer eröffnet. Nach der Gesetzesbegründung soll die Möglichkeit, über die in Nr. 1 und 2 genannten speziellen Fälle hinaus eine wirksame und zweckmäßige Interessenvertretung der Arbeitnehmer zu errichten, auch dort eröffnet werden, »wo dies auf Grund von Sonderformen der Betriebs-, Unternehmens- oder Konzernorganisation oder der Zusammenarbeit von Unternehmen in rechtlicher oder tatsächlicher Hinsicht generell mit besonderen Schwierigkeiten verbunden ist«.[7] Woran gedacht ist, ergibt sich aus den folgenden Worten: »Derartige Regelungen können insbesondere in einem Konzernverbund sinnvoll sein. So sollen die Tarifvertragsparteien z. B. in der Lage sein, für einen mittelständischen Konzern mit wenigen kleinen Konzernunternehmen statt einer dreistufigen eine zwei- oder gar nur einstufige Interessenvertretung vorzusehen oder in einem Gleichordnungskonzern einen Konzernbetriebsrat zu errichten. Es können aber auch Arbeitnehmervertretungsstrukturen entlang der Produktionskette (just in time) oder für andere moderne Erscheinungsformen von Produktion, Dienstleistung und Zusammenarbeit von Unternehmen wie fraktale Fabrik und shop in shop geschaffen werden. Wie die Arbeitnehmervertretungsstruktur im Einzelnen ausgestaltet wird, obliegt den Tarifvertragsparteien. Darüber hinaus hat die Regelung den Sinn, den Tarifvertragsparteien zu ermöglichen, auf zukünftige neue Entwicklungen von Unternehmensstrukturen in Produktion und Dienstleistung angemessen zu reagieren und entsprechende Arbeit-

---

7 BT-Drs. 14/5741, S. 34.

nehmervertretungssysteme errichten zu können, ohne dabei auf ein Tätigwerden des Gesetzgebers angewiesen zu sein.«

Die Generalklausel stellt den Tarifvertragsparteien keinen Freibrief aus. Sie setzt einen **11** Zusammenhang zwischen vornehmlich organisatorischen oder kooperativen Rahmenbedingungen auf Arbeitgeberseite und der wirksamen sowie zweckmäßigen Interessenvertretung der Arbeitnehmer voraus.[8] Eine Arbeitnehmervertretung, der die dem Betriebsrat gesetzlich eingeräumten Beteiligungsrechte zugeordnet werden, muss durch alle Arbeitnehmer legitimiert sein, für die sie als Repräsentant gegenüber dem Arbeitgeber auftritt. Trotz der weiten Fassung des § 3 Abs. 1 Nr. 3 BetrVG kann deshalb durch Tarifvertrag nicht festgelegt werden, dass die gewerkschaftlichen Vertrauensleute die betriebsverfassungsrechtliche Arbeitnehmervertretungsstruktur bilden. Aber auch wenn eine Legitimation durch Wahl gewährleistet ist, bleibt zweifelhaft, ob Arbeitnehmer einer anderen Gewerkschaft und nichtorganisierte Arbeitnehmer es hinnehmen müssen, dass die Tarifvertragsparteien auch für sie die »andere Arbeitnehmervertretungsstruktur« festlegen können. Eine derartige Rechtsbindung widerspricht dem Grundrecht der Koalitionsfreiheit.[9] Außerdem wird die unternehmerische Wettbewerbsfreiheit in verfassungsrechtlich bedenklicher Weise eingeschränkt, soweit nach der Bestimmung andere Arbeitnehmervertretungsstrukturen, als sie im Gesetz vorgesehen sind, nicht nur innerhalb der Betriebs-, Unternehmens- oder Konzernorganisation, sondern auch »auf Grund anderer Formen der Zusammenarbeit von Unternehmen« durch Tarifvertrag entstehen können.[10]

2. Zusätzliche betriebsverfassungsrechtliche Vertretungen

a) Arbeitsgemeinschaften zur unternehmensübergreifenden Zusammenarbeit von Arbeitnehmervertretungen

Durch Tarifvertrag bestimmt werden können »zusätzliche betriebsverfassungsrecht- **12** liche Gremien (Arbeitsgemeinschaften), die der unternehmensübergreifenden Zusammenarbeit von Arbeitnehmervertretungen dienen« (§ 3 Abs. 1 Nr. 4 BetrVG). Sie sind keine Mitbestimmungsorgane. Nach der Begründung des RegE dienen sie »nur der Zusammenarbeit zwischen den Betriebsräten einzelner Unternehmen«.[11] Nach dem Gesetzestext ist Voraussetzung eine »unternehmensübergreifende Zusammenarbeit«. Erfasst werden deshalb insoweit auch die Gesamtbetriebsräte sowie die tarifvertraglich vorgesehenen anderen Arbeitnehmervertretungsstrukturen, also insbesondere auch die Spartenbetriebsräte. Der Gesetzgeber sieht in diesen Gremien eine Alternative zu der in § 3 Abs. 1 Nr. 3 BetrVG vorgesehenen Möglichkeit, andere Arbeitnehmervertretungsstrukturen zur Mitbestimmungsausübung festzulegen.[12] Die Mitbestimmungsausübung wird in diesen Fällen nicht verlagert, sondern es wird lediglich ein Erfahrungsaustausch der Arbeitnehmervertreter über gleichgelagerte oder ähnliche Probleme und deren Lösung gesichert. Ein derartiges Angebot »für ein best practice-Verfahren«

---

8 *BAG* 13.3.2013, AP BetrVG 1972 § 3 Nr. 10.
9 So auch *Biedenkopf* in der Bundesratsdebatte über den RegE am 30.3.2001, Plenarprotokoll 761, S. 127 f.; bestritten, verneinend *Utermark,* Die Organisation der Betriebsverfassung als Verhandlungsgegenstand, 2005, S. 29 ff.
10 Ebenso *Reichold,* NZA 2001, 857 (859); vgl. auch *Biedenkopf* (s. Fn. 9), Protokoll, S. 127 f.; *Picker,* RdA 2001, 257 (288 f.).
11 BT-Drs. 14/5741, S. 34.
12 BT-Drs. 14/5741, S. 34.

werde, so meint der Gesetzgeber, »Arbeitgebern und Betriebsräten gleichermaßen zugute kommen«.[13]

13 Die tatbestandliche Abgrenzung ist auch in diesem Fall völlig unbestimmt. Insbesondere stellt sich die Frage, ob dadurch den Tarifvertragsparteien ermöglicht wird, vom Arbeitgeber finanzierte (§ 40 Abs. 1 BetrVG) Arbeitsgemeinschaften zur unternehmensübergreifenden Zusammenarbeit von Arbeitnehmervertretungen auf Bundesebene zu bilden.

b) Zusätzliche Vertretungen der Arbeitnehmer

14 Schließlich werden als Regelungsgegenstand eines Tarifvertrags »zusätzliche betriebsverfassungsrechtliche Vertretungen der Arbeitnehmer, die die Zusammenarbeit zwischen Betriebsrat und Arbeitnehmer erleichtern« genannt (§ 3 Abs. 1 Nr. 5 BetrVG). Das Gesetz knüpft insoweit an die bisherige Regelung des § 3 Abs. 1 Nr. 1 BetrVG a. F. an; es hat aber auch insoweit die Grenzziehung gelockert, weil bisher zusätzliche betriebsverfassungsrechtliche Vertretungen durch Tarifvertrag nur für »Arbeitnehmer bestimmter Beschäftigungsarten oder Arbeitsbereiche (Arbeitsgruppen)« vorgesehen werden konnten, »wenn dies nach den Verhältnissen der vom Tarifvertrag erfassten Betriebe der zweckmäßigeren Gestaltung der Zusammenarbeit des Betriebsrats mit den Arbeitnehmern dient(e)«. Diese Begrenzung ist weggefallen. Nach der Begründung des RegE kommen zusätzliche Arbeitnehmervertretungen insbesondere dort in Betracht, wo der Kontakt zwischen dem Betriebsrat und den von ihm zu betreuenden Arbeitnehmern nicht oder nicht in ausreichendem Umfang bestehe; dies könne z. B. auf einen unternehmenseinheitlichen Betriebsrat eines bundesweit tätigen Unternehmens oder auf Regionalbetriebsräte zutreffen, in denen Betriebe oder Betriebsteile nicht durch ein Betriebsratsmitglied vertreten seien.[14] Die zusätzliche Vertretung der Arbeitnehmer wird also vor allem in Betracht gezogen, wenn durch Tarifvertrag für Unternehmen mit mehreren Betrieben die Bildung eines unternehmenseinheitlichen Betriebsrats festgelegt wird.

II. Tarifvertrag als Rechtsgrundlage für die vom Gesetz abweichende Gestaltungsmöglichkeit

1. Parteien des Tarifvertrags

15 Da § 3 BetrVG keine Sonderregelung trifft, kann der Tarifvertrag, der eine vom Gesetz abweichende Arbeitnehmervertretungsstruktur oder zusätzliche Vertretungen einführt, mit dem Arbeitgeber (Firmentarifvertrag) oder dem Arbeitgeberverband abgeschlossen werden,dem der Arbeitgeber als Mitglied angehört (Verbandstarifvertrag). Beide Möglichkeiten sind nach dem Tarifvertragsrecht eröffnet (§ 2 Abs. 1 TVG).

16 Da durch Tarifvertrag Betriebsverfassungsnormen vereinbart werden, ist nicht erforderlich, dass die Arbeitnehmer der tarifschließenden Gewerkschaft angehören. Entscheidend ist allein, ob der Arbeitgeber tarifgebunden ist (§ 3 Abs. 2 TVG). Der Gesetzgeber ist davon ausgegangen, dass die Tarifvertragsparteien bei Wahrnehmung der ihnen hier durch das Gesetz eröffneten Gestaltungsmöglichkeiten noch im Rahmen ihrer tarifautonomen Zuständigkeit handeln. Darauf beruht, dass das Gesetz im Gegen-

---

13 BT-Drs. 14/5741, S. 34.
14 BT-Drs. 14/5741, S. 34.

satz zum bisherigen Recht von dem Erfordernis einer staatlichen Zustimmung zu abweichenden Regelungen absieht. Diese gesetzgeberische Lösung ist nicht überzeugend; denn unbeantwortet bleibt die Frage nach dem Sinn der tatbestandlich aufgeblähten Grenzziehungen für die Tarifregelung, wenn sie nicht zugleich Vorgaben für eine staatliche Kontrolle sein sollen.

Den Tarifvertrag kann auf Arbeitnehmerseite nur eine tarifzuständige Gewerkschaft **17** schließen, die im Betrieb vertreten ist.[15] Diese Voraussetzung muss auch erfüllt sein, wenn eine Arbeitnehmervertretungsstruktur unternehmensübergreifend eingeführt werden soll. Das gilt insbesondere auch, wenn die Unternehmen in einer Konzernbindung stehen. Keineswegs genügt es, dass die Gewerkschaft nur für das herrschende Unternehmen eines Konzerns zuständig ist.

Für die Arbeitgeberseite gilt Gleiches wie für die Arbeitnehmerseite, soweit ein Ar- **18** beitgeberverband den Tarifvertrag abschließt. Aber auch wenn Partei des Tarifvertrags ein einzelner Arbeitgeber ist, hat er Regelungskompetenz nur für sein Unternehmen, nicht für andere Unternehmen, auch wenn mit ihnen eine Konzernbindung besteht und es sich möglicherweise sogar um das herrschende Unternehmen handelt, das die Konzernleitungsmacht ausübt.

Das Gesetz berücksichtigt nicht, dass verschiedene Gewerkschaften tarifzuständig sein **19** können. Möglich ist es deshalb, dass Tarifverträge mit unterschiedlichem Regelungsinhalt für eine vom Gesetz abweichende Betriebsratsstruktur oder zusätzliche Interessenvertretungen bestehen. Die Tarifpluralität führt hier zur Tarifkonkurrenz, da nur ein Tarifvertrag gelten kann. Das Gesetz enthält keine Regelung für die Tarifkollision. Vorgeschlagen wird, der Gewerkschaft den Vorrang zu geben, die unter den Arbeitnehmern des von der Regelung erfassten Organisationsbereichs die größte Mitgliederzahl hat.[16] Diese Lösung hat das Tarifeinheitsgesetz durch § 4a Abs. 3 i.V.m. Abs. 2 S. 2–4 TVG bestätigt.

Da für den Tarifvertrag die Zustimmung einer staatlichen Stelle als Wirksamkeitsvor- **20** aussetzung entfallen ist, muss man folgerichtig zu dem Ergebnis gelangen, dass ein Tarifvertrag erstreikt werden kann.[17] Soweit eine Gewerkschaft die tarifvertragliche Friedenspflicht und das ultima ratio-Gebot einhält, kann jede Tarifforderung den Gegenstand eines Arbeitskampfes bilden.

2. Rechtswirkungen der Tarifvertragsregelung

a) Ersetzung des gesetzlich vorgesehenen Mitbestimmungsorgans

Sofern der Tarifvertrag nichts anderes bestimmt, sind Regelungen nach § 3 Abs. 1 Nr. 1 **21** bis 3 BetrVG erstmals bei der nächsten regelmäßigen Betriebsratswahl anzuwenden, es sei denn, es besteht kein Betriebsrat oder es ist aus anderen Gründen eine Neuwahl des Betriebsrats erforderlich (§ 3 Abs. 4 S. 1 BetrVG). Sieht der Tarifvertrag einen anderen Wahlzeitpunkt vor, so endet die Amtszeit bestehender Betriebsräte, die durch die Tarifvertragsregelung entfallen, mit Bekanntgabe des Wahlergebnisses (§ 3 Abs. 4 S. 2 BetrVG).

---

15 *BAG* 29.7.2009, AP BetrVG 1972 § 3 Nr. 7 (Rn. 23ff.).
16 *Friese*, ZfA 2003, 273 (276ff.).
17 Ebenso *BAG* 29.7.2009, AP BetrVG 1972 § 3 Nr. 7 (Rn. 38ff.); *Giesen*, Tarifvertragliche Rechtsgestaltung für den Betrieb, 2002, S. 563f.; verneinend *Utermark* (s. Fn. 9), S. 173ff. mwN.

22 Betriebsverfassungsrechtliche Organisationseinheiten, die auf Grund eines Tarifvertrags nach § 3 Abs. 1 Nr. 1 bis 3 BetrVG gebildet worden sind, gelten nach § 3 Abs. 5 S. 1 BetrVG als »Betriebe im Sinne dieses Gesetzes«. Daraus leitet die Begründung des Regierungsentwurfs ab, dass für diese Organisationseinheit auch die Bestimmungen über die Zahl der Betriebsratsmitglieder (§ 9 BetrVG), die Größe der Ausschüsse (§§ 27, 28 BetrVG) und die Zahl der Freistellungen (§ 38 BetrVG) gelten.[18] Auf die in den Organisationseinheiten gebildeten Arbeitnehmervertretungen finden, wie § 3 Abs. 5 S. 2 BetrVG klarstellt, die Vorschriften über die Rechte und Pflichten des Betriebsrats und die Rechtsstellung seiner Mitglieder Anwendung.

b) Rechtslage bei zusätzlichen betriebsverfassungsrechtlichen Gremien (Arbeitsgemeinschaften) und zusätzlichen betriebsverfassungsrechtlichen Vertretungen der Arbeitnehmer

23 Da für den Bereich des § 3 Abs. 1 Nr. 4 und 5 BetrVG eine besondere Regelung fehlt, richten sich Größe, Zusammensetzung, Organisation und Geschäftsführung dieser betriebsverfassungsrechtlichen Einrichtungen nach dem Tarifvertrag. Wie dem § 4 Abs. 5 S. 2 BetrVG als Umkehrschluss zu entnehmen ist, finden auf sie die Vorschriften über die Rechte und Pflichten des Betriebsrats und die Rechtsstellung seiner Mitglieder keine Anwendung. Das gilt insbesondere auch für den besonderen Kündigungsschutz im Rahmen der Betriebsverfassung.

III. Regelung durch Betriebsvereinbarung

1. Begrenzte Regelungsbefugnis

24 Die den Tarifvertragsparteien eröffneten Gestaltungsmöglichkeiten können von den Betriebsparteien durch Abschluss einer Betriebsvereinbarung nur wahrgenommen werden, wenn keine tarifliche Regelung besteht und auch kein anderer Tarifvertrag gilt. Geht es um die Einführung »anderer Arbeitnehmervertretungsstrukturen« (§ 3 Abs. 1 Nr. 3 BetrVG), ist ihnen diese Gestaltungsmöglichkeit sogar überhaupt versagt (§ 3 Abs. 2 BetrVG).

25 Durch Betriebsvereinbarung können deshalb als Mitbestimmungsorgan nur die Bildung eines unternehmenseinheitlichen Betriebsrats oder eines betriebsübergreifenden Betriebsrats innerhalb eines Unternehmens sowie die Bildung von Spartenbetriebsräten vorgesehen werden. Daneben kommt eine Regelung durch Betriebsvereinbarung nur in Betracht für zusätzliche betriebsverfassungsrechtliche Gremien (Arbeitsgemeinschaften) und zusätzliche betriebsverfassungsrechtliche Vertretungen der Arbeitnehmer. Aber auch in diesen Fällen kann eine Regelung durch Betriebsvereinbarung nur getroffen werden, wenn keine tarifliche Regelung besteht und »auch kein anderer Tarifvertrag« gilt (§ 3 Abs. 2 BetrVG). Daraus folgt, dass jede Vereinbarungslösung durch Betriebsvereinbarung, die ohnehin nur in den gesetzlich eng gezogenen Grenzen ermöglicht wird, nicht nur bei einer tariflichen Regelung, sondern bereits auch bei Geltung eines »anderen Tarifvertrags«, also eines Tarifvertrags, der für die Vereinbarungslösung überhaupt keine Regelung trifft, ausscheidet. Damit steht aber letztlich bei jedem tarifgebundenen Arbeitgeber – mag die Tarifbindung auf seiner Stellung als Partei eines Tarifvertrags oder seiner Mitgliedschaft in einem tarifschließenden Arbeit

---

18 BT-Drs. 14/5741, S. 35.

geberverband beruhen oder durch Allgemeinverbindlicherklärung oder in den Grenzen des § 7 AEntG durch Rechtsverordnung herbeigeführt werden – die Möglichkeit einer Flexibilisierung durch Betriebsvereinbarung auf dem Papier. Nach der Begründung des Regierungsentwurfs soll damit erreicht werden, dass »für einen Arbeitgeber, in dessen Unternehmen Tarifverträge über Entgelte oder sonstige Arbeitsbedingungen gelten, auch für Vereinbarungen über betriebsverfassungsrechtliche Organisationsstrukturen der Tarifvertrag das maßgebliche Regelungsinstrument ist«.[19] Damit geht die Bestimmung über den Tarifvorbehalt des § 77 Abs. 3 BetrVG weit hinaus, der Betriebsvereinbarungen nur für tariflich geregelte oder üblicherweise in Tarifverträgen geregelte Arbeitsbedingungen sperrt.

2. Regelungszuständigkeit zum Abschluss einer Betriebsvereinbarung

Nur soweit der Vorrang tarifvertraglicher Vereinbarungslösungen ausnahmsweise nicht eingreift, kann nach dem Gesetzestext »die Regelung durch Betriebsvereinbarung getroffen werden« (§ 3 Abs. 2 BetrVG). Voraussetzung ist also, dass auf der Arbeitnehmerseite ein Betriebsrat besteht. Wenn es bei der Vereinbarungslösung aber um mehrere Betriebe eines Unternehmens geht, ist möglicherweise der Gesamtbetriebsrat zuständig (§ 50 Abs. 1 BetrVG), bei unternehmensübergreifender Regelung der Konzernbetriebsrat (§ 58 Abs. 1 BetrVG). Dann stellt sich aber die Frage, ob ein Gesamtbetriebsrat oder ein Konzernbetriebsrat überhaupt legitimiert ist, Regelungen zu treffen, die dazu führen, dass ein Betriebsrat bei den nächsten regelmäßigen Betriebsratswahlen seine eigenständige Betriebsvertretung verliert, wie § 3 Abs. 4 BetrVG es vorsieht. **26**

Beachtet man weiterhin, dass die Grenzen für die Zulässigkeit einer tarifvertraglichen Gestaltungsmöglichkeit auch dann gelten, wenn die Regelung durch Betriebsvereinbarung getroffen wird, so ist der von Gesetzes wegen ohnehin schmale Weg, durch Betriebsvereinbarung zu einer Vereinbarungslösung zu gelangen, noch durch weitere Stolpersteine versperrt. **27**

IV. Bildung eines unternehmenseinheitlichen Betriebsrats durch Beschluss der Arbeitnehmer

Das BetrVerf-Reformgesetz hat den Arbeitnehmern einen Einfluss auf die Schaffung moderner und anpassungsfähiger Betriebsratsstrukturen grundsätzlich nur eingeräumt, soweit ihre Gewerkschaften und eng begrenzt die von ihnen nach dem Gesetz gebildeten Betriebsvertretungen die Initiative ergreifen. Sie selbst erhalten unmittelbar nur in einem Fall eine Einflussmöglichkeit: Besteht im Falle des § 3 Abs. 1 Nr. 1 lit. a BetrVG – also bei Unternehmen mit mehreren Betrieben für die Bildung eines unternehmenseinheitlichen Betriebsrats – keine tarifliche Regelung und besteht in dem Unternehmen kein Betriebsrat, so können die Arbeitnehmer mit Stimmenmehrheit die Wahl eines unternehmenseinheitlichen Betriebsrats beschließen (§ 3 Abs. 3 S. 1 BetrVG). Folgt man dem Gesetzestext, so ist diese Möglichkeit bereits verschlossen, wenn in dem Unternehmen nur ein Betrieb einen Betriebsrat hat, während die übrigen Betriebe betriebsratslos geblieben sind. Ein Sachgrund für diese Begrenzung ist nicht einsichtig, zumal man in die Beurteilung einzubeziehen hat, dass selbst wenn in dem Unternehmen ein Betriebsrat besteht, der die Initiative zur Wahl eines unternehmenseinheitlichen Betriebsrats er- **28**

---

19 BT-Drs. 14/5741, S. 34.

greifen kann, eine Regelung durch Betriebsvereinbarung nach § 3 Abs. 2 BetrVG nur möglich ist, wenn »auch kein anderer Tarifvertrag« gilt. Aber selbst wenn – höchst ausnahmsweise – insoweit keine Schranke besteht, fehlt dem Betriebsrat eines Betriebs die Kompetenz, die Regelung für das Unternehmen mit mehreren Betrieben zu treffen.

29 Selbst wenn keine tarifliche Regelung besteht, aber ein Betrieb des Unternehmens einen Betriebsrat gebildet hat, können die Arbeitnehmer keinen unternehmenseinheitlichen Betriebsrat beschließen, und zwar auch dann nicht, wenn nach § 3 Abs. 2 BetrVG die Betriebsvereinbarung ausscheidet, um einen unternehmenseinheitlichen Betriebsrat zu bilden.

30 Soweit die Arbeitnehmer die Wahl eines unternehmenseinheitlichen Betriebsrats beschließen können, ist ein entsprechender Mehrheitsbeschluss der dem Unternehmen angehörenden Arbeitnehmer erforderlich. Das Gesetz sieht von besonderen Formvorschriften für den Beschluss bzw. die Abstimmung ab, insbesondere wird keine geheime Abstimmung verlangt. Nach § 3 Abs. 3 S. 2 BetrVG kann die Abstimmung von mindestens drei wahlberechtigten Arbeitnehmern des Unternehmens oder einer im Unternehmen vertretenen Gewerkschaft veranlasst werden.

V. Arbeitsgerichtliche Rechtskontrolle

31 Soweit es um die Betriebsersetzung durch Tarifvertrag, Betriebsvereinbarung oder Beschluss der Belegschaft geht, unterliegt der arbeitsgerichtlichen Rechtskontrolle nicht nur, ob die verfahrensrechtlichen Voraussetzungen für eine vom Gesetz abweichende Regelung vorliegen, sondern vor allem auch, ob die materiellen Tatbestandsvoraussetzungen, wie insbesondere die in § 3 Abs. 1 Nr. 1 bis 3 BetrVG genannte Sachgerechtigkeit und Zweckmäßigkeit der Regelung, erfüllt sind.

32 Sind die Voraussetzungen für eine vom Gesetz abweichende Betriebsratsstruktur nicht erfüllt, so haben die auf dieser Grundlage errichteten Arbeitnehmervertretungen nicht die Rechte und Pflichten eines Betriebsrats. Die auf Grund eines Tarifvertrags oder einer Betriebsvereinbarung nach § 3 Abs. 1 Nr. 1 bis 3 BetrVG gebildeten betriebsverfassungsrechtlichen Organisationseinheiten gelten in diesem Fall nicht als Betriebe i. S. dieses Gesetzes. Es besteht daher ein Unterschied zur Verkennung des Betriebsbegriffs, die im Regelfall nur die Anfechtbarkeit, nicht aber die Nichtigkeit der Wahl eines nach dem Gesetz gebildeten Betriebsrats begründet.[20]

VI. Beschränkung der Betriebsersetzung auf die Betriebsverfassung

33 Die vom Gesetz abweichende Ersetzung des Betriebs bezieht sich auf die Betriebsverfassung. Sie gilt für andere Gesetze nur insoweit, als in ihnen dem Betriebsrat eine Funktion zugewiesen ist oder es sich wie bei der Schwerbehindertenvertretung nach § 177 SGB IX um eine zusätzliche betriebsverfassungsrechtliche Vertretung handelt, nicht aber, soweit der Betrieb sonst einer gesetzlichen Regelung zugrunde gelegt wird, wie z. B. im Anwendungsbereich des KSchG. Das Tarifeinheitsgesetz hat allerdings dem Betrieb bei kollidierenden Tarifverträgen für die Mehrheitsfeststellung die tarifvertragliche Betriebsersetzung gleichgestellt (§ 4a Abs. 2 S. 4 TVG).

---

20 A. A. aber *BAG* 13.3.2013, AP BetrVG 1972 § 3 Nr. 10 (Rn. 16 ff.).

§ 15. Abgrenzung der Belegschaft

I. Betriebsverfassungsrechtlicher Arbeitnehmerbegriff

1. Rückgriff auf den allgemeinen Arbeitnehmerbegriff

Der Betriebsrat ist der Repräsentant der dem Betrieb angehörenden Arbeitnehmer, so- **1** weit sie nach § 5 BetrVG zur Belegschaft gehören.

§ 5 Abs. 1 S. 1 BetrVG hat den folgenden Wortlaut: »Arbeitnehmer (Arbeiternehme- **2** rinnen und Arbeitnehmer) im Sinne dieses Gesetzes sind Arbeiter und Angestellte einschließlich der zu ihrer Berufsausbildung Beschäftigten, unabhängig davon, ob sie im Betrieb, im Außendienst oder mit Telearbeit beschäftigt werden.« Es folgt: »Als Arbeitnehmer gelten auch die in Heimarbeit Beschäftigten, die in der Hauptsache für den Betrieb arbeiten« (§ 5 Abs. 1 S. 2 BetrVG). Die Definition ist völlig nichtssagend, zumal die Unterscheidung in Arbeiter und Angestellte im Arbeitsrecht gesetzlich keine Rolle mehr spielt und deshalb auch für die Betriebsverfassung aufgehoben wurde. Abgesehen davon fehlt eine Legaldefinition, wer Arbeiter und wer Angestellter ist. Man muss vielmehr im Gegenteil zunächst ermitteln, ob jemand zu den Arbeitnehmern zählt, bevor man klären kann, ob er Arbeiter oder Angestellter ist.

Das Gesetz geht deshalb nach wie vor von dem allgemeinen Begriff des Arbeitnehmers **3** aus, wie er auch sonst im Arbeitsrecht verwendet wird. Voraussetzung ist, dass jemand auf privatrechtlicher Vertragsgrundlage Arbeit im Dienst eines anderen leistet, wobei keine Rolle spielt, ob die Parteien ihr Vertragsverhältnis als Arbeitsverhältnis bezeichnen, sondern allein ausschlaggebend ist, wie das Beschäftigungsverhältnis tatsächlich ausgestaltet und durchgeführt wird. Keine selbständige Bedeutung hat der zweite Satzteil des § 5 Abs. 1 S. 1 BetrVG, dass der Arbeitnehmereigenschaft nicht entgegensteht, wenn die geschuldete Arbeit nicht im räumlichen Bereich des Betriebs, sondern außerhalb von diesem in Form des klassischen Außendienstes oder der modernen Telearbeit erfolgt.

Mit Wirkung zum 1.4.2017 hat der Gesetzgeber eine Legaldefinition des Arbeitsver- **4** trags in § 611a BGB eingefügt: Durch den Arbeitsvertrag wird der Arbeitnehmer im Dienste eines anderen zur Leistung weisungsgebundener, fremdbestimmter Arbeit in persönlicher Abhängigkeit verpflichtet (Abs. 1 S. 1). Gemäß dem folgenden Satz 2 kann das Weisungsrecht Inhalt, Durchführung, Zeit und Ort der Tätigkeit betreffen. Es folgt in Satz 3 eine Definition: Weisungsgebunden ist, wer nicht im Wesentlichen frei seine Tätigkeit gestalten und seine Arbeitszeit bestimmen kann. Satz 4 bestimmt: Der Grad der persönlichen Abhängigkeit hängt dabei auch von der Eigenart der jeweiligen Tätigkeit ab. Schließlich ist gemäß Satz 5 für die Feststellung, ob ein Arbeitsvertrag vorliegt, eine Gesamtwürdigung aller Umstände vorzunehmen. Satz 6 belehrt: Zeigt die tatsächliche Durchführung des Vertragsverhältnisses, dass es sich um ein Arbeitsverhältnis handelt, kommt es auf die Bezeichnung im Vertrag nicht an.

§ 611a Abs. 1 BGB gibt Begründungselemente aus der Rechtsprechung des BAG zur **5** Anerkennung der Arbeitnehmereigenschaft wieder. Er verdunkelt damit die Bedeutung des Dienstvertrags für das Arbeitsverhältnis; denn die genannten Mermale können in der digitalen Arbeitswelt nicht mehr eine ausschlaggebende Rolle spielen, ohne die Geltung des Arbeitsrechts preiszugeben. § 611a BGB enthält deshalb eine planwidrige Regelungslücke, die durch Rückgriff auf § 611 BGB zu schließen ist: Wer vertraglich Dienste zusagt, schließt einen Dienstvertrag, aus dem sich die Abhängigkeit ergibt, wenn sie nur der Art nach bestimmt sind.

2. Modifikation für die zu ihrer Berufsausbildung Beschäftigten und Einbeziehung von Beschäftigten im öffentlichen Dienst

6 § 5 Abs. 1 S. 1 BetrVG stellt ausdrücklich klar, dass die zu ihrer Berufsausbildung Beschäftigten zu den Arbeitnehmern i. S. dieses Gesetzes gehören. Erfasst werden nicht nur Personen, mit denen ein Berufsausbildungsvertrag i. S. der §§ 10 ff. BBiG besteht, sondern auch Praktikanten. Die Arbeitnehmereigenschaft i. S. d. § 5 Abs. 1 S. 1 BetrVG fehlt jedoch, wenn für das Praktikantenverhältnis der Schüler- oder Studentenstatus maßgebend bleibt, es sich also um sog. Pflichtpraktika handelt.

7 Die Zielsetzung der Betriebsverfassung gebietet es, dass nur Beschäftigte erfasst werden, deren Berufsausbildung sich im Rahmen des arbeitstechnischen Zwecks eines Produktions- oder Dienstleistungsbetriebs vollzieht. Erfolgt sie dagegen in einer Einrichtung der Berufsausbildung, so gehört ein Auszubildender nicht zu deren Belegschaft.[1]

8 Das Gesetz zur Errichtung eines Bundesaufsichtsamtes für Flugsicherung und zur Änderung und Anpassung weiterer Vorschriften vom 29.7.2009 (BGBl. I S. 2424) hat zum 4.8.2009 dem Abs. 1 einen Satz 3 angefügt, der Beamte, Soldaten und Arbeitnehmer des öffentlichen Dienstes, die in Betrieben privatrechtlich organisierter Unternehmen tätig sind, in den betriebsverfassungsrechtlichen Arbeitnehmerbegriff einbezieht.

3. Konkretisierung des betriebsverfassungsrechtlichen Arbeitnehmerbegriffs durch die Ausklammerung des in § 5 Abs. 2 BetrVG genannten Personenkreises

9 § 5 Abs. 2 BetrVG zählt in einem Katalog auf, wer nicht als Arbeitnehmer i. S. d. Gesetzes gilt, auch wenn er die Voraussetzungen erfüllt, die an den allgemeinen Arbeitnehmerbegriff gestellt werden. Zu diesem Personenkreis gehören insbesondere die Mitglieder des Vertretungsorgans einer juristischen Person (Nr. 1). Für die Betriebsverfassung kann deshalb offen bleiben, ob der Geschäftsführer einer GmbH Arbeitnehmer ist.[2] Er fällt nicht unter den betriebsverfassungsrechtlichen Arbeitnehmerbegriff.

4. Arbeitnehmerähnliche Personen

10 Da die Betriebsverfassung den allgemeinen Arbeitnehmerbegriff zugrunde legt, werden von ihr grundsätzlich nicht die sog. arbeitnehmerähnlichen Personen erfasst. Etwas anderes gilt nur für die in Heimarbeit Beschäftigten, die in der Hauptsache für

---

1 Vgl. *BAG* 21.7.1993, AP BetrVG 1972 § 5 Nr. 8; st. Rspr. zuletzt *BAG* 13.6.2007, AP BetrVG 1972 § 5 Ausbildung Nr. 12 (Rn. 15). Gehören dem Berufsbildungswerk in der Regel mindestens fünf Auszubildende an, so wählen sie gemäß § 51 Abs. 1 BBiG eine besondere Interessenvertretung; vgl. *BAG* 13.6.2007, AP BetrVG 1972 § 5 Ausbildung Nr. 12 (Rn. 20 ff.).
2 Vgl. *Boemke*, ZfA 1998, 209 ff.

den Betrieb tätig sind (§ 5 Abs. 1 S. 2 BetrVG). Der Begriff wird mit dem Inhalt verwandt, wie er im Heimarbeitsgesetz (HAG) näher bestimmt ist.[3]

II. Betriebszugehörigkeit

Das Gesetz legt nur fest, wer zur betriebsratsfähigen Belegschaft gehören kann (betriebsverfassungsrechtlicher Arbeitnehmerbegriff), ohne die Zuordnung zum Betrieb zu regeln, obwohl von ihr die Zugehörigkeit zur Belegschaft abhängt, für die der Betriebsrat gewählt wird. **11**

1. Fremdarbeiternehmer

Beim Fremdfirmeneinsatz gehören die für ihn tätigen Arbeitnehmer nicht zur Belegschaft des Betriebs. Wer nämlich als Arbeitnehmer für seinen Arbeitgeber in einem fremden Betrieb tätig wird, um dort als Erfüllungsgehilfe (§ 278 BGB) im Rahmen eines Dienst- oder Werkvertrags die von seinem Arbeitgeber geschuldete Dienstleistung zu erbringen bzw. den geschuldeten Arbeitserfolg herbeizuführen, steht nicht im Dienst des Betriebsinhabers. Das gilt auch, wenn er eine Betriebsaufgabe erfüllt.[4] **12**

2. Arbeitnehmerüberlassung

a) Leiharbeit als drittbezogener Personaleinsatz

Das Betriebsverfassungsrecht erfasst den Arbeitgeber primär als Inhaber der betrieblichen Organisationsgewalt und nur mittelbar als Vertragspartner des Arbeitnehmers. Der Arbeitsvertrag mit dem Betriebsinhaber ist deshalb keine notwendige Voraussetzung für die Zugehörigkeit zur Belegschaft eines Betriebs. Es genügt vielmehr, dass der Betriebsinhaber den Arbeitnehmer nach seinen Vorstellungen und Zielen im Betrieb einsetzt, also ein arbeitsrechtliches Weisungsverhältnis zu ihm besteht. Der wichtigste Fall ist die Leiharbeit, bei der im Rahmen eines Arbeitsverhältnisses ein Arbeitgeber (Verleiher) einem anderen Unternehmen (Entleiher) Arbeitskräfte zur Arbeitsleistung zur Verfügung stellt, die in den Betrieb des Entleihers eingegliedert sind und ihre Arbeit allein nach dessen Weisungen ausführen. **13**

Ursprünglich zur Sicherung einer Abgrenzung von der Arbeitsvermittlung erging das Arbeitnehmerüberlassungsgesetz vom 7. 8. 1972 als gewerberechtliches Spezialgesetz; es enthält heute auf Grund von Novellierungen, zuletzt durch die AÜG-Reform 2017, vor allem arbeitsrechtliche Bestimmungen für das Leiharbeitsverhältnis. Nach dem Gesetz bedürfen Arbeitgeber, die als Verleiher Dritten (Entleihern) Arbeitnehmer (Leiharbeitnehmer) »im Rahmen ihrer wirtschaftlichen Tätigkeit« zur Arbeitsleistung überlassen wollen, der Erlaubnis der Bundesagentur für Arbeit (§ 1 Abs. 1 S. 1 AÜG). Die Überlassung und das Tätigwerdenlassen von Arbeitnehmern als Leiharbeitnehmer sind nur zulässig, soweit zwischen dem Verleiher und dem Leiharbeitnehmer ein Arbeitsverhältnis besteht. Verleiher und Entleiher haben die Überlassung von Leiharbeitnehmern in ihrem Vertrag ausdrücklich als Arbeitnehmerüberlassung zu bezeichnen, bevor sie den Leiharbeitnehmer überlassen oder tätig werden lassen. Vor der Überlas- **14**

---

3 Ebenso *BAG* 25.3.1992, AP BetrVG 1972 § 5 Nr. 48.
4 Vgl. *BAG* 5.3.1991 (Flämmen von Brammen) und 9.7.1991 (Lackieren von Bremszylindern), AP BetrVG 1972 § 99 Nr. 90 und 94.

sung haben sie die Person des Leiharbeitnehmers unter Bezugnahme auf diesen Vertrag zu konkretisieren. Verfügt der Verleiher nicht über die erforderliche Erlaubnis, so ist der Vertrag zwischen ihm und dem Leiharbeitnehmer nach § 9 Abs. 1 Nr. 1 AÜG unwirksam, sobald mit der Überlassung die Fiktion nach § 10 Abs. 1 S. 1 AÜG eintritt, dass ein Arbeitsverhältnis mit dem Entleiher als zustande gekommen gilt.[5] Sie tritt nicht ein, wenn der Leiharbeitnehmer erklärt, dass er an dem Arbeitsvertrag mit dem Verleiher festhält (§ 9 Abs. 1 Nr. 1 AÜG).

15 Die Überlassung von Arbeitnehmern an Entleiher erfolgt vorübergehend, und zwar ab dem 1.4.2017 im Regelfall bis zu einer Überlassungsdauer von 18 Monaten (§ 1 b AÜG). Der Verleiher darf denselben Leiharbeitnehmer nicht länger als 18 aufeinander folgende Monate demselben Entleiher überlassen; der Entleiher darf denselben Leiharbeitnehmer nicht länger als 18 aufeinander folgende Monate tätig werden lassen. Der Zeitraum vorheriger Überlassungen durch denselben oder einen anderen Verleiher an denselben Entleiher ist vollständig anzurechnen, wenn zwischen den Einsätzen jeweils nicht mehr als drei Monate liegen. In einem Tarifvertrag von Tarifvertragsparteien der Einsatzbranche kann eine abweichende Überlassungshöchstdauer festgelegt werden. Im Geltungsbereich eines derartigen Tarifvertrags können abweichende tarifvertragliche Regelungen im Betrieb eines nicht tarifgebundenen Entleihers durch Betriebs- oder Dienstvereinbarung bis zu einer Überlassungshöchstdauer von 24 Monaten übernommen werden, soweit nicht durch den Tarifvertrag eine abweichende Überlassungshöchstdauer für Betriebs- oder Dienstvereinbarungen festgelegt ist.

16 Als Schranke des Arbeitsvertrags ist der Gleichstellungsgrundsatz konzipiert. Nach der Legaldefinition dieses Grundsatzes ist der Verleiher verpflichtet, dem Leiharbeitnehmer für die Zeit der Überlassung die im Betrieb des Entleihers für einen vergleichbaren Arbeitnehmer des Entleihers geltenden wesentlichen Arbeitsbedingungen einschließlich des Arbeitsentgelts zu gewähren (§ 8 Abs. 1 S. 1 AÜG). Ein Tarifvertrag kann abweichende Regelungen zulassen (§ 8 Abs. 2 AÜG), nach Inkrafttreten der Novellierung am 1.4.2017 im Regelfall nur für neun Monate (§ 8 Abs. 4 AÜG). Durch Rechtsverordnung kann eine verbindliche Lohnuntergrenze festgelegt werden (§ 3 a AÜG). Der Entleiher darf Leiharbeitnehmer nicht tätig werden lassen, wenn sein Betrieb unmittelbar durch einen Arbeitskampf betroffen ist (§ 11 Abs. 5 S. 1 AÜG). Das gilt aber nur für Tätigkeiten von Arbeitnehmern, die sich im Arbeitskampf befinden (§ 11 Abs. 5 S. 2 AÜG).

b) Betriebsverfassungsrechtliche Zuordnung

17 § 14 AÜG enthält eine betriebsverfassungsrechtliche Vorschrift über die Zuordnung der Leiharbeitnehmer und die Mitwirkungs- und Mitbestimmungsrechte des Betriebs- und Personalrats. Für die betriebsverfassungsrechtliche Zuordnung bei Personalgestellungen von Arbeitnehmern des öffentlichen Dienstes gilt aber als lex specialis § 5 Abs. 1 S. 3 BetrVG.

18 Nach § 14 Abs. 1 AÜG bleiben Leiharbeitnehmer auch während der Zeit ihrer Arbeitsleistung bei einem Entleiher Angehörige des entsendenden Betriebs des Verleihers.[6] Daraus hat das BAG zunächst abgeleitet, dass sie nicht zur Belegschaft des Entleiher-

---

5 So jedenfalls *BAG* 20.1.2016 – 7 AZR 535/13, AP AÜG § 1 Nr. 38.
6 *BAG* 24.8.2016 – 7 ABR 2/15, NZA 2017, 269 Rn. 21.

betriebs gehören.[7] Begründet wird diese Auffassung mit der sog Zwei-Komponenten-lehre, nach der die Betriebszugehörigkeit von zwei Komponenten abhängt: einem Arbeitsvertragsverhältnis zum Betriebsinhaber und der tatsächlichen Eingliederung in dessen Betrieb. Diese Lehre widerspricht aber dem Normzweck der Betriebsverfassung beim drittbezogenen Personaleinsatz. Das BAG hat sie daher zu Recht aufgegeben.[8] Mit Wirkung zum 1.4.2017 bestimmt nunmehr § 14 Abs. 2 S. 5 AÜG als Schwellenwert ausdrücklich: Soweit Bestimmungen des Gesetzes mit Ausnahme des § 112a BetrVG eine bestimmte Anzahl oder einen bestimmten Anteil von Arbeitnehmern voraussetzen, sind Leiharbeitnehmer auch im Entleiherbetrieb zu berücksichtigen.

Bereits seit dem BetrVerf-ReformG 2001 sind Leiharbeitnehmer auch im Entleiher- **19** betrieb wahlberechtigt, wenn sie länger als drei Monate dort eingesetzt werden (§ 7 S. 2 BetrVG). Sie sind aber nicht wählbar (§ 14 Abs. 2 S. 1 AÜG). Hat der Verleiher nicht die nach § 1 Abs. 1 AÜG erforderliche Erlaubnis der Bundesagentur für Arbeit, so ist der Vertrag zwischen ihm und dem Entleiher sowie zwischen ihm und dem Arbeitnehmer unwirksam (§ 9 Abs. 1 Nr. 1 AÜG). § 10 Abs. 1 S. 1 AÜG ordnet für diesen Fall an, dass ein Arbeitsverhältnis zwischen Entleiher und Leiharbeitnehmer als zustande gekommen gilt, wenn der Arbeitnehmer nicht dem Übergang widerspricht. § 14 AÜG findet keine Anwendung. Der Arbeitnehmer gehört zur Belegschaft des Entleiherbetriebs; denn dessen Inhaber ist sein alleiniger Arbeitgeber. Er ist dort zum Betriebsrat wählbar; die in § 7 S. 2 BetrVG angeordnete Einschränkung der Wahlberechtigung findet auf diesen Fall ebenfalls keine Anwendung.

Wenn Beamte oder Arbeitnehmer aus dem öffentlichen Dienst entliehen werden, ge- **20** hören sie betriebsverfassungsrechtlich zum Einsatzbetrieb (§ 5 Abs. 1 S. 3 BetrVG). Gleiches muss man auch für Beschäftigte anerkennen, die auf Grund eines Gestellungsvertrags im Betrieb tätig sind, ohne dass mit ihnen ein Arbeitsvertrag zum Betriebsinhaber besteht.

3. Teilzeitarbeit

Keine Voraussetzung für die Betriebszugehörigkeit ist, dass ein Arbeitnehmer in der **21** Hauptsache für den Betrieb arbeitet. Dies ist nur notwendig, wenn es sich um einen in Heimarbeit Beschäftigten handelt (§ 5 Abs. 1 S. 2 BetrVG). Auch Teilzeitbeschäftigte gehören zum Betrieb. Deshalb ist es möglich, dass ein Arbeitnehmer in mehreren Betrieben wahlberechtigt ist. Soweit das BetrVG auf die Zahl der Arbeitnehmer abstellt, wie z. B. für die Zahl der Betriebsratsmitglieder (§ 9 BetrVG) oder für deren Freistellung (§ 38 BetrVG), spielt keine Rolle, ob der Arbeitnehmer teilzeitbeschäftigt ist.

4. Digitale Beschäftigung

Digitale Informations- und Kommunikationstechnologien beherrschen zunehmend **22** den Alltag und damit auch die Arbeitswelt. Nach der Legaldefinition in § 312f Abs. 3 BGB sind digitale Inhalte die nicht auf einem körperlichen Datenträger befindlichen Daten, die in digitaler Form hergestellt und bereitgestellt werden. Schlagworte wie

---

7 *BAG* 16.4.2003, AP BetrVG 1972 § 9 Nr. 7; *BAG* 22.10.2003, AP BetrVG 1972 § 38 Nr. 28; *BAG* 10.3.2004, AP BetrVG 1972 § 7 Nr. 8.
8 *BAG* 24.8.2016 – 7 ABR 2/15, NZA 2017, 269 Rn. 20; bereits zu § 9 BetrVG *BAG* 13.3.2013 – 7 ABR 69/11, NZA 2013, 789 Rn. 21 ff.; vorher zu § 111 S. 1 BetrVG *BAG* 18.10.2011, AP BetrVG 1972 § 111 Nr. 70 mAnm *Hamann;* vgl. *Richardi* FS Wank, 2014, 465 (469 ff.))

»Industrie 4.0« und »Arbeiten 4.0« sollen die Herausforderung an die Arbeitswelt bestimmen. Der digitale Wandel stellt die Betriebsverfassung vor Rechtsanwendungsprobleme, berührt aber nicht ihre Rechtsgrundlagen.

23 Die computergesteuerte Informationstechnik ermöglicht es, dass Arbeitsleistungen, die bisher nur in einer Betriebsstätte erbracht werden konnten, an einen anderen Ort, insbesondere in den Privatbereich, verlagert werden. Nach der Klarstellung im zweiten Satzteil des § 5 Abs. 1 S. 1 BetrVG spielt für den betriebsverfassungsrechtlichen Arbeitnehmerbegriff keine Rolle, ob die Arbeitnehmer »im Betrieb, im Außendienst oder mit Telearbeit beschäftigt werden«. Die Besonderheit der Telearbeit besteht darin, dass die vom Arbeitnehmer erzielten Arbeitsergebnisse durch Einrichtungen der Kommunikationstechnik an einen anderen Ort übermittelt werden, um den Betriebszweck zu erfüllen. Bei einem Arbeitsvertrag ist darauf abzustellen, ob der Arbeitgeber innerhalb eines bestimmten zeitlichen Rahmens über die Arbeitsleistung des Mitarbeiters verfügen kann. Es ist kein durch die Besonderheit der technischen Überwachung geprägter Arbeitnehmerbegriff zu bilden. Der technische Tatbestand ist nur insoweit von Bedeutung, als man es als Indiz für die Arbeitnehmereigenschaft werten kann, wenn der mit einem entsprechenden Programm ausgestattete Rechner dem Auftraggeber ermöglicht, die Arbeit zu überwachen.

24 Die Telearbeit ermöglicht es, eine virtuelle Arbeitsorganisation zu bilden, in der die arbeitstechnischen Zwecke losgelöst von einer physischen Betriebsstätte verfolgt werden. In einem matrixorganisierten Unternehmen oder Konzern können daher virtuelle »Matrixbetriebe« bestehen. Das wird aber höchst selten sein. Zumeist erhalten »Matrixmanager« die Möglichkeit, Weisungen im Betrieb zu erteilen, für deren Verbindlichkeit das Rechtsinstitut der Stellvertretung die Rechtsgrundlage bildet, wenn der »Matrixmanager« nicht zur Betriebsleitung gehört.

25 Eine neue Form der Beschäftigung wird unter dem Begriff des Crowdwork erfasst. Die Erscheinungsformen sind vielfältig.[9] Bestimmte Arbeitsaufgaben sind auf eine Internetplattform gestellt und können im Internet erfüllt werden. Beim externen Crowdworking, das jedem Internetnutzer offensteht, fehlt zumeist die rechtliche Bindung des Nutzers, so dass insoweit kein Beschäftigungsverhältnis besteht. Sollte sie bestehen, so scheitert die Anerkennung eines Arbeitsverhältnisses daran, dass kein bestimmter zeitlicher Rahmen für die Arbeitsleistung verbindlich festgelegt ist. In Betracht kann nur kommen, dass der Crowdworker zu den arbeitnehmerähnlichen Personen zählt. Beim internen Crowdworking erfolgt die Leistung der digitalen Dienste durch im Unternehmen oder Konzern beschäftigte Arbeitnehmer. Hier besteht stets ein Arbeitsvertrag, auch wenn die Leistungen der digitalen Inhalte einem Dritten erbracht werden.

§ 16. Begriff und Sonderstellung der leitenden Angestellten in der Betriebsverfassung

1 Das BetrVG findet, soweit in ihm nicht ausdrücklich etwas anderes bestimmt ist, auf leitende Angestellte in der von ihm vorgenommenen Abgrenzung keine Anwendung (§ 5 Abs. 3 S. 1 BetrVG).

---

9 Vgl *Däubler/Klebe*, NZA 215, 1032ff.

I. Begriff und Abgrenzung der leitenden Angestellten in der Betriebsverfassung

1. Legaldefinition durch Aufzählung von Tatbestandsgruppen

Für die Betriebsverfassung definiert § 5 Abs. 3 S. 2 BetrVG, wer leitender Angestellter   2
ist. Der Begriff wird also nicht als gegeben vorausgesetzt.[1] § 5 Abs. 3 S. 2 BetrVG enthält vielmehr eine Legaldefinition, indem er abschließend festlegt, dass leitender Angestellter ist, wer »nach Arbeitsvertrag und Stellung im Unternehmen oder im Betrieb«
Aufgaben und Befugnisse wahrnimmt, die in den folgenden drei Tatbestandsgruppen
alternativ aufgeführt sind:

(1) Zur Tatbestandsgruppe der Nr. 1 gehört, wer »zur selbständigen Einstellung und
Entlassung von im Betrieb oder in der Betriebsabteilung beschäftigten Arbeitnehmern
berechtigt ist«.

(2) Die Tatbestandsgruppe der Nr. 2 bildet, wer »Generalvollmacht oder Prokura hat
und die Prokura im Verhältnis zum Arbeitgeber nicht unbedeutend ist«.

(3) Zur Tatbestandsgruppe der Nr. 3 zählt schließlich, wer »regelmäßig sonstige Aufgaben wahrnimmt, die für den Bestand und die Entwicklung des Unternehmens oder
eines Betriebs von Bedeutung sind und deren Erfüllung besondere Erfahrungen und
Kenntnisse voraussetzt, wenn er dabei entweder die Entscheidungen im Wesentlichen
frei von Weisungen trifft oder sie maßgeblich beeinflusst; dies kann auch bei Vorgaben
insbesondere auf Grund von Rechtsvorschriften, Plänen oder Richtlinien sowie bei
Zusammenarbeit mit anderen leitenden Angestellten gegeben sein«.

Den Grundtatbestand für die Abgrenzung der leitenden Angestellten bildet die Tat-   3
bestandsgruppe der Nr. 3, die eine Zuordnung zu den leitenden Angestellten davon abhängig macht, dass der Arbeitnehmer bei Erfüllung von für die Erreichung der Unter-
nehmensziele wichtigen Aufgaben entweder die Entscheidungen im Wesentlichen frei
von Weisungen trifft (Tatgruppe) oder sie maßgeblich beeinflusst (Ratgruppe). Der
Grundtatbestand hat nicht nur eine Auffangfunktion, sondern enthält auch Richtlinien
für die Interpretation der in Nr. 1 und Nr. 2 genannten Tatbestandsgruppen, wie in der
Formulierung »sonstige Aufgaben« zum Ausdruck kommt. Deshalb genügt für die
Tatbestandsgruppe der Nr. 1 nicht, dass jemand vorübergehend Hilfskräfte einstellen
und entlassen darf, und für die Nr. 2 ergibt deren Wortlaut, dass die Prokura, die eine
Vertretungsbefugnis darstellt, auch im Innenverhältnis so wahrgenommen werden
darf, dass sie »auch im Verhältnis zum Arbeitgeber nicht unbedeutend ist«. Für die
Konkretisierung sind deshalb die Merkmale in Nr. 3 heranzuziehen; denn die Prokura
ist nach der Gesetzessystematik nur noch ein Beispiel für die dort umschriebenen Aufgaben.[2]

2. »Auslegungsregeln« in § 5 Abs. 4 BetrVG

Da die Feststellung eines leitenden Angestellten nach § 5 Abs. 3 S. 2 BetrVG nicht   4
leicht zu treffen ist, hat der Gesetzgeber in § 5 Abs. 4 BetrVG eine ergänzende Bestimmung getroffen. Sie enthält nach seiner Begründung »Auslegungsregeln, die an formale, schnell feststellbare Merkmale anknüpfen, um die Anwendung des Abs. 3 S. 2

---

1 So noch § 5 Abs. 3 BetrVG 1972 a. F.; vgl. *BAG* 5. 3. 1974, AP BetrVG 1972 § 5 Nr. 1.
2 Ebenso *BAG* 11. 1. 1995 und 25. 3. 2009, AP BetrVG 1972 § 5 Nr. 55 und Nr. 73 (Rn. 17 ff.).

Nr. 3 zu erleichtern«.[3] Der Rückgriff auf § 5 Abs. 4 BetrVG ist erst eröffnet, wenn Zweifel bleiben, ob die Voraussetzungen der Nr. 3 des § 5 Abs. 3 S. 2 BetrVG erfüllt sind. Die gesetzgeberische Konzeption ist aber missglückt, weil die in diesem Grundtatbestand und die in § 5 Abs. 4 BetrVG enthaltenen Tatbestandsmerkmale inkommensurabel sind. § 5 Abs. 4 BetrVG enthält »weder Auslegungsregeln noch Regelbeispiele noch eine widerlegliche oder unwiderlegliche Vermutung«.[4]

II. Sonderstellung in der Betriebsverfassung

1. Nichtanwendung des BetrVG

5 Nach § 4 Abs. 3 lit c BetrVG 1952 galt ein Arbeitnehmer, der die Merkmale eines leitenden Angestellten erfüllte, nicht als Arbeitnehmer i. S. d. Gesetzes. Die geltende Gesetzesbestimmung berücksichtigt dagegen, dass die leitenden Angestellten eine besondere Arbeitnehmergruppe bilden, legt für sie aber fest, dass auf sie das Gesetz, soweit in ihm nicht ausdrücklich etwas anderes bestimmt ist, keine Anwendung findet (§ 5 Abs. 3 S. 1 BetrVG). Etwas anderes ergibt sich nur aus § 105 BetrVG, nach dem eine beabsichtigte Einstellung oder personelle Veränderung dem Betriebsrat rechtzeitig mitzuteilen ist.

6 Die Nichtanwendung des Gesetzes hat jedoch zur Folge, dass die leitenden Angestellten zum Betriebsrat weder wahlberechtigt noch wählbar sind und der Betriebsrat in ihren Angelegenheiten keine Beteiligungsrechte hat. Deshalb werden sie auch nicht mitgezählt, soweit das Gesetz Regelungen von der Zahl der Arbeitnehmer im Betrieb oder Unternehmen abhängig macht.

2. Schaffung einer institutionalisierten Vertretung durch das Gesetz über Sprecherausschüsse der leitenden Angestellten

7 Die leitenden Angestellten haben durch das Gesetz über Sprecherausschüsse der leitenden Angestellten (Sprecherausschussgesetz – SprAuG), das als Art. 2 des Gesetzes zur Änderung des BetrVG, über Sprecherausschüsse der leitenden Angestellten und zur Sicherung der Montan-Mitbestimmung vom 20. 12. 1988 ergangen ist, eine institutionelle Sondervertretung in der Betriebsverfassung erhalten.

---

3 BT-Drs. 11/2503, S. 30.
4 *Hromadka/Sieg*, Kommentar zum SprAuG, 4. Aufl. 2017, § 5 Abs. 3, 4 BetrVG Rn. 47.

2. Kapitel. Organisation der Betriebsverfassung

1. Titel: Betriebsrat

§ 17. Zusammensetzung und Wahl des Betriebsrats

Das BetrVG behandelt die Zusammensetzung und Wahl des Betriebsrats in §§ 7 bis 20; **1** ergänzt wird die Regelung durch die Wahlordnung vom 11.12.2001.

I. Größe und Zusammensetzung des Betriebsrats

1. Größe

Die Zahl der Betriebsratsmitglieder richtet sich nach der Größe des Betriebs; sie ist in **2** einer Staffel festgelegt, wobei das Gesetz in der ersten und zweiten Stufe allein auf die Zahl der wahlberechtigten Arbeitnehmer abstellt, während es von der dritten Stufe an, also in größeren Betrieben, nur die Zahl der überhaupt im Betrieb beschäftigten Arbeitnehmer ohne Rücksicht auf die Wahlberechtigung für maßgebend erklärt (§ 9 BetrVG).

Der Betriebsrat besteht in Betrieben mit in der Regel fünf bis zwanzig wahlberechtig- **3** ten Arbeitnehmern aus einer Person, in Betrieben mit in der Regel 21 bis 50 wahlberechtigten Arbeitnehmern aus drei Mitgliedern.[1] Soweit fünf Mitglieder zu wählen sind, liegt die Grenze bei 100 Arbeitnehmern. Bis zur Größenklasse von 1.000 Arbeitnehmern verändert sich die Betriebsratsgröße ab 200 Arbeitnehmern um je zwei weitere Mitglieder: Der Betriebsrat besteht also bei 101 bis 200 Arbeitnehmern aus sieben, bei 201 bis 400 Arbeitnehmern aus neun Mitgliedern usw.

Das Gesetz unterscheidet für die Wahlberechtigung in § 7 BetrVG durch entsprechende **4** Klarstellung in Satz 1 ausdrücklich zwischen den »Arbeitnehmern des Betriebs« und den Leiharbeitnehmern, die unter den Voraussetzungen des Satzes 2 wahlberechtigt sind. Soweit in den Schwellenwerten des Gesetzes auf die Betriebszugehörigkeit der Arbeitnehmer abgestellt wird, werden Leiharbeitnehmer mitgezählt.

Keine Berücksichtigung erfährt bei der Zahl der Betriebsratsmitglieder, ob Arbeitneh- **5** mer Teilzeitarbeit leisten. Selbst bei einer Arbeitsplatzteilung werden die teilzeitbeschäftigten Arbeitnehmer bei der Festlegung des Schwellenwerts wie vollzeitbeschäftigte Arbeitnehmer eingestuft. Nicht berücksichtigt wird, dass auch gegen den Willen des Arbeitgebers eine Vollzeitbeschäftigung sich in Teilzeitbeschäftigung umwandeln kann; denn § 8 TzBfG hat dem Arbeitnehmer unter den dort genannten Voraussetzungen einen Anspruch auf Verringerung seiner vertraglich vereinbarten Arbeitszeit eingeräumt.

---

1 Vgl. zur Hinzuzählung von regelmäßig im Betrieb beschäftigten Aushilfskräften, mit denen der Arbeitgeber jeweils für einen Tag befristete Arbeitsverträge abschließt, *BAG* 7.5.2008, AP BetrVG 1972 § 9 Nr. 12.

6 Maßgebend ist die Zahl am Tag des Erlasses des Wahlausschreibens (§ 3 Abs. 2 Nr. 5 WO). Bei fehlerhafter Berechnung ist der Betriebsrat nicht ordnungsgemäß besetzt. Die Wahl ist zu wiederholen, allerdings nur, wenn die fehlerhafte Berechnung im Rahmen einer Wahlanfechtung geltend gemacht worden ist.[2]

2. Zusammensetzung nach Geschlechtern

7 Im Betriebsrat ist eine Mindestvertretung von Frauen und Männern gewährleistet: »Das Geschlecht, das in der Belegschaft in der Minderheit ist, muss mindestens entsprechend seinem zahlenmäßigen Verhältnis im Betriebsrat vertreten sein, wenn dieser aus mindestens drei Mitgliedern besteht.« (§ 15 Abs. 2 BetrVG). Die Bestimmung ist mit Art. 3 Abs. 2 GG vereinbar.[3]

8 Die Frage, wie die Sitze im Betriebsrat auf die Geschlechter verteilt werden, überlässt das Gesetz der Wahlordnung (§ 126 Nr. 5 a BetrVG). Die gesetzliche Ermächtigung bezieht sich auch auf die Verteilung der Betriebsratssitze, soweit sie nicht gemäß § 15 Abs. 2 BetrVG besetzt werden können. Soweit die Geschlechter im Betriebsrat entsprechend ihrem zahlenmäßigen Verhältnis vertreten sein müssen, ist damit keine Zwangskandidatur verbunden. Wie nach bisherigem Recht bleiben reine Frauenlisten, reine Männerlisten sowie gemischte Listen mit Frauen und Männern zulässig.

9 Die Verteilung der Betriebsratssitze unter Männer und Frauen erfolgt nach dem Höchstzahlensystem, dem d'Hondt'schen System (§ 5 WO).

Beispiel: Beschäftigt der Betrieb insgesamt 1.760 Männer und 240 Frauen, so besteht der Betriebsrat aus 17 Mitgliedern. Nach dem d'Hondt'schen Höchstzahlensystem würde sich die folgende Sitzverteilung ergeben: Die Männer erhalten höchstens 15 Sitze, die Frauen mindestens zwei Sitze.

10 Für den Fall, dass ein Geschlecht nicht genügend wählbare Arbeitnehmer hat oder sich nicht genügend Arbeitnehmer eines Geschlechts zur Übernahme des Betriebsratsamtes bereit erklären, ist gemäß § 126 Nr. 5 a BetrVG in der Wahlordnung vorzusehen, dass die dadurch nicht besetzbaren Betriebsratssitze auf das andere Geschlecht übergehen. Die Einzelheiten regelt § 5 Abs. 5 Nr. 5 WO. Damit wird sichergestellt, dass der in § 9 BetrVG vorgegebenen Größe des Betriebsrats auch dann entsprochen werden kann, wenn ein Geschlecht die ihm grundsätzlich zustehenden Betriebsratssitze nicht besetzen kann.

II. Wahlberechtigung und Wählbarkeit

1. Wahlberechtigung

11 Wahlberechtigt sind alle Arbeitnehmer des Betriebs, die am Wahltag das 18. Lebensjahr vollendet haben (§ 7 BetrVG). Zu ihnen gehören auch die in Heimarbeit Beschäftigten, aber nur, wenn sie in der Hauptsache für den Betrieb arbeiten (§ 5 Abs. 1 S. 2 BetrVG). Bei Arbeitnehmern ist dies keine Voraussetzung. Teilzeitbeschäftigte, die durch ihre Arbeitsaufgabe dem Betrieb eingeordnet sind, gehören zu dessen Arbeitnehmern. Wie

---

2 *BAG* 12.10.1976, AP BetrVG 1972 § 8 Nr. 1 und § 19 Nr. 5; 29.5.1991, AP BetrVG 1972 § 9 Nr. 2.

3 *BAG* 16.3.2005, AP BetrVG 1972 § 15 Nr. 3. Betriebsangehörige, die sich dauerhaft weder dem männlichen noch dem weiblichen Geschlecht zuordnen lassen, entscheiden – nicht der Betriebsrat oder Wahlvorstand – für die Betriebsverfassung, ob und welchem Geschlecht sie zugeordnet werden; s. auch *BVerfG* 10.10.2017 – 1 BvR 2019/16, NJW 2017, 3643 ff.

sich aus der Legaldefinition des Arbeitnehmerbegriffs in § 5 Abs. 1 S. 1 BetrVG ergibt, spielt auch keine Rolle, ob sie im Betrieb, im Außendienst oder mit Telearbeit beschäftigt werden.

Möglich ist daher, dass ein Arbeitnehmer in mehreren Betrieben wahlberechtigt ist. **12** Für die Betriebszugehörigkeit ist nicht notwendig, dass der Arbeitnehmer einen Arbeitsvertrag mit dem Betriebsinhaber abgeschlossen hat. Er muss zu ihm aber in einem arbeitsrechtlichen Weisungsverhältnis stehen. Wer im Betrieb für einen anderen Arbeitgeber tätig wird (sog. Fremdfirmenarbeitnehmer), gehört nicht zur Belegschaft des Betriebs, auch wenn er dort überwiegend oder sogar ausschließlich beschäftigt wird, wobei auch keine Rolle spielt, ob er durch seine Tätigkeit eine Betriebsaufgabe erfüllt.

Aber auch wenn ein arbeitsrechtliches Weisungsverhältnis besteht, wie bei einer Arbeitnehmerüberlassung, bleibt der Arbeitnehmer während der Zeit seiner Arbeitsleistung Angehöriger des Verleiherbetriebs (§ 14 Abs. 1 AÜG). Er ist aber auch im Entleiherbetrieb wahlberechtigt, wenn er in ihm länger als drei Monate eingesetzt wird (§ 7 S. 2 BetrVG), jedoch dort nicht wählbar, soweit die zeitlichen Grenzen des Arbeitseinsatzes, wie sie sich aus dem Arbeitnehmerüberlassungsgesetz ergeben, beachtet werden (§ 14 Abs. 2 S. 1 AÜG).

Entscheidend ist die Betriebsangehörigkeit am Tag der Wahl. Steht der Arbeitnehmer **14** in einem gekündigten Arbeitsverhältnis, so ist er nach Ablauf der Kündigungsfrist nur wahlberechtigt, wenn er nach § 102 Abs. 5 BetrVG weiterzubeschäftigen ist.

2. Wählbarkeit

Wählbar sind die Wahlberechtigten, die sechs Monate dem Betrieb angehören (vgl. im **15** Einzelnen § 8 BetrVG). Für die Wählbarkeit spielt keine Rolle, ob der Arbeitnehmer in einem gekündigten Arbeitsverhältnis steht.[4]

III. Zeitpunkt der Betriebsratswahlen

Das Gesetz bestimmt wie bisher für alle Betriebe einheitlich den Zeitpunkt für die re- **16** gelmäßigen Betriebsratswahlen: Sie werden alle vier Jahre in der Zeit vom 1. März bis 31. Mai durchgeführt (§ 13 Abs. 1 BetrVG). Der ursprünglich vorgesehene Dreijahresrhythmus, der 1972 begonnen hat (§ 125 Abs. 1 BetrVG), wurde auf Grund der Novelle vom 20.12.1988 durch den Vierjahresrhythmus ersetzt. Die letzten regelmäßigen Betriebsratswahlen nach dem Dreijahresrhythmus wurden 1990 abgehalten. Seitdem gilt der Vierjahresrhythmus. Die nächsten Neuwahlen finden also 2022 statt.

Außerhalb des Zeitraums für die regelmäßigen Betriebsratswahlen kann der Betriebs- **17** rat immer gewählt werden, wenn in einem betriebsratsfähigen Betrieb kein Betriebsrat besteht (§ 13 Abs. 2 Nr. 6 BetrVG). Er ist weiterhin auch dann neu zu wählen, wenn nach 24 Monaten seit der Wahl die Zahl der regelmäßig beschäftigten Arbeitnehmer um die Hälfte, mindestens aber um 50 gestiegen oder gesunken ist oder wenn die Zahl der Betriebsratsmitglieder unter die gesetzliche Zahl sinkt oder wenn der Betriebsrat seinen Rücktritt beschlossen hat (§ 13 Abs. 2 Nr. 1 bis 3 BetrVG). Aber auch in diesen Fällen endet die Amtszeit des Betriebsrats spätestens am 31. Mai des Jahres, in dem die

---

4 Vgl. Richardi/*Thüsing* BetrVG § 8 Rn. 13 ff.

nächsten regelmäßigen Betriebsratswahlen stattfinden; nur wenn die Amtszeit des Betriebsrats noch kein Jahr betragen hat, ist er erst in dem übernächsten Zeitraum der regelmäßigen Betriebsratswahlen neu zu wählen (§ 13 Abs. 3 BetrVG).

IV. Wahlverfahren

1. Grundsatz der geheimen und unmittelbaren Wahl

18 Der Betriebsrat wird in geheimer und unmittelbarer Wahl gewählt (§ 14 Abs. 1 BetrVG). Die Geheimhaltung erfordert schriftliche Abstimmung. Da die Wahl unmittelbar sein muss, erfolgt sie als Urwahl, also durch die Wahlberechtigten selbst. Gewählt kann nur werden, wer in einem Wahlvorschlag benannt ist. Die Wahl muss von einem Wahlvorstand vorbereitet und durchgeführt werden.

2. Verhältniswahl als Grundsatz

a) Verhältniswahl

19 Die Wahl erfolgt, wie es in § 14 Abs. 2 S. 1 BetrVG heißt, nach den Grundsätzen der Verhältniswahl. Dies gilt aber nur, wenn mehr als drei Betriebsratsmitglieder zu wählen sind (§ 6 Abs. 1 WO). In Betrieben mit in der Regel fünf bis fünfzig wahlberechtigten Arbeitnehmern ist nämlich der Betriebsrat im vereinfachten Wahlverfahren nach § 14a BetrVG zu wählen; die Wahl erfolgt hier nach den Grundsätzen der Mehrheitswahl (§ 14 Abs. 2 S. 2 BetrVG). Da das Gesetz in Betrieben mit in der Regel 51 bis 100 wahlberechtigten Arbeitnehmern dem Wahlvorstand und dem Arbeitgeber die Möglichkeit einräumt, die Anwendung des vereinfachten Wahlverfahrens zu vereinbaren (§ 14a Abs. 5 BetrVG), ist die Verhältniswahl als Grundsatz sogar erst gesichert, wenn mindestens sieben Betriebsratsmitglieder zu wählen sind.

20 Die Verhältniswahl wird als Listenwahl durchgeführt. Der Wähler kann seine Stimme nur für den gesamten Wahlvorschlag, die Vorschlagsliste, abgeben (§ 11 Abs. 1 WO). Die Zuteilung der Betriebsratssitze erfolgt nach dem d'Hondt'schen Sytem; es werden also die für jede Liste abgegebenen Stimmenzahlen durch 1, 2, 3, 4 usw. geteilt. Jede Vorschlagsliste erhält also so viele Mitgliedersitze zugeteilt, wie Höchstzahlen auf sie entfallen (§ 15 Abs. 2 S. 2 WO). Eine Abweichung kann sich aber daraus ergeben, dass nach § 15 Abs. 2 BetrVG das Geschlecht, das in der Belegschaft in der Minderheit ist, mindestens entsprechend seinem zahlenmäßigen Verhältnis im Betriebsrat vertreten sein muss. Befindet sich deshalb unter den auf die Vorschlagslisten entfallenden Höchstzahlen nicht die erforderliche Mindestzahl von Angehörigen des Geschlechts in der Minderheit, so wird die Zuteilung nach der Reihenfolge der Benennung innerhalb der einzelnen Vorschlagslisten (§ 15 Abs. 4 WO) durchbrochen (§ 15 Abs. 5 WO).

21 Gehören dem Betrieb z. B. in der Regel 180 Arbeitnehmer an, unter ihnen 84 Frauen, so müssen dem Betriebsrat, der in diesem Fall aus sieben Mitgliedern besteht, mindestens drei Frauen angehörigen. Für den Fall, dass die Liste I 84, die Liste II 60 und die Liste III 24 Stimmen erhalten, entfallen nach den Höchstzahlen auf die Liste I vier, die Liste II, zwei Sitze und auf die Liste III ein Sitz. Die Reihenfolge der Bewerber innerhalb der einzelnen Vorschlagslisten bestimmt sich nach der Reihenfolge ihrer Benennung (§ 15 Abs. 4 WO). Befindet sich jedoch unter den auf die Vorschlagslisten entfallenden Höchstzahlen nicht die erforderliche Mindestanzahl von Angehörigen des

Geschlechts in der Minderheit, hier also von Frauen, so ist in einem zweiten Schritt der Mann mit der niedrigsten Höchstzahl durch diejenige Frau, die hinter ihm auf derselben Liste steht, zu ersetzen (§ 15 Abs. 5 Nr. 1 WO). Steht da keine Frau mehr, dann geht der Sitz auf die nächste Liste mit der höchsten nichtberücksichtigten Höchstzahl über, auf der sich eine Frau befindet (§ 15 Abs. 5 Nr. 2 WO). Nur wenn keine andere Vorschlagsliste mehr über Bewerber des Geschlechts in der Minderheit verfügt, wird der Betriebsratssitz der Vorschlagsliste zugeteilt, die zuletzt ihren Sitz zur Sicherung des Geschlechterproporzes hätte abgeben müssen (§ 15 Abs. 5 Nr. 5 WO).

Die folgende Skizze zeigt die Verteilung der Betriebsratssitze nach dieser Regelung: **22**

Belegschaft: 180 Arbeitnehmer, davon 96 Männer und 84 Frauen

Verteilung der Betriebsratssitze:

Männer	Sitz Nr.	Frauen	Sitz Nr.
96	$: 1 = 96 \rightarrow 1$	84	$: 1 = 84 \rightarrow 2$
	$: 2 = 48 \rightarrow 3$		$: 2 = 42 \rightarrow 4$
	$: 3 = 32 \rightarrow 5$		$: 3 = 28 \rightarrow 6$
	$: 4 = 24 \rightarrow 7$		$: 4 = 21 \rightarrow 8$

Die Männer erhalten also höchstens 4 Sitze, die Frauen mindestens 3 Sitze.

Verteilung der Betriebsratssitze auf die Vorschlagslisten

Liste I		Liste II		Liste III	
84 Stimmen		60 Stimmen		24 Stimmen	
84	$: 1 = 84 \rightarrow 1$	60	$: 1 = 60 \rightarrow 2$	24	$: 1 = 24 \rightarrow 6$
	$: 2 = 42 \rightarrow 3$		$: 2 = 30 \rightarrow 4$		$: 2 = 12$
	$: 3 = 28 \rightarrow 5$		$: 3 = 20$		$: 3 = 8$
	$: 4 = 21 \rightarrow 7$		$: 4 = 15$		$: 4 = 6$

Bei Wahrung des Geschlechterproporzes entfallen daher auf Liste I vier Sitze, auf Liste II zwei Sitze und auf Liste III ein Sitz.

Benennung von Frauen und Männern auf den Vorschlagslisten

Vorschlagsliste I	Vorschlagsliste II	Vorschlagsliste III
A (M)	R (M)	X (M)
B (M)	S (M)	Y (F)
C (M)	T (M)	Z (F)
D (M)		
E (M)		
F (F)		

Zur Sicherstellung des Geschlechterproporzes ergibt sich daher folgende Modifikation. Einen vierten Betriebsratssitz, der auf die Liste I entfällt, erhält nicht der D, sondern die F (§ 15 Abs. 5 Nr. 1 WO). Da jedoch dadurch der Geschlechterproporz nicht gesichert ist, tritt als weitere Modifikation ein, dass bei der Vorschlagsliste mit der nächstniedrigen Höchstzahl, also der Liste III, an die Stelle des X die Y tritt (§ 15 Abs. 5 Nr. 3 i. V. m. Nr. 1 WO). Da jedoch immer noch nicht der Geschlechterproporz hergestellt ist, muss als nächste Folge an die Stelle des C auf der Liste I die Z auf der Liste III treten (§ 15 Abs. 5 Nr. 3 i. V. m. Nr. 1 und 2). Im Ergebnis erhalten also die Liste I drei Sitze mit A, B und F als gewählten Betriebsratmitgliedern, die Liste II zwei Betriebsratssitze mit R und S sowie die Liste III ebenfalls zwei Betriebsratssitze mit Y und Z als gewählten Personen.

Da das Gesetz den Proporz nur für das Geschlecht in der Minderheit sichert (§ 15 Abs. 2 BetrVG), wäre mit ihm vereinbar, wenn alle Betriebsratssitze Frauen zufielen. Das wäre bei dem hier genannten Beispiel der Fall, wenn A, B, C, D, R, S und X Frauen wären.

b) Mehrheitswahl

23 Sofern die Voraussetzungen gegeben sind, dass die Wahl nach den Grundsätzen der Verhältniswahl erfolgt, findet eine Mehrheitswahl (Personenwahl) gleichwohl statt, wenn nur ein Wahlvorschlag eingereicht wird (§ 14 Abs. 2 S. 2 BetrVG). Zur Sicherstellung des Geschlechterproporzes werden zunächst die dem Geschlecht in der Minderheit zustehenden Mindestsitze mit Angehörigen dieses Geschlechts in der Reihenfolge der jeweils höchsten auf sie entfallenden Stimmenzahlen besetzt (§ 22 Abs. 1 WO). Danach erfolgt die Verteilung der weiteren Sitze auf die Bewerberinnen und Bewerber, die die meisten Stimmen erhalten haben (§ 22 Abs. 2 WO).

24 Die Wahl erfolgt außerdem stets nach den Grundsätzen der Mehrheitswahl in Betrieben mit in der Regel fünf bis fünfzig wahlberechtigten Arbeitnehmern, da in diesen Kleinbetrieben das Wahlverfahren nach § 14a BetrVG vereinfacht ist (§ 14 Abs. 2 S. 2 BetrVG). Gleiches gilt, wie bereits ausgeführt, in Betrieben mit in der Regel 51 bis 100 wahlberechtigten Arbeitnehmern, wenn der Wahlvorstand und der Arbeitgeber die Anwendung des vereinfachten Wahlverfahrens vereinbaren (§ 14a Abs. 5 BetrVG). Berücksichtigt man, dass der Betriebsrat hier bereits aus fünf Mitgliedern besteht (§ 9 S. 1 BetrVG), so ist die damit verbundene Beseitigung des Minderheitenschutzes ein Legitimationsdefizit für den Betriebsrat. Mit den Grundsätzen, die das Betriebsratsamt gegenüber der Belegschaft sachlich rechtfertigen, ist es nicht vereinbar, dass dem Wahlvorstand und dem Arbeitgeber die Befugnis eingeräumt wird, die Berücksichtigung einer durch Wahl legitimierten Minderheit in der Zusammensetzung des Betriebsrats auszuschalten.

3. Vorschlagsrecht

25 Das Wahlvorschlagsrecht haben die wahlberechtigten Arbeitnehmer und die im Betrieb vertretenen Gewerkschaften (§ 14 Abs. 3 BetrVG). Die Wahlordnung bezeichnet die Wahlvorschläge, wenn Listenwahl erfolgt, als Vorschlagslisten (§ 6 Abs. 1 WO).

26 Nach dem Gesetzestext können die »wahlberechtigten Arbeitnehmer« Wahlvorschläge machen (§ 14 Abs. 3 BetrVG). Da eine Begrenzung auf die Arbeitnehmer des Betriebs wie in § 7 S. 1 BetrVG fehlt, haben das Wahlvorschlagsrecht auch die in § 7 S. 2 BetrVG als wahlberechtigt genannten Arbeitnehmer eines anderen Arbeitgebers, die zur Überlassung der Arbeitsleistung länger als drei Monate im Betrieb eingesetzt werden.

27 Jeder Wahlvorschlag der Arbeitnehmer muss von mindestens einem Zwanzigstel der wahlberechtigten Arbeitnehmer, mindestens jedoch von drei Wahlberechtigten unterzeichnet sein; in Betrieben mit in der Regel bis zu zwanzig wahlberechtigten Arbeitnehmern genügt die Unterzeichnung durch zwei Wahlberechtigte (§ 14 Abs. 4 S. 1 BetrVG). In jedem Fall genügt aber die Unterzeichnung durch fünfzig wahlberechtigte Arbeitnehmer (§ 14 Abs. 4 S. 2 BetrVG). Das ursprünglich bis zur Novelle vom 20.12.1988 vorgesehene Quorum von einem Zehntel hatte das BVerfG zu der gleich lautenden Regelung im Bundespersonalvertretungsgesetz beanstandet.[5]

---

[5] BVerfGE 67, 369ff.

Jeder Wahlvorschlag einer Gewerkschaft muss von zwei Beauftragten unterzeichnet **28** sein (§ 14 Abs. 5 BetrVG).[6] Die Gewerkschaft muss im Betrieb vertreten sein, also mindestens einen Betriebsangehörigen zu ihren Mitgliedern zählen.[7]

Wenn die Wahl nicht im vereinfachten Wahlverfahren (§ 14a BetrVG) stattfindet, sind **29** die Wahlvorschläge von den Wahlberechtigten vor Ablauf von zwei Wochen seit Erlass des Wahlausschreibens beim Wahlvorstand einzureichen (§ 6 Abs. 1 S. 2 WO). Jede Vorschlagsliste soll mindestens doppelt so viele Bewerberinnen oder Bewerber aufweisen, wie Betriebsratsmitglieder zu wählen sind (§ 6 Abs. 2 WO). Jedoch handelt es sich nur um eine Ordnungsvorschrift. Der Wahlvorstand darf einen Vorschlag nicht deshalb zurückweisen, weil er dieser Anforderung nicht entspricht.[8] Dem Wahlvorschlag ist die schriftliche Zustimmung der Bewerberinnen oder der Bewerber zur Aufnahme in die Liste beizufügen (§ 6 Abs. 3 S. 2 WO). Die Zustimmung kann jedoch noch innerhalb der Einreichungsfrist nachgereicht werden. Geschieht dies nicht, so ist die Vorschlagsliste nur ungültig, falls der Mangel nicht binnen einer Frist von drei Arbeitstagen nach Beanstandung durch den Wahlvorstand behoben wird (§ 8 Abs. 2 Nr. 2 WO).

4. Wahlvorstand

Die Wahl des Betriebsrats ist durch einen Wahlvorstand vorzubereiten und durchzu- **30** führen (§ 18 Abs. 1 S. 1 BetrVG). Seine Bestellung erfolgt im Normalfall wie bisher nach § 16 BetrVG: Spätestens zehn Wochen vor Ablauf seiner Amtszeit bestellt der Betriebsrat einen aus drei Wahlberechtigten bestehenden Wahlvorstand und einen von ihnen als Vorsitzenden (Abs. 1 S. 1). Eine Sonderregelung gilt für Kleinbetriebe, für die § 14a BetrVG ein vereinfachtes Wahlverfahren festlegt; denn die Frist zur Bestellung des Wahlvorstands ist hier auf vier Wochen verkürzt (§ 17a Nr. 1 BetrVG).

Besteht acht bzw. vier Wochen vor Ablauf der Amtszeit des Betriebsrats kein Wahl- **31** vorstand, so hat nicht nur das Arbeitsgericht unter den gesetzlich festgelegten Verfahrensvoraussetzungen die Befugnis zur Ersatzbestellung (§ 16 Abs. 2 BetrVG), sondern es können nach § 16 Abs. 3 BetrVG auch der Gesamtbetriebsrat, oder falls ein solcher nicht besteht, der Konzernbetriebsrat den Wahlvorstand bestellen. Gleiches gilt in betriebsratslosen Betrieben (§ 17 Abs. 1 BetrVG). Erst wenn kein Gesamtbetriebsrat oder Konzernbetriebsrat besteht oder seiner Verpflichtung zur Bestellung eines Wahlvorstands nicht nachkommt, wird der Wahlvorstand in einer Betriebsversammlung von der Mehrheit der anwesenden Arbeitnehmer gewählt (§ 17 Abs. 2 BetrVG).

5. Vereinfachtes Wahlverfahren in Kleinbetrieben

In Betrieben mit in der Regel 5 bis 50 wahlberechtigten Arbeitnehmern und nach Ver- **32** einbarung des Wahlvorstands mit dem Arbeitgeber in Betrieben mit in der Regel 51 bis 100 wahlberechtigten Arbeitnehmern gilt die in § 14a BetrVG festgelegte Vereinfachung des Wahlverfahrens. Das Gesetz wird durch die Regelung in §§ 28 bis 37 WO ergänzt.

---

6 Vgl. *BAG* 15.5.2013, AP BetrVG 1972 § 19 Nr. 63.
7 *BAG* 25.3.1992, AP BetrVG 1972 § 2 Nr. 4; *BAG* 10.11.2004, AP BetrVG 1972 § 17 Nr. 7.
8 So bereits *BAG* 29.6.1965, AP BetrVG (1952) § 13 Nr. 11.

Die Gestaltung des § 14a BetrVG kann Missverständnisse auslösen. Nach seinem Abs. 1 wird der Betriebsrat in einem zweistufigen Verfahren gewählt. Das gilt aber nicht für den Fall, dass im Betrieb bereits ein Betriebsrat besteht. Kommt er seiner Pflicht zur Bestellung des Wahlvorstands nach (§ 16 Abs. 1 i. V. m. § 17a Nr. 1 BetrVG), so wird der Betriebsrat auf nur einer Wahlversammlung in geheimer und unmittelbarer Wahl gewählt (§ 14a Abs. 3 S. 1 BetrVG). Dieselbe Regelung gilt, wenn der Betriebsrat nicht rechtzeitig den Wahlvorstand bestellt, sondern an seiner Stelle gemäß § 16 Abs. 3 BetrVG der Gesamtbetriebsrat oder Konzernbetriebsrat oder er, wie es in § 14a Abs. 3 S. 1 BetrVG heißt, »nach § 17a Nr. 4 vom Arbeitsgericht bestellt« wird. Letzteres kommt nicht nur in Betracht, wenn das Arbeitsgericht die Ersatzbestellung vornimmt, weil der Betriebsrat keinen Wahlvorstand bestellt hat (§ 16 Abs. 2 BetrVG), sondern auch in Betrieben ohne Betriebsrat, wenn trotz einer Einladung zur Wahlversammlung kein Wahlvorstand gewählt wird und daher ein Antrag von mindestens drei wahlberechtigten Arbeitnehmern oder einer im Betrieb vertretenen Gewerkschaft gemäß § 17 Abs. 4 BetrVG gestellt wird (§ 17a Nr. 4 i. V. m. § 17 Abs. 4 BetrVG). Während sich sonst erst aus der Wahlordnung die Frist für die Einreichung von Wahlvorschlägen ergibt, legt hier unmittelbar das Gesetz selbst fest, dass Wahlvorschläge bis eine Woche vor der Wahlversammlung zur Wahl des Betriebsrats gemacht werden können; da aber § 14 Abs. 4 BetrVG unverändert gilt, bedürfen sie der Schriftform unter Beachtung des gesetzlich festgelegten Unterschriftenquorums (§ 14a Abs. 3 S. 2 BetrVG; vgl. auch § 36 Abs. 5 WO). Obwohl der Betriebsrat hier auf nur einer Wahlversammlung gewählt wird, ist den wahlberechtigten Arbeitnehmern, die an der Wahlversammlung nicht teilnehmen können, Gelegenheit zur schriftlichen Stimmabgabe zu geben (§ 14a Abs. 4 BetrVG), sofern sie jeweils ihr Verlangen nach schriftlicher Stimmabgabe bis spätestens drei Tage vor dem Tag der zweiten Wahlversammlung dem Wahlvorstand mitgeteilt haben (§ 25 Abs. 1 S. 2 WO).

33 Die Wahl des Betriebsrats in einem zweistufigen Verfahren findet daher nur statt, wenn es sich um einen betriebsratslosen Kleinbetrieb handelt. Dann wird auf einer ersten Wahlversammlung der Wahlvorstand gewählt, und zwar von der Mehrheit der anwesenden Arbeitnehmer ohne Rücksicht auf ein Quorum (§ 14a Abs. 1 S. 2 i. V. m. § 17a Nr. 3 S. 1 BetrVG). Zu dieser Wahlversammlung können drei wahlberechtigte Arbeitnehmer des Betriebs oder eine im Betrieb vertretene Gewerkschaft einladen und Vorschläge für die Zusammensetzung des Wahlvorstands machen (§ 14a Abs. 1 S. 2 i. V. m. § 17a Nr. 3 S. 2, seinerseits i. V. m. § 17 Abs. 3 BetrVG). Das Vorschlagsrecht zur Wahl des Betriebsrats haben wie auch sonst die wahlberechtigten Arbeitnehmer und die im Betrieb vertretenen Gewerkschaften (§ 14 Abs. 3 BetrVG). Wahlvorschläge können aber nur bis zum Ende der Wahlversammlung zur Wahl des Wahlvorstandes gemacht werden, wobei für Wahlvorschläge der Arbeitnehmer, die erst auf dieser Wahlversammlung gemacht werden, keine Schriftform erforderlich ist (§ 14a Abs. 2 BetrVG), aber auch insoweit das in § 14 Abs. 4 BetrVG festgelegte Quorum für die Unterstützung des Wahlvorschlags eingehalten sein muss (vgl. § 33 WO).

34 Auf einer zweiten Wahlversammlung, die eine Woche nach der Wahlversammlung zur Wahl des Wahlvorstandes stattfindet, wird der Betriebsrat in geheimer und unmittelbarer Wahl gewählt (§ 14a Abs. 1 S. 3 und 4 BetrVG). Den wahlberechtigten Arbeitnehmern, die an der Wahlversammlung zur Wahl des Betriebsrats nicht teilnehmen können, ist aber auch im zweistufigen Verfahren Gelegenheit zur nachträglichen schriftlichen Stimmabgabe zu geben (§ 14a Abs. 4 BetrVG, § 35 Abs. 1 S. 2 WO).

Ohne Rücksicht darauf, ob der Betriebsrat in einem zweistufigen Verfahren oder auf 35
nur einer Wahlversammlung gewählt wird, gilt die Bestimmung, dass die Wahl nicht
nach den Grundsätzen der Verhältniswahl, sondern nach den Grundsätzen der Mehrheitswahl stattfindet (§ 14 Abs. 2 S. 2 BetrVG).

V. Anfechtung und Nichtigkeit der Betriebsratswahl

Das BetrVG regelt nur die Wahlanfechtung, nicht die Nichtigkeit der Wahl. Mängel 36
der Wahl sollen innerhalb einer Frist in einem besonders gestalteten Verfahren geltend
gemacht werden (§ 19 BetrVG).

1. Voraussetzungen der Anfechtbarkeit

Die Anfechtung setzt voraus: 37

a) Verstoß gegen wesentliche Vorschriften über das Wahlrecht, die Wählbarkeit oder
   das Wahlverfahren, ohne dass eine Berichtigung erfolgt ist, z. B. Zulassung von
   Nichtwahlberechtigten oder die Nichtzulassung von Wahlberechtigten, Nichtzulassung wählbarer Arbeitnehmer als Wahlkandidaten, gesetzwidrige Verkürzung
   der Frist zur Einreichung von Wahlvorschlägen, Nichteinhaltung der im Wahlaus-
   schreiben angegebenen Zeit für die Stimmabgabe,

b) und die Möglichkeit einer Beeinflussung des Wahlergebnisses durch diesen Verstoß. Es kommt also darauf an, dass durch den Verstoß das Ergebnis der Wahl beeinflusst werden konnte; nicht notwendig ist dagegen die Feststellung, dass das Ergebnis tatsächlich beeinflusst worden ist (§ 19 Abs. 1 BetrVG).

2. Wahlanfechtungsverfahren

Die Wahlanfechtung erfolgt durch Antrag beim Arbeitsgericht (§ 19 Abs. 1 BetrVG), 38
das im Beschlussverfahren entscheidet (§ 2a Abs. 1 Nr. 1, Abs. 2 i. V. m. §§ 80 ff.
ArbGG). Den Antrag kann stellen, wer zur Anfechtung der Wahl berechtigt ist. Die
sog. Anfechtungsberechtigung legt also die Antragsberechtigung fest, die eine Verfahrensvoraussetzung darstellt. Fehlt sie, so ist der Antrag als unzulässig zurückzuweisen.

Anfechtungsberechtigt sind drei wahlberechtigte Arbeitnehmer des Betriebs, jede im 39
Betrieb vertretene Gewerkschaft oder der Arbeitgeber; andere Personen sind ausgeschlossen (§ 19 Abs. 2 S. 1 BetrVG). Dieses Recht wird nicht dadurch ausgeschlossen, dass die Möglichkeit bestand, gegen die Richtigkeit des Wahlausschreibens Ein-
spruch einzulegen. Soweit der Antrag von den Wahlberechtigten gestellt wird, ist für
die Antragsberechtigung notwendig, dass die Wahlanfechtung während der Dauer des
Beschlussverfahrens von mindestens drei antragstellenden Arbeitnehmern getragen
wird. Die Voraussetzung der Wahlberechtigung braucht aber nicht während des gesamten Verfahrens vorzuliegen.[9]

Die Wahlanfechtung ist nur binnen einer Frist von zwei Wochen, vom Tage der Be- 40
kanntgabe des Wahlergebnisses an gerechnet, zulässig (§ 19 Abs. 2 S. 2 BetrVG). Da
nach Ablauf der Anfechtungsfrist Mängel der Wahl nicht mehr geltend gemacht wer-

---

9 *BAG* 4.12.1986, AP BetrVG 1972 § 19 Nr. 13; bestätigt *BAG* 15.2.1989, AP BetrVG 1972 § 19 Nr. 17.

den können, selbst also ein Verstoß gegen wesentliche Vorschriften geheilt ist, sieht man in der Anfechtungsfrist eine materiell-rechtliche Frist.[10]

41 Die Anfechtung kann sich auf die Wahl des Betriebsrats insgesamt beziehen; sie kann sich aber auch auf die Wahl eines einzelnen Betriebsratsmitgliedes beschränken, obwohl sie streng genommen kein abtrennbarer Teil der Wahl ist.[11] Der Antrag zielt darauf, die Wahl für unwirksam zu erklären, wenn die Wahl des Betriebsrats angegriffen wird; er geht auf Korrektur des Wahlergebnisses, wenn lediglich geltend gemacht wird, dass dem Wahlvorstand bei der Feststellung des Wahlergebnisses ein Fehler unterlaufen ist.

3. Wirkung der Anfechtung

42 Der Beschluss, der die Wahlanfechtung als begründet erachtet, hat eine rechtsgestaltende Wirkung.[12] Die Anfechtung hat nicht zur Folge, dass der fehlerhaft gewählte Betriebsrat rückwirkend sein Amt verliert; die Rechtswirkungen treten vielmehr nur für die Zukunft ein. Es ist in diesem Fall die Wahl des Betriebsrats zu wiederholen, und zwar muss die Wahl in allen Entwicklungsstadien von neuem durchgeführt werden.

4. Nichtigkeit einer Betriebsratswahl

43 Obwohl das BetrVG 1972 ebenso wie das Betriebsrätegesetz 1920 und das BetrVG 1952 nur die Wahlanfechtung regelt, gibt es auch eine nichtige Wahl, d. h. eine Wahl, die ohne weiteres, ohne dass es einer besonderen Vernichtung durch eine Entscheidung des Arbeitsgerichts im Beschlussverfahren bedarf, als rechtlich nicht vorhanden anzusehen ist.

44 Eine derartige Nichtigkeit ist anzunehmen,
a) wenn die Voraussetzungen für eine Betriebsratswahl nicht gegeben sind oder
b) wenn bei der Betriebsratswahl so grobe Fehler und Mängel unterlaufen sind, dass von einer ordnungsmäßigen Wahl nicht einmal dem äußeren Anschein nach gesprochen werden kann, insbesondere wenn kein Wahlvorstand vorhanden war oder wenn durch Akklamation gewählt wurde.[13]

Kein Nichtigkeitsgrund, sondern nur ein Anfechtungsgrund ist die Verkennung des Betriebsbegriffs.[14]

VI. Rechtsschutz während des Wahlverfahrens

45 Rechtsmängel während des Wahlverfahrens können durch einstweilige Verfügung im arbeitsgerichtlichen Beschlussverfahren nach § 85 Abs. 2 ArbGG geltend gemacht werden. Sie führen zum Wahlabbruch aber nur, wenn die Wahl nichtig wäre, nicht dagegen, wenn sie lediglich deren Anfechtbarkeitl begründeten.[15]

---

10 *BAG* 28.4.1964, AP BetrVG (1952) § 4 Nr. 3.
11 *BAG* 28.11.1977, AP BetrVG (1972) § 8 Nr. 2.
12 *BAG* 29.5.1991, AP BetrVG 1972 § 9 Nr. 2.
13 So bereits *BAG* 2.3.1955, AP BetrVG (1952) § 18 Nr. 1; weiterhin *BAG* 28.11.1977 und 10.6.1983, AP BetrVG 1972 § 19 Nr. 6 und 10.
14 *BAG* 17.2.1978, AP BetrVG 1972 § 1 Nr. 1; 29.5.1991, AP BetrVG 1972 § 4 Nr. 5.
15 Vgl. *BAG* 27.7.2011, AP BetrVG 1972 § 16 Nr. 2.

§ 18. Amtsbeginn und Amtsende des Betriebsrats und seiner Mitglieder

I. Amtszeit des Betriebsrats

1. Regelmäßige Amtszeit

Besteht bei der Bekanntgabe des Wahlergebnisses kein Betriebsrat, so beginnt das Amt 1
mit diesem Zeitpunkt; besteht wie im Regelfall bei ordnungsgemäßer Durchführung
der Wahl noch ein Betriebsrat, so beginnt die Amtszeit erst mit dem Tag nach Ablauf
der Amtsperiode des bisherigen Betriebsrats (§ 21 S. 2 BetrVG). Die Amtszeit beträgt,
wenn der Betriebsrat während des für die regelmäßigen Betriebsratswahlen vorgesehenen Zeitraums gewählt wurde, vier Jahre (§ 21 S. 1 BetrVG).

2. Ablauf einer verkürzten oder verlängerten Amtszeit

Das Amt des Betriebsrats endet weiterhin, wenn der Betriebsrat durch eine gerichtliche 2
Entscheidung aufgelöst (§ 23 BetrVG) oder die Betriebsratswahl mit Erfolg angefochten
ist (§ 19 BetrVG), und zwar hier mit Rechtskraft der arbeitsgerichtlichen Entscheidung.

Wird ein Betriebsrat außerhalb des für die regelmäßigen Betriebsratswahlen vorge- 3
sehenen Zeitraums gewählt, so endet sein Amt spätestens am 31. Mai des Jahres, in das
die nächsten regelmäßigen Betriebsratswahlen fallen; nur wenn die Amtszeit des Betriebsrats zum Beginn des für die regelmäßigen Betriebsratswahlen festgelegten Zeitraums noch kein Jahr betragen hat, endet die Amtszeit erst am 31. Mai des Jahres, in
das der übernächste Zeitraum der regelmäßigen Betriebsratswahlen fällt (§ 13 Abs. 3
i.V.m. § 21 S. 3 und 4 BetrVG) – in beiden Fällen allerdings nur, sofern kein sonstiger
Grund eintritt, der abermals zu einer vorzeitigen Amtsbeendigung führt.

3. Übergangsmandat und Restmandat des Betriebsrats

Wenn die Voraussetzungen für die Errichtung des Betriebsrats entfallen oder alle Be- 4
triebsratsmitglieder einschließlich der Ersatzmitglieder ihr Amt niederlegen oder aus
persönlichen Gründen verlieren (vgl. § 24 BetrVG), endet das Amt des Betriebsrats als
Kollegialorgan. Das gilt insbesondere für den Verlust der Betriebsratsfähigkeit des Betriebs (§ 1 Abs. 1 S. 1 BetrVG).

Von diesem Grundsatz gibt es zwei Ausnahmen: Wird ein Betrieb gespalten, so hat des- 5
sen Betriebsrat ein Übergangsmandat (§ 21a Abs. 1 BetrVG); werden Betriebe oder Betriebsteile zu einem Betrieb zusammengefasst, so nimmt der Betriebsrat des nach der
Zahl der wahlberechtigten Arbeitnehmer größten Betriebs oder Betriebsteils das Übergangsmandat wahr (§ 21a Abs. 2 BetrVG). Geht ein Betrieb durch Stilllegung, Spaltung
oder Zusammenlegung unter, so hat dessen Betriebsrat ein Restmandat (§ 21b BetrVG).

a) Das **Übergangsmandat** stellt sicher, dass bei betrieblichen Organisationsänderun- 6
gen in der Übergangsphase keine betriebsratslosen Zeiten entstehen. Durch die Regelung in § 21a BetrVG wird die EG-Richtlinie 2001/23 vom 12.3.2001[1] in nationales

---

1 Durch sie wurde die Richtlinie 77/187/EWG vom 14.2.1977 abgelöst, die auf Grund der Änderungen
durch die Richtlinie 98/50 vom 29.6.1998 einen entsprechenden Anpassungsbedarf begründete.

Recht umgesetzt. Das Übergangsmandat soll ermöglichen, dass nach einer Spaltung in den neu entstehenden Betrieben ein Betriebsrat gewählt wird. Der Betriebsrat des gespaltenen Betriebs hat deshalb insbesondere unverzüglich Wahlvorstände zu bestellen (§ 21a Abs. 1 S. 2 BetrVG). Solange das Übergangsmandat währt, hat er darüber hinaus alle Befugnisse, die mit dem Betriebsratsamt verbunden sind. Seine personelle Zusammensetzung bleibt unverändert. Das gilt nur dann nicht, wenn der Betriebsrat bei einer Abspaltung für den bisherigen Betrieb im Amt bleibt. In diesem Fall scheidet ein Mitglied, das dem abgespaltenen Betrieb angehört, mit der Spaltung aus dem Betriebsrat aus (§ 24 Nr. 4 BetrVG), und zwar auch, soweit der Betriebsrat für den abgespaltenen Betrieb das Übergangsmandat wahrnimmt.[2]

7 Das Übergangsmandat endet, sobald in den Betriebsteilen ein neuer Betriebsrat gewählt und das Wahlergebnis bekannt gegeben ist, spätestens jedoch sechs Monate nach Wirksamwerden der Spaltung (§ 21a Abs. 1 S. 3 BetrVG). Durch Tarifvertrag oder Betriebsvereinbarung kann das Übergangsmandat um weitere sechs Monate verlängert werden (§ 21a Abs. 1 S. 4 BetrVG).

8 Ein Übergangsmandat besteht auch, wenn der Betriebsrat sein Amt verliert, weil der Betrieb mit anderen Betrieben oder Betriebsteilen zu einem Betrieb zusammengefasst wird. Für diesen Fall bestimmt § 21a Abs. 2 BetrVG, dass der Betriebsrat des nach der Zahl der wahlberechtigten Arbeitnehmer größten Betriebs oder Betriebsteils das Übergangsmandat wahrnimmt. Gleiches gilt auch, wenn ein Betriebsteil abgespalten und mit anderen Betrieben oder Betriebsteilen zu einem Betrieb zusammengefasst wird. Dem Betriebsrat verbleibt allerdings kein Übergangsmandat, wenn im aufnehmenden Betrieb ein Betriebsrat besteht (§ 21a Abs. 2 S. 2 i. V. m. Abs. 1 S. 1).

9 Die Bestimmung in § 21a Abs. 3 BetrVG legt fest, dass Abs. 1 und 2 auch gelten, »wenn die Spaltung oder Zusammenlegung von Betrieben und Betriebsteilen im Zusammenhang mit einer Betriebsveräußerung oder einer Umwandlung nach dem Umwandlungsgesetz erfolgt«. Es handelt sich jedoch insoweit nur um eine Klarstellung ohne eigenständigen Regelungsgehalt.

10 b) Vom Übergangsmandat ist das sog. **Restmandat** des Betriebsrats zu unterscheiden, das schon bisher das BAG anerkannt hat, um sicherzustellen, dass der Betriebsrat über das Ende seiner Amtszeit hinaus seine im Zusammenhang mit einer Betriebsstilllegung stehenden Rechte und Pflichten wahrnehmen kann.[3] Nach § 21b BetrVG bleibt, wenn ein Betrieb durch Stilllegung, Spaltung oder Zusammenlegung untergeht, dessen Betriebsrat so lange im Amt, wie dies zur Wahrnehmung der damit im Zusammenhang stehenden Mitwirkungs- und Mitbestimmungsrechte erforderlich ist. Das gilt insbesondere für die Wahrnehmung der Mitbestimmung bei Betriebsänderungen nach §§ 111 ff. BetrVG.

II. Amtszeit der Betriebsratsmitglieder

11 Von dem Amt des Betriebsrats ist das Amt der Betriebsratsmitglieder, die Mitgliedschaft im Betriebsrat, zu unterscheiden. Sie beginnt und endet zwar grundsätzlich mit der Amtszeit des Betriebsrats, dem das Mitglied angehört. Die Mitgliedschaft im Betriebsrat kann aber vorher erlöschen, insbesondere bei Beendigung des Arbeitsverhältnisses oder bei Ausschluss aus dem Betriebsrat auf Grund einer gerichtlichen Entschei-

---

2 Vgl. Richardi/*Thüsing* BetrVG, § 21a Rn. 21ff.
3 *BAG* 16.6.1987, AP BetrVG 1972 § 111 Nr. 20.

dung (§ 24 BetrVG). In diesem Fall rückt ein Ersatzmitglied nach (§ 25 Abs. 1 S. 1 BetrVG). Gleiches gilt, wenn ein Betriebsratsmitglied an der Ausübung seines Amtes verhindert ist (zur Reihenfolge § 25 Abs. 2 BetrVG). Da andererseits ein Ersatzmitglied auch nur unter dieser Voraussetzung in den Betriebsrat eintreten kann, wird ausgeschlossen, dass ein Betriebsratsmitglied sich durch ein Nichtmitglied vertreten lassen kann. Eine Stellvertretung kommt vielmehr nur in Betracht, wenn das Betriebsratsmitglied zeitweilig verhindert ist, und dann ist sein Vertreter das Ersatzmitglied, das in den Betriebsrat nachrückt, wenn das Betriebsratsmitglied ausscheidet.

III. Pflichtverletzung als Grund vorzeitiger Amtsbeendigung

1. Amtsenthebung eines Betriebsratsmitglieds

Bei grober Verletzung seiner gesetzlichen Pflichten kann ein Betriebsratsmitglied aus dem Betriebsrat ausgeschlossen werden; die Amtsenthebung erfolgt durch Beschluss des Arbeitsgerichts, wenn mindestens ein Viertel der wahlberechtigten Arbeitnehmer, der Arbeitgeber, eine im Betrieb vertretene Gewerkschaft oder der Betriebsrat den Ausschluss beantragen (§ 23 Abs. 1 BetrVG). 12

Voraussetzung ist, dass eine Amtspflichtverletzung vorliegt. Die Verletzung einer sich nur aus dem Arbeitsverhältnis ergebenden Pflicht berechtigt nicht zur Amtsenthebung. Möglich ist aber, dass sie zugleich eine Amtspflichtverletzung darstellt, z. B. bei Arbeitsversäumnis, um Geschäfte wahrzunehmen, die nicht zu den Amtsobliegenheiten gehören. Dass in derartigen Fällen bei einem objektiv erheblichen Verstoß eine grobe Amtspflichtverletzung vorliegt, bedarf nicht der Vertiefung. Problematisch ist allein, ob der Arbeitgeber aus diesem Grund auch das Recht zur außerordentlichen Kündigung hat. Das BAG ist der Auffassung, dass bei einem Zusammentreffen von Amtspflichtverletzung und Vertragsverletzung an die Annahme eines wichtigen Grundes, der dem Arbeitgeber das Recht zur außerordentlichen Kündigung gibt, ein besonders strenger Maßstab anzulegen ist.[4] 13

Endet das Amt des Betriebsratsmitglieds während des Amtsenthebungsverfahrens aus einem anderen Grund, so kann das Beschlussverfahren nicht mehr durchgeführt werden; es hat sich erledigt. Gehört das Betriebsratsmitglied aber auch dem neuen Betriebsrat an, so kann der Antrag auf Ausschluss aus dem neuen Betriebsrat gerichtet werden, wenn Gesichtspunkte geltend gemacht werden, dass durch die frühere Verfehlung auch das gegenwärtige Amt noch belastet ist. 14

2. Auflösung des Betriebsrats

Für die Auflösung des Betriebsrats selbst gelten die gleichen Voraussetzungen wie für den Ausschluss eines einzelnen Betriebsratsmitglieds (§ 23 Abs. 1 BctrVG). Der Betriebsrat ist mit Rechtskraft der arbeitsgerichtlichen Entscheidung aufgelöst. Das Arbeitsgericht setzt unverzüglich einen Wahlvorstand für die Neuwahl ein (§ 23 Abs. 2 BetrVG). 15

---

4 Vgl. *BAG* 23. 10. 2008, AP BetrVG 1972 § 103 Nr. 58 (Rn. 19); 5. 11. 2009 und 12. 5. 2010, AP KSchG 1969 § 15 Nr. 65 (Rn. 30) und Nr. 67 (Rn. 15).

IV. Exkurs – Die merkwürdige Regelung des § 23 Abs. 3 BetrVG

16 § 23 Abs. 3 BetrVG gibt dem Betriebsrat oder einer im Betrieb vertretenen Gewerkschaft die Möglichkeit, bei groben Verstößen des Arbeitgebers gegen seine Verpflichtungen aus diesem Gesetz beim Arbeitsgericht ein Zwangsverfahren einzuleiten. Die Vorschrift ist den Zwangsvollstreckungsbestimmungen der §§ 888, 890 ZPO nachgebildet. Problematisch ist daher ihr Zweck; denn nach § 85 Abs. 1 ArbGG i. V. m. §§ 888, 890 ZPO können gegen den betriebsverfassungswidrig handelnden Arbeitgeber Vollstreckungsmaßnahmen ergriffen werden, ohne dass bereits begangene grobe Verstöße die Voraussetzung dafür sind, das Arbeitsgericht anzurufen (Rechtsschutzvoraussetzung). Betriebsrat und Gewerkschaft werden deshalb nicht auf § 23 Abs. 3 BetrVG zurückgreifen, soweit es um die Verletzung eigener Rechte geht. § 23 Abs. 3 BetrVG spielt vielmehr nur dann eine Rolle, wenn fremde Rechte verletzt werden, gibt also dem Betriebsrat und der Gewerkschaft unter der dort genannten Rechtsschutzvoraussetzung eine Prozessführungsbefugnis.

17 § 23 Abs. 3 BetrVG dient wie Abs. 1 der Bestimmung dem Schutz der betriebsverfassungsrechtlichen Ordnung. Bezweckt wird, dass der Arbeitgeber sich in Zukunft gesetzeskonform verhält. Verdrängt wird nicht das Recht, nach allgemeinen Grundsätzen ein Beschlussverfahren einzuleiten, wenn der Arbeitgeber seine Pflichten aus dem Betriebsverfassungsgesetz nicht erfüllt. Dennoch hat das BAG zunächst angenommen, dass der Betriebsrat einen Anspruch gegen den Arbeitgeber auf Unterlassung mitbestimmungswidriger Handlungen nur auf § 23 Abs. 3 BetrVG stützen könne.[5] Diese Rechtsprechung hat es aber aufgegeben; es erkennt an, dass dem Betriebsrat bei Verletzung seiner Mitbestimmungsrechte aus § 87 BetrVG ein Anspruch auf Unterlassung der mitbestimmungswidrigen Maßnahme zustehe, der keine grobe Pflichtverletzung des Arbeitgebers i. S. des § 23 Abs. 3 BetrVG voraussetze.[6] Richtig hat es erkannt, dass § 23 Abs. 3 BetrVG die Mitbestimmung nur in künftigen Fällen sichert, aber keinen Anspruch auf Rückgängigmachung einer ohne seine Beteiligung durchgeführten Maßnahme gibt. Er ist rechtsdogmatisch keine Sonderregelung negatorischer Haftung des Arbeitgebers gegenüber dem Betriebsrat bei Verletzung von dessen Beteiligungsrechten.

§ 19. Organisation des Betriebsrats

I. Betriebsratsvorsitzender und Stellvertreter

1. Wahl

1 Der Betriebsrat wählt aus seiner Mitte den Vorsitzenden und dessen Stellvertreter (§ 26 Abs. 1 BetrVG). Die Wahl erfolgt in der konstituierenden Sitzung des Betriebsrats (§ 29 Abs. 1 S. 1 BetrVG). Trifft der Betriebsrat über den Wahlmodus keine Regelung,[1] so werden der Vorsitzende und sein Stellvertreter in getrennten Wahlgängen, aber gemeinsam von allen Mitgliedern gewählt. Die Wahl ist zwar kein Beschluss im eigentlichen Sinn, aber ein Akt des Betriebsrats im Rahmen seiner Geschäftsführung. Des-

---

5 *BAG* 22.2.1983, AP BetrVG 1972 § 23 Nr. 2.
6 *BAG* 3.5.1994, AP BetrVG 1972 § 23 Nr. 23 (zust. *Richardi*).
1 Vgl. *BAG* 28.2.1958, AP BetrVG (1952) § 29 Nr. 1.

halb kann der Betriebsrat die Wahl nur durchführen, wenn er beschlussfähig ist (§ 33 Abs. 2 BetrVG).

2. Rechtsstellung

Der Vorsitzende vertritt den Betriebsrat nur im Rahmen der von ihm gefassten Beschlüsse; er ist nur Vertreter in der Erklärung (§ 26 Abs. 2 BetrVG). Für Erklärungen, die dem Betriebsrat gegenüber abzugeben sind, ist der Vorsitzende zur Entgegennahme berechtigt. Sein Stellvertreter ist zur Vertretung nur im Falle der Verhinderung des Vorsitzenden berufen; er ist also nicht Stellvertreter des Vorsitzenden, sondern stellvertretender Vorsitzender des Betriebsrats. **2**

Überschreitet der Vorsitzende seine Kompetenz, so ist die von ihm abgegebene Erklärung für den Betriebsrat nicht bindend. Aber der Betriebsrat kann sie genehmigen. Geschieht dies nicht, so wird der Arbeitgeber nicht in seinem guten Glauben geschützt, dass ein ordnungsgemäßer Betriebsratsbeschluss vorgelegen hat, weil dadurch die gesetzlichen Beteiligungsrechte des Betriebsrats beeinträchtigt würden. Eine Ausnahme kommt nur in Betracht, wenn der Betriebsrat sich Erklärungen seines Vorsitzenden nach den Grundsätzen der Vertrauenshaftung zurechnen lassen muss. Außerdem ist zu beachten, dass nach dem Gesetz in bestimmten Fällen ein Schweigen des Betriebsrats als Zustimmung gilt (vgl. §§ 99 Abs. 3 S. 2, 102 Abs. 1 S. 2 BetrVG). **3**

II. Betriebsausschuss und weitere Ausschüsse des Betriebsrats

1. Bildung eines Betriebsausschusses

Hat ein Betriebsrat neun oder mehr Mitglieder, was nur der Fall sein kann, wenn die Belegschaft des Betriebs mehr als 200 Arbeitnehmer beträgt, so bildet der Betriebsrat einen Betriebsausschuss (§ 27 Abs. 1 und 2 BetrVG). Der Vorsitzende des Betriebsrats und sein Stellvertreter gehören ihm kraft Amtes an; die weiteren Mitglieder werden vom Betriebsrat aus seiner Mitte gewählt. **4**

Bei mehreren Wahlvorschlägen erfolgt die Wahl nach den Grundsätzen der Verhältniswahl (§ 27 Abs. 1 S. 3 BetrVG). Die Verhältniswahl ist Listenwahl. Es ist nur ein Wahlgang durchzuführen, weil bei getrennten Wahlgängen der Minderheitenschutz beseitigt würde. Wird nur ein Wahlvorschlag gemacht, so erfolgt die Wahl nach den Grundsätzen der Mehrheitswahl (§ 27 Abs. 1 S. 4 BetrVG). Sind die weiteren Ausschussmitglieder nach den Grundsätzen der Verhältniswahl gewählt, so erfolgt die Abberufung durch Beschluss des Betriebsrats, der in geheimer Abstimmung gefasst wird und einer Mehrheit von drei Vierteln der Stimmen der Mitglieder des Betriebsrats bedarf (§ 27 Abs. 1 S. 5 BetrVG). **5**

2. Rechtsstellung des Betriebsausschusses

Der Betriebsausschuss führt die laufenden Geschäfte (§ 27 Abs. 2 S. 1 BetrVG). Was unter laufenden Geschäften zu verstehen ist, wird im Gesetz nicht gesagt. Überwiegend ist man der Meinung, dass die Führung der laufenden Geschäfte sich auf eine nur nach innen wirkende Geschäftsführungsbefugnis beschränke, zu ihr also rein technische und verwaltungsmäßige Aufgaben, wie die Entgegennahme von Erklärungen des **6**

Arbeitgebers und der Arbeitnehmer des Betriebs, die Vorbereitung der Betriebsratssitzungen, die Führung des Schriftwechsels nach Maßgabe der Beschlüsse des Betriebsrats und die Abhaltung der Sprechstunden gehöre.[2] Da jedoch diese Angelegenheiten in der Mehrzahl der Fälle bereits vom Betriebsratsvorsitzenden zu erledigen sind, insbesondere die Vorbereitung von Betriebsratssitzungen und ihre Einberufung, liegt es näher, unter den laufenden Geschäften in Anlehnung an die Begriffsbestimmung im Verwaltungsrecht die Angelegenheiten zu zählen, deren Erledigung eine Entscheidung des Betriebsrats nicht oder nicht mehr erfordert, weil sie bereits durch einen Beschluss des Betriebsrats inhaltlich vorbestimmt sind oder es sich um zeitbedingte Aufgaben ohne grundsätzliche Bedeutung für die Arbeitnehmer handelt.

7   Zweifel in der Abgrenzung werden für die Betriebspraxis dadurch entschärft, dass der Betriebsrat dem Betriebsausschuss mit der Mehrheit der Stimmen seiner Mitglieder – mit Ausnahme des Abschlusses von Betriebsvereinbarungen – Aufgaben zur selbständigen Erledigung übertragen kann (§ 27 Abs. 2 S. 2 bis 4 BetrVG).[3]

8   Hat ein Betriebsrat nicht neun Mitglieder, so kann er keinen Betriebsausschuss bilden. In diesem Fall können die laufenden Geschäfte dem Vorsitzenden des Betriebsrats, aber auch anderen Betriebsratsmitgliedern übertragen werden (§ 27 Abs. 3 BetrVG).

3. Bildung weiterer Ausschüsse

9   Der Betriebsrat kann in Betrieben mit mehr als 100 Arbeitnehmern Ausschüsse bilden und ihm bestimmte Aufgaben übertragen (§ 28 Abs. 1 S. 1 BetrVG) – zur selbständigen Erledigung allerdings nur, wenn ein Betriebsausschuss gebildet ist (§ 28 Abs. 1 S. 3 BetrVG). Ausgenommen ist in jedem Fall der Abschluss von Betriebsvereinbarungen. Für die Wahl und Abberufung der Ausschussmitglieder gilt dieselbe Verfahrensregelung wie für die Wahl der weiteren Mitglieder des Betriebsausschusses (§ 28 Abs. 1 S. 2 i. V. m. § 27 Abs. 1 S. 3 bis 5 BetrVG).

10   Gemeinsame Ausschüsse von Arbeitgeber und Betriebsrat können, wie sich aus § 28 Abs. 2 BetrVG mittelbar ergibt, gebildet werden, wenn ein Betriebsausschuss besteht. Diese Möglichkeit ist deshalb von Bedeutung, weil die Mitbestimmung des Betriebsrats sich in bestimmten Angelegenheiten am zweckmäßigsten dadurch verwirklichen lässt, dass ein Ausschuss gebildet wird, deren Mitglieder vom Betriebsrat und vom Arbeitgeber benannt werden, z.B. bei der Verwaltung von Sozialeinrichtungen (§ 87 Abs. 1 Nr. 8 BetrVG) und vor allem bei der Festsetzung leistungsbezogener Entgeltsätze (§ 87 Abs. 1 Nr. 11 BetrVG). Da der Betriebsrat die Befugnis zur selbständigen Entscheidung aber nicht auf den gemeinsamen Ausschuss, sondern nur auf die von ihm entsandten Betriebsratsmitglieder übertragen kann, genügt nicht, dass eine Mehrheitsentscheidung im Ausschuss von der Minderheit der entsandten Betriebsratsmitglieder unterstützt wird. Die Abstimmung ist deshalb getrennt nach Bänken durchzuführen.

---

2 *BAG* 15.8.2012, AP BetrVG 1972 § 27 Nr. 10 (Rn. 19).
3 Vgl. zur Abgrenzung, dass der Betriebsrat als Gesamtorgan in einem Kernbereich der gesetzlichen Befugnisse zuständig bleiben muss, *BAG* 17.3.2005, AP BetrVG 1972 § 27 Nr. 6.

III. Übertragung von Betriebsratsaufgaben auf Arbeitsgruppen

§ 28a BetrVG eröffnet die Möglichkeit, in Betrieben mit mehr als 100 Arbeitnehmern **11** Aufgaben des Betriebsrats an Arbeitsgruppen zu delegieren. Sie soll den Bedürfnissen der Praxis und dem Wunsch der Arbeitnehmer nach mehr unmittelbarer Beteiligung Rechnung tragen.[4]

1. Arbeitsgruppe als betriebsverfassungsrechtlicher Repräsentationsbereich

Die dem Betriebsrat eröffnete Möglichkeit, bestimmte Aufgaben auf Arbeitsgruppen **12** zu übertragen, erfolgt »nach Maßgabe einer mit dem Arbeitgeber abzuschließenden Rahmenvereinbarung« (§ 28a Abs. 1 S. 1 BetrVG). Nicht gesetzlich festgelegt ist, wie die Arbeitsgruppe gebildet wird. Möglich ist, dass sie aus Gruppenarbeit hervorgeht.[5] Nach dem neu geschaffenen § 87 Abs. 1 Nr. 13 BetrVG erstreckt sich die paritätische Mitbestimmung des Betriebsrats auf »Grundsätze über die Durchführung der Gruppenarbeit«, wobei Gruppenarbeit i. S. dieser Vorschrift vorliegt, »wenn im Rahmen des betrieblichen Arbeitsablaufs eine Gruppe von Arbeitnehmern eine ihr übertragene Gesamtaufgabe im Wesentlichen eigenverantwortlich erledigt«. Doch beschränkt sich darauf nicht das Bestehen einer Arbeitsgruppe; eine Übertragung kommt »auch bei sonstiger Team- und Projektarbeit sowie für bestimmte Beschäftigungsarten und Arbeitsbereiche in Frage«.[6]

Die Bildung einer Arbeitsgruppe und deren personelle Zusammensetzung liegt in der **13** Organisationsbefugnis des Arbeitgebers. Grundlage für die Übertragung von Betriebsratsaufgaben ist eine zwischen Arbeitgeber und Betriebsrat abzuschließende Rahmenvereinbarung, in der festzulegen ist, welcher Arbeitsgruppe in welchem Umfang Aufgaben übertragen werden sollen. Die Rahmenvereinbarung ist eine freiwillige Vereinbarung, die sich auch auf die Abgrenzung der Arbeitsgruppe und deren Organisation bezieht. Nach § 28a Abs. 1 S. 2 BetrVG müssen die Aufgaben, die ihr übertragen werden, »im Zusammenhang mit den von der Arbeitsgruppe zu erledigenden Tätigkeiten« stehen.

Für die Rahmenvereinbarung ist die Schriftform nicht ausdrücklich vorgesehen. Da **14** aber die Übertragung der Betriebsratsaufgaben auf die Arbeitsgruppe der Schriftform bedarf (§ 28a Abs. 1 S. 3 BetrVG), muss die Rahmenvereinbarung schriftlich getroffen werden, soweit in ihr die Delegation der Betriebsratsaufgaben festgelegt wird.

Die Übertragung setzt voraus, dass der Betriebsrat einen Beschluss mit der Mehrheit **15** der Stimmen seiner Mitglieder fasst (§ 28a Abs. 1 S. 1 Hs. 1 BetrVG). Da für den Widerruf der Übertragung, wenn man von der Festlegung der Schriftform absieht, nur § 28a Abs. 1 S. 1 Hs. 1 BetrVG entsprechend gilt, kann der Betriebsrat die Aufgabenübertragung widerrufen, wenn sich die Mehrheit seiner Mitglieder dafür ausspricht. Nicht notwendig ist nach dem Gesetzestext, dass er auch die mit dem Arbeitgeber abgeschlossene Rahmenvereinbarung kündigt. Dies hängt vielmehr von deren Gestaltung ab.

---

4 Begründung des RegE zum BetrVerf-ReformG, BT-Drs. 14/5741, S. 40.
5 So auch die Begründung des RegE zum BetrVerf-ReformG, BT-Drs. 14/5741, S. 40.
6 BT-Drs. 14/5741, S. 40.

2. Rechtsstellung der Arbeitsgruppe

16 Sieht man von der Notwendigkeit einer zwischen Arbeitgeber und Betriebsrat abzuschließenden Rahmenvereinbarung ab, so besteht kein Unterschied zur Delegation von Betriebsratsaufgaben auf den Betriebsausschuss oder einen weiteren Ausschuss des Betriebsrats.

17 Was die Arbeitsgruppe von der Delegationsmöglichkeit innerhalb des Betriebsrats unterscheidet, ist aber das Recht, im Rahmen der ihr übertragenen Aufgaben mit dem Arbeitgeber Vereinbarungen zu schließen, für die § 77 BetrVG entsprechend gilt (§ 28a Abs. 2 S. 1 und 2 BetrVG). Die zaghafte Anordnung einer entsprechenden Geltung ändert nichts daran, dass es sich um eine Betriebsvereinbarung handelt, die für die betroffenen Mitglieder der Arbeitsgruppe unmittelbar und zwingend gilt. Die Vereinbarung bedarf der Mehrheit der Stimmen der Gruppenmitglieder (§ 28a Abs. 2 S. 1 Hs. 2 BetrVG). Es genügt also nicht, dass der oder die Sprecher, die nach der Rahmenvereinbarung zwischen dem Arbeitgeber und dem Betriebsrat für die Arbeitsgruppe handeln, zustimmen. Können sich Arbeitgeber und Arbeitsgruppe in einer Angelegenheit nicht einigen, nimmt der Betriebsrat das Beteiligungsrecht wahr (§ 28a Abs. 2 S. 3 BetrVG). Damit wird sichergestellt, dass nur er, nicht auch die Arbeitsgruppe Streitfragen mit dem Arbeitgeber löst und gegebenenfalls die Einigungsstelle anruft.

18 Durch die Delegation von Aufgaben an eine Arbeitsgruppe überträgt deshalb der Betriebsrat Rechtsetzungsbefugnisse auf eine Einrichtung, die keine Unterorganisation des Betriebsrats ist. Die Mitglieder der Arbeitsgruppe werden dadurch auch nicht in die Betriebsverfassung einbezogen; sie erhalten nicht die Rechtsstellung eines Betriebsratsmitglieds. Sie bilden aber in der Belegschaft einen betriebsverfassungsrechtlich organisierten Teilverband mit der Befugnis zur Rechtsetzung nach dem Mehrheitsprinzips gegenüber den Gruppenmitgliedern.

IV. Nichtigkeit oder Anfechtung der betriebsratsinternen Wahlen

19 Das Gesetz enthält – anders als für die Betriebsratswahlen nach § 19 BetrVG – für Gesetzesverstöße bei den betriebsratsinternen Wahlen (Wahl zum Betriebsratsvorsitzenden und dessen Stellvertreter und Wahl zum Betriebsausschuss und den sonstigen Ausschüssen des Betriebsrats) keine ausdrückliche Rechtsfolgeregelung. Deren Fehlen kann aber nicht bedeuten, dass ein Gesetzesverstoß stets und ohne weiteres die Nichtigkeit der Wahl zur Folge hat. Nach Ansicht des BAG müssen Gesetzesverstöße grundsätzlich in einem Wahlanfechtungsverfahren in entsprechender Anwendung des § 19 BetrVG gerichtlich geltend gemacht werden.[7] Das gilt jedoch nur für die grundsätzliche Festlegung, dass bei einem Gesetzesverstoß eine Wahl nur in besonderen Ausnahmefällen nichtig ist und deshalb die gerichtliche Geltendmachung einer Fehlerhaftigkeit an eine Anfechtungsfrist von zwei Wochen gebunden wird, in der das Be-

---

7 Für die Wahl des Betriebsratsvorsitzenden und seines Stellvertreters *BAG* 13.11.1998, 5.1.1992 und 8.4.1992, AP BetrVG 1972 § 26 Nr. 9, 10 und 11; für die Wahl der Ausschussmitglieder *BAG* 13.11.1991, AP BetrVG 1972 § 27 Nr. 3. – Die Gesetzesverstöße bezogen sich auf eine Verletzung des gesetzlich geregelten Gruppenprinzips, das durch das BetrVerf-ReformG 2001 aufgehoben wurde. Die Rechtsprechung ist gleichwohl auch für das geltende Recht maßgebend, soweit es sich um Verstöße gegen geltendes Recht bei den betriebsratsinternen Wahlen handelt; vgl. *BAG* 21.7.2004, AP BetrVG 1972 § 47 Nr. 13.

schlussverfahren vor dem Arbeitsgericht einzuleiten ist. Keineswegs sind aber antragsbefugt die im Betrieb vertretenen Gewerkschaften.[8]

§ 20. Geschäftsführung des Betriebsrats

I. Konstituierung

Der Betriebsrat ist, wenn er nicht nur aus einer Person besteht, ein Kollegialorgan. Er **1** ist konstituiert, sobald der Betriebsratsvorsitzende gewählt ist (§ 29 Abs. 1 BetrVG). Vorher ist er nicht funktionsfähig und kann daher auch nicht die Mitwirkungs- und Mitbestimmungsrechte ausüben.

II. Betriebsratssitzungen

Der Betriebsrat bildet seinen Willen in Sitzungen, die nicht öffentlich sind und in der **2** Regel während der Arbeitszeit stattfinden (§ 30 BetrVG). Die Einberufung der Betriebsratssitzungen obliegt dem Betriebsratsvorsitzenden (§ 29 Abs. 2 BetrVG). Unter bestimmten Voraussetzungen besteht ein Anspruch auf Einberufung einer Betriebsratssitzung (§ 29 Abs. 3 BetrVG; vgl. auch § 67 Abs. 3 BetrVG).

Der Arbeitgeber hat ein Teilnahmerecht, wenn er ausdrücklich eingeladen ist oder die **3** Betriebsratssitzung auf sein Verlangen anberaumt wird (§ 29 Abs. 4 S. 1 BetrVG). Er kann, wenn er an der Sitzung teilnimmt, einen Beauftragten der Arbeitgebervereinigung hinzuziehen, der er angehört (§ 29 Abs. 4 S. 2 BetrVG). Ein Teilnahmerecht an Betriebsratssitzungen hat stets die Schwerbehindertenvertretung (§ 32 BetrVG). Die Jugend- und Auszubildendenvertretung kann zu allen Sitzungen einen Vertreter entsenden, und für den Fall, dass Angelegenheiten behandelt werden, die besonders die von ihnen vertretenen Arbeitnehmer betreffen, haben alle Mitglieder der Jugend- und Auszubildendenvertretung zu diesen Tagesordnungspunkten ein Teilnahmerecht (§ 67 Abs. 2 BetrVG). Schließlich kann unter den Voraussetzungen des § 31 BetrVG ein Beauftragter einer im Betriebsrat vertretenen Gewerkschaft, also einer Gewerkschaft, die mindestens ein Mitglied des Betriebsrats zu ihren Mitgliedern zählt, an den Sitzungen beratend teilnehmen.

Über jede Betriebsratssitzung ist eine Niederschrift zu führen (§ 34 BetrVG). **4**

III. Beschlüsse des Betriebsrats

1. Beschlussfassung

Der Betriebsrat als Kollegialorgan trifft seine Entscheidungen durch Beschluss, den er **5** in einer ordnungsgemäß einberufenen Sitzung fasst. Eine Beschlussfassung im Umlaufverfahren ist ausgeschlossen; denn bei ihm fehlt eine mündliche Beratung, und es ist deshalb institutionell nicht gesichert, dass die Mitglieder des Betriebsrats die Meinung der anderen Mitglieder kennen und auf die Willensbildung einwirken können.

---

8 *BAG* 30.10.1986, AP BetrVG 1972 § 47 Nr. 6.

Notwendig ist daher eine rechtzeitige Ladung zur Sitzung unter Mitteilung der Tagesordnung (§ 29 Abs. 2 S. 3 BetrVG).

6 Der Betriebsrat ist beschlussfähig, wenn mindestens die Hälfte der Betriebsratsmitglieder an der Beschlussfassung teilnimmt (§ 33 Abs. 2 BetrVG). Soweit das Gesetz nicht etwas anderes bestimmt (z. B. für den Rücktritt § 13 Abs. 2 Nr. 3 BetrVG, die Übertragung von Aufgaben zur selbständigen Erledigung auf den Betriebsausschuss oder einen anderen Ausschuss des Betriebsrats § 27 Abs. 2 S. 2, § 28 Abs. 1 S. 3 i. V. m. § 27 Abs. 2 S. 2 BetrVG oder auf Arbeitsgruppen § 28a Abs. 1 S. 1 BetrVG), wird der Beschluss mit der Mehrheit der Stimmen der anwesenden Mitglieder gefasst (einfache Stimmenmehrheit, § 33 Abs. 1 BetrVG). Soweit die Jugend- und Auszubildendenvertreter ein Stimmrecht haben (§ 67 Abs. 2 BetrVG) und an der Beschlussfassung teilnehmen, werden ihre Stimmen bei der Feststellung der Stimmenmehrheit – nicht aber bei der Feststellung der Beschlussfähigkeit – mitgezählt (§ 33 Abs. 3 BetrVG).

7 Wie für die Beschlüsse der Hauptversammlung einer Aktiengesellschaft gilt auch hier für Beschlüsse des Betriebsrats, dass ein Beschluss zustande gekommen ist, sobald der Betriebsratsvorsitzende die Beschlussfassung festgestellt hat; die Aufnahme in das Protokoll ist hier aber keine Wirksamkeitsvoraussetzung. Die Mitteilung der Tagesordnung ist dagegen eine Wirksamkeitsvoraussetzung, die nur dann nicht eintritt, wenn die rechtzeitig geladenen Mitglieder beschlussfähig sind und eine Ergänzung oder Erstellung der Tagesordnung einstimmig beschließen.[1]

2. Einspruchsrecht

8 Die Mehrheit der Jugend- und Auszubildendenvertretung und die Schwerbehindertenvertretung haben ein Einspruchsrecht gegen Beschlüsse des Betriebsrats, wenn sie geltend machen, dass durch sie eine erhebliche Beeinträchtigung wichtiger Interessen der durch sie vertretenen Arbeitnehmer eintritt (§ 35 BetrVG). In diesem Fall muss nach Ablauf einer Woche über die Angelegenheit neu beschlossen werden.

3. »Stillschweigende« Betriebsratsbeschlüsse

9 Da der Betriebsrat seine Beteiligungsrechte nur im Rahmen einer ordnungsgemäß einberufenen Sitzung bei Beschlussfähigkeit durch einen ordnungsgemäß gefassten Beschluss ausüben kann, gibt es einen sog. stillschweigenden Betriebsratsbeschluss nur in besonders gelagerten Fällen, wenn nämlich der Betriebsrat einen Beschluss fasst, durch den er mittelbar zu erkennen gibt, wie er in einer anderen Angelegenheit entscheidet. In der Mehrzahl der Fälle handelt es sich aber nicht um einen stillschweigenden Beschluss, sondern es liegt überhaupt kein Beschluss vor, z. B. wenn im Umlaufverfahren einer Maßnahme zugestimmt wird. In diesen Fällen ist aber zu beachten, dass der Betriebsrat, wenn er einen Vertrauenstatbestand gesetzt hat, sich sein Verhalten nach Treu und Glauben zurechnen lassen muss; es handelt sich um ein Problem der Vertrauenshaftung im Rahmen des Betriebsverfassungsrechts.[2]

---

1 *BAG* 9.7.2013 und 22.1.2014, AP BetrVG 1972 § 29 Nr. 7 und 8.
2 Vgl. *Canaris*, Die Vertrauenshaftung im deutschen Privatrecht, 1971, S. 264 ff.

4. Fehlerhaftigkeit eines Betriebsratsbeschlusses

Verstößt ein Betriebsratsbeschluss gegen das Gesetz, so ist er nichtig. Ist er unter Ver- 10
letzung des Gesetzes zustande gekommen, so ist zu beachten, dass die Einhaltung bestimmter Vorschriften verzichtbar ist, also nicht von jedem geltend gemacht werden
kann. Aber auch dann, wenn man zu dem Ergebnis kommt, dass der Betriebsratsbeschluss nichtig ist, weil er in erheblichem Umfang an Fehlern leidet, ist zu beachten,
dass der Betriebsrat einen Rechtsscheintatbestand setzt, wenn der Betriebsratsvorsitzende eine dem Beschluss entsprechende Erklärung abgibt. Auch hier wird man daher
die Grundsätze der Vertrauenshaftung heranziehen müssen. Da es sich um Maßnahmen der Geschäftsführung handelt, haben die im Betrieb vertretenen Gewerkschaften
nicht die Antragsberechtigung, in einem Beschlussverfahren klären zu lassen, ob Beschlüsse des Betriebsrats mit dem Gesetz in Einklang stehen oder entsprechend dem
Gesetz zustande gekommen sind.[3]

IV. Sprechstunden

Der Betriebsrat kann während der Arbeitszeit Sprechstunden in jedem Betrieb einrich- 11
ten (§ 39 BetrVG). Die Einrichtung der Sprechstunde dient der Kommunikation zwischen Betriebsrat und den einzelnen Arbeitnehmern.

V. Kosten und Sachaufwand der Betriebsratstätigkeit

1. Kosten

Weder der Betriebsrat noch die Betriebsversammlung können eine Betriebsumlage be- 12
schließen (§ 41 BetrVG). Die durch die Tätigkeit des Betriebsrats entstehenden Kosten
trägt vielmehr der Arbeitgeber (§ 40 Abs. 1 BetrVG).[4] Die Rechtslage ist also anders als
in Österreich, wo die Betriebsversammlung auf Antrag des Betriebsrats eine Betriebsumlage festlegen kann, die zur Deckung der Geschäftsführungskosten einem mit eigener Rechtspersönlichkeit ausgestatteten Fonds, dem Betriebsratsfonds, zugeführt
wird (§§ 73 bis 75 ArbVG).

Zu den Kosten der Betriebsratstätigkeit gehören auch Kosten, die durch Rechtsstrei- 13
tigkeiten entstehen. Die Kostenlast wird zwar dadurch verringert, dass im Beschlussverfahren Gebühren und Auslagen des Arbeitsgerichts nicht erhoben werden (§ 12
Abs. 5 ArbGG). Für die außergerichtlichen Kosten gilt aber § 40 Abs. 1 BetrVG. Unter
die Erstattungspflicht fallen daher auch die Kosten für die Zuziehung eines Rechtsanwalts, soweit die Vertretung durch einen Rechtsanwalt gesetzlich vorgeschrieben
ist, wie für die Unterzeichnung der Rechtsbeschwerdeschrift und der Rechtsbeschwer-
debegründung (§ 94 Abs. 1 ArbGG), oder der Betriebsrat sie nach pflichtgemäßem Ermessen für notwendig hält.[5]

---

3 Ebenso *BAG* 16.2.1973, AP BetrVG 1972 § 19 Nr. 1.
4 Vgl. zur Fremdbetreuung eines minderjährigen Kindes bei auswärtiger Betriebsratstätigkeit *BAG*
23.6.2010, AP BetrVG 1972 Nr. 106.
5 *BAG* 18.1.2012 und 14.12.2016, AP BetrVG 1972 Nr. 108 und 114.

2. Sachaufwand

14 Für die Sitzungen, Sprechstunden und die laufende Geschäftsführung hat der Arbeitgeber in erforderlichem Umfang Räume, sachliche Mittel, Informations- und Kommunikationstechnik sowie Büropersonal zur Verfügung zu stellen (§ 40 Abs. 2 BetrVG). Diese Bereitstellungspflicht ist keine Konkretisierung der in § 40 Abs. 1 BetrVG enthaltenen Kostentragungspflicht. § 40 Abs. 2 BetrVG enthält vielmehr eine eigenständige Regelung, die in ihrer Rechtswirkung die Anwendung von § 40 Abs. 1 BetrVG ausschließt.[6] Zur Informations- und Kommunikationstechnik, die der Arbeitgeber dem Betriebsrat als Sachmittel zur Verfügung zu stellen hat, gehören vor allem Computer mit entsprechender Software, aber auch die Nutzung im Unternehmen vorhandener moderner Kommunikationsmöglichkeiten.[7]

§ 21. Rechtsstellung der Betriebsratsmitglieder

I. Betriebsratsamt als unentgeltliches Ehrenamt

1 Die Mitglieder des Betriebsrats führen ihr Amt unentgeltlich als Ehrenamt (§ 37 Abs. 1 BetrVG). Sie dürfen in der Ausübung ihrer Tätigkeit nicht gestört oder behindert werden; sie dürfen wegen ihrer Tätigkeit nicht benachteiligt oder begünstigt werden; dies gilt auch für ihre berufliche Entwicklung (§ 78 BetrVG). Dieses Verbot wird durch §§ 37, 38 BetrVG und durch § 103 BetrVG i. V. m. §§ 15, 16 KSchG gesichert.

2 Der Grundsatz des unentgeltlichen Ehrenamtes verbietet die Gewährung eines Entgelts für die Betriebsratstätigkeit.[1] Dagegen wird in der Praxis vor allem in Großunternehmen vielfältig verstoßen.[2]

II. Betriebsratsamt und Arbeitspflicht

1. Versäumnis von Arbeitszeit zur Erfüllung von Betriebsratsaufgaben

3 Durch die Wahl zum Betriebsratsmitglied ändern sich nicht die Rechte und Pflichten aus dem Arbeitsverhältnis. Betriebsratsmitglieder bleiben deshalb, soweit keine Freistellung erfolgt ist, wie alle Arbeitnehmer zur Arbeitsleistung verpflichtet. Sie sind aber, wie § 37 Abs. 2 BetrVG ausdrücklich bestimmt, von ihrer beruflichen Tätigkeit ohne Minderung des Arbeitsentgelts zu befreien, wenn und soweit es nach Umfang und Art des Betriebs zur ordnungsgemäßen Durchführung ihrer Aufgaben erforderlich ist. Notwendige Aufwendungen sind ihnen zu ersetzen; denn es handelt sich um Kosten der Betriebsratstätigkeit (§ 40 Abs. 1 BetrVG).

---

6 *BAG* 21.4.1983, AP BetrVG 1972 § 40 Nr. 20.
7 *BAG* 27.11.2002 und 9.12.2009, AP BetrVG 1972 § 40 Nr. 75 und 97 (Nutzung der Telefonanlage zur Kontaktaufnahme); *BAG* 3.9.2003, 23.8.2006 und 20.1.2010, AP BetrVG 1972 § 40 Nr. 79, 88 und 99 sowie *BAG* 17.2.2010, AP BetrVG 1972 § 40 Nr. 100 bis 105; 14.7.2010 und 18.7.2012, AP BetrVG 1972 § 40 Nr. 107 und 109 (Nutzung des Internets); *BAG* 1.12.2004, AP BetrVG 1972 § 40 Nr. 82 (Nutzung des im Unternehmen eingerichteten Intranets).
1 Vgl. zum System der Betriebsratsvergütung *Annuß*, NZA 2018, 134 ff.
2 Vgl. zu den Rechtsfolgen, insbesondere zur Strafbarkeit wegen Untreue nach § 266 StGB *Rieble*, NZA 2008, 276 ff.

Nach der Grundregel des § 37 Abs. 2 BetrVG wird bei einem Konflikt zwischen Be- **4**
triebsratstätigkeit und Arbeitspflicht dem Betriebsratsamt der Vorrang unter den folgenden Voraussetzungen gegeben:

a) Der Arbeitnehmer muss Geschäfte wahrnehmen, die zu den Amtsobliegenheiten
   eines Betriebsratsmit glieds gehören, z. B. Teilnahme an den Sitzungen des Betriebsrats, aber auch, soweit der Betriebsrat ein Mitglied damit betraut hat, die
   Überprüfung der Einhaltung von Unfallverhütungsvorschriften, die Abhaltung
   von Sprechstunden, die Entgegennahme von Anregungen und Beschwerden, Be-
   sprechungen mit Gewerkschaftsbeauftragten, soweit diese nach § 2 Abs. 1 BetrVG
   um Unterstützung gebeten werden. Nicht zu den Aufgaben gehört aber, einen Arbeitnehmer vor Gericht zu vertreten.[3]

b) Die Inanspruchnahme von Arbeitszeit muss zur ordnungsgemäßen Erfüllung der
   Betriebsratsaufgaben notwendig sein, und zwar nach Umfang und Art des Betriebs,
   so dass also auch die Belange des Arbeitgebers zu berücksichtigen sind (Gesichtspunkt der Verhältnismäßigkeit zur Bestimmung der Notwendigkeit einer Arbeitsbefreiung). Entscheidend ist, weil die Erledigung von Betriebsratsaufgaben einer
   Geschäftsführung mit fremdem Risiko entspricht, ob das Betriebsratsmitglied nach
   pflichtgemäßem Ermessen (subjektiv) auf Grund der gegebenen (objektiv) Tatsachen ein Arbeitsversäumnis für notwendig halten durfte, um eine Betriebsratsaufgabe ordnungsgemäß zu erledigen.

Liegen diese Voraussetzungen vor, so hat das Betriebsratsmitglied Rechtsanspruch auf **5**
Arbeitsbefreiung unter Fortzahlung des Arbeitsentgelts. Da es mit der Unabhängigkeit
des Betriebsratsamtes unvereinbar wäre, wenn vom Willen des Arbeitgebers abhinge,
ob eine bestimmte Betriebsratsaufgabe rechtzeitig erfüllt werden kann, bedarf es keiner
Zustimmung des Arbeitgebers zur Arbeitsbefreiung des Betriebsratsmitglieds, sondern es genügt, dass es sich vor Verlassen des Arbeitsplatzes abmeldet.[4]

2. Freizeitausgleich

Die Grundregel in § 37 Abs. 2 wird durch § 37 Abs. 3 BetrVG ergänzt: Für Betriebs- **6**
ratstätigkeit, die aus betriebsbedingten Gründen außerhalb der Arbeitszeit durchzuführen ist, hat das Betriebsratsmitglied zum Ausgleich Anspruch auf entsprechende
Arbeitsbefreiung unter Fortzahlung des Arbeitsentgelts. Betriebsbedingte Gründe liegen auch vor, wenn die Betriebsratstätigkeit wegen der unterschiedlichen Arbeitszeiten
der Betriebsratsmitglieder nicht innerhalb der persönlichen Arbeitszeit erfolgen kann.
Das gilt nicht nur für Teilzeitarbeitnehmer, die in den unterschiedlichsten Organisati-
onsformen beschäftigt werden (normale Teilzeitarbeit, Teilzeitbeschäftigung mit kapa-
zitätsorientierter variabler Arbeitszeit, Job-sharing-Arbeitsverhältnisse), sondern auch
für vollzeitbeschäftigte Arbeitnehmer, die in verstärktem Umfang in Gleitzeitarbeit
oder in an das jeweilige Auftragsvolumen angepassten Arbeitszeiten tätig werden.[5]

III. Freistellungen

Die Grundregel in § 37 Abs. 2 BetrVG wird durch § 38 Abs. 1 und 2 BetrVG dahin **7**
konkretisiert, dass unter den dort genannten Voraussetzungen eine bestimmte Zahl

---

3 *BAG* 19.5.1983, AP BetrVG 1972 § 37 Nr. 44.
4 So st. Rspr. des BAG; vgl. *BAG* 15.3.1995, AP BetrVG 1972 § 37 Nr. 105.
5 So die Begründung des RegE zum BetrVerf-ReformG, BT-Drs. 14/5741, S. 40.

von Betriebsratsmitgliedern von ihrer beruflichen Tätigkeit unter Fortzahlung des Arbeitsentgelts freigestellt wird, um sich der Betriebsratsarbeit zu widmen.

1. Zahl und Art der Freistellungen

8 Für die Freistellungen gibt § 38 Abs. 1 S. 1 und 2 BetrVG eine Mindeststaffel: Von ihrer beruflichen Tätigkeit sind mindestens freizustellen in Betrieben mit in der Regel 200 bis 500 Arbeitnehmern ein Betriebsratsmitglied, mit in der Regel 501 bis 900 Arbeitnehmern zwei Betriebsratsmitglieder usw. Leiharbeitnehmer sind im Entleiherbetrieb mitzuzählen, wenn sie zu dem regelmäßigen Personalbestand des Betriebs gehören (§ 14 Abs. 2 S. 4 AÜG).[6] Keine Berücksichtigung erfährt, ob Arbeitnehmer Teilzeitarbeit leisten. Selbst bei einer Arbeitsplatzteilung werden die teilzeitbeschäftigten Arbeitnehmer bei der Festlegung des Schwellenwerts wie vollzeitbeschäftigte Arbeitnehmer eingestuft. Das ist vor allem deshalb problematisch, weil das Gesetz überhaupt nicht berücksichtigt, dass auch gegen den Willen des Arbeitgebers eine Vollzeitbeschäftigung sich in Teilzeitbeschäftigung umwandeln kann; denn § 8 TzBfG hat dem Arbeitnehmer unter den dort genannten Voraussetzungen einen Anspruch auf Verringerung seiner vertraglich vereinbarten Arbeitszeit eingeräumt.

9 Das BVerfG hat dem Gesetzgeber für die Abgrenzung des Kündigungsschutzes aufgegeben, auf der Arbeitgeberseite den Gesichtspunkt der wirtschaftlichen Belastbarkeit zu beachten.[7] Entsprechend hätte daher auch hier Beachtung verdient, dass zu den grundlegenden Änderungen in der Arbeitswelt die Teilzeitarbeit gehört. Sie wird nur insoweit berücksichtigt, als Freistellungen auch in Form von Teilfreistellungen erfolgen können (§ 38 Abs. 1 S. 3 BetrVG). Diese dürfen aber zusammengenommen nicht den Umfang der Freistellungen überschreiten, der durch die Arbeitszeit eines vollbeschäftigten Arbeitnehmers bestimmt wird (§ 38 Abs. 1 S. 4 BetrVG). Die Möglichkeit der Teilfreistellung beschränkt sich aber nicht auf Teilzeitkräfte, sondern gibt dem Betriebsrat auch die Möglichkeit, vollzeitbeschäftigte Betriebsratsmitglieder von ihrer Arbeit nur teilweise freizustellen. Durch Tarifvertrag oder Betriebsvereinbarung können anderweitige Regelungen über die Freistellung vereinbart werden (§ 38 Abs. 1 S. 5 BetrVG).

10 Da es sich um eine Mindeststaffel handelt, kann der Betriebsrat auch in Betrieben mit weniger als 200 Arbeitnehmern einen Anspruch auf Freistellung eines Mitglieds haben, wobei man zur Beurteilung den in § 37 Abs. 2 BetrVG festgelegten Maßstab zugrundelegen muss.[8] Gleiches gilt auch, soweit ein Betrieb unter die Mindeststaffel fällt, sich aber als notwendig erweist, ein weiteres Betriebsratsmitglied zusätzlich freizustellen.[9]

3. Freistellungsverfahren

11 Die freizustellenden Betriebsratsmitglieder werden nach Beratung mit dem Arbeitgeber vom Betriebsrat aus seiner Mitte in geheimer Wahl und nach den Grundsätzen der Verhältniswahl gewählt (§ 38 Abs. 2 S. 1 BetrVG). Die Verhältniswahl ist Listenwahl. Es gilt insoweit Gleiches wie für die Bildung des Betriebsausschusses und die an-

---

6 Vgl. *BAG* 2.8.2017, AP BetrVG § 38 Nr. 36.
7 BVerfGE 97, 169 ff.
8 Vgl. *BAG* 13.11.1991, AP BetrVG 1972 § 37 Nr. 80.
9 So bereits *BAG* 22.5.1973, AP BetrVG 1972 § 38 Nr. 2; weiterhin *BAG* 9.10.1973, 26.7.1989 und 26.6.1996, AP BetrVG § 38 Nr. 3, 10 und 17.

deren Ausschüsse des Betriebsrats. Wird nur ein Wahlvorschlag gemacht, so erfolgt die Wahl nach den Grundsätzen der Mehrheitswahl; ist nur ein Betriebsratsmitglied freizustellen, so wird dieses mit einfacher Stimmenmehrheit gewählt (§ 38 Abs. 2 S. 2 BetrVG).

Der Betriebsrat hat die Namen der Freizustellenden dem Arbeitgeber bekannt zu geben (§ 38 Abs. 2 S. 3 BetrVG). Obwohl im Gesetz nicht ausdrücklich festgelegt, ist Voraussetzung für eine Freistellung, dass das Betriebsratsmitglied, das in Aussicht genommen wird, sich bereit erklärt, sich von seiner beruflichen Tätigkeit freistellen zu lassen; eine Freistellung wider Willen ist ausgeschlossen.[10]   **12**

4. Streitigkeiten

Bestreitet der Arbeitgeber, dass der Betriebsrat einen Anspruch auf Freistellung von Betriebsratsmitgliedern hat, bestehen also insbesondere Meinungsverschiedenheiten über die Zahl der freizustellenden Betriebsratsmitglieder, so entscheidet das Arbeitsgericht im Beschlussverfahren (§ 2a Abs. 1 Nr. 1, Abs. 2 ArbGG). Richten sich die Bedenken des Arbeitgebers aber gegen die personelle Auswahl durch den Betriebsrat, so entscheidet die Einigungsstelle (§ 38 Abs. 2 S. 4 bis 8 BetrVG).   **13**

IV. Teilnahme an Schulungs- und Bildungsveranstaltungen

1. Abgrenzung nach dem Schulungsinhalt

Die Grundregel in § 37 Abs. 2 BetrVG wird weiterhin für die Teilnahme an Schulungs- und Bildungsveranstaltungen durch § 37 Abs. 6 und Abs. 7 BetrVG konkretisiert: Nach § 37 Abs. 6 BetrVG besteht der Rechtsanspruch auf Arbeitsbefreiung ohne Minderung des Arbeitsentgelts für die Teilnahme an Schulungs- und Bildungsveranstaltungen, soweit diese Kenntnisse vermitteln, die für die Arbeit des Betriebsrats erforderlich sind. § 37 Abs. 7 BetrVG gibt darüber hinaus jedem Mitglied des Betriebsrats einen zeitlich begrenzten Anspruch auf Teilnahme an Schulungs- und Bildungsveranstaltungen, die von der zuständigen Arbeitsbehörde des Landes, in dem der Veranstalter seinen Sitz hat *(Trägerprinzip)*,[11] als geeignet anerkannt sind.   **14**

Normzweck ist keineswegs die Herstellung intellektueller Waffengleichheit zwischen Arbeitgeber und Betriebsrat, sondern es geht ausschließlich darum, dass die Verwirklichung einer Mitbestimmungsordnung in der Betriebsverfassung nur dann funktioniert, wenn ihre Funktionsträger die notwendigen Kenntnisse haben. Durch § 37 Abs. 6 und 7 BetrVG sollen die Betriebsratsmitglieder keineswegs zu Führungskräften des Unternehmens geschult werden, sondern sie sollen in die Lage versetzt werden, die Mitbestimmung der Arbeitnehmer sinnvoll zu verwirklichen. Inhalt der Schulungsveranstaltung darf in beiden Fällen nur sein, was zum Gegenstand der *Betriebsratstätigkeit* gehört; bei § 37 Abs. 6 BetrVG ist aber Voraussetzung, dass die Kenntnis für die Arbeit des Betriebsrats *notwendig* ist, sie also unter Berücksichtigung der konkreten Situation im Betrieb oder Betriebsrat benötigt wird, damit die Betriebsratsmitglieder ihre derzeitigen oder demnächst anfallenden gesetzlichen Aufgaben wahrnehmen   **15**

---

10 *BAG* 11.3.1992, AP BetrVG 1972 § 38 Nr. 11.
11 *BAG* 18.12.1973, AP BetrVG 1972 § 37 Nr. 7; bestätigt *BAG* 5.11.1974, AP BetrVG 1972 § 37 Nr. 19.

können,[12] während für § 37 Abs. 7 BetrVG genügt, dass die Kenntnisse *geeignet* sind, also für die Betriebsratstätigkeit nützlich sind, ohne dass es darauf ankommt, dass die Kenntnisse für die konkrete Arbeit des Betriebsrats im konkreten Betrieb auch benötigt werden.[13]

16 Für die Vermittlung von Grundkenntnissen des Betriebsverfassungsrechts stehen nicht nur Schulungen nach § 37 Abs. 7 BetrVG zur Verfügung, sondern es kann auch die Teilnahme an einer Schulung nach § 37 Abs. 6 BetrVG gerechtfertigt sein, wenn eine Kenntnis auf Grund allgemeiner Umstände (z. B. unmittelbar nach Inkrafttreten eines auf die Betriebsverfassung bezogenen Gesetzes oder sonst bei wesentlicher Änderung der Rechtslage durch Gesetzes- oder Richterrecht) oder der besonderen Situation des Betriebsrats nicht erwartet werden kann (z. B. Zusammensetzung eines Betriebsrats aus Mitgliedern, die sämtlich erstmals das Betriebsratsamt übernommen haben).[14] Werden in einer Schulungs- und Bildungsveranstaltung neben Kenntnissen, die für die Tätigkeit im Betriebsrat erforderlich sind, auch andere Kenntnisse vermittelt, z. B. eine Unterrichtung über die Lohnsteuerrichtlinien, so ist darauf abzustellen, ob die erforderlichen Themen überwiegen.[15]

2. Fortzahlung des Arbeitsentgelts und Kostenerstattung

17 Für Schulungen nach § 37 Abs. 6 BetrVG ordnet das Gesetz an, dass § 37 Abs. 2 und 3 entsprechend gelten. Der Arbeitnehmer hat also wegen der Verweisung auf § 37 Abs. 2 BetrVG Anspruch auf Arbeitsbefreiung ohne Minderung des Arbeitsentgelts. Durch die entsprechende Geltung des § 37 Abs. 3 BetrVG ist sichergestellt, dass Betriebsratsmitgliedern, die aus betriebsbedingten Gründen außerhalb ihrer Arbeitszeit an erforderlichen Schulungsveranstaltungen teilnehmen, ein entsprechender Freizeitausgleichsanspruch zusteht. § 37 Abs. 6 S. 2 BetrVG stellt klar, dass betriebsbedingte Gründe auch vorliegen, wenn wegen Besonderheiten der betrieblichen Arbeitszeitgestaltung die Schulung des Betriebsratsmitglieds außerhalb seiner Arbeitszeit erfolgt. In diesem Fall ist der Umfang des Ausgleichsanspruchs unter Einbeziehung der Arbeitsbefreiung nach § 37 Abs. 2 BetrVG pro Schulungstag auf die Arbeitszeit eines vollzeitbeschäftigten Arbeitnehmers begrenzt.

18 Für Schulungen nach § 37 Abs. 7 BetrVG besteht, wie es dort in Satz 1 ausdrücklich heißt, »ein Anspruch auf bezahlte Freistellung«, der während der regelmäßigen Amtszeit des Betriebsrats auf drei Wochen begrenzt ist und sich auf vier Wochen lediglich erhöht, wenn ein Arbeitnehmer erstmals das Amt eines Betriebsratsmitglieds übernimmt, ohne zuvor der Jugend- und Auszubildendenvertretung angehört zu haben. Für das Arbeitsentgelt gilt Gleiches wie bei einer Schulung nach § 37 Abs. 6 BetrVG.

19 Ein Unterschied besteht für die Kostentragungspflicht des Arbeitgebers. Sie besteht nach § 40 Abs. 1 BetrVG nur für Schulungen nach § 37 Abs. 6 BetrVG, nicht aber für Schulungen nach § 37 Abs. 7 BetrVG.[16]

---

12 St. Rspr. des BAG seit *BAG* 9.10. und 6.11.1973, AP BetrVG 1972 § 37 Nr. 4 und 5; vgl. *BAG* 18.1.2012, AP BetrVG 1972 § 37 Nr. 153 (Rn. 25 ff.).
13 St. Rspr. des BAG seit *BAG* 18.12.1973, AP BetrVG 1972 § 37 Nr. 7.
14 Vgl. *BAG* 7.5.2008, AP BetrVG 1972 § 37 Nr. 145 (Rn. 14 ff.).
15 *BAG* 28.5.1976, AP BetrVG 1972 § 37 Nr. 24.
16 St. Rspr. des BAG seit *BAG* 31.10.1972, AP BetrVG 1972 § 40 Nr. 2; 6.11.1973, AP BetrVG 1972 § 37 Nr. 6.

Der Unterschied zwischen dem Anspruch auf Fortzahlung des Arbeitsentgelts und auf   **20**
Kostenerstattung spielt auch eine Rolle bei der gerichtlichen Durchsetzung. Bestreitet
der Arbeitgeber das Vorliegen einer Schulung nach § 37 Abs. 6 oder 7 BetrVG, so handelt es sich um eine Streitigkeit aus dem Arbeitsverhältnis, über die das Arbeitsgericht
im Urteilsverfahren entscheidet (§ 2 Abs. 1 Nr. 2 lit. b, Abs. 5 ArbGG). Der Anspruch
auf Kostenerstattung bezieht sich dagegen auf die Betriebsratstätigkeit und ist eine betriebsverfassungsrechtliche Streitigkeit, für die das Arbeitsgericht zur Entscheidung im
Beschlussverfahren zuständig ist (§ 2 a Abs. 1 Nr. 1, Abs. 2 ArbGG).

V. Besonderer Kündigungsschutz

1. Kündigungsschutz im Rahmen der Betriebsverfassung

Betriebsratsmitglieder haben zur Sicherung ihrer Unabhängigkeit einen besonderen   **21**
Kündigungsschutz, der in §§ 15, 16 KSchG geregelt ist. Ergänzt wird er durch die
Bestimmung des § 103 BetrVG, nach der die außerordentliche Kündigung durch den
Arbeitgeber der Zustimmung des Betriebsrats bedarf, die bei Verweigerung durch das
Arbeitsgericht auf Antrag des Arbeitgebers ersetzt werden kann, wenn die außeror-
dentliche Kündigung unter Berücksichtigung aller Umstände gerechtfertigt ist.

Dieser besondere Kündigungsschutz gilt auch für die Mitglieder der Jugend- und Aus-   **22**
zubildendenvertretung, der Bordvertretung und des Seebetriebsrats und vor allem die
Mitglieder eines Wahlvorstands und die Wahlbewerber (§ 15 Abs. 1 und 3 KSchG). Er
erstreckt sich weiterhin auf Arbeitnehmer, die in einem betriebsratslosen Betrieb zu
einer Betriebsversammlung zur Wahl eines Wahlvorstands einladen oder die eine
Ersatzbestellung des Wahlvorstands durch das Arbeitsgericht beantragen (§ 15 Abs. 3 a
KSchG).

Der gleiche Kündigungsschutz besteht im Rahmen der Personalvertretung (§ 15 Abs. 2   **23**
und 3 KSchG) und für die Schwerbehindertenvertretung (§ 179 Abs. 3 SGB IX).

2. Beginn und Ende des besonderen Kündigungsschutzes

Der besondere Kündigungsschutz beginnt mit dem Amt, bei Mitgliedern eines Wahl-   **24**
vorstandes mit dem Zeitpunkt ihrer Bestellung, bei Wahlbewerbern mit dem Zeitpunkt der Aufstellung des Wahlvorschlages. Betriebsratsmitglieder genießen daher bereits als Wahlbewerber den besonderen Kündigungsschutz.

Der besondere Kündigungsschutz besteht nicht nur für die Dauer der Amtszeit bzw.   **25**
der Kandidatur, sondern er wirkt zeitlich darüber hinaus: Amtsträger haben noch innerhalb eines Jahres nach ihrer Amtszeit, Mitglieder eines Wahlvorstandes und Wahlbewerber innerhalb von sechs Monaten nach Bekanntgabe des Wahlergebnisses den
besonderen Kündigungsschutz (§ 15 Abs. 1 S. 2 und Abs. 3 S. 2 KSchG). Dieser nachwirkende Kündigungsschutz besteht, wenn die Mitgliedschaft im Betriebsrat erlischt,
sofern ihre Beendigung nicht auf einer gerichtlichen Entscheidung beruht.[17] Das ist
insbesondere zu beachten, soweit Ersatzmitglieder vorübergehend für die Stellvertretung eines zeitweilig verhinderten Betriebsratsmitglieds in den Betriebsrat nachrücken
(§ 25 Abs. 1 S. 2 BetrVG).[18]

---

17 *BAG* 5.7.1979, AP KSchG 1969 § 15 Nr. 6.
18 *BAG* 6.8.1979, AP KSchG 1969 § 15 Nr. 7.

3. Inhalt des besonderen Kündigungsschutzes

26 Die ordentliche Kündigung ist während der Dauer des besonderen Kündigungsschutzes nur ausnahmsweise zulässig, nämlich wenn der Betrieb stillgelegt wird oder die Betriebsabteilung stillgelegt wird, in der die geschützte Person beschäftigt wird und eine Übernahme in eine andere Betriebsabteilung aus betrieblichen Gründen nicht möglich ist (§ 15 Abs. 4 und 5 KSchG).

27 Die außerordentliche Kündigung ist dagegen zulässig (§ 15 Abs. 1 bis 3 KSchG). Sie bedarf, solange die maßgebliche Funktion wahrgenommen wird, also bei Mitgliedern des Betriebsrats während der Amtszeit, der (vorherigen) Zustimmung des Betriebsrats (§ 103 BetrVG) – nicht dagegen im Nachwirkungszeitraum.

28 Für Mitglieder eines Wahlvorstandes und für Wahlbewerber ist der Betriebsrat zuständig, um dessen Wahl es geht. Handelt es sich um Mitglieder einer Jugend- und Auszubildendenvertretung sowie um Wahlvorstandsmitglieder und Wahlbewerber für diese betriebsverfassungsrechtliche Vertretung, so ist nicht die Jugend- und Auszubildendenvertretung, sondern der Betriebsrat zuständig, dem sie zugeordnet wird.

29 Verweigert der Betriebsrat seine Zustimmung, so kann der Arbeitgeber sie durch das Arbeitsgericht ersetzen lassen (§ 103 Abs. 2 BetrVG). Er muss allerdings das Arbeitsgericht innerhalb der für die außerordentliche Kündigung vorgesehenen Ausschlussfrist von zwei Wochen nach Kenntniserlangung der für den wichtigen Grund maßgebenden Tatsachen (§ 626 Abs. 2 BGB) anrufen, weil nach deren Ablauf feststeht, dass eine außerordentliche Kündigung nicht mehr erklärt werden kann. Er kann andererseits das Arbeitsgericht erst anrufen, wenn der Betriebsrat seine Zustimmung verweigert hat; denn die Beteiligung des Betriebsrats ist eine Verfahrensvoraussetzung. Äußert der Betriebsrat sich nicht innerhalb von drei Tagen, so gilt die Zustimmung als verweigert; § 102 Abs. 2 S. 3 BetrVG gilt entsprechend, allerdings hier mit der Modifikation, dass die Zustimmung nicht als erteilt, sondern als verweigert gilt.[19]

30 Besteht kein Betriebsrat (z. B. bei Kündigung eines Wahlvorstandsmitglieds oder eines Wahlbewerbers in einem betriebsratslosen Betrieb), so ist niemand vorhanden, der das Zustimmungsrecht ausüben kann. Diese Regelungslücke ist zu schließen, indem die Zustimmung durch das Arbeitsgericht ersetzt werden muss; denn der Zweck des Zustimmungserfordernisses besteht darin, den Ausspruch einer unzulässigen außerordentlichen Kündigung zu verhindern.[20]

31 Das Arbeitsgericht ersetzt die Zustimmung, wenn eine außerordentliche Kündigung unter Berücksichtigung aller Umstände gerechtfertigt ist (§ 103 Abs. 1 S. 2 BetrVG). Es hat also zu prüfen, ob ein wichtiger Grund i. S. des § 626 Abs. 1 BGB vorliegt. Für die rechtliche Beurteilung ist der Zeitpunkt der letzten mündlichen Tatsachenverhandlung maßgebend. Deshalb können Kündigungsgründe im Laufe des Beschlussverfahrens nachgeschoben werden, wobei hier keine Rolle spielt, in welchem Zeitpunkt sich die Umstände ereignet haben; sie können allerdings nur verwertet werden, wenn der Arbeitgeber zuvor vergeblich beim Betriebsrat beantragt hat, wegen dieser nachgeschobenen Kündigungsgründe die Zustimmung zur Kündigung zu erklären; denn das Gericht ist lediglich befugt, die verweigerte Zustimmung zu ersetzen. Außerdem kann die Zustimmung nicht ersetzt werden, wenn für das Gericht feststeht, dass die Kündigung nichtig ist. Daher ist die Ersetzung nur zu einer beabsichtigten Kündigung

---

19 *BAG* 18.8.1977, AP BetrVG 1972 § 103 Nr. 10.
20 *BAG* 12.8.1976, 14.2.1978 und 16.12.1982, AP KSchG 1969 § 15 Nr. 2, 4 und 13.

möglich, der Antrag auf Ersetzung der Zustimmung zu einer bereits ausgesprochenen Kündigung unbegründet, weil diese wegen fehlender Zustimmung des Betriebsrats unheilbar nichtig ist. Auch wenn die Kündigungserklärungsfrist (§ 626 Abs. 2 BGB) bereits abgelaufen ist, kann keine Ersetzung erfolgen, weil feststeht, dass aus den vorgetragenen Gründen wirksam keine außerordentliche Kündigung erklärt werden kann. Auch in diesem Fall ist der Antrag auf Ersetzung der Zustimmung unbegründet.

Die Ersetzung der Zustimmung wird mit Rechtskraft des Beschlusses wirksam. Eine **32** vor Rechtskraft erklärte Kündigung ist auch dann unwirksam, wenn im arbeitsgerichtlichen Verfahren bereits eine Entscheidung ergangen ist, durch die zwar die Zustimmung des Betriebsrats ersetzt wurde, die aber nicht Rechtskraft erlangte.[21] Die Kündigung muss unverzüglich nach Rechtskraft der gerichtlichen Entscheidung erklärt werden; es findet § 174 Abs. 5 SGB IX entsprechend Anwendung.[22]

4. Schutz Auszubildender

Für Berufsauszubildende, die einem Betriebsrat oder einer Jugend- und Auszubilden- **33** denvertretung angehören, ergibt sich aus § 78a BetrVG ein Übernahmerecht. Für Mitglieder der Betriebsverfassungsorgane, die in einem Berufsausbildungsverhältnis stehen, bedeutet nämlich der besondere Kündigungsschutz im Rahmen der Betriebsverfassung keine Sicherung, weil ihr Berufsausbildungsverhältnis nach § 21 BBiG mit dem Ablauf der Ausbildungszeit bzw. mit Bestehen der Abschlussprüfung endet, ohne dass es einer Kündigung bedarf. Nach § 78a BetrVG ist im Gegensatz zu §§ 9, 107 S. 2 BPersVG keine Voraussetzung für die Übernahme, dass das Berufsausbildungsverhältnis erfolgreich beendet ist, der Betreffende also die Abschlussprüfung bestanden hat.

Das Gesetz gibt dem Auszubildenden ein Gestaltungsrecht, um auch gegen den Willen **34** des Arbeitgebers die Begründung eines Arbeitsverhältnisses herbeizuführen. Dieser kann beim Arbeitsgericht beantragen, festzustellen, dass ein Arbeitsverhältnis nicht begründet wird, bzw. beantragen, dass es aufgelöst wird, wenn ihm die Weiterbeschäftigung nicht zugemutet werden kann. Die Hauptbedeutung der Unzumutbarkeit liegt in Fällen, wo zwar ein Ausbildungsplatz, aber kein Arbeitsplatz vorhanden ist.

VI. Versetzungsschutz

Nach § 103 Abs. 3 BetrVG erhalten die betriebsverfassungsrechtlichen Funktionsträ- **35** ger einen Versetzungsschutz. Die Maßnahmen des Arbeitgebers, durch die Einfluss auf ihre betriebsverfassungsrechtliche Stellung oder unabhängige Amtsführung genommen werden kann, erschöpfen sich nicht in einer Kündigung, sondern eine Einflussnahme kann auch dadurch erfolgen, dass der Arbeitgeber andere arbeitsrechtliche Maßnahmen ergreift, durch die der Funktionsträger seine betriebsverfassungsrechtliche Stellung verliert. Ist nämlich der Arbeitgeber auf Grund des Arbeitsvertrags berechtigt, den Arbeitnehmer betriebsübergreifend einzusetzen, führt die Ausübung dieses Rechts bei einem betriebsverfassungsrechtlichen Funktionsträger zum Verlust seines Amtes, wenn dadurch zugleich die Zugehörigkeit zu dem Betrieb beendet wird, für dessen Betriebsrat der Arbeitnehmer eine Funktion wahrnimmt.

---

21 *BAG* 9.7.1998, AP BetrVG 1972 § 103 Nr. 36.
22 *BAG* 24.4.1975, AP BetrVG 1972 § 103 Nr. 3.

36 Daher bestimmt § 103 Abs. 3 BetrVG, dass die Versetzung, die zu einem Verlust des Amts oder der Wählbarkeit führen würde, der Zustimmung des Betriebsrats bedarf, wenn nicht der betroffene Arbeitnehmer mit der Versetzung einverstanden ist. Wird die Zustimmung nicht erteilt, so kann das Arbeitsgericht sie ersetzen, wenn sie auch unter Berücksichtigung der betriebsverfassungsrechtlichen Stellung des betroffenen Arbeitnehmers aus dringenden betrieblichen Gründen notwendig ist. Für den Versetzungsbegriff maßgebend ist die Legaldefinition des § 95 Abs. 3 BetrVG. Während aber für die Mitbestimmung bei einer Versetzung nach § 99 BetrVG im Vordergrund steht, dass dem Arbeitnehmer innerhalb des Betriebs ein anderer Arbeitsbereich zugewiesen wird, geht es hier vornehmlich um die Versetzung in einen anderen Betrieb, die sich aus der Sicht des aufnehmenden Betriebs für die Mitbestimmung nach § 99 BetrVG als Einstellung darstellt.

37 § 103 Abs. 3 BetrVG bezieht sich auf den Arbeitgeber als Vertragspartei des Arbeitnehmers. Er gilt daher nur für die Versetzung im Unternehmen, für die Versetzung in einem Konzern nur, wenn der Arbeitgeber nach dem Arbeitsvertrag berechtigt ist, den Arbeitnehmer einem anderen Arbeitgeber zur Arbeitsleistung zu überlassen.

VII. Arbeitsentgelt- und Tätigkeitsgarantie

38 Der besondere Kündigungsschutz und der Versetzungsschutz sichern primär die Funktionsfähigkeit der gesetzlichen Betriebsverfassungsorgane. Neben dieser Zweckbestimmung steht, was für den Gesetzgeber sogar vorrangig zu sein scheint,[23] der individuelle Schutz des betriebsverfassungsrechtlichen Funktionsträgers, der durch seine Amtsführung in einen Interessengegensatz zum Arbeitgeber treten kann. Diesem Schutz dient auch die Arbeitsentgelt- und Tätigkeitsgarantie für Betriebsratsmitglieder in § 37 Abs. 4 und 5 BetrVG. Wie für den besonderen Kündigungsschutz ist die Garantie auf einen Zeitraum von einem Jahr nach Beendigung der Amtszeit erstreckt worden, wobei für freigestellte Betriebsratsmitglieder der Zeitraum sich auf zwei Jahre erhöht, wenn sie drei volle aufeinander folgende Amtszeiten freigestellt waren (§ 38 Abs. 3 BetrVG).

39 Nach § 37 Abs. 4 S. 1 BetrVG darf das Arbeitsentgelt eines Betriebsratsmitglieds nicht geringer bemessen werden als das Arbeitsentgelt vergleichbarer Arbeitnehmer mit betriebsüblicher beruflicher Entwicklung. Ergänzt wird diese Bestimmung durch § 78 S. 2 BetrVG als komplementäre Regelung, nach der ein Vergütungsanspruch sich daraus ergibt, dass die Zahlung einer geringeren Vergütung sich als Benachteiligung des Betriebsratsmitglieds gerade wegen seiner Betriebsratstätigkeit darstellt.[24] Voraussetzung ist, dass das Betriebsratsmitglied nur infolge der Amtsübernahme nicht in eine Position mit höherer Vergütung aufgestiegen ist.

---

23 So die Begründung zu § 103 Abs. 3 RegE zum BetrVerf-ReformG, BT-Drs. 14/5741, S. 50.
24 *BAG* 17.8.2005, AP BetrVG 1972 § 37 Nr. 142 (Rn. 18).

2. Titel. Gesamtbetriebsrat und Konzernbetriebsrat

§ 22. Gesamtbetriebsrat

Der Gesamtbetriebsrat ist der Repräsentant der Arbeitnehmer auf Unternehmens- **1** ebene in der Betriebsverfassung, wenn das Unternehmen sich in mehrere Betriebe gliedert.

I. Errichtung

Ein Gesamtbetriebsrat ist zu errichten, wenn in einem Unternehmen mehrere Be- **2** triebsräte bestehen (§ 47 Abs. 1 BetrVG). Diese Voraussetzung ist nicht nur gegeben, wenn ein Unternehmen sich in mehrere Betriebe gliedert, sondern auch, wenn ein Betrieb sich in nach § 4 BetrVG verselbständigte Betriebsteile aufteilt oder durch eine Vereinbarungslösung nach § 3 BetrVG mehrere betriebsratsfähige Organisationseinheiten gebildet sind. Dem § 47 Abs. 9 BetrVG kann man mittelbar die Klarstellung entnehmen, dass bei Beteiligung des Unternehmens an einem gemeinsamen Betrieb ein Gesamtbetriebsrat zu errichten ist, wenn das Unternehmen entweder selbst einen weiteren Betrieb mit Betriebsrat hat oder auch nur an einem anderen gemeinsamen Betrieb mit Betriebsrat beteiligt ist.

Sind die Voraussetzungen erfüllt, so ist die Errichtung eines Gesamtbetriebsrats zwin- **3** gend vorgeschrieben. Ein Betriebsrat, der sich an seiner Errichtung nicht beteiligt, handelt pflichtwidrig.

Der Gesamtbetriebsrat wird nicht von den Arbeitnehmern des Unternehmens ge- **4** wählt, sondern durch Entsendung gebildet: In ihn entsendet jeder Betriebsrat, der aus einer Person oder drei Mitgliedern besteht, eines seiner Mitglieder; jeder Betriebsrat mit mehr als drei Mitgliedern entsendet zwei seiner Mitglieder (§ 47 Abs. 2 S. 1 BetrVG).[1] Die Geschlechter sollen angemessen berücksichtigt werden (§ 47 Abs. 2 S. 2 BetrVG).

Durch Tarifvertrag und Betriebsvereinbarung kann die Mitgliederzahl des Gesamt- **5** betriebsrats abweichend vom Gesetz geregelt werden (§ 47 Abs. 4 BetrVG). Gehören dem Gesamtbetriebsrat nach dem Gesetz mehr als 40 Mitglieder an, so müssen, falls eine tarifliche Regelung für diesen Fall nicht besteht, Gesamtbetriebsrat und Arbeitgeber eine Betriebsvereinbarung über die Mitgliederzahl des Gesamtbetriebsrats abschließen, in der bestimmt wird, dass Betriebsräte mehrerer Betriebe eines Unternehmens, die regional oder durch gleichartige Interessen miteinander verbunden sind, gemeinsam Mitglieder in den Gesamtbetriebsrat entsenden (§ 47 Abs. 5 und 6 BetrVG).

Das Stimmengewicht der entsandten Mitglieder im Gesamtbetriebsrat entspricht der **6** Zahl der wahlberechtigten Arbeitnehmer in den Betrieben, deren Betriebsrat sie entsendet (vgl. § 47 Abs. 7 und 8 BetrVG). Eine Lücke enthält das Gesetz aber für Mitglieder, die aus einem gemeinsamen Betrieb mehrerer Unternehmen entsandt worden sind. Geregelt ist in § 47 Abs. 9 BetrVG nur, dass für sie durch Tarifvertrag oder Betriebsvereinbarung von Abs. 7 und 8 abweichende Regelungen getroffen werden können. Be-

---

[1] Bei Entsendung aus einem gemeinsamen Betrieb müssen die Mitglieder dem jeweiligen Unternehmen angehören; vgl. Richardi/*Annuß* BetrVG § 47 Rn. 77.

rücksichtigt man, dass der gemeinsame Betrieb mehreren Unternehmen zugeordnet ist, so kann man für das Stimmengewicht im Gesamtbetriebsrat nicht auf die Zahl der ihm angehörenden Arbeitnehmer abstellen, sondern den Ausschlag für das Stimmengewicht im Gesamtbetriebsrat muss geben, wie viele Arbeitnehmer des Unternehmens dem gemeinsamen Betrieb angehören.[2]

II. Organisation und Geschäftsführung

7 Organisation und Geschäftsführung des Gesamtbetriebsrats lehnen sich an die Regeln für den Betriebsrat an (§ 51 BetrVG).

III. Zuständigkeit des Gesamtbetriebsrats

1. Originäre Zuständigkeit

8 Der Gesamtbetriebsrats steht neben den Betriebsräten der einzelnen Betriebe. Er ist ihnen nicht übergeordnet, aber auch nicht untergeordnet. Das Gesetz geht allerdings von einer Primärzuständigkeit der Einzelbetriebsräte aus. Der eigene Zuständigkeitsbereich des Gesamtbetriebsrats ist deshalb nach dem Subsidiaritätsprinzip abgegrenzt: Der Gesamtbetriebsrat ist zuständig für die Behandlung von Angelegenheiten, die das Gesamtunternehmen oder mehrere Betriebe betreffen und nicht durch die einzelnen Betriebsräte innerhalb ihrer Betriebe geregelt werden können (§ 50 Abs. 1 S. 1 BetrVG).

9 Die erste Voraussetzung bereitet keine Schwierigkeiten; aber die zweite Voraussetzung ist sibyllinisch formuliert, weil es denkgesetzlich durchaus möglich ist, dass alle das Gesamtunternehmen oder mehrere Betriebe betreffenden Angelegenheiten durch Parallelvereinbarungen mit den Einzelbetriebsräten geregelt werden können. Sichergestellt werden soll aber lediglich, dass das Koordinierungsinteresse des Arbeitgebers nicht genügt, um die Zuständigkeit des Gesamtbetriebsrats zu begründen.[3] Unmöglichkeit der betrieblichen Regelung ist anzunehmen, wenn der Arbeitgeber in mehreren Betrieben eine Dienstleistung erbringt, deren Arbeitsabläufe technisch-organisatorisch miteinander verknüpft sind.[4] Sie ist weiterhin gegeben, wenn die Maßnahme nach ihrem Gegenstand ausschließlich unternehmensbezogen ist, z. B. bei einer Sozialeinrichtung, deren Wirkungsbereich nicht auf den Betrieb beschränkt ist, sondern sich auf das Unternehmen erstreckt. Eine Zuständigkeit für den Gesamtbetriebsrat kann sich auch aus der Gestaltung des Beteiligungsrechts ergeben. Das ist insbesondere zu beachten, soweit dem Mitbestimmungsrecht ein mitbestimmungsfreier Bereich vorgelagert ist, wie z. B. für die Gewährung von Provisionen oder Jahressondervergütungen. Aber auch für diesen Fall kann der Arbeitgeber keine Regelung mit dem Gesamtbetriebsrat treffen, wenn die Angelegenheit nur einen Betrieb betrifft. Bei beteiligungspflichtigen Betriebsänderungen (§ 111 BetrVG) sind der Interessenausgleich und der Sozialplan Rechtsinstitute, die sich nach Inhalt und Ausgestaltung wesentlich unterscheiden.[5] Aus der Zuständigkeit des Gesamtbetriebsrats für den Abschluss eines Interessenausgleichs folgt nicht ohne weiteres seine Zuständigkeit für den Abschluss eines Sozialplans; es ist vielmehr

---

2 Vgl. Richardi/*Annuß* BetrVG § 47 Rn. 78.
3 Ebenso *BAG* 18.5.2010, AP BetrVG 1972 § 50 Nr. 34 (Rn. 15); bereits *BAG* 12.9.1975, AP BetrVG 1972 § 50 Nr. 1.
4 *BAG* 19.6.2012, AP BetrVG 1972 § 50 Nr. 35 – Deutsche Telekom Kundenservice GmbH.
5 Siehe hier → § 37 Rn. 16 ff.

gesondert zu prüfen, ob der Ausgleich oder die Abmilderung der durch die Betriebsänderung entstehenden Nachteile zwingend unternehmenseinheitlich oder betriebsübergreifend geregelt werden muss.[6]

Die Abgrenzung nach dem Subsidiaritätsprinzip bedeutet nicht, dass die Einzel-   10
betriebsräte zuständig bleiben, wenn eine originäre Zuständigkeit des Gesamtbetriebsrats gegeben ist. Hat der Arbeitgeber Zweifel über die originäre Zuständigkeit des Gesamtbetriebsrats, so muss er die in Betracht kommenden Betriebsvertretungen zur
Klärung der Zuständigkeitsfrage auffordern.[7] Einigen sich ein Einzelbetriebsrat und
der Gesamtbetriebsrat auf dessen Zuständigkeit, so ist der Gesamtbetriebsrat in der
Regel schon deshalb der richtige Verhandlungspartner, weil dann zumindest eine Be-
auftragung des Gesamtbetriebsrats nach § 50 Abs. 2 BetrVG anzunehmen ist.

2. Zuständigkeit auf Grund einer Delegation des Einzelbetriebsrats

Der Einzelbetriebsrat kann mit der Mehrheit der Stimmen seiner Mitglieder den Ge-   11
samtbetriebsrat beauftragen, eine Angelegenheit für ihn zu behandeln (§ 50 Abs. 2
BetrVG). Insbesondere kann dadurch auch bei betriebsverfassungsrechtlichen Rechtsstreitigkeiten eines Einzelbetriebsrats die Prozessstandschaft des Gesamtbetriebsrats
begründet werden.[8]

3. Zuständigkeit für betriebsratslose Betriebe

Soweit der Gesamtbetriebsrat originär zuständig ist, erstreckt seine Zuständigkeit sich   12
auch auf Betriebe ohne Betriebsrat (§ 50 Abs. 1 S. 1 Hs. 2 BetrVG). Er hat für sie aber
keine Ersatzzuständigkeit. Das gilt auch, wenn der Betrieb nicht betriebsratsfähig ist.
Eine Ausnahme besteht bei einem betriebsratsfähigen Betrieb nur für die Bestellung
eines Wahlvorstands zur Wahl eines Betriebsrats nach § 17 Abs. 1 BetrVG. Diese Kompetenz hat ein Gesamtbetriebsrat auch, wenn ein Betriebsrat pflichtwidrig keinen
Wahlvorstand bestellt hat (§ 16 Abs. 2 BetrVG).

§ 23. Konzernbetriebsrat

Der Konzernbetriebsrat ist anders als der Gesamtbetriebsrat nur ein fakultativer   1
Arbeitnehmerrepräsentant in der Betriebsverfassung.

I. Voraussetzungen

Die Arbeitnehmerrepräsentation, die für die Arbeitsorganisation eines Arbeitgebers   2
unter den gesetzlichen Voraussetzungen zweistufig gestaltet sein kann, wird durch
eine dritte Stufe ergänzt, wenn der Arbeitgeber mit anderen Unternehmen einen Konzern bildet. Das für das Verhältnis zwischen Einzel- und Gesamtbetriebsrat innerhalb
eines Unternehmens geltende Modell wird auf das Verhältnis der Arbeitnehmervertre-

---

6 So jedenfalls unter Bestätigung seiner bisherigen Rspr. *BAG* 3.5.2006, AP BetrVG 1972 § 50 Nr. 29
   (Rn. 27ff.).
7 *BAG* 24.1.1996, AP BetrVG 1972 § 50 Nr. 16.
8 *BAG* 6.4.1976, AP BetrVG 1972 § 50 Nr. 2.

tung eines Unternehmens zum Konzernbetriebsrat übertragen, obwohl es sich um verschiedene Arbeitgeber handelt. Daraus ergeben sich Probleme, von deren Lösung man weit entfernt ist.

3   Der Konzernbetriebsrat wird nach § 54 Abs. 1 BetrVG unter den folgenden Voraussetzungen gebildet:

– Der Konzern muss ein »Konzern (§ 18 Abs. 1 des Aktiengesetzes)« sein. Durch den Bezug auf die Definitionsnorm des § 18 Abs. 1 AktG ist festgelegt, dass es sich um einen sog. Unterordnungskonzern handeln muss, der dadurch gekennzeichnet ist, dass ein herrschendes und ein oder mehrere abhängige Unternehmen unter der einheitlichen Leitung des herrschenden Unternehmens zusammengefasst sind.[1]

– Es müssen mehrere, mindestens zwei Gesamtbetriebsräte bestehen; gliedert sich ein Unternehmen nicht in mehrere Betriebe, so tritt an die Stelle des Gesamtbetriebsrats der in diesem Unternehmen vorhandene Betriebsrat (§ 54 Abs. 2 BetrVG).

– Die Errichtung erfordert die Zustimmung der Gesamtbetriebsräte (bzw. gemäß § 54 Abs. 2 BetrVG Betriebsräte) der Konzernunternehmen, in denen insgesamt mehr als 50 Prozent der Arbeitnehmer der Konzernunternehmen beschäftigt sind (§ 54 Abs. 1 S. 2 BetrVG).

4   Für die Konzerneinheit spielt keine Rolle, ob der Konzern nach dem Tannenbaum-Prinzip organisiert ist. Bei einem mehrstufigen, vertikal gegliederten Konzern lässt das BAG aber zu, dass ein Konzernbetriebsrat auch bei einem Tochterunternehmen gebildet werden kann, das die Konzernleitung gegenüber von ihm abhängigen Unternehmen vermittelt (Teilkonzernspitze).[2] Voraussetzung ist, dass der Teilkonzernspitze ein betriebsverfassungsrechtlich relevanter Spielraum für beteiligungspflichtige Entscheidungen verbleibt, die bei ihr und für die von ihr abhängigen Unternehmen zu treffen sind. Demnach ist es zulässig, dass in einem Konzern mehrere Konzernbetriebsräte bestehen, nämlich für den Gesamtkonzern und jeweils für die einer Teilkonzernspitze zugeordneten Unterkonzerne. Der dafür maßgebliche Gesichtspunkt gilt auch, wenn ein herrschendes Unternehmen im Ausland einen inländischen Teilkonzern bildet. Wegen des Realstatuts für die Betriebsverfassung kann ein Konzernbetriebsrat zwar nicht für den Gesamtkonzern, aber unter der hier genannten Voraussetzung für den inländischen Teilkonzern errichtet werden.[3]

5   Steht ein Unternehmen unter paritätischer Herrschaft zweier Unternehmen, so soll nach Rechtsansicht des BAG das Gemeinschaftsunternehmen mit jedem Beteiligungsunternehmen einen Konzern bilden, so dass die Betriebsvertretung des beherrschten Gemeinschaftsunternehmens an dem Konzernbetriebsrat sowohl des einen wie des anderen Beteiligungsunternehmens beteiligt wird.[4]

II. Errichtung

6   Die Errichtung des Konzernbetriebsrats erfolgt durch Beschlüsse der einzelnen Gesamtbetriebsräte (bzw. gemäß § 54 Abs. 2 BetrVG Betriebsräte) des Konzerns (§ 54 Abs. 1 S. 1 BetrVG). Er ist errichtet, sobald das im Gesetz festgelegte Quorum erreicht

---

1 Siehe ausführlich hier → § 13 Rn. 35 f.
2 *BAG* 21.10.1980, AP BetrVG 1972 § 54 Nr. 1; siehe auch hier → § 13 Rn. 37.
3 *BAG* 14.2.2007, AP BetrVG 1972 § 54 Nr. 13.
4 *BAG* 30.10.1986, AP BetrVG 1972 § 55 Nr. 1; 13.10.2004, AP BetrVG 1972 § 54 Nr. 9; siehe auch hier → § 13 Rn. 38.

ist. Zur Konstituierung hat ihn der Gesamtbetriebsrat (Betriebsrat) des herrschenden Unternehmens einzuberufen (vgl. § 59 Abs. 2 BetrVG).

Wie der Gesamtbetriebsrat wird auch der Konzernbetriebsrat nicht von den Arbeit- 7
nehmern gewählt, sondern durch Entsendung von den Betriebsvertretungen der beteiligten Unternehmen gebildet. In den Konzernbetriebsrat entsendet jeder Gesamtbetriebsrat (bzw. gemäß § 54 Abs. 2 BetrVG jeder Betriebsrat) zwei seiner Mitglieder (§ 55 Abs. 1 S. 1 BetrVG). Die Geschlechter sollen angemessen berücksichtigt werden (§ 55 Abs. 1 S. 2 BetrVG). Nach § 55 Abs. 3 BetrVG stehen jedem Mitglied des Konzernbetriebsrats die Stimmen der Mitglieder des entsendenden Gesamtbetriebsrats je zur Hälfte zu. Die Aufteilung erklärt sich daraus, dass jeder Gesamtbetriebsrat in den Konzernbetriebsrat zwei seiner Mitglieder entsendet. Dabei wird vorausgesetzt, dass sich die Stimmenzahl nach dem Stimmengewicht im Gesamtbetriebsrat richtet.

III. Organisation und Geschäftsführung

Organisation und Geschäftsführung des Konzernbetriebsrats lehnen sich an die Rege- 8
lung für den Gesamtbetriebsrat an, die ihrerseits der Regelung für den Einzelbetriebsrat entspricht (§ 59 Abs. 1 BetrVG). Wie die Schwerbehindertenvertretung an Sitzungen des Betriebsrats (§ 32 BetrVG) und die Gesamtschwerbehindertenvertretung an Sitzungen des Gesamtbetriebsrats (§ 52 BetrVG) kann die Konzernschwerbehindertenvertretung an allen Sitzungen des Konzernbetriebsrats beratend teilnehmen (59a BetrVG).

IV. Zuständigkeit

Der Konzernbetriebsrat ist wie der Einzelbetriebsrat und der Gesamtbetriebsrat 9
Arbeitnehmerrepräsentant für die Ausübung der Beteiligungsrechte. Die Zuständigkeitsabgrenzung entspricht der Regelung, wie sie im Verhältnis zwischen dem Gesamtbetriebsrat und dem Einzelbetriebsrat besteht (§ 58 BetrVG).

Der Konzernbetriebsrat hat deshalb nur in besonders gelagerten Fällen eine selbstän- 10
dige Kompetenz zur Wahrnehmung der Beteiligungsrechte; denn wie für die Zuständigkeitsverlagerung von den Einzelbetriebsräten zum Gesamtbetriebsrat nicht das Koordinierungsinteresse des Arbeitgebers ausreicht, so genügt auch hier für die Zuständigkeit des Konzernbetriebsrats nicht das Interesse der Arbeitgeber an konzerneinheitlicher Regelung beteiligungspflichtiger Angelegenheiten, sondern es muss hinzukommen, dass die Angelegenheit nicht durch die einzelnen Gesamt- oder Einzelbetriebsräte innerhalb ihrer Unternehmen geregelt werden kann (§ 58 Abs. 1 S. 1 BetrVG). Der Regelung für den Gesamtbetriebsrat entsprechend erstreckt sich seine (originäre) Zuständigkeit auch auf Unternehmen, die einen Gesamtbetriebsrat nicht gebildet haben, sowie auf Betriebe der Konzernunternehmen ohne Betriebsrat (§ 58 Abs. 1 S. 1 Hs. 2 BetrVG). Es gilt daher Gleiches wie für den Gesamtbetriebsrat. Eine Ersatzzuständigkeit hat auch der Konzernbetriebsrat nicht, wenn man von den Fällen einer Bestellung des Wahlvorstands zur Wahl eines Betriebsrats absieht (§ 16 Abs. 3, § 17 Abs. 1 BetrVG).

Eine weitere Problematik ergibt sich daraus, dass dem Konzernbetriebsrat mehrere 11
Arbeitgeber gegenüberstehen; denn die Unternehmen verlieren durch die Konzernbindung nicht ihre rechtliche Selbständigkeit. Daher stellt sich die Frage, mit wem der

Konzernbetriebsrat eine Regelung treffen kann und wie eine mit ihm abgeschlossene Betriebsvereinbarung normative Wirkung für die Arbeitsverhältnisse erlangt, auf die der Inhalt ihrer Regelung sich bezieht. Möglich ist zwar, dass er im Rahmen seiner Zuständigkeit parallele Betriebsvereinbarungen mit dem Konzernunternehmen abschließt. Eine konzerneinheitliche Regelung wird dadurch aber nicht gewährleistet. Schließt der Konzernbetriebsrat zu diesem Zweck eine Betriebsvereinbarung mit der Konzernleitung (dem herrschenden Unternehmen), so ist zweifelhaft, ob sie auch die Unternehmen bindet, die nicht an ihrem Abschluss beteiligt sind; denn das Vorliegen einer Konzernleitungsmacht umfasst noch keineswegs eine arbeitsrechtliche Regelungsbefugnis der Konzernleitung. Nur bei einem Beherrschungsvertrag und bei der Eingliederung kann angenommen werden, dass Betriebsvereinbarungen, die das herrschende Unternehmen mit dem Konzernbetriebsrat schließt, unmittelbar für die beherrschten Unternehmen und ihre Arbeitnehmerschaft gelten; denn in beiden Fällen werden die Konzernunternehmen unter einer neuen einheitlichen Satzung zusammengefasst.

3. Titel. Betriebsversammlung und weitere Einrichtungen der Betriebsverfassung

§ 24. Betriebsversammlung und Betriebsräteversammlung

I. Rechtsstellung der Betriebsversammlung

Während der Betriebsrat die Belegschaft repräsentiert, ist die Betriebsversammlung die **1** Einrichtung der Betriebsverfassung, in der die Belegschaft sich unmittelbar präsentiert (§§ 42 bis 46 BetrVG). Zuständigkeit der Betriebsversammlung und Aufgabenbereich des Betriebsrats decken sich. Die Betriebsversammlung ist dem Betriebsrat nicht übergeordnet, kann ihm keine Weisungen erteilen, ihm weder das Vertrauen entziehen noch ihn absetzen.

II. Formen der Betriebsversammlung

1. Ordentliche und außerordentliche Betriebsversammlungen

Das Gesetz unterscheidet zwischen regelmäßigen und weiteren Betriebsversammlun- **2** gen. Die Versammlungen, die der Betriebsrat einmal in jedem Kalendervierteljahr einzuberufen und in der er einen Tätigkeitsbericht zu erstatten hat (§ 43 Abs. 1 S. 1 BetrVG), kann man als ordentliche Betriebsversammlungen bezeichnen. Sie einzuberufen, ist eine Pflicht des Betriebsrats. Jede im Betrieb vertretene Gewerkschaft kann die Einberufung einer ordentlichen Betriebsversammlung verlangen, wenn im vorhergegangenen Kalenderhalbjahr keine Betriebsversammlung durchgeführt worden ist (§ 43 Abs. 4 BetrVG).

Außerordentliche Betriebsversammlungen sind die Versammlungen, die der Betriebs- **3** rat aus besonderem Anlass einberuft, wozu er berechtigt und auf Wunsch des Arbeitgebers oder von mindestens einem Viertel der wahlberechtigten Arbeitnehmer verpflichtet ist (§ 43 Abs. 3 BetrVG). Eine Betriebsversammlung besonderer Art ist die Versammlung zur Wahl eines Wahlvorstands im betriebsratslosen Betrieb (§§ 14a, 17 BetrVG).

2. Versammlungsarten

Das Gesetz verwendet den Begriff der Betriebsversammlung in einem doppelten Sinn. **4** Soweit es keine besondere Regelung trifft, versteht es unter ihr die Vollversammlung aller Arbeitnehmer eines betriebsratsfähigen Betriebs (§ 42 Abs. 1 S. 1 BetrVG). Der Begriff erfasst aber auch die Abteilungsversammlung als Versammlungsart, zu der Arbeitnehmer organisatorisch oder räumlich abgegrenzter Betriebsteile vom Betriebsrat zusammenzufassen sind (§ 42 Abs. 2 BetrVG). Der Betriebsrat hat in jedem Kalenderjahr zwei ordentliche Betriebsversammlungen als Abteilungsversammlungen durchzuführen, die möglichst gleichzeitig stattfinden sollen (§ 43 Abs. 1 S. 2 und 3 BetrVG).

Sowohl die Betriebsversammlung als auch die Abteilungsversammlungen sind grund- **5** sätzlich als Vollversammlungen durchzuführen, d. h. als Versammlung aller Arbeitnehmer des Betriebs bzw. des organisatorisch oder räumlich abgegrenzten Betriebsteils. Als Teilversammlung können sie nur abgehalten werden, wenn wegen der Eigenart des Betriebs bzw. Betriebsteils eine Versammlung aller Arbeitnehmer zum gleichen Zeitpunkt nicht stattfinden kann (§ 42 Abs. 1 S. 3, Abs. 2 S. 3 i. V. m. Abs. 1 S. 3 BetrVG).

III. Zeitpunkt und Vergütung

1. Ordentliche und ihnen gleichgestellte außerordentliche Betriebsversammlungen

6 Die ordentlichen Betriebsversammlungen und eine vom Betriebsrat in einem Kalenderhalbjahr durchgeführte Betriebsversammlung, die Betriebsversammlungen zur Wahl eines Wahlvorstands in einem betriebsratslosen Betrieb sowie die auf Wunsch des Arbeitgebers einberufenen außerordentlichen Betriebsversammlungen finden während der Arbeitszeit statt, soweit nicht die Eigenart des Betriebs (bzw. bei einer Abteilungsversammlung die des Betriebsteils) eine andere Regelung dringend erfordert (§ 44 Abs. 1 S. 1 BetrVG).[1]

7 Die Zeit der Teilnahme einschließlich der zusätzlichen Wegezeiten wird wie Arbeitszeit vergütet, und zwar auch dann, wenn die Betriebsversammlung außerhalb der Arbeitszeit stattfindet, jedoch auch in diesem Fall nur wie Arbeitszeit, nicht als Mehrarbeit (§ 44 Abs. 1 S. 2 BetrVG).[2]

2. Sonstige außerordentliche Betriebsversammlungen

8 Sonstige außerordentliche Betriebsversammlungen finden außerhalb der Arbeitszeit statt (§ 44 Abs. 2 S. 1 BetrVG). Werden sie im Einvernehmen mit dem Arbeitgeber während der Arbeitszeit durchgeführt, so berechtigt ihn die Teilnahme nicht zur Änderung des Arbeitsentgelts (§ 44 Abs. 2 S. 2 BetrVG). Es besteht also nicht die Pflicht, die Zeit der Teilnahme wie Arbeitszeit zu vergüten, sondern zu erstatten ist lediglich der Lohnausfall.

IV. Themen und Nichtöffentlichkeit einer Betriebsversammlung

1. Themen

9 Der Betriebsrat erstattet in den ordentlichen Betriebsversammlungen einen Tätigkeitsbericht (§ 43 Abs. 1 S. 1 BetrVG. Der Arbeitgeber oder sein Vertreter hat mindestens einmal in jedem Kalenderjahr über das Personal- und Sozialwesen einschließlich des Stands der Gleichstellung von Frauen und Männern im Betrieb sowie der Integration der im Betrieb beschäftigten ausländischen Arbeitnehmer, über die wirtschaftliche

---

1 Vgl. *BAG* 9.3.1976 und 27.11.1987, AP BetrVG 1972 § 44 Nr. 3 und 7.
2 Vgl. *BAG* 18.9.1973 und 1.10.1974, AP BetrVG 1972 § 44 Nr. 1 und 2; vgl. zur Notwendigkeit einer Abhaltung außerhalb der Arbeitszeit *BAG* 5.5.1987, AP BetrVG § 44 Nr. 4, 5 und 6; zur Obliegenheit des Arbeitgebers die Arbeitnehmer darauf hinzuweisen, dass nach seiner Auffassung nicht die Voraussetzungen für eine Abhaltung außerhalb der Arbeitszeit gegeben sind, *BAG* 7.11.1987, AP BetrVG 1972 § 44 Nr. 7.

Lage und Entwicklung des Betriebs sowie über den betrieblichen Umweltschutz zu berichten (§ 43 Abs. 2 S. 3 BetrVG).

Themen einer Betriebsversammlung können Angelegenheiten einschließlich solcher **10** tarifpolitischer, sozialpolitischer, umweltpolitischer und wirtschaftlicher Art sowie Fragen der Förderung der Gleichstellung von Frauen und Männern und der Vereinbarkeit von Familie und Erwerbstätigkeit sowie der Integration der im Betrieb beschäftigten ausländischen Arbeitnehmer sein, die den Betrieb oder seine Arbeitnehmer unmittelbar betreffen, wobei durch Hinweis auf § 74 Abs. 2 BetrVG klargestellt ist, dass eine parteipolitische Betätigung ausscheidet (§ 45 S. 1 BetrVG). Die Betriebsversammlung kann dem Betriebsrat Anträge unterbreiten und zu seinen Beschlüssen Stellung nehmen (§ 45 S. 2 BetrVG).

2. Nichtöffentlichkeit

Die Betriebsversammlung ist nicht öffentlich (§ 42 Abs. 1 S. 2 BetrVG). Beauftragte der **11** im Betrieb vertretenen Gewerkschaften können aber an der Betriebsversammlung beratend teilnehmen (§ 46 Abs. 1 S. 1, Abs. 2 BetrVG). Der Arbeitgeber hat ein Teilnahmerecht bei den ordentlichen und ihnen gleichgestellten außerordentlichen Betriebsversammlungen, nicht dagegen bei sonstigen außerordentlichen Betriebsversammlungen, wenn sie nicht auf seinen Wunsch einberufen werden. § 43 Abs. 2 S. 1 und 2 BetrVG spricht zwar generell davon, dass der Arbeitgeber zu den Betriebsversammlungen zu laden sei und in ihnen sprechen könne; der Gesetzestext ist aber insoweit zu weit gefasst.[3] Nimmt der Arbeitgeber an einer Betriebsversammlung teil, kann er einen Beauftragten der Arbeitgebervereinigung, der er angehört, hinzuziehen (§ 46 Abs. 1 S. 2 BetrVG).

Mit dem Gebot der Nichtöffentlichkeit ist unvereinbar, dass der Betriebsrat Personen, **12** die kein Teilnahmerecht haben und deren Anwesenheit auch nicht im Rahmen der Zuständigkeit der Betriebsversammlung sachdienlich ist, als Gäste zu einer Betriebsversammlung einlädt. Presse, Film, Funk und Fernsehen sind nicht zugelassen, um über den Verlauf einer Betriebsversammlung zu berichten; denn durch die Zulassung von Medien wird die Öffentlichkeit hergestellt.

Mit dem Gebot der Nichtöffentlichkeit ist es vereinbar, Personen, die kein Teilnahme- **13** recht haben, als Sachverständige oder als Auskunftspersonen zu hören. Möglich ist daher auch, dass zur Behandlung von Themen, die in den Aufgabenbereich der Betriebsversammlung fallen, ein Betriebsfremder eingeladen wird; es liegt aber eine unzulässige parteipolitische Betätigung vor, wenn ein Referat gerade und nur zu Zeiten des Wahlkampfes von einem Spitzenpolitiker in seinem Wahlkreis im Rahmen seiner Wahlkampfstrategie gehalten wird (§ 45 S. 1 i. V. m. § 74 Abs. 2 S. 3 BetrVG).[4]

V. Betriebsräteversammlung

Wird ein Gesamtbetriebsrat gebildet, weil das Unternehmen sich in mehrere Betriebe **14** gliedert, so findet mindestens einmal in jedem Kalenderjahr eine Betriebsräteversammlung statt, die nach ihrer Funktion die Betriebsversammlung auf Unternehmensebene ersetzt (§ 53 BetrVG). Die Betriebsräteversammlung ist das Parlament der Betriebsräte des Unternehmens – der Ort, wo der Gesamtbetriebsrat seinen Tätigkeitsbericht und

---

3 *BAG* 27. 6. 1989, AP BetrVG 1972 § 42 Nr. 5 (unter II 2 b bb der Gründe).
4 *BAG* 13. 9. 1977, AP BetrVG 1972 § 42 Nr. 1 – Fall Hans Otto Bäumer.

der Unternehmer seinen Bericht über das Personal- und Sozialwesen einschließlich des Stands der Gleichstellung von Frauen und Männern im Unternehmen, der Integration der im Unternehmen beschäftigten ausländischen Arbeitnehmer, über die wirtschaftliche Lage und Entwicklung des Unternehmens sowie über Fragen des Umweltschutzes im Unternehmen zu erstatten hat.

§ 25. Zusätzliche betriebsverfassungsrechtliche Vertretungen

I. Überblick

1   Neben den Betriebsvertretungen zur Wahrnehmung der Beteiligungsrechte – dem Einzelbetriebsrat, dem Gesamtbetriebsrat und dem Konzernbetriebsrat – kennt die Betriebsverfassung zusätzliche betriebsverfassungsrechtliche Vertretungen. Die einzige, die das BetrVG selbst regelt, ist die Jugend- und Auszubildendenvertretung (§§ 60 bis 73 b). Eine zusätzliche betriebsverfassungsrechtliche Vertretung ist weiterhin die Schwerbehindertenvertretung (geregelt in §§ 176 bis 183 SGB IX).[1]

2   Außerdem können durch Tarifvertrag zusätzliche betriebsverfassungsrechtliche Gremien (Arbeitsgemeinschaften), die der unternehmensübergreifenden Zusammenarbeit von Arbeitnehmervertretungen dienen, und zusätzliche betriebsverfassungsrechtliche Vertretungen der Arbeitnehmer eingeführt werden, die die Zusammenarbeit zwischen Betriebsrat und Arbeitnehmern erleichtern (§ 3 Abs. 1 Nr. 4 und 5 BetrVG).

II. Jugend- und Auszubildendenvertretung

1. Organisation und Aufbau

3   Auf der Ebene des Betriebs wird, wenn die gesetzlichen Voraussetzungen erfüllt sind, die Jugend- und Auszubildendenvertretung, die der Gesetzgeber in der Überschrift des ihrer Regelung gewidmeten Abschnitts »Betriebliche Jugend- und Auszubildendenvertretung« nennt, gebildet (§§ 60 bis 71 BetrVG). Gliedert sich das Unternehmen in zwei oder mehrere Betriebe, in denen eine betriebliche Jugend- und Auszubildendenvertretung besteht, so ist eine Gesamt-Jugend- und Auszubildendenvertretung zu errichten (§§ 72, 73 BetrVG). Außerdem wird ermöglicht, auf Konzernebene eine Konzern-Jugend- und Auszubildendenvertretung zu bilden, wenn sich eine qualifizierte Mehrheit der bei den Konzernunternehmen bestehenden Jugend- und Auszubildendenvertretungen hierfür ausspricht (§§ 73 a, 73 b BetrVG).

2. Bildung und Kompetenz der betrieblichen Jugend- und Auszubildendenvertretung

a) Bildung und Größe

4   In Betrieben mit in der Regel mindestens fünf Arbeitnehmern, die das 18. Lebensjahr noch nicht vollendet haben (jugendliche Arbeitnehmer) oder die zu ihrer Berufsausbildung beschäftigt sind und das 25. Lebensjahr noch nicht vollendet haben, werden Ju-

---

1 Vgl. zur Qualifikation als Betriebsverfassungsorgan *BAG* 21. 9. 1989, AP SGB IX 1986 § 25 Nr. 1.

gend- und Auszubildendenvertretungen gewählt (§ 60 Abs. 1 BetrVG). Obwohl im Gesetz nicht ausdrücklich genannt, ist Voraussetzung für die Bildung einer Jugend- und Auszubildendenvertretung, dass in dem Betrieb ein Betriebsrat besteht.

Die Jugend- und Auszubildendenvertretung besteht in Betrieben mit in der Regel 5 bis 20 der von ihr vertretenen Beschäftigten aus einer Person, in Betrieben mit in der Regel 21 bis 50 der von ihr vertretenen Beschäftigten aus drei Mitgliedern (§ 62 Abs. 1 BetrVG). Soweit fünf Mitglieder zu wählen sind, liegt die Grenze aber nicht mehr wie bisher bei 200, sondern bei 150 von ihr vertretenen Beschäftigten. Wie für den Betriebsrat ist festgelegt, dass das Geschlecht, das in der Minderheit ist, mindestens seinem Anteil entsprechend in der Jugend- und Auszubildendenvertretung vertreten sein muss (§ 62 Abs. 3 BetrVG). 5

b) Wahl

Die Jugend- und Auszubildendenvertretung wird alle zwei Jahre in der Zeit vom 1. Oktober bis zum 30. November gewählt, und zwar, da die regelmäßigen Wahlen zur Jugendvertretung, aus der sie hervorgegangen ist, nach § 125 Abs. 2 BetrVG erstmals im Jahre 1988 waren, in allen Jahren mit einer geraden Endzahl (§§ 63, 64 BetrVG). 6

Wahlberechtigt sind alle in § 60 Abs. 1 BetrVG genannten Arbeitnehmer des Betriebs, das sind die jugendlichen Arbeitnehmer des Betriebs und die dort zu ihrer Berufsausbildung Beschäftigten, die das 25. Lebensjahr noch nicht vollendet haben (§ 61 Abs. 1 BetrVG). Wählbar sind aber darüber hinaus alle Arbeitnehmer des Betriebs, die das 25. Lebensjahr noch nicht vollendet haben, auch wenn sie in keinem Berufsausbildungsverhältnis stehen (§ 61 Abs. 2 BetrVG). 7

Die Wahl erfolgt wie bei der Betriebsratswahl nach den Grundsätzen der Verhältniswahl (§ 63 Abs. 2 S. 2 i.V.m. § 14 Abs. 2 S. 1 BetrVG). Wie dort erfolgt sie lediglich dann nach den Grundsätzen der Mehrheitswahl, wenn nur ein Wahlvorschlag eingereicht wird (§ 63 Abs. 2 S. 2 i.V.m. § 14 Abs. 2 S. 2 BetrVG). 8

Die Verweisung in § 63 Abs. 2 S. 2 BetrVG auf § 14 Abs. 2 S. 2 BetrVG mit der Folge, dass die Wahl nicht nach den Grundsätzen der Verhältniswahl, sondern nach den Grundsätzen der Mehrheitswahl erfolgt, erfasst auch die Wahl im vereinfachten Wahlverfahren nach § 14a BetrVG. In Betrieben mit in der Regel fünf bis fünfzig der in § 60 Abs. 1 BetrVG genannten Arbeitnehmer gilt nämlich § 14a BetrVG entsprechend (§ 63 Abs. 4 BetrVG). Ebenfalls entsprechend gilt § 14a Abs. 5 BetrVG für Betriebe mit in der Regel 51 bis 100 der in § 60 Abs. 1 BetrVG genannten Arbeitnehmer (§ 63 Abs. 5 BetrVG). Demnach kann in diesen Betrieben der Wahlvorstand für die Wahl der Jugend- und Auszubildendenvertretung und der Arbeitgeber die Anwendung des vereinfachten Wahlverfahrens vereinbaren.

Wie für den Betriebsrat sichert das Gesetz auch für die Jugend- und Auszubildendenvertretung, dass ihr Frauen und Männer angehören. Nach § 62 Abs. 3 BetrVG muss das Geschlecht, das unter den in § 60 Abs. 1 BetrVG genannten Arbeitnehmern in der Minderheit ist, mindestens entsprechend seinem zahlenmäßigen Verhältnis in der Jugend- und Auszubildendenvertretung vertreten sein, wenn diese aus mindestens drei Mitgliedern besteht. 9

c) Organisation und Geschäftsführung

10 Die Jugend- und Auszubildendenvertretung wählt aus ihrer Mitte den Vorsitzenden und den Stellvertreter (§ 65 Abs. 1 i.V.m. § 26 Abs. 1 BetrVG). Da § 28 Abs. 1 S. 1 BetrVG entsprechend gilt (§ 65 Abs. 1 BetrVG), wird ihr die Bildung von Ausschüssen ermöglicht. Nach dem in Bezug genommenen § 28 Abs. 1 S. 1 BetrVG ist diese Möglichkeit dem Betriebsrat in Betrieben mit mehr als 100 Arbeitnehmern eingeräumt. Für die Jugend- und Auszubildendenvertretung bedeutet allerdings die entsprechende Verweisung, dass dem Betrieb mehr als 100 Arbeitnehmer angehören müssen, die sie vertritt.

11 Die Jugend- und Auszubildendenvertretung ist dem Betriebsrat zugeordnet. Sie erfüllt ihre Aufgaben aber nicht nur durch Beteiligung an Sitzungen und Beschlüssen des Betriebsrats (§ 67 Abs. 1 und 2 BetrVG), sondern sie kann auch selbst Sitzungen abhalten (§ 65 Abs. 2 S. 1 BetrVG). Im Übrigen beschränkt das Gesetz sich weitgehend darauf, die Vorschriften, die sich auf den Betriebsrat beziehen, für entsprechend anwendbar zu erklären.

12 Das gilt auch für die Rechtsstellung der Jugend- und Auszubildendenvertreter. Wie die Mitglieder des Betriebsrats führen sie ihr Amt unentgeltlich als Ehrenamt. § 37 BetrVG gilt entsprechend. Die Jugend- und Auszubildendenvertreter haben daher auch den Anspruch auf Teilnahme an Schulungen nach § 37 Abs. 6 und 7 BetrVG; jedoch bedarf die Teilnahme an einer nach § 37 Abs. 6 BetrVG notwendigen Schulung einer Beschlussfassung durch den Betriebsrat.[2] Nicht für entsprechend anwendbar erklärt ist die Freistellungsregelung des § 38 BetrVG.

d) Verhältnis zum Betriebsrat

13 Die Jugend- und Auszubildendenvertretung kann als lediglich zusätzliche betriebsverfassungsrechtliche Vertretung allein keine gegenüber dem Arbeitgeber wirksamen Beschlüsse fassen.[3] Da der Betriebsrat auch für die jugendlichen Arbeitnehmer und die Berufsauszubildenden die Mitwirkungs- oder Mitbestimmungsrechte gegenüber dem Arbeitgeber ausübt, sind vor allem die abgestuften Rechte einer Beteiligung gegenüber dem Betriebsrat von Bedeutung: Die Jugend- und Auszubildendenvertretung kann zu allen Betriebsratssitzungen einen Vertreter entsenden (§ 67 Abs. 1 S. 1 BetrVG). In Angelegenheiten, die *besonders* die von ihr vertretenen Arbeitnehmer betreffen (z.B. die Errichtung eines Sportplatzes), hat die gesamte Jugend- und Auszubildendenvertretung zu diesen Tagesordnungspunkten ein Teilnahmerecht (§ 67 Abs. 1 S. 2 BetrVG), und soweit die zu fassenden Beschlüsse *überwiegend* diese Arbeitnehmer betreffen, haben die Jugend- und Auszubildendenvertreter ein Stimmrecht bei der Beschlussfassung des Betriebsrats (§ 67 Abs. 2 und § 33 Abs. 3 BetrVG). Letzteres ist vor allem von Bedeutung, soweit der Betriebsrat bei der Einstellung oder Kündigung zu beteiligen ist.

14 Die Jugend- und Auszubildendenvertretung kann verlangen, dass der Betriebsrat Angelegenheiten behandelt, die besonders die von ihr vertretenen Arbeitnehmer betreffen (§ 67 Abs. 3 BetrVG). Außerdem hat die Mehrheit ihrer Mitglieder das Recht, dass ein Betriebsratsbeschluss ausgesetzt wird und eine erneute Beschlussfassung stattfindet, wenn nach ihrer Meinung der Beschluss wichtige Interessen der von ihr vertretenen Arbeitnehmer erheblich beeinträchtigt (§ 66 BetrVG). Führt der Betriebsrat Bespre-

2 *BAG* 20.11.1973, AP BetrVG 1972 § 65 Nr. 1.
3 Vgl. *BAG* 20.11.1973, AP BetrVG 1972 § 65 Nr. 1.

chungen mit dem Arbeitgeber, so hat er die Jugend- und Auszubildendenvertretung beizuziehen, wenn Angelegenheiten behandelt werden, die besonders jugendliche Arbeitnehmer oder Arbeitnehmer im Berufsausbildungsverhältnis betreffen (§ 68 BetrVG).

3. Betriebliche Jugend- und Auszubildendenversammlung

Die Jugend- und Auszubildendenvertretung kann vor oder nach jeder Betriebsver- 15
sammlung im Einvernehmen mit dem Betriebsrat eine betriebliche Jugend- und Aus-
zubildendenversammlung einberufen (§ 71 BetrVG).

4. Gesamt-Jugend- und Auszubildendenvertretung

Bestehen in einem Unternehmen zwei oder mehrere Jugend- und Auszubildendenver- 16
tretungen, so ist in Anlehnung an den Gesamtbetriebsrat eine Gesamt-Jugend- und
Auszubildendenvertretung zu errichten (§§ 72, 73 BetrVG). Da ohne Einschränkung
§ 50 BetrVG für entsprechend anwendbar erklärt wird (§ 73 Abs. 2 BetrVG), ist nach
dem Vorbild des Gesamtbetriebsrats die Gesamt-Jugend- und Auszubildendenvertretung in betriebsübergreifenden Angelegenheiten auch für Betriebe zuständig, in denen
keine Jugend- und Auszubildendenvertretung gewählt ist.[4]

5. Konzern-Jugend- und Auszubildendenvertretung

Da grundsätzliche Entscheidungen über die Berufsbildung je nach Organisations- 17
struktur nicht mehr im einzelnen Betrieb oder Unternehmen getroffen, sondern für
den gesamten Konzern von der Konzernspitze vorgegeben werden, hat das Reform-
gesetz die Möglichkeit geschaffen, eine Konzern-Jugend- und Auszubildendenvertretung zu bilden (§§ 73a, 73b BetrVG). Das Quorum ist hier aber anders als für den
Konzernbetriebsrat: Die Errichtung erfordert die Zustimmung der Gesamt-Jugend-
und Auszubildendenvertretungen der Konzernunternehmen, in denen insgesamt
mindestens 75 Prozent der Arbeitnehmer beschäftigt sind, für deren Vertretung eine
Jugend- und Auszubildendenvertretung gebildet werden kann (§ 73a Abs. 1 S. 2
BetrVG). Besteht in einem Konzernunternehmen nur eine betriebliche Jugend- und
Auszubildendenvertretung, so nimmt diese für die Errichtung der Konzern-Jugend-
und Auszubildendenvertretung die Aufgaben einer Gesamt-Jugend- und Auszubildendenvertretung wahr (§ 73a Abs. 1 S. 3 BetrVG).

III. Schwerbehindertenvertretung

Die Schwerbehindertenvertretung ist eine von Gesetzes wegen eingerichtete zusätz- 18
liche betriebsverfassungsrechtliche Vertretung der Arbeitnehmer. Man kann sie daher
auch als Betriebsverfassungsorgan qualifizieren, obwohl die gesetzliche Regelung für
sie im Neunten Sozialgesetzbuch (SGB IX) verankert ist, das durch das Bundesteil-
habegesetz vom 23.12.2016 mit Wirkung zum 1.1.2018 neu gefasst wurde. Eine inhaltliche Änderung ist damit nicht verbunden. Der Schwerbehindertenvertretung stehen keine eigenen Beteiligungsrechte zu. Mitwirkungs- und Mitbestimmungsrechte

---

4 So ausdrücklich Begründung des RegE zum BetrVerf-ReformG, BT-Drs. 14/5741, S. 31.

werden, auch soweit sie schwerbehinderte Arbeitnehmer betreffen, nicht von ihr, sondern allein vom Betriebsrat bzw. Personalrat ausgeübt.

1. Wahl und Amtszeit der Schwerbehindertenvertretung

19 Eine Schwerbehindertenvertretung wird in allen Betrieben und Dienststellen gebildet, in denen wenigstens fünf schwerbehinderte Menschen nicht nur vorübergehend beschäftigt sind (§ 177 Abs. 1 S. 1 SGB IX). Gewählt werden eine Vertrauensperson und wenigstens ein Stellvertreter, der die Vertrauensperson im Fall der Verhinderung vertritt.

20 Wahlberechtigt sind alle in dem Betrieb oder der Dienststelle beschäftigten schwerbehinderten Menschen (§ 177 Abs. 2 SGB IX). Ein bestimmtes Mindestalter oder sonstige Erfordernisse sind nicht vorgeschrieben. Wählbar sind alle in dem Betrieb oder der Dienststelle nicht nur vorübergehend Beschäftigten, die am Wahltag das 18. Lebensjahr vollendet haben und dem Betrieb seit sechs Monaten angehören; besteht der Betrieb oder die Dienststelle weniger als ein Jahr, so bedarf es für die Wählbarkeit nicht der sechsmonatigen Zugehörigkeit (§ 177 Abs. 3 S. 1 SGB IX). Nicht erforderlich ist, dass der Bewerber ein schwerbehinderter Mensch ist. Allerdings ist nicht wählbar, wer kraft Gesetzes dem Betriebsrat nicht angehören kann (§ 177 Abs. 3 S. 2 SGB IX). Daher kann ein leitender Angestellter (§ 5 Abs. 3 S. 2 BetrVG) nicht gewählt werden, und ebenfalls kann nicht gewählt werden, wer infolge strafgerichtlicher Verurteilung die Fähigkeit, Rechte aus öffentlichen Wahlen zu erlangen, nicht besitzt (§ 8 Abs. 1 S. 3 BetrVG).

21 Die Vertrauensperson und ihr Stellvertreter werden in geheimer und unmittelbarer Wahl nach den Grundsätzen der Mehrheitswahl gewählt; die Vorschriften über das Wahlverfahren, den Wahlschutz und die Wahlkosten bei der Wahl des Betriebsrats sind sinngemäß anzuwenden (§ 177 Abs. 6 SGB IX).

22 Die Amtszeit beträgt vier Jahre (§ 177 Abs. 7 S. 1 SGB IX). Die Schwerbehindertenvertretung kann ihres Amtes enthoben werden, wenn sie ihre Pflichten gröblich verletzt (§ 177 Abs. 7 S. 5 SGB IX). Ein Antragsrecht des Arbeitgebers ist nicht vorgesehen. Die Entscheidung unterliegt der Kontrolle im Verwaltungsrechtsweg.

2. Persönliche Rechte und Pflichten der Vertrauenspersonen der schwerbehinderten Menschen

23 Die Vertrauenspersonen führen ihr Amt unentgeltlich als Ehrenamt (§ 179 Abs. 1 SGB IX). Sie dürfen in der Ausübung ihres Amtes nicht behindert werden oder wegen ihres Amtes nicht benachteiligt oder begünstigt werden; dies gilt auch für ihre berufliche Entwicklung (§ 179 Abs. 2 SGB IX, der § 78 BetrVG entspricht). Die Vertrauenspersonen genießen den gleichen Kündigungsschutz wie ein Mitglied des Betriebsrats; ihnen gegenüber kommt also grundsätzlich nur eine außerordentliche Kündigung in Betracht, die der Zustimmung des Betriebsrats bedarf (§ 179 Abs. 3 SGB IX i. V. m. §§ 15, 16 KSchG, § 103 BetrVG). Ebenso wie ein Betriebsratsmitglied sind auch die Vertrauenspersonen von ihrer beruflichen Tätigkeit ohne Minderung des Arbeitsentgelts zu befreien, wenn und soweit es zur Durchführung seiner Aufgaben erforderlich ist (§ 179 Abs. 4 S. 1 SGB IX, der § 37 Abs. 2 BetrVG entspricht). Weiterhin sind sie unter Fortzahlung ihres Arbeitsentgelts für die Teilnahme an Schulungs- und Bildungs-

veranstaltungen freizustellen, soweit diese Kenntnisse vermitteln, die für die Arbeit der Schwerbehindertenvertretung erforderlich sind (§ 179 Abs. 4 S. 3 SGB IX); es besteht deshalb für sie der gleiche Anspruch wie nach § 37 Abs. 6 BetrVG. Die Vertrauenspersonen haben auch zum Ausgleich für ihre Tätigkeit, die aus betriebsbedingten Gründen außerhalb der Arbeitszeit durchzuführen ist, Anspruch auf entsprechende Arbeitsbefreiung unter Fortzahlung des Arbeitsentgelts (§ 179 Abs. 6 SGB IX).

3. Aufgaben und Befugnisse der Schwerbehindertenvertretung

Die Schwerbehindertenvertretung ersetzt für die schwerbehinderten Menschen nicht   **24** den Betriebsrat oder Personalrat. Sie hat auch keine besonderen Mitwirkungs- und Mitbestimmungsrechte. Ihre Aufgaben sind aber gleichwohl weit gespannt; denn sie hat die Interessen der Schwerbehinderten im Betrieb zu vertreten und ihnen beratend und helfend zur Seite zu stehen, also insbesondere darüber zu wachen, dass die zugunsten der Schwerbehinderten geltenden Gesetze, Verordnungen, Tarifverträge und Betriebsvereinbarungen durchgeführt werden (§ 178 Abs. 1 S. 1 und S. 2 Nr. 1 SGB IX). Bei der Kündigung des Arbeitsverhältnisses eines schwerbehinderten Menschen durch den Arbeitgeber, die nach § 168 SGB IX der vorherigen Zustimmung des Integrationsamtes bedarf, hat das Integrationsamt, bevor es eine Entscheidung trifft, neben einer Stellungnahme des Betriebsrats auch eine Stellungnahme der Schwerbehindertenvertretung einzuholen (§ 170 Abs. 2 S. 1 SGB IX). Wird die Zustimmung erteilt, ohne dass die Schwerbehindertenvertretung gehört wurde, so kann der Schwerbehinderte die Zustimmung, da sie ihm gegenüber einen Verwaltungsakt darstellt, im Verwaltungsrechtsweg anfechten.

Das Verhältnis zum Betriebsrat wird vor allem dadurch verklammert, dass die Schwer-   **25** behindertenvertretung ein Teilnahmerecht an allen Sitzungen des Betriebsrats und seiner Ausschüsse hat und ihr gegen Beschlüsse des Betriebsrats, die sie als eine erhebliche Beeinträchtigung wichtiger Interessen der Schwerbehinderten erachtet, ein suspensives Vetorecht zusteht (§ 178 Abs. 4 SGB IX; § 32 und § 35 Abs. 3 BetrVG).

Die Schwerbehindertenvertretung hat das Recht, mindestens einmal im Kalenderjahr   **26** eine Versammlung der Schwerbehinderten im Betrieb durchzuführen; die für die Betriebsversammlung geltenden Vorschriften finden entsprechende Anwendung (§ 178 Abs. 6 SGB IX).

4. Gesamtschwerbehindertenvertretung bei Bestehen eines Gesamtbetriebsrats und Konzernschwerbehindertenvertretung bei Bestehen eines Konzernbetriebsrats

Besteht ein Gesamtbetriebsrat, so wählen die Schwerbehindertenvertretungen der ein-   **27** zelnen Betriebe für den Bereich des Unternehmens eine Gesamtschwerbehindertenvertretung (§ 180 Abs. 1 S. 1 SGB IX). Ist eine Schwerbehindertenvertretung nur in einem der Betriebe gewählt, so nimmt sie die Rechte und Pflichten der Gesamtschwerbehindertenvertretung wahr (§ 180 Abs. 1 S. 2 SGB IX). Entsprechend ist eine Konzernschwerbehindertenvertretung zu errichten, wenn ein Konzernbetriebrat besteht (§ 180 Abs. 2 SGB IX).

IV. Sprecherausschuss für leitende Angestellte

1. Schaffung einer institutionalisierten Vertretung durch das Gesetz über Sprecherausschüsse der leitenden Angestellten (Sprecherausschussgesetz – SprAuG)

28 Das BetrVG enthält keine Regelung über die Bildung von Sprecherausschüssen für leitende Angestellte. Das Gesetz über Sprecherausschüsse der leitenden Angestellten vom 20.12.1988 erging als Art. 2 des Gesetzes zur Änderung des BetrVG, über Sprecherausschüsse der leitenden Angestellten und zur Sicherung der Montan-Mitbestimmung (BGBl. I S. 2312). Vor dem Sprecherausschussgesetz gab es nur freiwillig gebildete Sprecherausschüsse, deren Bildung für die in § 5 Abs. 3 BetrVG abgegrenzten leitenden Angestellten auf privatrechtlicher Ebene zulässig war. Die Institutionalisierung der Sprecherausschüsse für leitende Angestellte ist trotz der Regelung in einem besonderen Gesetz materielles Betriebsverfassungsrecht. Das Sprecherausschussgesetz sieht für alle Ebenen, auf denen für die Arbeitnehmer ein betriebsverfassungsrechtlicher Repräsentant – Betriebsrat, Gesamtbetriebsrat, Konzernbetriebsrat – gebildet werden kann, die Errichtung von Sprecherausschüssen vor; es kennt aber im Vergleich zu den Mitbestimmungsrechten des Betriebsrats nur wenige Beteiligungsrechte, die auf Unterrichtung, Anhörung und Beratung beschränkt sind.

2. Bildung und Organisation der Sprecherausschüsse

29 Nach § 1 Abs. 1 SprAuG werden in Betrieben mit in der Regel mindestens zehn leitenden Angestellten Sprecherausschüsse der leitenden Angestellten gewählt. Sofern die Arbeitsorganisation eines Unternehmens sich in zwei oder mehrere Betriebe gliedert, bildet wie nach dem BetrVG der Betrieb für den gesetzlichen Normalfall den Repräsentationsbereich. Auf der Ebene des Betriebs werden, wenn die Voraussetzungen an die Zahl der leitenden Angestellten erfüllt sind, betriebliche Sprecherausschüsse gebildet. Leitende Angestellte eines Betriebs mit in der Regel weniger als 10 leitenden Angestellten werden dem räumlich nächstgelegenen Betrieb zugeordnet, sofern dieser in der Regel mindestens zehn leitende Angestellte hat (§ 1 Abs. 2 SprAuG).

30 Da der quantitative Anteil der leitenden Angestellten an der Gesamtzahl der Arbeitnehmer gering ist, die Sprecherausschussfähigkeit eines Betriebs aber zehn leitende Angestellte voraussetzt, besteht die Gefahr, dass leitende Angestellte keine institutionelle Vertretung erhalten, wenn ein Unternehmen keinen sprecherausschussfähigen Betrieb hat, obwohl in ihm in der Regel insgesamt mindestens zehn leitende Angestellte beschäftigt sind. Dieser Gefahr begegnet das Gesetz, indem es bestimmt, dass abweichend von § 1 Abs. 1 und 2 SprAuG ein Unternehmenssprecherausschuss der leitenden Angestellten gewählt werden kann, wenn dies die Mehrheit der leitenden Angestellten des Unternehmens verlangt (§ 20 Abs. 1 SprAuG). Aber auch wenn ein Betrieb als sprecherausschussfähige Einheit vorhanden ist, haben die leitenden Angestellten die Möglichkeit, die Sprecherausschüsse auf betrieblicher Ebene durch einen Unternehmenssprecherausschuss auf Unternehmensebene zu ersetzen (§ 20 Abs. 2 und 3 SprAuG).

31 Besteht kein Unternehmenssprecherausschuss, sondern werden in einem Unternehmen, das sich in zwei oder mehrere Betriebe gliedert, wie im gesetzlichen Normalfall betriebliche Sprecherausschüsse gewählt, so ist durch Entsendung für das Unterneh-

men ein Gesamtsprecherausschuss zu errichten (§ 16 SprAuG). Es besteht insoweit dasselbe Organisationsmodell wie für das Verhältnis des Betriebsrats zum Gesamtbetriebsrat. Entsprechend ist der Gesamtsprecherausschuss auch nur zuständig für die Behandlung von Angelegenheiten, die das Unternehmen oder mehrere Betriebe des Unternehmens betreffen und nicht durch die einzelnen Sprecherausschüsse innerhalb ihrer Betriebe behandelt werden können (§ 18 Abs. 1 S. 1 SprAuG).

Das SprAuG übernimmt die Konzernbetriebsverfassung für die Repräsentation der **32** leitenden Angestellten. Besteht ein Konzern i. S. d. § 18 Abs. 1 AktG, also ein sog. Unterordnungskonzern, so kann die Sprecherausschussverfassung wie die Betriebsverfassung dreistufig gegliedert sein: Für den Konzern kann ein Konzernsprecherausschuss errichtet werden (§ 21 SprAuG). Voraussetzung ist, dass in mindestens zwei Konzernunternehmen Gesamtsprecherausschüsse bestehen; besteht in einem Konzernunternehmen nur ein betrieblicher Sprecherausschuss oder ist dort ein Unternehmenssprecherausschuss gebildet, so tritt er an die Stelle des Gesamtsprecherausschusses (§ 21 SprAuG).

3. Wahl und Amtszeit der Sprecherausschüsse

Die regelmäßigen Sprecherausschusswahlen sind zeitgleich mit den regelmäßigen Be- **33** triebsratswahlen nach § 13 Abs. 1 BetrVG einzuleiten; sie finden alle vier Jahre in der Zeit vom 1. März bis 31. Mai statt (§§ 5 Abs. 1, 20 Abs. 1 S. 2 SprAuG). Gewählt werden aber nur die betrieblichen Sprecherausschüsse bzw. die an ihrer Stelle gebildeten Unternehmenssprecherausschüsse.

Wie der Gesamtbetriebsrat und der Konzernbetriebsrat haben der Gesamtsprecher- **34** ausschuss und der Konzernsprecherausschuss keine Amtszeit und sie sind, wenn sie einmal gebildet sind, eine Dauereinrichtung mit wechselnder Mitgliedschaft.

4. Mitwirkung des Sprecherausschusses der leitenden Angestellten

Während das BetrVG in § 87 Abs. 1 die sozialen Angelegenheiten enumerativ aufzählt, **35** in denen der Betriebsrat mitzubestimmen hat, enthält das SprAuG in § 30 eine Generalklausel für die Mitwirkung des Sprecherausschusses: Der Arbeitgeber hat den Sprecherausschuss rechtzeitig über eine »Änderung der Gehaltsgestaltung und sonstiger allgemeiner Arbeitsbedingungen« zu unterrichten, und er hat die vorgesehenen Maßnahmen mit dem Sprecherausschuss zu beraten (§ 30 S. 1 Nr. 1, S. 2 SprAuG).

Nach § 30 S. 1 Nr. 1 SprAuG bezieht das Mitwirkungsrecht sich auf eine Änderung der **36** Gehaltsgestaltung und sonstiger allgemeiner Arbeitsbedingungen. Soweit es um die Gehaltsgestaltung geht, ist der Begriff wie in § 87 Abs. 1 Nr. 10 BetrVG zu interpretieren. Nicht zur Gehaltsgestaltung gehört wie dort die *Entgelthöhe*. Sieht man von dieser Ausnahme ab, so betrifft aber die Mitwirkung alle sonstigen allgemeinen Arbeitsbedingungen. Die Beteiligungspflicht ist daher weiter als gegenüber dem Betriebsrat: Sie bezieht sich auf den gesamten Inhalt eines Arbeitsverhältnisses, soweit er *vertragseinheitlich* geregelt wird. Der Unterrichtung und Beratung unterliegt außerdem die Einführung oder Änderung allgemeiner Beurteilungsgrundsätze (§ 30 S. 1 Nr. 2 SprAuG).

Eine beabsichtigte Einstellung oder personelle Veränderung eines leitenden Angestell- **37** ten ist dem Sprecherausschuss rechtzeitig mitzuteilen (§ 31 Abs. 1 SprAuG). Es gilt insoweit Gleiches wie gegenüber dem Betriebsrat nach § 105 BetrVG. Der Sprecherausschuss ist vor jeder Kündigung eines leitenden Angestellten zu hören (§ 31 Abs. 2 SprAuG). Wie nach § 102 Abs. 1 S. 3 BetrVG ist hier eine ohne Anhörung des Sprecherausschusses ausgesprochene Kündigung unwirksam (§ 31 Abs. 2 S. 3 SprAuG).

38 Der Unternehmer hat den Sprecherausschuss mindestens einmal im Kalenderhalbjahr über die wirtschaftlichen Angelegenheiten des Betriebs und des Unternehmens i. S. v. § 106 Abs. 3 BetrVG zu unterrichten (§ 32 Abs. 1 S. 1 SprAuG). Dies gilt aber nicht für Tendenzunternehmen i. S. d. § 118 Abs. 1 BetrVG (§ 32 Abs. 1 S. 2 SprAuG). Besonders genannt wird, soweit es sich um wirtschaftliche Angelegenheiten handelt, eine geplante Betriebsänderung i. S. d. § 111 BetrVG (§ 32 Abs. 2 S. 1 SprAuG. Anders als gegenüber dem Betriebsrat, besteht hier aber keine Beratungspflicht über die Betriebsänderung, sondern sie beschränkt sich auf den Sozialplan: Der Unternehmer hat, wenn leitenden Angestellten infolge der geplanten Betriebsänderung wirtschaftliche Nachteile entstehen, mit dem Sprecherausschuss über Maßnahmen zum Ausgleich oder zur Milderung dieser Nachteile zu beraten (§ 32 Abs. 2 S. 2 SprAuG).

5. Sprecherausschussvereinbarungen

39 Unter der missglückten Überschrift »Richtlinien und Vereinbarungen« regelt § 28 SprAuG, wie Arbeitgeber und Sprecherausschuss durch Vereinbarung auf die Arbeitsverhältnisse der leitenden Angestellten einwirken können: Nach Abs. 1 können sie Richtlinien über den Inhalt, den Abschluss oder die Beendigung von Arbeitsverhältnissen schriftlich vereinbaren. Nach Abs. 2 gilt der Inhalt der Richtlinien für die Arbeitsverhältnisse unmittelbar und zwingend, soweit dies zwischen Arbeitgeber und Sprecherausschuss vereinbart ist. Das Verhältnis der beiden Absätze zueinander gibt Rätsel auf. In beiden Fällen bedarf die Vereinbarung der Schriftform. Die Unterscheidung entspricht also nicht der zwischen der (formlosen) Regelungsabrede und der (formgebundenen) Betriebsvereinbarung im Bereich des BetrVG. Eine Parallelität besteht nur insoweit, als die schriftliche Vereinbarung einer Richtlinie nach Abs. 1 wie eine Regelungsabrede keine unmittelbare und zwingende Wirkung für die Arbeitsverhältnisse entfaltet.

40 Die nach § 28 Abs. 1 SprAuG vereinbarten Richtlinien geben eine Regelung für den Normalfall. Sie überlassen es dem Arbeitgeber, im Einzelfall eine von ihnen abweichende Vertragsabrede mit dem einzelnen leitenden Angestellten zu treffen. Das ändert aber nichts daran, dass sie zwischen Sprecherausschuss und Arbeitgeber eine bindende Wirkung entfalten. Der Sprecherausschuss kann im arbeitsgerichtlichen Beschlussverfahren feststellen lassen, ob der Arbeitgeber berechtigt war, von der Richtlinie abzuweichen. Nach § 28 Abs. 2 S. 1 SprAuG können Arbeitgeber und Sprecherausschuss in der Sprecherausschussvereinbarung festlegen, dass der Inhalt der Richtlinien für die Arbeitsverhältnisse unmittelbar und zwingend gilt. Die Richtlinie verliert dadurch streng genommen ihren Charakter als Richtlinie; sie wird zur Rechtsnorm, von der eine abweichende Regelung nur zugunsten des leitenden Angestellten zulässig ist (§ 28 Abs. 2 S. 1 und 2 SprAuG). Die unmittelbare Geltung entspricht der normativen Wirkung einer Betriebsvereinbarung (§ 77 Abs. 4 S. 1 BetrVG). Klargestellt ist hier aber, dass das Günstigkeitsprinzip Anwendung findet (§ 28 Abs. 2 S. 2 SprAuG).

6. Sprecherausschuss und Betriebsrat

Sprecherausschuss und Betriebsrat sind keine Konkurrenzorgane, sondern sie be- **41**
stehen nebeneinander. Sie werden zwar für denselben Repräsentationsbereich gebildet;
sie repräsentieren aber einen verschiedenen Personenkreis. Diese Abgrenzung vermei-
det zugleich eine Konfliktsituation mit dem Betriebsrat. Andererseits enthält das Gesetz aber auch keine Regelung, die das Verhältnis zwischen dem Sprecherausschuss
und dem Betriebsrat institutionalisiert. Eine Verbindung ist nur insoweit hergestellt,
als die regelmäßigen Sprecherausschusswahlen zeitgleich mit den regelmäßigen Betriebsratswahlen stattfinden (§ 5 Abs. 1 SprAuG, § 13 Abs. 1 BetrVG). Außerdem bestimmt § 2 Abs. 1 S. 2 SprAuG, dass der Arbeitgeber vor Abschluss einer Betriebsvereinbarung oder sonstigen Vereinbarung mit dem Betriebsrat, die rechtliche Interessen
der leitenden Angestellten berührt, den Sprecherausschuss rechtzeitig anzuhören hat
(§ 2 Abs. 1 S. 2 SprAuG).

Soweit es um die Geschäftsführung der Repräsentativvertretungen geht, besteht die **42**
folgende Regelung: Der Sprecherausschuss kann dem Betriebsrat oder Mitgliedern
des Betriebsrats das Recht einräumen, an Sitzungen des Sprecherausschusses teilzunehmen (§ 2 Abs. 2 S. 1 SprAuG), wie auch der Betriebsrat dem Sprecherausschuss
oder Mitgliedern des Sprecherausschusses das Recht einräumen kann, an seinen Sitzungen teilzunehmen (§ 2 Abs. 2 S. 2 SprAuG). Außerdem soll einmal im Kalenderhalbjahr eine gemeinsame Sitzung des Sprecherausschusses und des Betriebsrats stattfinden (§ 2 Abs. 2 S. 3 SprAuG).

7. Verhältnis des gesetzlichen Sprecherausschusses zu einem freiwillig gebildeten Sprecherausschuss

Vor Inkrafttreten des SprAuG konnte ein Sprecherausschuss auf privatrechtlicher **43**
Grundlage errichtet werden. Eine Schranke ergab sich lediglich daraus, dass nach § 78
BetrVG die Tätigkeit eines Betriebsrats weder gestört noch behindert werden darf.
Weder die Vereinsfreiheit noch die Vertragsfreiheit ermöglichen aber, eine Mitbestimmungsordnung mit einem repräsentationsrechtlichen Mandat zu schaffen. Ein Sprecherausschuss war, wenn er auf vertragsrechtlicher Grundlage entstand, daher keine
betriebsverfassungsrechtliche Vertretung, sondern eine *Vereinigung*, die auf Unternehmensebene zur Wahrung und Förderung der Arbeits- und Wirtschaftsbedingungen ihrer Mitglieder tätig wurde. Traf ein Sprecherausschuss Vereinbarungen mit der Unternehmensleitung, so konnte es sich bei ihnen zwar um einen Normenvertrag handeln;
dieser hatte aber keine *normative Wirkung*. Er war eine rein schuldrechtliche Abmachung, die nicht ohne weiteres Bestandteil der Arbeitsverträge der einzelnen leitenden Angestellten wurde.

Die freiwillig gebildeten Sprecherausschüsse sind kraft Gesetzes aufgelöst. Auch wenn **44**
bei den regelmäßigen Sprecherausschusswahlen im Jahr 1990 kein gesetzlicher Sprecherausschuss gewählt wurde, blieben sie nur bis zum 31.5.1990 im Amt (§ 37 Abs. 2
S. 2 SprAuG; in den nach der Wiedervereinigung gebildeten ostdeutschen Bundesländern, dem sog. Beitrittsgebiet, bis zum 30.6.1991, Art. 8 Einigungsvertrag i.V.m.
Anlage I Kap. VIII Sachgeb. A Abschn. III Nr. 13). Soweit nach dem SprAuG die Voraussetzungen für die Wahl eines gesetzlichen Sprecherausschusses erfüllt sind, kann
kein Sprecherausschuss freiwillig auf außergesetzlicher Grundlage gebildet werden.

V. Europäischer Betriebsrat

45 Das Betriebsverfassungsrecht ist auf Grund europarechtlicher Vorgaben durch das Gesetz über Europäische Betriebsräte (Europäische Betriebsräte-Gesetz – EBRG) i. d. F. v. 7.12.2011 (BGBl. I S. 2650) ergänzt worden. Das Gesetz hat die Richtlinie 94/45/EG – ersetzt durch die Richtlinie 2009/38 EG über die Einsetzung eines Europäischen Betriebsrats oder die Schaffung eines Verfahrens zur Unterrichtung und Anhörung der Arbeitnehmer in gemeinschaftsweit operierenden Unternehmen und Unternehmensgruppen (ABl. L 122) – in nationales Recht umgesetzt.

46 Nach dem Gesetz über Europäische Betriebsräte werden in gemeinschaftsweit tätigen Unternehmen und Unternehmensgruppen Europäische Betriebsräte oder Verfahren zur Unterrichtung und Anhörung der Arbeitnehmer vereinbart. Kommt es nicht zu einer Vereinbarung, so wird ein Europäischer Betriebsrat kraft Gesetzes errichtet. Bei Bildung eines Europäischen Betriebsrats wird der Sache nach ein Wirtschaftsausschuss institutionalisiert, wobei Anknüpfungspunkt bei einer Unternehmensgruppe nicht der Konzernbegriff ist, sondern die Fähigkeit, einen beherrschenden Einfluss auszuüben (§ 6 EBRG). Das Gesetz stellt wie die EG-Richtlinie auf die Stufe ab, die dem Bestehen eines Abhängigkeitsverhältnisses nach § 17 AktG entspricht. Damit steht aber zugleich auch fest, dass zwar jeder Unterordnungskonzern (§ 18 Abs. 1 AktG), aber kein Gleichordnungskonzern (§ 18 Abs. 2 AktG) erfasst wird.

VI. Sonderregelung für die Europäische Gesellschaft

47 Bei einer Europäischen Gesellschaft (SE – societas europaea), die Gegenstand der Verordnung (EG) Nr. 2157/2001 (ABl. EG Nr. L 294 S. 1) ist, regelt das SE-Beteiligungsgesetz (SEBG) vom 22.12.2004 (BGBl. I S. 3675) die Beteiligung der Arbeitnehmer, wenn die SE ihren Sitz in Deutschland hat. Es gilt unabhängig vom Sitz der SE auch für Arbeitnehmer, die im Inland beschäftigt sind, sowie für beteiligte Gesellschaften, betroffene Tochtergesellschaften und betroffene Betriebe (vgl. zu der Begriffsbestimmung § 2 Abs. 2–4 SEBG). Für die grenzüberschreitende betriebliche Mitbestimmung ist, wenn nach diesem Gesetz keine andere Beteiligungsvereinbarung besteht, ein SE-Betriebsrat zuständig (§ 27 SEBG), während auf die deutschen Betriebe das BetrVG Anwendung findet (§ 47 Abs. 1 SEBG).

3. Kapitel. Mitwirkung und Mitbestimmung der Arbeitnehmer in der Betriebsverfassung

1. Titel. Grundsätze und Rechtsformen der Zusammenarbeit zwischen Arbeitgeber und Betriebsrat

§ 26. Struktur der Mitbestimmung in der Betriebsverfassung

I. Wesensverschiedenheit zum Tarifvertragssystem

Während im überbetrieblichen Bereich dem freiheitsrechtlichen Koalitionsverfahren **1** (Tarifvertrag und Arbeitskampf) überlassen ist, die rechtlichen Beziehungen zwischen Arbeitgeber und Arbeitnehmer zu gestalten, ist in der Betriebsverfassung durch das Gesetz festgelegt, ob und in welchem Umfang der Betriebsrat an bestimmten Maßnahmen beteiligt wird. Entsprechend scheidet der Arbeitskampf als Rechtsinstitut aus: Maßnahmen des Arbeitskampfes zwischen Arbeitgeber und Betriebsrat sind unzulässig (§ 74 Abs. 2 S. 1 BetrVG). Meinungsverschiedenheiten zwischen Arbeitgeber und Betriebsrat sind in dem gesetzlich vorgesehenen Verfahren, also entweder im Einigungsverfahren vor der Einigungsstelle oder im arbeitsgerichtlichen Beschlussverfahren, auszutragen.

II. Grundsätze für die Zusammenarbeit zwischen Arbeitgeber und Betriebsrat

1. Gebot der vertrauensvollen Zusammenarbeit

Magna Charta der Betriebsverfassung ist das Gebot der vertrauensvollen Zusammen- **2** arbeit zwischen Arbeitgeber und Betriebsrat zum Wohl der Arbeitnehmer und des Betriebs. Verankert ist es an der Spitze des Gesetzes in § 2 Abs. 1, also nicht erst zu Beginn seines Vierten Teils, der nach seiner amtlichen Überschrift die »Mitwirkung und Mitbestimmung der Arbeitnehmer« regelt. Das Gebot der vertrauensvollen Zusammenarbeit ist nicht nur ein Programmsatz, sondern bestimmt unmittelbar auch die Rechtsbeziehungen zwischen Arbeitgeber und Betriebsrat. Bei ihm handelt es sich aber um keine Generalklausel der Mitbestimmung, weil dies dem gesetzlich festgelegten System der abgestuften Beteiligungsrechte widerspräche. Das Gebot der vertrauensvollen Zusammenarbeit wirkt vielmehr vor allem als Auslegungsregel, z. B. für den Umfang der Auskunft, die der Arbeitgeber nach dem Gesetz zu erteilen hat, oder als Grundlage der Vertrauenshaftung, die zur Folge haben kann, dass der Betriebsrat sich ein Schweigen als Zustimmung zurechnen lassen muss.

Das Gebot der vertrauensvollen Zusammenarbeit wird insbesondere durch die Grund- **3** sätze konkretisiert, die in § 74 Abs. 1 und 2 BetrVG enthalten sind, also vor allem durch die Anordnung der absoluten Friedenspflicht und das Verbot der parteipolitischen Betätigung im Betrieb. Dieses Verbot bezieht sich nicht auf Äußerungen allgemeinpolitischer Art ohne Bezug zu einer politischen Partei.[1]

2. Grundsätze für die Behandlung der Betriebsangehörigen

4 Teil der Magna Charta der Betriebsverfassung ist weiterhin, dass alle im Betrieb tätigen Personen nach Recht und Billigkeit behandelt werden (§ 75 Abs. 1 BetrVG). Dieser Grundsatz wird vor allem dadurch konkretisiert, dass jede unterschiedliche Behandlung von Personen aus Gründen ihrer Rasse oder wegen ihrer ethnischen Herkunft, ihrer Abstammung oder sonstigen Herkunft, ihrer Nationalität, ihrer Religion oder Weltanschauung, ihrer Behinderung, ihres Alters, ihrer politischen oder gewerkschaftlichen Betätigung oder Einstellung oder wegen ihres Geschlechts oder ihrer sexuellen Identität unterbleibt.

5 Der betriebsverfassungsrechtliche Gleichbehandlungsgrundsatz wird durch die Bestimmung ergänzt, dass Arbeitgeber und Betriebsrat die freie Entfaltung der Persönlichkeit der im Betrieb beschäftigten Arbeitnehmer zu schützen und zu fördern haben (§ 75 Abs. 2 S. 1 BetrVG). Diese für die Betriebsverfassung konstitutive Zielnorm enthält eine Schutzpflicht für die Selbstbestimmungsfreiheit des Arbeitnehmers. Arbeitgeber und Betriebsrat haben die Selbständigkeit und Eigeninitiative der Arbeitnehmer und Arbeitsgruppen zu fördern (§ 75 Abs. 2 S. 2 BetrVG). Damit ist normativ abgesichert, dass die betriebliche Mitbestimmung nicht bezweckt, den Arbeitsvertrag als Grundlage einer selbstbestimmten Gestaltung des Arbeitsrechtsverhältnisses zu verdrängen, sondern ihn ergänzt, wenn der Vertragsmechanismus als Instrument eines freiheitsrechtlichen Interessenausgleichs im multilateralen Verhältnis der Arbeitnehmer zueinander und im Verhältnis zum Arbeitgeber an seine Grenzen stößt.

3. Rechtsschutz gegen Pflichtverletzungen in der Betriebsverfassung

6 Bei Pflichtverletzungen des Arbeitgebers aus der Betriebsverfassung besteht nicht nur die in § 23 Abs. 3 BetrVG verankerte Sanktionsregelung, sondern es greift auch die negatorische Haftung ein, die dem Betriebsrat einen Beseitigungs- und Unterlassungsanspruch gibt.[2] Einen entsprechenden Rechtsschutz gewährt das BAG nicht dem Arbeitgeber bei Pflichtverletzungen des Betriebsrats; ihm soll kein Unterlassungsansruch zustehen.[3] Verkannt wird dabei von ihm die Besonderheit der negatorischen Haftung, wie sie auch in der Betriebverfassung zur Anwendung kommt.[4]

III. Aufgaben und Unterrichtung des Betriebsrats

1. Allgemeine Aufgaben

7 Durch das Gebot der vertrauensvollen Zusammenarbeit zum Wohl der Arbeitnehmer und des Betriebs wird nicht nur das Verhältnis des Betriebsrats zum Arbeitgeber, son-

---

1 *BAG* 17.3.2010, AP BetrVG 1972 § 74 Nr. 12.
2 Siehe hier → § 18 Rn. 16f.
3 So zum Verstoß gegen das Verbot parteipolitischer Betätigung *BAG* 17.3.2010, AP BetrVG 1972 § 74 Nr. 12; bestätigt *BAG* 15.10.2013, AP GG Art. 9 Arbeitskampf Nr. 181; 28.5.2014, AP BetrVG 1972 § 76 Nr. 66.
4 Vgl. ausführlich *Raab*, RdA 2017, 288ff. und 352ff.

dern dadurch mittelbar zugleich auch der Aufgabenbereich des Betriebsrats festgelegt. Dabei hat der Gesetzgeber es aber nicht belassen, sondern in § 80 Abs. 1 BetrVG allgemeine Aufgaben des Betriebsrats umschrieben, um damit festzulegen, in welchen Angelegenheiten eine Initiative vom Betriebsrat erwartet wird, es also zu seinen Amtspflichten gehört, sich darum zu kümmern.

Aus der Festlegung der allgemeinen Aufgaben kann kein Beteiligungsrecht unmittel-   **8** bar abgeleitet werden; es muss vielmehr gesondert geprüft werden, ob der Betriebsrat ein entsprechendes Beteiligungsrecht hat. Die dem Betriebsrat nach § 80 Abs. 1 Nr. 2 BetrVG obliegende Aufgabe, Maßnahmen, die dem Betrieb und der Belegschaft dienen, beim Arbeitgeber zu beantragen, bedeutet daher nicht, dass ihm ein als Mitbestimmungsrecht gestaltetes Initiativrecht zusteht. Lehnt der Arbeitgeber die beantragte Maßnahme ab, so kann der Betriebsrat die Einigungsstelle zur Entscheidung im verbindlichen Einigungsverfahren nur anrufen, soweit die Angelegenheit wie z. B. nach § 87 Abs. 1 BetrVG mitbestimmungspflichtig ist.

An der Spitze des Katalogs in § 80 Abs. 1 BetrVG steht die Aufgabe, darüber zu wa-   **9** chen, dass die zugunsten der Arbeitnehmer geltenden Rechtsvorschriften durchgeführt werden (Nr. 1). Als allgemeine Aufgabe besonders benannt ist auch, die »Durchsetzung der tatsächlichen Gleichstellung von Frauen und Männern, insbesondere bei der Einstellung, Beschäftigung, Aus-, Fort- und Weiterbildung und dem beruflichen Aufstieg, zu fördern« (Nr. 2 a). Es folgt als allgemeine Aufgabe, die Vereinbarung von Familie und Erwerbstätigkeit zu fördern (Nr. 2 b). Die in Nr. 7 festgelegte Aufgabe, die Integration ausländischer Arbeitnehmer im Betrieb und das Verständnis zwischen ihnen und den deutschen Arbeitnehmern zu fördern, ergänzt das Gesetz durch das dem Betriebsrat eingeräumte Recht ergänzt, Maßnahmen zur Bekämpfung von Rassismus und Fremdenfeindlichkeit im Betrieb zu beantragen. Weiterhin hat es dem Betriebsrat als Aufgaben zugewiesen, die Beschäftigung im Betrieb zu fördern und zu sichern (Nr. 8) und Maßnahmen des Arbeitsschutzes und des betrieblichen Umweltschutzes zu fördern (Nr. 9).

2. Informationsrecht des Betriebsrats

Zur Durchführung seiner Aufgaben, nicht nur der in § 80 Abs. 1 BetrVG genannten,   **10** sondern aller nach dem Gesetz ihm obliegenden Aufgaben, ist der Betriebsrat rechtzeitig und umfassend vom Arbeitgeber zu unterrichten (§ 80 Abs. 2 S. 1 BetrVG). Die Unterrichtung erstreckt sich auch auf die Beschäftigung von Personen erstreckt, die nicht in einem Arbeitsverhältnis zum Arbeitgeber stehen. Zu ihnen gehören nicht nur Arbeitnehmer eines anderen Arbeitgebers, die dem Betriebsinhaber zur Arbeitsleistung überlassen sind (Leiharbeitnehmer), sondern auch Arbeitnehmer, die auf Grund von Dienst- oder Werkverträgen des Betriebsinhabers mit Dritten als deren Erfüllungsgehilfen im Betrieb tätig werden, und Personen, die als freie Mitarbeiter im Rahmen eines Dienstvertrags mit dem Betriebsinhaber beschäftigt werden.[5]

Dem Betriebsrat sind auf Verlangen jederzeit die zur Durchführung seiner Aufgaben   **11** erforderlichen Unterlagen zur Verfügung zu stellen (§ 80 Abs. 2 S. 2 Hs. 1 BetrVG). Sie sind ihm nicht nur vorzulegen, sondern der Arbeitgeber ist verpflichtet, die Unterlagen, wenn auch zeitlich begrenzt, dem Betriebsrat zu überlassen; er muss sie aus der

---

5 Begründung des RegE zum BetrVerf-ReformG, BT-Drs. 14/5741, S. 46.

Hand geben, so dass der Betriebsrat sie ohne Beisein des Arbeitgebers auswerten kann.[6]

12 In Ergänzung dieser Anordnung heißt es sodann im Gesetzestext: »In diesem Rahmen ist der Betriebsausschuss oder ein nach § 28 gebildeter Ausschuss berechtigt, in die Listen über die Bruttolöhne und -gehälter Einblick zu nehmen« (§ 80 Abs. 2 S. 2 Hs. 2 BetrVG). Die Formulierung ist missglückt; sie lässt nicht klar erkennen, dass ausschließlich die Pflicht des Arbeitgebers hinsichtlich der Unterlagen modifiziert wird. Der Betriebsrat hat deshalb auch, wenn er nach dem Gesetz keinen Betriebsausschuss bilden kann, das Einsichtsrecht; er darf es hier aber nur durch den Betriebsratsvorsitzenden oder ein anderes Betriebsratsmitglied ausüben, dem er nach § 27 Abs. 3 BetrVG die Führung der laufenden Geschäfte übertragen hat.[7] Das Einblicksrecht erstreckt sich auf die effektiven Bruttobezüge einschließlich der übertariflichen Zulagen.[8] Es ist nicht davon abhängig, dass der Betriebsrat einen besonderen Anlass darlegt, und zwar auch dann, wenn es sich um außertarifliche Angestellte handelt, deren Vergütung individuell vereinbart ist.[9]

13 Da die moderne Arbeitswelt einem schnellen, sehr erheblichen Wandel unterliegt, der die Betriebsräte vor vielfältige neue, schwierige und komplexe Aufgaben stellt, soll der Betriebsrat die Möglichkeit erhalten, den internen Sachverstand der Arbeitnehmer zu nutzen und bei der Suche nach Problemlösungen einzubeziehen. Der Arbeitgeber hat ihm daher sachkundige Arbeitnehmer als Auskunftspersonen zur Verfügung zu stellen hat, soweit dies zur ordnungsgemäßen Erfüllung von Betriebsratsaufgaben erforderlich ist; er hat hierbei, wie es ausdrücklich heißt, die Vorschläge des Betriebsrats zu berücksichtigen, soweit betriebliche Notwendigkeiten nicht entgegenstehen (§ 80 Abs. 2 S. 3 BetrVG).

IV. Gegenstand und Formen der Beteiligung des Betriebsrats

1. Gesetzessystematische Gestaltung

14 Die Beteiligung des Betriebsrats erstreckt sich auf soziale, personelle und wirtschaftliche Angelegenheiten. Die Unterscheidung, die der Legalordnung des BetrVG 1952 entspricht, hat auch das BetrVG 1972 übernommen, hinter dem Abschnitt, der den sozialen Angelegenheiten gewidmet ist (§§ 87 bis 89 BetrVG), aber einen Abschnitt über die Gestaltung von Arbeitsplatz, Arbeitsablauf und Arbeitsumgebung (§§ 90, 91 BetrVG) eingefügt. Es folgt der Abschnitt über personelle Angelegenheiten (§§ 92 bis 105 BetrVG) und der Abschnitt über wirtschaftliche Angelegenheiten (§§ 106 bis 113 BetrVG). Dem Abschnitt über die sozialen Angelegenheiten ist nach dem ersten Abschnitt über »Allgemeines« als zweiter Abschnitt das »Mitwirkungs- und Beschwerderecht des Arbeitnehmers« vorangestellt (§§ 81 bis 86a BetrVG). Die Bestimmungen, die das Mitwirkungs- und Beschwerderecht des Arbeitnehmers regeln, haben aber überwiegend individualrechtlichen, nicht betriebsverfassungsrechtlichen Charakter,

---

6 *BAG* 20.11.1984, AP BetrVG 1972 § 106 Nr. 3.

7 Vgl. *BAG* 23.2.1973, AP BetrVG 1972 § 80 Nr. 2; st. Rspr. des BAG; so *BAG* 18.9.1973, AP BetrVG 1972 § 80 Nr. 3 und 4; 10.2.1987, AP BetrVG 1972 § 80 Nr. 27.

8 Ebenso *BAG* 18.9.1973, AP BetrVG 1972 § 80 Nr. 3; st. Rspr.; vgl. *BAG* 26.1.1988, AP BetrVG 1972 § 80 Nr. 31.

9 *BAG* 30.6.1981, AP BetrVG 1972 § 80 Nr. 15 unter Aufgabe von *BAG* 18.9.1973 und 28.5.1974, AP BetrVG 1972 § 80 Nr. 3 und 7; bestätigt *BAG* 3.12.1981 und 10.2.1987, AP BetrVG 1972 § 80 Nr. 16 und 27.

und mit der Gestaltung von Arbeitsplatz, Arbeitsablauf und Arbeitsumgebung werden Angelegenheiten erfasst, die man im weitesten Sinn zu den Arbeitsbedingungen und damit zu den sozialen Angelegenheiten zählen kann.

2. Formen der Beteiligung

Die Beteiligungsrechte sind unterschiedlich ausgeprägt. Man unterscheidet *Mitwirkungsrechte*, die entweder als Anhörungsrecht oder als Beratungsrecht gestaltet sind, den Betriebsrat also nur an der Entscheidungsfindung, nicht aber an der Entscheidung selbst beteiligen, und *Mitbestimmungsrechte*, die dem Betriebsrat ein paritätisches Mitgestaltungs- oder Mitbeurteilungsrecht einräumen. **15**

Ist der Betriebsrat nur zu hören (§ 102 BetrVG), so ist der Arbeitgeber verpflichtet, ihm Gelegenheit zur Stellungnahme zu geben. Besteht ein Beratungsrecht, so hat der Arbeitgeber die Initiative zu ergreifen, um Gründe und Gegengründe in einem Gespräch mit dem Betriebsrat gegeneinander abzuwägen (z. B. §§ 90, 92 Abs. 1 S. 2, §§ 96, 97 Abs. 1 und nicht zuletzt auch § 111 BetrVG, soweit es um den Interessenausgleich über die Betriebsänderung geht). **16**

Das Mitbestimmungsrecht besteht ebenfalls in verschiedenen Abstufungen. Es besteht in seiner stärksten Ausprägung als Initiativ- und Zustimmungsrecht in den sozialen Angelegenheiten, die in § 87 Abs. 1 BetrVG genannt sind. Es kann aber auch nur ein Zustimmungsrecht sein (so z. B. § 94 BetrVG). Schließlich kann es in der Form eines Zustimmungsverweigerungsrechts gegeben sein, wie es bei Einstellungen, Eingruppierungen, Umgruppierungen und Versetzungen in § 99 BetrVG eingeräumt ist. Kommt in den beiden zuerst genannten Fällen keine Einigung zwischen dem Arbeitgeber und dem Betriebsrat zustande, so kann mit der Angelegenheit eine Einigungsstelle befasst werden, die im Regelfall erst für den Mitbestimmungskonflikt gebildet wird; ihr Spruch ersetzt die Einigung zwischen Arbeitgeber und Betriebsrat (vgl. § 87 Abs. 2, § 94 Abs. 1 S. 2 und 3, § 97 Abs. 2 S. 2 und 3, § 112 Abs. 4 BetrVG). Da beim Zustimmungsverweigerungsrecht die Zustimmung nur aus bestimmten Gründen verweigert werden kann (§ 99 Abs. 2 BetrVG), entscheidet hier über das Vorliegen eines Zustimmungsverweigerungsgrundes das Arbeitsgericht im Beschlussverfahren (§ 99 Abs. 4 BetrVG, § 2a Abs. 1 Nr. 1, Abs. 2 ArbGG). **17**

3. Regelungszuständigkeit des Betriebsrats

Arbeitgeber und Betriebsrat sind nicht darauf beschränkt, nur Angelegenheiten zu regeln, bei denen der Betriebsrat ein Mitbestimmungsrecht hat, sondern es besteht in den sozialen Angelegenheiten, den Arbeitsbedingungen im weitesten Sinn, eine umfassende Regelungskompetenz der Betriebspartner: Klassisches Gestaltungsmittel ist die Betriebsvereinbarung, durch die eine für alle Belegschaftsangehörigen verbindliche Regelung mit normativer Wirkung herbeigeführt werden kann (§ 77 BetrVG). **18**

V. Betriebsverfassungsrechtliche Mitbestimmungsordnung und Zivilrechtssystem

1. Rechtsstellung des Betriebsrats gegenüber der Belegschaft

19   Die Mitbestimmungsordnung des Betriebsrats knüpft an die Arbeitgeber-Arbeitnehmer-Beziehungen an, indem sie den Betriebsrat als Repräsentanten aller Arbeitnehmer des Betriebs ohne Rücksicht auf deren Willen an Entscheidungen des Arbeitgebers – der Betriebs- und Unternehmensleitung – beteiligt. Zur Erklärung der dem Betriebsrat eingeräumten Funktion kann man den Begriff des subjektiven Rechts heranziehen, der als Abstraktionsfigur des Eigentums im Mittelpunkt des Zivilrechtssystems steht.[10] Die Frage nach dem Inhaber der Beteiligungsrechte wird in der Literatur verschieden beantwortet:

a) Belegschaft als juristische Teilperson
   Durch das Gesetz wird die Belegschaft als rechtliche Einheit gestaltet, der als solcher bestimmte Rechte und Pflichten zustehen, so dass sie als beschränkt rechtsfähig anzusehen sei.[11]

b) Belegschaft als Rechtsgemeinschaft
   Subjekt der Beteiligungsrechte sind die einzelnen Arbeitnehmer des Betriebs, die sie aber nicht selbständig, sondern nur gemeinsam ausüben können.[12]

c) Betriebsrat als Repräsentant der Belegschaft
   Die im Betrieb zusammengefassten Arbeitnehmer bilden keinen Verband im Rechtssinne, sondern sind lediglich eine natürliche, durch die Zugehörigkeit zu dem selben Betrieb entstehende Gemeinschaft, für die als deren Repräsentant der Betriebsrat handelt.[13]

20   Letzterer Ansicht ist zu folgen. Da die Belegschaft als Rechtssubjekt ausscheidet, ist der Betriebsrat Zuordnungssubjekt für die Beteiligungsrechte, und er ist für die im Gesetz festgelegten Pflichten auch der Pflichtadressat. Dabei hat man zu beachten, dass die Mitwirkungs- und Mitbestimmungsrechte ihm nicht nur eine Befugnis einräumen, sondern, weil sie Pflichtrechte sind, ihn auch dazu verpflichten, sie ordnungsgemäß wahrzunehmen. Er übt die Beteiligungsrechte ausschließlich fremdnützig aus.[14]

21   Die Wahrnehmung der Arbeitnehmerbelange durch den Betriebsrat ist eine Form der Zwangsrepräsentation;[15] sie ist ihm nicht privatautonom-mandatarisch übertragen.[16] Das Betriebsratsamt kann man den privaten Ämtern des bürgerlichen Rechts zuordnen.[17]

---

10 Zum Systemdenken im Betriebsverfassungsrecht *Lobinger*, RdA 2011, 76 ff.

11 So die h. L. in der Weimarer Zeit; vgl. *Kaskel*, NZfAR 1921 Sp. 11 ff.; in der Zeit nach dem Zweiten Weltkrieg noch *Dietz*, BetrVG, 4. Aufl. 1967, § 1 Rn. 5 ff.

12 So *Jacobi*, Grundlehren des Arbeitsrechts, 1927, S. 295; ebenso auch noch *Nipperdey* in: Hueck/Nipperdey, Lehrbuch des Arbeitsrechts, Bd. II, 6. Aufl. 1957, S. 686 f.; *Belling*, Die Haftung des Betriebsrats und seiner Mitglieder für Pflichtverletzungen, 1990, S. 115 ff.

13 Vgl. *Richardi*, BetrVG, Einl. Rn. 95 ff.

14 So zutreffend *Konzen*, ZfA 1985, 469 (485).

15 So bereits *Richardi*, Kollektivgewalt und Individualwille bei der Gestaltung des Arbeitsverhältnisses, 1968, S. 313, 316.

16 So zutreffend *Belling*, Haftung des Betriebsrats, S. 54, 172 f.

17 So vor allem *Belling*, Haftung des Betriebsrats, S. 120 ff., insbes. S. 140 ff., 170 ff.

2. Beteiligungsnotwendigkeit als Regelungsschranke für den Arbeitgeber

a) Beseitigungs- und Unterlassungsanspruch des Betriebsrats

Soweit der Betriebsrat zu beteiligen ist, beschränkt das Gesetz die Regelungsbefugnis des Arbeitgebers. Trifft dieser gleichwohl eine Regelung ohne Beteiligung des Betriebsrats, so hängt vom Beteiligungstatbestand und dem Zweck des Beteiligungsrechts ab, ob der Betriebsrat verlangen kann, dass der betriebsverfassungswidrige Zustand beseitigt wird. In Betracht kann daher ein negatorischer Beseitigungs- und Unterlassungsanspruch kommen.[18] **22**

b) Sanktionen einer Verletzung des Beteiligungsrechts im Arbeitsverhältnis

Das Gesetz regelt nur ausnahmsweise, wie die Verletzung eines Beteiligungsrechts sich individualrechtlich auf das Verhältnis des Arbeitgebers zum Arbeitnehmer auswirkt: Die Kündigung eines Arbeitnehmers durch den Arbeitgeber ist, wenn der Betriebsrat nicht vorher ordnungsgemäß angehört wurde, unwirksam (§ 102 Abs. 1 S. 3 BetrVG), und bei Fehlen des Versuchs eines Interessenausgleichs mit dem Betriebsrat über eine beteiligungspflichtige Betriebsänderung hat der von ihr betroffene Arbeitnehmer einen Anspruch auf Nachteilsausgleich (§ 113 Abs. 3 S. 1 BetrVG). Nicht im Gesetz geregelt ist, wie eine Verletzung des Mitbestimmungsrechts sich sonst auf die Rechtsstellung des Arbeitnehmers auswirkt. Fällt eine Regelung unter den Katalog des § 87 Abs. 1 BetrVG, so wird überwiegend angenommen, dass die Mitbestimmung nicht nur die Wahrnehmung einer einseitigen Gestaltungsbefugnis des Arbeitgebers begrenzt, sondern zugleich auch eine Schranke der Vertragsfreiheit darstellt.[19] Bei der Einstellung hängt aber die Wirksamkeit des Arbeitsvertrags nicht davon ab, dass der Betriebsrat nach § 99 BetrVG ordnungsgemäß beteiligt wurde; denn der Mitbestimmung unterliegt nur die Einstellung, nicht auch der Abschluss des Arbeitsvertrags.[20] Bei einer Versetzung gibt eine Verletzung des Mitbestimmungsrechts dem Arbeitnehmer das Recht, die Versetzungsanordnung auch dann nicht zu befolgen, wenn zu ihr der Arbeitgeber nach dem Arbeitsvertrag berechtigt ist. **23**

§ 27. Mitwirkungs- und Beschwerderecht des Arbeitnehmers

Das BetrVG regelt in §§ 81 bis 83 Mitwirkungsrechte des Arbeitnehmers, die individualrechtlichen Charakter haben, so dass ihr Bestand nicht davon abhängt, ob der Betrieb betriebsratsfähig ist und ein Betriebsrat besteht; sie gelten aber nicht für leitende Angestellte (§ 5 Abs. 3 S. 1 BetrVG). Das Gesetz gibt dem einzelnen Arbeitnehmer außerdem ein zweispurig gestaltetes Beschwerderecht (§§ 84, 85 BetrVG) und ein Recht, dem Betriebsrat Themen zur Beratung vorzuschlagen (§ 86a BetrVG). **1**

---

18 Siehe auch hier → § 18 Rn. 16 f.; weiterhin *Lobinger*, ZfA 2004, 101 ff.
19 Vgl. zur Problematik ausführlich *Richardi*, BetrVG, § 87 Rn. 101 ff.
20 Vgl. *BAG* 28.4.1992, AP BetrVG 1972 § 99 Nr. 98.

I. Informations- und Erörterungsrechte des Arbeitnehmers gegenüber dem Arbeitgeber

2 Der Arbeitgeber hat den Arbeitnehmer über dessen Aufgaben und Verantwortung sowie über die Art seiner Tätigkeit und ihre Einordnung in den Arbeitsablauf des Betriebs zu unterrichten (§ 81 Abs. 1 S. 1 BetrVG). Bei Planung und Einführung neuer Techniken besteht eine Unterrichtungs- und Erörterungspflicht des Arbeitgebers (§ 81 Abs. 4 BetrVG). Von Bedeutung ist vor allem, dass der Arbeitnehmer das Recht hat, in die über ihn geführten Personalakten Einsicht zu nehmen (§ 83 Abs. 1 BetrVG). Er hat nicht nur einen Berichtigungsanspruch, wenn tatsächliche Angaben in der Personalakte nicht zutreffend sind oder eine Bewertung nicht im Rahmen des pflichtgemäßen Ermessens getroffen wurde, sondern er hat unabhängig davon das Recht, zu dem Inhalt der Personalakte Stellung zu nehmen (§ 82 Abs. 1 S. 2 BetrVG). Seine Erklärungen sind der Personalakte auf sein Verlangen beizufügen (§ 83 Abs. 2 BetrVG).

II. Beschwerdeverfahren

3 Beschwerdegegenstand ist, wie sich aus § 84 Abs. 1 S. 1 BetrVG ergibt, eine individuelle Beeinträchtigung des Arbeitnehmers. Er muss geltend machen, dass er sich vom Arbeitgeber oder von Arbeitnehmern des Betriebs benachteiligt oder ungerecht behandelt oder in sonstiger Weise beeinträchtigt fühlt. Dem Arbeitnehmer wird dadurch zwar nicht verwehrt, sich auch zum Anwalt eines benachteiligten Kollegen zu machen; jedoch besteht dann lediglich die Aufgabe des Betriebsrats nach § 80 Abs. 1 Nr. 3 BetrVG, sich mit der Angelegenheit zu befassen.

4 Das Beschwerdeverfahren ist zweispurig gestaltet: Die Beschwerde kann unmittelbar bei den zuständigen Stellen des Betriebs eingelegt werden, wobei der Arbeitnehmer ein Mitglied des Betriebsrats zur Unterstützung oder Vermittlung hinzuziehen kann (individuelles Beschwerdeverfahren, § 84 BetrVG), und er kann das Beschwerdeverfahren über den Betriebsrat wählen (kollektives Beschwerdeverfahren, § 85 BetrVG). Im Rahmen des kollektiven Beschwerdeverfahrens hat der Betriebsrat ein Mitbestimmungsrecht; denn hält er die Beschwerde des Arbeitnehmers für berechtigt, bestehen aber darüber zwischen ihm und dem Arbeitgeber Meinungsverschiedenheiten, so kann der Betriebsrat ein verbindliches Einigungsverfahren durch Bildung einer Einigungsstelle einleiten, soweit Gegenstand der Beschwerde kein Rechtsanspruch ist (§ 85 Abs. 2 BetrVG). Das Recht, über die Berechtigung der Beschwerde einen verbindlichen Spruch der Einigungsstelle herbeizuführen, erweitert nicht das Mitbestimmungsrecht des Betriebsrats. Er hat ein Mitbestimmungsrecht im Beschwerdeverfahren, nicht aber über das Beschwerdeverfahren Mitbestimmungsrechte, die das Gesetz sonst nicht vorsieht.[1]

5 Durch Tarifvertrag oder Betriebsvereinbarung kann bestimmt werden, dass an die Stelle der Einigungsstelle eine betriebliche Beschwerdestelle tritt (§ 86 BetrVG).

---

1 *LAG Düsseldorf* NZA 1994, 767 (768).

III. Themenvorschlagsrecht des Arbeitnehmers gegenüber dem Betriebsrat

Zur Belebung und Bereicherung der innerbetrieblichen Diskussion ordnet § 86a **6** BetrVG an, dass jeder Arbeitnehmer das Recht hat, dem Betriebsrat Themen zur Beratung vorzuschlagen. Er verpflichtet den Betriebsrat, den Vorschlag innerhalb von zwei Monaten auf die Tagesordnung einer Betriebsratssitzung zu setzen, wenn er von mindestens fünf Prozent der Arbeitnehmer des Betriebs unterstützt wird.

§ 28. Betriebsvereinbarung als Instrument der Mitbestimmung und innerbetrieblichen Rechtsetzung

I. Begriff und rechtlicher Charakter

Die Betriebsvereinbarung ist die Vereinbarung, durch die der Arbeitgeber den Be- **1** triebsrat gleichberechtigt an der für die Arbeitnehmer eines Betriebs geltenden Regelung der Arbeitsbedingungen beteiligt. Der Begriff war dem Betriebsrätegesetz 1920 noch nicht bekannt. Georg Flatow hat ihn in seiner Schrift »Betriebsvereinbarung und Arbeitsordnung« (1921, 2. Aufl. 1923) geprägt, um mit ihm die verschiedenen Formen der gesetzlich vorgesehenen Regelung zwischen Arbeitgeber und Betriebsrat zu bezeichnen.

Die Betriebsvereinbarung ist wie der Tarifvertrag ein privatrechtlicher Normenvertrag. **2** Eine Betriebsvereinbarung kann nur über Angelegenheiten abgeschlossen werden, für die sich aus dem Gesetz eine Regelungskompetenz des Betriebsrats ableiten lässt. Es besteht also keine Vertragsfreiheit; denn der Betriebsrat kann als Repräsentant der Belegschaft nur im Rahmen der vom Gesetz festgelegten funktionellen Zuständigkeit handeln.

II. Abschluss und Inhalt einer Betriebsvereinbarung

1. Abschluss einer Betriebsvereinbarung

Partei der Betriebsvereinbarung ist auf Arbeitnehmerseite der Betriebsrat. Soweit der **3** Gesamtbetriebsrat oder der Konzernbetriebsrat zuständig ist (§§ 50, 58 BetrVG), kann eine Betriebsvereinbarung auch mit ihnen abgeschlossen werden (Gesamtbetriebsvereinbarung bzw. Konzernbetriebsvereinbarung). Die Betriebsvereinbarung kommt durch Vertrag mit dem Arbeitgeber zustande; sie bedarf der Schriftform (§ 77 Abs. 2 BetrVG). Sie kann, was bestritten wird, nicht durch eine elektronische Form (§ 126a BGB) ersetzt werden; § 126 Abs. 3 BGB findet keine Anwendung.[1]

2. Inhalt und Grenzen der Betriebsvereinbarungsautonomie

Gegenstand einer Betriebsvereinbarung sind nicht nur Angelegenheiten, über die der **4** Betriebsrat mitzubestimmen hat (erzwingbare Betriebsvereinbarung), sondern auch

---

1 Richardi/*Richardi* BetrVG § 77 Rn. 35 mwN.

sonstige soziale Angelegenheiten (freiwillige Betriebsvereinbarung). Das BAG entnimmt einem Umkehrschluss aus § 77 Abs. 3 BetrVG und der nur beispielhaften Aufführung der Angelegenheiten, die durch Betriebsvereinbarung geregelt werden können, in § 88 BetrVG, dass sämtliche Arbeitsbedingungen den Gegenstand einer Betriebsvereinbarung bilden können.[2]

5   Der Gestaltungswirkung einer Betriebsvereinbarung unterliegen nur Arbeitnehmer, die vom Betriebsrat repräsentiert werden, also nicht leitende Angestellte (§ 5 Abs. 3 BetrVG). Zur Belegschaft gehören auch nicht mehr Arbeitnehmer, die aus dem Betrieb ausgeschieden sind. Deshalb erstreckt die Regelungskompetenz der Betriebspartner sich grundsätzlich nicht auf sie; eine Ausnahme gilt nur, soweit der Betriebsrat eine Regelungskompetenz zum Ausgleich oder zur Milderung der wirtschaftlichen Nachteile hat, die durch das Ausscheiden aus dem Betrieb eintreten. Ein Sozialplan kann auch die infolge der Betriebsänderung bereits entlassenen Arbeitnehmer einbeziehen. Die Betriebspartner haben dagegen keine Regelungskompetenz, in Rechtsverhältnisse des Arbeitgebers mit aus dem Betrieb ausgeschiedenen Arbeitnehmern einzugreifen. Das Ruhestandsverhältnis ist demnach einer normativen Gestaltung durch Betriebsvereinbarung entzogen.[3]

6   Die Betriebsvereinbarung ist an zwingendes Gesetzesrecht gebunden. Das gilt insbesondere auch für das Verhältnis zum Kündigungsschutz. Durch Betriebsvereinbarung kann aber nach Meinung des BAG eine auf das Regelrentenalter bezogene Altersgrenze, bei der Arbeitnehmer ohne Kündigung aus dem Arbeitsverhältnis ausscheiden, festgelegt werden.[4] Soweit gesetzliche Bestimmungen tarifdispositiv sind, gilt dies nicht für die Betriebsvereinbarung.

7   Tarifvertrag und Betriebsvereinbarung beruhen auf verschiedenen Ordnungsgrundsätzen. Grenzen, die für die tarifvertragliche Regelungsgewalt entwickelt sind, haben aber, soweit sie die Nichtbeteiligung des betroffenen Arbeitnehmers kompensieren, auch Bedeutung für die Betriebsvereinbarung. Durch Betriebsvereinbarung kann kein Nebenbeschäftigungsverbot erlassen und auch sonst nicht vorgeschrieben werden, wie der Arbeitnehmer seine arbeitsfreie Zeit und seinen Urlaub verbringt. Auch über die Verwendung des Arbeitsentgelts kann mit Ausnahme von Maßnahmen zur Förderung der Vermögensbildung (§ 88 Nr. 3 BetrVG) keine Bestimmung getroffen werden. Bereits entstandene Ansprüche können, auch soweit sie durch Betriebsvereinbarung eingeräumt sind, nicht durch Betriebsvereinbarung erlassen, herabgesetzt oder gestundet werden. Ein Lohnabtretungsverbot kann dagegen festgelegt werden,[5] und es können auch Ausschlussfristen und die Verkürzung der Verjährungsfristen vorgesehen werden, jedoch nicht für die Geltendmachung tariflicher Rechte (§ 4 Abs. 4 S. 3 TVG). Eine Betriebsvereinbarung ausschließlich zum Nachteil der Arbeitnehmer kann eben-

---

2   *BAG* 18.8.1987, AP BetrVG 1972 § 77 Nr. 23; vgl. auch *BAG* 12.12. und 26.8.2008, AP BetrVG 1972 § 77 Nr. 94 (Rn. 13ff.) und AP BetrVG 1972 § 75 Nr. 54 (Rn. 13).

3   *BAG* 13.5.1997, AP BetrVG 1972 § 77 Nr. 65.

4   *BAG* 13.10.2015, AP BetrVG 1972 § 77 Nr. 109; stRspr. seit *BAG (GS)* 7.11.1989, AP BetrVG 1972 § 77 Nr. 46; ursprünglich bezogen auf das 65. Lebensjahr. Wegen der Anhebung des Regelrentenalters sind aber Betriebsvereinbarungen regelmäßig dahingehend auszulegen, dass die Beendigung des Arbeitsverhältnisses erst mit der Vollendung des für den Bezug einer Regelaltersrente maßgeblichen Lebensalters erfolgen soll. Wegen des Gebots des Vertrauensschutzes muss die Altersgrenzenregelung Übergangsregelungen für die bei Inkrafttreten bereits rentennäheren Arbeitnehmer vorsehen; so *BAG* 21.2.2017, NZA 2017, 738ff. Zweifelhaft bleibt, ob eine Altersgrenze überhaupt durch Betriebsvereinbarung festgelegt werden kann; verneinend Richardi/*Richardi* BetrVG § 77 R.n. 118ff. mwN.

5   Bestritten, s. Richardi/*Richardi* BetrVG § 77 Rn. 117.

falls nicht wirksam abgeschlossen werden.[6] Eine Betriebsvereinbarung, in der für die Arbeitnehmer Vertragsstrafen begründet werden, ist deshalb jedenfalls dann unwirksam, wenn in ihr bestimmt wird, dass einzelvertragliche Vertragsstrafen der Betriebsvereinbarung auch dann vorgehen, wenn sie für den Arbeitnehmer ungünstiger sind.[7]

III. Rechtswirkungen der Betriebsvereinbarung

1. Unmittelbare und zwingende Geltung

Betriebsvereinbarungen gelten unmittelbar und zwingend; die in ihnen festgelegten Rechte sind nur mit Zustimmung des Betriebsrats verzichtbar (§ 77 Abs. 4 BetrVG). **8**

Obwohl das Gesetz eine entsprechende Bestimmung nicht enthält, gilt das Günstig- **9** keitsprinzip auch für die Betriebsvereinbarung. Durch Vertragsabrede kann von ihrer Regelung zugunsten des Arbeitnehmers abgewichen werden.[8] Das Günstigkeitsprinzip sichert nicht nur die Abweichung nach Inkrafttreten einer Betriebsvereinbarung, sondern, da es eine Regelungsschranke für die Betriebsvereinbarungsautonomie ist, schützt es auch Arbeitsvertragsregelungen vor einer Ablösung oder Verschlechterung durch Betriebsvereinbarung.[9] Möglich ist aber, dass die Arbeitsvertragsregelung nach ihrem Inhalt eine Abweichung zu Lasten des Arbeitnehmers gestattet. Sie ist in diesem Fall betriebsvereinbarungsoffen, so dass sie auch durch Betriebsvereinbarung abgelöst werden kann.[10]

Beruht die Arbeitsvertragsregelung auf einer vom Arbeitgeber gesetzten Einheitsrege- **10** lung oder einer Gesamtzusage oder beruft sich der Arbeitnehmer zur Begründung eines Anspruchs auf eine betriebliche Übung, so besteht kein Unterschied. Für Sozialleistungen nimmt der Große Senat des BAG aber an, dass das Günstigkeitsprinzip hier einen anderen Inhalt hat: Derartige Leistungen, die auf einer arbeitsvertraglichen Einheitsregelung, einer Gesamtzusage oder einer betrieblichen Übung beruhen, seien nur durch einen kollektiven Günstigkeitsvergleich vor einer ablösenden Betriebsvereinbarung geschützt.[11] Deshalb soll zwar keine verschlechternde, aber eine umstrukturierende Betriebsvereinbarung zulässig sein, auch wenn dadurch die Rechtsposition eines einzelnen Arbeitnehmers verschlechtert wird. Damit wird aber das Günstigkeitsprinzip als Kollisionsnorm wieder außer Kraft gesetzt. Die Konkretisierung des Günstigkeitsprinzips durch einen kollektiven Günstigkeitsvergleich wird deshalb im Schrifttum überwiegend abgelehnt.[12]

2. Weitergeltung nach Ablauf der Betriebsvereinbarung

Nach Ablauf einer Betriebsvereinbarung gelten, wie § 77 Abs. 6 BetrVG ausdrücklich **11** bestimmt, »ihre Regelungen in Angelegenheiten, in denen ein Spruch der Einigungsstelle die Einigung zwischen Arbeitgeber und Betriebsrat ersetzen kann, weiter, bis sie

---

6 So *BAG* 5.3.1959, AP BGB § 611 Fürsorgepflicht Nr. 26; 10.3.1976, AP BGB § 618 Nr. 17.
7 *BAG* 6.8.1991, AP BetrVG 1972 § 77 Nr. 52.
8 *BAG (GS)* 16.9.1986 und 7.11.1989, AP BetrVG 1972 § 77 Nr. 17 und 46.
9 *BAG,* ebd.
10 *BAG* 5.3.2013, AP BetrVG 1972 § 77 Nr. 105 (Rn. 58 ff.).
11 *BAG (GS)* 16.9.1986, AP BetrVG 1972 § 77 Nr. 17.
12 Vgl. Richardi/*Richardi* BetrVG § 77 Rn. 167 ff.; siehe auch die restriktive Tendenz in *BAG* 28.3.2000, AP BetrVG 1972 § 77 Nr. 83 (mit Anm. von *Richardi*).

durch eine andere Abmachung ersetzt werden«. Die Bestimmung bezieht sich also nur auf erzwingbare, nicht auf freiwillige Betriebsvereinbarungen.

12 Betriebsvereinbarungen über eine Entgeltleistung sind, da sie auch eine Regelung über die Entgeltgestaltung treffen, zugleich Betriebsvereinbarungen zur Ausübung der Mitbestimmung nach § 87 Abs. 1 Nr. 10 BetrVG (teilmitbestimmte Betriebsvereinbarungen). Da der Tarifvorrang im Eingangshalbsatz des § 87 Abs. 1 BetrVG die Mitbestimmung ausschließt, richtet sich nach ihm die Weitergeltung. Nur bei Tarifbindung des Arbeitgebers beschränkt sich die Mitbestimmung auf den nicht tariflich geregelten, freiwillig geleisteten übertariflichen Teil der Vergütung. Daraus folgt, dass nur dann keine Weitergeltung eintritt, wenn der Arbeitgeber mit der Kündigung beabsichtigt, die Entgeltleistung vollständig entfallen zu lassen, die Betriebsvereinbarung aber nachwirkt, wenn er mit einer Neuregelung den Verteilungsschlüssel ändert. Die sich aus dem Tarifvorrang ergebenden Differenzierungen der Mitbestimmung entfallen, wenn der Arbeitgeber nicht tarifgebunden ist, auch wenn ein Tarifvertrag durch Bezugnahme im Arbeitsvertrag dem Arbeitsverhältnis zugrunde gelegt wird. In Betrieben ohne Tarifbindung gilt daher eine Betriebsvereinbarung gemäß § 77 Abs. 6 BetrVG auch dann weiter, wenn der Arbeitgeber mit der Kündigung beabsichtigt, eine bestimmte Entgeltleistung vollständig entfallen zu lassen.[13] Das gilt aber nur, wenn sich dadurch die Vergütungsstruktur ändert. Beschränkt die Betriebsvereinbarung sich auf die Gewährung einer Sonderzuwendung, die nicht auf einer vertraglichen Grundlage erbracht wird, so ist wie ihre Einführung auch ihre Einstellung mitbestimmungsfrei. Streicht der Arbeitgeber sie ersatzlos, so wirkt die Betriebsvereinbarung nach deren Kündigung nur solange nach, bis der Arbeitgeber gegenüber dem Betriebsrat oder den Arbeitnehmern erklärt, dass er für den bisherigen Leistungszweck keine Mittel mehr zur Verfügung stellt.[14]

IV. Tarifvorbehalt als Schranke der Betriebsvereinbarungsautonomie

13 Nach § 77 Abs. 3 BetrVG können Arbeitsentgelte und sonstige Arbeitsbedingungen, die durch Tarifvertrag geregelt sind oder üblicherweise geregelt werden, nicht Gegenstand einer Betriebsvereinbarung sein, sofern der Tarifvertrag den Abschluss ergänzender oder auch abweichender Betriebsvereinbarungen nicht ausdrücklich zulässt. Dieser Tarifvorbehalt entfaltet eine Sperrwirkung für Betriebsvereinbarungen. Wird gegen ihn verstoßen, so ist die Betriebsvereinbarung nichtig. Die Umdeutung in eine arbeitsvertragliche Zusage kommt nur in entsprechender Anwendung des § 140 BGB in Betracht; sie setzt voraus, dass der Erklärung des Arbeitgebers der hypothetische Wille entnommen werden kann, sich für den Fall des Scheiterns der an sich gewollten betriebsverfassungsrechtlichen Regelung vertraglich gegenüber den begünstigten Arbeitnehmern zu binden, wobei das umgedeutete Rechtsgeschäft in seinen Rechtswirkungen grundsätzlich nicht weitergehen kann als das ursprünglich gewollte Rechtsgeschäft.[15]

14 Die Sperrwirkung verbietet lediglich den Abschluss von Betriebsvereinbarungen; sie bezieht sich aber nicht auf die Mitbestimmung des Betriebsrats nach § 87 BetrVG. Dort ist aber angeordnet, dass der Betriebsrat nur mitzubestimmen hat, soweit eine tarifliche Regelung nicht besteht (Tarifvorrang). Da die Mitbestimmung durch den Ab-

---

13 *BAG* 26.8.2008, AP BetrVG 1972 § 87 Nr. 15.
14 *BAG* 5.10.2010, AP BetrVG 1972 § 77 Betriebsvereinbarung Nr. 53; s. auch hier → § 30 Rn. 35 ff.
15 *BAG* 5.3.1997, AP BetrVG 1972 § 77 Tarifvorbehalt Nr. 10.

schluss einer Betriebsvereinbarung wahrgenommen werden kann, enthält § 77 Abs. 3 BetrVG eine verdeckte Regelungslücke für den Fall der Tarifüblichkeit. Das BAG kommt deshalb zu dem Ergebnis, dass § 77 Abs. 3 BetrVG nicht für die in § 87 Abs. 1 BetrVG genannten Angelegenheiten gilt: Soweit für sie das Mitbestimmungsrecht nicht durch das Bestehen einer tariflichen Regelung verdrängt ist, kann über sie eine Betriebsvereinbarung abgeschlossen werden, wobei keine Rolle spielt, ob sie üblicherweise durch Tarifvertrag geregelt werden.[16]

V. Formlose Betriebsabsprachen

Die Betriebsvereinbarung ist von der formlosen Betriebsabsprache zu unterscheiden, **15** die der Arbeitgeber mit dem Betriebsrat trifft (häufig auch als betriebliche Einigung oder als Regelungsabrede bezeichnet). Da sie der Schriftform ermangelt, ist sie keine Betriebsvereinbarung mit normativer Wirkung. Soweit es aber um die Mitbestimmung geht, genügt zu deren Wahrung die Zustimmung des Betriebsrats, die dem Arbeitgeber gegenüber dem Arbeitnehmer keine Regelungsbefugnis einräumt, die im Arbeitsvertrag nicht abgesichert ist.

Da der Tarifvorbehalt (§ 77 Abs. 3 BetrVG) die Zuständigkeit der Betriebsparteien be- **16** grenzt, liegt es nahe, ihn trotz des Gesetzestextes auf eine formlose Betriebsabsprache zu erstrecken. Das BAG ist aber gegenteiliger Meinung, da bei einer formlosen Betriebsabsprache sich nicht das Problem der Normkonkurrenz stelle.[17]

Den Begriff der Betriebsabsprache oder Regelungsabrede bezieht man auf die formlose **17** Vereinbarung des Arbeitgebers mit dem Betriebsrat. Von ihm nicht erfasst werden daher betriebliche Regelungen ohne Beteiligung des Betriebsrats. Bei ihnen handelt es sich um Regelungen, die für das Arbeitsverhältnis nur dann verbindlich sind, wenn sie einen Bestandteil des Einzelarbeitsvertrags darstellen oder nach den Grundsätzen der Vertrauenshaftung zu einer rechtlichen Bindung des Arbeitgebers führen.

§ 29. Einigungsstelle und verbindliches Einigungsverfahren

I. Die Einigungsstelle als betriebsverfassungsrechtliche Einrichtung

Bei Meinungsverschiedenheiten zwischen dem Arbeitgeber einerseits und dem Be- **1** triebsrat, Gesamtbetriebsrat oder Konzernbetriebsrat andererseits kann eine Einigungsstelle gebildet werden (§ 76 Abs. 1 S. 1 BetrVG). Soweit im BetrVG bestimmt ist, dass der Spruch der Einigungsstelle die Einigung zwischen Arbeitgeber und Betriebsrat ersetzt, vor allem also in Angelegenheiten, in denen der Betriebsrat mitzubestimmen hat, wird die Einigungsstelle bereits dann gebildet, wenn nur eine Seite es beantragt (§ 76 Abs. 5 S. 1 BetrVG).

Durch Tarifvertrag kann bestimmt werden, dass an die Stelle der Einigungsstelle eine **2** tarifliche Schlichtungsstelle tritt (§ 76 Abs. 8 BetrVG).

---

16 *BAG* 24.2.1987, AP BetrVG 1972 § 77 Nr. 21; bestätigt *BAG (GS)* 3.12.1991, AP BetrVG 1972 § 87 Lohngestaltung Nr. 51 und 52.
17 *BAG* 20.4.1999, AP GG Art. 9 Nr. 89.

II. Errichtung und Organisation der Einigungsstelle

1. Bildung bei Bedarf

3 Die Einigungsstelle ist bei Bedarf zu bilden (§ 76 Abs. 1 S. 1 BetrVG). Durch Betriebsvereinbarung kann aber auch eine ständige Einigungsstelle errichtet werde (§ 76 Abs. 1 S. 2 BetrVG).

2. Zusammensetzung

4 Die Einigungsstelle besteht aus einer gleichen Anzahl von Beisitzern des Arbeitgebers und des Betriebsrats und einem unparteiischen Vorsitzenden (§ 76 Abs. 2 S. 1 BetrVG).

3. Verfahren zur Bildung (Bestellungsverfahren)

5 Dem Einigungsverfahren vor der Einigungsstelle ist das Einigungsverfahren zur Bildung der Einigungsstelle vorgeschaltet. Arbeitgeber und Betriebsrat müssen sich auf die Person des Vorsitzenden und die Zahl der Beisitzer einigen. Kommt keine Einigung zustande, so bestellt das Arbeitsgericht den Vorsitzenden und legt die Zahl der Beisitzer fest (§ 76 Abs. 2 S. 2 und 3 BetrVG). Dabei hat man allerdings zu unterscheiden, ob eine Zuständigkeit der Einigungsstelle im verbindlichen Einigungsverfahren – z. B. wegen eines Mitbestimmungsrechts des Betriebsrats – geltend gemacht wird. In diesem Fall genügt es, dass eine Seite den Antrag beim Arbeitsgericht stellt, das ihn wegen fehlender Zuständigkeit der Einigungsstelle nur zurückweisen kann, wenn diese offensichtlich unzuständig ist (§ 98 Abs. 1 S. 1 ArbGG), weil sonst ein Rechtstreit über das Bestehen des Mitbestimmungsrechts in das Bestellungsverfahren verlagert würde.

6 Die Einigungsstelle ist errichtet, sobald der Beschluss des Arbeitsgerichts rechtskräftig ist. Benennt bei einer Zuständigkeit der Einigungsstelle im verbindlichen Einigungsverfahren eine Seite auch nach Bestellung des Vorsitzenden keine Beisitzer oder bleiben die von ihr benannten Beisitzer der Sitzung fern, so ist die Einigungsstelle gleichwohl ordnungsgemäß zusammengesetzt (§ 76 Abs. 5 S. 1 und 2 BetrVG), um im Rahmen des verbindlichen Einigungsverfahrens einen Spruch zu fällen, der die Einigung zwischen Arbeitgeber und Betriebsrat ersetzt.

III. Verfahren vor der Einigungsstelle

7 Für das Verfahren vor der Einigungsstelle gibt das Gesetz keine ausführliche Regelung. Durch Betriebsvereinbarung, nicht aber durch Tarifvertrag können Einzelheiten des Verfahrens vor der Einigungsstelle geregelt werden (§ 76 Abs. 4 BetrVG).

8 Wird die Zuständigkeit der Einigungsstelle bestritten, z. B. geltend gemacht, eine Angelegenheit unterliege nicht der Mitbestimmung des Betriebsrats nach § 87 BetrVG, so braucht die Einigungsstelle nicht das Verfahren einzustellen oder auszusetzen, bis das Arbeitsgericht im Beschlussverfahren entschieden hat, sondern sie kann in der Sache selbst entscheiden, wenn sie die Zuständigkeit für gegeben hält. Sie hat also die Vorfragenkompetenz. Jede Seite kann aber während des Einigungsverfahrens das Arbeits-

gericht anrufen, um im Beschlussverfahren klären zu lassen, ob die Einigungsstelle zuständig ist.[1]

Die Einigungsstelle entscheidet nach mündlicher Beratung durch Beschluss (§ 76 Abs. 3   **9**
S. 2–4 BetrVG). Soweit sie im verbindlichen Einigungsverfahren einen Entscheidungsspielraum (Regelungs- oder Beurteilungsspielraum) hat, fasst sie ihre Beschlüsse unter angemessener Berücksichtigung der Belange des Betriebs und der betroffenen Arbeitnehmer nach billigem Ermessen (§ 76 Abs. 5 S. 3 BetrVG). Bei der Aufstellung eines Sozialplans wird der Ermessensspielraum durch § 112 Abs. 5 BetrVG konkretisiert.

IV. Rechtswirkungen der Einigungssprüche

Hat die Einigungsstelle die Kompetenz zur Zwangsschlichtung, entscheidet sie also im   **10**
verbindlichen Einigungsverfahren, so ersetzt ihr Spruch die fehlende Einigung zwischen Arbeitgeber und Betriebsrat. Er hat, soweit er in einem Regelungsstreit eine Regelung trifft, die Rechtswirkungen einer Betriebsvereinbarung. Nicht notwendig ist, dass er zu diesem Zweck von dem Betriebsratsvorsitzenden und dem Arbeitgeber unterzeichnet wird (§ 77 Abs. 2 S. 2 Hs. 2 BetrVG); denn die Schriftform wird hier dadurch gewahrt, dass die Beschlüsse der Einigungsstelle schriftlich niederzulegen und von deren Vorsitzenden zu unterzeichnen sind (§ 76 Abs. 3 S. 4 BetrVG).

V. Arbeitsgerichtliche Überprüfung der Einigungsstelle

Die Sprüche der Einigungsstelle unterliegen in vollem Umfang der gerichtlichen   **11**
Rechtskontrolle. Trifft die Einigungsstelle im Rahmen des verbindlichen Einigungsverfahrens eine Regelung, so kann die Überschreitung der Grenzen des Ermessens (§ 76 Abs. 5 S. 3 bzw. § 112 Abs. 5 BetrVG) aber nur innerhalb einer Frist von zwei Wochen beim Arbeitsgericht geltend gemacht werden (§ 76 Abs. 5 S. 4 BetrVG).[2]

VI. Kosten der Einigungsstelle

Die Kosten der Einigungsstelle trägt der Arbeitgeber (§ 76a Abs. 1 BetrVG). Soweit es   **12**
um die Vergütung ihrer Mitglieder geht, trifft das Gesetz die folgende Unterscheidung: Die Beisitzer der Einigungsstelle, die dem Betrieb angehören, erhalten für ihre Tätigkeit keine Vergütung, haben aber wie die Betriebsratsmitglieder den Anspruch auf Verdienstausfall und Freizeitausgleich in entsprechender Anwendung des § 37 Abs. 2 und 3 BetrVG (§ 76a Abs. 2 BetrVG). Der Vorsitzende und die betriebsfremden Beisitzer der Einigungsstelle haben dagegen einen Anspruch auf Vergütung ihrer Tätigkeit (§ 76a Abs. 3 BetrVG), wobei § 76a Abs. 4 BetrVG eine Ermächtigungsgrundlage für das Bundesministerium für Arbeit und Soziales zum Erlass einer Rechtsverordnung enthält, die bisher nicht ergangen ist. Über die Höhe der Vergütung kann deshalb eine vertragliche Vereinbarung mit dem Arbeitgeber getroffen werden. Kommt es zu keiner Vereinbarung, so sind für die Höhe der Vergütung insbesondere der erforderliche Zeitaufwand, die Schwierigkeiten der Streitigkeit sowie ein Verdienstausfall zu berücksichtigen, wobei die Vergütung der Beisitzer niedriger zu bemessen ist als die des Vorsitzenden (§ 76a Abs. 3 S. 2 i. V. m. Abs. 4 S. 3 bis 5 BetrVG).

---

1 *BAG* 3.4.1979, AP BetrVG 1972 § 87 Nr. 2; st. Rspr.
2 Vgl. *Rieble,* Die Kontrolle des Ermessens der betriebsverfassungsrechtlichen Einigungsstelle, 1990.

2. Titel. Beteiligung des Betriebsrats in sozialen Angelegenheiten

§ 30. Mitbestimmung in sozialen Angelegenheiten

I. Zweck und historische Kontinuität

1 Der Betriebsrat hat nicht in allen sozialen Angelegenheiten ein Mitbestimmungsrecht, sondern nur in den Angelegenheiten, die im Katalog des § 87 Abs. 1 BetrVG abschließend aufgeführt sind. Es handelt sich dabei vor allem um Angelegenheiten, die wegen ihrer Eigenart rechtstatsächlich im Allgemeinen nicht mit jedem einzelnen Arbeitnehmer vereinbart werden und daher der einseitigen Gestaltung durch den Arbeitgeber unterliegen.

Deshalb besteht gerade hier bei der Beteiligung des Betriebsrats eine historische Kontinuität. Fragen der Ordnung des Betriebs und des Verhaltens der Arbeitnehmer im Betrieb, Beginn und Ende der täglichen Arbeitszeit einschließlich der Pausen, Zeit und Art der Abrechnung und Lohnzahlung sowie die Festsetzung von Betriebsstrafen bildeten bereits den Inhalt der Arbeitsordnung nach § 134b GewO, zu deren Erlass die Novelle zur GewO vom 1.6.1891, das sog. Arbeiterschutzgesetz, den Arbeitgeber für gewerbliche Betriebe mit in der Regel mindestens zwanzig Arbeitern öffentlich-rechtlich verpflichtete. Ursprünglich wurde die Arbeitsordnung einseitig vom Arbeitgeber erlassen; falls ein Arbeiterausschuss bestand, war dieser lediglich zu hören (§ 134b Abs. 2 GewO). Durch das Betriebsrätegesetz vom 4.2.1920 wurde festgelegt, dass die Arbeitsordnung zusammen mit dem Betriebsrat zu erlassen war (§§ 78 Nr. 3, 80 BRG). Das geschah durch Betriebsvereinbarung. Der Arbeitgeber war also, soweit eine Arbeitsordnung gesetzlich vorgeschrieben war, öffentlich-rechtlich verpflichtet, über sie eine Betriebsvereinbarung herbeizuführen.

2 Schon das BetrVG 1952 kannte nicht mehr eine öffentlich-rechtliche Verpflichtung des Arbeitgebers, über bestimmte Angelegenheiten eine Betriebsvereinbarung herbeizuführen. Der Bereich, in dem der Betriebsrat ein Mitbestimmungsrecht erhielt, wurde aber wesentlich erweitert und durch das BetrVG 1972 noch ausgebaut, so dass der Betriebsrat in § 87 Abs. 1 BetrVG Mitbestimmungsrechte erhalten hat, deren Beachtung die wirtschaftlich-unternehmerischen Entscheidungen in erheblichem Umfang bestimmt (z. B. § 87 Abs. 1 Nr. 2 und 3 sowie Nr. 10 BetrVG). Das Charakteristikum der Mitbestimmung im Bereich des § 87 Abs. 1 BetrVG besteht in der Einigungsnotwendigkeit: Können Arbeitgeber und Betriebsrat sich nicht einigen, so kann die Einigungsstelle einen bindenden Spruch auch auf Antrag nur einer Seite, des Betriebsrats oder des Arbeitgebers, erlassen (§ 87 Abs. 2 BetrVG).

II. Vorrang von Gesetz und Tarifvertrag

3 Der Betriebsrat hat nach § 87 Abs. 1 BetrVG nur mitzubestimmen, »soweit eine gesetzliche oder tarifliche Regelung nicht besteht«. Gesetz oder Tarifvertrag müssen aber eine zwingende, nicht lediglich dispositive Regelung geben. Ein Tarifvertrag, der abgelaufen ist und nur noch nachwirkt (§ 4 Abs. 5 TVG), hat deshalb für das Mitbestimmungsrecht des Betriebsrats keine Sperrwirkung.

4 Der Tarifvorrang greift nur ein, soweit der Tarifvertrag die mitbestimmungspflichtige Angelegenheit mit bindender Wirkung für den Arbeitgeber regelt; er setzt also dessen Tarifgebundenheit voraus. Das BAG ließ sie ursprünglich genügen.[1] Das gilt aber nur

---

1 *BAG* 24.2.1987, AP BetrVG 1972 § 77 Nr. 21.

für den Regelfall.² Lediglich für Betriebsnormen genügt die Tarifgebundenheit des Arbeitgebers (§ 3 Abs. 2 TVG). Diese Voraussetzung ist daher erfüllt, soweit es sich bei den mitbestimmungspflichtigen Angelegenheiten um betriebliche Fragen handelt. Soweit es sich aber wie bei tariflichen Vergütungsordnungen nicht um Betriebsnormen, sondern um Inhaltsnormen handelt, haben sie Tarifgeltung nur, wenn Arbeitgeber und Arbeitnehmer tarifgebunden sind (§§ 3 Abs. 1, 4 Abs. 1 S. 1 TVG). Man muss daher die Notwendigkeit einer Tarifgebundenheit der Arbeitnehmer in Betracht ziehen. Wenn die tarifliche Regelung nicht für allgemeinverbindlich erklärt ist oder auf Grund einer Rechtsverordnung gilt, wären entweder Mitbestimmungsrechte nur ausgeschlossen, wenn sämtliche vom persönlichen Geltungsbereich der tariflichen Regelung erfassten Arbeitnehmer des Betriebs auf Grund ihrer Gewerkschaftszugehörigkeit tarifgebunden wären, oder es könnte sich der Ausschluss von Mitbestimmungsrechten nur auf die Regelung von Arbeitsbedingungen der tarifgebundenen Arbeitnehmer erstrecken. Im ersteren Fall wäre der Ausschluss von Mitbestimmungsrechten bei Bestehen einer tariflichen Regelung des Vertragsinhalts praktisch ohne Bedeutung. Im letzteren Fall müsste die Bejahung von Mitbestimmungsrechten für die Arbeitsverhältnisse der nicht tarifgebundenen Arbeitnehmer dazu führen, dass im Betrieb hinsichtlich der gleichen Angelegenheit eine mitbestimmte und eine tarifliche Regelung nebeneinander gelten.³

Wenn man gleichwohl die Tarifbindung des Arbeitgebers für ausreichend hält, um das **5** Mitbestimmungsrecht des Betriebsrats zu verdrängen, besteht bei nicht tarifgebundenen Arbeitnehmern eine Schutzlücke, die das BAG zunächst für hinnehmbar ansah, weil die Arbeitnehmer den kollektiven Schutz durch den Beitritt zur vertragsschließenden Gewerkschaft erlangen könnten.⁴ Hieran hält das BAG aber nicht mehr fest.⁵ Es sieht in dieser Auslegung eine Verletzung der negativen Koalitionsfreiheit. Die Schutzlücke sei nach dem Zweck des jeweiligen Mitbestimmungstatbestands zu schließen. Im Bereich der betrieblichen Lohngestaltung führe dies zur Verpflichtung des Arbeitgebers, das tarifliche Entlohnungssystem auch gegenüber nicht tarifgebundenen Arbeitnehmern anzuwenden, soweit dessen Gegenstände der erzwingbaren Mitbestimmung des § 87 Abs. 1 Nr. 10 BetrVG unterliegen.

Bei einer Gewerkschaftspluralität im Betrieb gilt für den Fall einer Tarifkollision § 4a **6** TVG, der damit auch den Tarifvorrang klärt. Eingefügt wurde die Bestimmung in das Tarifvertragsgesetz durch das Gesetz zur Tarifeinheit vom 3.7.2015. Nach dem Urteil des BVerfG vom 11.7.2017 – 1 BvR 1571/15 u. a.⁶ ist sie »in der gebotenen Auslegung und Handhabung weitgehend mit Art. 9 Abs. 3 GG vereinbar«. Beanstandet wird, »dass die Belange der Angehörigen einzelner Berufsgruppen oder Branchen bei der Verdrängung bestehender Tarifverträge einseitig vernachlässigt werden«. Der Gesetzgeber soll bis zum 31.12.2018 Abhilfe schaffen. Bis zu einer Neuregelung gilt § 4a Abs. 2 S. 2 TVG mit der Maßgabe fort, dass ein Tarifvertrag von einem kollidierenden Tarifvertrag nur verdrängt werden kann, wenn plausibel dargelegt ist, dass die Mehr-

---

2 So unter Aufgabe der bisherigen Rspr. *BAG* 18.10.2011, AP BetrVG 1972 § 87 Lohngestaltung Nr. 141 (Rn. 22) und Nr. 142 (Rn. 22).
3 So auch *Greiner,* Rechtsfragen der Koalitions-, Tarif- und Arbeitskampfpluralität, 2010, S. 342 ff.; *B. Schmidt,* Tarifpluralität im System der Arbeitsrechtsordnung, 2011, S. 488 ff.; *M. Schneider,* Die Auswirkungen von Tarifmehrheiten im Betrieb auf die Betriebsverfassung, 2014, S. 342 ff.
4 *BAG* 24.2.1987, AP BetrVG 1972 § 77 Nr. 21.
5 *BAG* 18.10.2011, AP BetrVG 1972 § 87 Lohngestaltung Nr. 141 (Rn. 22) und Nr. 142 (Rn. 22).
6 NZA 2017, 915 (Rn. 124 ff.).

heitsgewerkschaft die Interessen der Berufsgruppen, deren Tarifvertrag verdrängt wird, ernsthaft und wirksam in ihrem Tarivertrag berücksichtigt hat. Das Verfahren zur Auflösung der Tarifpluralität nach § 99 ArbGG kann der Betriebsrat nicht und der Arbeitgeber nur einleiten, wenn er selbst Partei des Tarifvertrags ist. Damit erweist sich § 4a TVG für den Betriebsrat zur Klärung des Tarifvorrangs als unanwendbar.

7   Ist eine mitbestimmungspflichtige Angelegenheit in mehreren Tarifverträgen geregelt, die nebeneinander zur Anwendung kommen, so greift nach Ansicht des BAG bei Vergütungsordnungen der Tarifvorrang, der das Mitbestimmungsrecht des Betriebsrats verdrängt, ein.[7] Der Arbeitgeber sei verpflichtet, die Arbeitnehmer unter Beteiligung des Betriebsrats nach § 99 BetrVG den Entgeltgruppen der beiden betriebsverfassungsrechtlich geltenden Vergütungsordnungen zuzuordnen. Dieser Weg ist jedoch verschlossen, wenn die tarifliche Regelung nicht nebeneinander zur Anwendung kommen kann.

8   Da die Mitbestimmung des Betriebsrats nur soweit ausgeschlossen wird, wie die tarifliche Regelung reicht, ist neben der Tarifgebundenheit des Arbeitgebers Voraussetzung, dass die Arbeitnehmer unter den fachlichen und persönlichen Geltungsbereich des Tarifvertrags fallen, der die mitbestimmungspflichtige Angelegenheit regelt. Diese Begrenzung des Tarifvorrangs hat zur Folge, dass das Mitbestimmungsrecht des Betriebsrats nicht ausgeschaltet ist, soweit es sich um außertarifliche Angestellte handelt; denn für sie trifft der Tarifvertrag keine Regelung.[8]

9   Der Tarifvorrang ist vom Tarifvorbehalt des § 77 Abs. 3 BetrVG zu unterscheiden. Die bloße Tarifüblichkeit der Regelung entfaltet für das Mitbestimmungsrecht des Betriebsrats keine Sperrwirkung. § 77 Abs. 3 BetrVG, der für die Betriebsvereinbarung den Tarifvorbehalt festlegt, enthält eine verdeckte Regelungslücke, weil der Gesetzestext auch den Fall erfasst, dass der Betriebsrat ein Mitbestimmungsrecht nach § 87 Abs. 1 BetrVG hat. In diesem Fall muss aber der Abschluss einer Betriebsvereinbarung zulässig sein.[9]

III. Katalog der mitbestimmungspflichtigen Angelegenheiten (§ 87 Abs. 1 BetrVG)

1. Fragen der Ordnung des Betriebs und des Verhaltens der Arbeitnehmer im Betrieb (Nr. 1)

10   Mit der Ordnung des Betriebs erfasst der Mitbestimmungstatbestand die Gestaltung des Zusammenlebens und Zusammenwirkens der Arbeitnehmer im Betrieb. Gemeint ist nicht die arbeitstechnische Gestaltung, sondern die soziale Ordnung. Zur Klarstellung, dass der Mitbestimmungstatbestand sich nicht in einer Normierung erschöpft, nennt das Gesetz das Verhalten der Arbeitnehmer im Betrieb, meint damit aber wegen des Zusammenhangs mit der Ordnung des Betriebs das sog. Ordnungsverhalten.

---

7 *BAG* 23.8.2016, NZA 2017, 74 (Rn. 19).
8 Ebenso *BAG* 22.1.1980, AP BetrVG 1972 § 87 Lohngestaltung Nr. 3; 18.5.2010, AP BetrVG 1972 § 50 Rn. 34 (Rn. 12).
9 So *BAG* 24.2.1987, AP BetrVG 1972 § 77 Nr. 21; bestätigt *BAG (GS)* 3.12.1991, AP BetrVG 1972 § 87 Lohngestaltung Nr. 51.

Nicht unter den Mitbestimmungstatbestand fallen daher Maßnahmen, die das sog. Arbeitsverhalten des Arbeitnehmers betreffen.[10]

Zu den mitbestimmungspflichtigen Fragen gehören Regeln über das Betreten und das Verlassen des Betriebs, z. B. die Einführung, Ausgestaltung und Nutzung eines Werksausweises,[11] die Einrichtung von Torkontrollen,[12] die Regelung der Kleiderablage und, soweit es um das Ordnungsverhalten geht, das Tragen einer einheitlichen Arbeitskleidung,[13] das Verbot, Radio zu hören,[14] sowie Rauch- und Alkoholverbote.[15] Mitbestimmungsfrei sind aber derartige Regelungen, soweit nur unter ihrer Beachtung die Arbeitsleistung vertragsgerecht erbracht werden kann. Da die Mitbestimmung sich nicht auf die Erfüllung der Arbeitspflicht durch den Arbeitnehmer bezieht, sind mitbestimmungsfrei Arbeitszeit- und Tätigkeitsberichte[16] sowie der Erlass einer Dienstreiseordnung.[17] Möglich ist jedoch, dass bei Nichterbringung der Arbeitsleistung dem Arbeitnehmer ein Ordnungsverhalten auferlegt wird, das unter den Mitbestimmungstatbestand fällt, z. B. der Nachweis der Arbeitsunfähigkeit durch Vorlage einer ärztlichen Bescheinigung.[18] **11**

Soweit es um das Ordnungsverhalten geht, unterliegen auch der Erlass einer Betriebsbußenordnung und die Verhängung von Betriebsbußen der Mitbestimmung des Betriebsrats.[19] **12**

2. Beginn und Ende der täglichen Arbeitszeit einschließlich der Pausen sowie Verteilung der Arbeitszeit auf die einzelnen Wochentage (Nr. 2)

Der Mitbestimmung unterliegt nach Nr. 2, wie man in formelhafter Verkürzung lehrt, die *Lage*, nicht die *Dauer* der Arbeitszeit.[20] Gemeint ist damit, dass die Festlegung des zeitlichen Umfangs der vertraglich geschuldeten Arbeitsleistung (Arbeitszeitmenge) nicht unter den Mitbestimmungstatbestand fällt; denn sie richtet sich nach den rechtsgeschäftlichen Leistungsversprechen des Arbeitnehmers im Arbeitsvertrag. Steht die Arbeitszeitmenge aber fest, so unterliegt ihre Verteilung am Tag und auf die einzelnen Wochentage im Allgemeinen dem einseitigen Weisungsrecht des Arbeitgebers gegenüber dem einzelnen Arbeitnehmer. Zur Kompensation dieser einseitigen Gestaltungsbefugnis ist deshalb dem Betriebsrat ein Mitbestimmungsrecht eingeräumt. **13**

---

10 Grundlegend *BAG* 24.3.1981, AP BetrVG 1972 § 87 Arbeitssicherheit Nr. 2; st. Rspr., vgl. *BAG* 27.1.2004, AP BetrVG 1972 § 87 Überwachung Nr. 40.

11 *BAG* 16.12.1986, AP BetrVG 1972 § 87 Ordnung des Betriebes Nr. 13.

12 *BAG* 26.5.1988, AP BetrVG 1972 § 87 Ordnung des Betriebes Nr. 14.

13 *BAG* 13.2.2007, AP BetrVG 1972 § 87 Ordnung des Betriebes Nr. 40; für die Dienstkleidung des Bordpersonals eines Luftfahrtunternehmens *BAG* 17.1.2012, AP BetrVG 1972 § 87 Ordnung des Betriebes Nr. 41 (Rn. 23).

14 *BAG* 14.1.1986, AP BetrVG 1972 § 87 Ordnung des Betriebes Nr. 10.

15 *BAG* 19.1.1999, AP BetrVG 1972 § 87 Ordnung des Betriebes Nr. 28 (Rauchverbote); *BAG* 23.9.1986, AP BPersVG § 75 Nr. 20 (Alkoholverbote).

16 *BAG* 9.12.1980, AP BetrVG 1972 § 87 Ordnung des Betriebes Nr. 2.

17 *BAG* 8.12.1981, AP BetrVG 1972 § 87 Lohngestaltung Nr. 6.

18 *BAG* 25.1.2000, AP BetrVG 1972 § 87 Ordnung des Betriebes Nr. 34.

19 So jedenfalls *BAG* 5.12.1975 und 17.10.1989, AP BetrVG 1972 § 87 Betriebsbuße Nr. 1 und 12; zur Problematik der Anerkennung einer Betriebsbuße neben der Vertragsstrafe Richardi/*Richardi* BetrVG § 87 Rn. 232ff.

20 So *BAG* 21.11.1978, AP BetrVG 1972 § 87 Arbeitszeit Nr. 2; st. Rspr., vgl. *BAG* 22.7.2003, AP BetrVG 1972 § 87 Arbeitszeit Nr. 108.

14 Bei flexiblen Arbeitszeitregelungen ist daher die Festlegung des Arbeitszeitvolumens mitbestimmungsfrei; aber über dessen Verteilung auf den Tag, die Woche, den Monat hat der Betriebsrat mitzubestimmen. Das ist insbesondere auch zu beachten, soweit es um Teilzeitbeschäftigte geht. Der Übergang von Vollzeitarbeit zu Teilzeitarbeit ist nach Nr. 2 nicht mitbestimmungspflichtig, soweit es lediglich um die Verkürzung des zeitlichen Umfangs der geschuldeten Arbeitsleistung geht.[21] Eine sowohl nach ihrer Dauer als auch nach ihrem Umfang nicht unerhebliche Erweiterung der arbeitsvertraglich geschuldeten regelmäßigen Arbeitszeit eines im Betrieb beschäftigten Arbeitnehmers ist jedoch nach dem BAG eine nach § 99 BetrVG mitbestimmungspflichtige Einstellung.[22]

15 Bei Arbeitsbereitschaft hat der Betriebsrat über ihre Lage mitzubestimmen, soweit eine Abgrenzung von der Vollarbeitszeit überhaupt möglich ist. Bereitschaftsdienst und Rufbereitschaft sind unabhängig davon, wie sie arbeitszeit- oder vergütungsrechtlich zu bewerten sind, Begrenzungen der Freizeitgestaltung, die mit der geschuldeten Arbeitsleistung in Zusammenhang stehen. Deshalb ist es gerechtfertigt und geboten, sie den Zeiten der Arbeitszeit i. S. v. Nr. 2 gleichzustellen.[23]

3. Vorübergehende Verkürzung oder Verlängerung der betriebsüblichen Arbeitszeit (Nr. 3)

16 Die Mitbestimmung beschränkt sich nicht auf eine vorübergehende Änderung in der Lage der Arbeitszeit, weil sie insoweit bereits von Nr. 2 erfasst wird, sondern sie erstreckt sich auf die Festlegung des zeitlichen Umfangs der Arbeitsleistung (Arbeitszeitmenge). Wird sie vorübergehend geändert, so greift der Mitbestimmungstatbestand der Nr. 3 ein. Nach dem Gesetzestext bezieht er sich auf die »betriebsübliche Arbeitszeit«; gemeint ist die zur Regel gewordene Arbeitszeit eines Arbeitnehmers, wobei auf die im Betrieb für bestimmte Arbeitsplätze und Arbeitnehmergruppen geltenden Arbeitszeiten abgestellt wird. Deshalb kann es auch für Teilzeitbeschäftigte eine »betriebsübliche Arbeitszeit« geben.[24] Unter die vorübergehende Verlängerung der betriebsüblichen Arbeitszeit fällt die Anordnung von Überstunden, unter ihre vorübergehende Verkürzung die Einführung von Kurzarbeit.

17 Tritt der Arbeitsausfall durch eine Betriebsstörung oder Absatzschwierigkeit als Folge eines Arbeitskampfes ein, so hat der Betriebsrat, soweit die Arbeitskampfrisikolehre eingreift, nur über die Regelung der Modalitäten einer Arbeitszeitverkürzung mitzubestimmen.[25] Soweit der Arbeitgeber bei einem Teilstreik im Betrieb von seinem Recht Gebrauch macht, die Betriebstätigkeit während des Streiks einzustellen,[26] besteht überhaupt kein Mitbestimmungsrecht des Betriebsrats.

---

21 *BAG* 16.7.1991, AP BetrVG 1972 § 95 Nr. 28.

22 *BAG* 15.5.2007, AP BetrVG 1972 § 1 Gemeinsamer Betrieb Nr. 30; 9.12.2008, AP BetrVG 1972 § 99 Einstellung Nr. 58 (Rn. 14 ff.); s. auch hier → § 33 Rn. 6.

23 So ausdrücklich für die Rufbereitschaft *BAG* 21.12.1982, AP BetrVG 1972 § 87 Arbeitszeit Nr. 9.

24 *BAG* 16.7.1991 und 23.7.1996, AP BetrVG 1972 § 87 Arbeitszeit Nr. 44 und 68.

25 *BAG* 22.12.1980, AP GG Art. 9 Arbeitskampf Nr. 70 und 71.

26 Grundlegend *BAG* 25.3.1994, AP GG Art. 9 Arbeitskampf Nr. 130.

4. Zeit, Ort und Art der Auszahlung der Arbeitsentgelte (Nr. 4)

Der Mitbestimmungstatbestand bezieht sich nur auf eine Modalität der Arbeitsentgelt- **18** leistung, nicht auf deren Umfang und Höhe. Erfasst werden die vom Arbeitgeber zu erbringenden Vergütungsleistungen. Unter der Art der Auszahlung versteht das Gesetz neben der Zeit und dem Ort weitere Modalitäten der Entgeltzahlung, wobei hier miterfasst wird, ob die Entgeltleistung bar oder bargeldlos erbracht wird. Durch die Beteiligung des Betriebsrats soll gesichert werden, dass der Arbeitnehmer ungeschmälert sein Arbeitsentgelt erhält. Daraus folgt, dass das Mitbestimmungsrecht sich auch auf die Frage erstreckt, ob und in welchem Umfang Kosten, die durch die Einführung der bargeldlosen Entlohnung entstehen, vom Arbeitgeber zu erstatten sind.[27]

5. Aufstellung allgemeiner Urlaubsgrundsätze und des Urlaubsplans sowie die Festsetzung der zeitlichen Lage des Urlaubs für einzelne Arbeitnehmer, wenn zwischen dem Arbeitgeber und den beteiligten Arbeitnehmern kein Einverständnis erzielt wird (Nr. 5)

Der Mitbestimmungstatbestand bezieht sich vor allem auf den bezahlten Erholungs- **19** urlaub i. S. d. § 1 BUrlG; er beschränkt sich aber nicht auf ihn, sondern erfasst jede Form der bezahlten oder unbezahlten Freistellung von der Arbeit, sofern dadurch Freistellungswünsche anderer Arbeitnehmer beeinträchtigt werden können, weil betriebliche Belange die Anwesenheit einer bestimmten Zahl von Arbeitnehmern oder auch bestimmter anderer Arbeitnehmer erfordern. Seine Pflicht zur Urlaubsgewährung erfüllt der Arbeitgeber durch Bestimmung der Arbeitszeit; er hat insoweit gegenüber dem einzelnen Arbeitnehmer ein einseitiges Leistungsbestimmungsrecht, das beim Erholungsurlaub nach § 7 Abs. 1 BUrlG durch das Gebot der Wunschberücksichtigung begrenzt wird. Der Betriebsrat wird durch den Mitbestimmungstatbestand an der Ausübung dieses Leistungsbestimmungsrechts paritätisch beteiligt. Die Mitbestimmung erstreckt sich also nicht auf die Dauer des Urlaubs und die Festlegung des Urlaubsentgelts. Allgemeine Urlaubsgrundsätze sind die Richtlinien, nach denen dem einzelnen Arbeitnehmer vom Arbeitgeber im Einzelfall Urlaub zu gewähren ist oder nicht gewährt werden darf oder soll.[28] Zur Aufstellung allgemeiner Urlaubsgrundsätze gehört, ob der Urlaub einheitlich durch Betriebsferien gewährt werden soll.[29] Der Urlaubsplan ist das Programm für die zeitliche Reihenfolge, in der den Arbeitnehmern Urlaub erteilt wird.

Der Betriebsrat hat mitzubestimmen, wenn zwischen dem Arbeitgeber und den betei- **20** ligten Arbeitnehmern kein Einverständnis über die zeitliche Lage des Urlaubs erzielt wird. Da der Arbeitgeber, soweit keine abweichende tarifvertragliche Regelung besteht, sein Bestimmungsrecht nur in den Grenzen des § 7 Abs. 1 BUrlG ausüben kann, zielt das Mitbestimmungsrecht, das hier in einem Einzelfall besteht, auf eine Mitbeurteilung. Es bindet auch nur den Arbeitgeber, nicht den Arbeitnehmer. Dieser kann vielmehr unmittelbar Klage beim Arbeitsgericht erheben, wenn er mit der Bestimmung der zeitlichen Lage seines Urlaubs nicht einverstanden ist.

---

27 St. Rspr. des BAG; vgl. *BAG* 8.3.1977, AP Nr. 1 zu § 87 BetrVG 1972 § 87 Auszahlung Nr. 1; zuletzt
  BAG 15.1.2002, AP BetrVG 1972 § 50 Nr. 23.
28 So *BAG* 18.6.1974, AP BetrVG 1972 § 87 Urlaub Nr. 1.
29 *BAG* 28.7.1981, AP BetrVG 1972 § 87 Urlaub Nr. 2.

6. Einführung und Anwendung von technischen Einrichtungen, die dazu bestimmt sind, das Verhalten oder die Leistung der Arbeitnehmer zu überwachen (Nr. 6)

21 Der Mitbestimmungstatbestand hat durch die Datenverarbeitungstechnologie, die bei Erlass des BetrVG 1972 noch in den Anfängen lag, eine »ungeahnte Bedeutung« erlangt.[30] Erfasst werden alle technischen Einrichtungen, die durch Beobachtung und Beaufsichtigung des Arbeitnehmers eine Information geben, die Rückschlüsse auf dessen Verhalten oder Leistung zulässt. Waren es ursprünglich die Verwendung von Multimoment-Filmkameras,[31] Produktographen,[32] und Fahrtenschreibern,[33] so sind es heute die Möglichkeiten, die durch die Computerisierung der Arbeitsplätze eröffnet sind.

22 Die Mitbestimmung dient dem Persönlichkeitsschutz vor den Gefahren technischer Ermittlung von Verhaltens- und Leistungsdaten. Schlüsselbegriff des Mitbestimmungstatbestands ist deshalb die Überwachung durch eine technische Einrichtung. Nicht erforderlich ist, dass der Arbeitgeber eine Überwachungsabsicht verfolgt, sondern es genügt, dass die technische Einrichtung programmgemäß Daten erhebt, die Aussagen über Verhalten oder Leistung der Arbeitnehmer ermöglichen. Werden Daten untechnisch, also durch Beobachtung oder Befragung, erhoben und einer technischen Einrichtung zum Zweck der Verarbeitung eingegeben, so ist entscheidend, ob sie dadurch programmgemäß zu Aussagen über Verhalten oder Leistung einzelner Arbeitnehmer verarbeitet werden, z. B. bei Personalinformationssystemen.[34]

23 Bei der elektronischen Datenverarbeitung ist die technische Einrichtung ebenso wenig wie das einzelne Datensichtgerät schon wegen der Konstruktion eine technische Kontrolleinrichtung i. S. d. Mitbestimmungstatbestands, sondern sie erhält diese Qualität erst durch das in ihr verwendete Programm. Das BAG unterscheidet bei der Datenerhebungs- und Datenverarbeitungstechnik zwei Fallgestaltungen: Wird sie zur Erbringung der Arbeitsleistung eingesetzt, so liegt der Mitbestimmungstatbestand nur vor, wenn mit der automatischen Aufzeichnung des Arbeitsergebnisses Daten erhoben werden, die unmittelbar Rückschlüsse auf das Verhalten oder die Leistung der Arbeitnehmer ermöglichen, auch wenn eine Auswertung zur Kontrolle nicht beabsichtigt ist.[35] Der andere Fall besteht darin, dass verhaltens- oder leistungsbezogene Daten, auch wenn sie nicht auf technischem Weg gewonnen, sondern vom Arbeitnehmer selbst mitgeteilt werden (manuell erhobene Daten), einem System zur Verarbeitung eingegeben werden und dadurch zu Aussagen über Verhalten oder Leistung der Arbeitnehmer verarbeitet werden können.[36]

24 Nicht notwendig ist, dass die Verhaltens- oder Leistungsdaten aufgezeichnet werden. Erfasst werden deshalb die Videoüberwachung ohne Rücksicht darauf, ob sie reprodu-

---

30 So zutreffend MHdB ArbR/*Matthes*, 3. Aufl. 2009, Bd. II, § 248 Rn. 2.

31 *BAG* 14.5.1974, AP BetrVG 1972 § 87 Überwachung Nr. 1; 10.7.1979, AP BetrVG 1972 § 87 Überwachung Nr. 4.

32 Das war im entschiedenen Fall eine Apparatur, die den Lauf und die Bedienung einer Maschine zentral registrierte, *BAG* 9.9.1975, AP § 87 Betr 1972 § 87 Überwachung Nr. 2.

33 *BAG* 10.7.1979, AP BetrVG 1972 § 87 Nr. 3.

34 *BAG* 14.9.1984 und 11.3.1986, AP BetrVG 1972 § 87 Überwachung Nr. 9 und 13.

35 *BAG* 6.12.1983 (Bildschirmentscheidung), AP BetrVG 1972 § 87 Überwachung Nr. 7.

36 *BAG* 14.9.1984 (Technikerberichtssystem-Entscheidung) und 11.3.1986 (PAISY-Entscheidung), AP BetrVG 1972 § 87 Überwachung Nr. 9 und 13.

zierbare Aufzeichnungen herstellt,[37] und biometrische Zugangskontrollen (Finger-abdruckerfassung).[38]

Die ermittelten Verhaltens- oder Leistungsdaten müssen bestimmten Arbeitnehmern **25** zugeordnet werden können. Beschränkt sich die Aussage auf das Verhalten oder die Leistung einer Gruppe von Arbeitnehmern, so liegt der Mitbestimmungstatbestand nur vor, wenn der von der technischen Einrichtung ausgehende Überwachungsdruck auf die Gruppe auch auf den einzelnen Arbeitnehmer durchschlägt, z. B. bei Arbeiten im Gruppenakkord.[39]

7. Regelung über die Verhütung von Arbeitsunfällen und Berufskrankheiten sowie über den Gesundheitsschutz im Rahmen der gesetzlichen Vorschriften oder der Unfallverhütungsvorschriften (Nr. 7)

a) Anwendungsbereich

Der Mitbestimmungstatbestand beschränkt sich auf einen Teilbereich des betriebsver- **26** fassungsrechtlichen Arbeitsschutzes. Er setzt voraus, dass die gesetzlichen Vorschrif-ten oder Unfallverhütungsvorschriften dem Arbeitgeber einen Regelungsspielraum belassen.[40] Soweit dies nicht der Fall ist, besteht auch kein Raum für eine Mitbestim-mung. Der Betriebsrat hat vielmehr nach § 80 Abs. 1 Nr. 1 BetrVG darüber zu wachen, dass die Arbeitsschutzvorschriften durchgeführt werden. Vom gesetzlichen Arbeits-schutz, der hier angesprochen wird, ist der autonome Arbeitsschutz zu unterscheiden. Der Betriebsrat kann zusätzliche Maßnahmen zur Verhütung von Arbeitsunfällen und Gesundheitsschädigungen anregen (§ 80 Abs. 1 Nr. 2 BetrVG), über die freiwillig eine Betriebsvereinbarung abgeschlossen werden kann (§ 88 Nr. 1 BetrVG). Ein Mitbestim-mungsrecht hat der Betriebsrat hier nur unter den Voraussetzungen des § 91 BetrVG.[41]

Die Mitbestimmungsnorm bezieht sich auf den Gesundheitsschutz. Der Begriff **27** schließt die »Verhütung von Arbeitsunfällen und Berufskrankheiten« als besondere Teilbereiche des Gesundheitsschutzes mit ein. Er steht aber in einem gesetzessystema-tischen Zusammenhang mit den ausdrücklich genannten Rechtsmaterien der Regelung über die Verhütung von Arbeitsunfällen und Berufskrankheiten. Maßgebend ist daher nicht der allgemeine Gesundheitsbegriff der Weltgesundheitsorganisation, der Ge-sundheit als einen Zustand des völligen körperlichen, seelischen und sozialen Wohl-befindens bezeichnet. Der Begriff des Gesundheitsschutzes ist vielmehr auf die Rechtsmaterie des staatlichen Arbeitsschutzrechts und des autonomen Unfallverhü-tungsrechts zu beziehen.[42] Er umfasst Maßnahmen zur Erhaltung der physischen und psychischen Integrität der Beschäftigten gegenüber Schädigungen durch medizinisch feststellbare arbeitsbedingte Verletzungen, Erkrankungen oder sonstige gesundheit-liche Beeinträchtigungen.

---

37 *BAG* 27.3.2003, 29.6.2004 und 14.12.2004, AP BetrVG 1972 § 87 Überwachung Nr. 36, 41 und 42; 26.8.2008, AP BetrVG 1972 § 75 Nr. 54; 11.12.2012, AP BetrVG 1972 § 87 Ordnung des Betriebes Nr. 44 (Rn. 17).
38 *BAG* 27.1.2004, AP BetrVG 1972 Überwachung Nr. 40.
39 So *BAG* 18.2.1986 und 26.7.1994, AP BetrVG 1972 § 87 Überwachung Nr. 13 und 26.
40 *BAG* 8.6.2004, AP BetrVG 1972 Gesundheitsschutz Nr. 13; 26.4.2005, AP BetrVG 1972 § 87 Ar-beitszeit Nr. 118; 11.12.2012, AP BetrVG 1972 Gesundheitsschutz Nr. 19 (Rn. 17).
41 → § 31 Rn. 4f.
42 Ebenso *BAG* 18.8.2009, AP BetrVG 1972 § 87 Gesundheitsschutz Nr. 16 (Rn. 17).

28 Das Mitbestimmungsrecht bezieht sich auf Regelungen »im Rahmen der gesetzlichen Vorschriften oder der Unfallverhütungsvorschriften«. Notwendig ist deshalb, dass die vorgegebenen Normen dem Arbeitgeber einen Regelungsspielraum belassen, ihn aber zu dessen Ausfüllung öffentlich-rechtlich verpflichten. Dabei kann es sich auch um eine Generalklausel wie § 3 ArbSchG handeln. Der Rückgriff auf sie darf aber nicht bewirken, dass der für die Mitbestimmung des Betriebsrats wesentliche Unterschied zwischen dem gesetzlichen und autonomen Arbeitsschutz derogiert wird. Im letzteren Fall hat der Betriebsrat nicht nach Nr. 7, sondern nach § 91 BetrVG ein Mitbestimmungsrecht. Vor allem soweit EU-Richtlinien über den Gesundheitsschutz nicht in nationales Recht umgesetzt sind, kann eine Generalklausel des nationalen Rechts bei richtlinienkonformer Interpretation die Voraussetzung einer gesetzlichen Vorschrift i. S. der Nr. 7 erfüllen. Das BAG kam deshalb vor Umsetzung der EG-Bildschirmrichtlinie durch die Bildschirmarbeitsverordnung folgerichtig zu dem Ergebnis, dass der Betriebsrat auf Grund der Nr. 7 i. V. m. der damals geltenden Generalklausel des § 120 GewO betriebliche Regelungen über die Unterbrechung von Bildschirmarbeit durch andere Tätigkeiten oder Pausen verlangen kann.[43] Nach geltendem Recht bedarf es eines Rückgriffs auf die nunmehr in § 3 ArbSchG enthaltene Generalklausel nicht mehr; denn die maßgebliche Rahmenvorschrift für die Mitbestimmung des Betriebsrats enthält die Arbeitsstättenverordnung, die 2016 novelliert wurde.

b) Verhältnis zur Mitbestimmungsregelung nach dem Arbeitssicherheitsgesetz

29 Der Mitbestimmungstatbestand steht rechtssystematisch in einem Zusammenhang mit der ihn ergänzenden Mitbestimmungsregelung des § 9 Abs. 3 ASiG, der den folgenden Wortlaut hat:

»Die Betriebsärzte und Fachkräfte für Arbeitssicherheit sind mit Zustimmung des Betriebsrats zu bestellen und abzuberufen. Das Gleiche gilt, wenn deren Aufgaben erweitert oder eingeschränkt werden sollen; im Übrigen gilt § 87 in Verbindung mit § 76 des Betriebsverfassungsgesetzes. Vor der Verpflichtung oder Entpflichtung eines freiberuflich tätigen Arztes, einer freiberuflich tätigen Fachkraft für Arbeitssicherheit oder eines überbetrieblichen Dienstes ist der Betriebsrat zu hören.«

30 Der Betriebsrat hat nach § 87 Abs. 1 Nr. 7 BetrVG über die Auswahlentscheidung mitzubestimmen, ob der Arbeitgeber Betriebsärzte oder Fachkräfte für Arbeitssicherheit als Arbeitnehmer beschäftigt, ob er zur Wahrnehmung der Aufgaben einen freiberuflich tätigen Arzt bzw. eine freiberuflich tätige Fachkraft für Arbeitssicherheit verpflichtet oder ob er seine Verpflichtung dadurch erfüllt, dass er sich einem überbetrieblichen Dienst von Betriebsärzten oder Fachkräften für Arbeitssicherheit anschließt.[44] Sobald die Auswahlentscheidung über die Gestaltungsform im Mitbestimmungsverfahren nach § 87 Abs. 1 Nr. 7 BetrVG getroffen ist, greift auf der zweiten Stufe die Mitbestimmungsregelung des § 9 Abs. 3 ASiG ein, die dem Betriebsrat ein unterschiedlich abgestuftes Beteiligungsrecht einräumt, je nach dem, ob die Aufgaben eines Betriebsarztes oder einer Fachkraft für Arbeitssicherheit von einem Arbeitnehmer oder einer freiberuflich tätigen Person bzw. einem überbetrieblichen Dienst wahrgenommen werden sollen.

---

43 So *BAG* 2.4.1996, AP BetrVG 1972 § 87 Gesundheitsschutz Nr. 5.
44 *BAG* 10 4.1979, AP BetrVG 1972 § 87 Arbeitssicherheit Nr. 1.

8. Form, Ausgestaltung und Verwaltung von Sozialeinrichtungen, deren Wirkungsbereich auf den Betrieb, das Unternehmen oder den Konzern beschränkt ist (Nr. 8)

a) Gesetzessystematische Einordnung

Der Mitbestimmungstatbestand bildet mit den Tatbeständen der Nr. 9, 10 und 11 **31** teleologisch eine Einheit. Zweck der Mitbestimmung ist eine Beteiligung an der Erbringung und Gestaltung von Arbeitgeberleistungen, um eine gerechte Verteilung zu gewährleisten. Der Betriebsrat kann dagegen, wie der gesetzessystematische Zusammenhang in § 88 Nr. 2 BetrVG bestätigt, nicht erzwingen, dass der Arbeitgeber zusätzliche Leistungen erbringt. Im System der Mitbestimmung bei Entgeltleistungen des Arbeitgebers enthält Nr. 10 den Grundtatbestand. Sozialleistungen fallen auch unter ihn. Werden sie über eine Sozialeinrichtung abgewickelt, so hat der Betriebsrat auch nach Nr. 8 über deren Form, Ausgestaltung und Verwaltung mitzubestimmen.

b) Inhalt der Mitbestimmungsnorm

Die Besonderheit des Mitbestimmungstatbestands ergibt sich daraus, dass für die Er- **32** bringung von Sozialleistungen eine relativ selbständige Verwaltungsorganisation geschaffen wird. Die Sozialeinrichtung muss sozialen Zwecken dienen; sie muss den Arbeitnehmern oder ihren Angehörigen Leistungen oder Vorteile gewähren, die keine unmittelbare Gegenleistung für die geschuldete Arbeitsleistung sind.[45] Ihr Wirkungsbereich muss auf den Betrieb, das Unternehmen oder den Konzern beschränkt sein. Die Einrichtung darf also keinem über diesen Bereich hinausgehenden unbestimmten Personenkreis offen stehen.[46] Sozialeinrichtungen sind Kantinen, Verkaufsstellen und Automaten zum Bezug verbilligter Getränke, Kindergärten, Erholungsheime und vor allem Pensions- und Unterstützungskassen zur Durchführung der betrieblichen Altersversorgung.

Der Betriebsrat hat darüber mitzubestimmen, ob die Sozialeinrichtung rechtlich un- **33** selbständig bleibt, oder ob sie als selbständige juristische Person, insbesondere als GmbH, errichtet werden soll. Die Mitbestimmung erstreckt sich sodann auf die Organisation der Sozialeinrichtung sowie auf deren Verwaltung. Für die Durchführung der Mitbestimmung bieten sich zwei Verfahren an: die zweistufige Lösung und die organschaftliche Lösung. Wenn nichts anderes vereinbart ist, wird die Mitbestimmung zweistufig verwirklicht: Zunächst muss über mitbestimmungspflichtige Fragen eine Einigung zwischen dem Arbeitgeber und dem Betriebsrat herbeigeführt werden. Auf Grund der Einigung, die durch einen Spruch der Einigungsstelle ersetzt werden kann, ist sodann der Arbeitgeber betriebsverfassungsrechtlich verpflichtet, dafür zu sorgen, dass die mit dem Betriebsrat getroffenen Regelungen von der Sozialeinrichtung befolgt werden. Die Mitbestimmung kann aber auch dadurch verwirklicht werden, dass Arbeitgeber und Betriebsrat die organschaftliche Lösung wählen, bei der der Betriebsrat in die satzungsmäßigen Organe der rechtlich selbständigen Einrichtung Vertreter entsendet, »die dafür sorgen sollen, dass keine mitbestimmungspflichtigen Beschlüsse gegen seinen Willen gefasst werden«.[47]

---

45 *BAG* 10.2.2009, AP BetrVG 1972 § 87 Sozialeinrichtung Nr. 21 (Rn. 29, 31).
46 Ebenso *BAG* 10.2.2009, AP BetrVG 1972 § 87 Sozialeinrichtung Nr. 21 (Rn. 32ff.).
47 *BAG* 13.7.1978, AP BetrVG 1972 § 87 Altersversorgung Nr. 5.

9. Zuweisung und Kündigung von Wohnräumen, die den Arbeitnehmern mit Rücksicht auf das Bestehen eines Arbeitsverhältnisses vermietet werden, sowie die allgemeine Festlegung der Nutzungsbedingungen (Nr. 9)

34 Unter diesen Mitbestimmungstatbestand fallen die sog. Werkmietwohnungen, und zwar auch dann, wenn sie von einem Dritten vermietet werden. Das Mitbestimmungsrecht erstreckt sich bei der allgemeinen Festlegung der Nutzungsbedingungen auf die Grundsätze für die Mietpreisbildung im Rahmen der vorgegebenen finanziellen Dotierung durch den Arbeitgeber.[48]

10. Fragen der betrieblichen Lohngestaltung, insbesondere die Aufstellung von Entlohnungsgrundsätzen und die Einführung und Anwendung von neuen Entlohnungsmethoden sowie deren Änderung (Nr. 10)

a) Gesetzessystematische Einordnung

35 Der Mitbestimmungstatbestand der Nr. 10 hat den Charakter einer Generalklausel.[49] Er bezieht sich auf alle vermögenswerten Arbeitgeberleistungen, bei denen die Bemessung nach bestimmten Grundsätzen oder nach einem System erfolgt. Veranlasst der Arbeitgeber, dass Wohnräume den Arbeitnehmern mit Rücksicht auf das Bestehen des Arbeitsverhältnisses vermietet werden, so hat der Betriebsrat bereits nach Nr. 9 mitzubestimmen. Werden Sozialleistungen über eine verwaltungsfähige Einrichtung erbracht, so erstreckt sich das Mitbestimmungsrecht nach Nr. 8 auf deren Form, Ausgestaltung und Verwaltung. Werden im Mitbestimmungsverfahren nach Nr. 10 als Entlohnungsgrundsatz Akkord- oder Prämienlohn oder vergleichbare leistungsbezogene Entgelte festgelegt, so hat der Betriebsrat darüber hinaus über die Festsetzung dieser Entgelte einschließlich Geldfaktoren nach Nr. 11 mitzubestimmen. Schließlich ist dem Entgeltbereich auch zuzuordnen, dass der Betriebsrat nach Nr. 12 über Grundsätze über das betriebliche Vorschlagswesen mitzubestimmen hat.

36 Im System der Mitbestimmung bei Entgeltleistungen des Arbeitgebers enthält daher Nr. 10 den Grundtatbestand. Formelhaft verkürzt bezieht er die Mitbestimmung auf die Entgeltgestaltung, während die Festlegung der Entgelthöhe mitbestimmungsfrei ist.

b) Gegenstand der Mitbestimmungsnorm

37 Gegenstand der Mitbestimmungsnorm sind nicht nur die laufenden Entgelte, die in einem Gegenseitigkeitsverhältnis zur Arbeitsleistung des Arbeitnehmers stehen, sondern auch Sonderzuwendungen, wie Gratifikationen, zinsgünstige Arbeitgeberdarlehen und vor allem Leistungen der betrieblichen Altersversorgung. Der Mitbestimmung unterliegt für sie »insbesondere die Aufstellung von Entlohnungsgrundsätzen«. Erfasst wird damit das System, nach dem eine Entgeltleistung bemessen werden soll, ob sie zeitbezogen (z.B. Wochenlohn, Monatsgehalt), leistungsbezogen (z.B. Akkord- oder Prämienlohn, Provision) oder erfolgsbezogen (z.B. Umsatz- oder Gewinnbeteiligung) gestaltet sein soll. Zu den Entlohnungsgrundsätzen gehört auch die Ausformung des Systems, nach dem das Entgelt bemessen werden soll, also bei zeitbezogenem Arbeitsentgelt Lohn- oder Gehaltsfestsetzung nach abstrakten Tätigkeits-

---

48 *BAG* 13.3.1973, 3.6.1975 und 28.7.1992, AP BetrVG 1972 § 87 Werkmietwohnungen Nr. 1, 3 und 7.
49 *BAG (GS)* 3.12.1991, AP BetrVG 1972 § 87 Lohngestaltung Nr. 51.

merkmalen oder nach einem anderen System, bei leistungsbezogenen Arbeitsentgelten die Festlegung der Arbeitsabhängigkeit oder der Erfolgsabhängigkeit, z. B. bei Provisionen die Provisionsart, die Festsetzung der Bezugsgrößen und die abstrakte Staffelung der Provisionssätze. Zu den Entlohnungsgrundsätzen zählt weiterhin, ob Entgeltleistungen von der Erfüllung einer Zielvereinbarung abhängen.

Durch das Mitbestimmungsverfahren kann weder eine Erhöhung noch eine Herabsetzung der Arbeitsentgelte erzwungen werden. Der Arbeitgeber entscheidet deshalb mitbestimmungsfrei über den Zweck, den er mit seiner Leistung verfolgen will, und insoweit auch über den Personenkreis, den er begünstigen will, sowie über den finanziellen Rahmen, der für die Erbringung der Leistung zur Verfügung gestellt wird.[50] **38**

Das BAG hat daher für die Mitbestimmung bei der betrieblichen Altersversorgung anerkannt, dass die folgenden vier Vorentscheidungen mitbestimmungsfrei sind, bevor das Mitbestimmungsrecht einsetzt: die Entscheidung, ob der Arbeitgeber finanzielle Mittel für die betriebliche Altersversorgung zur Verfügung stellt, in welchem Umfang er dies tut (finanzieller Dotierungsrahmen), welche Versorgungsform er wählt (Direktzusage, Direktversicherung, Unterstützungskasse, Pensionskasse oder Pensionsfonds)[51] und welchen Arbeitnehmerkreis er versorgt.[52] **39**

Für Löhne und Gehälter, die in einem Gegenseitigkeitsverhältnis zur Arbeitsleistung stehen, regeln Tarifverträge nicht nur die Lohn- und Gehaltshöhe, sondern vor allem auch die Entlohnungsform. Der Tarifvorrang nach dem Eingangshalbsatz des § 87 Abs. 1 BetrVG verdrängt deshalb bei den laufenden Entgelten weitgehend die Mitbestimmung des Betriebsrats. Sie spielt hier praktisch nur insoweit eine Rolle, als Arbeitnehmer nicht unter den Geltungsbereich des einschlägigen Tarifvertrags fallen, es sich also um die sog. außertariflichen Angestellten handelt. Der Tarifvorrang greift außerdem nicht ein, wenn der Arbeitgeber übertarifliche Leistungen erbringt. Bei der Anrechnung übertariflicher Lohnbestandteile auf eine Tariflohnerhöhung kommt deshalb eine Mitbestimmung des Betriebsrats in Betracht. Sie besteht nicht bei vollständiger Anrechnung der Tariflohnerhöhung auf die Zulagen, weil mitbestimmungsfrei ist, ob der Arbeitgeber überhaupt ein zusätzliches Entgelt gewährt oder einstellt; sie besteht, wenn die Tariflohnerhöhung teilweise auf die Zulagen angerechnet wird, sofern sich durch die Anrechnung der rechnerisch prozentuale Verteilungsschlüssel für die Entgeltleistungen des Arbeitgebers ändert.[53] Der Tarifvorrang verdrängt auch nicht mehr die Mitbestimmung bei einem Wegfall der Tarifbindung des Arbeitgebers. Damit entfällt aber auch dessen Rechtsbindung an den in der tarifvertraglichen Vergütungsregelung enthaltenen Entlohnungsgrundsatz. Der Arbeitgeber ist betriebsverfassungsrechtlich nicht gehalten, ihn weiterhin zu beachten.[54] **40**

c) Verhältnis zum Mindestlohngesetz

Nach dem Mindestlohngesetz hat jeder Arbeitnehmer Anspruch auf Zahlung eines Arbeitsentgelts mindestens in Höhe des Mindestlohns durch den Arbeitgeber (§ 1 Abs. 1); die Höhe beträgt ab dem 1.1.2015 brutto 8,50 EUR, ab dem 1.1.2017 brutto 8,84 EUR je »Zeitstunde« (§ 1 Abs. 2 S. 1). Dadurch werden andere Vergütungsformen **41**

---

50 *BAG* 9.12.980, AP BetrVG 1972 § 87 Lohngestaltung Nr. 5.
51 Vgl. zu den Versorgungsformen § 1 Abs. 1 S. 2 i. V. m. § 1b Abs. 2 bis 4 BetrAVG.
52 *BAG* 12.6.1975, AP BetrVG 1972 § 87 Altersversorgung Nr. 1, 2 und 3.
53 Vgl. *BAG (GS)* 3.12.1991, AP BetrVG 1972 § 87 Lohngestaltung Nr. 51.
54 So aber *BAG* 11.6.2002, AP BetrVG 1972 § 87 Lohngestaltung Nr. 113; 4.5.2011, AP BetrVG 1972 § 99 Eingruppierung Nr. 55 (Rn. 23).

nicht ausgeschlossen, wenn gewährleistet ist, dass der nach § 3 zwingend festgelegte Mindestlohn für die geleisteten Arbeitsstunden erreicht wird. Soweit der Anspruch auf den Mindestlohn für die geleisteten Arbeitsstunden durch Zahlung eines verstetigten Arbeitsentgelts erfüllt wird, beruht die Verstetigung auf einem Entlohnungsgrundsatz, der unter die Mitbestimmung fällt. Wie die Verstetigung sich auf die Erfüllung auswirkt, regelt § 2 Abs. 2 MiLoG zwingend und ist daher nicht Gegenstand der Mitbestimmung.

42 Der Mindestlohnanspruch ist ein gesetzlicher Anspruch, der eigenständig neben den arbeitsvertraglichen Entgeltanspruch tritt. Durch ihn entsteht eine Anspruchskonkurrenz zu den rechtsgeschäftlich begründeten Entgeltansprüchen. Der gesetzliche Mindestlohnanspruch ist zeitbezogen gestaltet. Daraus ergibt sich ein Spannungsverhältnis zu anders strukturierten Entlohnungssystemen. Es kann nicht durch die Mitbestimmung behoben werden.

43 Den gesetzlichen Mindestlohnanspruch, der tariffest ist, hat auch, wer einen rechtsgeschäftlich begründeten Entgeltanspruch hat. § 3 MiLoG sichert die Unabdingbarkeit des gesetzlichen Mindestlohnanspruchs, schließt aber Entgeltabreden, die mit ihm vereinbar, nicht aus. Werden sie erfüllt, so ist damit auch der gesetzliche Mindestlohnanspruch erfüllt.

44 Sind Entgeltabreden sittenwidrig und deshalb nach § 138 BGB nichtig, so ersetzt der gesetzliche Mindestlohnanspruch diese Rechtsfolge nicht. Es ist vielmehr nach § 612 Abs. 2 BGB die übliche Vergütung als vereinbart anzusehen. Der sich daraus ergebende Anspruch tritt neben den gesetzlichen Mindestlohnanspruch. Das gilt sogar für Arbeitsverhältnisse, bei denen eine Vergütungszusage fehlt, so dass nach § 612 Abs. 1 BGB eine Vergütung als stillschweigend vereinbart gilt. Diese Vergütung kann höher als der gesetzliche Mindestlohn sein. Für diesen Fall wird das betriebliche Entlohnungssystem nicht geändert. Eine Änderung tritt aber ein, soweit es der Geltung des § 1 MiLoG angepasst werden muss.

d) Verhältnis zum Entgelttransparenzgesetz

45 Keine Schranke der Mitbestimmung nach Nr. 10 enthält das Gesetz zur Förderung der Transparenz von Entgeltstrukturen (Entgelttransparenzgesetz – EntgTranspG) vom 30.6.2017, das am 6.7.2017 in Kraft trat. Materiell-rechtlich enthält es wenig Neues; denn Frauen und Männer sind für gleiche und gleichwertige Arbeit schon seit den Römischen Verträgen (Art. 119 EWG-Vertrag, heute Art. 157 AEUV) gleich zu entlohnen. Das Gesetz gibt daher nur mittelbar Maßstäbe für die Mitbestimmungsausübung. Beschäftigte haben in Betrieben mit in der Regel mehr als 200 Beschäftigten einen individuellen Anspruch auf Auskunft über die Kriterien und das Verfahren zur Festlegung des Entgelts sowie Informationen über das Entgelt für eine vergleichbare Tätigkeit (§§ 10 ff. EntgTranspG). Bei tarifgebundenen oder tarifanwendenden Arbeitgebern ist das Auskunftsverlangen an den Betriebsrat zu richten. Materiell-rechtlich ist aber auch in diesem Fall der Arbeitgeber Auskunftsschuldner. Unternehmen mit mehr als 500 Beschäftigten sind »aufgefordert«, ein Prüfverfahren zur Entgeltgleichheit durchzuführen (§§ 17 ff. EntgTranspG); eine Berichtspflicht besteht für sie aber nur, wenn sie gemäß §§ 264 ff. und § 289 HGB lageberichtspflichtig sind (§§ 21 f. EntgTranspG).

11. Festsetzung der Akkord- und Prämiensätze und vergleichbarer leistungsbezogener Entgelte einschließlich der Geldfaktoren (Nr. 11)

Während sich Nr. 10 auf die normative Festlegung bezieht, soll durch Nr. 11 die Rich-   **46** tigkeit bei der tatsächlichen Durchführung eines leistungsbezogenen Entgeltsystems durch paritätische Beteiligung des Betriebsrats sichergestellt werden. Das Mitbestimmungsrecht bezieht sich nicht auf alle leistungsbezogenen Entgelte, sondern nur auf den Akkord- und Prämienlohn sowie die mit ihm vergleichbaren leistungsbezogenen Entgelte. Das dem Akkord- und Prämienlohn vergleichbare Element liegt in einer doppelten Abhängigkeit: der Vergleichbarkeit der entgelterheblichen Leistung des Arbeitnehmers mit einer Bezugsleistung und der Bemessung der Entgelthöhe nach dem Verhältnis der Leistung des Arbeitnehmers zur Bezugsleistung.[55] Erfasst werden daher die leistungsbezogenen Entgelte, die arbeitsabhängig sind, nicht dagegen die leistungsbezogenen Entgelte, die wie die Provision erfolgsabhängig sind.[56]

Durch die Erstreckung auf die Festsetzung »einschließlich der Geldfaktoren« wird   **47** nicht entgegen Nr. 10 bei leistungsbezogenen Entgelten eine Mitbestimmung über die Entgelthöhe eingeräumt, sondern es wird lediglich klargestellt, dass die Mitbestimmung bei der Festsetzung der Akkord- und Prämiensätze und vergleichbarer leistungsbezogener Entgelte nicht auf einen Teil der für die Richtigkeit maßgeblichen Faktoren beschränkt wird, sondern der Betriebsrat bei der Festsetzung aller Faktoren »einschließlich der Geldfaktoren« zu beteiligen ist, um dadurch sicherzustellen, dass die Entlohnung leistungsgerecht ist.[57]

12. Grundsätze über das betriebliche Vorschlagswesen (Nr. 12)

Zum betrieblichen Vorschlagswesen gehören alle Systeme und Methoden, durch die   **48** Vorschläge der Arbeitnehmer zur Vereinfachung oder Verbesserung der Arbeit im Betrieb angeregt, gesammelt und bewertet werden. Gegenstand des Mitbestimmungstatbestands sind daher Verbesserungsvorschläge auf technischem oder organisatorischem Gebiet, wobei wegen der abschließenden Regelung im Gesetz über Arbeitnehmererfindungen Erfindungen, die patent- oder gebrauchsmusterfähig sind, nicht erfasst werden. Der Betriebsrat hat nicht nur über die Organisation des Vorschlagswesens, sondern auch über die Prämierungsgrundsätze und deren Ausformung mitzubestimmen.[58]

13. Grundsätze über die Durchführung von Gruppenarbeit (Nr. 13)

Dem Katalog der mitbestimmungspflichtigen Angelegenheiten sind die »Grundsätze   **49** über die Durchführung von Gruppenarbeit« seit dem BetrVerf-Reformgesetz angefügt. Außerhalb der Betriebsverfassung spricht man von Gruppenarbeit, wenn die Arbeitsleistung von mehreren Arbeitnehmern, der sog. Gruppe, gemeinsam erbracht

---

55 Vgl. *BAG* 28.7.1981, AP BetrVG 1972 § 87 Provision Nr. 2; 25.5.1982, AP BetrVG 1972 § 87 Prämie Nr. 2.

56 Vgl. zur Provision *BAG* 13.3.1984, AP BetrVG 1972 § 87 Provision Nr. 4 unter Aufgabe von *BAG* 29.3.1977, AP BetrVG 1972 § 87 Provision Nr. 1.

57 A. A. *BAG* 29.3.1977, AP BetrVG 1972 § 87 Provision Nr. 1; st. Rspr.; vgl. *BAG* 14.2.1989, AP BetrVG 1972 § 87 Akkord Nr. 8.

58 *BAG* 28.4.1981, AP BetrVG 1972 § 87 Vorschlagswesen Nr. 1.

und geschuldet wird.[59] Nach ihrer Entstehung unterscheidet man zwei Arten von Arbeitsgruppen, die Betriebsgruppe und die Eigengruppe. Die Betriebsgruppe ist vom Arbeitgeber zusammengestellt, so dass ein gesondertes Arbeitsverhältnis zu jedem Gruppenmitglied besteht. In der Eigengruppe haben sich Arbeitnehmer selbst organisiert und gemeinsam dem Arbeitgeber den Abschluss des Arbeitsvertrags angeboten, so dass im Regelfall der Arbeitsvertrag mit der Gruppe geschlossen wird.

50   Für den Mitbestimmungstatbestand gibt das Gesetz eine davon abweichende Legaldefinition: Gruppenarbeit i. S. der Nr. 13 liegt vor, »wenn im Rahmen des betrieblichen Arbeitsablaufs eine Gruppe von Arbeitnehmern eine ihr übertragene Gesamtaufgabe im Wesentlichen eigenverantwortlich erledigt«. Der Begriff deckt sich nicht mit der Arbeitsgruppe i. S. d. § 28a BetrVG.[60] Gruppenarbeit i. S. d. Mitbestimmungstatbestands kann sowohl bei einer Betriebsgruppe als auch bei einer Eigengruppe vorliegen. Entscheidend ist, dass die Gruppe eine ihr übertragene Gesamtaufgabe im Wesentlichen eigenverantwortlich erledigt. Die Begründung des RegE spricht daher auch von »teilautonomer Gruppenarbeit«.[61]

51   Dem Mitbestimmungsrecht unterliegen nur die Grundsätze über die Durchführung von Gruppenarbeit. Durch die Beschränkung auf die *Durchführung* wird klargestellt, dass *Einführung* und *Beendigung* von Gruppenarbeit nicht erfasst werden. Nach der Begründung des RegE soll der Arbeitgeber über die unternehmerischen Fragen, ob, in welchen Bereichen, in welchem Umfang und wie lange er Gruppenarbeit z. B. zur Verbesserung von Arbeitsabläufen oder zur Verwirklichung bestimmter Unternehmensstrukturen wie Abbau von Hierarchien durch Lean-Management für erforderlich oder geeignet hält, weiterhin mitbestimmungsfrei entscheiden können.[62] Da aber davon § 111 BetrVG unberührt bleibt, kann unter den dort genannten Voraussetzungen eine beteiligungspflichtige Betriebsänderung vorliegen. Da die Einführung von Gruppenarbeit nicht dem Mitbestimmungstatbestand unterliegt, wird auch nicht die Bildung der Gruppe, deren Zusammensetzung und Rechtsform erfasst. Auch die Organisation der Arbeit selbst fällt nicht unter den Mitbestimmungstatbestand.

52   Erst wenn der Arbeitgeber die mitbestimmungsfreien Vorentscheidungen getroffen hat, greift das Mitbestimmungsrecht nach § 87 Abs. 1 Nr. 13 BetrVG ein. Er kann Grundsätze über die Durchführung von Gruppenarbeit nur mit Zustimmung des Betriebsrats aufstellen. Da das Mitbestimmungsrecht im Bereich des § 87 BetrVG ein Initiativrecht umschließt, kann der Betriebsrat auch selbst Grundsätze über die Durchführung von Gruppenarbeit verlangen. Nach der Begründung des RegE kann er »beispielsweise Regelungen zu Fragen wie Wahl eines Gruppensprechers, dessen Stellung und Aufgaben, Abhalten von Gruppengesprächen zwecks Meinungsaustauschs und -bildung in der Gruppe, Zusammenarbeit in der Gruppe und mit anderen Gruppen, Berücksichtigung von leistungsschwächeren Arbeitnehmern, Konflikt in der Gruppe durchsetzen«.[63]

53   § 87 Abs. 1 Nr. 13 BetrVG ergänzt für die in der Gruppe zusammengefassten Arbeitnehmer die Mitbestimmungsrechte, wie sie in Nr. 1 bis 12 eingeräumt sind. Diese erfassen deshalb in ihrem Anwendungsbereich auch die Gruppenarbeit. Die Mitbestimmungsausübung nach § 87 Abs. 1 Nr. 13 BetrVG verdrängt nicht das Mitbestimmungsrecht

---

59 Staudinger/*Richardi/Fischinger*, BGB, 2016, § 611 Rn. 168 ff.
60 → § 19 Rn. 12.
61 BT-Drs. 14/5741, S. 47 f.
62 BT-Drs. 14/5741, S. 47.
63 BT-Drs. 14/5741, S. 47.

des Betriebsrats in den sonstigen Angelegenheiten. Sie kann jedoch zur Folge haben, dass Mitbestimmungsrechte konsumiert sind. Das gilt insbesondere für das Ordnungsverhalten der Arbeitnehmer, die Lage der Arbeitszeit einschließlich einer vorübergehenden Verkürzung oder Verlängerung des Arbeitszeitvolumens, die Urlaubserteilung, die Überwachungstechnologie und die Ausfüllung von Arbeitsschutzvorschriften. Da die Gruppe zugleich eine Arbeitsgruppe i. S. d. § 28a BetrVG ist, empfiehlt es sich, ihr insoweit die Wahrnehmung der Mitbestimmungsrechte zu übertragen.[64]

IV. Inhalt und Reichweite der Mitbestimmung

Das Gesetz beschränkt sich auf die Anordnung, dass der Betriebsrat in den gesetzlich **54** genannten Angelegenheiten, mitzubestimmen hat, soweit eine gesetzliche oder tarifliche Regelung nicht besteht. Wenn Arbeitgeber und Betriebsrat sich nicht einigen können, kann auf Antrag nur einer der beiden Parteien, des Betriebsrats oder des Arbeitgebers, im verbindlichen Einigungsverfahren die Einigungsstelle durch ihren Spruch die Einigung zwischen Arbeitgeber und Betriebsrat ersetzen (§ 87 Abs. 2 BetrVG). Die Mitbestimmung erschöpft sich nach herrschendem Verständnis nicht darin, eine Regelung durch den Abschluss einer Betriebsvereinbarung herbeizuführen.[65] Die Besonderheit der Mitbestimmung wird vielmehr in der Einigungsnotwendigkeit erblickt. Deshalb ist sie auch gewahrt, wenn Arbeitgeber und Betriebsrat sich formlos geeinigt haben. Die betriebsverfassungsrechtliche Pflicht, die formlose Betriebsabsprache durchzuführen, gibt dem Arbeitgeber aber keine individualrechtliche Kompetenz gegenüber dem von einer mitbestimmungspflichtigen Maßnahme betroffenen Arbeitnehmer. Bei einer Regelung mit Drittwirkung ist daher für die Mitbestimmungsausübung allein die Betriebsvereinbarung geeignet, die entsprechende normative Wirkung auf die Arbeitsverhältnisse herbeizuführen; denn nur sie gilt gemäß § 77 Abs. 4 BetrVG unmittelbar und zwingend.[66]

Zur Konkretisierung des Mitbestimmungsfalls in Abgrenzung vom mitbestimmungs- **55** freien Bereich wird die Anerkennung eines Mitbestimmungsrechts von dem Vorliegen eines kollektiven Tatbestandes abhängig gemacht. Entscheidend ist jedoch die Besonderheit des Mitbestimmungstatbestandes, aus der sich ergibt, ob der Betriebsrat auch in einem konkreten Fall zu beteiligen ist. Nur wenn insoweit Zweifel bestehen, hängt der Mitbestimmungstatbestand davon ab, ob ein Regelungsproblem unabhängig von der Person und den individuellen Wünschen eines einzelnen Arbeitnehmers besteht. Wenn deshalb der Arbeitgeber bei der Verringerung der Arbeitszeit deren Verteilung entsprechend den Wünschen des Arbeitnehmers gemäß § 8 TzBfG festlegt, hat der Betriebsrat nicht nach § 87 Abs. 1 Nr. 2 BetrVG mitzubestimmen; das Mitbestimmungsrecht besteht aber, sobald die Verteilung der Arbeitszeit im Regelungsinteresse des Arbeitgebers liegt.

Das Mitbestimmungsrecht entfällt nicht, weil es sich um einen Eilfall handelt. Der Eil- **56** bedürftigkeit von Entscheidungen muss vielmehr innerhalb des allgemeinen Regelungssystems des BetrVG Rechnung getragen werden. Lediglich wenn Handeln geboten ist, um einen Schaden vom Betrieb oder seinen Arbeitnehmern abzuwenden, ist der

---

64 Siehe auch → § 19 Rn. 11 ff.
65 So *Dietz*, Der Anspruch auf Abschluß einer Betriebsvereinbarung nach § 56 BetrVG, FS Nipperdey, 1955, S. 147 ff.
66 So ausdrücklich auch *BAG (GS)* 3.12.1991, AP BetrVG 1972 § 87 Lohngestaltung Nr. 51 (unter C I 4c).

Arbeitgeber berechtigt, in einer mitbestimmungspflichtigen Angelegenheit einseitig eine Anordnung zu treffen. Soweit die Natur der Sache es gestattet, hat er sich auf eine vorläufige Regelung zu beschränken.

57 Das Mitbestimmungsrecht gibt dem Betriebsrat nicht nur ein Zustimmungsrecht, sondern umfasst auch ein Initiativrecht. Jedoch hängt von dem Mitbestimmungstatbestand ab, ob ein Initiativrecht des Betriebsrats überhaupt bestehen kann. Die Errichtung von Sozialeinrichtungen kann nicht erzwungen werden (§ 88 Nr. 2 BetrVG); werden sie aber errichtet, so hat der Betriebsrat ein Mitbestimmungsrecht bei ihrer Form, Ausgestaltung und Verwaltung und insoweit auch ein Initiativrecht (§ 87 Abs. 1 Nr. 8 BetrVG).

58 Nach dem BAG und der herrschenden Lehre im Schrifttum ist die Zustimmung des Betriebsrats eine Wirksamkeitsvoraussetzung für alle Maßnahmen im Bereich des § 87 Abs. 1 BetrVG (notwendige Mitbestimmung).[67] Aber auch wenn man den Zweck der Mitbestimmung in der Einigungsnotwendigkeit sieht, ist es verfehlt, die Sanktion für eine Verletzung der Mitbestimmung stets in der Nichtigkeit der vom Arbeitgeber getroffenen Anordnung oder Zusage zu erblicken, sondern die Rechtsfolge ist nach dem Rechtsgedanken zu bestimmen, dass eine betriebsverfassungsrechtliche Pflichtwidrigkeit dem Arbeitgeber keinen Rechtsvorteil im Rahmen des Einzelarbeitsverhältnisses geben darf.[68]

§ 31. Beteiligung des Betriebsrats beim betrieblichen Arbeits- und Umweltschutz

I. Beteiligung des Betriebsrats bei der Durchführung des Arbeitsschutzes und des betrieblichen Umweltschutzes

1 Der Betriebsrat ist in vielfältiger Weise an der Durchführung des Arbeitsschutzes beteiligt (§ 80 Abs. 1 Nr. 1 – § 87 Abs. 1 Nr. 7 – § 88 Nr. 1 – § 89 BetrVG). In Anlehnung an diese Regelung hat das BetrVerf-Reformgesetz dem Betriebsrat ein Mandat für den betrieblichen Umweltschutz eingeräumt, wobei es dem Gesetzgeber darum ging, betriebliches Wissen für den betrieblichen Umweltschutz zu nutzen.[1] Daher wurde in den Katalog der allgemeinen Aufgaben aufgenommen, Maßnahmen des Arbeitsschutzes und des betrieblichen Umweltschutzes zu fördern (§ 80 Abs. 1 Nr. 9 BetrVG). Als Regelungsgegenstand einer freiwilligen Betriebsvereinbarung sind ausdrücklich Maßnahmen des betrieblichen Umweltschutzes genannt (§ 88 Nr. 1a BetrVG). Vor allem bei der Regelung der Durchführung des Arbeitsschutzes in § 89 BetrVG sind die Aufgaben und Befugnisse des Betriebsrats auf die Durchführung der Vorschriften über den betrieblichen Umweltschutz erstreckt worden.

2 § 89 Abs. 3 BetrVG definiert den Begriff des betrieblichen Umweltschutzes, wie er im Betriebsverfassungsgesetz zu verstehen ist: »Als betrieblicher Umweltschutz im Sinne dieses Gesetzes sind alle personellen und organisatorischen Maßnahmen sowie alle die

---

67 Vgl. *BAG* 7.9.1956, AP BetrVG (1952) § 56 Nr. 2; st. Rspr.; einschränkend aber *BAG (GS)* 16.9.1986, AP BetrVG 1972 § 77 Nr. 17 (unter C III 4); a. A. unter Aufgabe seiner Rechtsprechung zur Änderungskündigung *BAG* 17.6.1998, AP KSchG 1969 § 2 Nr. 49.

68 Vgl. *Richardi*, ZfA 1976, 1 (37); zust. *BAG (GS)* 16.9.1986, AP BetrVG 1972 § 77 Nr. 17.

1 So die Begründung des RegE, BT-Drs. 14/5741, S. 30 f.

betrieblichen Bauten, Räume, technische Anlagen, Arbeitsverfahren, Arbeitsabläufe und Arbeitsplätze betreffenden Maßnahmen zu verstehen, die dem Umweltschutz dienen.« Der Betriebsrat hat also kein allgemeines umweltschutzpolitisches Mandat.

Nach § 89 Abs. 1 S. 1 BetrVG hat der Betriebsrat sich dafür einzusetzen, dass die Vorschriften über den Arbeitsschutz und die Unfallverhütung im Betrieb sowie über den betrieblichen Umweltschutz durchgeführt werden. Er hat bei der Bekämpfung von Unfall- und Gesundheitsgefahren die in Betracht kommenden außerbetrieblichen Stellen durch Anregung, Beratung und Auskunft zu unterstützen, wobei hier der betriebliche Umweltschutz nicht einbezogen ist (§ 89 Abs. 1 S. 2 BetrVG). **3**

II. Gestaltung von Arbeitsplatz, Arbeitsablauf und Arbeitsumgebung

Das BetrVG beteiligt den Betriebsrat nicht nur beim gesetzlichen Arbeitsschutz, sondern auch beim autonomen Arbeitsschutz. In einem besonderen Abschnitt gibt es dem Betriebsrat Mitwirkungsrechte und ein Mitbestimmungsrecht bei Gestaltung von Arbeitsplatz, Arbeitsablauf, Arbeitsumgebung (§§ 90, 91 BetrVG). Bezweckt wird eine Berücksichtigung der gesicherten arbeitswissenschaftlichen Erkenntnisse über die menschengerechte Gestaltung der Arbeit. **4**

Bemerkenswert, wenn auch in der Betriebspraxis ohne nennenswerte Bedeutung ist das in § 91 BetrVG eingeräumte Mitbestimmungsrecht, das auch bei Fehlen einer gesetzlichen Regelung dem Betriebsrat ermöglicht, angemessene Maßnahmen zur Abwendung, Milderung oder zum Ausgleich einer Belastung zu erzwingen, die durch eine Änderung der Arbeitsplätze, des Arbeitsablaufs oder der Arbeitsumgebung eintritt, wenn die Änderung den gesicherten arbeitswissenschaftlichen Erkenntnissen über die menschengerechte Gestaltung der Arbeit offensichtlich widerspricht und daher die Arbeitnehmer in besonderer Weise belastet. Die Belastung liegt nicht im Eintritt wirtschaftlicher Nachteile; denn insoweit kann sich ein Beteiligungsrecht nur aus § 111 BetrVG ergeben. Es geht hier vielmehr um die ergonomische Belastung. Der Betriebsrat kann daher nach § 91 BetrVG nicht verlangen, dass sie durch ein zusätzliches Arbeitsentgelt ausgeglichen wird; denn damit wäre der Zweck des Mitbestimmungsrechts vereitelt, den Arbeitnehmern eine menschengerechte Gestaltung der Arbeit zu sichern. Dies kann nicht abgekauft werden, sondern der Betriebsrat kann angemessene Maßnahmen zur Abwendung, Milderung oder zum Ausgleich der Belastung verlangen, um dadurch eine menschengerechte Gestaltung der Arbeit zu erreichen. **5**

3. Titel. Mitbestimmung in personellen Angelegenheiten

1 Der Fünfte Abschnitt im Vierten Teil des BetrVG ist den personellen Angelegenheiten gewidmet. Er gliedert die gesetzliche Regelung in drei Unterabschnitte: Allgemeine personelle Angelegenheiten (§§ 92 bis 95 BetrVG), Berufsbildung (§§ 96 bis 98 BetrVG) und personelle Einzelmaßnahmen (§§ 99 bis 104 BetrVG). Das Gesetz versteht unter personellen Angelegenheiten die Fragen, die sich auf die Zusammensetzung und Gliederung der Belegschaft beziehen. Überschneidungen ergeben sich mit den sozialen Angelegenheiten, soweit der Betriebsrat im Vorfeld personeller Einzelmaßnahmen und im Rahmen der Berufsbildung beteiligt ist. Für die Betriebspraxis steht die Beteiligungsregelung bei personellen Einzelmaßnahmen im Dritten Unterabschnitt im Vordergrund. Das Gesetz gibt dem Betriebsrat ein als Zustimmungsverweigerungsrecht gestaltetes Mitbestimmungsrecht bei der Einstellung, Eingruppierung, Umgruppierung und Versetzung (§§ 99 bis 101 BetrVG) und ein Anhörungsrecht vor Kündigungen durch den Arbeitgeber (§ 102 BetrVG). Gesetzestechnisch missglückt ist es, dass die Fälle der Einstellung, Eingruppierung, Umgruppierung und Versetzung in einer Vorschrift, nämlich § 99 BetrVG, zusammengefasst sind, obwohl die Interessenlage in dem Dreiecksverhältnis zwischen Arbeitgeber, Betriebsrat und Arbeitnehmer bei Einstellung und Versetzung sehr unterschiedlich sein kann und es bei der Ein- und Umgruppierung lediglich um die Richtigkeit der Einstufung in eine Vergütungsregelung geht.

§ 32. Beteiligung des Betriebsrats bei Personalplanung, Personalauswahl und Berufsbildung

I. Personalplanung und Personalauswahl

1. Beteiligung des Betriebsrats bei der Personalplanung

1 Der Arbeitgeber hat den Betriebsrat über die Personalplanung an Hand von Unterlagen rechtzeitig und umfassend zu unterrichten; er hat mit ihm über Art und Umfang der erforderlichen Maßnahmen und über die Vermeidung von Härten zu beraten (§ 92 Abs. 1 BetrVG). Dieses Unterrichtungs- und Beratungsrecht wird durch ein Vorschlagsrecht für die Einführung einer Personalplanung und deren Durchführung ergänzt (§ 92 Abs. 2 BetrVG).

2. Mitbestimmungsrechte bei der Personalauswahl

2 Der Betriebsrat hat im Bereich der Personalauswahl ein Mitbestimmungsrecht in den folgenden Angelegenheiten:

a) Interne Stellenausschreibung

3 Der Betriebsrat kann verlangen, dass Arbeitsplätze, die besetzt werden sollen, allgemein oder für bestimmte Arten von Tätigkeiten vor ihrer Besetzung innerhalb des Betriebs ausgeschrieben werden (§ 93 BetrVG). Das gilt auch, wenn sie mit Leiharbeit-

nehmern besetzt werden sollen.[1] Der Arbeitgeber wird dadurch aber nicht gezwungen, den Arbeitsplatz nur mit Personen zu besetzen, die sich um ihn beworben haben, oder ihnen den Vorrang zu geben.[2] Etwas anderes gilt nur, wenn eine entsprechende Auswahlrichtlinie mit dem Betriebsrat vereinbart ist. Wenn aber trotz eines Verlangens des Betriebsrats die Ausschreibung im Betrieb unterblieben ist, kann der Betriebsrat in Unternehmen mit in der Regel mehr als zwanzig wahlberechtigten Arbeitnehmern allein aus diesem Grund die Zustimmung zur Einstellung oder Versetzung verweigern (§ 99 Abs. 2 Nr. 5 BetrVG).

b) Persönliche Angaben, Beurteilungsgrundsätze

Der Personalfragebogen und entsprechend die persönlichen Angaben in schriftlichen **4** Arbeitsverträgen, die allgemein für den Betrieb verwendet werden sollen, sowie die Aufstellung allgemeiner Beurteilungsgrundsätze (nicht aber die Beurteilung nach diesen Beurteilungsgrundsätzen) bedürfen der Zustimmung des Betriebsrats (§ 94 BetrVG). Zweck des Mitbestimmungsrechts ist nicht nur der Persönlichkeitsschutz, sondern auch die Sicherung einer objektiven Auswahlentscheidung nach arbeitsbezogenen Kriterien. Vor dem Hintergrund der modernen Datentechnologie ist für die Annahme eines Personalfragebogens keine Voraussetzung, dass die Fragen in einem Formular niedergelegt sind; es genügt, dass personenbezogene Daten auf einem Datenträger erfasst werden. Deshalb fällt unter den Mitbestimmungstatbestand, wenn Personaldaten für ein automatisiertes Personalinformationssystem gesammelt werden.[3]

c) Auswahlrichtlinien

Richtlinien über die personelle Auswahl bei Einstellungen, Versetzungen, Umgruppie- **5** rungen und Kündigungen bedürfen der Zustimmung des Betriebsrats (§ 95 Abs. 1 BetrVG). In Betrieben mit mehr als 500 Arbeitnehmern kann er die Aufstellung von Richtlinien über die bei den genannten Maßnahmen zu beachtenden fachlichen und persönlichen Voraussetzungen und sozialen Gesichtspunkte verlangen (§ 95 Abs. 2 BetrVG). Kommt keine Einigung mit dem Arbeitgeber zustande, so entscheidet die Einigungsstelle verbindlich.

Stellenbeschreibungen und Anforderungsprofile, in denen für einen bestimmten Ar- **6** beitsplatz die fachlichen, persönlichen und sonstigen Anforderungen abstrakt festgelegt werden, sind keine Auswahlrichtlinien; ihre Festlegung fällt nicht unter den Mitbestimmungstatbestand.[4]

Richtlinien über die personelle Auswahl bei Kündigungen sind vor allem im Rahmen **7** der Personalfreisetzungsplanung von Bedeutung; denn hier ist die Notwendigkeit einer personellen Auswahl vorgegeben.[5] Durch Auswahlrichtlinien kann aber nicht der gesetzliche Kündigungsschutz eingeschränkt werden; denn Arbeitgeber und Betriebsrat sind auch bei Ausübung ihrer betriebsverfassungsrechtlichen Richtlinienkompetenz an das zwingende Gesetzesrecht gebunden. Dennoch kann von der Gestal-

---

1 *BAG* 15.10.2013, AP BetrVG 1972 § 93 Nr. 10.
2 *BAG* 7.11.1977, AP BetrVG 1972 § 100 Nr. 1; 18.11.1980, AP BetrVG 1972 § 93 Nr. 1.
3 Vgl. *BAG* 21.9.1993, AP BetrVG 1972 § 94 Nr. 4.
4 Für Stellen- oder Funktionsbeschreibungen *BAG* 31.1.1984, AP BetrVG 1972 § 95 Nr. 3; 14.1.1986, AP BetrVG 1972 § 87 Lohngestaltung Nr. 21. – Für Anforderungsprofile *BAG* 31.5.1983, AP BetrVG 1972 § 95 Nr. 2; bestätigt *BAG* 31.1.1984, AP BetrVG 1972 § 95 Nr. 3; 14.1.1986, AP BetrVG 1972 § 87 Lohngestaltung Nr. 21.
5 Vgl. *BAG* 26.7.2005, AP BetrVG 1972 § 95 Nr. 43 (Punktschema).

tung der Auswahlrichtlinien abhängen, ob der Arbeitgeber bei einer betriebsbedingten Kündigung seiner Pflicht zur Sozialauswahl genügt hat und daher die Kündigung nach § 1 KSchG sozial gerechtfertigt ist. Wenn nämlich in einer Betriebsvereinbarung nach § 95 BetrVG festgelegt ist, welche sozialen Gesichtspunkte nach § 1 Abs. 3 S. 1 KSchG zu berücksichtigen sind und wie diese Gesichtspunkte im Verhältnis zueinander zu bewerten sind, kann die soziale Auswahl der Arbeitnehmer nur auf grobe Fehlerhaftigkeit überprüft werden (§ 1 Abs. 4 KSchG).

II. Vorschlagsrecht des Betriebsrats zur Beschäfgungssicherung

8   Nach § 92 a Abs. 1 BetrVG kann der Betriebsrat dem Arbeitgeber Vorschläge zur Sicherung und Förderung der Beschäftigung machen, wobei nicht abschließend, sondern nur beispielhaft aufgezählt wird, was insbesondere ihr Gegenstand sein kann: eine flexible Gestaltung der Arbeitszeit, die Förderung von Teilzeitarbeit und Altersteilzeit, neue Formen der Arbeitsorganisation, Änderungen der Arbeitsverfahren und Arbeitsabläufe, die Qualifizierung der Arbeitnehmer, Alternativen zur Ausgliederung von Arbeit oder ihrer Vergabe an andere Unternehmen sowie zum Produktions- und Investitionsprogramm.

9   Das dem Betriebsrat eingeräumte Vorschlagsrecht ist kein Mitbestimmungsrecht, wie § 87 BetrVG es vorsieht, sondern nur ein Beratungsrecht: Der Arbeitgeber hat die Vorschläge mit dem Betriebsrat zu beraten (§ 92 a Abs. 2 S. 1 BetrVG). Hält er sie für ungeeignet, so hat er dies zu begründen; in Betrieben mit mehr als 100 Arbeitnehmern erfolgt die Begründung schriftlich (§ 92 a Abs. 2 S. 2 BetrVG). Zu den Beratungen kann der Arbeitgeber oder der Betriebsrat einen Vertreter der Bundesagentur für Arbeit hinzuziehen (§ 92 a Abs. 2 S. 3 BetrVG).

10   Führt die Beratung zu einem Übereinkommen, so können Arbeitgeber und Betriebsrat eine Betriebsvereinbarung nach § 88 BetrVG schließen, soweit den Gegenstand eine sozialen Angelegenheit i. S. dieser Vorschrift bildet, es sich z. B. um die Förderung von Teilzeitarbeit oder Altersteilzeit oder die Durchführung von Qualifizierungsmaßnahmen handelt.

III. Beteiligung des Betriebsrats bei der Berufsbildung

11   Arbeitgeber und Betriebsrat haben im Rahmen der betrieblichen Personalplanung und in Zusammenhang mit den für die Berufsbildung und den für die Förderung der Berufsbildung zuständigen Stellen die Berufsbildung der Arbeitnehmer zu fördern (§ 96 Abs. 1 S. 1 BetrVG). Da die Qualifizierung der Mitarbeiter sowohl für die Wettbewerbsfähigkeit der Unternehmen als auch für den Erhalt des Arbeitsplatzes und den beruflichen Aufstieg von herausragender Bedeutung sind, verpflichtet § 96 Abs. 1 S. 2 BetrVG den Arbeitgeber, auf Verlangen des Betriebsrats den Berufsbildungsbedarf zu ermitteln, um dadurch zu gewährleisten, dass dieser in die dort festgelegte Beratungspflicht über Fragen der Berufsbildung der Arbeitnehmer einbezogen wird.

12   Der Arbeitgeber hat wie bisher mit dem Betriebsrat über die Errichtung und Ausstattung betrieblicher Einrichtungen zur Berufsbildung, die Einführung betrieblicher Berufsbildungsmaßnahmen und die Teilnahme an außerbetrieblichen Berufsbildungsmaßnahmen zu beraten (§ 97 Abs. 1 BetrVG). Ein Mitbestimmungsrecht hat der Betriebsrat bei der Einführung von Maßnahmen der betrieblichen Berufsbildung,

wenn folgende Voraussetzungen gegeben sind: Der Arbeitgeber hat »Maßnahmen geplant oder durchgeführt, die dazu führen, dass sich die Tätigkeit der betroffenen Arbeitnehmer ändert und ihre beruflichen Kenntnisse und Fähigkeiten zur Erfüllung ihrer Aufgaben nicht mehr ausreichen« (§ 97 Abs. 2 BetrVG). Es muss sich um Maßnahmen handeln, die einen betrieblichen Bildungsbedarf erzeugen. Ein Mitbestimmungsrecht hat der Betriebsrat weiterhin bei der Durchführung von Berufsbildungsmaßnahmen im Betrieb, bei der Bestellung oder Abberufung von Personen, die mit der Durchführung der betrieblichen Berufsbildung beauftragt sind, und bei der Auswahl der Arbeitnehmer, die an betrieblichen Maßnahmen der Berufsbildung und für den Fall, dass eine Freistellung erfolgt oder der Arbeitgeber die Kosten ganz oder teilweise trägt, an außerbetrieblichen Maßnahmen der Berufsbildung teilnehmen (§ 98 BetrVG).

§ 33. Mitbestimmung bei Einstellungen und Versetzungen

Obwohl nach Gegenstand, Interessenlage und Rechtsfolgen in dem Dreiecksverhältnis zwischen Arbeitgeber, Betriebsrat und Arbeitnehmer völlig verschieden, regelt das BetrVG die Mitbestimmung des Betriebsrats bei Einstellungen und Versetzungen sowie Ein- und Umgruppierungen in einer Vorschrift, dem § 99 BetrVG. Wegen der Verschiedenheit hat das Beteiligungsrecht einen anderen Inhalt, der im Gesetzestext nicht verdeutlicht wird. **1**

I. Mitbestimmung in Unternehmen mit in der Regel mehr als zwanzig wahlberechtigten Arbeitnehmern

Die Mitbestimmung ist davon abhängig, dass dem Unternehmen – nicht dem Betrieb – in der Regel mehr als zwanzig wahlberechtigte Arbeitnehmer angehören (§ 99 Abs. 1 S. 1 BetrVG).[1] **2**

II. Einstellung und Versetzung als Mitbestimmungstatbestände

1. Einstellung

Das BetrVG enthält für die Einstellung – anders als für die Versetzung (§ 95 Abs. 3 BetrVG) – keine Legaldefinition. Die Gestaltung des dem Betriebsrat eingeräumten Zustimmungsverweigerungsrechts und damit der Sinn und Zweck der Mitbestimmung ergeben aber, dass die Einstellung nicht mit dem Abschluss des Arbeitsvertrags identisch ist.[2] Dass der Betriebsrat einer Einstellung widersprechen kann, liegt nicht im Schutzinteresse des betroffenen Bewerbers, sondern die Mitbestimmung dient ausschließlich dem Schutz der übrigen Arbeitnehmer im Betrieb. Für sie ist es deshalb unerheblich, ob der Arbeitnehmer, der eingestellt werden soll, mit dem Arbeitgeber einen Arbeitsvertrag geschlossen hat oder zu schließen beabsichtigt. Bei der Einstellung geht es nicht um diesen rechtsgeschäftlichen Tatbestand, sondern um die Besetzung eines Arbeitsplatzes mit einer betriebsfremden Person. **3**

---

1 Analog anwendbar auf Versetzungen im gemeinsamen Betrieb *BAG* 29.9.2004, AP BetrVG 1972 § 99 Versetzung Nr. 40.
2 *BAG* 28.4.1992, AP BetrVG 1972 § 99 Nr. 98.

4 Mit dem Begriff der Einstellung wird der Tatbestand erfasst, durch den die Zugehörigkeit zum Betrieb begründet wird. Er liegt in der Übertragung des Arbeitsbereichs, durch die ein Arbeitnehmer in die vom Betriebsrat repräsentierte Belegschaft aufgenommen wird. Deshalb kann ein Arbeitsverhältnis mit dem Betriebsinhaber bereits bestehen, so vor allem bei Versetzung in einen anderen Betrieb innerhalb des Unternehmens. Aber auch wenn die Einstellung mit dem Abschluss des Arbeitsvertrags zeitlich zusammenfällt, ist sie von ihm zu unterscheiden. Sie ist kein Rechtsgeschäft. Deshalb wird der Arbeitsvertrag in seiner Rechtswirksamkeit nicht berührt, wenn der Arbeitgeber bei der Einstellung das Mitbestimmungsrecht des Betriebsrats verletzt.[3] Der Betriebsrat kann lediglich verlangen, dass der Arbeitnehmer im Betrieb nicht beschäftigt wird, wenn der Arbeitgeber ihn nicht oder nicht ordnungsgemäß beteiligt hat (§ 101 BetrVG).

5 Eine Einstellung liegt vor, wenn eine Person ohne Rücksicht auf das Rechtsverhältnis zum Betriebsinhaber in den Betrieb eingegliedert wird, um zusammen mit den schon beschäftigten Arbeitnehmern dessen arbeitstechnischen Zweck durch weisungsgebundene Tätigkeit zu verwirklichen.[4] Eine Einstellung ist auch, wie § 14 Abs. 3 AÜG mittelbar klarstellt, die Übernahme eines Leiharbeitnehmers zur Arbeitsleistung im Entleiherbetrieb.

6 Im Hinblick auf den Schutzzweck der Mitbestimmung, der vornehmlich den Interessen der schon vorhandenen Belegschaft dient, kommt nach Ansicht des BAG eine Einstellung nicht nur bei der erstmaligen Eingliederung in den Betrieb in Betracht; Sinn und Zweck des Mitbestimmungsrechts verlangten vielmehr eine erneute Beteiligung, wenn sich die Umstände der Beschäftigung – ohne dass eine Versetzung vorläge – aufgrund einer neuen Vereinbarung grundlegend änderten.[5] Das BAG erblickt sie auch in der Erhöhung des Beschäftigungsumfangs. Sie muss allerdings von der mitbestimmungsfreien Festlegung des zeitlichen Umfangs der vertraglich geschuldeten Arbeitsleistung abgegrenzt werden. Das BAG verlangt eine sowohl nach ihrer Dauer als auch nach ihrem Umfang nicht unerhebliche Erweiterung der arbeitsvertraglich geschuldeten regelmäßigen Arbeitszeit.[6] Unter Hinweis, dass es um die Beurteilung einer personenbezogenen konkreten Einzelmaßnahme geht, sieht es unter Rückgriff auf § 12 Abs. 1 S. 3 TzBfG eine wöchentliche Arbeitszeit von zehn Stunden als erheblich an.

2. Versetzung

a) Legaldefinition

7 Der Begriff der Versetzung entstammt dem Beamtenrecht und hat von dort in das Arbeitsrecht Eingang gefunden. Er hat im Arbeitsvertragsrecht aber keinen fest umrissenen Inhalt. Maßgebend ist vielmehr ausschließlich, ob die Arbeitsvertragsparteien den Begriff überhaupt verwenden, wie sie ihn verstehen und welche Rechtsfolgen sie mit ihm verbinden.

---

3 *BAG* 2.7.1980, AP GG Art. 33 Abs. 2 Nr. 9 und BetrVG 1972 § 101 Nr. 5.

4 Vgl. *BAG* 12.11.2002, AP BetrVG 1972 § 99 Einstellung Nr. 43; 25.1.2005, AP BetrVG 1972 § 87 Arbeitszeit Nr. 114; entsprechend für die Mitbestimmung nach dem Personalvertretungsrecht *BVerwG* 23.3.1999, AP BPersVG § 75 Nr. 73.

5 *BAG* 25.1.2005, AP BetrVG 1972 § 87 Arbeitszeit Nr. 114.

6 *BAG* 15.5.2007, AP BetrVG 1972 § 1 Gemeinsamer Betrieb Nr. 30; 9.12.2008, AP BetrVG 1972 § 99 Einstellung Nr. 58 (Rn. 14 ff.).

Der Versetzungsbegriff ist deshalb rechtsdogmatisch kein Begriff des Arbeitsvertrags- **8** rechts. Daher ergab sich für den Gesetzgeber die Notwendigkeit einer gesetzlichen Begriffsbestimmung für die Mitbestimmung des Betriebsrats. Maßgebend für die Versetzung als Mitbestimmungstatbestand ist deshalb allein die gesetzliche Begriffsbestimmung in § 95 Abs. 3 BetrVG. Nach der Legaldefinition ist sie die »Zuweisung eines anderen Arbeitsbereichs, die voraussichtlich die Dauer von einem Monat überschreitet oder die mit einer erheblichen Änderung der Umstände verbunden ist, unter denen die Arbeit zu leisten ist«, wobei klargestellt wird, dass die Bestimmung des jeweiligen Arbeitsplatzes dann nicht als Versetzung gilt, wenn Arbeitnehmer »nach der Eigenart ihres Arbeitsverhältnisses üblicherweise nicht ständig an einem bestimmten Arbeitsplatz« beschäftigt werden. Der Versetzungsbegriff wird also durch die Zuweisung eines anderen Arbeitsbereichs bestimmt, wobei die im Gesetz genannten Ergänzungen bezwecken, dass mit ihm die durch eine Änderung des Tätigkeitsbereichs oder durch einen Ortswechsel bewirkte Statusveränderung innerhalb der betrieblichen Organisation erfasst wird.[7] Hat der Wechsel der Beschäftigung oder des Orts, an dem die Arbeit geleistet wird, keine Statusveränderung innerhalb der betrieblichen Organisation zur Folge, was immer dann der Fall ist, wenn nach der Eigenart des Beschäftigungsverhältnisses ein Arbeitnehmer üblicherweise nicht ständig an einem Arbeitsplatz beschäftigt wird, so liegt in der Bestimmung des jeweiligen Arbeitsplatzes, wie § 95 Abs. 3 S. 2 BetrVG klarstellt, keine Versetzung.[8]

b) Elemente des Versetzungsbegriffs

Der Arbeitsbereich, der im Mittelpunkt des betriebsverfassungsrechtlichen Verset- **9** zungsbegriffs steht, wird räumlich und funktional bestimmt. Er wird in § 81 Abs. 1 S. 1 BetrVG durch die Aufgabe und Verantwortung sowie die Art der Tätigkeit und ihre Einordnung in den Arbeitsablauf des Betriebs umschrieben. Er hat keine zeitliche Komponente.[9] Die Umsetzung eines Arbeitnehmers von Normalschicht in Wechselschicht oder von Vollzeitarbeit in Teilzeitarbeit ist daher keine Versetzung.

Der Versetzungsbegriff verlangt außerdem die Zuweisung des anderen Arbeits- **10** bereichs. Sie kann insbesondere vorliegen, wenn sich der Arbeitsort verändert und der Arbeitnehmer dadurch einer anderen betrieblichen Einheit zugeordnet wird, also nicht bei einer bloßen Betriebsverlagerung.[10]

Von einer Zuweisung kann nur die Rede sein, wenn auf die Initiative des Arbeitgebers **11** zurückgeht, dass der Arbeitnehmer in einem anderen Arbeitsbereich tätig wird. Nicht unter den Versetzungsbegriff fällt daher die Freistellung von der Pflicht zur Erbringung der Arbeitsleistung auf Grund einer gesetzlichen Verpflichtung oder auf Wunsch des Arbeitnehmers.[11] Eine Zuweisung ist jedoch nicht nur anzunehmen, wenn der Arbeitgeber auf Grund seines Direktionsrechts dem Arbeitnehmer einseitig einen anderen Arbeitsbereich übertragen kann, sondern sie liegt auch vor, wenn wegen des Vertragsinhalts eine Einverständniserklärung des Arbeitnehmers erforderlich ist. Es genügt, dass der Arbeitnehmer auf Initiative seines Arbeitgebers in dem anderen Arbeitsbereich tätig wird.

---

7 *BAG* 10.4.1984, AP BetrVG 1972 § 95 Nr. 4; 18.2.1986, AP BetrVG 1972 § 99 Nr. 33; 1.8.1989 und 8.8.1989, AP BetrVG 1972 § 95 Nr. 17 und 18.
8 *BAG* 3.12.1985, AP BetrVG 1972 § 95 Nr. 8.
9 So zutreffend *BAG* 16.7.1991 und 23.11.1993, AP BetrVG 1972 § 95 Nr. 28 und 33.
10 *BAG* 27.6.2006, AP BetrVG 1972 § 95 Nr. 47.
11 *BAG* 19.2.1991, AP BetrVG 1972 § 95 Nr. 26.

12 Der Versetzungsbegriff kann auch erfüllt sein, wenn dem Arbeitnehmer ein Arbeitsbereich in einem anderen Betrieb zugewiesen wird. Aus der Sicht des aufnehmenden Betriebs handelt es sich jedoch um eine Einstellung. In Betracht kommt deshalb nur, da das BAG keine Kompetenzverlagerung auf den Gesamtbetriebsrat anerkennt,[12] dass außerdem der Betriebsrat des abgebenden Betriebs unter dem Gesichtspunkt der Versetzung zu beteiligen ist. Bei vorübergehender Versetzung hat er auch mitzubestimmen, wenn der Arbeitnehmer mit der Entsendung einverstanden ist.[13] Wird ein Arbeitnehmer dagegen auf Dauer in einen anderen Betrieb versetzt, so entfällt das Mitbestimmungsrecht unter dem Gesichtspunkt der Versetzung, wenn der Arbeitnehmer mit ihr einverstanden ist.[14]

13 Wird dem Arbeitnehmer ein anderer Arbeitsbereich zugewiesen, so liegt darin eine Versetzung, die unter das Mitbestimmungsrecht fällt, nur vor, wenn sie entweder voraussichtlich die Dauer eines Monats überschreitet oder wenn sie zugleich mit einer erheblichen Änderung der Umstände verbunden ist, unter denen die Arbeit zu leisten ist. Mit diesen Umständen sind nicht die materiellen Arbeitsbedingungen gemeint, sondern die äußeren Bedingungen, unter denen die Arbeit geleistet wird, wie der Beschäftigungsort, die Gestaltung des Arbeitsplatzes, des Arbeitsablaufs und der Arbeitsumgebung und die Lage der Arbeitszeit.[15]

c) Verhältnis zur Änderungskündigung

14 Soweit der Betriebsrat mitzubestimmen hat, wird seine Zustimmung nicht durch die Zustimmung des Arbeitnehmers ersetzt, wie umgekehrt auch die Zustimmung des Betriebsrats nicht die Zustimmung des Arbeitnehmers ersetzt. Erklärt der Arbeitnehmer sich mit einer Änderung seines Vertragsinhalts nicht einverstanden, so wird daher eine Änderungskündigung erforderlich, auch wenn der Betriebsrat der Versetzung zustimmt. Der Arbeitgeber muss deshalb in diesem Fall, soweit es um die Änderungskündigung geht, den Betriebsrat auch nach § 102 BetrVG beteiligen.

III. Inhalt und Reichweite der Mitbestimmung

1. Pflicht des Arbeitgebers

15 Der Arbeitgeber hat den Betriebsrat vor jeder Einstellung und Versetzung zu unterrichten, ihm die erforderlichen Bewerbungsunterlagen vorzulegen und Auskunft über die Person der Beteiligten zu geben (§ 99 Abs. 1 S. 1 BetrVG). Der Arbeitgeber hat insbesondere den in Aussicht genommenen Arbeitsplatz und die vorgesehene Eingruppierung mitzuteilen (§ 99 Abs. 1 S. 2 BetrVG).

16 Die Unterrichtungspflicht besteht erst, wenn feststeht, wer eingestellt oder versetzt werden soll. Der Arbeitgeber braucht nicht schon die Absicht, jemanden einzustellen oder zu versetzen, mitzuteilen, solange noch keine bestimmte Person in Aussicht genommen ist. Der Betriebsrat ist aber bei einer Einstellung über alle Bewerber zu unterrichten, also nicht nur über den Bewerber, den der Arbeitgeber einstellen will. Der Arbeitgeber hat dabei dem Betriebsrat die erforderlichen Bewerbungsunterlagen vor-

---

12 *BAG* 30.4.1981, 20.9.1990 und 26.1.1993, AP BetrVG 1972 § 99 Nr. 12, 84 und 102.
13 *BAG* 1.8.1989, AP BetrVG 1972 § 95 Nr. 17.
14 *BAG* 20.9.1990, AP BetrVG 1972 § 99 Nr. 84; 26.1.1993, AP BetrVG 1972 § 99 Nr. 102.
15 *BAG* 18.10.1988, AP BetrVG 1972 § 99 Nr. 56; 8.8.1989, AP BetrVG 1972 § 95 Nr. 18.

zulegen, und zwar nach dem BAG die Bewerbungsunterlagen aller Arbeitnehmer, die sich beworben haben.[16] Gleiches gilt entsprechend bei einer Versetzung.

2. Rechte des Betriebsrats

Der Betriebsrat kann die Zustimmung zur Einstellung und Versetzung nur aus den **17** Gründen verweigern, die in § 99 Abs. 2 BetrVG abschließend aufgeführt sind. In Betracht kommt vor allem, dass die personelle Maßnahme gegen ein Gesetz oder sonst eine Rechtsvorschrift verstoßen würde (§ 99 Abs. 2 Nr. 1 BetrVG). Nicht davon erfasst wird aber, ob eine Vertragsabrede gesetzwidrig ist, wenn dadurch nicht die Einstellung oder Versetzung selbst gesetzwidrig sind. Das BAG ist deshalb der Meinung, dass der Betriebsrat seine Zustimmung zur Einstellung nicht mit der Begründung verweigern könne, die vertraglich vorgesehene Befristung der Arbeitsverhältnisse sei unzulässig.[17]

Kein Zustimmungsverweigerungsgrund ist es, dass die mit einer Einstellung oder Ver- **18** setzung verbundene Eingruppierung fehlerhaft ist; denn Eingruppierung und Umgruppierung sind gegenüber der Einstellung und Versetzung verselbständigte Mitbestimmungstatbestände. Hält deshalb der Betriebsrat bei einer Einstellung oder Versetzung die vom Arbeitgeber vorgesehene Eingruppierung des Arbeitnehmers nicht für tarifgerecht, so kann er nicht die Zustimmung zur Einstellung oder Versetzung, sondern nur die Zustimmung zur Eingruppierung (bzw. Umgruppierung) des Arbeitnehmers verweigern.[18]

Das Zustimmungsverweigerungsrecht kann weiterhin darauf gestützt werden, dass der **19** Arbeitgeber gegen eine mit dem Betriebsrat vereinbarte Auswahlrichtlinie verstößt (§ 99 Abs. 2 Nr. 2 BetrVG) oder trotz eines Verlangens des Betriebsrats den Arbeitsplatz im Betrieb nicht ausgeschrieben hat (§ 99 Abs. 2 Nr. 5 BetrVG).

Vor allem bei einer Einstellung fällt ins Gewicht, dass der Betriebsrat ihr widerspre- **20** chen kann, wenn die durch Tatsachen begründete Besorgnis besteht, dass infolge der Einstellung im Betrieb beschäftigte Arbeitnehmer gekündigt werden oder sonstige Nachteile erleiden, ohne dass dies aus betrieblichen oder persönlichen Gründen gerechtfertigt ist (§ 99 Abs. 2 Nr. 3 BetrVG). Dieser Zustimmungsverweigerungsgrund dient dem Schutz der im Betrieb beschäftigten Arbeitnehmer. Er kommt zwar auch bei einer Versetzung in Betracht, wenn ein Interessenkonflikt innerhalb der Belegschaft besteht; im Mittelpunkt steht aber bei ihm die Einstellung.

Der Zustimmungsverweigerungsgrund steht in einem Spannungsverhältnis zum Inter- **21** esse eines betriebsfremden Bewerbers. Schutzzweck für den Zustimmungsverweigerungsgrund ist die Erhaltung des status quo der im Betrieb beschäftigten Arbeitnehmer. Ein Nachteil, der ein Zustimmungsverweigerungsrecht begründet, ist aber nicht nur der Verlust einer Rechtsposition oder einer rechtserheblichen Anwartschaft, sondern auch die rein tatsächliche Verschlechterung einer gegenwärtigen Stellung.[19] Eine Ausnahme stellt es deshalb dar, dass als Nachteil bei unbefristeter Einstellung »auch die Nichtberücksichtigung eines gleichgeeigneten befristet Beschäftigten« gilt.

---

16 *BAG* 6.4.1973, 19.5.1981 und 3.12.1985, AP BetrVG 1972 § 99 Nr. 1, 18 und 29.
17 *BAG* 20.6.1978 und 16.7.1985, AP BetrVG 1972 § 99 Nr. 8 und 21; vgl. auch *BAG* 21.1.2005, AP BetrVG 1972 § 99 Einstellung Nr. 48.
18 *BAG* 10.2.1976, AP BetrVG 1972 § 99 Nr. 4.
19 *BAG* 15.9.1987, AP BetrVG 1972 § 99 Nr. 46.

22 Ein Zustimmungsverweigerungsgrund ist schließlich die Benachteiligung des betroffenen Arbeitnehmers, ohne dass dies aus betrieblichen oder in dessen Person liegenden Gründen gerechtfertigt ist (§ 99 Abs. 2 Nr. 4 BetrVG). Dieser Zustimmungsverweigerungsgrund findet keine Anwendung auf die Einstellung, weil der vom Arbeitgeber ausgewählte Bewerber durch seine Einstellung keinen Nachteil erleidet, die übergangenen Bewerber aber nicht erfasst werden.[20]

23 Nicht zuletzt kann der Betriebsrat zu einer Einstellung oder Versetzung die Zustimmung verweigern, wenn er sie auf die durch Tatsachen begründete Besorgnis stützt, dass der in Aussicht genommene Bewerber oder Arbeitnehmer den Betriebsfrieden durch gesetzwidriges Verhalten oder durch grobe Verletzung der in § 75 Abs. 1 enthaltenen Grundsätze stören werde, wobei das Gesetz als besonderen Grund die Störung durch rassistische oder fremdenfeindliche Betätigung nennt (§ 99 Abs. 2 Nr. 6 BetrVG).

IV. Mitbestimmungsverfahren

1. Zustimmungsverweigerung des Betriebsrats

24 Das BetrVG hat die Mitbestimmung des Betriebsrats als Zustimmungsverweigerungsrecht gestaltet. Hat der Arbeitgeber seiner Unterrichtungspflicht genügt, so hat der Betriebsrat, will er seine Zustimmung zu der geplanten Personalmaßnahme verweigern, dies unter Angabe von Gründen innerhalb einer Woche nach Unterrichtung durch den Arbeitgeber diesem schriftlich mitzuteilen; anderenfalls gilt die Zustimmung als erteilt, so dass der Arbeitgeber die geplante Einstellung oder Versetzung (endgültig) durchführen kann (§ 99 Abs. 3 BetrVG).

2. Zustimmungsersetzungsverfahren

25 Hat der Betriebsrat rechtswirksam seine Zustimmung verweigert, so kann der Arbeitgeber beim Arbeitsgericht im Beschlussverfahren beantragen, die Zustimmung zu ersetzen (§ 99 Abs. 4 BetrVG i. V. m. § 2a Abs. 1 Nr. 1, Abs. 2 ArbGG). Zulässigkeitsvoraussetzung ist die Zustimmungsverweigerung des Betriebsrats. Das Gesetz verlangt vom Betriebsrat die Angabe von Gründen (§ 99 Abs. 3 S. 1 BetrVG). Keine Wirksamkeitsvoraussetzung ist, dass ein Zustimmungsverweigerungsgrund vorliegt; denn diese Frage bildet den Streitgegenstand des Zustimmungsersetzungsverfahrens. Die Angabe von Gründen bedeutet, dass das Vorliegen eines Zustimmungsverweigerungsgrundes i. S. d. § 99 Abs. 2 BetrVG möglich erscheint.[21]

3. Vorläufige Durchführung

26 Der Arbeitgeber kann ohne Zustimmung des Betriebsrats die Einstellung oder Versetzung nur vorläufig durchführen (§ 100 BetrVG). Er hat in diesem Fall den Betriebsrat unverzüglich von der vorläufigen Durchführung zu unterrichten. Bestreitet der Betriebsrat, dass die Maßnahme aus sachlichen Gründen dringend erforderlich ist, so darf der Arbeitgeber sie nur aufrecht erhalten, wenn er innerhalb von drei Tagen beim Arbeitsgericht zweierlei beantragt:

---

20 *BAG* 6. 10. 1978, AP Nr. 10 zu § 99 BetrVG 1972.
21 *BAG* 26. 1. 1988, AP BetrVG 1972 § 99 Nr. 50.

– die Ersetzung der Zustimmung des Betriebsrats zur (endgültigen) Einstellung oder Versetzung
und
– die Feststellung, dass die vorläufige Durchführung dieser personellen Maßnahme aus sachlichen Gründen dringend erforderlich ist (§ 100 Abs. 2 S. 3 BetrVG).

V. Rechtsfolgen einer Verletzung des Mitbestimmungsrechts

Das Gesetz regelt nicht, wie es sich auf das Arbeitsverhältnis auswirkt, wenn der Ar- **27** beitgeber den Betriebsrat nicht ordnungsgemäß an einer Einstellung oder Versetzung beteiligt hat. Da die Einstellung nicht mit dem Abschluss des Arbeitsvertrags identisch ist, bleibt dessen Rechtswirksamkeit unberührt. Die Mitbestimmung bei der Versetzung bezweckt dagegen auch den Schutz des betroffenen Arbeitnehmers. Das BAG sieht in § 99 BetrVG insoweit eine Verbotsnorm, deren Verletzung die Nichtigkeit einer Versetzung entsprechend § 134 BGB begründet.[22]

Der Betriebsrat kann, wenn eine Einstellung oder Versetzung ohne seine Beteiligung **28** durchgeführt wird, nach § 101 BetrVG gegen den Arbeitgeber ein Zwangsverfahren vor dem Arbeitsgericht einleiten. Die Nichtbeachtung des Mitbestimmungsrechts begründet also ein betriebsverfassungsrechtliches Beschäftigungsverbot, das der Betriebsrat im Mitbestimmungssicherungsverfahren durchsetzen kann.

§ 34. Mitbestimmung bei Eingruppierungen und Umgruppierungen

Obwohl es bei der Eingruppierung und der Umgruppierung nur um die Richtigkeit **1** der Einstufung in eine Vergütungsregelung geht, regelt das BetrVG für sie die Mitbestimmung in derselben Vorschrift, nämlich in § 99 BetrVG, wie für die Einstellung und Versetzung. Die gesetzliche Struktur des Zustimmungsverweigerungsrechts ist aber auf die Einstellung und die Versetzung bezogen. Ihre materielle Abgrenzung spielt für die Eingruppierung und die Umgruppierung keine Rolle.

I. Eingruppierung und Umgruppierung als Mitbestimmungstatbestände

1. Eingruppierung

Der Begriff der Eingruppierung entstammt als terminus technicus dem Tarifrecht und **2** bedeutet dort die Einstufung in eine bestimmte, im Tarifvertrag vorgesehene Lohn- oder Gehaltsgruppe. Soweit der Tarifvertrag auf das Arbeitsverhältnis Anwendung findet, hängt nämlich von der richtigen Einstufung ab, ob ein Arbeitnehmer tarifgerecht entlohnt wird. Für das Mitbestimmungsrecht spielt aber keine Rolle, ob der Tarifvertrag für das Arbeitsverhältnis unmittelbar und zwingend gilt oder auf Grund einer Einbeziehungsabrede im Arbeitsvertrag dem Arbeitsverhältnis zugrunde gelegt wird. Die Frage nach der Richtigkeit einer Einstufung stellt sich auch bei einer durch Betriebsvereinbarung oder einer einseitig vom Arbeitgeber erlassenen Lohn- oder Ge-

---

22 *BAG* 26.1.1988, AP BetrVG 1972 § 99 Nr. 50.

haltsordnung.[1] Für den Mitbestimmungstatbestand ist daher unerheblich, worauf die Vergütungsordnung beruht, die im Betrieb zur Anwendung kommt, und woraus sich ihre Geltung ergibt.[2]

3 Die Richtigkeitskontrolle bleibt unvollständig, wenn sie sich auf die Einreihung in die Vergütungsgruppe, wie sie in einer tariflichen Ordnung enthalten ist, beschränkt und eine in ihr gleichfalls festgelegte Stufenzuordnung ausspart. Die Mitbestimmung hängt nicht davon ab, wie das Bemessungssystem für das Arbeitsentgelt tariftechnisch gestaltet ist. Eine mitbestimmungspflichtige Eingruppierung liegt daher auch dann vor, wenn nach einer Zulagenregelung Arbeitnehmern einer bestimmten Vergütungsgruppe eine Zulage gewährt wird, die an Tätigkeitsmerkmale anknüpft, die für die Eingruppierung in die Vergütungsgruppe nicht maßgebend sind.[3] Entscheidend ist daher allein, nach welchen Merkmalen sich die Stellung eines Arbeitnehmers innerhalb der Vergütungsordnung richtet. Das Mitbestimmungsrecht wird daher auch auf die Einstufung in die Fallgruppe bezogen, sofern eine Vergütungsgruppe verschiedene Fallgruppen aufweist. Bei einer Unterscheidung in Vergütungsgruppen und Vergütungsstufen innerhalb einer Vergütungsgruppe bezieht es sich auch auf die Einordnung in die maßgebliche Vergütungsstufe, sofern für die Eingruppierung als Mitbestimmungstatbestand die Stufenzuordnung in einem Zusammenhang mit der Festlegung der Vergütungsgruppe steht, also nicht isoliert davon den Mitbestimmungstatbestand bildet und sich daraus eine verschiedene Vergütung ergibt.

2. Umgruppierung

4 Da das BetrVG die Eingruppierung und die Umgruppierung getrennt voneinander aufführt, ist die Eingruppierung die erstmalige Festsetzung der für den Arbeitnehmer maßgeblichen Lohn- oder Gehaltsgruppe, während mit dem Begriff der Umgruppierung jede Änderung der Einstufung erfasst wird. Umgruppierung ist daher die Neueingruppierung des Arbeitnehmers in die Vergütungsgruppenordnung. Sie besteht in der Feststellung des Arbeitgebers, dass die Tätigkeit des Arbeitnehmers nicht – oder nicht mehr – den Merkmalen der Vergütungsgruppe entspricht, in die der Arbeitnehmer eingruppiert ist, sondern den Merkmalen einer anderen, höheren oder niedrigeren Vergütungsgruppe.[4]

5 Die Notwendigkeit einer Umgruppierung kann sich daraus ergeben, dass dem Arbeitnehmer eine andere Tätigkeit zugewiesen wird, die den Tatbestandsmerkmalen einer anderen Vergütungsgruppe (Lohn- oder Gehaltsgruppe) entspricht, wobei keine Rolle spielt, ob die Zuweisung der Tätigkeit eine Versetzung i. S. d. § 95 Abs. 3 BetrVG darstellt. Eine Umgruppierung liegt aber auch vor, wenn sie infolge einer Änderung der Vergütungsordnung erforderlich wird, ohne dass sich die Tätigkeit des Arbeitnehmers ändert.[5] Schließlich liegt eine Umgruppierung vor, wenn durch die Neueinstufung die Korrektur einer irrtümlichen Eingruppierung vorgenommen wird.[6]

---

1 *BAG* 28.1.1986, AP BetrVG 1972 § 99 Nr. 32.
2 *BAG* 12.1.2011, AP BetrVG 1972 § 99 Eingruppierung Nr. 52 (Rn. 16).
3 So bereits *BAG* 24.6.1986, AP BetrVG 1972 § 99 Nr. 37.
4 *BAG* 20.3.1990 und 27.7.1993, AP BetrVG 1972 § 99 Nr. 79 und 110.
5 *BAG* 20.3.1990 und 27.7.1993, AP BetrVG 1972 § 99 Nr. 79 und 110; 26.10.2004, AP BetrVG 1972 § 99 Eingruppierung Nr. 29.
6 *BAG* 20.3.1990, AP BetrVG 1972 § 99 Nr. 79.

II. Mitbestimmungsverfahren

Der Gesetzestext erfasst die Mitbestimmung bei Eingruppierung und Umgruppierung 6
mit denselben Worten wie bei Einstellung und Versetzung (§ 99 Abs. 1 S. 1 BetrVG).
Da ihr Gegenstand keine personelle Auswahlentscheidung bildet, passt der Gesetzestext nicht. Bewerbungen gibt es nicht. Der Arbeitgeber muss die für den Arbeitnehmer
vorgesehene Vergütungsgruppe angeben und für die Beurteilung die insoweit erforderlichen Unterlagen vorlegen.

Bei der Eingruppierung und der Umgruppierung spielt der Katalog der Zustimmungs- 7
verweigerungsgründe keine Rolle. Es geht ausschließlich um die für den Vergütungsanspruch maßgebliche Einstufung in eine Vergütungsgruppenregelung. Bei Geltung eines
Tarifvertrags ist die Eingruppierung und entsprechend die Umgruppierung keine
rechtsgestaltende Arbeitgeberentscheidung, sondern Normenvollzug.[7] Das Mitbestimmungsrecht ist deshalb hier kein Mitgestaltungsrecht, sondern ein Mitbeurteilungsrecht.[8] Es bezweckt eine Richtigkeitskontrolle.

Das Gesetz gibt dem Betriebsrat wie bei der Einstellung und der Versetzung ein Zu- 8
stimmungsverweigerungsrecht. Auch wenn er zu dem Ergebnis gelangt, dass eine Eingruppierung fehlerhaft war, beschränkt sich seine Rechtsstellung auf die Über-
wachungsaufgabe i. S. d. § 80 Abs. 1 Nr. 1 BetrVG. Er hat kein Initiativrecht, um die
von ihm als fehlerhaft erkannte Eingruppierung im Mitbestimmungsverfahren zu korrigieren. Der Betriebsrat ist vielmehr nur unter dem Gesichtspunkt der Umgruppierung zu beteiligen, wenn der Arbeitgeber seinerseits die von ihm als fehlerhaft erkannte Eingruppierungsentscheidung korrigieren will.[9]

III. Rechtsfolgen bei Verletzung des Mitbestimmungsrechts

Beteiligt der Arbeitgeber den Betriebsrat nicht oder nicht ordnungsgemäß, so kann 9
dieser das Mitbestimmungssicherungsverfahren vor dem Arbeitsgericht nach § 101
BetrVG durchführen. Da es aber um eine Richtigkeitskontrolle geht, kann der Betriebsrat nicht die »Aufhebung« der falschen Einstufung bzw. »Nichteingruppierung«
verlangen, da ein aufzuhebender Gestaltungsakt nicht vorliegt.[10] Der Betriebsrat kann
nur verlangen, dass der Arbeitgeber verpflichtet wird, die Zustimmung des Betriebsrats einzuholen und – falls dieser seine Zustimmung verweigert – das Zustimmungsersetzungsverfahren nach § 99 Abs. 4 BetrVG zu betreiben.[11] Blieb der Arbeitgeber im
Zustimmungsersetzungsverfahren erfolglos, so kann der Betriebsrat beantragen, dass
ihm aufgegeben wird, ein erneutes Beteiligungsverfahren einzuleiten, das die Einstufung in eine andere Vergütungsgruppe vorsieht.[12]

Die Mitbestimmung bei der Eingruppierung und Umgruppierung schließt nicht aus, 10
dass der Arbeitnehmer seinen Entgeltanspruch unmittelbar im arbeitsgerichtlichen

7 *BAG* 10.2.1976, AP BetrVG 1972 § 99 Nr. 4.
8 *BAG* 3.5.2006, AP BetrVG 1972 § 99 Eingruppierung Nr. 31; st. Rspr. seit *BAG* 22.3.1981, AP
  BetrVG 1972 § 101 Nr. 6.
9 *BAG* 18.6.1991, AP BetrVG 1972 § 99 Nr. 105.
10 So *BAG* 22.3.1983, AP BetrVG 1972 § 101 Nr. 6; st. Rspr.; vgl. *BAG* 3.5.1994, AP BetrVG 1972 § 99
   Eingruppierung Nr. 2.
11 *BAG* 22.3.1983, AP BetrVG 1972 § 101 Nr. 6; st. Rspr., vgl. *BAG* 26.10.2004, AP BetrVG 1972 § 99
   Eingruppierung Nr. 29.
12 So jedenfalls *BAG* 3.5.1994, AP BetrVG 1972 § 99 Eingruppierung Nr. 2.

Urteilsverfahren durchsetzt (§ 2 Abs. 1 Nr. 3 lit. a, Abs. 5 ArbGG). Hatte der Betriebsrat seine Zustimmung verweigert und war im Zustimmungsersetzungsverfahren ein Antrag des Arbeitgebers rechtskräftig abgewiesen worden, so kann der Arbeitnehmer sich darauf berufen, dass die vom Arbeitgeber vorgesehene, aber vom Betriebsrat abgelehnte Einstufung fehlerhaft ist.[13]

§ 35. Mitbestimmung bei Kündigungen

I. Überblick

1   Der Betriebsrat ist vor jeder – ordentlichen oder außerordentlichen – Kündigung eines Arbeitnehmers durch den Arbeitgeber zu hören (§ 102 Abs. 1 S. 1 BetrVG). Anhörung bedeutet, dass dem Betriebsrat Gelegenheit gegeben wird, zu der beabsichtigten Kündigung Stellung zu nehmen. Das Anhörungsverfahren zerfällt deshalb in zwei Abschnitte: Die Unterrichtung des Betriebsrats durch den Arbeitgeber über die beabsichtigte Kündigung und die Äußerung des Betriebsrats zu dieser Kündigung. Das Anhörungsverfahren ist aber zeitlich begrenzt (§ 102 Abs. 2 BetrVG). Äußert der Betriebsrat sich nicht innerhalb der gesetzlich vorgesehenen Frist, so hat der Arbeitgeber den Betriebsrat ordnungsgemäß beteiligt und kann die Kündigung aussprechen.

2   Eine ohne Anhörung des Betriebsrats ausgesprochene Kündigung ist unwirksam (§ 102 Abs. 1 S. 3 BetrVG). Die Anhörung ist daher Teil des präventiven Kündigungsschutzes. Keine Voraussetzung ist aber, dass der Arbeitnehmer unter den Kündigungsschutz nach dem KSchG fällt. Der Arbeitgeber hat dem Betriebsrat die Gründe für die Kündigung mitzuteilen (§ 102 Abs. 1 S. 2 BetrVG). Er braucht aber nicht alle Gründe zu nennen, die für die Kündigung in Betracht kommen, sondern muss nur seinen Kündigungsentschluss begründen. Gründe, die er nicht mitteilt, können aber im Kündigungsrechtsstreit nicht verwertet werden, um die Rechtswirksamkeit der Kündigung zu begründen.

3   Bei einer ordentlichen Kündigung kann die Stellungnahme des Betriebsrats die Voraussetzungen eines Widerspruchs i. S. d. § 102 Abs. 3 BetrVG erfüllen. Der Arbeitgeber ist in diesem Fall verpflichtet, dem Arbeitnehmer mit der Kündigung eine Abschrift der Stellungnahme des Betriebsrats zuzuleiten (§ 102 Abs. 4 BetrVG). Außerdem treten zwei Rechtsfolgen ein, die sich unmittelbar auf die materielle Rechtsstellung des Arbeitnehmers auswirken:

– Hat der Betriebsrat der Kündigung aus den in § 102 Abs. 3 Nr. 2 bis 5 BetrVG genannten Gründen widersprochen, so ist die Kündigung nach § 1 Abs. 2 S. 2 Nr. 1 und S. 3 KSchG sozial ungerechtfertigt, wenn der vom Betriebsrat behauptete Widerspruchstatbestand vorliegt (absoluter Grund der Sozialwidrigkeit).

– Erhebt der Arbeitnehmer Kündigungsschutzklage, so ist er auf Verlangen nach Ablauf der Kündigungsfrist bis zum rechtskräftigen Abschluss des Kündigungsschutzprozesses bei unveränderten Arbeitsbedingungen weiterzubeschäftigen, sofern das Arbeitsgericht den Arbeitgeber nicht von dieser Verpflichtung durch einstweilige Verfügung entbindet (§ 102 Abs. 5 BetrVG).

4   Der Betriebsrat hat nur ein Mitwirkungs-, kein Mitbestimmungsrecht. Arbeitgeber und Betriebsrat können aber vereinbaren, dass Kündigungen der Zustimmung des Be-

---

13 *BAG* 3.5.1994, AP BetrVG 1972 § 99 Eingruppierung Nr. 2.

triebsrats bedürfen und dass bei Meinungsverschiedenheiten über die Berechtigung der Nichterteilung der Zustimmung die Einigungsstelle entscheidet (§ 102 Abs. 6 BetrVG). Außerdem bedarf die außerordentliche Kündigung von Mitgliedern des Betriebsrats, der Jugend- und Auszubildendenvertretung, der Bordvertretung und des Seebetriebsrats sowie von Mitgliedern des Wahlvorstands und von Wahlbewerbern zu diesen betriebsverfassungsrechtlichen Einrichtungen der Zustimmung des Betriebsrats (§ 103 Abs. 1 und 2 BetrVG).

II. Gegenstand und Voraussetzungen für die Anhörungspflicht des Arbeitgebers

1. Kündigung als Gegenstand des Beteiligungsrechts

Die Pflicht zur Anhörung des Betriebsrats besteht nur, wenn der Arbeitgeber das Ar- 5
beitsverhältnis durch Kündigung auflöst.

a) Beteiligungspflichtige Kündigungen

Keine Rolle spielt, ob es sich um eine ordentliche oder außerordentliche Kündigung 6
handelt und ob der Arbeitgeber mit der Kündigung ein Vertragsangebot verbindet, das Arbeitsverhältnis mit geändertem Vertragsinhalt fortzusetzen (Änderungskündigung). Keine Anhörungspflicht besteht dagegen bei der sog. Teilkündigung; denn sofern man sie für zulässig erachtet, kommt es hier nicht zur Auflösung des Arbeitsverhältnisses. Der Widerruf einzelner Arbeitgeberleistungen erfüllt ebenfalls nicht den Anhörungstatbestand.

Das Anhörungserfordernis gilt ausnahmslos und unabhängig davon, ob das Kündi- 7
gungsschutzgesetz Anwendung findet oder nicht. Der Arbeitgeber hat den Betriebsrat auch zu hören, wenn der Arbeitnehmer noch keinen allgemeinen Kündigungsschutz genießt, die beabsichtigte Kündigung also innerhalb der ersten sechs Monate des Arbeitsverhältnisses ausgesprochen werden soll.[1] Der Betriebsrat ist daher auch zu hören, wenn das Arbeitsverhältnis vor Dienstantritt gekündigt wird.[2]

Die Beteiligungspflicht besteht für jede Kündigung. Bei Wiederholung einer Kündi- 8
gung ist aber eine nochmalige Anhörung des Betriebsrats entbehrlich, wenn die erneute Kündigung in engem zeitlichen Zusammenhang ausgesprochen und auf denselben Sachverhalt gestützt wird.[3] Das ist beispielsweise der Fall, wenn eine Kündigung, zu der der Betriebsrat ordnungsgemäß angehört worden ist, an dem fehlenden Zugang an den Kündigungsgegner scheitert und deshalb erneut ausgesprochen wird.[4]

b) Auflösung des Arbeitsverhältnisses aus anderen Gründen

Keine Anhörungspflicht besteht, wenn das Arbeitsverhältnis aus anderen Gründen als 9
einer Kündigung aufgelöst wird, z. B. durch einen Aufhebungsvertrag, durch Berufung auf die Nichtigkeit des Arbeitsvertrags oder durch dessen Anfechtung. Auch bei einem befristeten Arbeitsvertrag ist der Betriebsrat nicht zu hören; denn es endet

---

1 *BAG* 13.7.1978, AP BetrVG 1972 § 102 Nr. 17 und 18; st. Rspr., vgl. *BAG* 3.6.2004, AP BetrVG 1972 § 102 Nr. 141.
2 *LAG Frankfurt* DB 1985, 2689.
3 *BAG* 11.10.1989, AP BetrVG 1972 § 102 Nr. 55.
4 So *BAG* 11.10.1989, AP BetrVG 1972 § 102 Nr. 55.

durch Zeitablauf, nicht durch Kündigung (§ 15 TzBfG). Die Mitteilung des Arbeitgebers, dass ein befristeter Arbeitsvertrag nicht verlängert werde, oder eine mit der Befristung begründete Ablehnung der Weiterbeschäftigung ist keine Kündigung.

10 Ist die Befristung des Arbeitsvertrags rechtsunwirksam (vgl. § 14 TzBfG), so gilt das Arbeitsverhältnis als auf unbestimmte Zeit geschlossen (§ 16 TzBfG). Es endet in diesem Fall nur durch Zeitablauf, wenn der Arbeitnehmer nicht innerhalb von drei Wochen nach dem vereinbarten Ende Klage beim Arbeitsgericht auf Feststellung erhebt, dass das Arbeitsverhältnis auf Grund der Befristung nicht beendet ist (§ 17 TzBfG). Sieht man von diesem Fall ab, so kann der Arbeitgeber das Arbeitsverhältnis nur durch eine Kündigung auflösen, und zwar, wenn man von der Rechtsunwirksamkeit wegen des Mangels der Schriftform absieht, frühestens zum vereinbarten Ende, sofern nicht einzelvertraglich oder im anwendbaren Tarifvertrag vereinbart ist, dass eine ordentliche Kündigung während der Befristungsdauer möglich ist (§ 16 TzBfG).

2. Weitere Voraussetzungen für die Beteiligung des Betriebsrats

11 Das Gesetz fordert nicht wie bei personellen Einzelmaßnahmen nach § 99 BetrVG, dass dem Unternehmen in der Regel mehr als zwanzig wahlberechtigte Arbeitnehmer angehören. Es genügt, dass in einem betriebsratsfähigen Betrieb ein Betriebsrat besteht. Er muss aber funktionsfähig sein. Vor der Konstituierung des Betriebsrats (§ 29 Abs. 1 BetrVG) besteht keine Anhörungspflicht.[5] Den Arbeitgeber trifft auch grundsätzlich keine Pflicht, mit dem Ausspruch der Kündigung zu warten, bis der Betriebsrat sich konstituiert hat.[6]

12 Notwendig ist, dass der Arbeitnehmer, dem gekündigt werden soll, zu der vom Betriebsrat repräsentierten Belegschaft gehört. Bei leitenden Angestellten (§ 5 Abs. 3 S. 2 BetrVG) ist daher die Kündigung dem Betriebsrat nur rechtzeitig mitzuteilen (§ 105 BetrVG). Hier muss aber beachtet werden, dass bei Bestehen eines Sprecherausschusses (bzw. Unternehmenssprecherausschusses gemäß § 20 SprAuG) dieser vor jeder Kündigung eines leitenden Angestellten zu hören ist (§ 31 Abs. 2 S. 1 SprAuG). Eine ohne Anhörung des Sprecherausschusses ausgesprochene Kündigung ist unwirksam (§ 31 Abs. 2 S. 3 SprAuG). Ist zweifelhaft, ob ein Arbeitnehmer zu den leitenden Angestellten gehört, so empfiehlt es sich, vorsorglich eine Anhörung sowohl nach § 102 BetrVG als auch nach § 31 Abs. 2 SprAuG durchzuführen. Eine Mitteilung nach § 105 BetrVG ersetzt nicht die Anhörung des Betriebsrats.

13 Halten Arbeitgeber und Betriebsrat den zu kündigenden Arbeitnehmer für einen leitenden Angestellten, so muss sich aus der Mitteilung des Arbeitgebers eindeutig ergeben, dass durch sie ein Anhörungsverfahren eingeleitet werden soll.[7] Gleiches gilt, wenn die Beteiligten sich im Unklaren sind, ob der Arbeitnehmer leitender Angestellter i. S. d. § 5 Abs. 3 S. 2 BetrVG ist.[8]

---

5 *BAG* 23.8.1984, AP BetrVG 1972 § 102 Nr. 36.
6 *BAG* ebd.
7 Vgl. *BAG* 7.12.1979, AP BetrVG 1972 § 102 Nr. 21.
8 Vgl. *BAG* 26.5.1977, AP BetrVG 1972 § 102 Nr. 13.

3. Beschäftigung im Ausland

Eine vorübergehende Beschäftigung im Ausland beendet nicht die Zugehörigkeit zum **14** Betrieb. Soll dagegen ein Arbeitnehmer ausschließlich dort beschäftigt werden, so liegt nach Ansicht des BAG die für die Annahme einer Ausstrahlung erforderliche Bindung an einen inländischen Betrieb »schon deshalb nicht vor, weil er diesem Betrieb als Arbeitnehmer niemals angehört hat«.[9] Der Betriebsrat ist aber bei der Kündigung auch eines nicht nur vorübergehend im Ausland eingesetzten Arbeitnehmers jedenfalls dann zu beteiligen, wenn der im Ausland tätige Arbeitnehmer nach wie vor dem Inlandsbetrieb zuzuordnen ist.[10]

III. Anhörung des Betriebsrats

Das Anhörungsverfahren gliedert sich in zwei Abschnitte: die Unterrichtung des Be- **15** triebsrats durch den Arbeitgeber über die beabsichtigte Kündigung und die Äußerung des Betriebsrats zu dieser Kündigung. Das Anhörungsrecht ist ein Recht zur Stellungnahme, so dass dem Betriebsrat obliegt, dass sich aus der Anhörung eine Beratung entwickelt.

1. Mitteilungspflicht des Arbeitgebers

Das Anhörungsverfahren wird dadurch eingeleitet, dass der Arbeitgeber dem Be- **16** triebsrat seine Kündigungsabsicht und die dafür maßgebenden Gründe mitteilt (§ 102 Abs. 1 S. 2 BetrVG). Die Anhörungspflicht bezieht sich auf die Kündigung eines bestimmten Arbeitnehmers. Der Arbeitgeber hat deshalb dem Betriebsrat die Person des zu kündigenden Arbeitnehmers, die Kündigungsart (z. B. ordentliche oder außerordentliche Kündigung) und die Gründe für die Kündigung mitzuteilen. Bei der Mitteilung des Arbeitgebers an den Betriebsrat über eine beabsichtigte Kündigung handelt es sich um eine »atypische Willenserklärung«.[11] Für die Auslegung ist von ihrem Wortlaut auszugehen, so wie sie der Betriebsrat als Erklärungsempfänger unter Würdigung der ihm bekannten Umstände nach Treu und Glauben und unter Berücksichtigung der Verkehrssitte verstehen musste.

a) Mitteilung der Person des zu kündigenden Arbeitnehmers und der Kündigungsart

Die Person des zu kündigenden Arbeitnehmers muss konkret bezeichnet werden. So- **17** fern sie dem Betriebsrat nicht bekannt sind, gehören zur Bezeichnung der Person die grundlegenden sozialen Daten des Arbeitnehmers, wie Alter, Familienstand, Kinderzahl, Beschäftigungsdauer sowie Umstände, die einen besonderen Kündigungsschutz begründen. Für die Angaben der zu kündigenden Personen genügt es nicht, dass der Arbeitgeber dem Betriebsrat die Auswahl überlässt.

Der Arbeitgeber muss die Art der Kündigung angeben, also mitteilen, ob er eine or- **18** dentliche oder eine außerordentliche Kündigung aussprechen will, weil von der Art der Kündigung abhängt, wie weit das Beteiligungsrecht des Betriebsrats reicht. Be-

---

9 *BAG* 21.10.1980, AP Internat. Privatrecht, Arbeitsrecht Nr. 17.
10 *BAG* 7.12.1989, AP Internat. Privatrecht, Arbeitsrecht Nr. 27.
11 So *BAG* 2.3.1989, AP BGB § 626 BGB Nr. 101.

absichtigt der Arbeitgeber eine ordentliche Kündigung, so gehört zur Mitteilung auch die Angabe des Kündigungstermins und der Kündigungsfrist. Die Anhörung ist aber nicht allein deshalb fehlerhaft ist, weil der Arbeitgeber eine unrichtige Kündigungsfrist oder einen unrichtigen Endtermin angegeben hat, zu dem die Kündigung wirksam werden kann.[12]

b) Mitteilung der Kündigungsgründe

aa) Subjektive Determination der Kündigungsgründe

19 Der Arbeitgeber muss dem Betriebsrat die Gründe mitteilen, die für seinen Kündigungsentschluss maßgebend sind. Dabei darf er sich nicht auf eine pauschale, schlagwort- oder stichwortartige Bezeichnung der Kündigungsgründe beschränken, sondern er muss unter vollständiger Darstellung des Kündigungssachverhalts alle Gesichtspunkte nennen, die ihn zu der Kündigung veranlassen.[13]

20 Diese Unterrichtungspflicht besteht auch, wenn der betroffene Arbeitnehmer noch keinen Kündigungsschutz nach dem Kündigungsschutzgesetz genießt. Da für die Rechtswirksamkeit einer Kündigung aber eine Rolle spielt, ob der Arbeitnehmer Kündigungsschutz genießt, ergibt sich schon daraus, dass der Mindestinhalt für die Mitteilung des Arbeitgebers verschieden sein muss; denn vom Umfang der dem Betriebsrat gemachten Mitteilung hängt mittelbar ab, auf welche Gründe der Arbeitgeber die soziale Rechtfertigung der Kündigung stützen kann. Richtig ist daher nur, dass der Arbeitgeber ohne Rücksicht auf die Geltung des Kündigungsschutzgesetzes dem Betriebsrat die für ihn maßgeblichen Gründe mitteilen muss und er dieser Pflicht nicht genügt, wenn er sich darauf beschränkt, den Kündigungsgrund nur pauschal, schlagwort- oder stichwortartig zu bezeichnen, oder nur ein Werturteil abgibt, ohne die für seine Bewertung maßgeblichen Tatsachen mitzuteilen. Einer Darlegung der Kündigungsgründe bedarf es nur dann nicht, wenn der Betriebsrat bei Einleitung des Anhörungsverfahrens bereits über den erforderlichen Kenntnisstand verfügt, um über die konkret beabsichtigte Kündigung eine Stellungnahme abgeben zu können. Für die Wissenszurechnung ist der Kenntnisstand der Personen maßgebend, die zur Entgegennahme von Erklärungen gemäß § 26 Abs. 2 S. 2 BetrVG berechtigt oder hierzu ausdrücklich ermächtigt sind.[14] Der Arbeitgeber hat die Beweislast.

21 Das Gesetz verlangt nicht, dass der Arbeitgeber alle Gründe mitteilt, auf die er die Kündigung stützen kann, sondern er braucht nur die Gründe anzugeben, die für seinen *Kündigungsentschluss* maßgebend sind. Die Begründungspflicht hat einen anderen Charakter als die Darlegungs- und Beweisführungslast des Arbeitgebers im Kündigungsrechtsstreit.[15] Für die Anhörungspflicht entscheidend ist also die subjektive Determination der Kündigungsgründe.

bb) Unterrichtung bei einer personenbedingten Kündigung

22 Bei einer personenbedingten Kündigung hat der Arbeitgeber dem Betriebsrat den Grund in der Person des Arbeitnehmers konkret zu benennen, der ihn zur Kündigung veranlasst. Bei einer krankheitsbedingten Kündigung muss er bei einer Kündigung we-

---

12 *BAG* 29.1.1986, AP BetrVG 1972 § 102 Nr. 42.
13 *BAG* 16.9.2004, AP BetrVG 1972 § 102 Nr. 142; st. Rspr. seit *BAG* 8.9.1988, AP BetrVG 1972 § 102 Nr. 49.
14 *BAG* 27.6.1985, AP BetrVG 1972 § 102 Nr. 37.
15 So *BAG* 8.9.1988, AP BetrVG 1972 § 102 Nr. 49.

gen häufiger Kurzerkrankungen nicht nur die bisherigen Fehlzeiten und die Art der Erkrankungen mitteilen, sondern auch die wirtschaftlichen Belastungen und Betriebsbeeinträchtigungen, die infolge der Fehlzeiten entstanden sind und mit denen noch gerechnet werden muss.[16] An die Mitteilungspflicht gegenüber dem Betriebsrat sind allerdings hinsichtlich der wirtschaftlichen und betrieblichen Belastungen keine so strengen Anforderung zu stellen wie an die Darlegungspflicht des Arbeitgebers im Kündigungsschutzprozess.[17] Sie sollen sogar entbehrlich sein, wenn der Betriebsrat oder der Betriebsratsvorsitzende die Folge wiederholter Fehlzeiten genau kennt.[18]

cc) Unterrichtung bei einer verhaltensbedingten Kündigung

Bei einer verhaltensbedingten Kündigung muss der Arbeitgeber dem Betriebsrat das Fehlverhalten des Arbeitnehmers bezeichnen, auf das er die Kündigung stützen will. Dazu gehört auch, dass er den Arbeitnehmer erfolglos abgemahnt hat.   **23**

Der Arbeitgeber hat gegenüber dem Betriebsrat klarzustellen, ob er die Kündigung wegen einer Straftat oder nur wegen des Verdachts einer strafbaren Handlung ausspricht. An eine Verdachtskündigung sind besonders strenge Anforderungen zu stellen. Der Arbeitgeber muss nicht nur prüfen, ob die Beweisanzeigen wirklich eine große Wahrscheinlichkeit für die Tatbegehung bzw. Pflichtverletzung gerade dieses Arbeitnehmers ergeben, sondern er muss auch alles ihm Zumutbare zur Aufklärung des Sachverhalts tun. Das BAG bezeichnet daher die Anhörung des Arbeitnehmers als Wirksamkeitsvoraussetzung für die Verdachtskündigung.[19] Für die Wirksamkeit der Anhörung des Betriebsrats muss aber genügen, dass der Arbeitgeber den Unterschied deutlich gemacht hat, ob er wegen einer begangenen Straftat oder nur wegen des Verdachts einer strafbaren Handlung die Kündigung erklärt hat. Erklärt der Arbeitgeber, dass zunächst der Verdacht einer strafbaren Handlung bestanden habe, später aber auf Grund eingetretener Umstände nunmehr der Nachweis dieser Straftat möglich sei und der Arbeitnehmer deswegen fristlos entlassen werden soll, so ist der Betriebsrat nicht zu einer Verdachtskündigung gehört worden. Dies berührt aber nicht die Ordnungsmäßigkeit der Anhörung, sondern führt nur dazu, dass der Tatverdacht als Kündigungsgrund im Kündigungsprozess nicht mehr berücksichtigt werden kann.[20]   **24**

dd) Unterrichtung bei einer betriebsbedingten Kündigung

Bei einer betriebsbedingten Kündigung muss der Arbeitgeber die dringenden betrieblichen Erfordernisse bezeichnen, die einer Beschäftigung des Arbeitnehmers entgegenstehen. Auch hier genügt keine pauschale Angabe, wie Auftragsmangel oder Rationalisierungsmaßnahmen, sondern es muss konkretisiert werden, weshalb der Arbeitgeber den Arbeitnehmer nicht mehr benötigt. Die Mitteilungspflicht reicht aber nicht weiter als die Darlegungslast des Arbeitgebers im Kündigungsschutzprozess (§ 1 Abs. 2 S. 4 KSchG). Deren Umfang ist davon abhängig, wie sich der Arbeitnehmer auf die Bekundung der Kündigung einlässt. Bestreitet er den Wegfall des Arbeitsplatzes, so genügt der allgemeine Vortrag des Arbeitgebers, wegen der betrieblichen Notwendigkeit sei eine Weiterbeschäftigung zu den gleichen Bedingungen nicht möglich. Es obliegt dann dem Arbeitnehmer darzulegen, wie er sich eine anderweitige Beschäftigung vorstellt, falls   **25**

---

16 *BAG* 24.1.1983, AP BetrVG 1972 § 102 Nr. 30.
17 So bereits *BAG* 18.12.1980, AP BetrVG 1972 § 102 Nr. 42.
18 So jedenfalls *BAG* 24.11.1983, AP BetrVG 1972 § 102 Nr. 30.
19 *BAG* 11.4.1985, AP BetrVG 1972 § 102 Nr. 39.
20 So *BAG* 2.3.1989, AP BGB § 626 Nr. 101.

sein bisheriger Arbeitsplatz tatsächlich weggefallen sein sollte. Erst dann muss der Arbeitgeber eingehend erläutern, aus welchen Gründen eine Umsetzung nicht möglich gewesen wäre. In der Mitteilung an den Betriebsrat vom Wegfall des bisherigen Arbeitsplatzes wird deshalb zumeist der auch dem Betriebsrat erkennbare, wenn auch noch unsubstantiierte Hinweis liegen, eine anderweitige Beschäftigungsmöglichkeit für den Arbeitnehmer bestehe nicht.[21]

26 Bei einer betriebsbedingten Kündigung hat der Arbeitgeber außerdem die Gründe mitzuteilen, die zu der getroffenen sozialen Auswahl geführt haben.[22] Vom Arbeitgeber kann im Anhörungsverfahren nicht mehr verlangt werden, als für die Sozialauswahl nach § 1 Abs. 3 KSchG genügt.

c) Form und Frist der Mitteilung

aa) Form und Adressat

27 Für die Mitteilung sieht das Gesetz keine besondere Form vor; es empfiehlt sich aber, die Schriftform zu wählen, weil der Arbeitgeber beweispflichtig ist, wenn der Arbeitnehmer bestreitet, dass der Betriebsrat vor der Kündigung gehört wurde.

28 Der Arbeitgeber braucht die Gründe nur mitzuteilen; er ist nicht verpflichtet, Beweismaterial vorzulegen oder Einsicht in die Personalakten des betroffenen Arbeitnehmers zu gewähren.

29 Die Mitteilung ist gegenüber dem Betriebsrat abzugeben, d. h. zur Entgegennahme ist nur der Vorsitzende des Betriebsrats oder im Fall seiner Verhinderung sein Stellvertreter berechtigt (§ 26 Abs. 2 S. 2 BetrVG). Hat der Betriebsrat die Ausübung der Mitbestimmung einen besonderen Ausschuss (Personalausschuss) zur selbständigen Erledigung übertragen, so ist in diesem Fall der Vorsitzende des Ausschusses berechtigt, die Erklärungen des Arbeitgebers im Anhörungsverfahren entgegenzunehmen. Der Betriebsrat kann einen Personalausschuss zwar schon in Betrieben mit mehr als 100 Arbeitnehmern bilden (§ 28 Abs. 1 S. 1 BetrVG), ihm Aufgaben zur selbständigen Erledigung aber nur übertragen, wenn ein Betriebsausschuss besteht (§ 28 Abs. 1 S. 2 BetrVG). Gibt der Arbeitgeber die Erklärung gegenüber einem zur Entgegennahme nicht berechtigten Betriebsratsmitglied ab, so ist dieser lediglich Erklärungsbote des Arbeitgebers. Die Mitteilung wird erst wirksam, wenn sie dem Betriebsrat bzw. dem zuständigen Ausschuss selbst, d. h. dessen Vorsitzenden bzw. einem zur Entgegennahme ermächtigten Mitglied, zugeht.[23]

bb) Frist

30 Das Gesetz beschränkt sich auf die Anordnung, dass der Betriebsrat vor jeder Kündigung zu hören ist, ohne einen Zeitpunkt ausdrücklich festzulegen. Mittelbar ergibt sich aber eine Frist daraus, dass der Betriebsrat Bedenken gegen eine ordentliche Kündigung spätestens innerhalb einer Woche, Bedenken gegen eine außerordentliche Kündigung unverzüglich, spätestens jedoch innerhalb von drei Tagen mitteilen muss (§ 102 Abs. 2 S. 1 und 3 BetrVG). Keine Rolle spielt, ob der Arbeitgeber vor Abschluss des Anhörungsverfahrens seinen Kündigungswillen bereits abschließend gebildet hatte.[24]

---

21 *BAG* 29.3.1990, AP KSchG 1969 § 1 Betriebsbedingte Kündigung Nr. 50.
22 *BAG* 29.3.1984, AP BetrVG 1972 § 102 Nr. 31.
23 Ebenso *BAG* 26.9.1991, AP KSchG 1969 § 1 Nr. 28.
24 So unter Aufgabe der gegenteiligen Meinung zu § 66 BetrVG 1952 (AP Nr. 20 zu § 66 BetrVG) *BAG* 13.11.1975 und 28.9.1978, AP BetrVG 1972 § 102 Nr. 7 und 19.

Entscheidend ist allein, dass der Arbeitgeber seinen Kündigungswillen noch nicht verwirklicht hat, bevor das Anhörungsverfahren abgeschlossen ist.

Der Arbeitgeber ist nach dem Grundsatz der vertrauensvollen Zusammenarbeit dazu **31** verpflichtet, ein Anhörungsverfahren grundsätzlich während der Arbeitszeit des Betriebsratsvorsitzenden bzw. bei einem Personalausschuss während der Arbeitszeit des Vorsitzenden dieses Ausschusses einzuleiten.[25] Es genügt also nicht, dass der Arbeitgeber den Vorsitzenden des Betriebsrats außerhalb der Arbeitszeit zu Hause anruft, um seiner Mitteilungspflicht zu genügen. Nimmt aber das für die Vertretung des Betriebsrats zuständige Mitglied eine derartige Mitteilung außerhalb seiner Arbeitszeit und außerhalb der Betriebsräume widerspruchslos entgegen, so ist hiermit das Anhörungsverfahren vom Arbeitgeber ordnungsgemäß eingeleitet.

d) Mitteilungspflicht bei gemeinsamer Betriebsführung

Die Anhörungspflicht besteht auch bei gemeinsamer Betriebsführung, selbst wenn der **32** Vertragsarbeitgeber nur mit zwei Arbeitnehmern, die dem Gemeinschaftsbetrieb angehören, einen Arbeitsvertrag abgeschlossen hat. Er muss dem Betriebsrat mitteilen, dass eine Beschäftigungsmöglichkeit im Betrieb entfallen ist und auch in anderen ihm zugeordneten Betriebseinheiten ausscheidet. Soweit es sich um seine Arbeitnehmer handelt, trifft den Arbeitgeber auch die Pflicht zur Sozialauswahl, hier aber bezogen auf den gemeinsamen Betrieb. Auch darauf hat sich die Mitteilungspflicht zu erstrecken.

2. Stellungnahme des Betriebsrats

Der Arbeitgeber hat den Betriebsrat zu hören, ihm also Gelegenheit zu geben, zu der **33** beabsichtigten Kündigung Stellung zu nehmen. Hat der Betriebsrat gegen die Kündigung Bedenken, so hat er sie unter Angabe der Gründe dem Arbeitgeber schriftlich mitzuteilen, und zwar bei einer ordentlichen Kündigung spätestens innerhalb einer Woche (§ 102 Abs. 2 S. 1 BetrVG), bei einer außerordentlichen Kündigung »unverzüglich, spätestens jedoch innerhalb von drei Tagen« (§ 102 Abs. 2 S. 3 BetrVG).

Für die Stellungnahme zuständig ist der Betriebsrat als Kollegialorgan, sofern er die **34** Mitbestimmungsausübung nicht dem Betriebsausschuss oder einem besonderen Ausschuss (Personalausschuss) zur selbständigen Erledigung übertragen hat (§ 27 Abs. 2 S. 2 BetrVG, § 28 Abs. 1 S. 2 und 3 i. V. m. § 27 Abs. 2 S. 2 BetrVG).

Richtet sich die Stellungnahme gegen eine ordentliche Kündigung aus den in § 102 **35** Abs. 3 BetrVG genannten Gründen, so handelt es sich um einen Widerspruch i. S. d. § 102 Abs. 3 BetrVG.

3. Widerspruch des Betriebsrats gegen eine ordentliche Kündigung

a) Widerspruchsgründe

Das Widerspruchsrecht des Betriebsrats besteht nur gegen eine ordentliche Kündigung **36** aus den Gründen, die im Katalog des § 102 Abs. 3 BetrVG abschließend aufgeführt sind:

---

25 *BAG* 27. 8. 1982, AP BetrVG 1972 § 102 Nr. 25.

- nicht ausreichende Berücksichtigung sozialer Gesichtspunkte bei der Auswahl des Arbeitnehmers (Nr. 1),
- Verstoß gegen eine Auswahlrichtlinie (Nr. 2)
- Weiterbeschäftigungsmöglichkeit auf einem anderen Arbeitsplatz im Betrieb oder einem anderen Betrieb des Unternehmens (Nr. 3), sei es nach zumutbaren Umschulungs- und Fortbildungsmaßnahmen (Nr. 4), sei es nach geänderten Vertragsbedingungen, zu denen der Arbeitnehmer sein Einverständnis erklärt hat (Nr. 5).

b) Rechtsfolgen des frist- und ordnungsgemäß erhobenen Widerspruchs

aa) Mitteilungspflicht des Arbeitgebers

37 Der frist- und ordnungsgemäß erhobene Widerspruch hat nicht zur Folge, dass die ordentliche Kündigung unterbleiben muss. Der Arbeitgeber ist vielmehr nur verpflichtet, dem Arbeitnehmer mit der Kündigung eine Abschrift der Stellungnahme des Betriebsrats zuzuleiten (§ 102 Abs. 4 BetrVG). Das ist für den Arbeitnehmer vor allem deshalb von Bedeutung, weil er bei einem Verstoß gegen die soziale Auswahlpflicht (Widerspruchsgrund nach § 102 Abs. 3 Nr. 1 BetrVG) die Beweislast hat (§ 1 Abs. 3 S. 3 KSchG). Im Übrigen hat zwar für die soziale Rechtfertigung einer ordentlichen Kündigung der Arbeitgeber die Tatsachen zu beweisen, die die Kündigung bedingen (§ 1 Abs. 2 S. 4 KSchG); kann aber z. B. der Arbeitgeber nachweisen, dass der bisherige Arbeitsplatz des Arbeitnehmers auf Grund betrieblicher Erfordernisse wegfällt, so trifft den Arbeitnehmer die Gegenbeweislast (nicht Gegenteilsbeweislast), wenn er geltend machen will, dass er auf einem anderen Arbeitsplatz (Widerspruchsgründe nach § 102 Abs. 3 Nr. 3 bis 5 BetrVG) weiterbeschäftigt werden kann.

bb) Materiell-rechtliche Auswirkungen des Widerspruchs auf die Rechtsstellung des Arbeitnehmers im Kündigungsschutzprozess

38 Außerdem treten zwei Rechtsfolgen ein, die sich unmittelbar auf die materielle Rechtsstellung des Arbeitnehmers auswirken:

39 (1) Besteht ein Widerspruchsgrund nach § 102 Abs. 3 Nr. 2 bis 5 BetrVG und hat der Betriebsrat deswegen der Kündigung widersprochen, so ist das ein absoluter Grund für die **Sozialwidrigkeit der Kündigung** (§ 1 Abs. 2 S. 2 und 3 KSchG). Durch das Erfordernis des Widerspruchs tritt aber keine Einschränkung des Kündigungsschutzes ein. Die in § 102 Abs. 3 Nr. 3 bis 5 BetrVG genannten Widerspruchsgründe werden zur Beurteilung der Betriebsbedingtheit auch im Rahmen von § 1 Abs. 2 S. 1 KSchG berücksichtigt.[26]

40 (2) Hat der Arbeitnehmer gegen die ordentliche Kündigung Kündigungsschutzklage erhoben, so muss der Arbeitgeber ihn auf Verlangen nach Ablauf der Kündigungsfrist bis zum rechtskräftigen Abschluss des Rechtsstreits bei unveränderten Arbeitsbedingungen weiterbeschäftigen, sofern er nicht durch einstweilige Verfügung von dieser Verpflichtung entbunden wird (§ 102 Abs. 5 BetrVG). Dieser betriebsverfassungsrechtliche **Weiterbeschäftigungsanspruch** ist nicht mit dem Beschäftigungsanspruch aus dem Arbeitsverhältnis identisch; er hat trotz des Gesetzestextes auch einen anderen Inhalt als der richterrechtlich anerkannte Weiterbeschäftigungsanspruch bei Geltendmachung der Rechtsunwirksamkeit einer ordentlichen Kündigung nach Ablauf der

---

26 *BAG* 3.9.1973, AP KSchG 1969 § 1 Nr. 2; 17.5.1984, AP KSchG 1969 § 1 Betriebsbedingte Kündigung Nr. 21.

Kündigungsfrist bzw. einer außerordentlichen Kündigung nach deren Erklärung.[27] Der betriebsverfassungsrechtliche Weiterbeschäftigungsanspruch ist rechtsdogmatisch kein Anspruch, sondern ein Gestaltungsrecht des Arbeitnehmers. Die Gesetzesregelung hat den gleichen Effekt wie eine Gestaltungsklage: Erst mit rechtskräftiger Feststellung, dass die Kündigung wirksam erklärt ist, wird das Arbeitsverhältnis aufgelöst. Der Unterschied besteht nur darin, dass nicht der Arbeitgeber gezwungen wird, eine Gestaltungsklage zu erheben, um das Arbeitsverhältnis mit dem Arbeitnehmer aufzulösen, sondern dass die Initiative vom Arbeitnehmer ausgehen muss.

Das »Verlangen des Arbeitnehmers« nach Weiterbeschäftigung ist daher ein Gestaltungsakt, durch den das gekündigte Arbeitsverhältnis vorläufig aufrechterhalten wird. Das Weiterbeschäftigungsverhältnis ist also kein durch Gesetz begründetes Schuldverhältnis, sondern dasselbe, durch Arbeitsvertrag begründete Arbeitsverhältnis, das durch die rechtskräftige Abweisung der Kündigungsschutzklage auflösend bedingt ist.[28] Die Gesetzesregelung enthält nur insoweit eine zusätzliche Klarstellung, als der Arbeitgeber den Arbeitnehmer auch weiterbeschäftigen muss, also nicht nur darauf beschränkt ist, das Arbeitsentgelt für die Dauer des Kündigungsrechtstreits zu zahlen; denn durch das Weiterbeschäftigungsverhältnis soll gewährleistet werden, dass der Arbeitnehmer im Fall seines Obsiegens im Kündigungsschutzprozess auch tatsächlich weiterbeschäftigt werden kann, er also nicht lediglich auf einen Abfindungsanspruch nach § 9 KSchG verwiesen wird. **41**

Von der Verpflichtung zur Weiterbeschäftigung kann der Arbeitgeber durch einstweilige Verfügung des Arbeitsgerichts entbunden werden, wenn **42**

1. die Klage des Arbeitnehmers keine hinreichende Aussicht auf Erfolg bietet oder mutwillig erscheint oder
2. die Weiterbeschäftigung des Arbeitnehmers zu einer unzumutbaren wirtschaftlichen Belastung des Arbeitgebers führen würde oder
3. der Widerspruch des Betriebsrats offensichtlich unbegründet war (§ 102 Abs. 5 S. 2 BetrVG).

IV. Rechtsfolgen unzureichender Beteiligung des Betriebsrats

1. Einhaltung des Anhörungsverfahrens als Wirksamkeitsvoraussetzung

Eine ohne Anhörung des Betriebsrats ausgesprochene Kündigung ist unwirksam (§ 102 Abs. 1 S. 3 BetrVG). Die Kündigung ist auch dann ohne Anhörung des Betriebsrats ausgesprochen, wenn der Arbeitgeber bei der ihm obliegenden Einleitung des Anhörungsverfahrens einen Fehler begeht. Ein derartiger Fehler kann insbesondere darin bestehen, dass er seine Mitteilungspflicht nicht ordnungsgemäß erfüllt hat. Doch kommt es insoweit für die Beurteilung nicht darauf an, ob die von ihm geltend gemachten Kündigungsgründe vorliegen und ob sie für den Fall, dass sie gegeben sind, eine ordentliche Kündigung im Kündigungsschutzverfahren sozial rechtfertigen oder bei einer außerordentlichen Kündigung einen wichtigen Grund i. S. d. § 626 BGB darstellen. **43**

Da die Anhörung des Betriebsrats für die Kündigung eine Wirksamkeitsvoraussetzung ist, trägt der Arbeitgeber im Kündigungsrechtsstreit die Behauptungs- und Beweislast **44**

---

27 *BAG (GS)* 27.2.1985, AP BGB § 611 Beschäftigungspflicht Nr. 14.
28 So *BAG* 12.9.1985, AP BetrVG 1972 § 102 Nr. 7.

dafür, dass er den Betriebsrat ordnungsgemäß beteiligt hat.[29] Jedoch muss der Arbeitnehmer die ordnungsgemäße Anhörung des Betriebsrats überhaupt bestreiten, damit die entsprechende Darlegungslast des Arbeitgebers ausgelöst wird und das Gericht Anlass hat, sich mit der Frage der Betriebsratsanhörung zu beschäftigen.[30]

45 Die Kündigung ist auch dann ohne Anhörung des Betriebsrats ausgesprochen, wenn der Arbeitgeber sie erklärt, bevor das Anhörungsverfahren abgeschlossen ist. Erklärt er sie vor Ablauf der Anhörungsfrist, so muss deshalb eine abschließende Stellungnahme des Betriebsrats vorliegen.[31] Eine abschließende Stellungnahme liegt auch dann vor, wenn der Erklärung des Betriebsrats eindeutig zu entnehmen ist, dass er eine weitere Erörterung nicht mehr wünscht, auch wenn sie keine inhaltliche Stellungnahme zu der beabsichtigten Kündigung enthält.[32] Es fällt in den Zuständigkeits- und Verantwortungsbereich des Betriebsrats, sich mit der beabsichtigten Kündigung zu befassen und darüber zu entscheiden, ob er Bedenken vortragen und insbesondere Widerspruch einlegen will. Der Arbeitgeber braucht nicht nachzuprüfen, ob die Mitteilung durch einen ordnungsgemäß zustande gekommenen Beschluss des Betriebsrats gedeckt ist.[33]

46 Wenn die Kündigung bereits erklärt ist, kann der Mangel der Anhörung nicht dadurch geheilt werden, dass der Betriebsrat der Kündigung nachträglich zustimmt.[34] Keine Rolle spielt dagegen, ob der Arbeitgeber vor Abschluss des Anhörungsverfahrens seinen Kündigungswillen bereits abschließend gebildet hatte.[35] Maßgebend ist allein, ob die Kündigungserklärung vorliegt. Sie bedarf zu ihrer Wirksamkeit der Schriftform (§ 623 BGB). Für das Anhörungsverfahren ist aber die Kündigung schon ausgesprochen, wenn das Kündigungsschreiben den Machtbereich des Arbeitgebers verlassen hat.[36] Maßgebend ist also der Zeitpunkt der Abgabe der Kündigungserklärung, nicht der Zeitpunkt ihres Zugangs, obwohl sie als Willenserklärung erst dann wirksam wird (§ 130 BGB); denn der Betriebsrat kann auf die Kündigungsabsicht keinen Einfluss mehr nehmen, wenn auf der Seite des Arbeitgebers der rechtsgeschäftliche Erklärungsvorgang beendet ist.

2. Verwertungsverbot

47 Die Pflicht zur Anhörung des Betriebsrats verlangt nicht, dass der Arbeitgeber alle Gründe mitteilt, die für die Kündigung in Betracht kommen. Er ist jedoch im Kündigungsrechtsstreit an die von ihm getroffene Auswahl der Kündigungsgründe gebunden. Er kann keine Kündigungsgründe nachschieben, die er nicht dem Betriebsrat im Anhörungsverfahren mitgeteilt hat.[37]

48 Man muss hier differenzieren: Gründe, die erst nach der Kündigung entstanden sind, können nur eine neue Kündigung rechtfertigen und daher ohnehin nicht für die Begründung der bereits erklärten Kündigung nachgeschoben werden. Sind sie erst nach Einleitung des Anhörungsverfahrens, aber vor Erklärung der Kündigung entstanden,

29 *BAG* 19.8.1975, AP BetrVG 1972 § 102 Nr. 5; bestätigt durch *BAG* 7.11.1975, AP BetrVG 1972 § 130 Nr. 1.
30 *BAG* 14.2.1982, AP BGB § 613a Nr. 36.
31 *BAG* 12.3.1987, AP BetrVG 1972 § 102 Nr. 47.
32 So ausdrücklich *BAG* ebd.
33 *BAG* 4.8.1975, AP BetrVG 1972 § 102 Nr. 4.
34 *BAG* 28.2.1974, AP BetrVG 1972 § 102 Nr. 2.
35 *BAG* 13.11.1975 und 28.9.1978, AP BetrVG 1972 § 102 Nr. 7 und 19.
36 *BAG* 28.2.1974 und 13.11.1975, AP BetrVG 1972 § 102 Nr. 2 und 7.
37 *BAG* 18.12.1980 und 1.4.1981, AP BetrVG 1972 § 102 Nr. 22 und 23.

so muss der Arbeitgeber sie dem Betriebsrat mitteilen und insoweit das Anhörungsverfahren erneut einleiten, sofern er die Kündigung auch auf diese Gründe stützen will. Problematisch ist die Rechtslage nur dann, wenn die fehlende Unterrichtung des Betriebsrats darauf beruht, dass dem Arbeitgeber ein bei Abgabe seiner Kündigungserklärung vorhandener Kündigungsgrund noch nicht bekannt war. Ein derartiger Grund kann im Kündigungsrechtsstreit nachgeschoben werden. Das BAG verlangt aber, dass der Arbeitgeber zuvor den Betriebsrat hierzu angehört hat.[38] Diese betriebsverfassungsrechtliche Modifikation sichert den Zweck der Anhörung, ohne dem Arbeitgeber eine ihm individualrechtlich zustehende Befugnis zu nehmen.

Soweit es um die Mitteilungspflicht gegenüber dem Betriebsrat geht, ist zu beachten, **49** dass an sie nicht strengere Anforderungen gestellt werden als an die Darlegungs- und Beweislast des Arbeitgebers im Kündigungsrechtsstreit für die von ihm geltend gemachten Gründe. Tatsachen, die nur der Erläuterung und Konkretisierung der dem Betriebsrat mitgeteilten Gründe dienen, können deshalb nachgeschoben werden. Bei einer betriebsbedingten Kündigung liegt in der Mitteilung an den Betriebsrat vom Wegfall des bisherigen Arbeitsplatzes im Allgemeinen der Hinweis, eine anderweitige Beschäftigungsmöglichkeit für den Arbeitnehmer bestehe nicht. Beruft sich der Arbeitnehmer im Kündigungsrechtsstreit auf eine solche Möglichkeit, so stellt der nunmehr erforderliche Vortrag des Arbeitgebers hierzu eine Konkretisierung des Kündigungsgrundes und kein Nachschieben eines neuen Kündigungsgrundes dar.[39] Unterrichtet der Arbeitgeber den Betriebsrat im Anhörungsverfahren nur über die wirtschaftlichen Verhältnisse eines unselbständigen Betriebsteiles, nicht aber zugleich auch über die Ertragslage des Betriebes, dann kann er sich im Kündigungsschutzprozess zur Rechtfertigung einer betriebsbedingten Kündigung nicht auf ein dringendes Sanierungsbedürfnis im Bereich des Betriebes berufen.[40]

V. Rechtslage bei der Änderungskündigung

1. Anhörung nach § 102 BetrVG

Da die Änderungskündigung eine echte Kündigung ist, muss der Betriebsrat vor ihrem **50** Ausspruch gehört werden. Der Arbeitgeber hat dem Betriebsrat nicht nur die Gründe für die Änderungskündigung, sondern auch das in Aussicht genommene Änderungsangebot mitzuteilen.[41]

Die Anhörung zu einer *beabsichtigten Änderungskündigung* ist keine wirksame An- **51** hörung zu einer vom Arbeitgeber *erklärten Beendigungskündigung*. Etwas anderes gilt nur dann, wenn der Arbeitgeber den Betriebsrat darauf hinweist, dass er bei einer vorbehaltlosen Ablehnung durch den Arbeitnehmer eine Beendigungskündigung beabsichtigt.[42]

Dem Betriebsrat sind die Arbeitsbedingungen mitzuteilen, zu denen das Arbeitsver- **52** hältnis fortgesetzt werden soll, sowie auch der Zeitpunkt, zu dem die Änderung wirk-

---

38 *BAG* 11.4.1985, AP BetrVG 1972 § 102 Nr. 39.
39 *BAG* 29.3.1990, AP Nr. KSchG 1969 § 1 Betriebsbedingte Kündigung Nr. 50.
40 So jedenfalls *BAG* 11.10.1989, AP KSchG 1969 § 1 Betriebsbedingte Kündigung Nr. 47.
41 *BAG* 10.3.1982 und 20.3.1986, AP KSchG 1969 § 2 Nr. 2 und 14; 30.11.1989, AP BetrVG 1972 § 102 Nr. 53; 30.9.1993, AP KSchG 1969 § 2 Nr. 33.
42 *BAG* 30.11.1989, AP BetrVG 1972 § 102 Nr. 53.

sam werden soll, wenn sich erst daraus die Tragweite der Änderungen ergibt.[43] Eine ohne Anhörung des Betriebsrats ausgesprochene Änderungskündigung ist unwirksam (§ 102 Abs. 1 S. 3 BetrVG). Von der Unwirksamkeit nicht erfasst wird das Änderungsangebot des Arbeitgebers. Der Arbeitnehmer kann es also annehmen. Erfolgt die Annahme aber unter dem Vorbehalt, dass die Änderung der Arbeitsbedingungen sozial gerechtfertigt ist, so wirkt sich hier aus, dass die Änderungskündigung unwirksam ist. Der Arbeitnehmer braucht nicht gemäß § 4 S. 2 KSchG die Änderungsschutzklage zu erheben; denn der Fall wird streng genommen nicht von § 2 KSchG erfasst. Es bleibt vielmehr bei dem allgemeinen Grundsatz, dass die Annahme unter Vorbehalt als Ablehnung gilt (§ 150 Abs. 2 BGB); denn wegen der Nichtigkeit der Kündigung kann nicht der Auflösungseffekt eintreten, wie er bei wirksamer Kündigung gegeben wäre, wenn der Arbeitnehmer das Vertragsangebot des Arbeitgebers ablehnen würde.

2. Mitbestimmung nach § 99 BetrVG

53 Ist mit einem Änderungsangebot eine Versetzung oder eine Umgruppierung verbunden, so hat der Arbeitgeber in Unternehmen mit in der Regel mehr als zwanzig wahlberechtigten Arbeitnehmern unter diesem Aspekt den Betriebsrat auch nach § 99 BetrVG zu beteiligen. Der Arbeitgeber muss also neben dem Anhörungsverfahren auch das Mitbestimmungsverfahren nach § 99 BetrVG durchführen.[44]

3. Betriebsverfassungsrechtliche Weiterbeschäftigungspflicht des Arbeitgebers

54 Liegen die Voraussetzungen des § 102 Abs. 5 BetrVG vor, so hat der Arbeitgeber auch bei einer Änderungskündigung die betriebsverfassungsrechtliche Weiterbeschäftigungspflicht. Hat der Arbeitnehmer aber das Vertragsangebot nach § 2 KSchG unter dem Vorbehalt angenommen, dass die Änderung nicht sozial ungerechtfertigt ist, so bezieht sich ein Rechtsstreit über die Änderungskündigung nicht mehr auf die Kündigung, sondern auf die Änderung der Arbeitsbedingungen (§ 4 S. 2 KSchG). § 102 Abs. 5 BetrVG findet auf diesen Fall keine Anwendung.

VI. Erweiterung des Anhörungsrechts zu einem Zustimmungsrecht

55 Arbeitgeber und Betriebsrat können vereinbaren, dass Kündigungen der Zustimmung des Betriebsrats bedürfen und dass bei Meinungsverschiedenheiten über die Berechtigung der Nichterteilung der Zustimmung die Einigungsstelle entscheidet (§ 102 Abs. 6 BetrVG).

VII. Entlassung oder Versetzung auf Verlangen des Betriebsrats

56 Hat ein Arbeitnehmer durch gesetzwidriges Verhalten oder grobe Verletzung der in § 75 Abs. 1 BetrVG enthaltenen Grundsätze den Betriebsfrieden wiederholt ernstlich gestört, so kann der Betriebsrat vom Arbeitgeber die Entlassung oder Versetzung ver-

---

43 *BAG* 10.3.1982, AP KSchG 1969 § 2 Nr. 2; 30.11.1989 und 29.3.1990, AP BetrVG 1972 § 102 Nr. 53 und 56.
44 *BAG* 30.9.1993, AP KSchG 1969 § 2 Nr. 33.

langen (§ 104 BetrVG). Ein derartiges Verlangen ist insbesondere gerechtfertigt, wenn ein Arbeitnehmer durch rassistische oder fremdenfeindliche Betätigungen das in § 75 Abs. 1 BetrVG verankerte Gleichbehandlungsgebot grob verletzt hat.

Wird einem Entlassungsbegehren des Betriebsrats im Verfahren nach § 104 S. 2 **57** BetrVG rechtskräftig stattgegeben, so begründet dies ein dringendes betriebliches Er-fordernis i. S. d. § 1 Ab. 2 S. 1 KSchG für eine Kündigung des Arbeitgebers.[45]

---

45 *BAG* 28.3.2017, AP BetrVG 1972 § 104 Nr. 2.

4. Titel. Mitbestimmung in wirtschaftlichen Angelegenheiten

1   Das BetrVG regelt nur zum Teil die Mitbestimmung in wirtschaftlichen Angelegenheiten. Es wird insoweit durch die Gesetze über die unternehmensbezogene Mitbestimmung – das Montan-Mitbestimmungsgesetz, das Montan-Mitbestimmungsergänzungsgesetz, das Mitbestimmungsgesetz und das Drittelbeteiligungsgesetz – ergänzt.

2   Bei den wirtschaftlichen Angelegenheiten geht es um die Planung, Organisation und Leitung des Unternehmens. Bei dessen privatrechtlicher Organisation wird, wenn es sich um Kapitalgesellschaften oder Genossenschaften handelt, durch die genannten Mitbestimmungsgesetze die Arbeitnehmerbeteiligung in dem Unternehmensorgan realisiert, das die Kompetenz zur Kontrolle und wie im Aktienrecht auch die Kompetenz zur Auswahl der Unternehmensleitung hat; es ist dies der Aufsichtsrat, der je nach der Verschiedenheit der gesetzlichen Regelung zur Hälfte oder zu einem Drittel aus Vertretern der Arbeitnehmer besteht. Eine Sonderregelung gilt für die Mitbestimmung in den Unternehmensorganen nach dem Gesetz über die Beteiligung der Arbeitnehmer in einer Europäischen Gesellschaft, dem entsprechenden Gesetz für die Europäische Genossenschaft und dem Gesetz über die Mitbestimmung der Arbeitnehmer bei einer grenzüberschreitenden Verschmelzung.

3   Seit dem Betriebsverfassungsgesetz vom 15.1.1972 ist die Aufsichtsratsmitbestimmung nicht mehr in diesem Gesetz geregelt. Das BetrVG beschränkt sich vielmehr darauf, dem Betriebsrat Beteiligungsrechte gegenüber der Betriebs- und Unternehmensleitung einzuräumen, die auf die Planung, Organisation und Leitung eines Unternehmens Einfluss haben; allerdings hat es diesen Bereich so abgegrenzt, dass bei den wirtschaftlich-unternehmerischen Entscheidungen selbst kein Mitbestimmungsrecht besteht.

§ 36. Unterrichtung in wirtschaftlichen Angelegenheiten

1   Der Sechste Abschnitt, der den wirtschaftlichen Angelegenheiten gewidmet ist, regelt im ersten Unterabschnitt die »Unterrichtung in wirtschaftlichen Angelegenheiten«, wobei es vornehmlich um die Errichtung des Wirtschaftsausschusses und dessen Aufgaben geht.

2   Der Wirtschaftsausschuss bleibt ausschließlich der Unternehmensebene zugeordnet (§ 106 Abs. 1 BetrVG). Ein Konzernbetriebsrat kann daher keinen Wirtschaftsausschuss auf Konzernebene errichten.[1] Dabei hat man allerdings das Gesetz über Europäische Betriebsräte vom 28.10.1996 zu beachten, das die EG-Richtlinie über den Europäischen Betriebsrat (Richtlinie 94/45/EG) vom 22.9.1994 in nationales Recht umgesetzt hat. Nach diesem Gesetz werden in gemeinschaftsweit tätigen Unternehmen und Unternehmensgruppen Europäische Betriebsräte oder Verfahren zur Unterrichtung und Anhörung der Arbeitnehmer vereinbart (§§ 17ff. EBRG). Kommt es nicht zu einer Vereinbarung, so wird ein Europäischer Betriebsrat kraft Gesetzes er-

---

1 *BAG* 23.8.1989, AP Nr. 7 zu § 106 BetrVG 1972.

richtet (§§ 21 ff. EBRG). Bei Bildung eines Europäischen Betriebsrats wird der Sache nach ein Wirtschaftsausschuss institutionalisiert (vgl. zur Zuständigkeit und den Mitwirkungsrechten §§ 31 ff. EBRG). Anknüpfungspunkt bei einer Unternehmensgruppe ist zwar nicht der Konzernbegriff, sondern die Fähigkeit, einen beherrschenden Einfluss auszuüben (§ 6 EBRG). Das Gesetz stellt wie die EG-Richtlinie auf die Stufe ab, die dem Bestehen eines Abhängigkeitsverhältnisses nach § 17 AktG entspricht. Damit steht aber zugleich auch fest, dass jeder Unterordnungskonzern (§ 18 Abs. 1 AktG) erfasst wird.

I. Errichtung und Aufgaben des Wirtschaftsausschusses

1. Errichtung

In allen Unternehmen mit in der Regel mehr als 100 ständig beschäftigten Arbeitneh- 3
mern ist ein Wirtschaftsausschuss zu bilden (§ 106 Abs. 1 S. 1 BetrVG). Seine Mitglieder werden vom Betriebsrat bzw. bei Gliederung des Unternehmens in mehrere Betriebe vom Gesamtbetriebsrat bestimmt (§ 107 Abs. 1 und 2 BetrVG). Der Wirtschaftsausschuss ist also nach der gesetzlichen Grundkonzeption ein Hilfsorgan des Betriebsrats.[2] Daher gibt das Gesetz folgerichtig die Möglichkeit, die Aufgaben des Wirtschaftsausschusses einem Ausschuss des Betriebsrats zu übertragen; besteht ein Gesamtbetriebsrat, so beschließt dieser über die anderweitige Wahrnehmung der Aufgaben des Wirtschaftsausschusses (§ 107 Abs. 3 BetrVG).

2. Aufgaben

Der Wirtschaftsausschuss hat die Aufgabe, wirtschaftliche Angelegenheiten mit dem 4
Unternehmer zu beraten und den Betriebsrat darüber zu unterrichten (§ 106 Abs. 1 S. 2, Abs. 2 BetrVG). In einem Katalog, der, wie es sich aus dem Wort »insbesondere« ergibt, eine beispielhafte Aufzählung enthält, werden wirtschaftliche Angelegenheiten genannt, deren Erörterung zu den Aufgaben des Wirtschaftsausschusses gehört (§ 106 Abs. 3 BetrVG).

Der Jahresabschluss ist dem Wirtschaftsausschuss unter Beteiligung des Betriebsrats 5
zu erläutern (§ 108 Abs. 5 BetrVG). Wird eine Auskunft über wirtschaftliche Angelegenheiten des Unternehmens entgegen dem Verlangen des Wirtschaftsausschusses nicht, nicht rechtzeitig oder nur ungenügend erteilt und kommt hierüber zwischen Unternehmer und Betriebsrat keine Einigung zustande, so entscheidet die Einigungsstelle, deren Spruch die Einigung zwischen Arbeitgeber und Betriebsrat ersetzt (§ 109 BetrVG).

Der Wirtschaftsausschuss soll monatlich einmal zusammentreten (§ 108 Abs. 1 6
BetrVG). Der Unternehmer oder sein Stellvertreter hat an der Sitzung des Wirtschaftsausschusses teilzunehmen (§ 108 Abs. 2 S. 1 BetrVG). Er kann sachkundige Arbeitnehmer des Unternehmens einschließlich der leitenden Angestellten hinzuziehen (§ 108 Abs. 2 S. 2 BetrVG). Der Wirtschaftsausschuss hat nicht nur das Recht der Hinzuziehung von Sachverständigen (§ 108 Abs. 2 S. 3 i. V. mit § 80 Abs. 3 BetrVG), sondern er kann auch verlangen, dass der Arbeitgeber ihm sachkundige Arbeitnehmer als Aus-

---

2 *BAG* 18.7.1978 und 18.11.1980, AP BetrVG 1972 108 Nr. 1 und 2; 25.6.1987 und 5.12.1991, AP BetrVG 1972 § 106 Nr. 6 und 10.

kunftspersonen zur Verfügung stellt, soweit es zur ordnungsgemäßen Erfüllung seiner Aufgaben erforderlich ist (§ 108 Abs. 2 S. 2 BetrVG).

7   Unter den in § 31 BetrVG genannten Voraussetzungen kann ein Beauftragter einer im Betriebsrat vertretenen Gewerkschaft an den Sitzungen des Wirtschaftsausschusses teilnehmen.

II. Unterrichtung der Belegschaft

8   In Unternehmen, die in der Regel mehr als zwanzig wahlberechtigte ständige Arbeitnehmer beschäftigen, hat der Unternehmer die Arbeitnehmer mindestens einmal in jedem Kalendervierteljahr über die wirtschaftliche Lage und Entwicklung des Unternehmens zu unterrichten, wobei dies in Unternehmen mit in der Regel mehr als 1.000 ständig beschäftigten Arbeitnehmern schriftlich zu geschehen hat (§ 110 BetrVG). Bevor der Unternehmer den Bericht erstattet, hat er sich mit dem Wirtschaftsausschuss oder den Stellen, denen die Aufgaben des Wirtschaftsausschusses übertragen sind (§ 107 Abs. 3 BetrVG), und dem Betriebsrat vorher abzustimmen. Besteht im Unternehmen ein Gesamtbetriebsrat, so ist dieser zuständig. Ist in den Unternehmen ein Wirtschaftsausschuss nicht zu errichten, so erfolgt die Unterrichtung nach vorheriger Abstimmung mit dem Betriebsrat (§ 110 Abs. 2 S. 2 BetrVG). Das Gesetz verlangt nicht, dass eine Übereinkunft erzielt wird.

§ 37. Beteiligung des Betriebsrats bei Betriebsänderungen

1   Der Betriebsrat ist in wirtschaftlichen Angelegenheiten unmittelbar nur bei Betriebsänderungen beteiligt. Er wird eingeschaltet, soweit die unternehmerische Planung Auswirkungen auf den Betrieb und dessen Belegschaft entfaltet.

I. Beteiligungsnotwendigkeit bei Betriebsänderungen in Unternehmen mit in der Regel mehr als zwanzig wahlberechtigten Arbeitnehmern

2   Der Betriebsrat ist bei einer Betriebsänderung zu beteiligen, wenn dem Unternehmen mehr als zwanzig wahlberechtigte Arbeitnehmer angehören, auch wenn der Betrieb selbst diese Arbeitnehmerzahl nicht erreicht. Bei einem gemeinsamen Betrieb mehrerer Unternehmen besteht die Beteiligungspflicht nur für den Unternehmer, dem in der Regel mehr als zwanzig wahlberechtigte Arbeitnehmer zugeordnet werden, auch wenn er sie nicht alle in dem gemeinsamen Betrieb regelmäßig beschäftigt. Leiharbeitnehmer sind im Entleiherunternehmen nur zu berücksichtigen, wenn die Einsatzdauer sechs Monate übersteigt (§ 14 Abs. 2 S. 6 AÜG).

3   Für das Beteiligungsrecht spielt keine Rolle, weshalb die Betriebsänderung notwendig wird. Der Betriebsrat ist auch zu beteiligen, wenn über das Vermögen des Unternehmers ein Insolvenzverfahren eröffnet wird. Nur für das Beteiligungsverfahren, hier insbesondere bei der Aufstellung des Sozialplans sind §§ 121 bis 124 InsO zu beachten.

II. Betriebsänderung als Beteiligungstatbestand

1. Begriff der Betriebsänderung

a) Keine Legaldefinition in § 111 S. 1 BetrVG

Nach dem Gesetzestext bezieht sich das Beteiligungsrecht des Betriebsrats auf »ge- **4**
plante Betriebsänderungen, die wesentliche Nachteile für die Belegschaft oder erhebliche Teile der Belegschaft zur Folge haben können« (§ 111 S. 1 BetrVG). Der Katalog
in § 111 S. 3 BetrVG zählt die Maßnahmen auf, die »als Betriebsänderungen im Sinne
des Satzes 1« gelten. Das Gesetz gibt also keine Begriffsbestimmung der Betriebsänderung. Der Relativsatz in Satz 1 hat keine selbständige Bedeutung für die in Satz 3 genannten Betriebsänderungen; es ist daher nicht als zusätzliche Voraussetzung zu prüfen, ob eine in Satz 3 genannte Maßnahme wesentliche Nachteile für die Belegschaft
oder erhebliche Teile der Belegschaft zur Folge haben kann.[1] Dennoch ist der Relativsatz nicht bedeutungslos; er enthält einen Interpretationsmaßstab für die in Satz 3 genannten Fälle.[2]

b) Betriebsbezug des Beteiligungstatbestands

Obwohl die Beteiligungspflicht von der Arbeitnehmerzahl im Unternehmen abhängt, **5**
bezieht der Beteiligungstatbestand sich auf eine Betriebsänderung. Eine Maßnahme
des Unternehmers ist also nur beteiligungspflichtig, wenn durch sie entweder die organisatorische Einheit des Betriebs, die Betriebsmittel, der Betriebszweck oder die in der
Belegschaft zusammengefassten Arbeitnehmer eine Änderung in quantitativer und
qualitativer Hinsicht erfahren.[3] Wie die in Satz 3 genannten Fälle es verdeutlichen,
muss es sich um eine wesentliche Änderung handeln. Die in jedem Betrieb sich ständig
ergebenden Umgestaltungen werden nicht erfasst. Sie fallen in den mitbestimmungsfreien Bereich der laufenden Geschäftsführung.

2. Katalog der in § 111 S. 3 genannten Fälle einer Betriebsänderung

Gemäß § 111 S. 3 BetrVG gelten »als Betriebsänderungen im Sinne des Satzes 1«: **6**

a) Stilllegung des ganzen Betriebs (Nr. 1)

Stilllegung des Betriebs ist die Auflösung der die Einheit des Betriebs gestaltenden Arbeitsorganisation, die ihren Grund und zugleich ihren unmittelbaren Ausdruck darin
findet, dass der Unternehmer den mit ihr verfolgten Zweck einstellt. Das BAG sieht
das wesentliche Element in der »Auflösung der zwischen Arbeitgeber und Arbeitnehmer bestehenden Betriebs- und Produktionsgemeinschaft«, die »ihre Veranlassung
und zugleich ihren sichtbaren Ausdruck darin findet, dass der Unternehmer die bisherige wirtschaftliche Betätigung in der ernstlichen Absicht einstellt, die Weiterverfol-
gung des bisherigen Betriebszwecks dauernd oder für eine ihrer Dauer nach unbestimmte, wirtschaftlich nicht unerhebliche Zeitspanne aufzugeben«.[4]

---

1 So bereits *BAG* 17.8.1982, AP BetrVG 1972 § 111 Nr. 11.
2 *BAG* 22.5.1979, AP BetrVG 1972 § 111 Nr. 3 und 4; 17.8.1982, AP BetrVG 1972 § 111 Nr. 11.
3 So *BAG* 17.2.1981, AP BetrVG 1972 § 111 Nr. 9.
4 *BAG* 17.9.1957, AP KSchG § 13 Nr. 8; st. Rspr., vgl. *BAG* 19.6.1991, AP KSchG 1969 § 1 Betriebsbedingte Kündigung Nr. 53.

b) Einschränkung des ganzen Betriebs (Nr. 1)

7   Eine Einschränkung des ganzen Betriebs liegt vor, wenn dessen Leistungsfähigkeit durch eine Verringerung der Betriebsmittel auf Dauer herabgesetzt wird. Sie ist beispielsweise gegeben, wenn Betriebsanlagen stillgelegt oder veräußert werden. Eine Betriebseinschränkung kann im bloßen Personalabbau unter Beibehaltung der sächlichen Betriebsmittel liegen.[5] Da mit dem Begriff der Betriebseinschränkung eine Betriebsänderung erfasst werden soll, die nach dem als Interpretationsmaßstab geltenden Relativsatz in Satz 1 des § 111 BetrVG wesentliche Nachteile für die Belegschaft oder erhebliche Teile der Belegschaft zur Folge haben kann, bildet nicht jede Personalverminderung den Beteiligungstatbestand, sondern es muss von ihr ein erheblicher Teil der Belegschaft betroffen sein. Als Richtschnur dafür, wann erhebliche Teile der Belegschaft betroffen sind, zieht das BAG die Zahlen und Prozentangaben in § 17 Abs. 1 KSchG über die Anzeigepflicht bei Massenentlassungen heran.[6] § 112a BetrVG, der durch Art. 2 BeschFG 1985 in das Gesetz eingefügt wurde, hat durch seinen Abs. 1 die Rechtsprechung des BAG bestätigt, dass eine Betriebseinschränkung allein in der Entlassung von Arbeitnehmern bestehen kann; er hat aber nicht die dafür maßgeblichen Zahlenverhältnisse geändert, weil er nur die Erzwingbarkeit eines Sozialplans, nicht aber die Beteiligungsnotwendigkeit begrenzt.[7] Für den Beteiligungstatbestand sind daher nicht die in § 112a Abs. 1 BetrVG genannten Zahlen- und Prozentangaben maßgebend. Bei Kleinbetrieben mit nicht mehr als zwanzig Arbeitnehmern kann aber nicht mehr auf die Regelwerte des § 17 Abs. 1 KSchG zurückgegriffen werden. Da auch bei ihm die Beurteilung betriebsbezogen bleibt, kann bei einem reinen Personalabbau eine Betriebsänderung nur dann angenommen werden, wenn mindestens sechs Arbeitnehmer von der Maßnahme betroffen sind.[8]

c) Stilllegung oder Einschränkung von wesentlichen Betriebsteilen (Nr. 1)

8   Es handelt sich um den Sonderfall einer Einschränkung des ganzen Betriebs, der als eigener Anwendungsfall gestaltet ist, wobei die Bestimmung des wesentlichen Teils nach dem BAG danach erfolgt, ob in dem Betriebsteil ein erheblicher Teil der Arbeitnehmer des Gesamtbetriebs[9] beschäftigt ist.[10] Demnach kommt man zu unterschiedlichen Abgrenzungen für die Beteiligungspflicht, je nachdem, ob ein wesentlicher Betriebsteil betroffen wird. Diese Ungereimtheiten lassen sich nur vermeiden, wenn man darauf abstellt, dass ein Betriebsteil dann als wesentlich anzusehen ist, wenn seine Stilllegung oder Einschränkung wesentliche Nachteile für i. S. d. § 17 KSchG erhebliche Teile der Beschäftigten des Gesamtbetriebs zur Folge haben kann, wobei unerheblich ist, ob die von den Nachteilen betroffenen Arbeitnehmer solche des stillgelegten oder eingeschränkten Betriebsteils sind oder in anderen Teilen des Gesamtbetriebs beschäftigt sind.[11]

---

5   Grundlegend *BAG* 22.5.1979, AP BetrVG 1972 § 111 Nr. 3 und 4; st. Rspr., vgl. *BAG* 10.12.1996, AP BetrVG 1972 § 111 Nr. 37.

6   *BAG* 22.5.1979, AP BetrVG 1972 § 111 Nr. 3 und 4; vor allem *BAG* 22.1.1980, AP BetrVG 1972 § 111 Nr. 7.

7   *BAG* 8.11.1988, AP BetrVG 1972 § 113 Nr. 18.

8   *BAG* 9.11.2010, AP BetrVG 1972 § 111 Nr. 69.

9   Maßstab: § 17 Abs. 1 KSchG.

10 *BAG* 21.10.1980, AP BetrVG 1972 § 111 Nr. 8; bestätigt BAG 2.8.1983, 6.12.1988 und 7.8.1990, AP BetrVG 1972 § 111 Nr. 12, 26 und 34.

11 So MHdB ArbR/*Matthes*, 3. Aufl. 2009, § 268 Rn. 32.

d) Verlegung des ganzen Betriebs oder Verlegung von wesentlichen Betriebsteilen (Nr. 2)

Unter Verlegung ist eine Veränderung der örtlichen Lage zu verstehen. Da der Relativ- **9** satz in S. 1 den Interpretationsmaßstab bildet, darf die örtliche Veränderung nicht nur geringfügig sein.[12]

e) Zusammenschluss mit anderen Betrieben und die Spaltung von Betrieben (Nr. 3)

Gemeint sind hier nicht die Verschmelzung und die Spaltung i.S.d. des Umwand- **10** lungsgesetzes, die sich auf den Rechtsträger eines Betriebs beziehen. Der Beteiligungs- tatbestand betrifft vielmehr den Betrieb i.S. der Arbeitsorganisation.

f) Grundlegende Änderungen der Betriebsorganisation, des Betriebszwecks oder der Betriebsanlagen (Nr. 4)

Die genannten Voraussetzungen bestehen alternativ nebeneinander. Für die Konkreti- **11** sierung des Beteiligungstatbestands bildet der Relativsatz in Satz 1 den Interpretations- maßstab. Beteiligungspflichtig ist daher nicht jede Änderung von Betriebsanlagen, sondern nur eine Änderung *der* Betriebsanlagen; die Änderung muss also für das be- triebliche Gesamtgeschehen von erheblicher Bedeutung sein. Außerdem muss sie grundlegend sein; entscheidend ist also der Grad der technischen Änderung. Die bloße Ersatzbeschaffung reicht nicht aus, auch wenn sie einen erheblichen Teil der Beleg- schaft betrifft.[13]

g) Einführung grundlegend neuer Arbeitsmethoden und Fertigungsverfahren (Nr. 5)

Dieser Tatbestand ergänzt den in Nr. 4 genannten Komplex. Während dort Verände- **12** rungen der betrieblichen Organisation und der betrieblichen Anlagen erfasst werden, beziehen sich die hier genannten Fälle auf die Gestaltung der Arbeit.

3. Übertragung des Betriebs oder eines Betriebsteils

Keine Betriebsänderung ist die Übertragung des Betriebs oder eines Betriebsteils auf **13** einen anderen Inhaber; denn für diesen Fall gilt § 613 a BGB: Der Erwerber tritt in die Rechte und Pflichten aus den im Zeitpunkt des Übergangs bestehenden Arbeitsver- hältnissen ein. Der Betriebsrat hat deshalb insoweit kein Beteiligungsrecht nach §§ 111 bis 113 BetrVG.

Die Bestimmung des § 613 a BGB gilt nicht nur für den rechtsgeschäftlich veranlassten **14** Übergang eines Betriebs, sondern sie greift bereits ein, wenn ein Betriebsteil über- tragen wird. Der Begriff des Betriebsteils ist richtlinienkonform i.S. der EG-Richt- linie 77/187[14] über den Betriebsübergang zu interpretieren. Der EuGH legt der Be-

---

12 *BAG* 17.8.1982, AP BetrVG 1972 § 111 Nr. 11.
13 *BAG* 26.10.1982, AP BetrVG 1972 § 111 Nr. 10; 6.12.1983, AP BetrVG 1972 § 87 Überwachung Nr. 7; vgl. auch *BAG* 28.4.1993, AP BetrVG 1972 § 111 Nr. 32 (Ersetzung eines Schlachtbandes am Schlachthof).
14 Ohne sachliche Änderung ersetzt durch die Richtlinie 2001/23/EG vom 12.3.2001 (ABl. EG Nr. L 82/16).

urteilung den Begriff der wirtschaftlichen Einheit zugrunde.[15] Wird sie übertragen, so gehen die ihr zugeordneten Arbeitsverhältnisse auf den Erwerber über. Da es bei Dienstleistungsunternehmen, wie es z. B. ein Reinigungsunternehmen darstellt, im Gegensatz zum Produktionsbereich keine relevanten materiellen oder immateriellen Betriebsmittel gibt, lässt der EuGH für den Übergang der wirtschaftlichen Einheit genügen, dass die Arbeitnehmer übernommen werden, deren Beschäftigung konstitutiv ist, um die bisherige betriebliche Tätigkeit tatsächlich fortzusetzen. Dieser Auffassung hat sich das BAG angeschlossen.[16]

15 Der Übergang eines Betriebsteils i. S. d. § 613a BGB ist keine beteiligungspflichtige Betriebsänderung. Möglich ist aber, dass durch sie hinsichtlich der verbliebenen Betriebsorganisation der Tatbestand einer Betriebsänderung i. S. d. § 111 S. 3 BetrVG erfüllt ist.

III. Interessenausgleich und Sozialplan

1. Gesetzestechnische Gestaltung

16 § 111 S. 1 BetrVG beschränkt sich auf die Anordnung, dass der Unternehmer den Betriebsrat über die geplante Betriebsänderung rechtzeitig und umfassend zu unterrichten und sie mit ihm zu beraten hat. Worauf die Beteiligung sich bezieht, ergibt sich aber erst aus § 112 BetrVG, der für die weitere Gestaltung des Beteiligungsverfahrens vom Interessenausgleich über die geplante Betriebsänderung den Sozialplan unterscheidet. Nach der Legaldefinition des § 112 Abs. 1 S. 2 BetrVG ist der Sozialplan die Einigung über den Ausgleich oder die Milderung der wirtschaftlichen Nachteile, die den Arbeitnehmern infolge der geplanten Betriebsänderung entstehen. Das Gesetz verpflichtet den Unternehmer, über die geplante Betriebsänderung einen Interessenausgleich mit dem Betriebsrat zu versuchen, sieht aber für den Sozialplan vor, dass über seine Aufstellung die Einigungsstelle verbindlich entscheidet, wenn über ihn keine Einigung zustande kommt (§ 112 Abs. 4 und 5 BetrVG), soweit nicht § 112a BetrVG eingreift.

17 Diese Gestaltung des Beteiligungsverfahrens bedeutet zugleich, dass das Gesetz auch den Begriff des Interessenausgleichs in einem technischen Sinn verwendet. Da der Betriebsrat ihn nicht erzwingen kann, hat er insoweit nur ein Mitwirkungsrecht, während ihm für die Aufstellung eines Sozialplans ein Mitbestimmungsrecht im engeren Sinn eingeräumt ist.

2. Interessenausgleich

18 Die Pflicht zur Beratung mit dem Betriebsrat bezweckt einen Ausgleich der Interessen des Unternehmers mit den Interessen der von der Maßnahme betroffenen Arbeitnehmer. Für die Gestaltung des Beteiligungsverfahrens verwendet das Gesetz aber, wie ausgeführt, den Begriff des Interessenausgleichs in einem technischen Sinn, um ihn vom Sozialplan abzugrenzen. Gemeinsam ist, dass eine Einigung schriftlich niederzulegen und vom Unternehmer und Betriebsrat zu unterzeichnen ist (§ 112 Abs. 1 S. 1 und 2 BetrVG). Eine formlose Einigung ist daher rechtlich ohne Bedeutung. Eine Er-

---

15 Vgl. vor allem *EuGH* 11.3.1997, AP EWG-Richtlinie 77/187 Nr. 14 (Ayse Süzen).
16 *BAG* 18.3.1999, AP BGB § 613a Nr. 189.

setzung der schriftlichen Form durch elektronische Form (§ 126a BGB) kommt nicht in Betracht.

Wird keine Einigung in schriftlicher Form erreicht, so ist bereits zweifelhaft, ob der **19** Unternehmer die Einigungsstelle anrufen muss, um vor ihr einen Interessenausgleich mit dem Betriebsrat zu versuchen. In jedem Fall kann die Initiative vom Betriebsrat ausgehen. Kommt aber auch vor der Einigungsstelle keine Einigung zustande, so hat es dabei sein Bewenden. Eine Ersetzung der Einigung durch den Spruch der Einigungsstelle kommt nur für die Aufstellung des Sozialplans in Betracht.

Für den Inhalt des Interessenausgleichs, der nicht durch den Spruch der Einigungs- **20** stelle erzwungen werden kann, ist deshalb eine negative Abgrenzung vom Sozialplan notwendig. Zum Interessenausgleich – wie auch immer die Betriebspartner ihre Vereinbarung bezeichnen – gehört nicht mehr die Einigung über den Ausgleich oder die Milderung der wirtschaftlichen Nachteile, die den Arbeitnehmern infolge der geplanten Betriebsänderung entstehen; denn nach der Legaldefinition des § 112 Abs. 1 S. 2 BetrVG bildet sie den Sozialplan.

Vor dem Hintergrund der Legaldefinition des Sozialplans bilden den Inhalt eines In- **21** teressenausgleichs im gesetzestechnischen Sinn alle Regelungen, durch die der Eintritt wirtschaftlicher Nachteile für die von einer geplanten Betriebsänderung betroffenen Arbeitnehmer *verhütet* werden soll. Dazu gehört selbstverständlich eine Einigung, dass die Betriebsänderung überhaupt unterbleibt. Der Interessenausgleich kann aber auch in der Zustimmung des Betriebsrats zu der geplanten Betriebsänderung bestehen. Für den Regelfall wird der Betriebsrat sie aber nur erteilen, wenn die vom Unternehmer vorgesehene Maßnahme modifiziert wird. Der Interessenausgleich kann darin bestehen, dass der Unternehmer nicht eine Stilllegung, sondern lediglich eine Einschränkung des Betriebs vornimmt oder den Betriebszweck ändert. Um einen Interessenausgleich handelt es sich, wenn der Unternehmer bestimmte Betriebsanlagen nicht im ursprünglich vorgesehenen Zeitraum, sondern erst später einführt. Schließlich kann der Interessenausgleich sich auch darauf erstrecken, dass der Unternehmer bei einer Betriebsänderung keine Maßnahmen gegenüber den zum Betrieb gehörenden Arbeitnehmern ergreift oder notwendig werdende personelle Einzelmaßnahmen so durchführt, dass für die betroffenen Arbeitnehmer kein wirtschaftlicher Nachteil eintritt, z. B. durch die Festlegung von Kündigungsverboten oder die Vereinbarung von Versetzungs- und Umschulungspflichten.[17] Sie bilden nicht den Inhalt eines erzwingbaren Sozialplans, sondern gehören zum Interessenausgleich, weil durch sie der Eintritt wirtschaftlicher Nachteile *verhindert* werden soll.

Bei einer Typologie denkbarer Regelungen im Interessenausgleich kann man Organi- **22** sationsregelungen und Folgeregelungen unterscheiden.[18] Bei den Organisationsregelungen geht es um die organisatorischen Maßnahmen, die sich auf die Betriebsänderung beziehen, wie Ersetzung der Maschinen. Die Folgeregelungen beziehen sich auf Zusagen des Arbeitgebers, um Nachteile für die Arbeitnehmer zu vermeiden. Zu den Folgeregelungen zählt aber auch die namentliche Bezeichnung der Arbeitnehmer, denen gekündigt werden soll oder die nach einer Umwandlung des Unternehmens einem bestimmten Betrieb oder Betriebsteil zugeordnet werden. Wird einem Arbeitnehmer, der in dem Interessenausgleich namentlich bezeichnet ist, gekündigt, so wird vermutet, dass die Kündigung betriebsbedingt ist, und es kann die Sozialauswahl gerichtlich nur

---

17 *BAG* 17.9.1991, AP BetrVG 1972 § 112 Nr. 59.
18 So *Willemsen/Hohenstatt*, NZA 1997, 345 (346f.).

auf grobe Fehlerhaftigkeit überprüft werden (§ 1 Abs. 5 S. 1 und 2 KSchG). Soweit es um die betriebliche Zuordnung geht, kann das Arbeitsgericht sie ebenfalls nur auf grobe Fehlerhaftigkeit überprüfen (§ 323 Abs. 2 UmwG).

23   Gelingt es, einen Interessenausgleich herbeizuführen, so ist dieser schriftlich niederzulegen und vom Unternehmer und Betriebsrat zu unterzeichnen (§ 112 Abs. 1 S. 1 BetrVG). Er ist eine Kollektivvereinbarung besonderer Art. Er kann aber auch Bestimmungen enthalten, die eine normative Wirkung für die Einzelarbeitsverhältnisse entfalten, wie Kündigungsverbote oder Versetzungs- oder Umschulungspflichten des Unternehmers. Insoweit ist er eine (freiwillige) Betriebsvereinbarung, die unmittelbar und zwingend gilt (§ 77 Abs. 4 S. 1 BetrVG).

3. Aufstellung eines Sozialplans

24   Im Gegensatz zum Interessenausgleich kann der Betriebsrat, soweit § 112a BetrVG nicht eingreift, die Aufstellung eines Sozialplans im Mitbestimmungsverfahren erzwingen (§ 112 Abs. 4 und 5 BetrVG). Für die Zulässigkeit seines Inhalts ist aber entscheidend, dass die Legaldefinition des Sozialplans (§ 112 Abs. 1 S. 2 BetrVG) nur dessen Erzwingbarkeit, nicht aber die Regelungszuständigkeit des Betriebsrats zum Abschluss einer entsprechenden Betriebsvereinbarung begrenzt. Bei der Aufstellung eines Sozialplans muss man deshalb unterscheiden, ob sein Regelungsinhalt der Ausgleich oder die Milderung der wirtschaftlichen Nachteile ist, die den Arbeitnehmern infolge der geplanten Betriebsänderung entstehen (so die Legaldefinition des Sozialplans in § 112 Abs. 1 S. 2 BetrVG) oder ob er auch weitere Bestimmungen für die von einer Betriebsänderung betroffenen Arbeitnehmer trifft. Nur soweit der Sozialplan sich entsprechend der Legaldefinition auf den Nachteilsausgleich bei einer konkret geplanten Betriebsänderung beschränkt, kann der Betriebsrat seine Aufstellung durch die Einigungsstelle erzwingen. Er ist deshalb auch dann, wenn er mit dem Arbeitgeber vereinbart wird, keine freiwillige Betriebsvereinbarung i. S. d. § 88 BetrVG.

25   Da das Mitbestimmungsrecht über die Aufstellung eines Sozialplans sich auf eine konkret geplante Betriebsänderung bezieht, kann die Aufstellung vorsorglicher Sozialpläne unabhängig von einer konkret geplanten Betriebsänderung nicht im Mitbestimmungsverfahren erzwungen werden. Bei ihnen handelt es sich deshalb auch bei einer Begrenzung auf den Ausgleich oder die Milderung wirtschaftlicher Nachteile, die den Arbeitnehmern entstehen, um eine freiwillige Betriebsvereinbarung. Ein vorsorglicher Sozialplan schränkt auch nicht das dem Betriebsrat nach § 111 BetrVG eingeräumte Beteiligungsrecht bei einer Betriebsänderung ein; er entbindet den Arbeitgeber nicht von der Verpflichtung, die Betriebsänderung noch mit dem Betriebsrat zu beraten und einen Interessenausgleich zu versuchen.[19] Die gleiche Rechtslage liegt vor, wenn Arbeitgeber und Betriebsrat einen sog. Rahmen-Sozialplan aufstellen.

4. Regelungsinhalt eines zwischen Arbeitgeber und Betriebsrat vereinbarten Sozialplans

26   Bei einem im Mitbestimmungsverfahren erzwingbaren Sozialplan ist für die Festlegung des Regelungsinhalts weiterhin von Bedeutung, ob Arbeitgeber und Betriebsrat

---

19 *BAG* 29.11.1983, AP BetrVG 1972 § 113 Nr. 10; 19.1.1999, AP BetrVG 1972 § 113 Nr. 37; vgl. zum Sozialplan aber *BAG* 26.8.1997, AP BetrVG 1972 § 112 Nr. 117.

sich einigen (vereinbarter Sozialplan) oder ob die Einigungsstelle entscheidet (erzwungener Sozialplan). Nur bei der Aufstellung eines Sozialplans durch die Einigungsstelle gelten die in § 112 Abs. 5 BetrVG niedergelegten Ermessensgrenzen.

Die Betriebspartner sind bei der Aufstellung eines Sozialplans in den Grenzen von **27** Recht und Billigkeit (§ 75 Abs. 1 BetrVG) frei, darüber zu entscheiden, welche Nachteile der von einer Betriebsänderung betroffenen Arbeitnehmer sie in welchem Umfang ausgleichen oder mildern wollen.[20] Zweck des Sozialplans ist es, durch Entschädigungen für Nachteile aus Anlass der Betriebsänderung den betroffenen Arbeitnehmern die notwendige Umstellung zu erleichtern. Der Sozialplan hat daher eine Überbrückungs- und Vorsorgefunktion.[21] Die Meinungsverschiedenheit, ob der Sozialplan eine Entschädigungsfunktion oder nur eine Überbrückungs- und Vorsorgefunktion hat, ist durch die Gestaltung des § 112 Abs. 4 und 5 BetrVG für die letztere Auffassung entschieden. Die Einigungsstelle überschreitet die Grenzen des ihr durch § 112 Abs. 5 BetrVG vorgegebenen Ermessensrahmens, wenn sie für alle infolge einer Betriebsänderung entlassenen Arbeitnehmer ohne Unterschied Abfindungen festsetzt, deren Höhe sich allein nach dem Monatseinkommen und der Dauer der Betriebszugehörigkeit bemisst.[22] Dadurch wird aber nur das Ermessen der Einigungsstelle begrenzt, nicht aber die Regelungsbefugnis der Betriebsparteien, die bei der Aufstellung eines Sozialplans nur an das zwingende Gesetzesrecht und sonstige höherrangige Recht, also insbesondere auch an die für den Betrieb geltenden Tarifverträge gebunden sind. Eine Regelungsschranke für sie ergibt sich aus dem in § 75 Abs. 1 BetrVG niedergelegten Gleichbehandlungsgrundsatz. Ein sachlicher Grund, der eine Differenzierung rechtfertigt, liegt aber vor, wenn die Betriebspartner der Gestaltung des Sozialplans die für die Einigungsstelle in § 112 Abs. 5 BetrVG aufgestellten Grundsätze für die Ausübung billigen Ermessens zugrunde legen.

Die Betriebspartner dürfen insbesondere nach der Schwere der möglichen Nachteile **28** und deren Vermeidbarkeit differenzieren.[23] Der Sozialplan darf aber keinen Arbeitnehmer nur deshalb benachteiligen, weil er in zulässiger Weise seine Rechte ausübt. § 612a BGB findet auch auf den Sozialplan Anwendung. Die Zahlung einer Abfindung darf deshalb nicht davon abhängig gemacht werden, dass die wegen der Betriebsänderung entlassenen Arbeitnehmer keine Kündigungsschutzklage erheben.[24] Zulässig ist aber eine Klausel, nach der die Fälligkeit der Abfindung auf den Zeitpunkt des rechtskräftigen Abschlusses eines Kündigungsrechtstreits hinausgeschoben und bestimmt wird, dass eine Abfindung nach den §§ 9, 10 KSchG auf die Sozialplanabfindung anzurechnen ist.[25] Die Betriebsparteien sind auch nicht gehindert, bei einer Betriebsänderung im Interesse des Arbeitgebers an alsbaldiger Planungssicherheit zusätzlich zu einem Sozialplan in einer freiwilligen Betriebsvereinbarung Leistungen für den Fall vorzusehen, dass der Arbeitnehmer von der Möglichkeit zur Erhebung einer Kündigungsschutzklage keinen Gebrauch macht.[26]

Zur Belegschaft, die vom Betriebsrat repräsentiert wird, gehören nicht mehr Arbeit- **29** nehmer, die aus dem Arbeitsverhältnis ausgeschieden sind. Ein Sozialplan kann daher grundsätzlich nicht mehr für sie aufgestellt werden. Eine Ausnahme greift aber ein,

---

20 *BAG* 29.11.1978, AP BetrVG 1972 § 112 Nr. 7; st. Rspr.
21 *BAG* 23.4.1985, AP BetrVG 1972 § 112 Nr. 26.
22 *BAG* 14.9.1994, AP BetrVG 1972 § 112 Nr. 87.
23 So ausdrücklich *BAG* 15.1.1991, AP BetrVG 1972 § 112 Nr. 57.
24 *BAG* 20.12.1983, 20.6.1985 und 31.5.2005, AP BetrVG 1972 § 112 Nr. 17, 33und 175.
25 *BAG* 20.6.1985, AP BetrVG 1972 § 112 Nr. 33.
26 *BAG* 31.5.2005, AP BetrVG 1972 § 112 Nr. 175.

wenn Arbeitnehmer infolge der Betriebsänderung ausgeschieden sind, auf die sich der Sozialplan bezieht.[27] Wenn die Arbeitnehmer aber ihr Arbeitsverhältnis selbst und vorzeitig vor der Betriebsänderung kündigen, verstößt es nicht gegen § 75 Abs. 1 BetrVG, wenn ein Sozialplan sie von Abfindungen ausnimmt.[28] Ein Verstoß liegt aber vor, wenn dies auch für Arbeitnehmer gilt, die auf Grund eines vom Arbeitgeber veranlassten Aufhebungsvertrags ausgeschieden sind.[29]

30 Die Angemessenheit der zwischen Unternehmer und Betriebsrat ausgehandelten finanziellen Gesamtausstattung eines Sozialplans unterliegt im Individualprozess des einzelnen Arbeitnehmers gegen seinen Arbeitgeber keiner gerichtlichen Nachprüfung.[30]

5. Aufstellung eines Sozialplans durch die Einigungsstelle

a) Ausklammerung bei Personalabbau und Neugründungen

31 Kommt bei der Beratung des Unternehmers mit dem Betriebsrat auch nach Einschaltung der Einigungsstelle (§ 112 Abs. 2 und 3 BetrVG) keine Einigung zustande, so entscheidet nach § 112 Abs. 4 BetrVG die Einigungsstelle über die Aufstellung eines Sozialplans. Das gilt aber nicht bei einem Personalabbau ohne Änderung der sächlichen Mittel, wenn der in § 112a Abs. 1 BetrVG festgelegte Schwellenwert nicht überschritten wird. Gleiches gilt in Betrieben eines Unternehmens in den ersten vier Jahren nach seiner Gründung, sofern die Neugründung nicht im Zusammenhang mit der rechtlichen Umstrukturierung von Unternehmen und Konzernen stand (§ 112a Abs. 2 BetrVG).

32 Für neugegründete Unternehmen gilt das Sozialplanprivileg auch, wenn sie einen Betrieb übernehmen, der selbst länger als vier Jahre besteht.[31] Gerade in diesem Zusammenhang verdient aber besondere Beachtung, dass die Befreiung von der Sozialplanpflicht nicht für Neugründungen im Zusammenhang mit der rechtlichen Umstrukturierung von Unternehmen und Konzernen gilt (§ 112a Abs. 2 S. 2 BetrVG). Erfasst werden deshalb die Neugründungen, die aus einer Umwandlung nach dem Umwandlungsgesetz hervorgehen, also durch Verschmelzung, Spaltung, Vermögensübertragung oder Formwechsel gebildet werden. Dadurch soll verhindert werden, dass Unternehmen durch Umwandlung in den Genuss des Sozialplanprivilegs gelangen.

33 Da nur die Erzwingbarkeit von Sozialplänen eingeschränkt wird, haben die von der Betriebsänderung betroffenen Arbeitnehmer trotz § 112a BetrVG den gesetzlich eingeräumten Anspruch auf Nachteilsausgleich, wenn der Unternehmer die Betriebsänderung durchführt, ohne über sie einen Interessenausgleich mit dem Betriebsrat versucht zu haben.[32] Nicht ausgeschlossen wird auch, dass Arbeitgeber und Betriebsrat, um zu einem Interessenausgleich zu gelangen, einen Sozialplan aufstellen. Der Ausschluss der Erzwingbarkeit hat jedoch zur Folge, dass der Sozialplan in diesem Fall nur eine freiwillige Betriebsvereinbarung darstellt.

---

27 *BAG* 10.8.1994, AP BetrVG 1972 § 112 Nr. 77.
28 *BAG* 9.11. und 30.11.1994, AP BetrVG 1972 § 112 Nr. 85 und 89.
29 *BAG* 20.4.1994, AP BetrVG 1972 § 112 Nr. 77.
30 *BAG* 17.2. und 9.12.1981, AP BetrVG 1972 § 112 Nr. 11 und 14.
31 *BAG* 13.6.1989, AP BetrVG 1972 § 112a Nr. 3; st. Rspr.; vgl. *BAG* 27.6.2006, AP BetrVG 1972 § 112a Nr. 14.
32 *BAG* 8.11.1988, AP Nr. 18 zu § 113 BetrVG 1972.

b) Inhalt des erzwungenen Sozialplans

Wegen der Begrenzung ihrer Zuständigkeit auf die Aufstellung eines Sozialplans i. S.   **34** der Legaldefinition (§ 112 Abs. 1 S. 2 BetrVG) kann die Einigungsstelle nur wirtschaftliche Nachteile, die den Arbeitnehmern infolge der geplanten Betriebsänderung entstehen, ausgleichen oder mildern. Der Spruch der Einigungsstelle kann dagegen nicht Maßnahmen festlegen, durch die wirtschaftliche Nachteile für die von der Betriebsänderung betroffenen Arbeitnehmer nach Möglichkeit verhindert werden, wie Kündigungsverbote oder Versetzungs- und Umschulungspflichten.[33]

Die Einigungsstelle hat in den Grenzen, die der Aufstellung eines erzwingbaren So-   **35** zialplans gezogen sind, ihre Entscheidung nach billigem Ermessen zu treffen (vgl. § 112 Abs. 5 S. 2 BetrVG). Dabei hat sie, wie in § 112 Abs. 5 S. 1 BetrVG ausdrücklich bestimmt wird, sowohl die sozialen Belange der betroffenen Arbeitnehmer zu berücksichtigen, als auch auf die wirtschaftliche Vertretbarkeit ihrer Entscheidung für das Unternehmen zu achten.

Diese Abwägungsklausel wird durch die Ermessensrichtlinien in Satz 2 des § 112   **36** Abs. 5 BetrVG konkretisiert:

– Die Einigungsstelle soll beim Ausgleich oder bei der Milderung wirtschaftlicher Nachteile, insbesondere durch Einkommensminderung, Wegfall von Sonderleistungen oder Verlust von Anwartschaften auf betriebliche Altersversorgung, Umzugskosten oder erhöhte Fahrtkosten, Leistungen vorsehen, die in der Regel den Gegebenheiten des Einzelfalles Rechnung tragen (Nr. 1).
– Sie hat die Aussichten der betroffenen Arbeitnehmer auf dem Arbeitsmarkt zu berücksichtigen; sie soll Arbeitnehmer von Leistungen ausschließen, die in einem zumutbaren Arbeitsverhältnis im selben Betrieb oder in einem anderen Betrieb des Unternehmens oder eines zum Konzern gehörenden Unternehmens weiterbeschäftigt werden können und die Weiterbeschäftigung ablehnen, wobei die mögliche Weiterbeschäftigung an einem anderen Ort für sich allein nicht die Unzumutbarkeit begründet (Nr. 2).
– Die Einigungsstelle soll insbesondere die im Dritten Buch des Sozialgesetzbuches vorgesehenen Förderungsmöglichkeiten zur Vermeidung von Arbeitslosigkeit berücksichtigen (Nr. 2a). Der Gesetzgeber hat dabei aber allerdings nicht hinreichend beachtet, dass der Kompetenz der Einigungsstelle insoweit, wie hier bereits ausgeführt, Grenzen gezogen sind.
– Die Einigungsstelle hat bei der Bemessung des Gesamtbetrages der Sozialplanleistungen darauf zu achten, dass der Fortbestand des Unternehmens oder die nach Durchführung der Betriebsänderung verbleibenden Arbeitsplätze nicht gefährdet werden (Nr. 3).

Der Rückgriff auf die wirtschaftliche Vertretbarkeit für das Unternehmen versagt,   **37** wenn über das Vermögen des Arbeitgebers das Insolvenzverfahren eröffnet ist. Deshalb greift hier die insolvenzrechtliche Sonderregelung ein (§ 123 InsO).

Der Gerichtskontrolle ohne zeitliche Begrenzung unterliegt, ob der Spruch der Eini-   **38** gungsstelle sich auf einen Sozialplan i. S. d. § 112 Abs. 1 S. 2 BetrVG bezieht und ob er die Schranken einhält, die sich aus höherrangigem Recht ergeben, die insbesondere durch das Gleichbehandlungsgebot nach § 75 Abs. 1 BetrVG festgelegt sind. Handelt es sich dagegen um die Einhaltung der Ermessensgrenzen nach § 112 Abs. 5 BetrVG,

---

33 *BAG* 17. 9. 1991, AP BetrVG 1972 § 112 Nr. 59.

so kann nur der Arbeitgeber oder der Betriebsrat sie binnen einer Frist von zwei Wochen beim Arbeitsgericht geltend machen (§ 76 Abs. 5 S. 4 BetrVG).

IV. Gestaltung des Beteiligungsverfahrens

1. Unterrichtung und Beratung über die geplante Betriebsänderung

39 Der Unternehmer hat den Betriebsrat über eine geplante Betriebsänderung rechtzeitig und umfassend zu unterrichten (§ 111 S. 1 BetrVG).

40 Der Betriebsrat hat in Unternehmen mit mehr als 300 Arbeitnehmern das Recht, zu seiner Beratung einen Berater hinzuzuziehen (§ 111 S. 2 BetrVG). Anders als nach § 80 Abs. 3 BetrVG bei der Hinzuziehung von Sachverständigen ist keine vorherige Vereinbarung mit dem Arbeitgeber notwendig. Da im Übrigen § 80 Abs. 3 BetrVG unberührt bleibt, kann der Betriebsrat in Unternehmen, deren Arbeitnehmerzahl nicht diesen Schwellenwert erreicht, unter den Voraussetzungen dieser Bestimmung zu seiner Unterstützung einen Sachverständigen hinzuziehen.

2. Versuch eines Interessenausgleichs

41 Eine Einigung des Unternehmers mit dem Betriebsrat über die geplante Betriebsänderung ist schriftlich niederzulegen und vom Unternehmer und Betriebsrat zu unterschreiben (§ 112 Abs. 1 S. 1 und 2 BetrVG). Kommt sie nicht zustande, so können der Unternehmer oder der Betriebsrat die Einigungsstelle anrufen (§ 112 Abs. 2 S. 2 BetrVG) – möglicherweise unter vorheriger Einschaltung des Vorstands der Bundesagentur für Arbeit mit dem Ersuchen um Vermittlung (§ 112 Abs. 2 S. 1 BetrVG), wobei im Insolvenzverfahren über das Vermögen des Unternehmers verlangt wird, dass der Insolvenzverwalter und der Betriebsrat gemeinsam um eine solche Vermittlung ersuchen (§ 121 InsO).

42 Das Gesetz regelt nur, was die Betriebspartner tun können, lässt aber offen, ob sie dies auch tun müssen.[34] Das BAG verlangt, dass der Unternehmer zur Vermeidung des Nachteilsausgleichs die Einigungsstelle anrufen muss, wenn kein Interessenausgleich mit dem Betriebsrat zustande kommt[35] oder wenn er nur mündlich vereinbart ist.[36] Geschieht dies nicht, so hat er demnach die von ihm geplante Betriebsänderung durchgeführt, ohne über sie einen Interessenausgleich mit dem Betriebsrat versucht zu haben.

43 Im Insolvenzverfahren kann der Insolvenzverwalter nach § 122 InsO den Versuch eines Interessenausgleichs durch die Zustimmung des Arbeitsgerichts zur Betriebsänderung ersetzen.

---

34 So plastisch *Matthes*, FS Wlotzke, 1996, S. 393 (398).
35 *BAG* 18. 12. 1984, AP BetrVG 1972 § 113 Nr. 11.
36 *BAG* 9. 7. 1985, AP BetrVG 1972 § 113 Nr. 13.

V. Sanktionen bei Verletzung des Beteiligungsrechts

1. Nachteilsausgleich

Die Verletzung des Beteiligungsrechts durch den Unternehmer führt nicht dazu, dass **44** die von ihm durchgeführte Maßnahme unwirksam ist. Werden infolge der Betriebsänderung aber Arbeitnehmer entlassen oder erleiden sie andere wirtschaftliche Nachteile, so haben sie nach § 113 Abs. 3 BetrVG einen Anspruch auf Nachteilsausgleich. Gleiches gilt, wenn der Unternehmer von einem Interessenausgleich über die geplante Betriebsänderung ohne zwingenden Grund abweicht (§ 113 Abs. 1 und 2 BetrVG).

2. Aufrechterhaltung der Erzwingbarkeit eines Sozialplanes

Nach seiner Legaldefinition (§ 112 Abs. 1 S. 2 BetrVG) bezieht sich der Sozialplan **45** zwar auf eine geplante Betriebsänderung; der Betriebsrat kann aber seine Aufstellung auch dann verlangen, wenn der Unternehmer die geplante Betriebsänderung bereits durchgeführt hat.[37]

3. Unterlassungsanspruch des Betriebsrats

Das Gesetz regelt nicht ausdrücklich, ob der Betriebsrat gegen den Arbeitgeber einen **46** Anspruch auf Unterlassung einer Betriebsänderung hat, bis das Beteiligungsverfahren abgeschlossen ist. In Betracht kommt zwar das Zwangsverfahren nach § 23 Abs. 3 BetrVG, wenn der Unternehmer insoweit die Beteiligungspflicht gröblich verletzt; es sichert die Beteiligung des Beriebsrats aber nur in künftigen Fällen, gibt also keinen Anspruch auf Rückgängigmachung einer ohne seine Beteiligung durchgeführten Maßnahme. Da das Gesetz davon absieht, die wirtschaftlich-unternehmerische Maßnahme der Betriebsänderung an die Zustimmung des Betriebsrats zu binden, lässt sich ein Anspruch auf Unterlassung als selbstverständliche Konsequenz aus der Einräumung einer Berechtigung nicht begründen.[38] Für den Gesetzgeber ist es vertretbar, die Verletzung des Beteiligungsrechts ausschließlich durch die Festlegung eines Nachteilsausgleichs zu gewährleisten, wie es in § 113 BetrVG geschehen ist.

---

37 *BAG* 15.10.1979, AP BetrVG 1972 § 111 Nr. 5.
38 Vgl. zum Unterlassungsanspruch des Betriebsrats bei Betriebsänderungen *Lobinger*, FS Richardi, 2007, S. 657 ff.

6. Teil. Besonderheiten des Personalvertretungsrechts

§ 38. Grundlagen

I. Rechtsquellen

Das Personalvertretungsrecht regelt die Betriebsverfassung im Bereich des öffentlichen 1
Dienstes. Das Betriebsrätegesetz vom 4.2.1920 hatte einheitlich für die Betriebe und
Verwaltungen des öffentlichen und privaten Rechts die Bildung von Arbeiternehmer-
vertretungen geregelt, und zwar durch die Errichtung von Betriebsräten. Das BetrVG
vom 15.1.1972 i.d.F. vom 25.9.2001 findet wie sein Vorläufer, das BetrVG vom
11.10.1952, keine Anwendung auf Verwaltungen und Betriebe des Bundes, der Länder, der Gemeinden und sonstiger Körperschaften, Anstalten und Stiftungen des öffentlichen Rechts (§ 130 BetrVG).

Die Betriebsverfassung ist für den Bereich des öffentlichen Dienstes nicht einheitlich 2
geregelt. Zu den Beschäftigten im öffentlichen Dienst gehören neben den Arbeitnehmern die Beamten, für deren Rechtsverhältnis der Bund grundsätzlich keine Vorschriften erlassen kann, wenn sie nicht in seinem unmittelbaren oder mittelbaren Dienst
stehen. Deshalb hatte bereits das Personalvertretungsgesetz vom 5.8.1955 davon abgesehen, eine einheitliche Regelung der Betriebsverfassung für den gesamten Bereich
des öffentlichen Dienstes zu geben. Das Bundespersonalvertretungsgesetz (BPersVG)
vom 15.3.1974 regelt nur die Personalvertretung im Bundesdienst und enthält neben
wenigen unmittelbar für die Länder geltenden Vorschriften (§§ 107 bis 109) nur seit
der Föderalismusreform 2006 nicht mehr bindende Rahmenvorschriften für die Lan-
desgesetzgebung (§§ 94 bis 106). Die Länder haben für ihren Bereich eigene Personalvertretungsgesetze erlassen.[1]

II. Organisation der Personalvertretung

Da das BPersVG und die Landespersonalvertretungsgesetze die dem Betrieb entspre- 3
chende Einheit mit Rücksicht darauf, dass sie hier Behörden, Verwaltungsstellen, Gerichte und Betriebe umfasst, Dienststelle nennen (§ 6), kann man die Betriebsverfassung für den Bereich des öffentlichen Dienstes als Dienststellenverfassung oder, da es
sich um die Gestaltung der Personalvertretung handelt, auch als Personalverfassung
bezeichnen. Für ihre Ausgestaltung ist maßgebend, dass im öffentlichen Dienst zum
Personalkörper nicht nur Arbeitnehmer, sondern auch Beamte gehören. Der Personalrat und die sonstigen Personalvertretungen repräsentieren deshalb nicht nur die Arbeitnehmer, sondern auch die Beamten. Bei der Ausgestaltung des Mitbestimmungsstatuts wird aber berücksichtigt, dass die Beamten in einem anderen Dienstverhältnis
stehen als die Arbeitnehmer.

Da die Dienststellen zur Erfüllung der dem öffentlichen Dienst gestellten Aufgaben re- 4
gelmäßig in einer Verwaltungshierarchie stehen, ist die Dienststellenverfassung entsprechend gestaltet. In ihnen werden Personalvertretungen gebildet (vgl. § 1 S. 1 BPersVG).
Neben dem Personalrat, der die Beschäftigten einer Dienststelle repräsentiert, werden

---

1 Abgedruckt in *Nipperdey*, Arbeitsrecht: Textsammlung (CD-Rom); siehe auch *Richardi*, in: Richardi/
Dörner/Weber, Personalvertretungsrecht, 4. Aufl. 2012, Einl. Rn. 57.

für den Geschäftsbereich mehrstufiger Verwaltungen Repräsentanten der Beschäftigten bei den übergeordneten Dienststellen gebildet, die Stufenvertretungen, und zwar gemäß § 53 Abs. 1 BPersVG bei der Behörde der Mittelstufe der Bezirkspersonalrat und bei der obersten Dienstbehörde der Hauptpersonalrat. Diese Stufenvertretungen nehmen die Beteiligungsrechte wahr, wenn die übergeordnete Dienststelle zur Entscheidung zuständig ist (§ 82 Abs. 1 BPersVG), und auch im Rahmen des Mitwirkungs- und Mitbestimmungsverfahrens werden sie beteiligt, wenn auf der Ebene der Dienststelle zwischen dem Dienststellenleiter und dem dort bestehenden Personalrat keine Einigung erzielt wird und deshalb die Angelegenheit der übergeordneten Dienststelle zur weiteren Behandlung vorgelegt wird (§§ 69 Abs. 3, 72 Abs. 4 BPersVG).

5 Da für die Abgrenzung der Dienststelle die Verwaltungsorganisation maßgebend ist, wird weiterhin berücksichtigt, dass unselbständige Nebenstellen und Teile einer Dienststelle zur Ermöglichung einer beschäftigtennahen Gestaltung der Mitbestimmungsausübung personalvertretungsrechtlich verselbständigt werden können (§ 6 Abs. 3 BPersVG), so dass in ihnen ein Personalrat gebildet wird. Für diesen Fall ist deshalb vorgesehen, dass für die Dienststelle, die sich in zwei oder mehrere personalvertretungsrechtlich verselbständigte Dienststellen aufgliedert, neben den einzelnen Personalräten ein Gesamtpersonalrat gebildet wird (§ 55 BPersVG). Im Verhältnis zwischen Personalrat und Stufenvertretung ist hier der Gesamtpersonalrat zuständig, wenn die Entscheidung dem Leiter der Hauptdienststelle und nicht dem Leiter der Nebendienststelle bzw. des Dienststellenteils vorbehalten ist (§ 82 Abs. 3 BPersVG).

III. Verfassungsrechtliche Vorgaben für die Gestaltung des Mitbestimmungsstatuts

6 Die Besonderheit des dem öffentlichen Dienst gestellten Auftrages gebietet, dass das Mitbestimmungsstatut nicht so ausgestaltet ist wie für den Bereich der Privatwirtschaft. Entscheidungen, die wegen ihrer Auswirkungen auf das Gemeinwesen wesentlicher Bestandteil der Regierungsgewalt sind, dürfen nicht der parlamentarischen Verantwortlichkeit entzogen und auf von Regierung und Parlament unabhängige Stellen übertragen werden. Das bestimmt ausdrücklich § 104 S. 3 BPersVG, wobei als Beispiele ausdrücklich genannt sind: Entscheidungen in personellen Angelegenheiten der Beamten, Entscheidungen über die Gestaltung von Lehrveranstaltungen im Rahmen des Vorbereitungsdienstes einschließlich der Auswahl der Lehrpersonen und Entscheidungen in organisatorischen Angelegenheiten. Die Rahmenvorschrift spiegelt wider, was das Grundgesetz fordert.[2]

7 Für die Verteilung der Kompetenz zur Gesetzgebung zwischen Bund und Ländern weist das Grundgesetz nach dem Vorbild der Weimarer Reichsverfassung nach Art. 74 Abs. 1 Nr. 12 »das Arbeitsrecht einschließlich der Betriebsverfassung« der konkurrierenden Gesetzgebung zu. Das Recht der Personalvertretungen im öffentlichen Dienst gehört nicht zu dieser Rechtsmaterie, sondern bildet einen Teil des öffentlichen Dienstrechts.[3] Der Bund hat die ausschließliche Gesetzgebungskompetenz, soweit die Personalvertretung sich auf »die Rechtsverhältnisse der im Dienste des Bundes und der bundesunmittelbaren Körperschaften des öffentlichen Rechtes stehenden Personen« bezieht (Art. 73 Nr. 8 GG) Für die Personalvertretung im öffentlichen Dienst der Län-

---

2 Vgl. *BVerfG* 24.5.1995 BVerfGE 93, 37 (65 ff.); bereits *BVerfG* 27.4.1959, AP PersVG Bremen § 59 Nr. 1.

3 *BVerfG* 3.10.1957, AP PersVG Schleswig-Holstein Nr. 1.

der konnte er bis zur Aufhebung von Art. 75 Abs. 1 Nr. 1 GG durch die Föderalismusreform 2006 Rahmenvorschriften erlassen. Er hat für sie nunmehr überhaupt keine
Gesetzgebungsbefugnis mehr.

Zum Personalkörper, der von den Personalvertretungen repräsentiert wird, gehören 8
nicht nur Arbeitnehmer, sondern auch Beamte. Das Gesetz prägt deshalb als gemeinsame Bezeichnung den Begriff des Beschäftigten im öffentlichen Dienst (§ 4 Abs. 1
BPersVG). Die damit bezweckte personalvertretungsrechtliche Gleichordnung darf
aber nicht übersehen lassen, dass die Stellung der Beamten nicht nur hinsichtlich ihres
Dienstverhältnisses anders ist als die der Arbeitnehmer, sondern auch innerhalb der
Verfassung der Dienststelle selbst ist die Stellung der Gruppe der Beamten zum Teil
eine andere als die der Arbeitnehmer. Soweit es um Personalangelegenheiten geht, sind
die Beteiligungsrechte für Beamte anders abgegrenzt als für Arbeitnehmer, weil wegen
des Demokratieprinzips Personalangelegenheiten der Beamten zu den Regierungsauf-
gaben gehören, bei denen das Letztentscheidungsrecht nicht bei einer Einigungsstelle
liegen darf; außerdem entspricht es den durch Art. 33 Abs. 5 GG gewährleisteten hergebrachten Grundsätzen des Berufsbeamtentums, dass über Personalangelegenheiten
eines Beamten in der Regel allein die ihm vorgesetzten Dienstbehörden entscheiden.[4]
Die Mitbestimmung ist daher in Personalangelegenheiten für Arbeitnehmer in § 75
Abs. 1 und für Beamte in § 76 Abs. 1 BPersVG geregelt.

Für die Ausübung von Staatsgewalt muss eine ununterbrochene Legitimationskette 9
zum Volk als Träger der Staatsgewalt bestehen. Daraus folgt, dass nicht nur im Außenverhältnis, sondern auch im internen Dienstbetrieb kein Raum für eine »Autonomie«
des öffentlichen Dienstes ist, sei diese auch noch so eingeschränkt. Das BVerfG hat
daraus zwei Schranken für die Gestaltungsfreiheit des Gesetzgebers abgeleitet: eine
sog. Schutzzweckgrenze und eine sog. Verantwortungsgrenze.[5] Nach der Schutzzweckgrenze darf die Mitbestimmung sich nur auf innerdienstliche Maßnahmen erstrecken und nur so weit gehen, wie die spezifischen, in dem Beschäftigungsverhältnis
angelegten Interessen der Angehörigen der Dienststelle sie rechtfertigen. Nach der
Verantwortungsgrenze verlangt das Demokratieprinzip für die Ausübung von Staatsgewalt bei Entscheidungen von Bedeutung für die Erfüllung des Amtsauftrags jedenfalls, dass die Letztentscheidung eines dem Parlament verantwortlichen Verwaltungs-
trägers gesichert ist.

Daraus folgt eine Abstufung in der Gestaltung der Mitbestimmungsordnung, je nach- 10
dem ob es sich handelt um

– Angelegenheiten, die in ihrem Schwerpunkt die Beschäftigten in ihrem Beschäftigungsverhältnis betreffen, typischerweise aber nicht oder nur unerheblich die Wahrnehmung von Amtsaufgaben gegenüber dem Bürger berühren,
– Maßnahmen, die den Binnenbereich des Beschäftigungsverhältnisses betreffen, die
  Wahrnehmung des Amtsauftrages jedoch typischerweise nicht nur unerheblich berühren,
– Maßnahmen, die schwerpunktmäßig die Erledigung von Amtsaufgaben betreffen,
  unvermeidlich aber auch die Interessen der Beschäftigten berühren.

---

4 So bereits *BVerfG* 27.4.1959, AP PersVG Bremen § 59 Nr. 1.
5 *BVerfG* 24.5.1995, BVerfGE 93, 37 (70).

§ 39. Gesetzestechnische Gestaltung der Mitbestimmungsordnung

I. Gesetzessystematik

1 Das BetrVG hat eine nicht besonders ausgeprägte, aber doch an den Sachstrukturen orientierte Gesetzessystematik, wenn es zwischen sozialen, personellen und wirtschaftlichen Angelegenheiten unterscheidet und diesen Bereichen verschiedene Gesetzesbestimmungen über die Mitwirkung und Mitbestimmung zuordnet. Nicht einmal dieses Minimum sinnvoller Gesetzessystematik enthalten dagegen die Personalvertretungsgesetze. Das BPersVG beschränkt sich darauf, den Gesamtkomplex der Beteiligungstatbestände auf die §§ 75 bis 81 zu verteilen, wobei der Schwerpunkt der Mitbestimmung sogar nur in einer Bestimmung liegt, nämlich in § 75 BPersVG.

2 Wie im Betriebsverfassungsrecht unterscheidet man im Personalvertretungsrecht Mitwirkungs- und Mitbestimmungsrechte, die unter dem Oberbegriff des Beteiligungsrechts zusammengefasst werden. Für das Betriebsverfassungsrecht wird diese Unterscheidung von der Rechtswissenschaft vorgenommen, um die unterschiedlich strukturierten Beteiligungsrechte systematisch zu ordnen: Ein Mitbestimmungsrecht gibt ein Mitentscheidungsrecht, während Mitwirkungsrechte vom bloßen Informationsrecht bis zum Beratungsrecht reichen. Das BPersVG baut dagegen wie auch die Landespersonalvertretungsgesetze rechtstechnisch auf dieser Unterscheidung auf: Hat der Personalrat mitzubestimmen, so ist das in §§ 69, 70 BPersVG geregelte Verfahren zu wahren. Wirkt er an einer Entscheidung lediglich mit, so gilt das in § 72 BPersVG geregelte Verfahren.

II. Mitbestimmungsverfahren

3 Unter dem Begriff der Mitbestimmung verbergen sich, weil er ausschließlich als gesetzestechnischer Begriff für die Verfahrensregelung Verwendung findet, fünf verschiedene Beteiligungsformen, die dem Personalrat unterschiedlich abgestufte Beteiligungsrechte geben:

4 (1) Für die Angelegenheiten, die nach § 75 Abs. 3 Nr. 1–6 und 11–17 BPersVG der Mitbestimmung unterliegen, z. B. Lage der täglichen Arbeitszeit und der Pausen, Fragen der Lohngestaltung innerhalb der Dienststelle, Errichtung, Verwaltung und Auflösung von Sozialeinrichtungen, hat der Personalrat ein Zustimmungsrecht (§ 69 Abs. 1 BPersVG) und ein entsprechendes Initiativrecht (§ 70 Abs. 1 BPersVG) mit der Folge, dass bei Nichteinigung zwischen der obersten Dienstbehörde und der bei ihr bestehenden zuständigen Personalvertretung die Einigungsstelle verbindlich entscheidet (§ 69 Abs. 4 S. 1, § 71 Abs. 4 BPersVG – *Mitbestimmungsrecht als Zustimmungs- und Initiativrecht in der Form des positiven Konsensprinzips*).

5 (2) Für die sonstigen sozialen Angelegenheiten, in denen der Personalrat nach § 75 Abs. 2 und 2 BPersVG mitzubestimmen hat, besteht dagegen das Mitbestimmungsrecht nur als Zustimmungsrecht, ohne mit ihm ein als Mitbestimmungsrecht gestaltetes Initiativrecht zu verbinden. Es wird neben dem Zustimmungsrecht lediglich ein Vorschlagsrecht gegeben, ohne dass in diesem Fall die Möglichkeit besteht, die Einigungsstelle zur verbindlichen Entscheidung anzurufen (§ 70 Abs. 2 BPersVG – *Mitbestimmungsrecht lediglich als Zustimmungsrecht in der Form des positiven Konsensprinzips*).

(3) Bei Personalmaßnahmen der Arbeitnehmer (Einstellung, Versetzung, Eingruppierung und Höher- und Rückgruppierung), die nach § 75 Abs. 1 BPersVG der Mitbestimmung unterliegen, hat der Personalrat zwar auch ein als Mitbestimmungsrecht gestaltetes Zustimmungsrecht; er kann aber die Zustimmung nur aus den in § 77 Abs. 2 BPersVG genannten Gründen verweigern mit der Folge, dass bei Nichteinigung zwischen der obersten Dienststelle und der bei ihr bestehenden zuständigen Personalvertretung die Einigungsstelle lediglich darüber verbindlich entscheiden kann, ob ein Grund zur Verweigerung der Zustimmung vorliegt (§ 69 Abs. 4 S. 1, § 71 Abs. 4 BPersVG – *Mitbestimmungsrecht als Zustimmungsrecht in der Form des beschränkten Konsensprinzips*). **6**

(4) Hat der Personalrat in Angelegenheiten mitzubestimmen, die in § 76 Abs. 2 BPersVG genannt sind, z. B. Erlass von Richtlinien über die personelle Auswahl bei Einstellungen, Versetzungen, Umgruppierungen und Kündigungen, so hat die Dienststelle zwar das in § 69 BPersVG geregelte Mitbestimmungsverfahren zu wahren; die Mitbestimmung gibt hier dem Personalrat aber lediglich ein Mitwirkungsrecht, weil zwar im Konfliktfall die Einigungsstelle angerufen werden kann, diese aber keine bindende Entscheidung treffen, sondern lediglich eine Empfehlung an die oberste Dienstbehörde beschließen kann, wenn sie sich deren Auffassung nicht anschließt (§ 69 Abs. 4 S. 3 und 4 BPersVG – *Zustimmungsrecht als Mitwirkungsrecht in der Form des positiven Konsensprinzips*). **7**

(5) Für Personalangelegenheiten der Beamten, in denen der Personalrat nach § 76 Abs. 1 BPersVG mitzubestimmen hat, besteht die gleiche Einschränkung, weil die Entscheidung in personellen Angelegenheiten von Beamten nicht auf von Regierung und Parlament unabhängige Stellen übertragen werden darf. Trotz der Reduzierung der Mitbestimmung auf ein Mitwirkungsrecht ergibt sich hier eine weitere Abschwächung daraus, dass bei diesen Personalangelegenheiten, also bei Einstellung, Anstellung, Beförderung und Versetzung eines Beamten, wie bei den entsprechenden Personalangelegenheiten der Arbeitnehmer die Zustimmung nur aus den in § 77 Abs. 2 BPersVG genannten Gründen verweigert werden kann, hier also die Einigungsstelle sogar als Empfehlung nur feststellen kann, ob ein Grund zur Verweigerung der Zustimmung vorliegt (§ 69 Abs. 1 S. 1 Hs. 2, S. 3 und 4 BPersVG – *Zustimmungsrecht als Mitwirkungsrecht in der Form des beschränkten Konsensprinzips*). **8**

III. Mitwirkungsverfahren

Soweit der Personalrat an Entscheidungen (§§ 78, 79 BPersVG) lediglich mitwirkt, ist die beabsichtigte Maßnahme vor ihrer Durchführung mit dem Ziel einer Verständigung rechtzeitig und eingehend mit ihm zu erörtern (§ 72 Abs. 1 BPersVG). Das Verfahren ist nicht wesentlich anders als das in § 69 BPersVG geregelte Mitbestimmungsverfahren gestaltet; auch hier wird die oberste Dienstbehörde und die bei ihr bestehende Stufenvertretung mit der Angelegenheit befasst, wenn in einer nachgeordneten Dienststelle keine Einigung mit der zunächst zuständigen Personalvertretung erzielt wird. Der Unterschied besteht vor allem darin, dass hier nicht die Möglichkeit besteht, bei Nichteinigung zwischen der obersten Dienstbehörde und der bei ihr bestehenden zuständigen Personalvertretung die Einigungsstelle anzurufen. **9**

IV. Kündigung durch den Arbeitgeber

10 Eine besondere Struktur besteht für das Beteiligungsrecht des Personalrats bei Kündigungen eines Arbeitsverhältnisses durch den Arbeitgeber, um für Arbeitnehmer im öffentlichen Dienst den gleichen Schutz zu geben, wie er sich für Arbeitnehmer der Privatwirtschaft aus § 102 BetrVG ergibt. Das Gesetz unterscheidet zwischen ordentlichen Kündigungen, die nur unter Wahrung der Kündigungsfrist ausgesprochen werden können (§ 622 BGB), und außerordentlichen Kündigungen, die fristlos erfolgen können, aber einen wichtigen Grund voraussetzen (§ 626 BGB).

11 Der Personalrat wirkt bei der ordentlichen Kündigung durch den Arbeitgeber mit, d. h. es gilt insoweit das in § 72 BPersVG geregelte Verfahren. Erhebt der Personalrat gegen die Kündigungen Einwendungen aus den in § 79 Abs. 1 S. 3 BPersVG genannten Gründen, so muss der Arbeitgeber den Arbeitnehmer, sofern dieser die Kündigungsschutzklage erhoben hat, auf Verlangen auch nach Ablauf der Kündigungsfrist bis zum rechtskräftigen Abschluss des Rechtsstreits bei unveränderten Arbeitsbedingungen weiterbeschäftigen, wenn das Arbeitsgericht ihn nicht durch einstweilige Verfügungen von dieser Verpflichtung entbindet (§ 79 Abs. 2 BPersVG). Stellt das Arbeitsgericht fest, dass die zuständige Personalvertretung den Widerspruch zu Recht erhoben hat, so ist die Kündigung sozial ungerechtfertigt und damit rechtsunwirksam, so dass der Arbeitnehmer den Kündigungsprozess gewinnt (§ 1 Abs. 2 S. 2 Nr. 2 und S. 3 KSchG).

12 Vor einer außerordentlichen Kündigung ist der Personalrat anzuhören (§ 79 Abs. 3 S. 1 BPersVG). Hat dieser Bedenken, so hat er sie unter Angabe der Gründe dem Dienststellenleiter unverzüglich, spätestens innerhalb von drei Arbeitstagen schriftlich mitzuteilen (§ 79 Abs. 3 S. 3 BPersVG). Eine derartige Erklärung hat hier aber keine Rechtsfolgen; es besteht insbesondere bei einer außerordentlichen Kündigung auch dann keine Weiterbeschäftigungspflicht, wenn der Arbeitnehmer innerhalb von drei Wochen nach Zugang der Kündigung Klage beim Arbeitsgericht auf Feststellung erhebt, dass das Arbeitsverhältnis durch die Kündigung nicht aufgelöst ist, wie nach § 13 Abs. 1 S. 2 KSchG erforderlich ist, wenn er geltend machen will, dass ein wichtiger Grund nicht vorlag.

13 Die Beteiligung des Personalrats ist für die Kündigung eine Wirksamkeitsvoraussetzung, wobei keine Rolle spielt, ob es sich um eine ordentliche oder außerordentliche Kündigung handelt (§ 79 Abs. 4 BPersVG). Gleiches gilt auch dann, wenn ein Arbeitnehmer nicht im Bundesdienst steht, für die Beteiligung des Personalrats also das entsprechende Landespersonalvertretungsgesetz gilt (§ 108 Abs. 2 BPersVG).

7. Teil. Recht der Unternehmensmitbestimmung

§ 40. Überblick

Die Entwicklung der institutionellen Betriebsmitbestimmung führte zum Betriebs- **1**
rätewesen und durch die Zuordnung von Beteiligungsrechten an die Betriebsräte zur
Ausbildung einer Betriebsverfassung. Durch ein besonderes Gesetz wurde aber in der
Weimarer Zeit bereits eine Beteiligung von Arbeitnehmervertretern im Aufsichtsrat ermöglicht, wobei man der Verklammerung mit den Betriebsräten den Vorzug gab. Entsprechend § 70 BRG 1920 erging das Gesetz über die Entsendung von Betriebsratsmitgliedern in den Aufsichtsrat vom 15.2.1922. Es sah für die Aktiengesellschaft, die
Kommanditgesellschaft auf Aktien, die Gesellschaft mit beschränkter Haftung, die
eingetragene Genossenschaft, den Versicherungsverein auf Gegenseitigkeit und die
bergrechtliche Gewerkschaft die Entsendung von Betriebsratsmitgliedern in den Aufsichtsrat vor, wenn bei diesen Körperschaften ein oder mehrere Betriebsräte oder Gesamtbetriebsräte bestehen.

Erst nach dem Zweiten Weltkrieg wurde die paritätische Besetzung der Aufsichtsräte **2**
zu einem Diskussionsgegenstand, der zunächst auch innerhalb der Gewerkschaften
stark umstritten war. Die Eisen- und Stahlindustrie war nach dem Zusammenbruch
von den Besatzungsmächten beschlagnahmt. Bei der Umgestaltung der Eisen- und
Stahlindustrie in der britischen Zone wurde zum ersten Mal eine paritätische Mitbestimmung in den Jahren 1947/48 eingeführt, und zwar mit einer Vertretung der Belegschaften und der Gewerkschaften im Aufsichtsrat und einem von den Gewerkschaften vorgeschlagenen Arbeitsdirektor im Vorstand. Als diese Regelung – durch die
Gründung neuer »Einheitsgesellschaften« und die darauffolgende Entlassung der
Eisen- und Stahlindustrie aus der Besatzungskontrolle (AHK-Gesetz Nr. 27 vom
16.5.1950) – wegzufallen drohte, kam auf Druck der Gewerkschaften das Montan-
Mitbestimmungsgesetz vom 21.5.1951 (BGBl. I S. 347) zustande. Von diesem Gesetz
nahmen alle weiteren Forderungen nach einer Unterrnehmensmitbestimmung ihren
Ausgang.

Die Unternehmensmitbestimmung ist in den folgenden Gesetzes geregelt: dem Montan- **3**
Mitbestimmungsgesetz, dem Montan-Mitbestimmungsergänzungsgesetz, dem Mitbestimmungsgesetz und dem Drittelbeteiligungsgesetz. Eine Sonderregelung gilt für
die Mitbestimmung in den Unternehmensorganen nach dem Gesetz über die Beteiligung der Arbeitnehmer in einer Europäischen Gesellschaft, dem entsprechenden Gesetz für die Europäische Genossenschaft und dem Gesetz über die Mitbestimmung der
Arbeitnehmer bei einer grenzüberschreitenden Verschmelzung. Sie besteht darin, dass
zur Sicherung des Rechts auf grenzüberschreitende Unterrichtung, Anhörung, Mitbestimmung und sonstige Beteiligung der Arbeitnehmer eine Vereinbarung in der Gesellschaft getroffen wird. Kommt es zu keiner Vereinbarung, so gilt die in den Gesetzen
vorgesehene Regelung, für die Europäische Gesellschaft (SE) die in §§ 34ff. SEBG.

§ 41. Mitbestimmungsgesetz 1976

I. Vom MitbestG 1976 erfasste Unternehmen

1. Rechtsform des Unternehmens als Abgrenzungsmerkmal

1   Der Kreis der betroffenen Unternehmen wird durch die Rechtsform und die Arbeitnehmerzahl festgelegt. Unter das MitbestG 1976 fallen nur bestimmte Unternehmen, die in der Rechtsform des Privatrechts betrieben werden. Körperschaften des öffentlichen Rechts fallen deshalb nicht unter das Mitbestimmungsstatut. Die in § 1 Abs. 1 Nr. 1 MitbestG genannten Gesellschaften sind Kapitalgesellschaften; es handelt sich um die Aktiengesellschaft, die Kommanditgesellschaft auf Aktien, die Gesellschaft mit beschränkter Haftung und die Erwerbs- und Wirtschaftsgenossenschaft.

2   Für Einzelhandelsunternehmen und Personengesellschaften gibt es daher keine Mitbestimmung der Arbeitnehmer auf Unternehmensebene. Eine Ausnahme gilt im MitbestG 1976 nur für die Kommanditgesellschaft, wenn persönlich haftender Gesellschafter eine Kapitalgesellschaft ist; zusätzliche Voraussetzung ist aber in diesem Fall, dass die Mehrheit der Kommanditisten, berechnet nach der Mehrheit der Anteile oder der Stimmen, die Mehrheit der Anteile oder der Stimmen in dem Unternehmen des persönlich haftenden Gesellschafters innehat. Nach § 4 MitbestG gelten dann die Arbeitnehmer der Kommanditgesellschaft als Arbeitnehmer des persönlich haftenden Gesellschafters, sofern nicht der persönlich haftende Gesellschafter einen eigenen Geschäftsbetrieb mit in der Regel mehr als 500 Arbeitnehmer hat. Es handelt sich also um die Fälle einer sog. AG & Co KG bzw. GmbH & Co KG.

2. Beschäftigung von in der Regel mehr als 2.000 Arbeitnehmern

3   Voraussetzung ist weiterhin, dass das Unternehmen in der Regel mehr als 2.000 Arbeitnehmer beschäftigt. Wie aber bereits bei der GmbH & Co KG Arbeitnehmer der KG unter den Voraussetzungen des § 4 Abs. 1 S. 1 MitbestG den Arbeitnehmern der Kapitalgesellschaft zugerechnet werden, die in der KG die Funktion eines persönlich haftenden Gesellschafters übernommen hat, so erfolgt eine weitere Zurechnung von Arbeitnehmern anderer Unternehmen, wenn eine in § 1 Abs. 1 Nr. 1 MitbestG bezeichnete Kapitalgesellschaft herrschendes Unternehmen eines Konzerns ist (§ 5 MitbestG).

4   Erfasst wird, wie sich aus der Verweisung auf § 18 Abs. 1 AktG ergibt, nur der Unterordnungskonzern, nicht der Gleichordnungskonzern. Keine Rolle spielt, in welcher Rechtsform die abhängigen Unternehmen betrieben werden. Es kann sich also insbesondere auch um eine OHG oder Kommanditgesellschaft handeln.

5   Beschäftigt also eine GmbH 500 Arbeitnehmer und übt sie als herrschendes Unternehmen die einheitliche Leitung über eine GmbH von 1.000 Arbeitnehmern und eine Kommanditgesellschaft mit 600 Arbeitnehmern aus, so werden die Arbeitnehmer der abhängigen Unternehmen dem herrschenden Unternehmen zugerechnet. Hier stellt sich die Frage, ob das auch für den Konzern im Konzern gilt: Beschäftigt also eine AG als herrschendes Unternehmen 100 Arbeitnehmer, eine von ihr abhängige GmbH 600 Arbeitnehmer, zwei von dieser GmbH abhängige Kommanditgesellschaften aber jeweils 750 Arbeitnehmer, so ist unzweifelhaft, dass die AG wegen des § 5 MitbestG un-

ter das MitbestG 1976 fällt. Jedoch kommt in Betracht, dass auch die GmbH unter das MitbestG 1976 fällt. Die Beantwortung der Frage hängt davon ab, ob innerhalb eines Konzerns weitere Konzernverhältnisse bestehen können (Konzern im Konzern). Zweifelhaft ist weiterhin, wenn zwei Unternehmen gleichberechtigt ein Unternehmen beherrschen (Gemeinschaftsunternehmen). Hier stellt sich die Frage, ob die Arbeitnehmer des Gemeinschaftsunternehmens den Beteiligungsgesellschaften zuzurechnen sind.

Jedoch berücksichtigt das Gesetz selbst den Konzern im Konzern, wenn die Konzern-   6
spitze selbst ein Unternehmen ist, das nicht unter § 1 Abs. 1 Nr. 1 fällt, also z. B. eine Personengesellschaft, ein Einzelkaufmann oder auch ein ausländisches Unternehmen. In diesem Fall erfolgt die Zurechnung der Arbeitnehmer der abhängigen Unternehmen zu dem der Konzernleitung am nächsten stehenden Unternehmen (§ 5 Abs. 3 MitbestG).

Unter die Zurechnungsbestimmung des § 5 MitbestG fällt auch die GmbH & Co KG.   7
In § 5 Abs. 1 S. 2 MitbestG wird sie als Konzernuntergesellschaft und in § 5 Abs. 2 MitbestG als Konzernobergesellschaft ausdrücklich in die Regelung einbezogen. Ist beherrschtes Unternehmen eine GmbH & Co KG, so werden nach § 5 Abs. 1 Satz 1 MitbestG die Arbeitnehmer der KG und nach Satz 2 die Arbeitnehmer der GmbH der Obergesellschaft zugerechnet.

3. Negative Abgrenzung

Auch wenn ein Unternehmen die Rechtsform und die Zahl der beschäftigten Arbeitneh-   8
mer hat, von der die Anwendung des MitbestG 1976 abhängig ist, gilt das dort geregelte Mitbestimmungsstatut gleichwohl nicht, wenn das Unternehmen unter das Montan-Mitbestimmungsgesetz oder das Mitbestimmungsergänzungsgesetz fällt; denn in diesem Fall gilt das dort geregelte Mitbestimmungsstatut (§ 1 Abs. 2 MitbestG). Außerdem findet das Gesetz keine Anwendung auf Tendenzunternehmen (§ 1 Abs. 4 S. 1 MitbestG), und es gilt auch nicht für Religionsgemeinschaften sowie deren karitative und erzieherische Einrichtungen (§ 1 Abs. 4 S. 2 MitbestG).

4. Auslandsbezug der unternehmensbezogenen Mitbestimmung

Entscheidend ist, ob die Gesellschaft nach deutschem Recht verfasst ist.[1] Während für   9
die Betriebsverfassung das Realstatut gilt, ist für die Unternehmensverfassung das Personalstatut der juristischen Person maßgebend. Die Verlegung des Verwaltungssitzes ins Ausland, steht der Anwendung des Gesetzes nicht entgegen.

II. Beschränkung auf Arbeitnehmer inländischer Betriebe unter Einbeziehung der leitenden Angestellten

Während das Montan-Mitbestimmungsgesetz und das Mitbestimmungsergänzungs-   10
gesetz keine Begriffsbestimmung oder sonstige Umschreibung des Arbeitnehmers enthalten, gibt das MitbestG eine Umschreibung des Arbeitnehmerbegriffs in § 3 Abs. 1 MitbestG, der sich an § 5 BetrVG anlehnt. Aus dem Rückgriff auf den Betriebsbegriff

---

1 Vgl. MHdB ArbR/*Wißmann*, 3. Aufl. 2009, Bd. II, § 279 Rn. 1.

des BetrVG in § 3 Abs. 2 MitbestG ergibt sich mittelbar, dass die Arbeitnehmer einem inländischen Betrieb angehören müssen. Durch § 3 Abs. 1 MitbestG wird festgelegt, dass – anders als für das Mitbestimmungsstatut nach dem Drittelbeteiligungsgesetz (§ 3 Abs. 1 DrittelbG) – die leitenden Angestellten der Arbeitnehmerzahl, von der das Mitbestimmungsstatut nach dem MitbestG 1976 abhängt, zugerechnet werden. Nach § 15 Abs. 1 S. 2 MitbestG muss dem Aufsichtsrat ein leitender Angestellter angehören. Wie er gewählt wird, richtet sich danach, ob die Wahl durch Delegierte oder durch die Arbeitnehmer selbst erfolgt.

11 Bei der Frage, wer als leitender Angestellter wählbar ist, stößt man nicht nur auf die Schwierigkeiten, die allgemein mit der Interpretation des § 5 Abs. 3 BetrVG verbunden sind, sondern es ist hier auch zu beachten, dass der Aufsichtsrat den Vorstand kontrollieren soll und daher dem Aufsichtsrat nicht Vorstandsmitglieder angehören dürfen. § 105 Abs. 1 AktG erstreckt die Unvereinbarkeit der Zugehörigkeit zum Aufsichtsrat aber auch auf Prokuristen oder zum gesamten Geschäftsbetrieb ermächtigte Handlungsbevollmächtigte der Gesellschaft. Je restriktiver also § 5 Abs. 3 BetrVG interpretiert wird, desto geringer ist die Zahl der leitenden Angestellten, die wählbar sind, nicht allein unter diesem Aspekt, sondern vor allem auch wegen des § 105 Abs. 1 AktG, der von oben die Wählbarkeit begrenzt. Deshalb bestimmt § 6 Abs. 2 S. 1 MitbestG, dass die Wählbarkeit eines Prokuristen als Aufsichtsratsmitglied der Arbeitnehmer nur ausgeschlossen ist, wenn dieser dem zur gesetzlichen Vertretung des Unternehmens befugten Organ unmittelbar unterstellt und zur Ausübung der Prokura für den gesamten Geschäftsbereich des Organs ermächtigt ist. Mit dieser Modifikation wird die Konsequenz daraus gezogen, dass Prokuristen nach § 105 Abs. 1 AktG an sich nicht dem Aufsichtsrat der Gesellschaft angehören dürfen, obwohl sie möglicherweise nicht einmal leitende Angestellte nach § 5 Abs. 3 BetrVG sind, wenn es sich bei ihnen lediglich um Titularprokuristen handelt.

12 Für die Aufsichtsratsmitglieder der Anteilseigner gilt dagegen § 105 Abs. 1 AktG uneingeschränkt, so dass also ein Prokurist zwar als Aufsichtsratsmitglied der Arbeitnehmer, niemals aber als Aufsichtsratsmitglied der Anteilseigner gewählt werden kann.

III. Bildung und Zusammensetzung des Aufsichtsrats

1. Errichtung des Aufsichtsrats

13 Fällt eine Gesellschaft unter das MitbestG 1976, so ist ein Aufsichtsrat zu bilden, auch wenn der Aufsichtsrat nach der Gesellschaftsform – wie bei der GmbH – kein notwendiges Organ ist. Da die im MitbestG genannten Unternehmen im allgemeinen bereits einen Aufsichtsrat wegen der Arbeitnehmerbeteiligung nach dem Drittelbeteiligungsgesetz haben, geht es vor allem darum, dass der Aufsichtsrat die Größe und Zusammensetzung nach dem MitbestG 1976 haben muss.

2. Größe des Aufsichtsrats

14 Die Größe des Aufsichtsrats hängt von der Zahl der Arbeitnehmer ab. Er besteht, wenn das Unternehmen in der Regel nicht mehr als 10.000 Arbeitnehmer beschäftigt, aus je sechs Aufsichtsratsmitgliedern der Anteilseigner und der Arbeitnehmer, bis zur Zahl von 20.000 Arbeitnehmern aus je acht und bei Gesellschaften mit in der Regel mehr als 20.000 Arbeitnehmern aus je zehn Aufsichtsratsmitgliedern der Anteilseigner und der Arbeitnehmer (§ 7 Abs. 1 S. 1 MitbestG). Die Satzungsfreiheit hinsichtlich der Größe des Aufsichtsrats besteht nur in sehr engen Grenzen: Bei Unternehmen, die nicht mehr als 10.000 Arbeitnehmer beschäftigen, kann festgelegt werden, dass der Aufsichtsrat aus sechzehn oder auch aus zwanzig Mitgliedern besteht; beschäftigt ein Unternehmen nicht mehr als 20.000 Arbeitnehmer, so kann festgelegt werden, dass der Aufsichtsrat aus zwanzig Mitgliedern besteht (§ 7 Abs. 2 S. 2 MitbestG).

3. Zusammensetzung des Aufsichtsrats

Bei der Zusammensetzung der Aufsichtsratsmitglieder der Arbeitnehmer wird zum einen berücksichtigt, dass sich unter ihnen Arbeitnehmer des Unternehmens und Vertreter von Gewerkschaften befinden müssen.   **15**

Für das Verhältnis zwischen den unternehmensangehörigen Aufsichtsratsmitgliedern der Arbeitnehmer und den Vertretern der Gewerkschaften im Aufsichtsrat gilt § 7 Abs. 2 MitbestG: Gehören dem Aufsichtsrat sechs oder acht Aufsichtsratsmitglieder der Arbeitnehmer an, so müssen sich unter ihnen zwei Vertreter von Gewerkschaften befinden; gehören dem Aufsichtsrat zehn Aufsichtsratsmitglieder der Arbeitnehmer an, so müssen sich unter ihnen drei Vertreter von Gewerkschaften befinden. Voraussetzung ist, dass die Gewerkschaften im Unternehmen selbst oder in einem anderen Unternehmen vertreten sind, dessen Arbeitnehmer an der Wahl zum Aufsichtsrat teilnehmen (§ 7 Abs. 5 MitbestG). Seit dem Gesetz für die gleichberechtigte Teilhabe von Frauen und Männern an Führungspositionen in der Privatwirtschaft und im öffentlichen Dienst bestimmt § 7 Abs. 3 MitbestG, dass unter den Aufsichtsratsmitgliedern der Arbeitnehmer eines börsennotierten Unternehmens, das unter das Gesetz fällt, Frauen und Männer jeweils mit einem Anteil von mindestens 30 Prozent vertreten sein müssen.   **16**

IV. Wahlverfahren für die Aufsichtsratsmitglieder der Arbeitnehmer

1. Rechtsgrundlagen

Das MitbestG 1976 regelt in §§ 9 bis 24 MitbestG das Wahlverfahren. Ergänzt wird die gesetzliche Regelung durch drei Wahlordnungen: Die Erste Wahlordnung zum Mitbestimmungsgesetz gibt die Regelung des Wahlverfahrens für Unternehmen, die aus einem Betrieb bestehen. Die Zweite Wahlordnung zum Mitbestimmungsgesetz gibt die Regelung des Wahlverfahrens für Unternehmen, die aus mehreren Betrieben bestehen. Die Dritte Wahlordnung zum Mitbestimmungsgesetz gibt die Regelung für Unternehmen, die persönlich haftende Gesellschafter einer GmbH & Co. KG sind und unter § 4 MitbestG fallen, und für herrschende Unternehmen eines Konzerns, dem nach § 5 MitbestG die Arbeitnehmer der abhängigen Unternehmen zugerechnet werden. Die Regelungen sind so kompliziert, dass hier auf eine Darstellung verzichtet werden muss. Es können daher nur einige Grundlinien aufgezeigt werden.   **17**

2. Urwahl oder mittelbare Wahl

In Unternehmen mit in der Regel mehr als 8.000 Arbeitnehmern erfolgt die Wahl durch Delegierte (ursprünglich Wahlmänner genannt), gilt also mittelbare Wahl (§ 9 Abs. 1 MitbestG). Hat ein Unternehmen in der Regel nicht mehr als 8.000 Arbeitneh-   **18** mer, so werden die Aufsichtsratsmitglieder der Arbeitnehmer in unmittelbarer Wahl gewählt; es findet Urwahl statt (§ 9 Abs. 2 MitbestG). In beiden Fällen können aber die wahlberechtigten Arbeitnehmer, wenn mittelbare Wahl gilt, unmittelbare Wahl und, wenn Urwahl gilt, Wahl durch Delegierte beschließen. Das Verfahren der Abstimmung regelt § 9 Abs. 3 MitbestG.

3. Gemeinsame Grundsätze des Wahlverfahrens

19   Das Wahlverfahren beginnt, indem in den Betrieben des Unternehmens bekannt gemacht wird, dass Aufsichtsratsmitglieder der Arbeitnehmer zu wählen sind und wie viele dem Aufsichtsrat angehören.

20   Die Wahl findet unter der Leitung eines Wahlvorstandes statt, wobei sich die Notwendigkeit ergeben kann, dass neben den Betriebswahlvorständen ein Unternehmenswahlvorstand und bei der Wahl mehrerer Unternehmen neben den Betriebs- und Unternehmenswahlvorständen ein Hauptwahlvorstand gebildet werden muss.

21   Nachdem festgestellt ist, ob Urwahl oder Wahl durch Delegierte erfolgt, sind, wenn die entsprechende Initiative ergriffen wird, die Abstimmungen über die Art der Wahl durchzuführen (Vorabstimmungsverfahren, § 9 MitbestG).

4. Wahl durch Delegierte

a) Wahl der Delegierten

22   Erfolgt die Wahl durch Delegierte, so muss zunächst die Zahl der Delegierten errechnet werden (§ 11 Abs. 1 MitbestG). Unter den Delegierten müssen die leitenden Angestellten entsprechend ihrem zahlenmäßigen Verhältnis vertreten sein (§ 11 Abs. 2 MitbestG). Die Wahl erfolgt auf Grund von Wahlvorschlägen (§ 12 MitbestG).

23   Sodann wählen die Arbeitnehmer nach den Grundsätzen der Verhältniswahl die Delegierten (§ 10 Abs. 1 MitbestG). Es gilt also Listenwahl. Wird jedoch nur ein Wahlvorschlag aufgestellt, so findet überhaupt keine Wahl statt, sondern es gelten die im Wahlvorschlag aufgeführten Arbeitnehmer in der angegebenen Reihenfolge als gewählt (§ 10 Abs. 4 MitbestG).

b) Wahl der Aufsichtsratsmitglieder der Arbeitnehmer

24   Die gewählten bzw. als gewählt geltenden Delegierten wählen sodann die Aufsichtsratsmitglieder der Arbeitnehmer, und zwar nicht nur die unternehmensangehörigen Aufsichtsratsmitglieder, sondern auch die Vertreter der Gewerkschaften.

25   (1) Die Wahl der **unternehmensangehörigen Aufsichtsratsmitglieder** erfolgt auf Grund von Wahlvorschlägen der wahlberechtigten Arbeitnehmer des Unternehmens (§ 15 Abs. 2 MitbestG). Dabei muss die Geschlechterquote beachtet werden (§ 7 Abs. 3 und § 18a MitbestG). Da dem Aufsichtsrat ein leitender Angestellter angehören muss (§ 15 Abs. 1 S. 2 MitbestG), ist für ihn vorgesehen, dass jeder Wahlvorschlag für dieses Aufsichtsratsmitglied auf Grund von Abstimmungsvorschlägen durch Beschluss der wahlberechtigten leitenden Angestellten aufgestellt wird (§ 15 Abs. 2 S. 2 Nr. 2 MitbestG).

Die Wahl erfolgt nach den Grundsätzen der Verhältniswahl (§ 15 Abs. 1 MitbestG). **26**
Wird nur ein Wahlvorschlag eingereicht, so findet Mehrheitswahl statt (§ 15 Abs. 3
MitbestG).

(2) Die Wahl der **Vertreter der Gewerkschaften** in den Aufsichtsrat erfolgt auf Grund **27**
von Wahlvorschlägen der Gewerkschaften, die in dem Unternehmen selbst oder in
einem anderen Unternehmen vertreten sind, dessen Arbeitnehmer an der Wahl zum
Aufsichtsrat teilnehmen (§ 16 Abs. 2 MitbestG). Die Gewerkschaften können als Gewerkschaftsvertreter auch unternehmensangehörige Arbeitnehmer vorschlagen. Es
hängt nicht von der Zahl der Mitglieder ab, ob eine Gewerkschaft das Wahlvorschlagsrecht hat; jedoch muss es sich um eine Gewerkschaft handeln. Es genügt also nicht eine
bloße Koalitionsverabredung.

Die Delegierten wählen sodann die Gewerkschaftsvertreter nach den Grundsätzen der **28**
Verhältniswahl (§ 16 Abs. 1 MitbestG). Wird nur ein Wahlvorschlag eingereicht, so findet Mehrheitswahl statt (§ 16 Abs. 2 S. 2 MitbestG).

5. Urwahl

Werden die Aufsichtsratsmitglieder der Arbeitnehmer unmittelbar gewählt, so treten **29**
für die Wahl an die Stelle der Delegierten die wahlberechtigten Arbeitnehmer des Unternehmens.

6. Amtszeit und Abberufung der Aufsichtsratsmitglieder der Arbeitnehmer

a) Amtszeit

Die Amtszeit der Aufsichtsratsmitglieder der Arbeitnehmer entspricht der Amtszeit **30**
der Anteilseignervertreter (§ 15 Abs. 1 MitbestG). Die Amtszeit wird durch die Satzung festgelegt; jedoch ist die höchstzulässige Amtszeit durch § 6 Abs. 2 S. 1 MitbestG
i. V. m. § 102 AktG begrenzt: Aufsichtsratsmitglieder können nicht für längere Zeit als
bis zur Beendigung der Hauptversammlung bestellt werden, die über die Entlastung
für das vierte Geschäftsjahr nach Beginn der Amtszeit beschließt; die höchstzulässige
Amtszeit beträgt demnach etwa fünf Jahre.

b) Abberufung

Wie die Aufsichtsratsmitglieder der Anteilseigner können die Aufsichtsratsmitglieder **31**
der Arbeitnehmer vor Ablauf der Amtszeit abberufen werden. Bei mittelbarer Wahl
kann dies allerdings nur durch die Delegierten erfolgen. Deshalb besteht auch für die
Delegierten eine Amtszeit (§ 13 MitbestG).

Den Antrag auf Abberufung bei den auf die Gruppe der leitenden Angestellten fallen- **32**
den unternehmensangehörigen Arbeitnehmervertreter können nur drei Viertel der
wahlberechtigten Mitglieder dieser Gruppe stellen, bei den Gewerkschaftsvertretern
im Aufsichtsrat nur die Gewerkschaft, die das Mitglied vorgeschlagen hat (§ 23 Abs. 1
MitbestG).

Die Abberufung erfolgt, wenn die Aufsichtsratsmitglieder aus einer mittelbaren Wahl **33**
hervorgegangen sind, durch die Delegierten, und zwar in der Form, wie das Aufsichtsratsmitglied bestellt wurde; jedoch wird der Beschluss in geheimer Abstimmung gefasst und bedarf einer Mehrheit von drei Viertel der abgegebenen Stimmen (§ 23

Abs. 2 MitbestG). Sind die Aufsichtsratsmitglieder aus einer Urwahl hervorgegangen, so erfolgt die Abberufung ebenfalls durch die wahlberechtigten Arbeitnehmer (§ 23 Abs. 3 MitbestG).

34 Wird ein Aufsichtsratsmitglied abberufen oder erlischt wegen Verlustes der Wählbarkeit sein Amt (§ 24 MitbestG), so tritt an seine Stelle, falls vorhanden, das Ersatzmitglied, das gemäß § 17 MitbestG gewählt worden ist. Ist kein Ersatzmitglied vorhanden, so findet eine Nachwahl statt. Erfolgt sie nicht, so kann eine Ersatzbestellung durch das Registergericht (Amtsgericht) nach § 104 AktG in Betracht kommen.

7. Wahlnichtigkeit und Wahlanfechtung

35 Verstöße gegen das Wahlrecht, die Wählbarkeit oder das Wahlverfahren kommen sowohl bei der Wahl der Delegierten als auch bei der Wahl der Aufsichtsratsmitglieder in Betracht. Das MitbestG regelt ebenso wie das BetrVG nicht die Wahlnichtigkeit, die lediglich in Betracht kommt, wenn entweder die Voraussetzungen für eine Wahl nicht gegeben sind oder ein so schwerwiegender Verstoß gegen Wahlvorschriften vorliegt, dass nicht einmal dem Anschein nach von einer ordnungsmäßigen Wahl gesprochen werden kann. Ähnlich wie beim Betriebsrat ist die Wahlanfechtung für die Delegierten (§ 21 MitbestG) und die Aufsichtsratsmitglieder der Arbeitnehmer (§ 22 MitbestG) geregelt. In beiden Fällen entscheidet das Arbeitsgericht im Beschlussverfahren (§ 2a Abs. 1 Nr. 3, Abs. 2 ArbGG).

V. Organisation des Aufsichtsrats

1. Grundsatz

36 Für die innere Ordnung, die Beschlussfassung sowie die Rechte und Pflichten des Aufsichtsrats gilt grundsätzlich das für die Gesellschaftsform maßgebliche Gesellschaftsrecht. Eine Ausnahme besteht allerdings für die GmbH, für die weitgehend die Vorschriften des AktG für anwendbar erklärt werden (§ 25 Abs. 1 S. 1 Nr. 2 MitbestG); bei einer GmbH ist daher die Verweisung auf das AktG nicht § 52 GmbHG zu entnehmen.

37 Wenn man von der Genossenschaft absieht, gilt daher für den Aufsichtsrat von Unternehmen, die unter das MitbestG fallen, das Aktienrecht. Von der dort gegebenen Regelung wird aber wegen der Besonderheit des Mitbestimmungsstatuts in §§ 27 bis 29, §§ 31, 32 MitbestG eine abweichende Regelung gegeben.

38 Wie für Betriebsratsmitglieder oder sonstige Funktionsträger im Rahmen der Mitbestimmungsverfassung gilt auch für Aufsichtsratsmitglieder der Arbeitnehmer, dass sie in der Ausübung ihrer Tätigkeit weder gestört noch behindert und wegen ihrer Tätigkeit im Aufsichtsrat nicht benachteiligt werden dürfen (§ 26 MitbestG). Im Gegensatz zu den sonst maßgeblichen Gesetzesvorschriften enthält § 26 MitbestG kein Verbot einer Begünstigung wegen der Aufsichtsrattätigkeit. Ein besonderer Kündigungsschutz, wie er im Rahmen der Betriebsverfassung und der Personalvertretung nach § 15 KSchG i.V.m. § 103 BetrVG bzw. §§ 47 Abs. 1, 108 Abs. 1 BPersVG besteht, ist den unternehmensangehörigen Aufsichtsratsmitgliedern der Arbeitnehmer nicht eingeräumt; der besondere Kündigungsschutz kann auch nicht entsprechend angewendet werden. Aus dem Behinderungs- und Benachteiligungsverbot in § 26 Mit-

bestG ergibt sich aber ein relativer Kündigungsschutz: Eine Kündigung ist nach § 134 BGB nichtig, wenn sie erfolgt, um dem Aufsichtsratsmitglied die Ausübung seines Amtes unmöglich zu machen oder ihn wegen seiner Amtsausübung zu maßregeln.

2. Vorsitz im Aufsichtsrat

Der Regelung des Vorsitzes im Aufsichtsrat kommt nicht nur deshalb besondere Be- **39** deutung zu, weil der Aufsichtsratsvorsitzende rechtstatsächlich einen nicht unerheblichen Einfluss auf die Unternehmensleitung hat, sondern wegen der paritätischen Besetzung des Aufsichtsrats hat das MitbestG ihm zwei Stimmen eingeräumt, damit bei einer Pattsituation im Aufsichtsrat dessen Funktionsfähigkeit erhalten bleibt (§ 29 Abs. 2 MitbestG).

Der Aufsichtsrat hat nach näherer Bestimmung der Satzung aus seiner Mitte einen **40** Vorsitzenden und mindestens einen Stellvertreter zu wählen (§ 107 Abs. 1 AktG). Diese Regelung wird für Gesellschaften, die unter das MitbestG 1976 fallen, modifiziert: Der Aufsichtsrat wählt im ersten Wahlgang mit einer Mehrheit von zwei Dritteln aller Aufsichtsratsmitglieder aus seiner Mitte einen Aufsichtsratsvorsitzenden und einen Stellvertreter (§ 27 Abs. 1 MitbestG). Wird diese Mehrheit nicht erreicht, so wählen in einem zweiten Wahlgang die Aufsichtsratsmitglieder der Anteilseigner den Aufsichtsratsvorsitzenden und die Aufsichtsratsmitglieder der Arbeitnehmer den Stellvertreter jeweils mit der Mehrheit der abgegebenen Stimmen (§ 27 Abs. 2 MitbestG).

Wie in § 27 Abs. 1 MitbestG formuliert, wählt der Aufsichtsrat »einen Aufsichtsrats- **41** vorsitzenden und einen Stellvertreter«. Bei der Frage, ob die Satzung, wie nach § 107 Abs. 1 S. 1 AktG vorsehen kann, dass der Vorsitzende auch mehrere Stellvertreter hat, stellt sich die Frage, ob es sich bei der Formulierung »*einen* Stellvertreter« um ein Zahlwort oder einen unbestimmten Artikel handelt. Geht man, wie es in den Gesetzesmaterialien heißt, von der Beibehaltung des Gesellschaftsrechts aus, soweit die Vorschriften des MitbestG dem nicht entgegenstehen (vgl. auch § 6 Abs. 2 S. 2 MitbestG), so kann der Aufsichtsratsvorsitzende mehrere Stellvertreter haben.[2]

Schwierige Probleme ergeben sich bei der Abberufung. Der Aufsichtsrat kann zwar **42** die Bestellung zum Aufsichtsratsvorsitzenden oder zum Stellvertreter jederzeit widerrufen, weil das Aktienrecht insoweit keine Beschränkungen enthält (§ 107 Abs. 1 AktG). Aber zweifelhaft ist schon, mit welcher Mehrheit das zu geschehen hat. Es stellt sich weiterhin die Frage, ob bei Abberufung oder sonstiger Amtsbeendigung des Aufsichtsratsvorsitzenden oder seines Stellvertreters auch das Amt des anderen Vorstandsmitglieds erlischt. Das Gesetz trifft keine Regelung. Für die Lückenausfüllung muss maßgebend sein, ob Aufsichtsratsvorsitzender und Stellvertreter mit Zwei-Drittel-Mehrheit gewählt wurden; denn in diesem Fall können auch dann, wenn der Vorsitzende oder sein Stellvertreter zu den Aufsichtsratsmitgliedern der Anteilseigner oder der Arbeitnehmer gehören, sie diesen Gruppen nicht so zugeordnet werden, wie in dem Fall, dass der Aufsichtsratvorsitzende nur von den Vertretern der Anteilseigner und der Stellvertreter nur von den Arbeitnehmervertretern gewählt wurde. In diesem Fall gilt für den Vorsitz im Aufsichtsrat die Einheitslösung: Eine Abberufung kommt nur mit einer Zwei-Drittel-Mehrheit in Betracht. Fallen der Aufsichtsratsvorsitzende oder sein Stellvertreter weg, so kann jeder von ihnen isoliert mit einer Zwei-Drittel-Mehrheit gewählt werden. Wird diese aber nicht erreicht, so werden im zweiten Wahl-

---

2 *BGH* vom 25.2.1982 – Siemens AG, BGHZ 83, 106 (111 ff.).

gang der Aufsichtsratsvorsitzende und sein Stellvertreter getrennt gewählt. Es gilt hier also die Tandem-Theorie.[3]

43 Sind dagegen der Vorsitzende und sein Stellvertreter nach § 27 Abs. 2 MitbestG getrennt gewählt worden, so kann jeder von ihnen von der Seite abberufen werden, die ihn bestellt hat, und zwar wie nach § 27 Abs. 2 S. 2 MitbestG mit der Mehrheit der abgegebenen Stimmen. Wird er abberufen oder fällt sein Amt sonst fort, so erfolgt die Wahl seines Nachfolgers ebenfalls getrennt nach § 27 Abs. 2 MitbestG. Die Abberufung und Neuwahl eines Aufsichtsratsvorsitzenden hat also in diesem Fall keine Auswirkungen auf das Amt seines Stellvertreters. Ist der Vorsitz im Aufsichtsrat aus einer getrennten Lösung hervorgegangen, so kommt nicht eine Abberufung durch die Stimmen von zwei Dritteln aller Mitglieder des Aufsichtsrats in Betracht; denn anderenfalls könnte eine Zwei-Drittel-Mehrheit möglicherweise stets gegen einen Aufsichtsratsvorsitzenden oder seinen Stellvertreter erreicht werden, aber nicht für einen Aufsichtsratsvorsitzenden oder seinen Stellvertreter. Damit wäre eine Blockade errichtet, durch die die Funktionsfähigkeit des Aufsichtsrats beeinträchtigt wird. Man kann lediglich in Erwägung ziehen, dass der nach Bänken getrennte Vorsitz im Aufsichtsrat durch die Wahl eines Aufsichtsratsvorsitzenden und seines Stellvertreters mit Zwei-Drittel-Mehrheit ersetzt wird (konstruktives Misstrauensvotum).

3. Aufsichtsratsausschüsse

44 Der Aufsichtsrat kann aus seiner Mitte einen oder mehrere Ausschüsse bestellen (§ 103 AktG). Sie dienen nicht nur der Vorbereitung von Entscheidungen des Aufsichtsrats, sondern dieser kann einem Ausschuss Angelegenheiten auch zur selbständigen Erledigung übertragen (§ 107 Abs. 3 AktG).

45 Bestimmte wichtige Aufgaben, die in § 107 Abs. 3 S. 2 AktG genannt sind, können aber einem Ausschuss nicht an Stelle des Aufsichtsrats zur Beschlussfassung überwiesen werden, sondern insoweit entscheidet der Aufsichtsrat in seiner Gesamtheit. Das gilt insbesondere für die Bestellung und Abberufung der Vorstandsmitglieder, aber nicht für den Abschluss und die Gestaltung von Anstellungsverträgen.

46 Für Gesellschaften, die unter das MitbestG 1976 fallen, gilt insoweit keine abweichende Regelung. Eine Besonderheit besteht lediglich insoweit, als nach § 27 Abs. 3 MitbestG unmittelbar nach der Wahl des Aufsichtsratsvorsitzenden und seines Stellvertreters der Aufsichtsrat einen Ausschuss bilden muss »zur Wahrnehmung der in § 31 Abs. 3 S. 1 bezeichneten Aufgabe«, also um bei der Bestellung und dem Widerruf der Bestellung eines Vorstandsmitgliedes dem Gesamtaufsichtsrat einen Vorschlag zu unterbreiten, wenn eine Bestellung oder der Widerruf nicht mit der im ersten Wahlgang vorgesehenen Mehrheit von mindestens zwei Drittel der Stimmen aller Aufsichtsratsmitglieder zustande gekommen ist. Lediglich für diesen Ausschuss sieht das MitbestG 1976 auch zwingend die Zusammensetzung vor. Der Ausschuss besteht neben dem Aufsichtsratsvorsitzenden und seinem Stellvertreter aus je einem von den Aufsichtsratsmitgliedern der Arbeitnehmer und von den Aufsichtsratsmitgliedern der Anteilseigner mit der Mehrheit der abgegebenen Stimmen gewähltem Mitglied, also insgesamt aus vier Mitgliedern; er ist ein Kooperationsgremium zwischen den Mitgliedergruppen der Anteilseigner und der Arbeitnehmer.

---

3 Bestritten; vgl. WKS/*Schubert* MitbestG § 27 Rn. 25; Habersack/Henssler/*Habersack* MitbestG § 27 Rn. 13.

Im Übrigen regelt weder das MitbestG 1976 noch das Aktiengesetz die Zusammenset- **47**
zung der Ausschüsse unter dem Gesichtspunkt des Mitbestimmungsstatuts. Grundsätzlich gilt daher der gesellschaftsrechtliche Grundsatz, dass kein Aufsichtsratsmitglied ein Recht hat, einem bestimmten Ausschuss anzugehören. Ausschüsse können
demnach imparitätisch besetzt sein. Aktienrechtlich müssen sie sogar imparitätisch besetzt sein, wenn die Mindestzahl gewählt wird (§ 108 Abs. 2 S. 3 AktG).

4. Beschlussfassung und Beschlussfähigkeit

Der Aufsichtsrat ist nur beschlussfähig, wenn mindestens die Hälfte der Mitglieder, aus **48**
der er insgesamt zu bestehen hat, an der Beschlussfassung teilnimmt (§ 28 MitbestG).
Für Beschlüsse gilt die einfache Stimmenmehrheit (§ 29 Abs. 1 MitbestG). Die Satzung
kann hier nicht wie sonst, wenn nur das Aktienrecht zur Anwendung kommt, eine erhöhte Stimmenmehrheit festlegen.

Da wegen der paritätischen Besetzung des Aufsichtsrats eine Stimmengleichheit eintre- **49**
ten kann, gibt das Gesetz, wenn eine Abstimmung Stimmengleichheit ergibt, bei einer
erneuten Abstimmung über denselben Gegenstand, wenn auch sie Stimmengleichheit
gibt, dem Aufsichtsratsvorsitzenden zwei Stimmen (§ 29 Abs. 2 S. 1 MitbestG). Dem
Stellvertreter steht aber die zweite Stimme nicht zu (§ 29 Abs. 2 S. 3 MitbestG). In diesem Fall kommt lediglich die in § 103 AktG vorgesehene Stimmbotschaft in Betracht
(§ 29 Abs. 2 S. 2 MitbestG).

VI. Organisation des gesetzlichen Vertretungsorgans

1. Grundsatz

Für die Zusammensetzung, die Rechte und Pflichten des zur gesetzlichen Vertretung **50**
des Unternehmens befugten Organs, also bei der Aktiengesellschaft des Vorstandes,
bei der GmbH der Geschäftsführung, gelten die für die Rechtsform des Unternehmens
maßgeblichen Vorschriften des Gesellschaftsrechts, soweit sich aus den §§ 31 bis 33
MitbestG nichts anderes ergibt (§ 30 MitbestG). Daraus folgt, dass unabhängig von
der Gesellschaftsform die Mitglieder des zur gesetzlichen Vertretung befugten Organs
vom Aufsichtsrat bestellt und abberufen werden; dies gilt lediglich nicht für die Kommanditgesellschaft auf Aktien, weil bei ihr die Komplementäre nach dem Prinzip der
Selbstorganschaft das Unternehmen leiten (§ 31 Abs. 1 MitbestG). Für die Bestellung
und den Widerruf der Bestellung gilt bei den sonstigen dem MitbestG 1976 unterlie-
genden Kapitalgesellschaften die Regelung des § 31 Abs. 2 bis 5 MitbestG. Eine Modifikation tritt ein, wenn ein Unternehmen mit mindestens einem Viertel an einem anderen Unternehmen beteiligt ist, das unter das MitbestG 1976 fällt; denn in diesem Fall
können die dem Unternehmen zustehenden Rechte bei der Bestellung und dem Widerruf der Bestellung und weiteren abschließend genannten Geschäften durch das zur gesetzlichen Vertretung des Unternehmens befugte Organ nur auf Grund von Beschlüssen des Aufsichtsrats ausgeübt werden, wobei diese Beschlüsse nur der Mehrheit der
Stimmen der Aufsichtsratsmitglieder der Anteilseigner bedürfen und für das zur gesetzlichen Vertretung des Unternehmens befugte Organ verbindlich sind (§ 32 MitbestG). Dadurch soll insbesondere bei Konzernen verhindert werden, dass die Arbeitnehmerbeteiligung sowohl auf der Ebene des herrschenden als auch auf der Ebene des
abhängigen Unternehmens wirksam wird und sich zu einer Überparität aufaddiert.

Weiterhin ist vorgesehen, dass ebenfalls mit Ausnahme der Kommanditgesellschaft auf Aktien als gleichberechtigtes Mitglied des zur gesetzlichen Vertretung des Unternehmens befugten Organs ein Arbeitsdirektor bestellt wird (§ 33 MitbestG).

2. Bestellung und Abberufung der Mitglieder des zur gesetzlichen Vertretung des Unternehmens befugten Organs

51 Bestellung und Abberufung erfolgen stets durch den Aufsichtsrat, auch wenn nach dem für das Unternehmen maßgeblichen Gesellschaftsrecht wie bei der GmbH die Gesellschafterversammlung (§ 46 Nr. 5 GmbHG) und bei der Genossenschaft die Generalversammlung (§ 24 Abs. 2 GenG) zuständig ist (§ 31 Abs. 1 MitbestG). Der Aufsichtsrat hat daher wie bei der Aktiengesellschaft nicht nur wie sonst bei der GmbH und Genossenschaft die Kompetenz zur Kontrolle, sondern auch die Kompetenz zur Auswahl des Vorstandes beziehungsweise der Geschäftsführung.

52 Der Aufsichtsrat bestellt die Mitglieder des Vorstandes bzw. der Geschäftsführung mit einer Mehrheit, die mindestens zwei Drittel der Stimmen seiner Mitglieder umfasst; maßgebend ist also auch hier nicht, dass die zwei Drittel Mehrheit von dem beschlussfähigen Aufsichtsrat erreicht wird, sondern erforderlich ist die Zwei-Drittel-Mehrheit aller Mitglieder des Aufsichtsrats (§ 31 Abs. 2 MitbestG). Wird diese Stimmenmehrheit nicht erreicht, so hat der im MitbestG vorgesehene Vermittlungsausschuss innerhalb eines Monats nach der Abstimmung dem Aufsichtsrat einen Vorschlag für die Bestellung zu machen (§ 31 Abs. 3 S. 1 MitbestG). Dieser Vorschlag schließt aber andere Vorschläge nicht aus. Der Aufsichtsrat bestellt in einem zweiten Wahlgang die Mitglieder des zur gesetzlichen Vertretung des Unternehmens befugten Organs mit der Mehrheit der Stimmen seiner Mitglieder; es genügt also nicht die einfache Stimmenmehrheit des beschlussfähigen Aufsichtsrats, sondern die Bestellung kann nur mit der Mehrheit der Stimmen aller Mitglieder des Aufsichtsrats erfolgen (§ 31 Abs. 3 S. 2 MitbestG). Kommt auch in diesem Fall keine Bestellung zustande, so hat bei einer erneuten Abstimmung der Aufsichtsratsvorsitzende zwei Stimmen (§ 31 Abs. 4 MitbestG). Da der Aufsichtsratsvorsitzende im Konfliktfall von der Anteilseignerseite bestimmt wird (§ 27 Abs. 2 S. 2 MitbestG), wird dadurch bei einer durch die Parität bedingten Pattsituation im Aufsichtsrat der Anteilseignerseite das Recht des Stichentscheides zugewiesen. Ob dieses leichte Übergewicht der Anteilseignerseite entscheidend ins Gewicht fällt, hängt von deren Zusammensetzung ab. Einem Allein- oder Mehrheitsaktionär ermöglicht die Stimmenmehrheit in der Hauptversammlung den Zugriff auf den Vorstand. Sind dagegen die Gesellschaftsanteile der Anteilseigner breit gestreut, so ist problematisch, ob sich auf der Anteilseignerseite die vom MitbestG 1976 unterstellte Geschlossenheit der Aufsichtsratsmitglieder erreichen lässt.

53 § 31 MitbestG gilt nur für die körperschaftsrechtliche Bestellung zum Organmitglied, nicht für den Abschluss des Anstellungsvertrages. Zwar ist auch für ihn, wie sich aus § 84 Abs. 1 S. 5 AktG ergibt, ausschließlich der Aufsichtsrat zuständig, obwohl dies für die GmbH zweifelhaft sein kann, weil hier, soweit sich aus § 31 MitbestG nichts anderes ergibt, das Recht der GmbH maßgebend ist, also eigentlich die Kompetenz zum Abschluss des Anstellungsvertrages bei den Gesellschaftern liegt. Jedoch muss man die Bestellung und Anstellung als eine Einheit sehen, und daher kommt nur der Aufsichtsrat in Betracht.[4] Allerdings gilt dann auch § 107 Abs. 3 AktG, der es gestattet

---

4 Ebenso BGHZ 89, 48 ff.

die Kompetenz in Bezug auf den Anstellungsvertrag – mit Ausnahme der Festsetzung der Bezüge – einem Ausschuss des Aufsichtsrats zu übertragen.

Für den Widerruf einer Bestellung eines zum Vorstand oder zur Geschäftsführung ge- **54** hörenden Organmitgliedes gilt ebenfalls das Aktienrecht; es kann also ein Vorstandsmitglied nur abberufen werden, wenn ein wichtiger Grund vorliegt (§ 31 Abs. 1 MitbestG i. V. m. § 84 Abs. 3 AktG). Auch dies ist eine Besonderheit im Verhältnis zu der sonst für eine GmbH maßgeblichen Regelung; denn das GmbH-Recht kennt insoweit keine Beschränkungen, so dass die Bestellung jederzeit widerruflich ist, wenn in der Satzung nichts Anderes festgelegt wird (§ 38 GmbHG). Für den Widerruf der Bestellung gilt Gleiches wie für die Bestellung; sie ist also ebenfalls stets dem Aufsichtsrat übertragen. Hinsichtlich des Abstimmungsverfahrens spielt hier keine Rolle, mit welcher Stimmenmehrheit ein Organ-Mitglied bestellt worden ist. Es kann, da ein wichtiger Grund vorliegen muss, ein Vorstandsmitglied auch dann, wenn es lediglich mit der Mehrheit der Stimmen der Aufsichtsratsmitglieder unter Einschluss der zweiten Stimme des Aufsichtsratsvorsitzenden bestellt wurde, mit einer Zwei-Drittel-Mehrheit abberufen werden, wie auch ein Vorstandsmitglied, das bei seiner Bestellung die Zwei-Drittel-Mehrheit erreicht hatte, mit der einfachen Mehrheit unter Einschluss der zweiten Stimme des Aufsichtsratsvorsitzenden abberufen werden kann, wenn im ersten Abstimmungsgang die Zwei-Drittel-Mehrheit nicht erreicht wird.

3. Arbeitsdirektor im Vorstand

Wie nach dem Montan-Mitbestimmungsgesetz und dem Mitbestimmungsergänzungs- **55** gesetz muss auch in Unternehmen, die unter das MitbestG 1976 fallen, dem Vorstand bzw. der Geschäftsführung ein Arbeitsdirektor als gleichberechtigtes Mitglied angehören; dies gilt lediglich nicht für die Kommanditgesellschaft auf Aktien (§ 33 Abs. 1 MitbestG). Aber abweichend von § 13 Montan-MitbestG ist keine Voraussetzung, dass er nicht gegen die Stimmen der Mehrheit der Arbeitnehmervertreter im Aufsichtsrat bestellt und abberufen werden kann; er wird wie die sonstigen Mitglieder des zur gesetzlichen Vertretung befugten Organs bestellt und abberufen. Insbesondere kommt auch bei ihm daher in Betracht, dass er mit dem Zweitstimmrecht des Aufsichtsratsvorsitzenden bestellt werden kann. Es gehört nicht den persönlichen Eignungsvoraussetzungen, dass er vom Vertrauen der Arbeitnehmerseite getragen ist.

Sichergestellt muss sein, dass dem Arbeitsdirektor als Hauptarbeitsgebiet im Vorstand **56** oder in der Geschäftsführung die Wahrnehmung der Personal- und Sozialangelegenheiten übertragen ist. Jedoch können ihm auch weitere Aufgaben zugewiesen werden, wie es auch möglich ist, Aufgaben auszuklammern, bei deren Wahrnehmung die Unabhängigkeit von der Arbeitnehmerseite eine strukturprägende Rolle spielt, wie die Vorbereitung von Tarifverhandlungen oder die Wahrnehmung der Unternehmensinteressen im Arbeitgeberverband.

4. Ausübung von Beteiligungsrechten in konzernverbundenen Gesellschaften

Bei einem Konzernverhältnis muss berücksichtigt werden, dass das herrschende Un- **57** ternehmen typischerweise die einheitliche Leitung über die Besetzung des Aufsichtsrats verwirklicht. Wären daher die Arbeitnehmer bei der Auswahl der Anteilseignervertreter im Aufsichtsrat des abhängigen Unternehmens beteiligt, so würde für die Arbeitnehmerseite ein Übergewicht eintreten, wenn im abhängigen Unternehmen der

Aufsichtsrat nach dem MitbestG 1976 zusammengesetzt ist. Dies will § 32 MitbestG verhindern. Keine Voraussetzung ist aber, ob ein Konzernverhältnis besteht, sondern es genügt, dass ein dem MitbestG 1976 unterliegendes Unternehmen mit einer Beteiligung von mindestens einem Viertel an einem anderen Unternehmen beteiligt ist, für das ebenfalls die Regelung nach dem MitbestG 1976 gilt (§ 32 Abs. 2 MitbestG).

58 Sind die Voraussetzungen für eine Anwendung des § 32 MitbestG gegeben, so darf der Vorstand bei den dort aufgeführten Geschäften das Stimmrecht aus den Beteiligungen in der Hauptversammlung des abhängigen Unternehmens nur auf Grund eines Beschlusses des Aufsichtsrats ausüben. Dieser Beschluss bedarf der Mehrheit der Stimmen der Aufsichtsratsmitglieder der Anteilseigner des herrschenden Unternehmens, und dieser Beschluss ist für den Vorstand bei der Ausübung des Stimmrechts verbindlich.

§ 42. Montan-Mitbestimmungsgesetz

I. Geltungsbereich

1 Das Gesetz über die Mitbestimmung der Arbeitnehmer in den Aufsichtsräten und Vorständen der Unternehmen des Bergbaus und der Eisen und Stahl erzeugenden Industrie vom 21.5.1951, das seit dem MitbestG 1976 die amtliche Kurzbezeichnung »Montan-Mitbestimmungsgesetz« erhalten hat, gilt für Unternehmen des Bergbaus und der Eisen und Stahl erzeugenden Industrie, sofern die Unternehmen in der Rechtsform einer Aktiengesellschaft, GmbH oder einer bergrechtlichen Gewerkschaft mit eigener Rechtspersönlichkeit betrieben werden und in der Regel mehr als tausend Arbeitnehmer beschäftigen oder »Einheitsgesellschaften« sind (§ 1 Montan-MitbestG). Einheitsgesellschaften sind die Unternehmen, die im Zuge der Entflechtung der Konzerne der Montan-Industrie nach dem Zweiten Weltkrieg neu gebildet wurden und denen Produktionsstätten der bisherigen Konzerne zu übertragen waren.

II. Aufsichtsrat

2 Der Aufsichtsrat besteht aus elf Mitgliedern und wird paritätisch aus vier Vertretern der Anteilseigner und einem weiteren Mitglied«, das von der Anteilseignerseite zu benennen ist, vier Vertretern der Arbeitnehmer und einem »weiteren Mitglied«, das von der Arbeitnehmerseite zu benennen ist, sowie einem »weiteren Mitglied«, dem sog. elften Mitglied, gebildet (§ 4 Abs. 1 Montan-MitbestG). Die »weiteren Mitglieder« müssen bestimmte persönliche Voraussetzungen erfüllen, die ihre Neutralität gewährleisten sollen (§ 4 Abs. 2 Montan-MitbestG).

3 Die von den Anteilseignern zu bestimmenden Aufsichtsratsmitglieder werden nach den allgemeinen Bestimmungen des Gesellschaftsrechts gewählt oder entsandt (§ 5 Montan-MitbestG).

4 Die Aufsichtsratsmitglieder, die von der Arbeitnehmerseite zu bestimmen sind, werden zwar ebenfalls von den zur Wahl von Aufsichtsratsmitgliedern berufenen gesellschaftsrechtlichen Organen gewählt, also bei Aktiengesellschaften von der Hauptversammlung, bei Gesellschaften mit beschränkter Haftung von der Gesellschafterversammlung. Das Wahlorgan ist hier aber an Wahlvorschläge gebunden: Zwei Arbeitnehmervertreter,

die in einem Betrieb des Unternehmens beschäftigt sein müssen, werden von den Betriebsräten der Betriebe des Unternehmens vorgeschlagen; die Spitzenorganisationen der in den Betrieben vertretenen Gewerkschaften haben ein Einspruchsrecht (§ 6 Abs. 1 und 2 Montan-MitbestG). Die zwei anderen Arbeitnehmervertreter und das »weitere Mitglied« der Arbeitnehmerseite werden von den Spitzenorganisationen der Gewerkschaften vorgeschlagen (§ 6 Abs. 3 und 4 Montan-MitbestG); die Mitglieder der Betriebräte der Betriebe des Unternehmens wählen sie auf Grund dieser Vorschläge und schlagen die gewählten Bewerber dem Wahlorgan vor (§ 6 Abs. 5 Montan-MitbestG). Unter den Aufsichtsratsmitgliedern der Arbeitnehmer eines börsennotierten Unternehmens, das unter das Gesetz fällt, müssen Frauen und Männer jeweils mit einem Anteil von mindestens 30 Prozent vertreten sein (§ 5a Montan-MitbestG).

Das sog. elfte Mitglied (§ 4 Abs. 1 lit. c Montan-MitbestG) wird ebenfalls durch das **5** Wahlorgan der Gesellschaft, also bei der Aktiengesellschaft die Hauptversammlung, bei der GmbH die Gesellschafterversammlung, auf Vorschlag der übrigen Aufsichtsratsmitglieder gewählt, wobei auch hier der Anteilseignerseite verfahrensmäßig ein leichtes Übergewicht eingeräumt wird (§ 8 Montan-MitbestG): Der Vorschlag bedarf der Mehrheit der Stimmen aller Aufsichtsratsmitglieder; jedoch müssen mindestens je drei Mitglieder der Anteilseigner- und der Arbeitnehmerseite zugestimmt haben, so dass der Vorschlag nicht gegen die Stimmen der Mehrheit der Aufsichtsratsmitglieder einer Seite erfolgen kann. Kommt ein Vorschlag nicht zustande oder wird eine vorgeschlagene Person nicht von dem Wahlorgan, also bei der AG von der Hauptversammlung gewählt, so ist aus den Aufsichtsratsmitgliedern ein paritätisch zusammengesetzter Vermittlungsausschuss zu bilden, der drei Personen zur Wahl vorschlägt. Kommt auch in diesem Fall eine Wahl nicht zustande und wird die Ablehnung der Wahl von dem Oberlandesgericht für berechtigt erklärt, so hat der Vermittlungsausschuss noch einmal drei Personen zur Wahl vorzuschlagen. Wird auch die Wahl aus dem zweiten Wahlvorschlag abgelehnt und dies vom Oberlandesgericht für berechtigt erklärt oder erfolgt kein Wahlvorschlag, so wählt das Wahlorgan von sich aus das weitere Mitglied.

Durch Satzung oder Gesellschaftsvertrag kann unter engen Voraussetzungen die Zahl **6** der Mitglieder auf 15 oder 21 festgelegt werden (§ 9 Montan-MitbestG).

Die Abberufung erfolgt auf Vorschlag derjenigen Stelle, auf deren Vorschlag das Auf- **7** sichtsratsmitglied gewählt wurde, bei dem sog. elften Mann auf Antrag von mindestens drei Aufsichtsratsmitgliedern nur durch das Gericht, wobei das Amtsgericht als Registergericht gemeint ist, aus wichtigem Grund (§ 11 Abs. 2 und 3 Montan-MitbestG).

Für die Organisation und Geschäftsführung gibt das Montan-MitbestG keine besonde- **8** re Regelung. Lediglich für die Beschlussfähigkeit ist bestimmt: Der Aufsichtsrat ist beschlussfähig, wenn mindestens die Hälfte der Mitglieder, aus denen er nach diesem Gesetz oder der Satzung insgesamt zu bestehen hat, an der Beschlussfassung teilnimmt (§ 10 Montan-MitbestG).

III. Vorstand

Wie nach dem MitbestG 1976 gilt auch nach dem Montan-MitbestG, dass das zur ge- **9** setzlichen Vertretung berufene Organ stets vom Aufsichtsrat bestellt wird, und zwar auch dann, wenn nach dem für das Unternehmen maßgeblichen Gesellschaftsrecht die Gesellschafterversammlung oder die Generalversammlung zuständig wäre (§ 12 Montan-MitbestG).

10   Als gleichberechtigtes Mitglied der zur gesetzlichen Vertretung berufenen Organe, also bei Aktiengesellschaften des Vorstandes, wird ein Arbeitsdirektor bestellt (§ 13 Montan-MitbestG). Der Arbeitsdirektor kann nicht gegen die Stimmen der Mehrheit der Arbeitnehmervertreter im Aufsichtsrat bestellt werden.

§ 43. Montan-Mitbestimmungsergänzungsgesetz

1   Das Montan-Mitbestimmungsergänzungsgesetz vom 7.8.1956, die sog. Holding-Novelle, wurde geschaffen, um der mit der Konzerbildung in den fünfziger Jahren des vorigen Jahrhunderts verbundenen Erosion der Montan-Mitbestimmung entgegenzuwirken.

2   Das Gesetz gilt für Konzernunternehmen, die in der Rechtsform einer Aktiengesellschaft, einer Gesellschaft mit beschränkter Haftung oder einer bergrechtlichen Gewerkschaft mit eigener Rechtspersönlichkeit geführt werden und die auf Grund eines Organschaftsverhältnisses ein Unternehmen beherrschen, in dem die Arbeitnehmer nach dem Montan-MitbestG ein Mitbestimmungsrecht haben. Voraussetzung ist, dass das herrschende Unternehmen nach seinem eigenen überwiegenden Unternehmenszweck nicht die Voraussetzungen für die Anwendung des Montan-MitbestG erfüllt; denn sonst gilt das Montan-MitbestG (§ 2 Montan-MitbestErgG). Die Bestimmungen des Montan-MitbestErgG sind anzuwenden, wenn der Unternehmenszweck des Konzerns durch Konzernunternehmen und abhängige Unternehmen, die in den Bereich des Montan-MitbestErgG fallen, geprägt wird (§ 3 Montan-MitbestErgG).

3   Der Aufsichtsrat besteht aus fünfzehn Mitgliedern. Er setzt sich zusammen aus sieben Vertretern der Anteilseigner, sieben Vertretern der Arbeitnehmer und einem weiteren Mitglied, dem. sog. fünfzehnten Mitglied. Unter bestimmten Voraussetzungen (§ 5 Abs. 1 S. 3 Montan-MitbestErgG) kann der Aufsichtsrat auch aus 21 Mitgliedern bestehen.

4   Die Wahl der Arbeitnehmervertreter ist hier anders als im Montan-MitbestG geregelt (§§ 6 ff. Montan-MitbestErgG), wobei auch hier festgelegt ist, dass unter ihnen bei einem börsennotierten Unternehmen Frauen und Männer jeweils mit einem Anteil von mindestens 30 Prozent vertreten sein müssen (§ 5 a Montan-MitbestErgG). Die Wahl erfolgt nicht durch das gesellschaftsrechtliche Organ, das an Vorschläge der Betriebsräte oder Spitzenorganisationen der Gewerkschaften gebunden ist. Die Wahl des fünfzehnten bzw. einundzwanzigsten Mitglieds erfolgt dagegen wie nach dem Montan-MitbestG (§ 5 Abs. 3 Montan-MitbestErgG).

5   Das zur gesetzlichen Vertretung berufene Organ, also bei Aktiengesellschaften der Vorstand, muss hier ebenfalls einen Arbeitsdirektor haben; für die Bestellung gilt hier aber nur § 84 AktG (§ 13 Montan-MitbestErgG).

§ 44. Beteiligung der Arbeitnehmer im Aufsichtsrat nach dem Drittelbeteiligungsgesetz

I. Geltungsbereich

Da das BetrVG vom 15.1.1972 seine Regelung auf die Betriebsverfassung beschränkte, **1** hat es die Vorschriften des BetrVG vom 11.10.1952 über die Beteiligung der Arbeitnehmer im Aufsichtsrat einer Kapitalgesellschaft unter der Bezeichnung »Betriebsverfassungsgesetz 1952« aufrechterhalten (§ 129 BetrVG 1972). Auch durch das MitbestG 1976 wurde seine Regelung nicht aufgehoben. Ersetzt wurde sie erst ohne wesentliche Änderung durch das Gesetz über die Drittelbeteiligung der Arbeitnehmer im Aufsichtsrat (Drittelbeteiligungsgesetz – DrittelbG) vom 18.5.2004.

Fällt ein Unternehmen weder unter das Montan-MitbestG noch unter das Montan-**2** MitbestErgG noch unter das MitbestG 1976, so bestimmt sich die Vertretung der Arbeitnehmer in den Aufsichtsräten nach dem Drittelbeteiligungsgesetz (§ 1 Abs. 3 MitbestG 1976). Es sieht nur eine Beteiligung im Aufsichtsrat vor. Die Zusammensetzung und Bestellung des zur gesetzlichen Vertretung befugten Organs bestimmt sich ausschließlich nach dem für das Unternehmen maßgeblichen Gesellschaftsrecht.

Erfasst werden, soweit nicht das Mitbestimmungsstatut nach anderer gesetzlicher Vorschrift eingreift, alle Aktiengesellschaften, Kommanditgesellschaften auf Aktien, Gesellschaften mit beschränkter Haftung, Versicherungsvereine auf Gegenseitigkeit und Genossenschaften mit mehr als fünfhundert Arbeitnehmern (§ 1 Abs. 1 DrittelbG). Das Gesetz gilt – aus historischen Gründen – ohne Rücksicht auf die Arbeitnehmerzahl für alle Aktiengesellschaften und Kommanditgesellschaft auf Aktien, die vor dem 10.8.1994 in das Handelsregister eingetragen sind und damit zu diesem Zeitpunkt entstanden waren; ausgeklammert sind lediglich Familiengesellschaften, die weniger als fünfhundert Arbeitnehmer beschäftigen.

Die hier genannten Gesellschaften sind aus dem Mitbestimmungsstatut auch nach diesem Gesetz allerdings ausgeklammert, wenn es sich um Tendenzunternehmen handelt **4** (§ 1 Abs. 2 S. 1 DrittelbG). Gleiches gilt wie auch sonst für »Religionsgemeinschaften und ihre karitativen und erzieherischen Einrichtungen unbeschadet deren Rechtsform« (§ 1 Abs. 2 S. 2 DrittelbG). Gemeint sind karitative oder erzieherische Einrichtungen, die von einer Religionsgemeinschaft, also vor allem von den Kirchen, in der Rechtsform einer Kapitalgesellschaft betrieben werden.

II. Bildung und Zusammensetzung des Aufsichtsrats

1. Bildung des Aufsichtsrats

Ist nicht schon nach dem Gesellschaftsrecht der Aufsichtsrat ein notwendiges Organ, **5** so ist er in diesem Fall zu bilden. Eine Ausnahme gilt nur für Versicherungsvereine auf Gegenseitigkeit (§ 1 Abs. 1 Nr. 4 DrittelbG; vgl. auch einerseits § 35 VAG, andererseits § 53 Abs. 3 VAG).

Die Zusammensetzung des Aufsichtsrats sowie seine Rechte und Pflichten bestimmen **6** sich weitgehend nach dem Aktiengesetz. Aber anders als sonst wird dem Aufsichtsrat nicht abweichend vom Gesellschaftsrecht die Kompetenz übertragen, die Unternehmensleitung zu bestellen.

7　Ist die Gesellschaft herrschendes Unternehmen eines Konzerns, so nehmen auch die Arbeitnehmer der übrigen Konzernunternehmen an der Wahl der Vertreter der Arbeitnehmer für den Aufsichtsrat teil (§ 2 Abs. 1 DrittelbG). Da für die Umschreibung des Konzerns auf § 18 Abs. 1 AktG insgesamt verwiesen wird, gilt die Regelung auch für den sog. faktischen Konzern. Eine Beschränkung auf den sog. Vertragskonzern tritt aber ein, soweit von dem Vorhandensein oder der Zahl von Arbeitnehmern abhängt, ob für ein Unternehmen das im DrittelbG geregelte Mitbestimmungsstatut gilt (§ 2 Abs. 2 DrittelbG). In diesem Fall gelten die Arbeitnehmer eines Konzernunternehmens nur dann als solche des herrschenden Unternehmens, wenn zwischen den Unternehmen ein Beherrschungsvertrag besteht oder das abhängige Unternehmen in das herrschende Unternehmen eingegliedert ist.

2. Zusammensetzung des Aufsichtsrats und Wahl der Arbeitnehmervertreter

8　Der Aufsichtsrat besteht zu einem Drittel aus Vertretern der Arbeitnehmer (§ 4 Abs. 1 DrittelbG).

9　Alle Arbeitnehmervertreter werden von den Arbeitnehmern des Unternehmens gewählt (§ 5 DrittelbG). Haben die Arbeitnehmer nur ein oder zwei Aufsichtsratsmitglieder zu wählen, besteht also der Aufsichtsrat nach der Satzung nur aus drei oder sechs Mitgliedern, so müssen die Arbeitnehmervertreter dem Unternehmen angehören (§ 4 Abs. 2 DrittelbG). Erst wenn mehr als zwei Arbeitnehmervertreter zu wählen sind, können auch andere Personen gewählt werden.

8. Teil. Verfahrensrechtliche Besonderheiten bei einer betriebsverfassungsrechtlichen Streitigkeit

§ 45. Aufbau einer betriebsverfassungsrechtlichen Falllösung

I. Zuständigkeit

Man hat die Rechtswegzuweisung und die örtliche Zuständigkeit voneinander zu unterscheiden. **1**

Für die *Rechtswegzuweisung* (früher *sachliche Zuständigkeit*) ist die Regelung in den **2** §§ 2, 2 a ArbGG enthalten. Die *örtliche Zuständigkeit* ist dagegen, soweit das Urteilsverfahren Anwendung findet, in der ZPO geregelt (§ 46 ArbGG). Bei Entscheidung im Beschlussverfahren ergibt sie sich aus § 82 ArbGG.

Damit wird eine Besonderheit deutlich, die hier zu beachten ist. Mit der *Rechtsweg-* **3** *zuweisung* verbindet das ArbGG zugleich die Festlegung über die *Verfahrensart*. Deshalb ist für die Feststellung, ob das Arbeitsgericht zuständig ist, eine präzise Subsumtion notwendig.

II. Verfahrensart

Für betriebsverfassungsrechtliche Streitigkeiten ist das Beschlussverfahren die richtige **4** Verfahrensart: § 2 a Abs. 1 Nr. 1, Abs. 2–§§ 80 ff. ArbGG.

Nach dem Gesetzestext muss es sich um »Angelegenheiten aus dem Betriebsverfas- **5** sungsgesetz« handeln. Er ist allerdings missglückt; denn einerseits entscheidet das Arbeitsgericht nicht über alle Angelegenheiten aus dem Betriebsverfassungsgesetz im Beschlussverfahren; andererseits ist er aber auch zu eng, weil das Beschlussverfahren auch dann die richtige Verfahrensart ist, wenn eine Angelegenheit nicht im BetrVG geregelt ist, sie aber die *betriebsverfassungsrechtliche Ordnung* betrifft. Rechtsdogmatisch zutreffend muss es deshalb heißen, dass Zuständigkeit des Arbeitsgerichts und Verfahrensart des Beschlussverfahrens gegeben sind, wenn es sich um eine *betriebsverfassungsrechtliche Streitigkeit* handelt. Nicht nur das, was im BetrVG »vorkommt«, sondern auch das, was als Institution in seine Ordnung »hinein will«, hat betriebsverfassungsrechtlichen Charakter.

Beispiel: Streitigkeit über die Zulässigkeit eines auf privatrechtlicher Grundlage gebildeten Sprecherausschusses leitender Angestellter; vgl. BAG 5.3.1974 und 19.2.1975 AP BetrVG 1972 § 5 Nr. 9 und 10. Seit der Verankerung im Sprecherausschussgesetz besteht nunmehr eine besondere Zuständigkeitsnorm in § 2 a Abs. 1 Nr. 2 ArbGG.

Ob eine betriebsverfassungsrechtliche Streitigkeit vorliegt, beurteilt sich – wie auch **6** sonst für die Zuständigkeit eines Gerichts – nach dem *Streitgegenstand*. Der Streitgegenstand wird durch den Antrag und den zu seiner Konkretisierung vorgetragenen Sachverhalt bestimmt (zweigliedriger Streitgegenstandsbegriff). Aus ihm muss sich ergeben, dass der Streit auf der Ebene der betriebsverfassungsrechtlichen Ordnung angesiedelt ist. Keine betriebsverfassungsrechtliche Streitigkeit liegt vor, wenn ein Anspruch aus dem Arbeitsverhältnis geltend gemacht wird, und zwar auch dann, wenn der Anspruch ausschließlich von der richtigen Anwendung des BetrVG abhängt.

Beispiel: Ein Betriebsratsmitglied nimmt an einem von der IG Metall veranstalteten Schulungskurs teil. Er verlangt vom Arbeitgeber die Fortzahlung des Arbeitsentgelts für die Zeit der Arbeitsversäumnis und Ersatz der ihm entstandenen Aufwendungen und Kosten für die Teilnahme an der Schulung. Der Arbeitgeber bestreitet, dass auf der Schulungsveranstaltung Kenntnisse vermittelt wurden, die für die Arbeit des Betriebsrats erforderlich sind. Von der Beantwortung dieser Frage hängt ab, ob der Anspruch auf Fortzahlung des Arbeitsentgelts und auf Kostenerstattung besteht. Dennoch ist für die Bestimmungen der Zuständigkeit des Arbeitsgerichts und der richtigen Verfahrensart allein das prozessuale Begehren, der Streitgegenstand, entscheidend: Hat der Anspruch seine Grundlage im Arbeitsverhältnis, so entscheidet das Arbeitsgericht im Urteilsverfahren (§ 2 Abs. 1 Nr. 3 lit. a, Abs. 5 i.V. mit §§ 46 ff. ArbGG); ergibt der Anspruch sich aus dem Betriebsratsamt, so ist für die Entscheidung des Arbeitsgerichts das Beschlussverfahren die richtige Verfahrensart (§ 2a Abs. 1 Nr. 1, Abs. 2 i.V. mit §§ 80 ff. ArbGG).

7 Streitigkeiten über die Fortzahlung des Arbeitsentgelts und dessen Höhe haben ihre Grundlage im Arbeitsverhältnis und sind daher im Urteilsverfahren zu entscheiden. Geht es dagegen um die Kostenerstattung, so ist Rechtsgrundlage § 40 BetrVG. Deshalb ist über den Anspruch im Beschlussverfahren zu entscheiden. Wenn lediglich zweifelhaft ist, ob eine Arbeitsversäumnis nach § 37 Abs. 2 BetrVG notwendig oder eine Schulung nach § 37 Abs. 6 BetrVG erforderlich war, läßt sich eine Verdoppelung der Verfahren und damit die Gefahr divergierender Entscheidungen dadurch vermeiden, dass die Streitfrage selbst zum Streitgegenstand gemacht wird. Da es sich um eine betriebsverfassungsrechtliche Frage handelt, ist die richtige Verfahrensart das Beschlussverfahren. Die Rechtskraft der hier ergehenden Entscheidung entfaltet Präjudizialitätswirkung auch auf einen Rechtsstreit, der im Urteilsverfahren entschieden wird, so dass bei einer späteren Lohnklage zwischen Arbeitgeber und Arbeitnehmer bindend festgestellt ist, ob beispielsweise die Teilnahme an einer Schulung eine Arbeitsversäumnis ohne Minderung des Arbeitsentgelts rechtfertigt.

8 Betriebsverfassungsrechtliche Fragen können auch sonst durch eine *Inzidententscheidung* im Rahmen des Urteilsverfahrens beantwortet werden. Wenn beispielsweise zweifelhaft ist, ob eine Kündigung wirksam ist, weil der Betriebsrat nicht gehört wurde, so ist für die Streitigkeit das Arbeitsgericht nach § 2 Abs. 1 Nr. 3 lit. b ArbGG zur Entscheidung im Urteilsverfahren zuständig, obwohl die hier maßgebliche Form, die für den Rechtsstreit entscheidend ist, in § 102 Abs. 1 S. 3 BetrVG enthalten ist.

9 Nur am Rand sei hier bereits schon bemerkt, dass auch sonst die betriebsverfassungsrechtliche Mitbestimmungsregelung auf die individualrechtliche Beziehung zwischen Arbeitgeber und Arbeitnehmer Einfluss hat. Bei der Anhörung des Betriebsrats ist zu beachten, dass der Arbeitgeber auch die Kündigungsgründe mitteilen muss, insbesondere auch die Gründe, die bei einer betriebsbedingten Kündigung zu der von ihm beabsichtigten sozialen Auswahl geführt haben. Der Arbeitgeber braucht aber im Anhörungsverfahren nur seinen *Kündigungsentschluss* zu begründen, braucht also nicht alle Gründe mitzuteilen, die für die Kündigung überhaupt in Betracht kommen. Eine Begrenzung hat allerdings zur Folge, dass der Arbeitgeber im Kündigungsrechtsstreit keine Kündigungsgründe nachschieben kann, die er nicht dem Betriebsrat im Anhörungsverfahren mitgeteilt hat. Dabei handelt es sich aber nicht um eine Frage der *Zulässigkeit*, sondern es ist im Rahmen der *Begründetheit* das Verwertungsverbot zu beachten, soweit es darum geht, ob die vom Arbeitgeber vorgetragenen Gründe ausreichen, um zu dem Ergebnis zu kommen, dass die Kündigung sozial gerechtfertigt ist.

III. Problem der Antragsberechtigung

Für das Beschlussverfahren gilt, wie häufig formuliert wird, die Offizialmaxime. Ge- **10** meint ist damit aber nur, dass nicht wie im zivilprozessualen Verfahren der Verhandlungsgrundsatz, sondern der Untersuchungsgrundsatz gilt (§ 83 ArbGG): Dagegen gilt auch für das Beschlussverfahren, dass es nur auf Antrag eingeleitet wird (§ 81 ArbGG).

1. Doppelte Bedeutung des Begriffs des Beteiligten

Damit stellt sich die Frage, wer berechtigt ist, das Beschlussverfahren in einem konkre- **11** ten Fall einzuleiten. Man hat hier wie auch sonst zwischen der *Fähigkeit,* einen Antrag zu stellen, und der *Befugnis,* im konkreten Fall das Beschlussverfahren einzuleiten, zu unterscheiden. Die Besonderheit des Beschlussverfahrens wird dadurch gekennzeichnet, dass in dem Verfahren der Arbeitgeber, die Arbeitnehmer und die Stellen zu hören sind, die nach dem BetrVG im einzelnen Fall beteiligt sind (§ 83 Abs. 3 ArbGG). Zunächst muss also die Parteifähigkeit gegeben sein, wobei hier die betriebsverfassungsrechtliche Besonderheit zu beachten ist, dass der Betriebsrat bei einer betriebsverfassungsrechtlichen Streitigkeit Beteiligter ist (vgl. § 10 ArbGG).

Von der Beteiligtenfähigkeit ist zu unterscheiden, wer im konkreten Fall Beteiligter ist **12** und insbesondere, wer den Antrag stellen kann. Die Antragsberechtigung entspricht hier also der Prozessführungsbefugnis.

Die Formel, die hier verwandt wird, lautet im allgemeinen: *Beteiligt und antrags-* **13** *berechtigt ist, wer durch die begehrte Entscheidung unmittelbar betroffen wird.*

2. Feststellung der Antragsberechtigung

Ob jemand antragsberechtigt ist, richtet sich nach dem Streitgegenstand. Die Antrags- **14** berechtigung liegt vor, wenn jemand geltend macht, ein Recht zu haben; denn es soll gerichtlich geklärt werden, ob das Recht besteht. Zur Klarstellung sei darauf hingewiesen, dass die Antragsberechtigung nicht etwa davon abhängt, ob das Recht besteht; denn dies festzustellen, ist gerade Grund, weshalb das Beschlussverfahren eingeleitet wird.

Macht z. B. der Betriebsrat geltend, er habe ein Recht auf Beteiligung, so bereitet die **15** Feststellung der Antragsberechtigung keine besonderen Rechtsanwendungsprobleme. Sie braucht deshalb nicht besonders behandelt zu werden. Auf sie einzugehen, ist deshalb nur notwendig, wenn entweder ein *fremdes Recht* geltend gemacht wird oder für die Antragsberechtigung eine *besondere Gesetzesregelung* besteht.

Beispiel: Die IG Metall will festgestellt wissen, dass eine Betriebsvereinbarung gegen den Tarifvertrag verstößt. Sie nimmt in diesem Fall keine eigenen Rechte aus der Betriebsverfassung wahr. Sie hat eine Antragsbefugnis unter den Voraussetzungen des § 23 Abs. 3 BetrVG. Eine Antragsbefugnis wird aber auch anerkannt, wenn die Gewerkschaft einen eigenen Unterlassungsanspruch geltend macht und der Betriebsrat in irgendeiner Form bei der Schaffung oder Realisierung des Verstoßes beteiligt war.[1]

---

1 Vgl. zum Beschlussverfahren als Verfahrensart für den Unterlassungsantrag einer Gewerkschaft, der sich gegen die Durchführung oder den Abschluss von Betriebsvereinbarungen richtet, *BAG* 13.3.2001, NZA 2001, 1037 ff.

16   Eine besondere Regelung der Antragsberechtigung besteht für die Anfechtung einer Betriebsratswahl in § 19 Abs. 2 BetrVG. Die Antragsberechtigung muss noch im Zeitpunkt der letzten mündlichen Anhörung in der Rechtsbeschwerdeinstanz bestehen. Entfällt sie während des Verfahrens, so wird der Antrag unzulässig (Problem der Erledigung des Verfahrens). Wird das Wahlanfechtungsverfahren von drei Arbeitnehmern eingeleitet, so wird der Antrag zwar nicht unzulässig, wenn die Arbeitnehmer während der Dauer des Beschlussverfahrens aus dem Arbeitsverhältnis ausscheiden; es muss aber von wenigstens drei Arbeitnehmern weiter betrieben werden.

3. Rechtsfolgen der Beteiligtenstellung

17   Das Arbeitsgericht hat im Beschlussverfahren von Amts wegen alle zu beteiligen, die, wie es in § 83 Abs. 3 ArbGG heißt, »im einzelnen Fall beteiligt sind«, also von der Entscheidung in ihrer Rechtsstellung materiell betroffen werden. Teilweise ist besonders gesetzlich geregelt, wer zu beteiligen ist, z. B. in § 103 Abs. 2 S. 2 BetrVG.

18   Die Beteiligtenstellung im Beschlussverfahren hat Auswirkungen auf die personellen Grenzen der *materiellen Rechtskraft;* denn § 325 Abs. 1 ZPO gilt entsprechend auch im Beschlussverfahren für den Beschluss. Die Zustimmungsersetzung nach § 103 BetrVG wirkt deshalb auch für und gegen den betroffenen Arbeitnehmer. Das hat Bedeutung, wenn ein Betriebsratsmitglied die mit Zustimmung des Arbeitsgerichts ausgesprochene außerordentliche Kündigung mit der Feststellungsklage angreift. Hier besteht *Verschiedenheit des Streitgegenstandes,* so dass der Kündigungsklage nicht die materielle Rechtskraft des Beschlusses als negative Prozessvoraussetzung entgegensteht; die im Beschlussverfahren ergangene rechtskräftige Entscheidung entfaltet aber insoweit eine *Präjudizialitätswirkung,* als es um die Frage geht, ob ein wichtiger Grund vorgelegen hat.

IV. Spezifisch betriebsverfassungsrechtliche Rechtsschutzvoraussetzungen

19   Die Zulässigkeit der Einleitung eines Beschlussverfahrens kann in bestimmten Fällen davon abhängen, dass weitere Voraussetzungen erfüllt sind.

20   Das gilt beispielsweise für die Wahlanfechtung, die nach § 19 Abs. 2 S. 2 BetrVG nur binnen einer Frist von zwei Wochen, vom Tage der Bekanntgabe des Wahlergebnisses an gerechnet, zulässig ist. Da nach ihrem Ablauf die Mängel geheilt sind, soweit sie nicht so gravierend sind, dass man die Wahl sogar als nichtig anzusehen hat, sehen Rechtsprechung und Literatur in der Anfechtungsfrist eine *materiell-rechtliche Frist.*[2]

21   In bestimmten Fällen geht es dagegen eindeutig um ein Problem der Rechtsschutzvoraussetzung:

---

2 Vgl. *BAG* 28.4.1964, AP BetrVG (1952) § 4 Nr. 3.

1. Spruch der Einigungsstelle in einer Mitbestimmungsangelegenheit bei einem Rechtsstreit über das Bestehen des Mitbestimmungsrechts

Der Spruch der Einigungsstelle ist *keine Prozessvoraussetzung* für ein arbeitsgericht- **22** liches Beschlussverfahren, in dem über das Bestehen des Mitbestimmungsrechts gestritten wird.

Können Arbeitgeber und Betriebsrat sich in einer nach § 87 Abs. 1 BetrVG mitbestim- **23** mungspflichtigen Angelegenheit nicht einigen, so entscheidet die Einigungsstelle verbindlich (§ 87 Abs. 2 BetrVG). Da die Einigungsstelle für den konkreten Mitbestimmungskonflikt gebildet wird, wenn keine ständige Einigungsstelle besteht, darf ihre Errichtung in Mitbestimmungsangelegenheiten nicht daran scheitern, dass die eine oder andere Seite sich verweigert. Kommt eine Einigung über die Person des Vorsitzenden oder die Zahl der Beisitzer nicht zustande, so entscheidet das Arbeitsgericht im Beschlussverfahren (§ 76 Abs. 2 S. 2 und 3 BetrVG). Vorfrage ist insoweit, ob ein Mitbestimmungsrecht besteht; denn nur bei Bestehen eines Mitbestimmungsrechts kann die Einigungsstelle auf Antrag einer Seite gebildet werden. Hier besteht aber die Gefahr der Verzögerung, wenn der Antragsgegner ein Mitbestimmungsrecht des Betriebsrats bestreitet. Deshalb besteht für das sog. *Besetzungsverfahren* eine besondere Regelung in § 98 Abs. 1 ArbGG:

– Über die Besetzung entscheidet nicht die nach dem Geschäftsverteilungsplan in Betracht kommende Kammer des sachlich und örtlich zuständigen Arbeitsgerichts, sondern deren Vorsitzender entscheidet allein.
– Wegen fehlender Zuständigkeit der Einigungsstelle kann der Antrag nur zurückgewiesen werden, »wenn die Einigungsstelle offensichtlich unzuständig ist« – *Rechtsmissbrauchkontrolle.*

Die Einigungsstelle muss, da ihr Spruch die von der Rechtsordnung gesetzten Grenzen **24** zu respektieren hat, prüfen, ob und wie weit ein Mitbestimmungsrecht besteht. Sie hat also insoweit die *Vorfragenkompetenz.* Wird ihre Zuständigkeit also bestritten, so kann sie darüber eine Entscheidung treffen, braucht also das Verfahren *nicht einzustellen* oder *auszusetzen*, bis das Arbeitsgericht im Beschlussverfahren entschieden hat.

Der Gerichtsschutz wäre andererseits verkürzt, wenn der Arbeitgeber erst den Spruch **25** der Einigungsstelle abwarten müsste, bevor er das Arbeitsgericht anrufen könnte. Da eine Verzögerung des Einigungsstellenverfahrens durch die Anrufung des Arbeitsgerichts nicht eintreten kann, ist die Durchführung des Einigungsstellenverfahrens keine Rechtsschutzvoraussetzung für die Anrufung des Arbeitsgerichts, um klären zu lassen, ob ein Mitbestimmungsrecht des Betriebsrats besteht.

2. Zustimmungsverweigerung des Betriebsrats als Rechtsschutzvoraussetzung

a) Besonderer Kündigungsschutz im Rahmen der Betriebsverfassung

Nach § 103 Abs. 1 BetrVG bedarf die außerordentliche Kündigung von Betriebsrats- **26** mitgliedern (und sonstigen Funktionsinhabern innerhalb der Betriebsverfassung) der Zustimmung des Betriebsrats. Das Arbeitsgericht kann allerdings auf Antrag des Arbeitgebers die Zustimmung nach § 103 Abs. 2 S. 1 BetrVG ersetzen, wenn die außerordentliche Kündigung unter Berücksichtigung aller Umstände gerechtfertigt ist. Das ist allerdings nur möglich, wenn der Betriebsrat seine Zustimmung verweigert. Die Beteiligung des Betriebsrats ist also eine Verfahrensvoraussetzung. Da das Gesetz für die Erteilung der Zustimmung bzw. deren Verweigerung durch den Betriebsrat keine Frist gesetzt hat, wendet man § 102 Abs. 2 S. 3 BetrVG analog an, so dass die Zustimmung des Betriebsrats spätestens innerhalb von drei Tagen seit der Mitteilung durch den Arbeitgeber vorliegen muss. Das Schweigen des Betriebsrats gilt hier jedoch nicht als Zustimmung zur Kündigung, sondern als *Zustimmungsverweigerung*.

27 Das Arbeitsgericht ersetzt die Zustimmung des Betriebsrats, wenn die außerordentliche Kündigung unter Berücksichtigung aller Umstände gerechtfertigt ist. Es hat also zu prüfen, ob ein *wichtiger Grund* i. S. d. § 626 Abs. 1 BGB vorliegt. Da der Arbeitgeber aber die außerordentliche Kündigung innerhalb der Ausschlussfrist des § 626 Abs. 2 BGB erklären muss, hat die Fristversäumung in diesem Fall zur Folge, dass eine außerordentliche Kündigung nicht mehr erklärt werden kann. Wenn der Arbeitgeber es daher versäumt, das Zustimmungsersetzungsverfahren innerhalb der *Ausschlussfrist* des § 626 Abs. 2 BGB einzuleiten, ist sein Antrag zwar zulässig, aber nicht begründet.

28 Nur am Rand sei hier bemerkt, dass § 626 Abs. 2 BGB nicht die Notwendigkeit einer Einschaltung des Betriebsrats berücksichtigt. Verweigert der Betriebsrat seine Zustimmung, so kann der Arbeitgeber die außerordentliche Kündigung nicht mehr innerhalb von zwei Wochen erklären; es genügt deshalb, dass er innerhalb der Ausschlussfrist den Betriebsrat beteiligt und bei Zustimmungsverweigerung das Beschlussverfahren vor dem Arbeitsgericht einleitet, um die Zustimmung des Betriebsrats ersetzen zu lassen. Die Erklärung der außerordentlichen Kündigung erfolgt in entsprechender Anwendung des § 91 Abs. 5 SGB IX.

b) Mitbestimmung des Betriebsrats bei Einstellung, Versetzung, Eingruppierung und Umgruppierung von Arbeitnehmern

29 Die Zustimmungsverweigerung des Betriebsrats ist weiterhin eine Rechtsschutzvoraussetzung für die Anrufung des Arbeitsgerichts, um bei einer nach § 99 BetrVG mitbestimmungspflichtigen Einstellung, Versetzung, Eingruppierung oder Umgruppierung die Zustimmung des Betriebsrats nach § 99 Abs. 4 BetrVG zu ersetzen.

30 Nach der gesetzlichen Konzeption muss, wenn der Betriebsrat nach ordnungsmäßiger Beteiligung die Zustimmung frist- und formgerecht verweigert hat, der Arbeitgeber vom Arbeitsgericht im Beschlussverfahren überprüfen lassen, ob ein Zustimmungsverweigerungsgrund vorliegt, wenn er die personelle Maßnahme gleichwohl durchführen will. Man hat deshalb hier zu unterscheiden, ob es um das *Zustimmungsersetzungsverfahren* nach § 99 Abs. 4 BetrVG geht oder ob Gegenstand des Rechtsstreits die folgenden Fragestellungen sind:

– Hat der Arbeitgeber den Betriebsrat nach § 99 BetrVG zu beteiligen?
– Hat der Arbeitgeber den Betriebsrat ordnungsgemäß beteiligt?
– Hat der Betriebsrat der personellen Maßnahme frist- und formgerecht widersprochen, wobei hier von Bedeutung sein kann, ob die vom Betriebsrat angegebene Begründung ausreichend war?

31 Macht der Betriebsrat geltend, dass der Arbeitgeber die personelle Maßnahme unter Verletzung des Mitbestimmungsrechts durchgeführt hat, so hat er das Recht, das in § 101 BetrVG geregelte *Mitbestimmungssicherungsverfahren* einzuleiten. Der Antrag des Betriebsrats ist begründet, wenn der Arbeitgeber den Betriebsrat nicht beteiligt oder die personelle Maßnahme trotz einer rechtswirksamen Zustimmungsverweige-

rung durchgeführt hat; er ist weiterhin bei einer vorläufigen personellen Maßnahme begründet, wenn der Arbeitgeber sie entgegen § 100 Abs. 2 S. 3 oder Abs. 3 BetrVG aufrechterhält. Hier stellt sich die Frage, ob der Arbeitgeber dem Betriebsrat entgegenhalten kann, dass ein Zustimmungsverweigerungsgrund fehlt. Der Arbeitgeber kann jedoch nur einwenden, dass die Zustimmungsverweigerung des Betriebsrats nicht rechtswirksam ist, während ein Streit über das Bestehen des Zustimmungsverweigerungsgrundes gerade den Gegenstand des *Zustimmungsersetzungsverfahrens* bildet. Da die Zustimmungsverweigerung eine Rechtsschutzvoraussetzung für das Zustimmungsersetzungsverfahren darstellt, kann der Arbeitgeber im Mitbestimmungssicherungsverfahren auch nicht hilfsweise den Antrag auf gerichtliche Ersetzung der Zustimmung des Betriebsrats zu der vorgenommenen personellen Maßnahme stellen.

Bei Ein- und Umgruppierungen kann der Betriebsrat nicht die »Aufhebung« einer unzutreffenden Ein- oder Umgruppierung verlangen; denn diese ist nur ein Akt der Rechtsanwendung. Der Betriebsrat kann deshalb nach § 101 BetrVG nur beantragen, dass dem im Zustimmungsersetzungsverfahren erfolglos gebliebenen Arbeitgeber aufgegeben wird, ein erneutes Beteiligungsverfahren einzuleiten, das die Eingruppierung in eine andere Vergütungsgruppe vorsieht. **32**

V. Rechtsschutzinteresse

Bei einem Rechtsstreit über das Bestehen eines Mitbestimmungsrechts wird im Allgemeinen ein Feststellungsantrag gestellt. Dabei hat man allerdings zu beachten, dass bei einem Feststellungsantrag auch im Beschlussverfahren § 256 Abs. 1 ZPO anzuwenden ist. Deshalb genügt es nicht, dass man lediglich die Feststellung eines Tatbestandsmerkmals beantragt, von dem das Bestehen eines Mitbestimmungsrechts abhängt, sondern notwendig ist, dass der Feststellungsantrag sich auf das Bestehen oder Nichtbestehen eines betriebsverfassungsrechtlichen Rechtsverhältnisses zwischen den Beteiligten bezieht. **33**

Von der zutreffenden Ermittlung des Feststellungsantrags hängt außerdem ab, was den Streitgegenstand des Beschlussverfahrens bildet. Das ist vor allem von Bedeutung, soweit beantragt wird, ob der Betriebsrat bei der Einführung von Datensichtgeräten mitzubestimmen hat; denn eine Mitbestimmung des Betriebsrats kommt hier unter verschiedene rechtlichen Gesichtspunkten in Betracht, nämlich nach § 87 Abs. 1 Nr. 6, § 87 Abs. 1 Nr. 7 und § 91 sowie nach § 111 S. 2 Nr. 4 oder 5 BetrVG. **34**

Sachverzeichnis

Die halbfett gesetzten Zahlen bezeichnen die Paragraphen, die mageren Zahlen die Randnummern.